Operaciones con Drones

Pilotaje Recreativo y Comercial

Richard Skiba

Derechos de autor © 2024 por Richard Skiba

Todos los derechos reservados.

Ninguna parte de este libro puede ser reproducida en ninguna forma sin el permiso escrito del editor o autor, excepto en los casos permitidos por la ley de derechos de autor. Esta publicación está diseñada para proporcionar información precisa y autorizada en relación con el tema tratado. Aunque el editor y el autor han empleado sus mejores esfuerzos en preparar este libro, no hacen representaciones ni garantías con respecto a la precisión o integridad de los contenidos de este libro y renuncian específicamente a cualquier garantía implícita de comerciabilidad o aptitud para un propósito particular. Ninguna garantía puede ser creada o extendida por representantes de ventas o materiales de ventas escritos. Los consejos y estrategias contenidos aquí pueden no ser adecuados para su situación. Debe consultar con un profesional cuando sea apropiado. Ni el editor ni el autor serán responsables de ninguna pérdida de beneficios u otros daños comerciales, incluidos, pero no limitados a, daños especiales, incidentales, consecuentes, personales u otros daños.

Copyright © 2024 by Richard Skiba

All rights reserved.

No portion of this book may be reproduced in any form without written permission from the publisher or author, except as permitted by copyright law.

This publication is designed to provide accurate and authoritative information in regard to the subject matter covered. While the publisher and author have used their best efforts in preparing this book, they make no representations or warranties with respect to the accuracy or completeness of the contents of this book and specifically disclaim any implied warranties of merchantability or fitness for a particular purpose. No warranty may be created or extended by sales representatives or written sales materials. The advice and strategies contained herein may not be suitable for your situation. You should consult with a professional when appropriate. Neither the publisher nor the author shall be liable for any loss of profit or any other commercial damages, including but not limited to special, incidental, consequential, personal, or other damages.

Skiba, Richard (author)

Operaciones con Drones: Pilotaje Recreativo y Comercial

ISBN 978-1-7635353-9-8 (paperback) 978-1-7635743-0-4 (eBook)

Non-fiction

Este libro ha sido traducido de la versión original en inglés con la ayuda de TranslateGPT.

Contents

Prólogo		1
1.	Introducción	5
2.	Tipos de Drones	25
3.	Regulaciones de Drones	45
4.	Regulaciones de Drones en Estados Unidos	51
5.	Regulaciones de Drones en Australia	66
6.	Regulaciones de Drones en el Reino Unido	80
7.	Regulaciones de Drones en Europa	102
8.	Regulaciones de Drones en India	110
9.	Realización de Inspecciones Operacionales en Sistemas Operados a Distancia	121
10.	Impactos del Clima en los Vuelos de Drones	171
11.	Carga de la Aeronave	204
12.	Sistemas de Aeronaves Pilotadas a Distancia y sus Componentes	216
13.	Lanzar, Controlar y Recuperar un Avión Pilotado a Distancia	247
14.	Actitudes Peligrosas, Toma de Decisiones Aeronáuticas y Juicio	288
15.	Comunicaciones	299

16. Gestión de Factores Humanos en Operaciones de Sistemas de Aeronaves Pilotadas a Distancia ... 334

17. Operaciones de Sistemas de Aeronaves Pilotadas a Distancia Multirotor ... 367

18. Operaciones de Sistemas de Aeronaves Pilotadas a Distancia de Ala Fija ... 403

19. Control en Tierra ... 446

20. Navegación de Sistemas de Piloto Remoto ... 465

21. Gestión de los Requisitos de la Fuente de Energía de los Sistemas de Aeronaves Pilotadas a Distancia ... 505

22. Realización de Búsqueda Aérea con Aeronaves Pilotadas a Distancia ... 525

23. Aplicaciones Comerciales e Industriales ... 549

Referencias ... 566

Índice ... 571

Prólogo

Un dron, también conocido como vehículo aéreo no tripulado (VANT), es una aeronave que opera sin un piloto humano a bordo. Los drones pueden ser controlados de manera remota por un operador humano o pueden volar de manera autónoma basados en planes de vuelo programados previamente o en entradas dinámicas de sensores a bordo. Vienen en diversas tamaños y configuraciones, desde modelos pequeños de consumo utilizados para fines recreativos hasta modelos más grandes y sofisticados utilizados para tareas como fotografía aérea, vigilancia, agricultura e incluso operaciones militares.

Los drones son conocidos por varios nombres dependiendo de su propósito específico, diseño o función. Aquí algunos nombres y términos comunes utilizados para referirse a los drones:

1. VANT (Vehículo Aéreo No Tripulado)

2. RPAS (Sistemas de Aeronaves Pilotadas de Forma Remota)

3. UAS (Sistema de Aeronaves No Tripuladas)

4. Cuadricóptero (un tipo de dron con cuatro rotores)

5. Multirotor (un dron con múltiples rotores, típicamente más de cuatro)

6. Hexacóptero (un dron con seis rotores)

7. Octocóptero (un dron con ocho rotores)

8. VANT de ala fija (un dron con alas fijas, similar a los aviones tradicionales)

9. sUAS (Sistema de Aeronaves No Tripuladas Pequeñas)

10. Microdron (drones muy pequeños, a menudo utilizados para operaciones en interiores o a corta distancia)

11. Nano dron (drones extremadamente pequeños, típicamente utilizados para vigilancia o investigación)

12. Dron aéreo

13. Robot volador

14. Aeronave operada de manera remota

Estos son solo algunos ejemplos, y puede haber otros términos o nombres especializados utilizados en industrias o contextos específicos, y estos se usarán indistintamente a lo largo de este libro.

Este libro sobre operaciones con drones tiene como objetivo proporcionar un conocimiento integral consolidando información sobre tecnología de drones, regulaciones, protocolos de seguridad y mejores prácticas. Proporciona a los lectores una comprensión integral que de otro modo estaría dispersa en diversas fuentes. Ya sea que se dirija a novatos o a operadores experimentados, este libro sirve como una ayuda educativa, ofreciendo valiosas percepciones sobre técnicas de operación de drones, estrategias de planificación de vuelo, procedimientos de mantenimiento y métodos efectivos de resolución de problemas.

Con las regulaciones de drones en constante evolución, este libro puede ofrecer claridad sobre los requisitos legales, restricciones del espacio aéreo y medidas de cumplimiento, ayudando a los operadores a navegar por la intrincada red de marcos regulatorios. Se cubren una serie de regulaciones específicas de diferentes países dentro del libro.

El libro también tiene como objetivo proporcionar conciencia de seguridad relevante para las operaciones con drones. Enfatizar los principios de seguridad es crucial en las operaciones con drones para prevenir accidentes y mitigar riesgos. Este libro subraya la importancia de los protocolos de seguridad, fomenta evaluaciones de riesgo exhaustivas, describe procedimientos de emergencia y promueve prácticas de vuelo responsables.

Se incorporan muchos ejercicios prácticos, estudios de caso y ejemplos del mundo real en este libro para mejorar las habilidades operativas y fomentar habilidades de toma de decisiones sólidas, facilitando el desarrollo de la competencia en pilotaje de drones. Además, adaptado a sectores específicos como fotografía, videografía, agricultura, topografía o seguridad pública, este libro ofrece a los profesionales valiosas percepciones sobre cómo se emplean los drones, incluyendo técnicas avanzadas y tendencias emergentes dentro de sus respectivas industrias. En general, este libro sirve como una guía de referencia integral, permitiendo a los operadores acceder rápidamente a información sobre una amplia gama de temas, desde la selección de equipos y mantenimiento hasta la planificación de vuelos y el análisis de datos. Está destinado a proporcionar a los lectores información y orientación sobre la operación de drones para fines recreativos y comerciales. Antes de adentrarse en el contenido de este libro, es importante que los lectores comprendan y reconozcan la siguiente advertencia:

1. Cumplimiento con Leyes y Regulaciones Locales: La operación de drones, ya sea con fines recreativos o comerciales, está sujeta a una miríada de leyes locales, regulaciones y restricciones. Se aconseja a los lectores familiarizarse con las leyes y regulaciones aplicables en sus respectivas jurisdicciones antes de participar en cualquier actividad relacionada con drones. Esto incluye, pero no se limita a, obtener los permisos, licencias y autorizaciones necesarios de las autoridades pertinentes. En Estados Unidos, por ejemplo, los operadores de drones recreativos deben adherirse a las regulaciones establecidas por la Administración Federal de Aviación (FAA), incluyendo los requisitos de registro para drones que pesen por encima de cierto umbral. Además, los operadores de drones comerciales están sujetos a las regulaciones de la Parte 107, que regulan la operación de sistemas de aeronaves no tripuladas pequeñas (sUAS) con fines comerciales.

2. Capacitación y Práctica son Esenciales: La operación segura y eficaz de drones requiere una capacitación adecuada y práctica consistente. Los lectores deben entender que la competencia en pilotaje de drones, la comprensión de las regulaciones del espacio aéreo y el manejo de situaciones de emergencia son habilidades que deben desarrollarse con el tiempo a través de capacitación y práctica dedicadas. Un piloto novato de drones debería someterse a programas de capacitación integrales ofrecidos por organizaciones o instituciones de renombre para aprender habilidades esenciales, como maniobras de vuelo, procedimientos de emergencia y navegación del espacio aéreo. Además, sesiones regulares de práctica en entornos controlados pueden ayudar a los pilotos a mejorar su competencia y confianza en la operación segura de drones.

3. Asumir el Riesgo: Participar en operaciones con drones implica riesgos inherentes, incluyendo, pero no limitado a, colisiones, fallos de equipo y violaciones regulatorias. Los lectores deben reconocer estos riesgos al participar en actividades relacionadas con drones y deben tomar las precauciones adecuadas para mitigarlos. Mientras que los drones ofrecen emocionantes oportunidades para la fotografía y videografía aérea, los operadores deben estar conscientes del riesgo de colisiones con obstáculos u otras aeronaves, especialmente en espacios aéreos congestionados. Los pilotos deberían realizar inspecciones previas al vuelo, mantener una línea de visión visual con sus drones y adherirse a los límites de altitud y distancia para minimizar el riesgo de accidentes.

4. Consulta con Profesionales: Se alienta a los lectores a buscar orientación y asesoramiento de profesionales cualificados, como expertos en aviación, asesores legales y profesionales de la industria de drones, para abordar preocupaciones o preguntas específicas relacionadas con las operaciones de drones. La consulta profesional puede proporcionar percepciones valiosas y garantizar el cumplimiento de las regulaciones y mejores prácticas aplicables. Los operadores de drones comerciales pueden beneficiarse al consultar con abogados de aviación o expertos regulatorios para navegar requisitos legales complejos y obtener las exenciones o permisos necesarios para operaciones especializadas, como vuelos nocturnos o vuelos sobre personas.

Introducción

El término "dron" se originó históricamente en el contexto de las misiones de inteligencia, vigilancia y reconocimiento militar debido a la ventaja de no arriesgar la vida de un piloto en zonas de combate [1]. Aunque la Administración Federal de Aviación de EE.UU. adoptó oficialmente el término "vehículo/sistema aéreo no tripulado (VANT/UAS)" en 2005, el término "dron" sigue siendo preferido en la literatura médica revisada por pares [2]. La asociación histórica de los drones con aplicaciones militares está bien documentada, con drones siendo utilizados extensamente en diversas actividades militares [3].

Figura 1: Una aeronave de control de drones Grumman F7F-2D Tigercat de la Marina de EE.UU. del Escuadrón de Utilidad VU-6 siguiendo un dron Radioplane KD2R en 1953. USN, dominio público, a través de Wikimedia Commons.

Figura 2: Un UAV (Vehículo Aéreo No Tripulado) Reaper de la RAF, tomado en 2009. Foto: POA(Phot) Tam McDonald/MOD, OGL v1.0, a través de Wikimedia Commons.

Con el tiempo, el uso de drones se ha expandido más allá de las aplicaciones militares para abarcar una amplia gama de usos civiles [4]. Ahora, los drones se emplean en diversos campos como el de la salud, donde muestran un potencial significativo para aplicaciones como la vigilancia médica, el monitoreo de sitios de desastres y la investigación epidemiológica [5, 6]. Además, los drones han encontrado utilidad en la entrega de suministros médicos de emergencia, como desfibriladores externos automáticos, para ayudar en situaciones de paro cardíaco fuera del hospital [7, 8].

La evolución histórica de la tecnología de drones ha visto un cambio hacia aplicaciones civiles, incluida la preservación cultural a través del uso de ortofotos basadas en drones para restaurar edificios históricos [9]. Además, el término "dron" se ha convertido en el descriptor popular y dominante para los vehículos aéreos no tripulados, reflejando su uso generalizado y reconocimiento [10].

Un dron, también conocido como Vehículo Aéreo No Tripulado (VANT), se refiere a una aeronave que opera sin un piloto humano a bordo. Los drones han ganado una popularidad significativa en los últimos años debido a sus diversas aplicaciones en varios campos, incluyendo el monitoreo de vida silvestre, entrega de paquetes, movilidad urbana, gestión de desastres y cadena de suministro de atención médica [11-15]. Estas aeronaves no tripuladas están equipadas con sensores, cámaras y otras tecnologías que les permiten realizar tareas de manera autónoma o bajo control remoto [16].

El uso de drones se ha expandido más allá de las aplicaciones militares para incluir la investigación ambiental, esfuerzos de conservación e incluso investigaciones forenses [13, 14]. Los drones se han utilizado para estudiar el comportamiento de la vida silvestre, monitorear ecosistemas y apoyar iniciativas de conservación [11, 13]. Además, los drones han sido integrados en los sistemas de salud para transportar suministros médicos de manera rápida y eficiente, especialmente en situaciones de emergencia como la pandemia de COVID-19 [12].

Figura 3: Dron DJI Mini 4 Pro. Ejemplo de un dron civil. Jacek Halicki, CC BY-SA 4.0, a través de Wikimedia Commons.

A pesar de sus numerosos beneficios, los drones han suscitado preocupaciones respecto a su impacto en la vida silvestre, particularmente en términos de perturbación y contaminación acústica [11, 13, 14]. Estudios han demostrado que los drones pueden afectar el comportamiento de animales como canguros y tortugas marinas, destacando la necesidad de establecer umbrales operativos éticos cuando se usan drones en la monitorización de vida silvestre [11, 13]. Además, las emisiones de ruido de los drones han sido objeto de investigación, con esfuerzos para entender los efectos del ruido de los drones en humanos y vida silvestre [17].

La tecnología de drones se ha integrado sin problemas en el tejido de la vida diaria, gracias a su complejidad en constante evolución. En diversos sectores, los drones sirven para una miríada de aplicaciones contemporáneas:

- **Fotografía y Videografía**: Los drones han transformado el campo de la fotografía, ofreciendo a los fotógrafos perspectivas aéreas sin igual. Adaptados a necesidades específicas de fotografía, estos drones capturan impresionantes vistas de horizontes urbanos, paisajes costeros y maravillas arquitectónicas. Además, enriquecen los esfuerzos de grabación de video, enriqueciendo eventos deportivos, proyectos cinematográficos y recorridos virtuales de bienes raíces con ángulos únicos y visuales inmersivos.

- **Servicios de Entrega**: Los drones de entrega han revolucionado la logística transportando de manera eficiente alimentos, paquetes y bienes directamente a las puertas de los consumidores. Estos drones de "última milla" optimizan las operaciones para minoristas y cadenas de supermercados, ofreciendo una alternativa rápida y eficiente a los métodos de entrega tradicionales.

- **Búsqueda y Rescate**: Los drones juegan un papel vital en las operaciones de rescate, especialmente en entornos peligrosos donde la intervención humana es arriesgada. Vehículos autónomos submarinos asisten en rescates acuáticos, mientras que drones aéreos ayudan en la localización de individuos atrapados en avalanchas u otras emergencias, asegurando respuestas rápidas y efectivas a las crisis.

- **Agricultura**: En la agricultura, los drones optimizan las prácticas de gestión de granjas realizando estudios de campo, operaciones de siembra, monitoreo de ganado y estimación de rendimiento de cultivos. Estos VANT aumentan la eficiencia, alivian la carga física de los agricultores y economizan tiempo en operaciones agrícolas.

- **Vigilancia**: Agencias de aplicación de la ley y fuerzas militares aprovechan el poder de los drones para capacidades de vigilancia mejoradas. Los drones apoyan a la policía en el monitoreo de eventos, la recopilación de evidencia de infracciones de tráfico y la reconstrucción de escenas de crimen. De manera similar, el personal militar emplea tecnología de drones para misiones de reconocimiento, seguimiento de objetivos y esfuerzos de planificación estratégica.

- **Uso Personal**: A medida que los costos disminuyen, los drones se han vuelto accesibles para el público general con fines recreativos. Los entusiastas participan en actividades como la fotografía aérea y el vuelo de afición. Sin embargo, los pilotos de drones recreativos deben adherirse a regulaciones y obtener las certificaciones necesarias para asegurar una operación segura y responsable.

- **Monitoreo de Vida Silvestre**: Los drones ofrecen una solución rentable para los esfuerzos de conservación de vida silvestre. Los conservacionistas utilizan drones para monitorear poblaciones de vida silvestre, rastrear movimientos animales y evaluar la salud del ecosistema desde perspectivas aéreas, facilitando iniciativas de conservación y proyectos de reforestación.

- **Modelado 3D**: Drones equipados con LiDAR realizan estudios de paisajes y recopilan datos para crear modelos 3D detallados. Estos drones proporcionan datos precisos esenciales para la planificación urbana, monitoreo ambiental y proyectos de desarrollo de infraestructura.

- • Operaciones Militares: Los drones militares modernos, equipados con tecnologías avanzadas como la imagen térmica y telémetros láser, juegan roles fundamentales en la recopilación de inteligencia, misiones de reconocimiento y ataques aéreos dirigidos para fines de defensa nacional.

La fotografía y la videografía han experimentado una transformación notable con la llegada de los drones. Estos vehículos aéreos han revolucionado la manera en que fotógrafos y cineastas capturan imágenes y vídeos, ofreciendo perspectivas sin precedentes que antes eran inaccesibles. Adaptados para satisfacer las diversas necesidades de los entusiastas y profesionales de la fotografía por igual, los drones están equipados con capacidades de imagen avanzadas que les permiten capturar vistas impresionantes con claridad y precisión.

Una de las ventajas más significativas de la fotografía con drones es su capacidad para proporcionar vistas aéreas de paisajes y ciudades. Desde imponentes horizontes urbanos hasta serenas vistas costeras, los drones ofrecen a los fotógrafos la oportunidad de capturar escenas impresionantes desde arriba, revelando patrones, texturas y perspectivas que a menudo se pasan por alto desde el nivel del suelo. Esta perspectiva aérea añade una nueva dimensión a la fotografía, permitiendo a los fotógrafos exhibir lugares emblemáticos y paisajes de una manera fresca y cautivadora.

Figura 4: Fotografía Aérea Utilizando Drones por Drone Reviews - Vista Aérea de Sídney, Australia. Drone Reviews, CC BY 2.0, a través de Wikimedia Commons.

Además, los drones se han convertido en herramientas indispensables para los videógrafos, mejorando los esfuerzos de grabación de video en diversos dominios. Ya sea documentando eventos deportivos, filmando secuencias cinematográficas para películas o creando recorridos virtuales de bienes raíces, los drones permiten a los cineastas capturar imágenes dinámicas desde ángulos y perspectivas únicas. Al maniobrar con facilidad por el aire, los drones proporcionan a los cineastas la flexibilidad de explorar composiciones y perspectivas creativas, resultando en videos que son inmersivos y visualmente atractivos.

Los drones han transformado la fotografía y la videografía ofreciendo a fotógrafos y cineastas perspectivas aéreas sin igual. Adaptados para satisfacer necesidades fotográficas específicas, los drones capturan vistas impresionantes de paisajes urbanos, costeros y maravillas arquitectónicas, al tiempo que también mejoran los esfuerzos de grabación de video en diversos dominios. Con su capacidad para capturar ángulos y perspectivas únicas, los drones han revolucionado la manera en que se capturan imágenes y vídeos, agregando una nueva dimensión al relato visual.

Los drones de entrega representan una innovación revolucionaria en el ámbito de la logística, remodelando fundamentalmente el paisaje de los servicios de entrega de última milla. Tradicionalmente, la última etapa del proceso de entrega, conocida como la "última milla," ha sido un cuello de botella para los minoristas y las empresas de logística, plagado de desafíos como la congestión del tráfico, rutas ineficientes y altos costos. Sin embargo, los drones de entrega ofrecen una solución transformadora a estos problemas de larga data al proporcionar un medio rápido y eficiente de transportar bienes directamente a las puertas de los consumidores.

Figura 5: Un dron de Flirtey entrega un desfibrilador externo automático (DEA) para tratar un paro cardíaco. Mollyrose89, CC BY-SA 4.0, a través de Wikimedia Commons.

Al aprovechar la tecnología de drones, los minoristas y cadenas de supermercados pueden sortear las limitaciones de los métodos de entrega tradicionales, entregando paquetes con una velocidad y precisión sin precedentes. Estos vehículos aéreos no tripulados están equipados con sistemas de navegación sofisticados y capacidades de vuelo autónomo, lo que les permite navegar a través de entornos urbanos y llegar a los destinos de manera rápida y eficiente. Como resultado, los drones de entrega ofrecen una alternativa viable a los vehículos de entrega convencionales, particularmente en áreas densamente pobladas donde la congestión y el tráfico plantean desafíos significativos para la entrega oportuna.

Además, los drones de entrega ofrecen una flexibilidad y escalabilidad sin igual, permitiendo a los minoristas adaptarse a la demanda fluctuante y responder rápidamente a las necesidades de los clientes. Con la capacidad de volar sobre el tráfico y los obstáculos, los drones pueden cubrir distancias más eficientemente que los vehículos terrestres, haciéndolos particularmente adecuados para entregar artículos pequeños y sensibles al tiempo, como alimentos, medicamentos y electrónica de consumo.

Como ejemplo de la utilización de drones para la entrega, Zipline International Inc. es una empresa estadounidense especializada en el diseño, producción y operación de drones de entrega. La compañía mantiene centros de distribución en varios países incluyendo

Ruanda, Ghana, Japón, Estados Unidos, Nigeria, Costa de Marfil y Kenia. A noviembre de 2023, los drones de Zipline han completado más de 800,000 entregas comerciales y volado más de 40 millones de millas de manera autónoma [18].

Los drones de Zipline se utilizan principalmente para transportar suministros médicos esenciales como sangre completa, plaquetas, plasma congelado y crioprecipitado, así como productos médicos como vacunas, infusiones y productos médicos comunes. Notablemente, en Ruanda, los drones de Zipline manejan más del 75 por ciento de las entregas de sangre fuera de la capital, Kigali. En Ghana, la compañía comenzó las entregas de drones de vacunas, sangre y medicinas en abril de 2019. Además, durante la pandemia de COVID-19 en 2020, la organización asociada de Zipline, Novant Health, recibió una exención de aviación Parte 107 de la Administración Federal de Aviación (FAA) de EE. UU. para usar los drones de Zipline para entregar suministros médicos y equipo de protección personal (EPP) a instalaciones de salud en Carolina del Norte.

Más allá de las entregas médicas, Zipline también ofrece servicios de entrega para productos no médicos. Esto incluye asociaciones con gigantes minoristas como Walmart, iniciada en 2021, y con el proveedor de servicios de comida Sweetgreen, anunciado en 2023. El sitio web de Zipline muestra una gama de aplicaciones potenciales para sus servicios de entrega de drones, incluyendo entregas de restaurantes, entregas de comestibles, compras de conveniencia y cumplimiento de comercio electrónico.

Figura 6: Un dron de Zipline volando y entregando un paquete. Roksenhorn, CC BY-SA 4.0, a través de Wikimedia Commons.

Además, los drones de entrega tienen el potencial de reducir las emisiones de carbono y el impacto ambiental asociados con los métodos de entrega tradicionales. Al operar con energía eléctrica y volar directamente a sus destinos, los drones minimizan la necesidad de grandes flotas de camiones y furgonetas de entrega, disminuyendo así la congestión del tráfico y la contaminación del aire en áreas urbanas.

En general, los drones de entrega representan una innovación revolucionaria en el campo de la logística, ofreciendo a los minoristas y empresas una solución rentable, eficiente y ecológica para la entrega de última milla. A medida que la tecnología continúa avanzando y los marcos regulatorios evolucionan, los drones de entrega están preparados para desempeñar un papel cada vez más prominente en la configuración del futuro del comercio electrónico y la gestión de la cadena de suministro.

Las misiones de búsqueda y rescate a menudo involucran entornos peligrosos donde la intervención humana supone riesgos significativos. En estas situaciones desafiantes, los drones emergen como herramientas indispensables, desempeñando un papel fundamental en la facilitación de operaciones de rescate. Ya sea desplegados en áreas remotas de naturaleza virgen o en medio de desastres naturales, los drones ofrecen capacidades únicas que mejoran la efectividad y eficiencia de los esfuerzos de búsqueda y rescate.

Figura 7: Un miembro de "Serve On" sostiene un dron volador - utilizado para ayudar a identificar las áreas más afectadas por el terremoto en Nepal. DFID - Departamento de Desarrollo Internacional del Reino Unido, CC BY 2.0, a través de Wikimedia Commons.

Una área donde los drones sobresalen es en los rescates acuáticos, donde los métodos tradicionales pueden ser imprácticos o inseguros. Los vehículos submarinos autónomos (AUVs) equipados con sensores especializados y tecnología de imágenes pueden navegar entornos subacuáticos con precisión, asistiendo en la búsqueda de personas desaparecidas u objetos sumergidos. Estos AUVs pueden inspeccionar grandes áreas de agua de manera rápida y eficiente, proporcionando asistencia invaluable a los equipos de búsqueda y rescate para localizar individuos en peligro.

De manera similar, los drones aéreos son instrumentales en localizar y rescatar individuos atrapados en entornos peligrosos como avalanchas o terrenos inaccesibles. Equipados con cámaras de alta resolución, sensores de imágenes térmicas y otras tecnologías avanzadas, los drones aéreos pueden inspeccionar vastas áreas desde arriba, identificando rápidamente posibles peligros y localizando a individuos que necesitan asistencia. Al proporcionar reconocimiento aéreo en tiempo real, los drones permiten a los equipos de búsqueda y rescate evaluar la situación rápidamente y desplegar recursos de manera efectiva, asegurando respuestas rápidas y coordinadas ante emergencias.

En general, los drones desempeñan un papel vital en las operaciones de búsqueda y rescate al ofrecer capacidades sin igual para navegar entornos peligrosos y localizar a individuos en peligro. Ya sea desplegados bajo el agua o en el aire, los drones mejoran la eficiencia y efectividad de los esfuerzos de rescate, ayudando a salvar vidas y mitigar el impacto de desastres y emergencias.

En el ámbito de la agricultura, los drones han surgido como herramientas transformadoras, revolucionando las prácticas tradicionales de gestión agrícola. Al aprovechar las capacidades de los vehículos aéreos no tripulados (UAVs), los agricultores pueden optimizar varios aspectos de sus operaciones, lo que lleva a un aumento de la eficiencia y la productividad en el sector agrícola.

Una de las aplicaciones clave de los drones en la agricultura es la realización de encuestas de campo. Equipados con sensores avanzados y tecnología de imágenes, los drones pueden capturar imágenes aéreas de alta resolución de las tierras agrícolas, proporcionando a los agricultores percepciones valiosas sobre la salud de los cultivos, los niveles de humedad del suelo y las infestaciones de plagas. Estos datos aéreos permiten a los agricultores tomar decisiones informadas sobre riego, fertilización y control de plagas, mejorando finalmente los rendimientos de los cultivos y reduciendo el desperdicio de recursos.

Además, los drones desempeñan un papel crucial en las operaciones de siembra, particularmente en operaciones agrícolas a gran escala. Al desplegar drones equipados con sistemas de siembra de precisión, los agricultores pueden distribuir semillas de manera precisa a través de grandes extensiones de tierra, asegurando un espaciado óptimo y cobertura para el máximo crecimiento del cultivo. Este proceso de siembra automatizado no solo ahorra tiempo y trabajo, sino que también mejora la eficiencia de la plantación y la uniformidad del cultivo, lo que lleva a mayores rendimientos y a la reducción de los costos de insumos.

Figura 8: Un dron destinado para uso agrícola. Agridrones Solutions Israel, CC BY-SA 4.0, a través de Wikimedia Commons.

Además de las encuestas de campo y las operaciones de siembra, los drones también se utilizan para el monitoreo de ganado en la agricultura. Con la capacidad de cubrir grandes áreas de pastizales de manera rápida y eficiente, los drones permiten a los agricultores rastrear la salud y el comportamiento de su ganado, identificar animales enfermos o lesionados, y detectar posibles depredadores o intrusos. Esta capacidad de monitoreo en tiempo real permite a los agricultores responder prontamente a problemas relacionados con el ganado, mejorando el bienestar animal y las prácticas generales de gestión de la granja.

Además, los drones son herramientas invaluables para estimar rendimientos de cultivos y evaluar la salud de los cultivos a lo largo de la temporada de crecimiento. Al analizar imágenes aéreas capturadas por drones, los agricultores pueden cuantificar con precisión los rendimientos de los cultivos, predecir los tiempos de cosecha e identificar áreas del campo que pueden requerir atención o intervención adicional. Este enfoque basado en datos para la gestión de cultivos permite a los agricultores optimizar sus recursos, maximizar los rendimientos y minimizar el desperdicio, mejorando en última instancia la sostenibilidad y rentabilidad de sus operaciones.

Figura 9: Onyxstar HYDRA-12 UAV con cámara hiperespectral integrada para investigación agrícola. Cargyrak, CC BY-SA 4.0, a través de Wikimedia Commons.

Los drones han revolucionado la agricultura optimizando las prácticas de gestión agrícola y mejorando la productividad en todo el sector agrícola. Desde la realización de encuestas de campo y operaciones de siembra hasta el monitoreo de ganado y la estimación de rendimientos de cultivos, los drones ofrecen a los agricultores herramientas poderosas para mejorar la eficiencia, reducir costos y alcanzar prácticas agrícolas sostenibles. A medida que la tecnología continúa avanzando, se espera que el papel de los drones en la agricultura se expanda aún más, impulsando la innovación y el futuro de la agricultura.

Tanto en contextos de aplicación de la ley como militares, los drones se han convertido en herramientas indispensables para mejorar las capacidades de vigilancia, ofreciendo una gama de beneficios en monitoreo, recolección de evidencia y planificación estratégica.

Las agencias de aplicación de la ley dependen de los drones para monitorear eventos y recopilar evidencia, proporcionando una vista de pájaro de las actividades desde arriba. Los drones equipados con cámaras de alta resolución y capacidades de transmisión en vivo permiten a la policía vigilar grandes áreas de manera eficiente y discreta, ayudando en los esfuerzos de prevención y respuesta a delitos. Además, los drones son herramientas valiosas para recoger evidencia de infracciones de tráfico, permitiendo a las autoridades monitorear carreteras y capturar imágenes de vehículos que exceden la velocidad u otras infracciones. En caso de un crimen, los drones también pueden desplegarse para reconstruir escenas del crimen, proporcionando a los investigadores información valiosa sobre la secuencia de eventos y las relaciones espaciales entre varios elementos.

De manera similar, las fuerzas militares aprovechan la tecnología de drones para misiones de reconocimiento y esfuerzos de planificación estratégica. Equipados con sensores avanzados y sistemas de imágenes, los drones militares pueden llevar a cabo reconocimientos aéreos sobre territorio enemigo, recopilando inteligencia sobre posiciones, movimientos e infraestructura enemigos. Esta capacidad de vigilancia en tiempo real permite a los comandantes militares tomar decisiones informadas sobre el despliegue de tropas, la priorización de objetivos y la planificación operativa, mejorando la efectividad y eficiencia de las operaciones militares. Además, los drones se utilizan para el seguimiento de objetivos, permitiendo al personal militar monitorear y seguir objetivos de alto valor o amenazas potenciales con precisión y exactitud.

En general, los drones desempeñan un papel vital en las operaciones de vigilancia tanto para fines de aplicación de la ley como militares, proporcionando capacidades valiosas para el monitoreo, la recolección de evidencias y la planificación estratégica. Al ofrecer perspectivas aéreas y capacidades de vigilancia en tiempo real, los drones mejoran la conciencia situacional y las capacidades de toma de decisiones, contribuyendo en última instancia a la seguridad de las comunidades y el éxito de las misiones militares. A medida que la tecnología de drones continúa avanzando, se espera que el papel de los drones en la vigilancia se expanda aún más, impulsando la innovación y mejorando las capacidades tanto en contextos civiles como militares.

Los bomberos utilizan drones de varias maneras para mejorar sus esfuerzos de extinción de incendios y mejorar la seguridad general durante las operaciones de respuesta a emergencias. Aquí hay algunas aplicaciones comunes de drones en la lucha contra incendios:

Reconocimiento Aéreo: Los drones equipados con cámaras y sensores de imágenes térmicas proporcionan a los bomberos perspectivas aéreas valiosas de las escenas de incendios. Al capturar imágenes de alta resolución y datos térmicos desde arriba, los drones permiten a los bomberos evaluar la extensión del incendio, identificar puntos calientes y detectar posibles peligros como debilidades estructurales o materiales peligrosos. Este reconocimiento aéreo permite a los bomberos desarrollar estrategias de lucha contra incendios efectivas y priorizar la asignación de recursos basada en la conciencia situacional en tiempo real.

Búsqueda y Rescate: Los drones equipados con cámaras de alta resolución y sensores infrarrojos son herramientas valiosas para las operaciones de búsqueda y rescate en escenarios de incendios. Estos drones pueden escanear rápidamente grandes áreas, incluyendo terrenos difíciles de alcanzar o peligrosos, para localizar personas desaparecidas o víctimas atrapadas. Al proporcionar apoyo aéreo a los equipos de rescate en tierra, los drones ayudan a acelerar los esfuerzos de búsqueda y mejorar las posibilidades de localizar y rescatar a individuos en peligro.

Mapeo y Monitoreo de Incendios: Los drones equipados con tecnología GPS y software de mapeo se utilizan para crear mapas detallados de áreas afectadas por incendios, incluyendo patrones de propagación de incendios y rutas de evacuación. Al monitorear el comportamiento y la progresión del incendio en tiempo real, los drones permiten a los bomberos anticipar cambios en las condiciones del incendio, ajustar las tácticas de lucha contra incendios en consecuencia y comunicar efectivamente las actualizaciones situacionales a los comandantes de incidentes y los respondedores de emergencias.

Figura 10: Vuelo de dron en el incendio de Grizzly Creek en Hanging Lake. Servicio Forestal del Bosque Nacional White River, dominio público, a través de Wikimedia Commons.

Detección de Materiales Peligrosos: Los drones equipados con sensores de gas y otras herramientas de monitoreo ambiental pueden detectar materiales peligrosos o fugas químicas en escenas de incendios. Al realizar encuestas aéreas del área, los drones ayudan a identificar posibles peligros para la seguridad de los bomberos e informan la toma de decisiones respecto a los procedimientos de evacuación, medidas de contención y el equipo de protección adecuado.

Evaluación Post-Incendio: Después de que el fuego ha sido extinguido, los drones se utilizan para realizar evaluaciones post-incendio e inspecciones de daños. Al capturar imágenes aéreas del área afectada por el fuego, los drones asisten a los bomberos en la evaluación de la integridad estructural, la valoración de daños a edificios e infraestructura, y la identificación de cualquier punto caliente o escombros aún humeantes que puedan representar un riesgo de reignición.

En general, los drones desempeñan un papel crucial en la mejora de las operaciones de lucha contra incendios al proporcionar a los bomberos perspectivas aéreas valiosas, datos en tiempo real y conciencia situacional durante escenarios de respuesta a emergencias. Al aprovechar la tecnología de drones, los bomberos pueden trabajar de manera más segura y efectiva para mitigar los peligros de incendio, proteger vidas y propiedades y, en última instancia, salvar vidas.

A medida que los costos de la tecnología de drones disminuyen, se ha vuelto cada vez más accesible para el público en general para uso personal y recreativo. Esta accesibilidad ha llevado a un aumento en el interés entre los entusiastas que están ansiosos por explorar las capacidades de los drones para diversas actividades recreativas. Entre estas actividades, la fotografía aérea se destaca como una afición popular, permitiendo a los aficionados capturar impresionantes tomas y videos aéreos desde perspectivas únicas que anteriormente eran inaccesibles. Además, el vuelo recreativo, que implica pilotar drones por diversión y desarrollo de habilidades, ha ganado popularidad como un pasatiempo atractivo para entusiastas de drones de todas las edades.

Sin embargo, a pesar del atractivo recreativo de la tecnología de drones, es esencial que los entusiastas operen sus drones de manera responsable y de acuerdo con las regulaciones establecidas. Los pilotos de drones recreativos están obligados a adherirse a las reglas del espacio aéreo y las directrices de seguridad establecidas por las autoridades de aviación para asegurar la seguridad de los usuarios del espacio aéreo y el público en general. Esto incluye obtener las certificaciones o registros necesarios, como la certificación Parte 107 de la Administración Federal de Aviación (FAA) en los Estados Unidos, que demuestra competencia en la operación de drones y conocimiento de las regulaciones del espacio aéreo.

Figura 11: Dron utilizado para uso personal. Departamento de Transporte de Oregón, CC BY 2.0, a través de Wikimedia Commons.

Además, la operación responsable de drones implica un compromiso con la seguridad y la conciencia de los riesgos potenciales asociados con volar drones en diferentes entornos. Los pilotos de drones recreativos deben ejercer precaución al operar sus drones cerca de áreas pobladas, aeropuertos u otras zonas restringidas para evitar accidentes potenciales o conflictos con otros usuarios del espacio aéreo. Además, es crucial ser consciente de las preocupaciones de privacidad y respetar la privacidad de otros al capturar imágenes o videos aéreos en espacios públicos.

Aunque los drones ofrecen emocionantes oportunidades para el uso recreativo y la expresión creativa, es esencial que los entusiastas se acerquen al vuelo de drones con un sentido de responsabilidad y conciencia de los requisitos regulatorios. Al adherirse a las pautas de seguridad, obtener las certificaciones necesarias y respetar las regulaciones del espacio aéreo y las consideraciones de privacidad, los pilotos de drones recreativos pueden disfrutar de los beneficios de la tecnología de drones mientras minimizan los riesgos y aseguran una experiencia positiva para ellos mismos y para otros.

En el ámbito del modelado 3D, los drones equipados con tecnología de Detección y Medición de Luz (LiDAR) han revolucionado el proceso de captura de datos espaciales precisos para diversas aplicaciones. Los drones equipados con LiDAR realizan levantamientos aéreos de paisajes, recopilando información detallada sobre la topografía de la superficie, la vegetación y las estructuras con notable precisión. Estos datos se utilizan luego para crear modelos 3D altamente precisos del área estudiada, proporcionando percepciones valiosas para una variedad de industrias y disciplinas.

Una de las principales aplicaciones de los drones equipados con LiDAR es en proyectos de planificación y desarrollo urbano. Al capturar modelos 3D detallados de entornos urbanos, incluyendo edificios, carreteras e infraestructura, los drones equipados con tecnología LiDAR permiten a los planificadores urbanos y arquitectos visualizar desarrollos propuestos y evaluar su impacto en el paisaje circundante. Este enfoque basado en datos para la planificación urbana permite una toma de decisiones más informada y una mejor integración de nuevos desarrollos en entornos urbanos existentes.

Figura 12: Dron con cuatro hélices y tecnología Lidar. Jonte, CC BY-SA 4.0, a través de Wikimedia Commons.

Además, los drones equipados con LiDAR desempeñan un papel crucial en el monitoreo ambiental y los esfuerzos de conservación. Al realizar levantamientos aéreos de paisajes naturales, como bosques, humedales y áreas costeras, los drones pueden capturar datos detallados sobre la densidad de la vegetación, la elevación del terreno y las características del hábitat. Esta información es esencial para monitorear cambios en los ecosistemas a lo largo del tiempo, identificar áreas de significancia ecológica e informar estrategias de conservación dirigidas a preservar la biodiversidad y mitigar la degradación ambiental.

Además de la planificación urbana y el monitoreo ambiental, los drones equipados con LiDAR también se utilizan en proyectos de desarrollo de infraestructura como la construcción de carreteras, el monitoreo de oleoductos y la gestión de servicios públicos. Al proporcionar modelos 3D precisos del terreno y los activos de infraestructura, los drones permiten a los ingenieros y gestores de proyectos planificar y ejecutar proyectos de construcción de manera más eficiente, minimizar impactos ambientales y optimizar la asignación de recursos.

Los drones equipados con LiDAR juegan un papel vital en las aplicaciones de modelado 3D, proporcionando datos espaciales precisos que son esenciales para la planificación urbana, el monitoreo ambiental y los proyectos de desarrollo de infraestructura. Al aprovechar las capacidades de la tecnología LiDAR, los drones permiten a los profesionales de diversas industrias tomar decisiones informadas, optimizar recursos y lograr mejores resultados en sus respectivos campos.

TIPOS DE DRONES

Los Vehículos Aéreos No Tripulados (VANTs) pueden clasificarse según diversos criterios. Una clasificación común se basa en el tipo de VANT, que incluye VANTs de ala fija y de ala rotatoria [19]. Otro criterio de clasificación se basa en el sistema de propulsión utilizado, que categoriza los VANTs en sistemas de propulsión a base de combustible, híbridos de combustible-eléctricos y sistemas de propulsión totalmente eléctricos [20]. Además, los VANTs pueden clasificarse según sus aplicaciones, como en agricultura, mapeo de vegetación urbana, vigilancia, gestión de desastres y más [21-23].

Además, los VANTs pueden clasificarse según sus capacidades y características. Por ejemplo, los VANTs pueden clasificarse según su capacidad de volar de manera autónoma o ser pilotados de forma remota [24]. Además, la clasificación de los VANTs también puede estar relacionada con sus métodos de detección e identificación. Las técnicas basadas en RF se han empleado para la detección e identificación de VANTs, lo que lleva a enfoques de clasificación jerárquica para sistemas de detección de VANTs basados en RF [25, 26].

En el contexto de las redes de VANTs, las clasificaciones pueden realizarse en diferentes niveles, como el nivel celular, el nivel de sistema y el nivel de sistema de sistemas, para entender cómo diferentes componentes contribuyen al rendimiento general del sistema [27]. Además, el uso de algoritmos de aprendizaje automático ha permitido la clasificación de paquetes benignos o maliciosos en redes de VANTs para mejorar la seguridad [28].

Tipos Generales Los drones vienen en varios tipos, cada uno diseñado para propósitos y aplicaciones específicas que incluyen:

1. Drones de Ala Fija: Los drones de ala fija se asemejan a aviones tradicionales

y cuentan con alas que generan sustentación a medida que se mueven hacia adelante. Estos drones son adecuados para vuelos de larga distancia y misiones de mapeo aéreo debido a su diseño eficiente y tiempos de vuelo prolongados. Los drones de ala fija se utilizan comúnmente en agricultura, topografía y fotografía aérea.

2. Drones Multirotor: Los drones multirotor, como los cuadricópteros y hexacópteros, cuentan con múltiples rotores dispuestos en una configuración simétrica. Estos drones son altamente maniobrables y capaces de mantenerse en el lugar, lo que los hace ideales para tareas que requieren posicionamiento preciso o fotografía y videografía aérea. Los drones multirotor son populares entre aficionados, cineastas y operadores comerciales.

3. Helicópteros de Rotor Único: Los helicópteros de rotor único, también conocidos como drones de ala rotatoria, cuentan con un rotor grande montado en la parte superior de la aeronave. Estos drones ofrecen una mayor capacidad de carga y estabilidad en comparación con los drones multirotor, lo que los hace adecuados para aplicaciones de carga pesada como operaciones de grúa aérea o transporte de carga en entornos desafiantes.

4. Drones Híbridos: Los drones híbridos combinan características de diseños de ala fija y multirotor, permitiéndoles despegar y aterrizar verticalmente como un drone multirotor mientras también se benefician de la eficiencia del vuelo de ala fija para viajes de larga distancia. Estos drones ofrecen versatilidad para aplicaciones que requieren tanto despegue vertical como vuelo de larga duración, como la vigilancia o el mapeo aéreo.

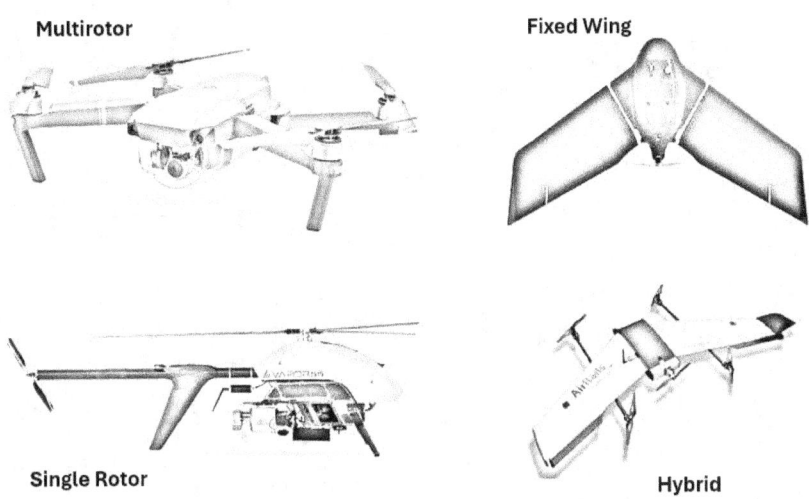

Figura 13: Tipos generales de drones.

Drones de Ala Fija

Los drones de ala fija utilizan la aerodinámica para generar sustentación y mantenerse en el aire, de manera similar a los aviones tradicionales. Son comúnmente empleados para mapear grandes áreas debido a su autonomía extendida y eficiencia. A diferencia de los drones multirotor, los drones de ala fija dependen de su diseño aerodinámico para el vuelo sostenido, resultando en una mayor duración del vuelo y velocidades de vuelo más rápidas.

Sin embargo, los drones de ala fija tienden a ser más costosos que los drones multirotor y requieren de un espacio amplio para despegar y aterrizar, similar a los aviones. Algunos modelos más grandes necesitan equipo especializado en tierra para el lanzamiento y la recuperación. Además, los drones de ala fija carecen de las capacidades de despegue y aterrizaje vertical de los drones multirotor, limitando su maniobrabilidad y adecuación para ciertas aplicaciones.

Figura 14: Dron de ala fija utilizado por el USGS. Bureau of Land Management Oregon and Washington de Portland, América, dominio público, a través de Wikimedia Commons.

A pesar de estas limitaciones, los drones de ala fija ofrecen varias ventajas. Pueden cubrir distancias más largas, mapear áreas más grandes y permanecer en el aire durante períodos prolongados, lo que los hace ideales para tareas como el mapeo aéreo, topografía, agricultura e inspección. Sus capacidades de alta altitud y la habilidad de llevar cargas más pesadas aumentan aún más su utilidad en diversas aplicaciones técnicas.

Sin embargo, operar drones de ala fija requiere entrenamiento y competencia debido a sus características de vuelo únicas y requisitos de aterrizaje. Lanzar y controlar un dron de ala fija necesita confianza y habilidad, ya que siempre están avanzando y típicamente requieren un lanzador para despegar. Además, procesar y analizar la gran cantidad de datos capturados por los drones de ala fija puede ser complejo y llevar mucho tiempo, requiriendo software especializado y experiencia.

En general, los drones de ala fija son valorados por su eficiencia, alcance y resistencia, lo que los convierte en herramientas indispensables para una amplia gama de aplicaciones técnicas, incluyendo mapeo aéreo, topografía, agricultura, inspección, construcción y seguridad. A pesar de sus desafíos, sus capacidades los hacen activos indispensables en varias industrias.

Drones Multirotor

Los drones multirotor presentan una solución accesible y rentable para la vigilancia aérea y la fotografía, ofreciendo control preciso sobre el posicionamiento y el encuadre. Nombrados por sus múltiples rotores, estos drones comúnmente vienen en configuraciones como tricópteros, cuadricópteros, hexacópteros y octocópteros, siendo los cuadricópteros la variante más prevalente. A diferencia de los drones de ala fija, los drones multirotor cuentan con varios motores que giran verticalmente, lo que les permite despegar, aterrizar, volar y mantenerse en el aire con una agilidad similar a la de los helicópteros tradicionales.

Figura 15: Cuadricóptero DJI Mavic Pro adicionalmente equipado con espectrofotómetro Ocean Insight STS-VIS y equipo suplementario. Taras Kazantsev, CC BY 4.0, a través de Wikimedia Commons.

Reconocidos por su versatilidad, los drones multirotor son ampliamente preferidos tanto para aplicaciones recreativas como profesionales, particularmente en fotografía aérea. Su tamaño compacto y maniobrabilidad los hacen una opción ideal para capturar tomas dinámicas desde diversas perspectivas. Además, los drones multirotor ofrecen la flexibilidad de montar diferentes tipos de cámaras para tareas diversas, mejorando aún más su utilidad.

Sin embargo, los drones multirotor vienen acompañados de limitaciones, principalmente en cuanto a autonomía de vuelo y eficiencia. Su dependencia de múltiples rotores consume más energía, resultando en tiempos de vuelo más cortos en comparación con sus contrapartes de ala fija. Típicamente, los drones multirotor ofrecen duraciones de vuelo de menos de una hora, lo que requiere el uso de múltiples baterías para operaciones prolongadas, incurriendo así en costos adicionales.

Las ventajas de los drones multirotor incluyen un control mejorado durante el vuelo, lo que permite movimientos precisos en varias direcciones, incluyendo ascenso y descenso vertical, movimiento lateral y rotación. Su agilidad permite vuelos de proximidad cercana a estructuras y facilita la entrega eficiente de cargas y las inspecciones. Además, algunos diseños cuentan con componentes redundantes para asegurar la continuidad de la operación en caso de falla del motor.

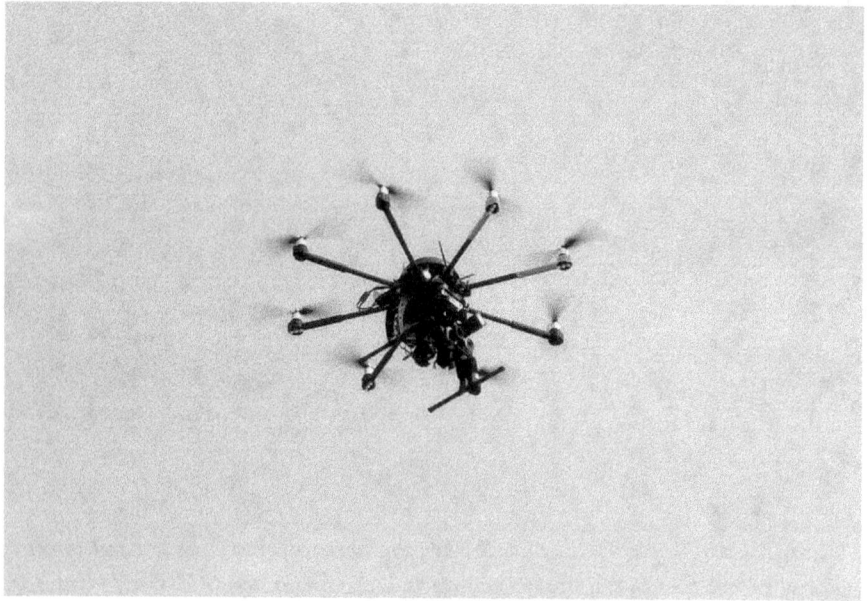

Figura 16: Vehículo aéreo no tripulado multirotor (ATyges FV8 Thermodrone). David Pérez, CC BY-SA 3.0, a través de Wikimedia Commons.

A pesar de sus ventajas, los drones multirotor no son adecuados para ciertas tareas que requieren una resistencia prolongada y vuelos de alta velocidad, como el mapeo aéreo a gran escala y las inspecciones a larga distancia. Su ineficiencia inherente y la dependencia de motores eléctricos limitan sus tiempos de vuelo, que típicamente varían entre 20 y 30 minutos con cargas ligeras. Además, la dependencia de sistemas de vuelo controlados por computadora los hace vulnerables a fallos, lo que requiere redundancia en los componentes para mitigar los riesgos.

En aplicaciones técnicas, los drones multirotor son útiles en inspecciones visuales, imágenes térmicas, fotografía y videografía aérea, y escaneo 3D. Aunque se destacan en tareas que requieren maniobrabilidad precisa y operaciones en espacios reducidos, sus limitaciones deben ser consideradas al seleccionar el dron apropiado para aplicaciones específicas.

Helicópteros de Rotor Único

Los helicópteros no se limitan a las grandes aeronaves tripuladas; también se presentan en formas de drones no tripulados más pequeños. Estos drones vienen en una variedad de tamaños, desde juguetes diminutos hasta drones de tamaño considerable equipados con cámaras, con precios que aumentan en consecuencia. Mientras que algunos drones de rotor único se pueden encontrar por tan solo $20 en tiendas, otros alcanzan miles de dólares en línea.

Una característica interesante de los drones profesionales de rotor único es su potencial para funcionar con gasolina en lugar de electricidad, dependiendo de su tamaño. Aunque son más eficientes que los drones multirotor, no alcanzan la eficiencia de sus contrapartes de ala fija. Volar un drone de rotor único puede ser casi tan desafiante como pilotar uno de ala fija, requiriendo un equilibrio delicado.

Aunque los drones de rotor único pueden no ofrecer tantas aplicaciones como los drones multirotor, sobresalen en llevar cargas más pesadas. Generalmente son preferidos por aficionados que buscan un nuevo desafío, los tipos de drones de rotor único son robustos y resistentes, pareciéndose a los helicópteros reales en su estructura y diseño. Con solo un rotor y un rotor de cola para estabilidad y control, ofrecen una mezcla de agilidad multirotor y eficiencia de rotor único.

Los drones de rotor único típicamente utilizan motores de gasolina en lugar de baterías, lo que resulta en tiempos de vuelo más largos. Sin embargo, su mayor tamaño y complejidad en comparación con otros UAV los hacen más caros y desafiantes de operar, con aspas más grandes que presentan mayores riesgos de seguridad.

Las ventajas de los helicópteros de rotor único incluyen su eficiencia superior, especialmente cuando funcionan con gasolina, permitiendo tiempos de vuelo prolongados. Sus largas aspas, que se asemejan a alas giratorias, contribuyen a esta eficiencia, haciéndolos adecuados para flotar con cargas pesadas o lograr un equilibrio entre el vuelo estacionario y el vuelo hacia adelante.

Sin embargo, los tipos de drones de rotor único tienen sus desventajas. Son complejos, costosos y menos estables que los multirotor, requiriendo un mantenimiento meticuloso debido a su complejidad mecánica. Además, la presencia de grandes aspas giratorias aumenta los riesgos de seguridad, especialmente en caso de fallo de componentes.

En aplicaciones técnicas, los drones de rotor único son útiles en tareas como el escaneo láser LIDAR aéreo, levantamientos con drones y transporte de cargas pesadas. Aunque ofrecen capacidades únicas, su complejidad y consideraciones de seguridad los hacen una elección especializada para operaciones específicas. En el ejemplo mostrado como la Figura 17, el helicóptero no tripulado se utiliza para la medición de dosis espacial desarrollada por la Agencia de Energía Atómica de Japón, una institución nacional de investigación y desarrollo. Equipado con un sistema de medición de radiación dedicado en el helicóptero no tripulado de vuelo autónomo de Yamaha Motor RMAX G1, mide rayos gamma directos desde el suelo y rayos dispersos desde el aire.

Figura 17: JAEA Yamaha RMAX G1. Cp9asngf, CC BY-SA 4.0, a través de Wikimedia Commons.

Drones Híbridos

Esta innovadora categoría de drones profesionales combina la duración extendida de vuelo característica de los drones de ala fija con las capacidades de despegue y aterrizaje vertical de los drones de rotor único o multirotor. Un ejemplo notable de esta hibridación se ejemplifica en el drone desarrollado para Prime Air.

VTOL, acrónimo de despegue y aterrizaje vertical, sirve como la principal razón detrás de la creación de este modelo híbrido. Mientras que los drones de ala fija presumen de diferencias significativas en la duración del vuelo en comparación con otros tipos de drones, encuentran desafíos con el aterrizaje. El modelo híbrido integra hábilmente las fortalezas de ambos, a pesar de ser un concepto relativamente reciente, está ganando rápidamente tracción y reconocimiento.

Los drones VTOL híbridos combinan las ventajas de los diseños de ala fija y basados en rotores. Estos drones cuentan con rotores fijados a alas fijas, permitiéndoles flotar, despegar y aterrizar verticalmente. Aunque actualmente limitados en disponibilidad, los avances en tecnología sugieren que esta opción podría ganar mayor popularidad en los años venideros. Ejemplos notables incluyen el dron de entrega Prime Air de Amazon, mostrando un diseño VTOL híbrido de ala fija.

Introducido como la última frontera en tecnología de drones, los drones VTOL híbridos de ala fija se refieren a aeronaves de ala fija modificadas para despegue y aterrizaje vertical. Combinan la resistencia y el alcance de los UAVs de ala fija con la capacidad de despegue vertical de los dispositivos de ala rotatoria, abordando las limitaciones de espacio inherentes en las operaciones tradicionales de UAVs de ala fija. Estos drones encuentran aplicaciones en mapeo, inspección de líneas eléctricas, vigilancia, agricultura y operaciones de rescate.

Sin embargo, la complejidad de este dron VTOL lo hace menos adecuado para operadores novatos, y su tecnología avanzada lo posiciona en la cúspide del mercado de drones de ala fija en términos de costo.

Figura 18: Dron híbrido. Tilo Ronschke, CC BY-SA 4.0, a través de Wikimedia Commons.

Los drones VTOL híbridos presentan varias ventajas: el sistema de piloto automático maneja la estabilidad, liberando al piloto para concentrarse en la navegación, mientras aprovecha las fortalezas de los diseños de ala fija y basados en rotores, destacándose en capacidades de vuelo estacionario y de vuelo hacia adelante. Sin embargo, su disponibilidad en el mercado es actualmente limitada, con solo unos pocos modelos accesibles, y la tecnología que respalda a estos drones aún está en etapas evolutivas. En términos de aplicaciones técnicas, son útiles en servicios de entrega con drones.

Otras variaciones

Varios tipos de drones más allá de los anteriormente discutidos ofrecen funcionalidades diversas: Drones Mini: Diseñados principalmente para fines recreativos, los mini drones carecen de la robustez necesaria para tareas comerciales debido a su construcción ligera, que compromete la estabilidad de la imagen.

Drones Nano: A pesar de su tamaño diminuto, los drones nano están equipados con micro cámaras, ejemplificados por modelos como el Black Hornet utilizado por el ejército británico. Con duraciones de vuelo de hasta 25 minutos y un alcance de una milla, mejoran significativamente las capacidades de reconocimiento.

Drones Tácticos: Combinando dimensiones compactas con agilidad, los drones tácticos cuentan con tecnología GPS y cámaras infrarrojas, lo que los hace adecuados para misiones de vigilancia a pesar de su modesto tamaño de 4.5 pies y peso de 4.2 libras.

Drones de Reconocimiento: Estos drones, que miden aproximadamente 16 pies de longitud y pesan más de 2200 libras, cuentan con duraciones de vuelo extendidas de hasta 52 horas a altitudes de 35,000 pies. Conocidos como drones de gran altitud y larga duración (HALE) y drones de altitud media y larga duración (MALE), facilitan operaciones de reconocimiento exhaustivas, lanzadas desde el suelo.

Drones de Combate Grandes: Con longitudes promedio de alrededor de 36 pies, los drones de combate grandes se emplean principalmente para desplegar bombas guiadas por láser o misiles aire-superficie. Con alcances que superan las 1000 millas y duraciones operativas de hasta 14 horas, se destacan en escenarios de combate.

Drones Grandes No Combatientes: Aunque son de tamaño considerable, los drones grandes no combatientes no están destinados para aplicaciones de combate. Más avanzados que los drones nano, se utilizan para tareas de reconocimiento a gran escala.

Drones de Objetivo y Señuelo: Cumpliendo roles en el monitoreo y compromiso de objetivos, los drones de objetivo y señuelo están personalizados en apariencia para cumplir con requisitos de misiones específicas.

Drones GPS: Estableciendo conexiones con satélites a través de la tecnología GPS, los drones GPS trazan con precisión las rutas de vuelo, recolectando datos cruciales para la toma de decisiones informada.

Drones de Fotografía: Equipados con cámaras de grado profesional, los drones de fotografía, incluyendo aquellos con capacidades de 4K, capturan imágenes de alta resolución. Empleando modos de vuelo automatizados y estabilidad precisa, se destacan en capturar fotografía aérea expansiva.

Usos por Tipo

En diversas industrias y aplicaciones, se emplean diferentes tipos de drones para tareas específicas. Estas tareas abarcan desde la fotografía aérea y la producción cinematográfica hasta funciones críticas como la búsqueda y rescate. Los drones multirotor son versátiles, comúnmente utilizados para una amplia gama de actividades que incluyen inspecciones de techos y solares, fotografía inmobiliaria, mapeo, levantamientos topográficos y inspecciones de líneas eléctricas. Se destacan en tareas que requieren maniobrabilidad a corta distancia y un estacionamiento preciso. Por otro lado, los drones de ala fija se prefieren para tareas que involucran mapeo extenso, levantamientos topográficos y inspecciones a gran escala debido a su mayor duración de vuelo y velocidades más rápidas.

Los drones de elevación motorizada, una categoría más nueva, ofrecen una solución híbrida que combina los beneficios de los diseños multirotor y de ala fija. Estos drones son adecuados para diversas aplicaciones, incluyendo fotografía aérea, mapeo, levantamientos topográficos e inspecciones. Proporcionan la agilidad y capacidades de despegue vertical de los multirotores junto con la eficiencia y resistencia de las aeronaves de ala fija. Finalmente, los helicópteros, aunque menos comunes en aplicaciones civiles, son indispensables para ciertas tareas como la fumigación aérea de malezas, el seguimiento de vida silvestre y operaciones de búsqueda y rescate debido a sus capacidades de despegue y aterrizaje vertical y maniobrabilidad en terrenos difíciles. Cada tipo de dron está adaptado a necesidades específicas, asegurando un rendimiento eficiente y efectivo en diversas industrias y tareas.

La Figura 19 muestra qué tipos de aeronaves se utilizan comúnmente para diferentes aplicaciones comerciales de drones.

	Multirotor	Fixed Wing	Powered Lift/Hybrid	Helicopter
Photography, Film and TV	✓			✓
Roof and solar inspection	✓	✓	✓	✓
Real Estate	✓			✓
Drones for mapping	✓	✓	✓	✓
Drones for surveying	✓	✓	✓	✓
Bridge and building inspection	✓			✓
Power line inspection	✓	✓	✓	✓
Drones in mining	✓	✓	✓	✓
Stockpile assessment	✓	✓	✓	✓
Vegetation crop mapping	✓	✓	✓	✓
Wildlife tracking and stock inspection	✓	✓	✓	✓
Aerial weed spraying	✓	✓	✓	✓
Search and rescue	✓	✓	✓	✓

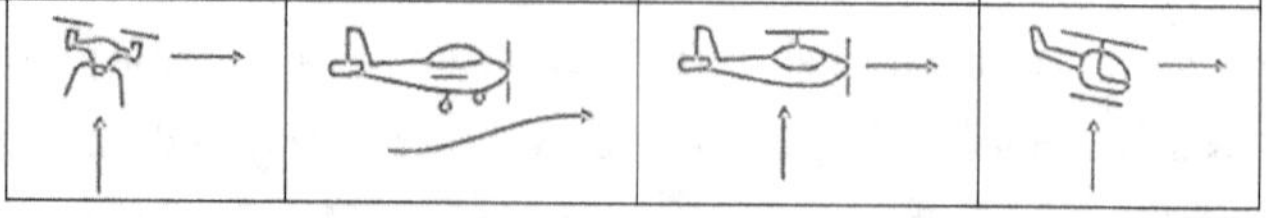

Figura 19: Tipos de drones de uso común para diferentes aplicaciones comerciales de drones.

Drones clasificados por peso/tamaño

Los drones pueden clasificarse según su tamaño, desde nano drones muy pequeños hasta drones grandes, aunque esto varía según las jurisdicciones. Típicamente, los drones muy pequeños, también conocidos como nano drones, miden de 1 a 50 cm y se utilizan para la vigilancia militar debido a su tamaño discreto. Los drones pequeños, un poco más grandes que los nano drones, típicamente miden entre 50 cm y 2 metros y se utilizan para fines recreativos como la fotografía y las inspecciones de equipos en interiores [29]. Los drones medianos, que exceden los 2 metros de tamaño y pesan hasta 200 kilogramos, se utilizan tanto en fotografía profesional como amateur. Los drones grandes, comparables a aeronaves más pequeñas, sirven para propósitos militares como la vigilancia y el combate, así como aplicaciones civiles como entregas de drones y producción cinematográfica [29].

Los drones también pueden clasificarse según su capacidad de carga en cuatro categorías: drones de pluma, drones ligeros, drones medianos y drones de carga pesada. Los drones de pluma, que pesan menos de 11 gramos, se utilizan para la vigilancia militar y pueden llevar cargas útiles que van de 4 a 100 gramos. Los drones ligeros, que pesan entre 200 y 1000 gramos, se emplean para recreación y fotografía, con una capacidad de carga útil de 150 a 270 gramos. Los drones medianos, que varían de 1 a 600 kg, se utilizan para aplicaciones profesionales y fotografía aérea, llevando cargas útiles que promedian entre 400 y 1460 gramos. Finalmente, los drones de carga pesada, que pesan más de 160 kg, se utilizan principalmente para propósitos militares y aplicaciones civiles como entregas de drones, con capacidades de carga útil que superan los 1000 kg [29].

No hay un estándar universal para clasificar los Sistemas de Aeronaves No Tripuladas (UAS), a menudo referidos indistintamente como UAV en este contexto. Diferentes entidades, como agencias de defensa y civiles, tienen sus propios criterios distintivos para categorizar los UAS, con civiles que a menudo emplean clasificaciones flexibles basadas en factores como tamaño, alcance y resistencia, similares al sistema de niveles utilizado por el ejército [30]. El sitio web de la Oficina de Integración de Inteligencia de Aviación Nacional de EE. UU. ofrece una visión general completa de las categorías de clasificación global de UAS.

En un contexto de EE. UU., para la clasificación basada en tamaño, los UAS se pueden subdividir en las siguientes clases: UAVs muy pequeños, incluyendo Micro o Nano UAVs; UAVs pequeños, incluyendo Mini UAVs; UAVs medianos; y UAVs grandes [30].

Además, los UAS se pueden clasificar según su alcance de viaje y resistencia en el aire, utilizando subclases delineadas por el ejército de EE. UU., como UAVs de bajo costo y corto alcance, UAVs de corto alcance, UAVs de rango medio y UAVs de resistencia.

Según el Departamento de Defensa de EE. UU., los UAV se clasifican en cinco grupos, cada uno distinguido por tamaño, peso máximo de despegue bruto (MGTW) en libras, altitud operativa normal en pies y velocidad en nudos. El Grupo 1 abarca UAVs pequeños que pesan entre 0-20 lbs, operando a altitudes por debajo de 1200 AGL (Above Ground Level, por encima del nivel del suelo) y logrando velocidades por debajo de 100 nudos, mientras que el Grupo 5 incluye los UAVs más grandes con un peso que excede las 1320 lbs, capaces de operar a altitudes por encima de 18,000 pies y cualquier velocidad [30].

Como un ejemplo adicional de variación jurisdiccional, en Australia las categorías de peso de los drones se determinan según el Peso Máximo de Despegue (MTOW), que incluye el peso de la aeronave, combustible/baterías y carga útil. Oficialmente, hay dos categorías de peso, pero en la práctica, hay tres [31].

La primera categoría abarca aeronaves que pesan menos de 25kg. Sin embargo, la Autoridad de Seguridad de la Aviación Civil puede imponer restricciones adicionales, limitándolo a menos de 7kg si la formación de la Licencia de Piloto Remoto se realizó en una aeronave que pesa menos de 7kg. Esta categoría de peso no está influenciada por el fabricante o la carga útil. Los titulares de la Licencia de Piloto Remoto pueden operar cualquier dron dentro del rango de peso especificado para el cual tienen una licencia.

Para los drones con un Peso Máximo al Despegue (MTOW) que excede los 25 kg, la licencia es específica para cada tipo de aeronave individual. Esto significa que la Licencia de Piloto Remoto se emite para un fabricante y diseño de aeronave particular, en lugar de una categoría general.

Las Reglas de Drones 2021, introducidas por la Dirección General de Aviación Civil (DGCA) en India, clasifican los drones basados en su peso máximo total, que abarca tanto el peso del dron como cualquier carga que lleve [32]. Estas categorías de peso juegan un papel crucial en la determinación de las regulaciones y requisitos aplicables para cada tipo de dron.

Detallado en las Reglas de Drones 2021, las categorías generales de peso incluyen [32]:

1. Drones Nano: Drones con un peso máximo total de hasta 250 gramos (aproxi-

madamente).

2. Drones Micro: Drones con un peso máximo total que varía de 251 gramos a 2 kilogramos (aproximadamente).

3. Drones Pequeños: Drones con un peso máximo total que varía de 2.01 kilogramos a 25 kilogramos (aproximadamente).

4. Drones Medianos: Drones con un peso máximo total que varía de 25.01 kilogramos a 150 kilogramos (aproximadamente).

5. Drones Grandes: Drones con un peso máximo total que excede los 150 kilogramos (aproximadamente).

Cada categoría de peso está asociada con regulaciones y requisitos específicos relacionados con el registro, licencias, permisos y más. Por ejemplo, las operaciones comerciales que involucran drones en las categorías "Micro", "Pequeño", "Mediano" y "Grande" a menudo requieren Licencias de Piloto Remoto (RPLs) y permisos explícitos de la DGCA.

La clasificación de drones según las regulaciones de AESA introduce seis categorías distintas basadas en su Peso Máximo al Despegue (MTOW) o peso, cada una acompañada por criterios específicos para definir la inclusión dentro de estas categorías.

Detallado en los Reglamentos (UE) 2019/947 y (UE) 2019/945, se han establecido seis clases de drones, denominadas de C0 a C6. La inclusión más reciente de las últimas dos clases en el Reglamento Delegado (UE) 2020/1058 marca su adopción como categorías estándar para escenarios europeos.

La Clase C0 se refiere a drones con un MTOW que no excede los 250g, adhiriendo a especificaciones definidas como velocidad máxima, diseño para prevención de lesiones e inclusión de instrucciones del fabricante.

Los drones clasificados como C1 deben cumplir criterios que incluyen un peso entre 250g y 900g, con características como conciencia geográfica, identificación remota y sistemas de recuperación segura mandados para esta clase.

La Clase C2 abarca drones que pesan hasta 4kg, requiriendo funcionalidades adicionales como operación a baja velocidad, enlaces de datos protegidos contra interferencias y sistemas de iluminación para visibilidad nocturna.

La Clase C3 involucra drones con un límite de MTOW de 25kg, necesitando características como conciencia geográfica, sistemas de terminación de vuelo y números de serie únicos para identificación.

Los drones clasificados como C4 deben ser controlables de manera segura, no tener modo de vuelo automático excepto para estabilización, y estar acompañados por manuales de instrucciones del fabricante.

Para la Clase C5, los drones con MTOW por debajo de 25kg deben cumplir requisitos como información clara de altitud, capacidades de baja velocidad y sistemas para recuperación de pérdida y aterrizaje seguro.

Los drones de la Clase C6, también con un límite de MTOW de 25kg, requieren sistemas para la gestión de datos de altitud, enlaces de datos seguros e identificación remota, entre otras especificaciones.

Drones por Alcance

Los drones pueden clasificarse según su alcance en muy corto alcance, corto alcance, alcance corto, alcance medio y largo alcance.

Los drones de muy corto alcance son capaces de volar dentro de un radio de 5 km desde el controlador, manteniendo el vuelo por una duración promedio de 1 hora, principalmente utilizados para actividades recreativas [29].

Los drones de corto alcance extienden su alcance hasta 50 km desde el controlador y pueden sostener el vuelo de 1 a 6 horas, a menudo desplegados en operaciones de vigilancia militar debido a su capacidad para alcanzar altitudes más altas.

Los drones de alcance corto expanden el radio de vuelo hasta 150 km, presumiendo de baterías potentes que permiten duraciones de vuelo de 8 a 12 horas, comúnmente empleados en misiones de combate y vigilancia [29].

Los drones de alcance medio poseen capacidades impresionantes, capaces de cubrir 400 millas (644 km) y mantener el vuelo en altitudes de 12,000 a 30,000 pies durante más de 24 horas, típicamente utilizados en operaciones de combate y vigilancia [29].

Los drones de largo alcance, también conocidos como drones de resistencia, superan otras categorías en términos de tiempo de vuelo y alcance, con capacidades para viajar bien más de 400 millas (644 km) sin pérdida de señal. Principalmente empleados en vigilancia militar y espionaje, encuentran aplicaciones en el seguimiento de patrones climáticos, estudios geológicos y mapeo geográfico por profesionales [29].

Clasificación por Fuente de Energía

Los drones dependen de varias fuentes de energía para operar, incluyendo baterías, gasolina, celdas de combustible de hidrógeno y energía solar. Estas diferentes fuentes de energía ofrecen ventajas y desventajas distintas, lo que lleva a la clasificación de los drones en diferentes tipos según sus fuentes de energía.

Los drones alimentados por baterías son favorecidos por su construcción ligera, capacidad de almacenar energía significativa y altas tasas de descarga. Sin embargo, están limitados por su corta vida útil, susceptibilidad al fuego si se manejan incorrectamente y consumo rápido de energía [29].

Los drones alimentados por gasolina, típicamente más grandes en tamaño, llevan combustibles altamente combustibles, lo que plantea posibles riesgos de seguridad y emite más ruido en comparación con los contrapartes operados por baterías. A pesar de estos inconvenientes, ofrecen beneficios como la ausencia de respaldo de batería costoso y estaciones de carga, tiempos de reabastecimiento de combustible más rápidos, velocidades de vuelo más altas, capacidad para cargas más pesadas, tiempos de vuelo más largos y características de vuelo más suaves [29].

Los drones de celda de combustible de hidrógeno representan una opción renovable y respetuosa con el medio ambiente con una densidad de energía más alta que las baterías, lo que resulta en tiempos de vuelo más largos y capacidades de reabastecimiento rápido. Sin embargo, generan considerable calor y actualmente muestran niveles de eficiencia más bajos [29].

Los drones solares aprovechan la luz solar para cargar sus baterías, reduciendo los costos operativos y extendiendo las horas de operación. Aunque son ligeros y respetuosos con el medio ambiente, su tiempo de vuelo está limitado a períodos cuando la luz solar está disponible. La fuente de energía principal para la mayoría de los drones es la batería, con tipos comunes incluyendo baterías de polímero de litio (LiPo), hidruro de níquel-metal (NiMH) y níquel-cadmio (NiCd). La gasolina/petrol generalmente se utiliza para drones de gran tamaño debido a su ligereza y asequibilidad. Los drones alimentados por hidrógeno ofrecen beneficios de eficiencia a grandes altitudes pero todavía están evolucionando en términos de eficiencia y generación de calor. Un ejemplo de un dron alimentado por hidrógeno es el CW-25H, capaz de llevar cargas de hasta 4 kg y reconocido por su innovación en CES 2022. Los drones solares capitalizan la conversión de la luz solar en electricidad para vuelos prolongados [29].

Tipos de drones según el tipo de motor

Basándose en el tipo de motor, los drones pueden clasificarse en drones con motor con escobillas y drones con motor sin escobillas [29].

Los motores con escobillas para drones son conocidos por su asequibilidad y tamaño compacto, haciéndolos adecuados para varias aplicaciones. Sobresalen en ambientes extremos debido a la falta de componentes electrónicos y cuentan con escobillas reemplazables para una mayor longevidad. Con un control simple de dos cables y sin necesidad de un controlador de velocidad a velocidades fijas, ofrecen una operación sencilla. Sin embargo, presentan desventajas como el cableado no complicado, menor eficiencia energética y desgaste más rápido de los conmutadores y las escobillas.

Por otro lado, los motores sin escobillas para drones ofrecen varias ventajas sobre los motores con escobillas. Su diseño sin escobillas requiere un mantenimiento mínimo y asegura una mayor durabilidad. Son más eficientes, resultando en menos energía desperdiciada como calor, y proporcionan mejor velocidad y torque debido a la ausencia de escobillas. Con un rango de velocidad más amplio y una superior disipación de calor, son adecuados para operaciones de alta velocidad y alta potencia, aunque a un costo más alto [29].

Los motores con escobillas se encuentran comúnmente en drones recreativos, ofreciendo rentabilidad pero requiriendo más mantenimiento en comparación con sus contrapartes sin escobillas. Aunque su potencia permanece consistente entre modelos, su tamaño varía, influyendo en el rendimiento. Estos motores están típicamente conectados a un sistema reductor de velocidad, reduciendo la tensión en el motor y extendiendo su vida útil [29].

En contraste, los motores sin escobillas se destacan por su operación libre de mantenimiento y mayor salida de potencia. Su diseño elimina la fricción de las escobillas, permitiendo un rendimiento más eficiente y mayores velocidades. Sin embargo, cada motor sin escobillas requiere su propio controlador electrónico de velocidad (ESC) para regular la velocidad de rotación, ya que operan principalmente con corriente alterna.

Relevancia de la Clasificación de Drones para las Operaciones

Entender las clasificaciones de drones en tu jurisdicción es crucial por varias razones:

1. Cumplimiento Regulatorio: Diferentes jurisdicciones tienen regulaciones variadas respecto a la operación, registro y requisitos de licencia para drones. Conocer las clasificaciones asegura el cumplimiento con las leyes y regulaciones locales, ayudando a evitar problemas legales y posibles sanciones.

2. Seguridad: Las clasificaciones de drones a menudo corresponden a diferentes limitaciones operativas y requisitos, tales como restricciones de altitud, alcance de vuelo y capacidad de carga. Entender estas clasificaciones ayuda a asegurar una operación segura, reduciendo el riesgo de accidentes, colisiones y lesiones a personas o propiedades.

3. Limitaciones Operativas: Ciertas clasificaciones pueden tener limitaciones operativas específicas o áreas prohibidas, como volar cerca de aeropuertos, edificios gubernamentales o eventos concurridos. Conocer estas limitaciones ayuda a los operadores de drones a planificar sus vuelos de manera efectiva y evitar áreas restringidas.

4. Requisitos de Seguro: Las pólizas de seguro para drones pueden variar basadas en sus clasificaciones. Algunos proveedores de seguros pueden ofrecer diferentes opciones de cobertura o primas dependiendo del tipo de dron y su uso previsto. Entender las clasificaciones de drones asegura que se obtenga una cobertura de seguro adecuada para protegerse contra posibles responsabilidades.

5. Uso Profesional: Para operaciones de drones comerciales o profesionales, conocer las clasificaciones es esencial para determinar los requisitos apropiados de licencia, certificación o capacitación. También ayuda en la selección del equipo adecuado y en entender las capacidades y limitaciones de diferentes tipos de drones para aplicaciones específicas.

6. Privacidad de Datos: En algunas jurisdicciones, las clasificaciones de drones pueden tener implicaciones para la privacidad y seguridad de los datos, particularmente cuando los drones están equipados con cámaras o sensores. Entender estas clasificaciones ayuda a asegurar el cumplimiento con las leyes y regulaciones de privacidad que gobiernan la recolección y uso de datos obtenidos a través de operaciones de drones.

En general, conocer las clasificaciones de drones en tu jurisdicción es fundamental para operar drones de manera segura, legal y responsable, ya sea para fines recreativos o comerciales. Permite a los operadores de drones navegar los requisitos regulatorios, mitigar riesgos y mantener estándares de profesionalismo y responsabilidad en sus operaciones.

Regulaciones de Drones

Las regulaciones de drones, establecidas por agencias gubernamentales, sirven como directrices integrales que gobiernan la operación, registro y uso de vehículos aéreos no tripulados (UAVs), más comúnmente conocidos como drones. El objetivo principal de estas regulaciones es asegurar la seguridad, privacidad y seguridad dentro del espacio aéreo donde operan los drones. Estas regulaciones abarcan varios aspectos clave para alcanzar estos objetivos.

En primer lugar, los requisitos de registro son prevalentes en muchos países, exigiendo que los drones se registren en una agencia gubernamental antes de que se les permita operar. Este proceso ayuda a las autoridades a rastrear la propiedad de los drones y a responsabilizar a los operadores por sus acciones.

En segundo lugar, la licencia y certificación son esenciales para los operadores de drones comerciales, necesitando permisos o calificaciones específicas para realizar legalmente actividades comerciales que involucran drones. Estas licencias a menudo requieren aprobar exámenes o completar programas de capacitación para demostrar la competencia en la operación de drones.

Las restricciones operativas forman otro componente crucial de las regulaciones de drones, delimitando los lugares, horarios y maneras permitidos para los vuelos de drones. Esto puede incluir restricciones para volar cerca de aeropuertos, sobre multitudes o en áreas sensibles como edificios gubernamentales o parques nacionales, con limitaciones de altitud y velocidad a menudo impuestas.

Las restricciones de carga también se abordan en las regulaciones, particularmente con respecto a los tipos de cargas que los drones tienen permitido llevar. Esto es especialmente pertinente para los drones equipados con cámaras o sensores, donde pueden surgir preocupaciones de privacidad por la recolección de imágenes o datos.

Además, se mandan características de seguridad para minimizar el riesgo de accidentes o colisiones. Esto puede incluir mecanismos de seguridad, tecnología de geocercas para prevenir que los drones entren en espacio aéreo restringido, o sistemas de iluminación para visibilidad durante operaciones nocturnas.

Las medidas de protección de la privacidad están integradas en las regulaciones de drones para abordar preocupaciones respecto a la recolección y uso de imágenes o datos obtenidos mediante operaciones de drones. Esto puede involucrar restricciones sobre actividades de vigilancia o requisitos para obtener consentimiento al capturar imágenes de individuos o propiedad privada.

Finalmente, se detallan mecanismos de aplicación y penalizaciones en las regulaciones para disuadir violaciones. Los operadores que infrinjan las regulaciones de drones pueden enfrentar multas, revocación de licencias u otras acciones disciplinarias.

Las regulaciones de drones juegan un papel vital en promover la operación responsable y segura de drones mientras mitigan los riesgos potenciales para la seguridad pública, privacidad y seguridad. El cumplimiento de estas regulaciones es imperativo para los operadores de drones para evitar repercusiones legales y facilitar la integración segura de los drones en el espacio aéreo.

Las regulaciones de drones varían significativamente de un país a otro, lo que lleva a una falta de armonización a nivel mundial [33]. Los colaboradores internacionales deben adherirse a las reglas y regulaciones específicas de cada país para asegurar el cumplimiento [34]. Por ejemplo, en Europa, las regulaciones están supervisadas por la Agencia Europea de Seguridad Aérea (EASA), mientras que Australia sigue las Regulaciones de la Autoridad de Seguridad de la Aviación Civil (CASR-101) [35].

En África, el panorama regulatorio para los drones en agricultura es desafiante, con muchos países teniendo regulaciones muy restrictivas o sin regulaciones adecuadas, lo que hace engorroso obtener licencias para operaciones con drones [36]. De manera similar, Kenia enfrentó problemas con altos aranceles sobre los drones importados, lo que provocó una reevaluación de sus regulaciones de drones [37].

Diferentes países y regiones, como EE. UU., la UE, China y Turquía, tienen regulaciones distintas que gobiernan el uso de drones [38]. La Unión Europea regula directamente los drones de más de 150 kg a través de la Organización de Aviación Civil

Internacional (OACI), mientras que las regulaciones para drones de menos de 150 kg son determinadas por los países individuales [39].

Varios países han implementado regulaciones de drones fuertes y actuales para asegurar la seguridad, la seguridad y el uso responsable de drones. Aquí hay algunos ejemplos:

1. Estados Unidos: La Administración Federal de Aviación (FAA) regula las operaciones de drones a través de la Parte 107 de las Regulaciones Federales de Aviación (FARs), que detalla las reglas para operaciones comerciales de drones. Además, la FAA ha establecido varias restricciones de espacio aéreo y requisitos de registro para usuarios recreativos de drones.

2. Reino Unido: La Autoridad de Aviación Civil (CAA) gobierna las operaciones de drones en el Reino Unido, con regulaciones clasificadas bajo la Orden de Navegación Aérea. El Reino Unido tiene reglas estrictas con respecto al registro de drones, certificación de pilotos y restricciones de espacio aéreo. Los usuarios de drones deben adherirse al Código de Drones, que describe pautas para el uso seguro y legal de drones.

3. Canadá: Transport Canada regula las operaciones de drones a través de las Regulaciones de Aviación Canadienses (CARs) y el sitio web de Seguridad de Drones Canadienses. Los pilotos de drones deben obtener un Certificado de Operaciones de Vuelo Especiales (SFOC) para ciertos tipos de operaciones, y los usuarios recreativos deben seguir las pautas de seguridad delineadas por Transport Canada.

4. Australia: La Autoridad de Seguridad de la Aviación Civil (CASA) supervisa las operaciones de drones en Australia, con regulaciones delineadas en la Parte 101 de las Regulaciones de Seguridad de la Aviación Civil (CASR). Los pilotos de drones deben obtener una Licencia de Piloto Remoto (RePL) para operaciones comerciales y adherirse a estrictos estándares de seguridad y restricciones de espacio aéreo.

5. Alemania: La Autoridad de Aviación Alemana (Luftfahrt-Bundesamt) regula las operaciones de drones en Alemania, con reglas delineadas en la Ley de Tráfico Aéreo (Luftverkehrsgesetz) y la Regulación de Drones (Drohnenverordnung). Los pilotos de drones deben obtener una licencia para ciertos tipos de operaciones y adherirse a estrictas regulaciones de seguridad y privacidad.

6. Francia: La Dirección General de Aviación Civil (DGAC) regula las operaciones de drones en Francia, con reglas delineadas en el Código de Aviación Civil (Code de l'aviation civile) y el Decreto del 17 de diciembre de 2015 (Arrêté du 17 décembre 2015) respecto a los vuelos de drones. Los pilotos de drones deben obtener un permiso para ciertos tipos de operaciones y seguir estrictas pautas de seguridad y privacidad.

7. Japón: El Ministerio de Tierra, Infraestructura, Transporte y Turismo (MLIT) regula las operaciones de drones en Japón, con reglas delineadas en la Ley de Aeronáutica Civil y las regulaciones de drones del Buró de Aviación Civil. Los pilotos de drones deben obtener una licencia para ciertos tipos de operaciones y adherirse a estrictas regulaciones de seguridad y privacidad.

Estos países cuentan con regulaciones de drones integrales establecidas para asegurar un uso seguro y responsable de los drones mientras abordan preocupaciones de seguridad y privacidad.

A pesar del objetivo común de minimizar los riesgos para los usuarios del espacio aéreo y la propiedad, existen variaciones notables en las regulaciones de drones entre países [40]. La falta de estandarización en las regulaciones plantea desafíos para el desarrollo de la industria, con enfoques divergentes observados en países como Nueva Zelanda, Estados Unidos y Singapur [41].

Las regulaciones de drones exhiben una variación significativa entre países debido a diferencias en estructuras legales, sistemas de gestión del espacio aéreo, consideraciones de seguridad, normas de privacidad y actitudes culturales hacia los drones. Varios factores contribuyen a esta diversidad en las regulaciones:

- En primer lugar, hay diferencias en los requisitos de registro y licencia. Algunas naciones exigen que los operadores de drones registren sus aeronaves con las autoridades de aviación o adquieran licencias o permisos específicos para operaciones comerciales. Los prerrequisitos para el registro y la licencia, como criterios de edad, obligaciones de capacitación y procedimientos de solicitud, varían entre jurisdicciones.

- En segundo lugar, las restricciones operativas dictan dónde y cuándo se pueden volar los drones, variando entre países. Estas restricciones abarcan volar cerca de aeropuertos, sobre regiones pobladas o sitios sensibles como establecimientos gubernamentales, bases militares o reservas naturales. Los límites en la altitud, la velocidad de vuelo y los requisitos para mantener la línea de visión durante la operación también difieren.

- En tercer lugar, las categorías y clasificaciones de drones divergen basadas en factores como peso, tamaño y uso previsto. Estas clasificaciones a menudo determinan las regulaciones aplicables para diferentes tipos de drones. Mientras algunos países clasifican los drones según clases de peso, otros los clasifican según capacidades o operaciones previstas.

- Además, las regulaciones relativas a la carga útil y el equipo varían. Algunas jurisdicciones imponen limitaciones sobre los tipos de cargas útiles que los drones pueden llevar, especialmente en cuanto a cámaras o sensores, citando preocupaciones de privacidad o seguridad. Por el contrario, otras regiones tienen reglas más permisivas al respecto.

- Las leyes de protección de privacidad y datos también difieren significativamente. Algunas naciones aplican regulaciones de privacidad estrictas, exigiendo que los operadores de drones obtengan consentimiento antes de capturar imágenes o grabar videos de individuos o propiedad privada. Por el contrario, otros países tienen regulaciones más permisivas o todavía están formulando legislación para abordar preocupaciones de privacidad en evolución.

- Además, las regulaciones relativas a medidas de seguridad y protección muestran disparidades. Estas incluyen requisitos para características de seguridad como tecnología de geovallado, funciones automáticas de retorno a casa o sistemas anti-colisión, que varían entre jurisdicciones. Además, algunas naciones tienen reglas específicas sobre la encriptación de datos para prevenir el acceso o interferencia no autorizada.

- Por último, los mecanismos de aplicación y las penalizaciones por violar las regulaciones de drones varían. Mientras que algunos países imponen multas, suspensiones de licencia o cargos criminales por infracciones graves, otros priorizan campañas de educación y concienciación para fomentar el cumplimiento.

En general, la variación en las regulaciones de drones subraya las diversas estrategias regulatorias adoptadas por diferentes países para manejar las oportunidades y desafíos planteados por la rápida proliferación de la tecnología de drones. A medida que la industria de drones evoluciona, los países pueden revisar y actualizar sus regulaciones para alinearse con la dinámica tecnológica, operativa y social en evolución.

REGULACIONES DE DRONES EN ESTADOS UNIDOS

En Estados Unidos, las regulaciones de drones están principalmente gobernadas por la Administración Federal de Aviación (FAA), que ha establecido reglas y directrices para asegurar una operación de drones segura y responsable. Algunos aspectos clave de las regulaciones de drones en Estados Unidos incluyen:

1. Registro: La FAA requiere que todos los drones que pesen entre 0.55 libras (250 gramos) y 55 libras (25 kilogramos) sean registrados con la agencia. Esto aplica tanto para operadores de drones recreativos como comerciales, y el registro debe renovarse cada tres años.

2. Certificación de Piloto Remoto: Se requiere que los operadores de drones comerciales obtengan un Certificado de Piloto Remoto aprobando el examen Parte 107 de la FAA. Esta certificación demuestra el conocimiento del operador sobre las regulaciones del espacio aéreo, procedimientos de seguridad y mejores prácticas operacionales.

3. Limitaciones Operacionales: La FAA impone varias limitaciones operacionales en los vuelos de drones, incluyendo restricciones para volar cerca de aeropuertos, sobre personas y por encima de ciertas altitudes. Los drones también deben permanecer dentro de la línea visual del operador durante el vuelo, a menos que se obtenga una exención.

4. Autorización del Espacio Aéreo: Los operadores de drones deben obtener au-

torización de la FAA o usar aplicaciones designadas como LAANC (Capacidad de Autorización y Notificación de Altitud Baja) para volar en espacio aéreo controlado o cerca de aeropuertos.

5. Zonas Prohibidas para Volar: Ciertas áreas, como parques nacionales, instalaciones militares e instalaciones gubernamentales sensibles, están designadas como zonas prohibidas para drones. Volar en estas áreas está estrictamente prohibido.

6. Medidas de Seguridad: La FAA manda ciertas características de seguridad para drones, como luces anticolisión para operaciones nocturnas y tecnología de geovallado para prevenir que los drones entren en espacio aéreo restringido.

7. Protección de la Privacidad: Mientras que la FAA se centra principalmente en regulaciones de seguridad, las preocupaciones de privacidad relacionadas con las operaciones de drones se abordan típicamente a nivel estatal y local. Algunos estados han promulgado leyes restringiendo la vigilancia y recolección de datos por drones para proteger los derechos de privacidad individuales.

8. Ejecución y Penalizaciones: Las violaciones de las regulaciones de la FAA pueden resultar en penalidades civiles, multas o acciones legales. La ejecución es llevada a cabo por la FAA, agencias locales de aplicación de la ley y otras entidades autorizadas.

Las regulaciones de drones en Estados Unidos están diseñadas para promover la integración segura y responsable de los drones en el sistema nacional de espacio aéreo, mientras se abordan preocupaciones relacionadas con la privacidad, seguridad y seguridad pública. La FAA continúa actualizando y refinando sus regulaciones para mantener el paso con los avances en la tecnología de drones y los cambios en las prácticas operacionales.

Determinar si estás volando por ocio o fines comerciales es crucial para entender qué reglas aplican a tu uso de drones. Si tu intención es recreativa, simplemente pagar una tarifa de registro nominal y pasar una prueba básica de conocimiento es suficiente. Sin embargo, participar en actividades comerciales con tu vehículo aéreo no tripulado (UAV) requiere un examen más completo y la obtención de la certificación Parte 107. Con esta certificación, ganas la capacidad de utilizar tu dron para varios empeños comerciales, como vender imágenes de stock, participar en producciones cinematográficas, capturar imágenes aéreas en eventos como bodas o en emprendimientos inmobiliarios [42-44].

En cuanto a las leyes de drones en EE.UU., entender tu estatus como usuario de drones es primordial para investigar y adherirte a las regulaciones relevantes. Para los pilotos de drones recreativos, es obligatorio tomar el Examen de Seguridad de Drones. Por el contrario, para aquellos que vuelan drones con fines comerciales, gubernamentales u otros fines no recreativos, es imperativo obtener un Certificado de Piloto Remoto de la FAA. Además, cualquier dron que pese más de 250 gramos (0.55 lbs) requiere registro a través de la Zona de Drones de la FAA, con cada registro válido por tres años [42-44].

Operar un UAV implica cumplir con reglas y directrices generales establecidas por la FAA, incluyendo mantener la línea visual de vista, adherirse a restricciones de altitud y evitar el espacio aéreo controlado sin la autorización adecuada. Además, todos los operadores de drones deberían descargar la aplicación B4UFLY, que proporciona información en tiempo real sobre restricciones de espacio aéreo y requisitos de vuelo basados en su ubicación GPS [42-44].

Los operadores de drones comerciales deben poseer un Certificado de Piloto Remoto actual emitido por la FAA y asegurarse de que cada dron esté registrado en el sitio web FAADroneZone. Además, varios requisitos clave, como mantener la línea visual de vista, cumplir con los límites de altitud y ceder el paso a las aeronaves tripuladas, deben cumplirse mientras se realizan encuestas o inspecciones aéreas con fines laborales [42-44].

Para volar un dron recreativamente, es necesario pasar la Prueba de Seguridad UAS Recreativa (TRUST), mientras que obtener un Certificado de Piloto Remoto de la FAA es obligatorio para operaciones comerciales de drones. Los requisitos de certificación incluyen ser competente en inglés, poseer capacidades físicas y mentales para operar un dron de manera segura, tener al menos 16 años, pasar el examen Parte 107 en un centro de pruebas aprobado por la FAA y someterse a un control de seguridad de la TSA [42-44].

El espacio aéreo de Estados Unidos se clasifica en diferentes categorías según el nivel de control y gestión requeridos para el tráfico aéreo. Estas clasificaciones ayudan a asegurar la operación segura y eficiente de las aeronaves dentro del sistema de espacio aéreo nacional.

El espacio aéreo se categoriza en regulado y no regulado, con cuatro tipos que caen bajo estas categorías: controlado, no controlado, de uso especial y otro tipo de espacio aéreo.

El espacio aéreo controlado abarca varias clasificaciones dentro de las cuales se proporcionan servicios de control de tráfico aéreo (ATC). De particular relevancia para los pilotos remotos son el espacio aéreo Clase B, Clase C, Clase D y Clase E. El espacio aéreo

Clase B generalmente se extiende desde la superficie hasta 10,000 pies sobre el nivel medio del mar (MSL) y rodea los aeropuertos más concurridos, requiriendo autorización de ATC para la operación. El espacio aéreo Clase C, que se extiende desde la superficie hasta 4,000 pies sobre la elevación del aeropuerto, rodea aeropuertos con torres de control y controles de aproximación por radar, necesitando autorización para operar. El espacio aéreo Clase D, que se extiende desde la superficie hasta 2,500 pies sobre la elevación del aeropuerto, rodea aeropuertos con torres de control operativas, también requiriendo autorización de ATC. El espacio aéreo Clase E, que no cae bajo las clases A, B, C, o D, abarca una porción significativa del espacio aéreo en Estados Unidos, facilitando el control seguro de las aeronaves durante las operaciones de reglas de vuelo por instrumentos (IFR).

El espacio aéreo no controlado, o espacio aéreo Clase G, se extiende desde la superficie hasta la base del espacio aéreo Clase E superior. Los pilotos remotos no requieren autorización de ATC para operar en el espacio aéreo Clase G.

El espacio aéreo de uso especial designa áreas donde se confinan actividades específicas o donde pueden imponerse limitaciones a las operaciones de las aeronaves. Esto incluye áreas prohibidas, áreas restringidas, áreas de advertencia, áreas de operaciones militares (MOAs), áreas de alerta y áreas de fuego controlado (CFAs). La información sobre el espacio aéreo de uso especial se muestra en las cartas de instrumentos, detallando la altitud efectiva, las condiciones operacionales, las agencias controladoras y las ubicaciones de los paneles de las cartas.

Las clasificaciones principales del espacio aéreo de EE. UU. incluyen:

- Clase A:

    - El espacio aéreo Clase A se extiende desde 18,000 pies sobre el nivel medio del mar (MSL) hasta e incluyendo el nivel de vuelo (FL) 600 (60,000 pies MSL).

    - Se encuentra típicamente por encima de los niveles de vuelo utilizados para la mayoría de las operaciones de aviación comercial y general.

    - Todas las aeronaves que operan en el espacio aéreo Clase A deben estar bajo reglas de vuelo por instrumentos (IFR) y están sujetas a la autorización de control de tráfico aéreo (ATC).

- Clase B:

- El espacio aéreo Clase B rodea los aeropuertos más concurridos de Estados Unidos.

- Se extiende desde la superficie hasta típicamente 10,000 pies MSL y tiene forma de pastel de bodas invertido, con capas sucesivas de espacio aéreo expandiéndose hacia afuera desde el aeropuerto.

- Se requiere autorización de control de tráfico aéreo para que todas las aeronaves entren en el espacio aéreo Clase B, y las aeronaves deben estar equipadas con un radio bidireccional y un transpondedor operativo.

- Clase C:

  - El espacio aéreo Clase C rodea aeropuertos con un nivel moderado de actividad de tráfico aéreo.

  - Se extiende desde la superficie hasta típicamente 4,000 pies por encima de la elevación del aeropuerto y dentro de un radio de 5 millas náuticas.

  - Similar al espacio aéreo Clase B, se requiere autorización de control de tráfico aéreo para la entrada, y las aeronaves deben tener un radio bidireccional y un transpondedor operativo.

- Clase D:

  - El espacio aéreo Clase D rodea aeropuertos con torres de control operacionales pero niveles más bajos de tráfico aéreo en comparación con los aeropuertos Clase B y Clase C.

  - Típicamente se extiende desde la superficie hasta 2,500 pies por encima de la elevación del aeropuerto y dentro de un radio de 4 millas náuticas.

  - Los pilotos deben establecer comunicación bidireccional con la torre de control de tráfico aéreo antes de entrar en el espacio aéreo Clase D.

- Clase E:

  - El espacio aéreo Clase E abarca el espacio aéreo controlado que no está clasificado como Clase A, B, C, o D.

- Se extiende desde la superficie o una altitud designada hasta la base del espacio aéreo Clase A.

- El espacio aéreo Clase E se encuentra típicamente en áreas donde se establecen procedimientos por instrumentos, como aerovías, espacio aéreo fuera de ruta y áreas terminales.

* Clase G:

- El espacio aéreo Clase G es espacio aéreo no controlado que se encuentra por debajo del espacio aéreo Clase E.

- Se extiende desde la superficie hasta la base del espacio aéreo Clase E o 14,500 pies MSL, lo que sea más bajo, en la mayoría de las áreas.

- Los pilotos que operan en el espacio aéreo Clase G no están obligados a comunicarse con el control de tráfico aéreo pero deben adherirse a los mínimos de reglas de vuelo visual (VFR).

Estas clasificaciones del espacio aéreo ayudan a asegurar la separación segura entre las aeronaves y facilitar el flujo eficiente del tráfico aéreo a lo largo del Sistema Nacional de Espacio Aéreo (NAS). Los pilotos deben estar familiarizados con los requisitos y procedimientos asociados con cada clase de espacio aéreo para operar de manera segura y en cumplimiento con las regulaciones federales.

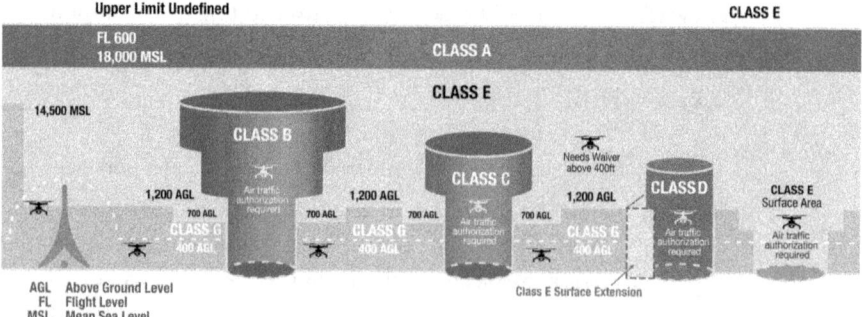

Figura 20: Orientación sobre el espacio aéreo para operadores de UAS pequeños. Adaptado de la Guía para Operadores de Aeropuertos sobre UAS del Departamento de Transporte.

Los drones que operan en el espacio aéreo de EE. UU. están sujetos a diversas limitaciones y regulaciones para garantizar la seguridad y el cumplimiento. Algunas de las limitaciones clave incluyen:

1. **Restricciones de Altitud**: Los drones deben operar generalmente por debajo de los 400 pies sobre el nivel del suelo (AGL) para evitar conflictos con aeronaves tripuladas.

2. **Línea de Visión Visual (VLOS)**: Los operadores deben mantener contacto visual con su dron en todo momento durante el vuelo, sin el uso de ayudas visuales como binoculares o telescopios.

3. **Áreas Restringidas**: Se prohíbe volar drones en ciertas áreas restringidas, como alrededor de aeropuertos, instalaciones militares, parques nacionales y otras ubicaciones sensibles.

4. **Actividades Prohibidas**: Ciertas actividades, como volar sobre multitudes de personas, cerca de esfuerzos de respuesta a emergencias o en espacio aéreo controlado sin autorización, están prohibidas.

5. **Zonas de No Vuelo**: No se permite que los drones vuelen en zonas de no vuelo designadas, que pueden incluir áreas cerca de aeropuertos, instalaciones gubernamentales y otro espacio aéreo restringido.

6. **Consideraciones de Privacidad**: Los operadores deben respetar los derechos de privacidad de los individuos y abstenerse de capturar imágenes o grabaciones en violación de las leyes de privacidad.

7. **Licencias y Registro**: Los operadores de drones comerciales deben obtener un Certificado de Piloto Remoto de la Administración Federal de Aviación (FAA) y registrar sus drones con la FAA antes de volar con fines comerciales.

8. **Requisitos de Equipamiento**: Los drones deben cumplir con ciertos requisitos de equipamiento, como tener un número de registro de la FAA mostrado en la aeronave y transmitir información de Identificación Remota de acuerdo con las regulaciones de la FAA.

Las áreas prohibidas comprenden el espacio aéreo designado donde está prohibido el vuelo de aeronaves por razones relacionadas con la seguridad u otros intereses nacionales [45]. Estas áreas están oficialmente designadas y documentadas en el Registro Federal, así como representadas en las cartas aeronáuticas. Identificadas por una "P" seguida de una designación numérica (por ejemplo, P-40), las áreas prohibidas incluyen lugares como Camp David y el National Mall en Washington, D.C., donde se encuentran la Casa Blanca y los edificios del Congreso, respectivamente.

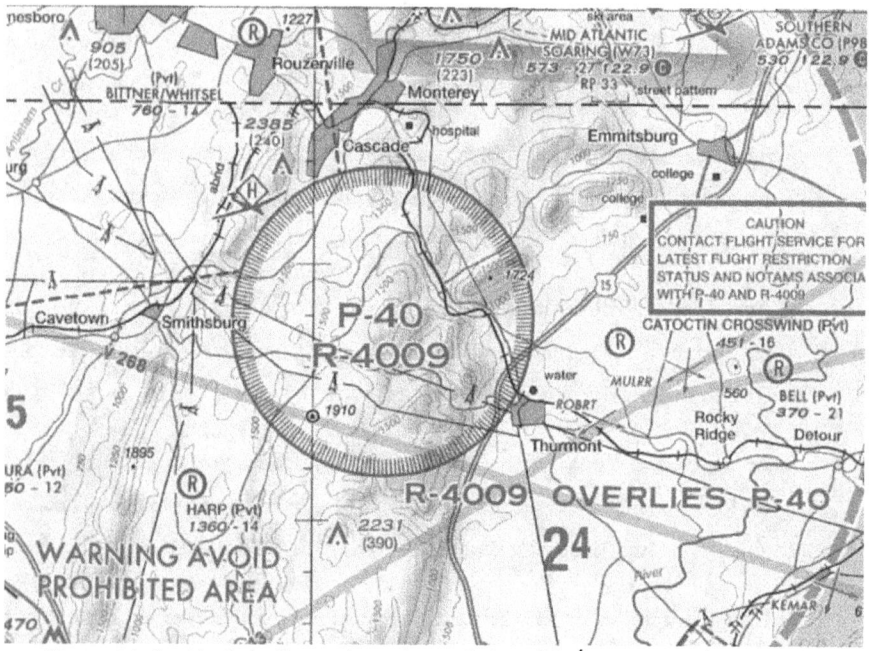

Figura 21: Sección de la Carta Aeronáutica Ráster del Área Terminal VFR Baltimore/Washington, 84ª edición, mostrando el área prohibida P-40 y el área restringida R-4009 alrededor de Camp David. Departamento de Transporte de EE. UU., Administración Federal de Aviación, Servicios Nacionales de Navegación Aeronáutica, Dominio público, a través de Wikimedia Commons.

Las áreas restringidas son áreas designadas donde las operaciones de las aeronaves representan posibles peligros para las aeronaves no participantes [45]. Aunque no están completamente prohibidas, estas zonas imponen restricciones al vuelo de aeronaves debido a preocupaciones de seguridad. Las actividades dentro de las zonas controladas están limitadas por sus riesgos inherentes, o se pueden imponer limitaciones a las operaciones de aeronaves que no están directamente involucradas en estas actividades, o ambas. Dichas áreas indican la presencia de peligros poco comunes, a menudo invisibles,

OPERACIONES CON DRONES

para las aeronaves, como el disparo de artillería, la artillería aérea o los misiles guiados. La entrada no autorizada en zonas controladas sin autorización de la autoridad relevante puede representar riesgos significativos para la seguridad de las aeronaves.

1. En casos donde una área restringida está inactiva y ha sido cedida a la FAA, la instalación de control de tráfico aéreo (ATC) permite que las aeronaves operen dentro del espacio aéreo designado sin requerir una autorización explícita.

2. Por el contrario, si el área restringida está activa y no ha sido transferida a la FAA, la instalación de ATC emite una autorización específica para asegurar que las aeronaves eviten el espacio aéreo restringido.

Las áreas restringidas están marcadas en los mapas con una "R" seguida de un identificador numérico (por ejemplo, R-4401) y se representan en la carta de ruta correspondiente a la altitud o nivel de vuelo (FL) en uso. Información detallada sobre las áreas restringidas se puede encontrar en el reverso de la carta.

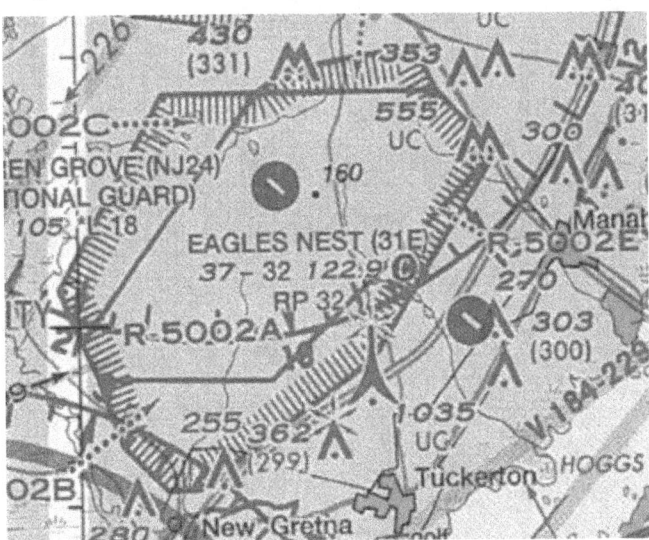

Figura 22: Sección de la Carta Aeronáutica Seccional para Washington, 90ª edición, mostrando el área restringida R-5002 alrededor de Warren Grove, Nueva Jersey. Departamento de Transporte de EE. UU., Administración Federal de Aviación, Servicios Nacionales de Navegación Aeronáutica, Dominio público, a través de Wikimedia Commons.

Las áreas de advertencia tienen similitudes con las áreas restringidas; sin embargo, difieren en términos de jurisdicción, ya que el gobierno de Estados Unidos no posee control exclusivo sobre el espacio aéreo [45]. Un área de advertencia es un espacio aéreo con dimensiones específicas, que se extiende hacia afuera desde la costa de Estados Unidos por 3 millas náuticas (NM), y puede presentar actividades que representen riesgos para las aeronaves que no están involucradas en dichas actividades. El propósito de estas áreas es alertar a los pilotos que no participan en las actividades sobre los posibles peligros. Las áreas de advertencia pueden estar situadas sobre aguas nacionales, aguas internacionales o ambas, y se designan con una "W" seguida de un identificador numérico (por ejemplo, W-237).

Figura 23: Gráfico que muestra el área de advertencia. Departamento de Transporte de EE. UU., Administración Federal de Aviación, Servicios Nacionales de Navegación Aeronáutica, Dominio público, obtenido de la Administración Federal de Aviación (2016).

Áreas de Operación Militar (MOAs): Las MOAs comprenden espacios aéreos que tienen límites verticales y laterales específicos establecidos para segregar ciertos ejercicios de entrenamiento militar del tráfico de reglas de vuelo por instrumentos (IFR). Durante la utilización de una MOA, el tráfico IFR no participante puede ser autorizado a transitar por el área si el control de tráfico aéreo (ATC) puede asegurar la separación IFR. Si no es factible, el ATC desviará o restringirá el tráfico IFR no participante. Las MOAs se representan en cartas seccionales, cartas del área terminal de reglas de vuelo visual (VFR) y cartas de baja altitud en ruta sin identificación numérica. Sin embargo, información detallada sobre las MOAs, incluyendo los tiempos operativos, las altitudes afectadas y la agencia controladora, se puede encontrar en el reverso de las cartas seccionales.

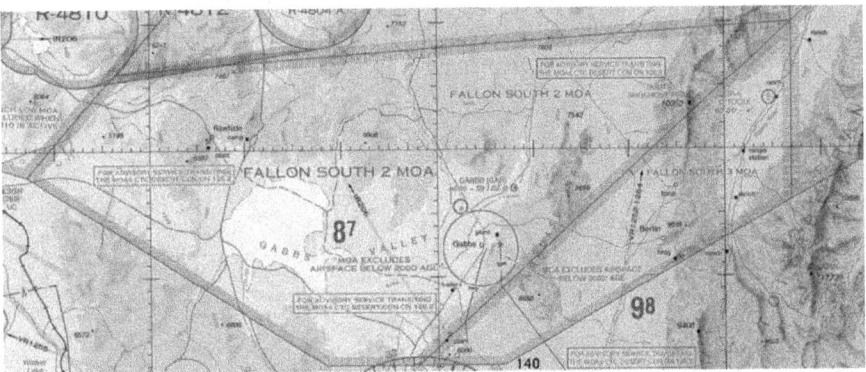

Figura 24: Representación del Área de Operaciones Militares Fallon 2 South, cerca de la Estación Aérea Fallon, en un mapa VFR. FAA, Dominio público, a través de Wikimedia Commons.

Las áreas de alerta están marcadas en las cartas aeronáuticas utilizando una "A" seguida de una designación numérica (por ejemplo, A-211) para indicar regiones donde puede haber una concentración elevada de entrenamiento de pilotos o actividades aéreas no convencionales. Los pilotos deben ejercer vigilancia al navegar a través de áreas de alerta. Todas las operaciones dentro de un área de alerta deben cumplir con las regulaciones, sin excepción, y tanto los pilotos de las aeronaves participantes como aquellos que pasan por la zona comparten la responsabilidad igual de evitar colisiones.

Figura 25: Ejemplo de un Área de Alerta (A-211). Administración Federal de Aviación, Servicios Nacionales de Navegación Aeronáutica, Dominio público, obtenido de la Administración Federal de Aviación (2016).

Áreas de Fuego Controlado (CFAs): Las CFAs abarcan operaciones que, si se llevan a cabo fuera de un entorno controlado, podrían representar riesgos para las aeronaves no involucradas en la actividad. A diferencia de otros tipos de espacio aéreo de uso especial, las CFAs requieren la cesación de actividades al detectar una aeronave aproximándose por un avión observador, radar o posición de vigilancia terrestre. Las CFAs no se marcan en las cartas porque no requieren alteraciones al trayecto de vuelo de las aeronaves no participantes.

El término "Otros espacios aéreos" se refiere a la gran mayoría del espacio aéreo restante, abarcando varias zonas y rutas, incluyendo:

- Asesoramiento de Aeropuerto Local (LAA)

- Rutas de Entrenamiento Militar (MTR)

- Restricciones Temporales de Vuelo (TFR)

- Operaciones de Aeronaves de Salto en Paracaídas

- Rutas VFR Publicadas

- Áreas de Servicio de Radar Terminal (TRSAs)

- Áreas de Seguridad Nacional (NSAs)

- Zonas de Identificación de Defensa Aérea (ADIZ) en tierra y agua, requiriendo un plan de vuelo VFR de Defensa (DVFR) para operaciones VFR

- Zonas Restringidas de Vuelo (FRZ) cerca del Capitolio y la Casa Blanca

- Áreas de Vida Silvestre/Áreas Silvestres/Parques Nacionales, con solicitud de operar por encima de 2,000 AGL

- Áreas Marinas de la Administración Nacional Oceánica y Atmosférica (NOAA) frente a la costa, requiriendo operación por encima de 2,000 AGL

- Globos atados para observación y registros meteorológicos con cables que se extienden hasta 60,000 pies

Asesoramiento de Aeropuerto Local (LAA): LAA proporciona servicios de asesoramiento a través de instalaciones de Servicio de Vuelo situadas en aeropuertos de aterrizaje, utilizando frecuencias de tierra-aire o frecuencias de torre cuando la torre está cerrada. Los servicios incluyen asesoramiento de aeropuerto local, reportes automáticos de clima y visualización continua de datos del Sistema Automatizado de Observación de Superficie (ASOS)/Estación Automatizada de Observación Meteorológica (AWOS).

Rutas de Entrenamiento Militar (MTRs): Las MTRs son rutas designadas para que las aeronaves militares lleven a cabo ejercicios de vuelo táctico. Estas rutas están típicamente por debajo de 10,000 pies MSL para operaciones que exceden los 250 nudos. Las rutas IFR (IR) y VFR (VR) son identificadas por números y representadas en las cartas apropiadas.

Restricciones Temporales de Vuelo (TFR): Las TFR se emiten a través de Notificaciones a los Aviadores (NOTAMs) para designar espacio aéreo restringido durante períodos específicos. Las TFR tienen como objetivo proteger a personas y propiedades, apoyar operaciones de alivio de desastres, gestionar la congestión del espacio aéreo, proteger figuras públicas, asegurar la seguridad de las operaciones de las agencias espaciales y más.

Operaciones de Aeronaves de Salto en Paracaídas: Estas operaciones están listadas en el Suplemento de Cartas de EE. UU. y frecuentemente representadas en cartas seccionales.

Rutas VFR Publicadas: Las rutas VFR facilitan la navegación alrededor o a través de espacio aéreo complejo y se encuentran en cartas de planificación de área terminal VFR.

Áreas de Servicio de Radar Terminal (TRSAs): Las TRSAs ofrecen servicios adicionales de radar a los pilotos participantes para mejorar la separación entre las operaciones IFR y las aeronaves VFR. El aeropuerto principal dentro de las TRSAs se convierte en espacio aéreo Clase D, con el área restante típicamente siendo espacio aéreo Clase E.

Áreas de Seguridad Nacional (NSAs): Las NSAs son áreas de espacio aéreo designadas establecidas para aumentar la seguridad alrededor de instalaciones terrestres. El vuelo dentro de las NSAs puede ser temporalmente prohibido, con regulaciones difundidas a través de NOTAMs, y se alienta a los pilotos a evitar estas áreas voluntariamente.

Las leyes locales también pueden prohibir el uso de drones y los operadores deben estar plenamente conscientes de las leyes y regulaciones aplicables en su área.

Figura 26: Cartel de prohibición de drones, playa de Hawái. Kris Arnold de Nueva York, EE. UU., CC BY 2.0, a través de Wikimedia Commons.

REGULACIONES DE DRONES EN AUSTRALIA

En Australia, las regulaciones que gobiernan la operación de vehículos aéreos no tripulados (UAVs), comúnmente conocidos como drones, están supervisadas por la Autoridad de Seguridad de Aviación Civil (CASA). Estas regulaciones tienen como objetivo garantizar la operación segura de los drones mientras protegen la privacidad y seguridad de individuos y propiedades. Aquí se presenta un resumen de las regulaciones de UAV en Australia [46]:

1. **Registro y Acreditación**: Si tienes la intención de volar un dron que pese 250 gramos o más para fines recreativos o comerciales, debes registrar el dron con CASA y obtener acreditación. Sin embargo, los drones utilizados exclusivamente para deportes o actividades recreativas dentro de una asociación de modelos de aeronaves pueden estar exentos de registro.

2. **Regulaciones de Seguridad**: Los operadores de drones deben adherirse a las regulaciones de seguridad, incluyendo mantener la línea visual de vista con el dron, volar por debajo de 120 metros (400 pies) sobre el nivel del suelo y no volar cerca de aeronaves, aeropuertos u operaciones de emergencia.

3. **Zonas de No Vuelo**: Ciertas áreas están designadas como zonas de no vuelo, como aeropuertos, helipuertos, escenas de emergencia y áreas con alta densidad de población. Está prohibido volar drones en estas áreas restringidas sin autorización.

4. **Distancia de Personas y Propiedades**: Los operadores deben mantener una distancia segura de personas, propiedades y vehículos que no estén bajo su control. Esto incluye respetar la privacidad de las personas y abstenerse de volar sobre propiedades privadas sin permiso.

5. **Licencias para Uso Comercial**: Los pilotos que operan drones comercialmente o por alquiler deben obtener una Licencia de Piloto Remoto (RePL) o un Certificado de Operador Remoto (ReOC) de CASA. Estas licencias requieren aprobar un examen de conocimiento y demostrar competencia en la operación de drones.

6. **Precauciones de Seguridad**: Los pilotos deben realizar chequeos de seguridad antes del vuelo, incluyendo evaluar las condiciones meteorológicas, asegurar que la batería del dron esté adecuadamente cargada y verificar la fuerza de la señal GPS.

7. **Cumplimiento con las Regulaciones de CASA**: Los operadores de drones son responsables de familiarizarse con las regulaciones de CASA y adherirse a ellas en todo momento. El incumplimiento de las regulaciones puede resultar en multas o sanciones.

Estas regulaciones se actualizan periódicamente para abordar preocupaciones emergentes de seguridad y avances tecnológicos en la tecnología de drones. Es esencial que los operadores de drones en Australia se mantengan informados sobre las últimas regulaciones y directrices para asegurar una operación de drones segura y legal.

Directrices para operadores de drones recreativos:

1. **Límite de Altitud**: Mantén tu dron por debajo de 120 metros (400 pies) sobre el nivel del suelo.

2. **Distancia de las Personas**: Mantén una distancia mínima de 30 metros de las personas.

3. **Operación de un Solo Dron**: Opera solo un dron a la vez.

4. **Línea Visual de Vista**: Asegúrate siempre de que tu dron permanezca dentro de tu línea visual de vista, lo que significa que puedes verlo directamente con tus ojos en todo momento.

5. **Evitar Áreas Concurridas**: No vueles tu dron sobre personas, áreas concurridas, playas, parques, eventos o campos deportivos donde se estén jugando partidos.

6. **Respeto a la Privacidad**: Respeta la privacidad de las personas y abstente de grabar o fotografiar a personas sin su consentimiento.

7. **Distancia de Aeródromos**: Si tu dron pesa más de 250 gramos, mantén una distancia de al menos 5.5 kilómetros de los aeropuertos controlados utilizando una aplicación de seguridad para drones para identificar áreas restringidas.

8. **Evitación de Peligros**: Opera tu dron de manera que no represente un peligro para otras aeronaves, personas o propiedades.

9. **Operación Solo Durante el Día**: Vuela tu dron exclusivamente durante las horas de luz diurna y evita volar en condiciones nubladas o con niebla.

10. **Evitación de Emergencias**: Abstente de volar tu dron sobre o cerca de áreas donde la seguridad pública esté en riesgo o se estén llevando a cabo operaciones de emergencia, como accidentes de tráfico, actividades policiales, incendios o esfuerzos de búsqueda y rescate.

11. **Sitios de Aterrizaje de Helicópteros y Aeródromos Pequeños**: Cuando estés cerca de sitios de aterrizaje de helicópteros o aeródromos pequeños sin torres de control, puedes volar tu dron dentro de 5.5 kilómetros. Sin embargo, si detectas aeronaves tripuladas cercanas, maniobra rápidamente para alejarte y aterriza tu dron de manera segura.

12. **Operaciones Comerciales con Drones**: Si planeas usar tu dron para fines laborales o comerciales, se aplican regulaciones adicionales. Es necesario registrar el dron y obtener una licencia o acreditación. Sin embargo, si vuelas tu dron puramente por motivos recreativos, no se requiere registro ni acreditación.

Independientemente de las opiniones personales respecto a la legislación, los drones, sin importar su tamaño o propósito, son clasificados como "aeronaves" bajo la Ley de Aviación Civil de Australia. La Ley define a las aeronaves como cualquier máquina o artefacto capaz de obtener soporte en la atmósfera a partir de reacciones del aire, excluyendo aquellas del suelo terrestre. En consecuencia, todos los drones caen bajo la supervisión reguladora de la Autoridad de Seguridad de Aviación Civil (CASA). Las regulaciones principales que gobiernan los drones están delineadas en la Parte 101 del Reglamento de Seguridad de Aviación Civil (CASR). Las reglas clave incluyen:

1. **Evitar Crear Peligros**: Los operadores no deben volar drones de manera que representen peligros para otras aeronaves, individuos o propiedades, incluso si cumplen con otras regulaciones.

2. **Zonas Restringidas Alrededor de Aeródromos**: Está prohibido operar drones dentro de 3 millas náuticas (5.5 km) del área de movimiento de un aeródromo controlado activo. Esto incluye pistas de taxi, plataformas y áreas utilizadas para despegue y aterrizaje de aeronaves.

3. **Precaución Cerca de Aeródromos No Controlados**: El lanzamiento de drones dentro de 3 millas náuticas (5.5 km) del área de movimiento de un aeródromo no controlado está restringido si hay aeronaves tripuladas operando allí. Los operadores deben maniobrar de manera segura si se detecta actividad aérea.

4. **Evitar Rutas de Aproximación y Salida**: La orientación de CASA dirige a los operadores a evitar volar drones en las rutas de aproximación y salida en aeródromos no controlados y sitios de helicópteros.

5. **Prohibición de Volar en Áreas Restringidas**: Las operaciones de drones en áreas de espacio aéreo restringido o prohibido sin la aprobación de la autoridad están prohibidas debido a los posibles peligros para las aeronaves.

6. **Límite de Altitud**: Los drones no pueden volar por encima de los 400 pies (120 metros) sobre el nivel del suelo a menos que esté aprobado por CASA.

7. **Línea Visual de Vista**: Los operadores deben mantener la línea visual de vista con el dron, sin utilizar binoculares o dispositivos similares, asegurando un monitoreo y control continuos.

8. **Restricciones de Vuelo Nocturno y en Nubes**: Los vuelos de drones están prohibidos desde el crepúsculo civil hasta el amanecer, y también está prohibido volar en nubes o niebla.

9. **Evitar Operaciones de Servicios de Emergencia**: Operar drones sobre áreas donde se están llevando a cabo operaciones de emergencia está prohibido a menos que esté autorizado por la persona a cargo de la operación.

10. **Distancia de las Personas**: Los operadores deben asegurar que los drones se operen al menos a 30 metros de distancia de las personas, excepto cuando sea esencial para el control de la aeronave.

11. **Restricciones sobre Vuelo Sobre Áreas Pobladas**: Los drones no deben volar sobre áreas con una densidad de población suficiente como para representar riesgos irracionales para la vida, la seguridad o la propiedad de individuos no involucrados en la operación.

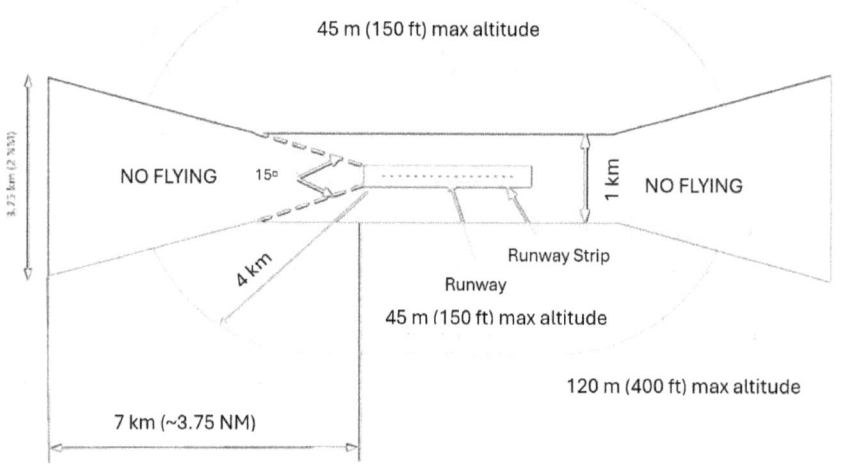

Figura 27: El RPA no debe volarse en rutas de aproximación o salida.

En cuanto al vuelo FPV (vista en primera persona), aunque introduce posibilidades emocionantes, también plantea riesgos de seguridad debido a la reducción de la conciencia situacional. CASA proporciona exenciones para el vuelo FPV bajo condiciones específicas, aplicables principalmente a miembros de asociaciones reconocidas que cumplen con políticas especificadas.

Las leyes locales de drones, además de las regulaciones de CASA, gobiernan las operaciones de drones. Los gobiernos estatales y los consejos locales pueden imponer restricciones al uso de drones, como prohibiciones de operar en parques nacionales o propiedades del consejo. Además, existen regulaciones específicas para operar drones cerca de la vida marina, requiriendo el cumplimiento de restricciones de altitud y distancia y la obtención de permisos en algunos casos.

En general, navegar por las regulaciones de drones requiere un entendimiento profundo y la adherencia a diversas reglas, enfatizando la seguridad y la operación responsable. Se aconseja realizar investigaciones adicionales sobre las leyes y regulaciones relevantes para asegurar el cumplimiento durante las operaciones de drones.

La legislación principal que regula las operaciones de drones es la Parte 101 de las Regulaciones de Seguridad de Aviación Civil (CASR).

Ahora, profundicemos en los detalles de los tamaños de drones para fines comerciales [47]:

Categorías de Peso:

- Micro: Menos de 250g

- Muy pequeño: 250g-2kg

- Pequeño: 2kg-25kg

- Medio: 25kg-150kg

- Grande: Más de 150kg

Para una empresa espacial, enfocarse en las categorías "muy pequeña" y "pequeña" es ideal. Sin embargo, si se consideran drones en las categorías "medio" y "grande", indica un nivel más alto de experiencia y complejidad.

Especificaciones de Drones:

- Muy Pequeño (250g-2kg): Estos drones son comúnmente usados para propósitos domésticos, equipados con características como una cámara estabilizada 4k para fotografía, capacidad GNSS y, a veces, cámaras térmicas. Son adecuados para misiones pequeñas de fotogrametría, fotografía o planificación/reconocimiento de vuelo.

- Pequeño (2kg-25kg): Los drones en esta categoría pueden manejar cámaras de grado cinematográfico, cargas útiles LiDAR y otro equipo especializado. Operar tales drones comercialmente requiere una estrategia y programa de negocios claros debido a la complejidad aumentada.

Requisitos Legislativos: Para la Categoría "Muy Pequeña" (250g-2kg):
- Obtener un Número de Referencia de Aviación (ARN) de CASA.
- Completar la Acreditación de Operador de RPA, confirmando el entendimiento de las reglas básicas.
- Registrar el dron con CASA.

Para la Categoría "Pequeña" (2kg-25kg):
- Obtener una Licencia de Piloto Remoto (RePL) para el piloto.
- La empresa necesita un Certificado de Operador Remoto (ReOC).
- Emplear a un Piloto Jefe responsable de las operaciones de drones.
- Desarrollar políticas y someterse a auditorías para mantener el cumplimiento con las regulaciones.

Condiciones de Vuelo:
- Las restricciones se aplican a todas las categorías, incluyendo límites de altitud, distancia de las personas y proximidad a aeródromos controlados.
- Las operaciones en la noche, en la niebla o más allá de la línea visual requieren permisos y entrenamiento específicos, como Más Allá de la Línea Visual (BVLOS) y Evaluación de Riesgo Operacional Específico (SORA).

Navegar por el marco legislativo para el uso de drones en Australia requiere adherirse a estas regulaciones, obtener la capacitación adecuada y cumplir con las medidas de seguridad delineadas por CASA.

CASA ha introducido recientemente un cronograma que detalla los plazos para la inscripción y acreditación de UAV para operadores de UAV [48].

A partir del 28 de enero de 2021, las personas que vuelen UAVs para fines distintos al deporte o recreación deben [48]:
- Tener al menos 16 años.
- Registrar su UAV a través del sitio web de myCASA.
- Obtener una acreditación de operador de aeronaves pilotadas a distancia (RPA), una licencia de piloto remoto (RePL) o un certificado de operador de aeronaves

pilotadas a distancia (ReOC).

La inscripción y la acreditación de operador de RPA son obligatorias para los UAVs que pesen:
- 250g o menos (clasificado como un RPA micro).
- Más de 250g pero no más de 2kg (clasificado como un RPA muy pequeño).
- Más de 2kg pero no más de 25kg, y utilizado exclusivamente sobre la propiedad propia (clasificado como un RPA pequeño).

Volar con fines comerciales abarca actividades como fotografía, producción de video, inspección de equipos, monitoreo, investigación o cualquier tarea asignada por un empleador. La acreditación de operador no es necesaria para uso recreativo.

Un RePL es necesario para las personas que aspiran a actuar como pilotos remotos para empresas que poseen un ReOC, o para volar UAVs o RPAs que pesen más de 25kg pero menos de 150kg sobre su propia propiedad.

Los ReOC se otorgan a entidades gubernamentales o individuos/empresas con un Número de Compañía Australiano (ACN) o Número de Negocio Australiano (ABN) que buscan beneficio económico a través de servicios con drones. Deben emplear titulares de RePL y operar fuera de las condiciones estándar.

Desde el 28 de enero de 2021, volar UAVs no registrados con fines comerciales o laborales puede resultar en multas de hasta $11,100. Sin embargo, los UAVs recreativos o aeronaves modelo que pesen más de 250g también requerirán acreditación y registro en la próxima fase de registro, programada para marzo de 2022. Actualmente, no hay restricción de edad para el uso recreativo de UAVs.

A partir del 30 de septiembre de 2021, los Reglamentos de Investigación de Seguridad en el Transporte de 2003 han sido reemplazados por la nueva Ley de Reglamentos de Investigación de Seguridad en el Transporte de 2021. Estos reglamentos requieren que ciertos operadores de RPA presenten informes de seguridad y sucesos al Buró de Seguridad en el Transporte Australiano (ATSB), clasificando los drones como RPA de Tipo 1 o RPA de Tipo 2.

Los RPA de Tipo 1 incluyen drones certificados contra normas de aeronavegabilidad, drones medianos de más de 25kg y drones grandes de más de 150kg. Los RPA de Tipo 2, que pesan más de 250g, tienen menos requisitos de informes, generalmente necesitando informes inmediatos para incidentes que involucren muerte o lesiones graves.

La inscripción y el informe obligatorios de UAV tienen como objetivo mejorar la responsabilidad y la responsabilidad, asegurando el cumplimiento de las regulaciones y facilitando mejores resultados de seguridad a través de investigaciones del ATSB.

Diferenciación entre RPAs y Aeromodelos

Durante muchos años, las personas han disfrutado de volar aeromodelos, pero ¿cómo se diferencian estos de los 'drones' pilotados a distancia que se discuten con frecuencia? Según CASA, la diferenciación entre RPAs y aeromodelos radica en su uso: los RPAs se utilizan para fines comerciales, gubernamentales o de investigación, mientras que los aeromodelos se vuelan puramente para el disfrute recreativo, como actividades deportivas y de ocio. En esencia, CASA clasifica las aeronaves no tripuladas según su aplicación prevista.

Requisitos de Licencia: Aeromodelos: Operar un aeromodelo radiocontrolado no requiere calificaciones formales de pilotaje. Sin embargo, es obligatorio adherirse a regulaciones específicas (consulte 'Lo que está permitido' a continuación). La operación comercial de aeromodelos está prohibida a menos que el operador posea un certificado de operador no tripulado pertinente para ese tipo de actividad. Los entusiastas que deseen unirse a una asociación o club pueden considerar la Asociación Aeronáutica de Modelos de Australia (MAAA), que cuenta con aproximadamente 11,000 miembros. La MAAA ofrece un sistema de calificación de 'alas', que comprende niveles de bronce, oro e instructor.

RPAs: CASA mantiene que los pilotos de UAS (Sistemas de Aeronaves No Tripuladas) deben poseer conocimientos de aviación general equivalentes a los de una licencia de piloto privado, junto con habilidades especializadas en aeronaves no tripuladas. Para la operación comercial de cualquier RPA de tamaño, los individuos deben obtener un certificado de controlador de UAV (Vehículo Aéreo No Tripulado) y un certificado de operador no tripulado específico para la empresa (UOC). Las certificaciones adicionales pueden incluir una licencia de operador de radio de vuelo y competencia con el tipo de UAS empleado.

Actividades Permitidas: RPAs:
- Se otorga aprobación para actividades de aeronaves no tripuladas realizadas sobre áreas despobladas, hasta 400 pies AGL (sobre el nivel del suelo) o más alto

con permisos especiales.

- También se requieren aprobaciones especiales para operaciones en otras áreas.

- Las operaciones dentro del espacio aéreo controlado requieren autorización de CASA y coordinación con Airservices Australia.

- Los RPAs pueden operarse bajo condiciones meteorológicas visuales (VMC) y/o condiciones meteorológicas por instrumentos (IMC) con las aprobaciones apropiadas.

Aeromodelos:
- Los aeromodelos solo deben volarse dentro de la línea visual de vista, durante condiciones meteorológicas visuales diurnas (VMC).

- Está prohibido volar de noche y operar en o a través de nubes o niebla.

- La aeronave debe permanecer visible para el operador en todo momento, sin depender de su cámara de punto de vista.

- Está prohibido volar dentro de 30 metros de vehículos, barcos, edificios o personas.

- Sobre áreas pobladas, como playas, parques concurridos o campos deportivos durante eventos, no se deben volar aeromodelos.

- En el espacio aéreo controlado, que típicamente abarca grandes ciudades, los aeromodelos no deben exceder los 400 pies (120 metros) de altitud.

- Se requiere mantener una distancia mínima de 5.5 kilómetros de los aeródromos.

Estas distinciones y regulaciones tienen como objetivo asegurar la operación segura y responsable tanto de los RPAs como de los aeromodelos dentro del espacio aéreo australiano. Airservices Australia proporciona una amplia gama de documentos y publicaciones esenciales para la navegación aérea segura y eficiente dentro de Australia y sus territorios.

Publicación de Información Aeronáutica (AIP): La AIP de Australia comprende una colección de documentos que ofrecen información operacional crucial para la navegación aérea nacional (civil) e internacional. Incluye detalles necesarios para garantizar la seguridad y eficacia del viaje aéreo a través de las regiones designadas.

Suplementos de la AIP (SUPS)/Circulares de Información Aeronáutica (AICs): Los SUPS complementan la AIP con información operacional adaptada a sus requisitos. Se emiten cuando los datos temporales son pertinentes, acompañados de una notificación avanzada. Los cambios importantes que impactan las operaciones aéreas a menudo se difunden a través de SUPS en cumplimiento con el requisito de Regulación y Control de la Información Aeronáutica (AIRAC) de la OACI. Las AICs, por su parte, contienen información técnica y sirven un propósito educativo, proporcionando aviso previo de nuevas instalaciones, servicios, procedimientos, etc.

Suplemento Enruta Australia (ERSA): El ERSA es una publicación indispensable para la planificación de vuelos y la navegación en vuelo. Incluye representaciones pictóricas detalladas de todos los aeródromos con licencia, actualizadas cada 12 semanas. Otra información crucial abarca las características físicas del aeródromo, horas operativas, ayudas visuales en tierra, servicios de tráfico aéreo, ayudas a la navegación, iluminación, frecuencia de CTAF, detalles de los operadores de aeródromos y cualquier cambio pertinente. Disponible en formato de espiral o suelto, el ERSA se puede obtener con o sin el Suplemento de Distancia de Pista.

Suplemento de Distancia de Pista (RDS): Este suplemento proporciona datos sobre distancias de despegue y aterrizaje junto con información complementaria para todos los aeródromos con licencia. Las modificaciones se sincronizan con las actualizaciones del ERSA.

Ley y Regulaciones de Aviación Civil (CARs): La Ley de Aviación Civil sirve como marco legislativo principal para el control de seguridad aérea en Australia, conteniendo disposiciones regulatorias cruciales. Las Regulaciones acompañantes delinean los requisitos regulatorios obligatorios relacionados con la aeronavegabilidad, asuntos operativos, licencias, poderes de ejecución y control del tráfico aéreo.

Órdenes de Aviación Civil (CAOs): Provisionadas bajo las Regulaciones, las Órdenes de Aviación Civil proporcionan información sobre estándares técnicos y especificaciones. Contienen requisitos operacionales, de aeronavegabilidad y de seguridad obligatorios detallados, incluyendo criterios de diseño, estándares, especificaciones, procedimientos operativos y directivas de seguridad.

Publicaciones de Asesoría de Aviación Civil (CAAPs): Las CAAPs sirven como documentos de asesoría, aclarando el propósito de las Regulaciones/Órdenes y ofreciendo orientación sobre el cumplimiento con los requisitos obligatorios. Organizadas en secciones Azul (Operacional), Verde (Aeronavegabilidad) y Amarillo (Aeródromo), las CAAPs simplifican los conceptos regulatorios para los interesados.

Procedimientos de Salida y Aproximación (DAP): Los DAP incluyen cartas relacionadas con todos los procedimientos de salida y aproximación por instrumentos, categorizados en paquetes DAP Este y DAP Oeste. Además, los DAP incluyen información sobre Procedimientos de Reducción de Ruido aplicables a todas las ubicaciones.

Cartas de Terminal Visual (VTC): Las VTC proporcionan información aeronáutica y topográfica a una escala de 1:250,000, ayudando a las operaciones bajo Reglas de Vuelo Visual (VFR) cerca de aeródromos importantes. Estas cartas a menudo destacan las rutas a volar y puntos de referencia significativos, facilitando a los pilotos VFR evitar la penetración inadvertida del espacio aéreo controlado.

Cartas Enruta (ERC) Alta y Baja: Las cartas ERC (L) están diseñadas a diversas escalas para acomodar áreas significativas de rutas de tráfico aéreo, mostrando espacio aéreo controlado, áreas prohibidas, restringidas y de peligro, rutas aéreas, Servicios de Tráfico Aéreo (ATS) y servicios de radionavegación. Por otro lado, las cartas ERC (H) ofrecen información seleccionada similar a la serie ERC (L), atendiendo principalmente a aeronaves que operan a altitudes más altas en rutas transcontinentales e intercapitales, típicamente en FL200 y superior.

Cartas de Área Terminal (TAC): Estas cartas están adaptadas para áreas terminales, ofreciendo información detallada del espacio aéreo, rutas aéreas, áreas prohibidas, restringidas y de peligro, ayudas a la navegación y frecuencias de radio. Las TAC están diseñadas a una escala mayor, mejorando la usabilidad en áreas congestionadas, con variaciones de escala dependiendo de cartas específicas.

Cartas de Navegación Visual (VNC): Las VNC ayudan en la planificación de vuelos en relación con el espacio aéreo controlado, facilitando la transición de Cartas Aeronáuticas Mundiales (WAC) a Cartas de Terminal Visual (VTC) alrededor de áreas terminales, y proporcionando asistencia de navegación cerca del espacio aéreo controlado o áreas restringidas y de peligro. Estas cartas ofrecen información topográfica a una escala de 1:500,000.

Carta de Planificación de Australia (PCA): PCA incluye límites y ubicaciones de pronósticos de área meteorológica, cobertura de comunicación fuera del espacio aéreo controlado y cobertura proporcionada por las WAC. Sirve como un recurso valioso para la planificación de vuelos y preparativos previos al vuelo.

Cartas Aeronáuticas Mundiales (WAC): Parte de la serie internacional ICAO 1:1,000,000, las WAC australianas están diseñadas para la planificación previa al vuelo y el pilotaje. Construidas usando la proyección cónica conforme de Lambert y adhiriendo a las especificaciones de la ICAO, estas cartas ofrecen información esencial para una navegación aérea segura y eficiente.

A partir del 5 de abril de 2020, se requiere que mantengas registros de tus operaciones con drones para demostrar el cumplimiento de las regulaciones de seguridad de drones. Sin embargo, si solo vuelas por motivos recreativos o operas un vehículo aéreo no tripulado (RPA) muy pequeño que cae bajo la categoría excluida Sub 2 kg, no es obligatorio llevar registros. Estas obligaciones se aplican tanto a los RPAs pequeños (2-25 kg) como a los medianos (25-150 kg) cuando se vuelan sobre tu propia propiedad. Se debe mantener la siguiente documentación:

- Un registro operacional para cada operación

- Un registro técnico para cada RPA mediano

- Un registro del piloto remoto que detalle el tiempo de vuelo y especificaciones para cada operación de RPA mediano. Estos registros deben ser mantenidos por el piloto remoto y conservados por un mínimo de 3 años después de la última operación. Sin embargo, el registro técnico debe ser retenido por al menos 7 años. Debes estar preparado para proporcionar copias de estos registros a solicitud. Además, si vendes tu dron, el comprador puede solicitar acceso a estos registros.

Período de Retención del Registro Operacional: 3 años Aplicable a: RPAs pequeños y medianos Información clave para incluir:

- Ubicación y altitud del vuelo

- Tipo, modelo e identificación del RPA

- Fechas y horarios de la operación

- Naturaleza y propósito de la operación

- Evaluación de si el dron está en condiciones de volar para el vuelo del día siguiente.

Período de Retención del Registro Técnico: 7 años Aplicable a: RPAs medianos Información clave para incluir:

- Tipo, modelo e identificación del RPA

- Tiempo total de vuelo del RPA

- Duraciones en servicio de componentes

- Cronograma de mantenimientos programados

- Detalles del mantenimiento realizado y certificación de cualquier trabajo realizado.

Período de Retención del Registro del Piloto Remoto: 3 años Aplicable a: RPAs medianos Información clave para incluir:

- Tiempo de vuelo acumulado operando un RPA excluido

- Detalles que identifican cada operación, incluyendo tipo, modelo e identificación del RPA

- Fechas, ubicaciones y duraciones de cada vuelo.

REGULACIONES DE DRONES EN EL REINO UNIDO

En 2024, la Autoridad de Aviación Civil del Reino Unido (CAA), que actúa como el organismo rector de los asuntos de aviación del país, ha introducido un marco comprensivo de regulaciones de drones destinado a fomentar la operación segura, consciente y legal de drones en todo el Reino Unido [49]. Estas regulaciones abarcan una amplia gama de actividades con drones, desde fines recreativos hasta comerciales.

En 2024, las regulaciones de drones vigentes en el Reino Unido se basan en el principio fundamental de que los Sistemas de Aeronaves No Tripuladas (UAS) que operan dentro del país deben adherirse a estándares de seguridad y operativos equivalentes a los de las aeronaves tripuladas que realizan operaciones similares en el mismo espacio aéreo, como se detalla en el CAP 722 – Operaciones de Sistemas de Aeronaves No Tripuladas en el Espacio Aéreo del Reino Unido – Guía [50].

Aunque este principio parece sencillo, la mayoría de los drones carecen de las características de seguridad inherentes a las aeronaves tripuladas y generalmente son operados por individuos con menos capacitación extensiva. En consecuencia, a medida que la popularidad de los drones continúa en aumento, la Autoridad de Aviación Civil del Reino Unido (CAA) enfrenta la tarea desafiante de idear un marco regulatorio que equilibre la imperativa de proteger la seguridad y la seguridad pública con la necesidad de fomentar una industria preparada para un crecimiento sustancial y con la capacidad de expandir significativamente las operaciones [50].

Las operaciones de UAS en el Reino Unido están sujetas a regulación bajo dos marcos distintos: el Orden de Navegación Aérea 2016 (modificado dentro del marco de la Ley de Aviación Civil de 1982) y las regulaciones derivadas del Reglamento del Reino Unido (UE) 2018/1139, comúnmente conocido como el Reglamento Básico.

Estos marcos regulatorios están acompañados por orientación proporcionada por la CAA en forma de CAP722 (Operaciones de Sistemas de Aeronaves No Tripuladas en el Espacio Aéreo del Reino Unido – Guía). No obstante, comprender esta guía puede resultar desafiante para muchos. Por lo tanto, en esta plataforma, nuestro objetivo es elucidar de la manera más clara posible los requisitos para operar drones de manera segura y legal en el Reino Unido en 2024 [50].

Según los últimos datos, el registro de drones del Reino Unido está experimentando un crecimiento sustancial, con más de 513,860 drones activos dentro del espacio aéreo del Reino Unido. En respuesta a este auge, la CAA está adaptando y refinando continuamente las regulaciones para alinearse con este paisaje de drones en expansión.

A continuación, se detallan las disposiciones clave de las Leyes de Drones del Reino Unido para 2024 [49]:

1. **Requisito de Edad Mínima**: Los operadores de drones deben tener al menos 12 años para operar drones de manera independiente.

2. **Límite de Altitud**: Está prohibido que los drones vuelen por encima de los 400 pies (120 metros).

3. **Línea de Vista**: Los operadores deben mantener contacto visual con sus drones en todo momento durante el vuelo.

4. **Espacio Aéreo Restringido**: Se debe obtener permiso antes de volar en espacio aéreo restringido.

5. **Proximidad al Aeropuerto**: Los drones no deben volarse dentro de un radio de 5 kilómetros de los aeropuertos.

6. **Distancia de las Personas**: Se debe mantener una distancia mínima de 50 metros entre los drones y las personas no involucradas.

7. **Restricciones Basadas en el Peso**: Los drones que pesen menos de 250 gramos pueden volar más cerca de las personas y sobre ellas. Los drones que pesen 250 gramos o más deben mantener una distancia de al menos 150 metros de parques, áreas industriales, zonas residenciales y otras ubicaciones construidas.

8. **Drones Equipados con Cámaras**: Los operadores de drones equipados con cámaras deben registrarse para obtener un ID de Operador con la CAA.

9. **Mandato de Seguro**: Los operadores de drones comerciales deben tener cobertura de seguro.

10. **Cumplimiento Diurno y Nocturno**: El cumplimiento de las regulaciones es obligatorio tanto para las operaciones diurnas como nocturnas.

Estas regulaciones, efectivas a partir de 2024, se aplican a todos los operadores de drones en el Reino Unido. Adherirse a estas leyes es imperativo para garantizar el uso seguro y responsable de los drones dentro del país.

Además, al operar drones o aeromodelos en el Reino Unido, es esencial estar consciente de los requisitos legales de identificación (ID) y registro. Estos requisitos dependen de factores como el peso del dron y la presencia de una cámara y son aplicables a todos los drones, independientemente de su tamaño.

ID de Piloto:

- Necesario para drones que pesen más de 250 gramos o estén equipados con una cámara.

- Emitido por la Autoridad de Aviación Civil del Reino Unido (CAA) después de aprobar un examen teórico de 40 preguntas.

- El registro se puede completar en línea a través del sitio web de la CAA.

- Válido por 5 años y sin costo.

ID de Operador:

- Obligatorio para operadores de drones equipados con cámaras que participan en actividades comerciales.

- Emitido por la Autoridad de Aviación Civil del Reino Unido (CAA) después de aprobar un examen teórico.

- El registro implica proporcionar una dirección de correo electrónico e información de pago.

- Válido por 1 año, con una tarifa de £10.

OPERACIONES CON DRONES 83

Para individuos menores de 18 años, el registro de un ID de operador debe ser facilitado por un padre o tutor.

Figura 28: Filmación con dron en Cuenca Cerrada de Karst. Nick Chipchase, CC BY-SA 2.0, a través de Wikimedia Commons.

Para asegurar el cumplimiento legal, los drones y los aeromodelos deben estar etiquetados con el ID del operador. Este identificador único sirve para distinguir a la parte responsable y facilita la rendición de cuentas. Al etiquetar drones, sigue estas pautas [49]:

1. Escribe claramente el ID del Operador en letras de bloque, de al menos 3 mm de altura.

2. Asegura la etiqueta al cuerpo principal del avión, garantizando visibilidad desde el exterior o fácil accesibilidad dentro de un compartimento.

3. Protege la etiqueta del daño para mantener la legibilidad durante toda la vida útil del dron.

4. Repite el proceso de etiquetado para cada dron o aeromodelo bajo tu supervisión, utilizando el mismo ID del Operador.

Es crucial utilizar el ID del operador, no el ID del piloto, al etiquetar drones y aeromodelos. El ID del operador identifica específicamente a la parte responsable, mientras que el ID del piloto pertenece al piloto.

Bajo la Ley de Gestión del Tráfico Aéreo y Aeronaves No Tripuladas de 2021, la policía del Reino Unido ha recibido autoridad para regular el uso de drones. Estos poderes incluyen: • Tomar medidas si se cree que un dron se utiliza en conexión con un delito. • Aterrizar, inspeccionar y confiscar drones con una orden judicial asegurada.

- Mandar a los operadores de drones a aterrizar sus drones.
- Realizar búsquedas para localizar drones o equipos de drones.
- Confiscar y retener drones o equipos de drones.

Si surgen preocupaciones respecto al uso de drones en tu vecindad, contactar a las autoridades locales permite que investiguen y tomen las acciones necesarias para asegurar el cumplimiento de las leyes de drones del Reino Unido.

El incumplimiento de las leyes y regulaciones de drones del Reino Unido puede resultar en consecuencias como multas, confiscación de equipos, cargos criminales y responsabilidad por daños o lesiones causadas por drones. Es imperativo adherirse a estas leyes para proteger la seguridad pública y la integridad del espacio aéreo, volando drones de manera responsable y siguiendo las directivas de las autoridades.

En 2024, los pilotos de drones del Reino Unido deben adherirse a categorías específicas de operaciones de drones, categorizadas de la siguiente manera [49]:

1. Categoría Abierta: Comprende vuelos de bajo riesgo sin necesidad de aprobación especial de la CAA.

2. Categoría Específica: Pertenece a vuelos de mayor riesgo que necesitan autorización operativa de la CAA.

3. Categoría Certificada: Involucra vuelos de aún mayor riesgo, típicamente con aeronaves más grandes, sujetos a regulación y autorización estrictas similares a los vuelos tripulados.

Estas categorías, establecidas por la Autoridad de Aviación Civil (CAA), sirven para clasificar las operaciones de drones basadas en factores de riesgo como la proximidad a las personas y el peso del dron. La mayoría de los pilotos de drones operan dentro de la

Categoría Abierta, que promueve el uso responsable de drones y permite la operación en las subcategorías A1 y A3 con un ID de Piloto.

Al implementar estas categorías, el marco regulatorio del Reino Unido tiene como objetivo asegurar que los pilotos de drones cumplan con las medidas de seguridad apropiadas y las evaluaciones de riesgo adaptadas a la naturaleza de sus vuelos, promoviendo así operaciones de drones seguras y responsables en todo el país.

Operar drones dentro de la Categoría Abierta en el Reino Unido implica adherirse a pautas específicas diseñadas para vuelos de drones de bajo riesgo. Esta categoría no requiere aprobación especial de la Autoridad de Aviación Civil (CAA) y es comúnmente utilizada por la mayoría de los pilotos de drones en el Reino Unido, enfatizando la operación responsable de drones.

La Categoría Abierta se subdivide en tres subcategorías distintas, que se delinean en función del peso del dron y la proximidad a las personas:

1. A1 – "Volar sobre personas": Destinada para drones muy ligeros que presentan un riesgo mínimo, permitiendo el vuelo directamente sobre individuos.

2. A2 – "Volar cerca de personas": Involucra drones ligeros capaces de volar cerca de las personas, presentando un riesgo ligeramente mayor que los drones A1.

3. A3 – "Volar lejos de las personas": Diseñada para drones más pesados, exigiendo una distancia segura de las personas para mitigar posibles peligros.

La mayoría de los pilotos de drones en el Reino Unido pueden operar dentro de las subcategorías A1 y A3 sin formación adicional, siempre que posean un ID de Operador y hayan pasado la prueba del código de drones. Este marco asegura la adhesión a las pautas de uso responsable de drones mientras se mitigan los riesgos asociados con los vuelos de drones en diversos entornos.

Para operar drones dentro de la Categoría Abierta, se delinean restricciones y requisitos operativos específicos basados en el peso del dron y la subcategoría:

- Los drones que pesen menos de 250 gramos caen bajo la subcategoría A1, permitiendo el vuelo sobre personas no involucradas sin vuelo sobre agrupaciones de personas. Se requiere el registro del operador y la competencia del piloto remoto es esencial.

- Los drones que pesen menos de 900 gramos pueden operar en la subcategoría A1, sin vuelo sobre personas no involucradas. El registro del operador es obligatorio y se requiere la finalización de la formación en línea para las subcategorías A1/A3.

- Los drones que pesen menos de 4kg pueden operar en la subcategoría A2, necesitando no volar sobre personas no involucradas y mantener una distancia horizontal de 30 metros de las personas. Se requiere el registro del operador y un Certificado de Competencia A2 (A2 CofC).

- Los drones que pesen menos de 25kg operan en la subcategoría A3, prohibiendo el vuelo cerca de personas y exigiendo vuelo fuera de áreas urbanas. Se requiere el registro del operador y un A2 CofC.

Las operaciones de drones caen bajo la Categoría Abierta si cumplen con requisitos específicos, incluyendo la adherencia a las especificaciones de clase delineadas en el Reglamento Delegado (UE) 2019/945, manteniendo distancias seguras de las personas y cumpliendo con las regulaciones de línea de visión visual (VLOS) [49].

Como piloto promedio de drones operando dentro de la Categoría Abierta, es esencial adherirse a puntos clave:

1. **Priorizar la Seguridad**: Emplear medidas razonables, proporcionadas y de sentido común para gestionar los riesgos de vuelo, asegurando la seguridad de las personas y la propiedad.

2. **Registro e ID de Piloto**: Registrarse como operador y obtener un ID de Piloto en la mayoría de los casos, asegurando el cumplimiento de los requisitos regulatorios.

3. **Distancia de las Personas**: Mantener distancias seguras de las personas durante el vuelo, priorizando la seguridad y la prevención de lesiones.

4. **Adherencia a las Reglas de Seguridad**: Seguir los protocolos de seguridad, incluyendo mantener la línea de vista visual, respetar los límites de altitud y observar las zonas de restricción de vuelo.

5. **Restricciones Locales y Permisos**: Familiarizarse con las restricciones locales y obtener los permisos necesarios antes de volar, reconociendo que los permisos de espacio aéreo y terrestre son entidades separadas.

Operar drones dentro de la Categoría Específica implica participar en vuelos de mayor riesgo que no se alinean con los criterios de bajo riesgo de la Categoría Abierta. Los pilotos que operan en esta categoría deben asegurar la autorización operativa de la Autoridad de Aviación Civil (CAA).

La Categoría Específica se utiliza típicamente para vuelos con demandas más intrincadas o especializadas, como inspecciones industriales, monitoreo agrícola o fotografía aérea en áreas congestionadas. Para solicitar la autorización operativa, los operadores deben realizar una evaluación de riesgo exhaustiva y desarrollar un caso de seguridad operacional para demostrar su capacidad de ejecutar de manera segura la operación de dron planificada.

Tras la presentación de la solicitud, incluyendo la evaluación de riesgo y las medidas de mitigación, la CAA evalúa los riesgos operativos y emite una Autorización Operativa si considera que los riesgos están adecuadamente mitigados. Esta autorización puede pertenecer a una operación única o a múltiples operaciones especificadas por tiempo o ubicación. Alternativamente, la CAA puede aprobar un Certificado de UAS Ligero (LUC) de acuerdo con la Parte C del Anexo.

Los operadores que poseen un LUC con los privilegios adecuados o que realizan operaciones dentro de clubes y asociaciones de aeromodelismo con las autorizaciones adecuadas están exentos del requisito de obtener Autorizaciones Operativas.

La Categoría Certificada está designada para vuelos de aún mayor riesgo, a menudo involucrando drones o aeronaves más grandes. Los requisitos regulatorios y de autorización para esta categoría son similares a los de los vuelos tripulados. Los pilotos deben obtener las certificaciones, permisos y aprobaciones necesarias para operar drones dentro de la Categoría Certificada. Las actividades dentro de esta categoría pueden incluir entrega de paquetes, servicios de taxi dron o vuelos en espacio aéreo altamente controlado.

Las operaciones de drones caen bajo la Categoría Certificada si el dron está certificado según el Artículo 40 del Reglamento Delegado (UE) 2019/945 y cumple con condiciones específicas, como volar sobre agrupaciones de personas, transportar personas o llevar mercancías peligrosas. Además, las operaciones pueden clasificarse como Categoría Certificada si la CAA determina, basado en la evaluación de riesgo, que los riesgos no pueden mitigarse adecuadamente sin la certificación del dron y del operador, y, donde sea aplicable, la licencia del piloto remoto.

Los pilotos de drones en el Reino Unido en 2024 deben comprender y adherirse a los requisitos de las categorías Abierta, Específica y Certificada para asegurar la operación segura y legal de drones.

A partir del 1 de enero de 2024, el Reino Unido impondrá nuevas regulaciones que rigen los drones, requiriendo que todos los drones nuevos cumplan con estándares específicos y sean clasificados en una de cuatro clasificaciones: C0, C1, C2 o C3. Estas clasificaciones se determinan en base al peso y capacidades del dron, dictando su uso permisible y límites operacionales [49].

Las clases de drones y sus subcategorías asociadas se describen a continuación:

- Clase C0: Elegible para operación en todas las subcategorías.

- Clase C1: Elegible para operación en todas las subcategorías.

- Clase C2: Permisible para operación solo en subcategorías A2 (con un Certificado de Competencia A2 [CofC]) o A3.

- Clase C3: Permisible para operación exclusivamente en subcategoría A3.

- Clase C4: Permisible para operación exclusivamente en subcategoría A3.

A continuación, se detallan las cinco clases de drones junto con sus regulaciones correspondientes:

Clase de dron: C0

• Descripción: Los drones C0 comprenden aeronaves no tripuladas muy pequeñas, incluyendo juguetes, que pesan menos de 250 gramos. Tienen una velocidad máxima de 42.5 mph y deben permanecer dentro de los 400 pies del dispositivo de control.

Clase de dron: C1

• Descripción: Los drones C1 deben pesar menos de 900 gramos y poseer una velocidad máxima de 42.5 mph. Están diseñados para minimizar lesiones en caso de colisión con una persona. Además, estos drones cumplen con limitaciones de ruido y altura y deben cumplir con requisitos específicos para la identificación remota y la conciencia situacional.

Clase de dron: C2

• Descripción: Los drones C2 deben pesar menos de 4 kilogramos y priorizan la minimización de lesiones en caso de colisión potencial con una persona. Están equipados con un modo de baja velocidad, limitando su velocidad máxima a 6.7 mph cuando es activado por el operador. Además, los drones C2 cumplen con restricciones de ruido y altura y deben satisfacer los requisitos previos para la identificación remota y la conciencia situacional. Requisitos adicionales se aplican si estos drones se utilizan mientras están atados al suelo.

Clase de dron: C3

- Descripción: Los drones C3 son aeronaves no tripuladas que cuentan con modos de control automático y pesan menos de 25 kilogramos. Están sujetos a restricciones de altura y deben cumplir con criterios especificados para la identificación remota y la conciencia situacional. Requisitos suplementarios entran en juego si estos drones se despliegan mientras están atados al suelo.

Clase de dron: C4

- Descripción: Los drones C4 son aeronaves no tripuladas sin automatización más allá de la estabilización básica del vuelo, pesando menos de 25 kilogramos. Cumplen con restricciones de altura y deben cumplir con criterios designados para la identificación remota y la conciencia situacional. Requisitos adicionales se aplican si estos drones se utilizan mientras están atados al suelo.

Opciones de Licencias de Drones en el Reino Unido Asegurar que los pilotos de drones posean las certificaciones necesarias es fundamental para garantizar operaciones seguras y legales de drones. Diversos tipos de licencias de drones atienden a necesidades operativas variadas y requisitos, ofreciendo a los pilotos las calificaciones necesarias para navegar los cielos responsablemente. Entre estas licencias están [49]:

- Certificado de Competencia A2 (A2 CofC) Licencia de Drone:

    - Descripción: Esta calificación permite a los pilotos de drones operar legalmente ciertos drones en ubicaciones desafiantes y más cerca de personas no involucradas. o Validez: 5 años

    - Operaciones Aplicables: subcategoría A2 de la categoría Abierta, adecuada tanto para pilotos de drones comerciales como recreativos.

    - Proceso de Renovación: Completar un curso de capacitación y pasar un examen de calificación.

- Certificado de Visión Visual General (GVC) Licencia de Drone:

- Descripción: El GVC sirve como una calificación de competencia de piloto remoto, autorizando a los pilotos a volar drones de manera segura que pesen hasta 25 kg en áreas construidas.

- Validez: 5 años o Operaciones Aplicables: La mayoría de las operaciones de Visión Visual en Línea (VLOS) dentro de la categoría Específica.

- Proceso de Renovación: Completar un curso de actualización con un proveedor de capacitación cada 5 años.

• Permiso para Operaciones Comerciales (PfCO) Licencia de Drone [Ya No Válido]:

- Descripción: Anteriormente requerido para operaciones comerciales de drones en el Reino Unido, el PfCO ha sido reemplazado por el GVC desde enero de 2021.

- Validez: N/A o Operaciones Aplicables: N/A

- Proceso de Renovación: N/A

Detalles de Licencias de Drones: Certificado de Competencia A2 (A2 CofC) Licencia de Drone: El Certificado de Competencia A2 (A2 CofC) califica a los pilotos de drones para operar ciertos drones en entornos desafiantes y más cerca de personas no involucradas. Obtener esta certificación implica completar un curso de capacitación y aprobar un examen de calificación. Aunque no hay un requisito práctico formal, los pilotos deben declarar su experiencia de vuelo con drones para demostrar competencia. El A2 CofC es válido por cinco años y requiere renovación para mantener su validez legal.

Licencia de Drone Certificado de Línea de Visión Visual General (GVC): El GVC permite a los pilotos operar drones de hasta 25 kg en áreas urbanizadas, cubriendo la mayoría de las operaciones VLOS. Válido por cinco años, el GVC requiere un curso de actualización cada cinco años para asegurar competencia continua. Los pilotos deben completar el curso de actualización con un proveedor de capacitación para renovar su licencia GVC. Los costos del curso varían dependiendo del proveedor de capacitación, con tarifas de solicitud adicionales pagables a la CAA.

Operando Drones Dentro de la Línea de Visión Visual (VLOS): En el Reino Unido, las regulaciones de drones estipulan que los drones deben operarse dentro de la Línea de Visión Visual (VLOS) al volar dentro de la categoría Abierta o bajo autorización operativa para la categoría Específica. Las operaciones VLOS, definidas por la Regulación del Reino Unido (UE) 2019/947, implican que el piloto remoto mantenga contacto visual continuo sin ayuda con el dron para controlar su trayectoria de vuelo y evitar colisiones con otras aeronaves, personas u obstáculos.

Asegurar operaciones VLOS permite al piloto remoto monitorear la posición del dron, su orientación y el espacio aéreo circundante de manera efectiva. Mientras se permiten lentes correctivos, el uso de binoculares, telescopios u otros dispositivos de mejora de imagen está prohibido. La distancia máxima de VLOS varía para cada operación, influenciada por factores como el tamaño del dron, la iluminación a bordo, las condiciones meteorológicas, la visión del piloto remoto y el terreno y obstáculos que obstruyen la vista. Es responsabilidad del piloto remoto determinar la distancia máxima segura mientras mantiene contacto visual sin ayuda con el dron.

Operaciones Más Allá de la Línea de Visión Visual (BVLOS): Las operaciones de drones Más Allá de la Línea de Visión Visual (BVLOS) involucran vuelos de drones donde el piloto remoto no puede mantener contacto visual directo y sin ayuda con el dron durante el vuelo [49]. Esto permite que los drones cubran mayores distancias y realicen tareas que serían desafiantes dentro de los confines de las operaciones VLOS, como mapeo aéreo, inspección de infraestructuras y servicios de entrega. Sin embargo, las operaciones BVLOS requieren medidas de seguridad estrictas para proteger a los usuarios del espacio aéreo, así como a las personas y propiedades en el suelo.

La Autoridad de Aviación Civil (CAA) está desarrollando leyes de drones relacionadas con las operaciones BVLOS para permitir que los operadores autorizados realicen vuelos BVLOS de manera escalable y sostenible mientras garantizan la seguridad. Esta iniciativa comprende cuatro áreas principales de enfoque, conocidas como "los cuatro pilares":

1. **Competencia del Piloto**: Colaboración con socios de la industria para establecer un mecanismo estandarizado que demuestre la competencia del piloto más allá del actual Certificado de Línea de Visión Visual General (GVC).

2. **Aeronavegabilidad**: Establecimiento de un mecanismo formal para evaluar la robustez de las aeronaves al solicitar autorización operativa, incluyendo el desarrollo de requisitos para ciertos sistemas de aeronaves no tripuladas (UAS) evaluados por Entidades de Evaluación de Aeronavegabilidad Reconocidas.

3. **Evaluación de Riesgos**: Implementación de un mecanismo adecuado para evaluar y mitigar riesgos para autorizar operaciones complejas de UAS, adop-

tando una versión modificada del Análisis de Riesgos para Operaciones Específicas (SORA) de JARUS 2.5 para tener en cuenta las exenciones a las Reglas Aéreas Europeas Estandarizadas del Reino Unido.

4. **Espacio Aéreo**: Exploración de la integración de operaciones BVLOS en el espacio aéreo del Reino Unido mediante la utilización de un entorno aéreo atípico para abordar inicialmente el riesgo de colisión en el aire. Las estrategias a largo plazo implican apoyar la adopción de tecnologías de detección y evasión y la visibilidad electrónica dentro de un marco regulatorio.

Evaluación de Riesgos Operativos Específicos (SORA): El método SORA evalúa metodológicamente y aborda los riesgos asociados con las operaciones de Sistemas de Aeronaves No Tripuladas (UAS). Empodera a los operadores de drones para discernir las restricciones operativas, los requisitos técnicos de las aeronaves, los objetivos de formación del personal y formular protocolos operativos adecuados. Aunque se introdujo en 2023, el desarrollo de SORA está en curso en el Reino Unido a partir de 2024.

Orientación Actual y Futura Implementación de SORA en el Reino Unido: Mientras se espera la implementación completa del SORA del Reino Unido, los operadores de drones que soliciten la categoría Específica deberían adherirse a la metodología y las plantillas descritas en la publicación CAP 722A. Tras su introducción, el SORA del Reino Unido puede desviarse del SORA de la Agencia Europea de Seguridad Aérea (EASA) para adaptarse a los requisitos domésticos.

Estado Regulatorio y Cronograma para el SORA del Reino Unido: Considerado un Medio Aceptable de Cumplimiento (AMC) del Artículo 11 del Reglamento (UE) No 2019/947, el SORA del Reino Unido se retendrá y modificará bajo la Ley de Retirada de la Unión Europea de 2018. No requiere alteraciones regulatorias para su implementación, siendo un conjunto de recomendaciones y directrices más que una regulación. Previsto para consulta en el primer trimestre de 2024, el SORA del Reino Unido apunta a su implementación en el tercer o cuarto trimestre de 2024. El plan de implementación integral abarca varios aspectos, incluyendo su impacto en las Entidades de Evaluación Reconocidas (RAEs) y el diseño de cursos de capacitación para operadores de drones.

Autorizaciones Operativas y Casos de Seguridad Operacional: Las Autorizaciones Operativas válidas (OAs) persistirán después de la implementación de SORA y seguirán siendo válidas dentro de la duración especificada. Sin embargo, los Casos de Seguridad Operacional (OSCs) requerirán ajustes para adaptarse a SORA, con un período de transición proporcionado para que los operadores de drones realicen las actualizaciones necesarias.

Metodología SORA y Comparación con CAP 722A: En comparación con el enfoque principalmente cualitativo de CAP 722A, la metodología SORA adopta una postura más cuantitativa. Desarrollado internacionalmente con consenso de múltiples Autoridades Nacionales de Aviación (NAAs) y especialistas de la industria, SORA establece un umbral de seguridad aceptable para las operaciones propuestas de la categoría Específica.

Orientación para Operadores de Drones del Reino Unido en el Período Interino: Pendiente de la liberación del SORA del Reino Unido, los solicitantes deberían adherirse a la orientación CAP 722A al realizar evaluaciones de riesgo de la categoría Específica y planificar aplicaciones. Se aconseja no mezclar elementos de SORA con la metodología CAP 722A, ya que puede prolongar la duración de la evaluación y necesitar evaluaciones de cumplimiento adicionales con el Artículo 11 del Reglamento del Reino Unido (UE) 2019/947.

La Evaluación de Riesgos Operativos Específicos (SORA) marca un avance significativo para los pilotos de drones del Reino Unido, introduciendo un enfoque más cuantificable para la evaluación y mitigación de riesgos. Mientras se completa su implementación, se recomienda a los operadores de drones que sigan la orientación de CAP 722A hasta que se emitan más actualizaciones.

Áreas Autorizadas para Operaciones de Drones 2024

Esta sección profundiza en las regulaciones que gobiernan las ubicaciones permitidas para los vuelos de drones. Incluye restricciones legales de altitud, distancias requeridas desde las personas y áreas donde las operaciones de drones están prohibidas. Además, aborda las limitaciones de volar cerca de aeropuertos y puertos espaciales. Familiarizarse con estas regulaciones es crucial para asegurar una operación de drones segura y responsable.

Adherencia a la Altitud Máxima de 400 pies

Mantener una altitud limitada es vital para mitigar el riesgo de colisión con otras aeronaves. En el Reino Unido, el límite de altitud legal para operaciones de drones está establecido en 120m (400ft). Esto significa que los drones no deben ascender más allá de 120m (400ft) para minimizar la posibilidad de encuentro con otros vehículos aéreos, incluyendo ambulancias aéreas, helicópteros policiales y aeronaves militares, que pueden volar a altitudes más bajas por diversas razones operativas como respuesta de emergencia o vigilancia.

Adaptación en Terreno Montañoso

Al operar drones sobre terreno montañoso o accidentado, pueden ser necesarios ajustes en las trayectorias de vuelo para asegurar el cumplimiento del límite de altitud legal. Por ejemplo, volar sobre una montaña puede requerir reducir la altitud para permanecer dentro de la restricción de altura de 120m (400ft), considerando el terreno elevado en comparación con el paisaje circundante.

Mantener una Distancia Segura de las Personas

Los pilotos de drones deben mantener una distancia segura de las personas para prevenir accidentes o lesiones potenciales. La distancia mínima estándar de las personas se establece en 50 metros (164 pies), abarcando individuos en el suelo y aquellos dentro de estructuras o vehículos. Esta regulación crea una "zona de no vuelo" designada dentro de un radio de 50 metros (164 pies) alrededor de las personas, extendiéndose verticalmente hasta el límite de altitud legal, típicamente alrededor de 120 metros (400 pies). Por lo tanto, volar directamente sobre personas, incluso a alturas mayores, está prohibido.

Excepción para Participantes Involucrados y Drones Ligeros

Mientras que mantener una distancia segura de las personas es crucial, se aplican excepciones a las personas que participan activamente en actividades relacionadas con drones y drones ligeros de menos de 250g. En tales casos, la proximidad más cercana a los participantes es permisible, desviándose de la regla estándar de 50 metros (164 pies). Además, los drones de menos de 250g están permitidos para volar más cerca de las personas e incluso sobre ellas, siempre que la actividad permanezca dentro de parámetros seguros.

Regulaciones Oficiales de Distanciamiento de Drones del Reino Unido

Además de la regla general de 50 metros (164 pies), circunstancias específicas pueden necesitar aumentar la distancia de las personas para asegurar la seguridad del vuelo. Factores como la altitud, condiciones meteorológicas y velocidad de vuelo influyen en la distancia requerida. Áreas con alta densidad de población, incluyendo centros comerciales, eventos deportivos, reuniones religiosas y conciertos, requieren mayor precaución y adherencia a los protocolos de seguridad para minimizar riesgos asociados con entornos concurridos.

Figura 29: Volando un dron en Newbiggin Point. Russel Wills, CC BY-SA 2.0, a través de Wikimedia Commons.

Regulaciones de Drones del Reino Unido para Operadores Internacionales 2024

Los pilotos de drones internacionales que tengan la intención de operar drones dentro del Reino Unido deben cumplir con las regulaciones establecidas del país que gobiernan los vuelos de drones y aeromodelos. Estas regulaciones son aplicables a todos los pilotos de drones, independientemente de su nacionalidad, con el objetivo principal de asegurar operaciones de drones seguras y responsables dentro del espacio aéreo del Reino Unido [49].

En la mayoría de los casos, los pilotos de drones extranjeros deben obtener tanto un ID de piloto como un ID de operador del Reino Unido antes de comenzar los vuelos de drones dentro del Reino Unido. El ID de piloto sirve como un identificador único para el piloto y debe estar visiblemente exhibido en el dron, mientras que el ID de operador identifica al individuo o entidad responsable de la operación del dron.

Además, si la naturaleza del vuelo requiere un permiso válido del Reino Unido, los pilotos de drones extranjeros deben obtener uno en consecuencia. La necesidad de un permiso del Reino Unido depende de varios factores, incluyendo el tamaño y peso del dron, el propósito del vuelo y la ubicación del vuelo planeada.

Los pilotos de drones extranjeros que hayan realizado la formación en línea requerida, aprobado un examen de piloto de drones y adquirido un certificado de competencia de piloto remoto en cualquier Estado miembro de la EASA tienen permiso para viajar con sus drones al Reino Unido. No obstante, el proceso para obtener un permiso válido del Reino Unido depende del tipo específico de vuelo que se realice, y cada solicitud se evalúa según sus propios méritos.

Dado la potencial complejidad y la naturaleza que consume tiempo del proceso de adquisición de permisos, es aconsejable que los pilotos de drones extranjeros busquen orientación de un operador de drones con base en el Reino Unido o de la Autoridad de Aviación Civil (CAA) antes de enviar una solicitud. Aunque la CAA generalmente otorga permisos a operadores extranjeros que buscan realizar trabajos en el Reino Unido, es imperativo cumplir con los requisitos de seguridad fundamentales similares a los requeridos para los operadores con base en el Reino Unido.

Sin embargo, la CAA se reserva el derecho de imponer requisitos o limitaciones adicionales basados en la naturaleza del vuelo planeado. Es esencial para los operadores extranjeros reconocer que las aprobaciones y calificaciones obtenidas de otros países no tienen automáticamente validez dentro del Reino Unido. Por lo tanto, adherirse a las leyes y regulaciones de drones del Reino Unido es primordial antes de participar en vuelos de drones dentro del espacio aéreo del Reino Unido.

El incumplimiento de estas regulaciones puede resultar en sanciones severas o repercusiones legales, incluyendo multas o encarcelamiento.

Leyes de Drones del Reino Unido para Sitios Residenciales, Recreativos, Comerciales e Industriales

Las regulaciones de drones del Reino Unido imponen un requisito de distancia mínima de 150 metros de tipos específicos de ubicaciones, que abarcan sitios residenciales, recreativos, comerciales e industriales. Esta estipulación tiene como objetivo proteger a las personas y propiedades en el suelo durante las operaciones de drones. Sin embargo, es esencial reconocer que esta distancia sirve como una base, y pueden ser necesarios ajustes para garantizar una operación segura de drones o aeromodelos.

Por ejemplo, se permite que los drones más pequeños que pesan menos de 250 gramos vuelen dentro de sitios residenciales, recreativos, comerciales e industriales. No obstante, mantener la seguridad sigue siendo primordial, lo que motiva la necesidad de extender la distancia más allá de los 150 metros prescritos si se considera necesario para una operación segura.

Las áreas residenciales abarcan varios entornos, incluyendo viviendas individuales, jardines, parques, agrupaciones de edificios residenciales, desarrollos habitacionales, pueblos, centros urbanos e instituciones educativas como escuelas. De manera similar, los sitios recreativos abarcan destinos turísticos, lugares deportivos, playas, parques, parques temáticos y otras áreas recreativas públicas.

Las ubicaciones comerciales comprenden entornos diversos como complejos comerciales, instalaciones de almacenamiento, parques empresariales y rutas de transporte importantes como autopistas. Por otro lado, los sitios industriales abarcan fábricas, puertos, estaciones de ferrocarril e instalaciones gubernamentales como estaciones de policía y centros correccionales.

Al adherirse a estas regulaciones y ejercer precaución, los operadores de drones pueden contribuir a la integración segura y responsable de los drones en diversos entornos, mitigando riesgos potenciales para las personas y propiedades mientras aseguran el cumplimiento de los requisitos legales.

Zonas Restringidas en Aeropuertos y Otras Leyes de Zonas Prohibidas para Drones 2024

Las zonas de restricción de vuelo (FRZs, por sus siglas en inglés) denotan áreas específicas alrededor de aeropuertos, aeródromos y puertos espaciales donde se considera inseguro volar drones o aeromodelos. Estas zonas sirven para mitigar el riesgo de colisiones con aeronaves o naves espaciales. Para operar un dron dentro de o en proximidad a estas zonas, es imperativo obtener permiso previo de la autoridad respectiva del aeropuerto, aeródromo o puerto espacial.

Incluso en ausencia de FRZs designadas, ejercer precaución alrededor de aeropuertos, aeródromos y puertos espaciales es primordial para evitar poner en peligro la seguridad de las aeronaves. Como regla general, se aconseja mantener una distancia de al menos 5 kilómetros de un aeropuerto, a menos que se haya otorgado permiso explícito para volar más cerca.

Hay varios recursos disponibles para ayudar a identificar las zonas de restricción de vuelo y otras limitaciones del espacio aéreo. La Autoridad de Aviación Civil del Reino Unido (CAA) ofrece un mapa en línea que delinea estas restricciones, mientras que ciertas aplicaciones de drones también pueden proporcionar información relevante sobre estas zonas.

Sin embargo, es crucial reconocer que no todos los aeródromos pequeños pueden estar catalogados en estos recursos. Por lo tanto, la vigilancia es esencial, y cualquier indicador de aeródromos cercanos, como aviones ligeros o infraestructura asociada, debe incitar precaución.

En esencia, abstenerse de volar dentro de o cerca de aeropuertos, aeródromos y puertos espaciales a menos que esté autorizado es imperativo. Además, mantener conciencia de los posibles peligros para la seguridad de las aeronaves es crucial para una operación responsable de drones.

Obtén los Permisos Necesarios para Tu Vuelo

Al prepararse para un vuelo de dron dentro del Reino Unido, adquirir los permisos necesarios no solo es vital para cumplir con las regulaciones legales, sino también crucial para garantizar la seguridad del vuelo y prevenir cualquier perturbación potencial o daño al medio ambiente y a las personas.

Obtener permiso de los propietarios de terrenos es el primer paso antes de lanzar o aterrizar un dron en propiedad privada. Para propiedades de los consejos locales o entidades gubernamentales, puede ser necesario buscar permisos adicionales para evitar infracciones legales.

Los permisos de las autoridades locales juegan un papel crucial en la fase de planificación de un vuelo de dron. Cada jurisdicción puede imponer requisitos y regulaciones específicos para las operaciones de drones dentro de su área, necesitando una verificación exhaustiva para asegurar el cumplimiento de las ordenanzas y regulaciones locales.

Informar a las agencias locales de aplicación de la ley sobre el vuelo de dron planeado es otro paso esencial para garantizar la seguridad pública y minimizar las interrupciones. Notificar proactivamente a las autoridades sobre los detalles del vuelo, incluyendo la ubicación, fecha y hora, facilita los esfuerzos coordinados para gestionar cualquier riesgo o perturbación potencial.

Obtener permiso de la Autoridad de Aviación Civil (CAA) es indispensable para cumplir con las regulaciones que gobiernan los vuelos de drones en el Reino Unido. Mientras que la CAA delinea pautas para operaciones generales de drones a través de categorías como la categoría Abierta y la Autorización Operacional, planes de vuelo específicos pueden requerir permisos adicionales, como un Caso de Seguridad Operacional (OSC).

Notificar a Network Rail de los vuelos de drones previstos cerca de vías férreas es crucial para mitigar riesgos de seguridad, ya que los vuelos dentro de 50 metros de las vías del tren están prohibidos. La colaboración con Network Rail y otras entidades autorizadas asegura el cumplimiento de los protocolos de seguridad y los requisitos regulatorios.

Buscar permiso del Control de Tráfico Aéreo local (ATC) es imperativo al planificar vuelos de drones en proximidad a aeropuertos. Los vuelos no autorizados dentro del espacio aéreo controlado por aeropuertos plantean significativos riesgos de seguridad y responsabilidades legales, necesitando aprobación previa del ATC para asegurar el cumplimiento con las regulaciones del espacio aéreo.

Comprender y adherirse a las Zonas de Restricción de Vuelo (FRZs) alrededor de Instalaciones Nucleares es primordial para prevenir repercusiones legales y salvaguardar la seguridad pública. Adquirir permiso del personal autorizado en estas instalaciones es un prerrequisito para realizar legalmente vuelos de drones en estas áreas.

Antes de iniciar vuelos de drones cerca de sitios como prisiones, bases militares o estadios deportivos, verificar la presencia de zonas de restricción y obtener los permisos necesarios son pasos esenciales. Cumplir con regulaciones específicas del sitio ayuda a prevenir violaciones legales y asegura la seguridad pública.

Solicitar permiso al National Trust para actividades de filmación de drones en sus propiedades requiere adherirse a estándares de competencia y seguro. Los empeños de filmación comercial deben alinearse con las pautas del Trust y recibir aprobación previa de la oficina de filmación para proceder legalmente.

Obtener los permisos necesarios para vuelos de drones implica una planificación meticulosa, colaboración con autoridades relevantes y estricto cumplimiento de las regulaciones legales para garantizar la seguridad, el cumplimiento y la protección de los intereses públicos.

Otras Consideraciones

Las consideraciones de privacidad son primordiales al operar drones o aeromodelos, requiriendo un enfoque consciente para respetar los derechos de privacidad de los demás y asegurar el cumplimiento de las leyes y regulaciones relevantes. Es imperativo abstenerse de infringir la privacidad de las personas mientras se participa en actividades con drones y permanecer consciente de las restricciones legales.

El cumplimiento de ciertos protocolos es esencial al capturar fotos o videos con drones, particularmente para evitar invadir espacios privados como hogares o jardines. El uso de cámaras o dispositivos de escucha en drones para fines intrusivos puede contravenir las leyes de protección de datos y podría llevar a repercusiones legales bajo el Reglamento General de Protección de Datos (GDPR).

La visibilidad y la responsabilidad son aspectos integrales de la operación responsable de drones, enfatizando la importancia de notificar a las personas antes de grabarlas o fotografiarlas. Aunque la practicidad puede plantear desafíos en cada escenario, hacer esfuerzos razonables para informar a otros sobre las actividades de drones fomenta la transparencia y demuestra respeto por sus derechos de privacidad.

Las consideraciones éticas deben guiar las decisiones respecto a la difusión de medios capturados por drones, priorizando la equidad y la prevención de daños. Es crucial una evaluación cuidadosa de las implicaciones potenciales y de los destinatarios del contenido compartido, con un enfoque en asegurar y gestionar responsablemente las imágenes de drones para proteger la privacidad de las personas.

Además de las regulaciones de vuelo estándar, escenarios únicos y actividades de vuelo requieren atención especial por parte de los operadores de drones para asegurar el cumplimiento y la seguridad. Volar sobre estructuras altas, incidentes de emergencia y participar en vuelo en Primera Persona (FPV) requiere adherencia a pautas y regulaciones específicas delineadas por la Autoridad de Aviación Civil (CAA).

El modo de seguimiento, una función que permite a los drones rastrear y seguir sujetos de forma autónoma, es permisible dentro de los parámetros definidos por la CAA. Aunque ofrece flexibilidad para vuelos recreativos y comerciales pequeños, es esencial adherirse a las limitaciones de distancia máxima para mantener contacto visual y asegurar operaciones seguras.

Comprender y acatar las leyes de privacidad y las regulaciones de vuelo son responsabilidades fundamentales para los operadores de drones, sustentando el uso seguro y ético de drones mientras se fomenta el respeto por los derechos de privacidad y las obligaciones legales.

Regulaciones de Drones en Europa

Las regulaciones de drones en Europa están principalmente gobernadas por la Agencia Europea de Seguridad Aérea (EASA), que establece reglas y estándares para la operación segura de sistemas de aeronaves no tripuladas (UAS) en los estados miembros de la Unión Europea (UE). Estas regulaciones tienen como objetivo asegurar la seguridad de los usuarios del espacio aéreo, incluyendo tanto aeronaves tripuladas como no tripuladas, así como a personas y propiedades en el suelo.

A partir de 2024, el marco regulatorio principal para las operaciones de drones en Europa es el Reglamento (UE) 2019/947, comúnmente conocido como el Reglamento de Drones de la UE. Este reglamento categoriza los drones en tres categorías operativas basadas en su nivel de riesgo: Abierta, Específica y Certificada. Cada categoría tiene su propio conjunto de requisitos y limitaciones operativas.

1. Categoría Abierta: Esta categoría cubre operaciones de drones de bajo riesgo. Incluye drones volados con fines recreativos, así como algunas actividades comerciales y educativas. Operar dentro de la categoría Abierta requiere el cumplimiento de limitaciones operativas específicas, como la altitud máxima y la distancia de las personas.

2. Categoría Específica: La categoría Específica abarca operaciones de drones de riesgo medio que no entran en la categoría Abierta. Incluye operaciones de drones más complejas, como vuelos cerca de multitudes o sobre áreas urbanas. Los operadores en esta categoría deben obtener una autorización operativa de la autoridad nacional de aviación y realizar una evaluación de riesgos para cada vuelo.

3. Categoría Certificada: La categoría Certificada está reservada para operaciones de drones de alto riesgo, como los vuelos más allá de la línea de vista visual (BVLOS) u operaciones sobre áreas densamente pobladas. Los drones en esta categoría deben cumplir con estándares de certificación rigurosos, similares a los de las aeronaves tripuladas.

Además del Reglamento de Drones de la UE, los estados miembros individuales de la UE pueden tener sus propias regulaciones y requisitos nacionales para las operaciones de drones. Estas regulaciones pueden incluir restricciones o permisos adicionales para ciertos tipos de vuelos, como vuelos cerca de áreas sensibles o infraestructura.

El objetivo de las regulaciones de drones en Europa es encontrar un equilibrio entre promover la innovación y el crecimiento económico en la industria de los drones mientras se asegura la seguridad, la seguridad y la privacidad para todos los interesados.

El contexto de las regulaciones de drones de la UE subraya una adaptación continua a los rápidos avances en la tecnología de drones. Originalmente diseñadas para gestionar el uso creciente de drones en diversos sectores, estas regulaciones buscan abordar desafíos relacionados con la seguridad, la privacidad y la gestión eficiente del espacio aéreo. Las revisiones de 2024 significan una evolución sustancial en este panorama regulatorio, buscando estandarizar aún más las operaciones de drones en toda la UE mientras se abordan las complejidades e inconsistencias que han surgido con el tiempo. Estos cambios reflejan no solo la dedicación de la UE al progreso tecnológico, sino también su compromiso con la seguridad pública y las preocupaciones de privacidad [51].

A partir del 1 de enero de 2024, cambios cruciales en las regulaciones de drones de la UE marcan un cambio de paradigma. Un aspecto clave de esta transformación es la introducción de clases de drones basadas en la evaluación de riesgos. Este nuevo sistema de clasificación tiene como objetivo agilizar las operaciones y reforzar la seguridad en todas las naciones de la UE, inaugurando un marco más estructurado y comprensible para la utilización de drones. Estas revisiones representan más que simples ajustes; constituyen una revisión significativa del marco existente, destinada a alinear las regulaciones de drones con las tecnologías y aplicaciones actuales y futuras.

Los fabricantes enfrentarán requisitos más exigentes para comercializar drones dentro de la UE a partir de 2024. Cada dron debe llevar una designación de clase específica, similar a la marca CE encontrada en electrónicos, afirmando el cumplimiento con los estándares de la UE. Este cambio está preparado para impactar significativamente a los fabricantes, estableciendo un estándar más alto para la calidad y la seguridad. Significa un cambio hacia una mayor responsabilidad y fiabilidad en la industria de los drones, asegurando que los consumidores tengan acceso a drones que cumplen con estrictos estándares de seguridad. Este cambio probablemente remodelará el paisaje de la industria, eliminando productos inferiores y fomentando un mercado enfocado en la calidad y el cumplimiento de las regulaciones.

Las nuevas regulaciones introducen un sistema de clasificación matizado para todos los drones existentes y nuevos, con profundas implicaciones para el uso de drones dentro de la UE: Los drones bajo 250 gramos caen bajo la categoría Abierta A1, ofreciendo máxima libertad operacional. Aunque no se requiere licencia de dron, es necesario un seguro válido y el registro con la autoridad de aviación nacional. Esta categoría beneficia principalmente a los aficionados y profesionales que usan drones más pequeños y menos riesgosos. Los drones de más de 250 gramos se clasifican bajo la categoría Abierta A3 más restrictiva [51]. Los pilotos de estos drones deben tener una licencia para operar y adherirse a límites operativos, como mantener una distancia de al menos 150 metros de áreas residenciales, industriales y recreativas. Esta categoría impacta significativamente a los operadores de drones profesionales que utilizan drones más grandes para fines comerciales [51].

Un examen detallado de las clases de drones proporciona una visión del paisaje evolutivo de la tecnología de drones, permitiendo una regulación a medida para garantizar cielos más seguros. Estas clasificaciones simplifican el marco regulatorio al tiempo que lo alinean con las capacidades y riesgos asociados con diferentes tipos de drones, atendiendo tanto a aficionados como a profesionales y usuarios comerciales. Desde drones ligeros utilizados para actividades de ocio hasta modelos robustos desplegados para empeños comerciales, comprender estas clases es esencial para todos los operadores de drones.

En el ámbito de las regulaciones de drones de la UE, la categorización en diferentes clases delinea parámetros operativos y requisitos regulatorios específicos adaptados a varios tipos de drones y aplicaciones. Aquí hay un desglose de las clases:

- **Clase C0**:

    ○ **Requisitos Regulatorios**: Sujeto a regulaciones mínimas.

    ○ **Necesidades de Licencia**: No se requiere licencia de vuelo.

    ○ **Registro y Seguro Obligatorios**: Los operadores deben asegurar el registro del dron y el seguro.

- **Categoría Operacional**: Elegible para operaciones de categoría Abierta A1.

- **Proximidad a Personas**: Permitido volar en proximidad cercana a personas.

- **Usuarios Ideales**: Adecuado para aficionados y uso comercial ligero.

- **Ejemplos de Drones**: Típicamente abarca drones muy pequeños, comúnmente utilizados para actividades de ocio.

- **Ventajas**: Proporciona el nivel más alto de libertad operacional dentro de áreas urbanas y pobladas.

- **Clase C1**:

  - **Límite de Peso**: Abarca drones que pesan hasta 900 gramos.

  - **Requisitos de Licencia**: Se requiere una licencia de vuelo básica.

  - **Categoría Operacional**: También categorizada bajo operaciones de categoría Abierta A1.

  - **Flexibilidad**: Ofrece mayor flexibilidad operacional en comparación con la Clase C0.

  - **Actividades Objetivo**: Adecuado para una gama más amplia de actividades, incluyendo operaciones comerciales.

  - **Ejemplos de Uso**: Puede involucrar drones comerciales pequeños utilizados para fotografía, videografía e inspecciones.

  - **Cumplimiento Regulatorio**: Los pilotos deben adherirse a restricciones específicas del espacio aéreo y regulaciones de privacidad.

- **Clase C2**:

  - **Franja de Peso**: Incluye drones que exceden los 900 gramos.

  - **Restricciones Iniciales**: Inicialmente ubicados en la categoría Abierta A3 con limitaciones operacionales.

- **Ventajas con Licencia A2**: La adquisición de una licencia de vuelo A2 permite operaciones más cercanas a áreas urbanas y personas.

- **Dirigido Hacia**: Orientado hacia uso profesional y comercial.

- **Usos Potenciales**: Ideal para aplicaciones comerciales avanzadas como levantamientos aéreos, monitoreo agrícola y más.

- **Flexibilidad Operacional**: La licencia A2 amplía significativamente el alcance operativo para estos drones.

- **Cumplimiento Regulatorio**: Exige estricta adherencia a pautas de seguridad y operativas.

La categoría Abierta sirve como marco principal para actividades de drones de ocio y empresas comerciales de bajo riesgo en las naciones europeas. Dentro de esta categoría, existen tres subcategorías distintas, a saber, A1, A2 y A3, cada una adaptada a parámetros operativos específicos [52]:

- **A1**: Permite volar sobre individuos, pero no sobre agrupaciones de personas.

- **A2**: Permite volar en proximidad cercana a individuos.

- **A3**: Requiere volar a una distancia considerable de los individuos.

Cada subcategoría implica su propio conjunto de criterios y requisitos previos. Por lo tanto, es crucial para los operadores dentro de la Categoría Abierta determinar la subcategoría que se alinea con sus actividades para determinar las regulaciones aplicables y la formación requerida para los pilotos remotos.

Para aquellos que cumplen con los requisitos estipulados de las subcategorías (A1, A2 y A3), no se necesita una autorización operativa antes de comenzar un vuelo. Sin embargo, si una operación de dron cae fuera del ámbito de la Categoría Abierta, se requiere recurrir a la 'Categoría Específica' o 'Categoría Certificada'.

Se deben cumplir ciertas condiciones para evitar la necesidad de autorización:

- Los operadores de drones deben estar debidamente registrados, adhiriéndose a procedimientos específicos basados en la residencia.

- Es obligatorio contar con una cobertura de seguro adecuada para todos los drones operados, con límites variables en diferentes países.

- Los pilotos de drones deben poseer prueba de competencia, dependiendo de la subcategoría de la operación del dron.

- Adherencia a los requisitos de línea de visión visual (VLOS), asegurando la visibilidad constante del dron.

- Limitación de la altitud del dron a un máximo de 120 metros sobre el nivel del suelo.

- Prohibición de transportar materiales peligrosos o liberar cualquier objeto durante el vuelo.

A partir del 1 de enero de 2024, las operaciones que caen dentro de la categoría abierta requieren el uso de un dron equipado con una etiqueta de identificación de clase denotada como C0, C1, C2, C3 o C4. Alternativamente, también se pueden emplear drones construidos de forma privada o aquellos que carecen de una etiqueta de identificación de clase, siempre que hayan sido introducidos al mercado antes del 31 de diciembre de 2023. Las marcas se muestran como la Figura 30.

Figura 30: Etiquetas de identificación de clase.

A partir del 1 de enero de 2024, las operaciones dentro de la categoría abierta se adherirán a las directrices descritas a continuación. Es importante señalar que "construido privadamente" se refiere a drones construidos para uso personal, distinto de aquellos ensamblados a partir de kits disponibles en el mercado. Si has comprado un dron que carece de una etiqueta de identificación de clase antes del 1 de enero de 2024, aún puedes operarlo dentro de la subcategoría A1 si pesa menos de 250g o en la subcategoría A3 si pesa menos de 25kg.

Categorías de Drones y Subcategorías Operacionales La categoría abierta se subdivide en tres subcategorías: A1, A2 y A3. Aquí está el desglose de cada una:

Drones Construidos Privadamente y Comprados antes del 1/1/24 (Menos de 250g)

- **A1**: Permite el vuelo sobre personas pero no sobre asambleas, y también puede volar en la subcategoría A3. Se permite el vuelo sobre personas no involucradas, minimizando el sobrevuelo cuando sea posible. No se requiere registro del operador a menos que tenga una cámara o sensor a bordo, y el dron no esté clasificado como juguete. No es necesaria la formación, y no hay requisito de edad mínima.

- **C0 (Menos de 250g)**: Entra en las operaciones A1, permitiendo vuelo sobre personas pero no sobre asambleas. Se manda mantener la altitud de vuelo por debajo de 120m sobre el nivel del suelo. No es necesario el registro del operador a menos que el dron tenga una cámara o sensor a bordo y no sea un juguete. La edad mínima para operar es de 16 años, aunque algunos estados pueden reducirla a 12 en su jurisdicción.

C1 (Menos de 900g)

- **A1**: Similar a C0, permitiendo vuelo sobre personas pero no sobre asambleas. Se requiere registro del operador y los pilotos necesitan prueba de finalización de la formación en línea. La edad mínima para operar varía por estado, con algunos potencialmente reduciéndola a 12.

C2 (Menos de 4 kg)

- **A2**: Permite vuelo cerca de personas pero manda una distancia horizontal de 30m de individuos no involucrados, extensible a 5m en modo de baja velocidad. Se necesita registro del operador, junto con prueba de finalización de la formación en línea y un certificado de competencia del piloto remoto para operaciones A2.

C3 y C4 (Menos de 25 kg)

- **A3**: Requiere volar lejos de personas, manteniendo una distancia horizontal de 150m de individuos no involucrados y áreas urbanas. Se requiere registro del operador, junto con prueba de finalización de la formación en línea. La edad mínima para operar varía por estado, con algunos potencialmente reduciéndola a 12.

Drones Construidos Privadamente y Comprados antes del 1/1/24 (Menos de 25 kg)

- **A3**: Similar a C3 y C4, mandando vuelo lejos de personas y áreas urbanas. Se necesitan registro del operador, prueba de finalización de la formación en línea y cumplimiento con los requisitos de edad.

A partir del 1 de enero de 2024, los drones en la categoría específica y aquellos con marcas de clase operando en la categoría abierta deben tener un sistema de identificación remota activo y actualizado.

REGULACIONES DE DRONES EN INDIA

Las regulaciones de drones en India están reguladas por la Dirección General de Aviación Civil (DGCA), el organismo regulador responsable de la aviación civil en el país. Las regulaciones se introdujeron por primera vez en 2018 y desde entonces han sufrido varias revisiones para adaptarse a la industria de drones en evolución mientras se abordan preocupaciones de seguridad. La Dirección General de Aviación Civil de India anunció los primeros Requisitos de Aviación Civil (CAR) para drones del país el 27 de agosto de 2018, para entrar en vigor el 1 de diciembre de 2018 [53].

Las regulaciones de drones en India incluyen:

1. **Categorías de Drones**: Las regulaciones clasifican los drones en cinco categorías basadas en su peso: Nano (hasta 250 gramos), Micro (251 gramos a 2 kilogramos), Pequeño (2 kilogramos a 25 kilogramos), Mediano (25 kilogramos a 150 kilogramos) y Grande (más de 150 kilogramos).

2. **Registro y Permisos de Operador**: Todos los operadores de drones en India deben registrar sus drones y obtener un Permiso de Operador (OP) y un Número de Identificación Único (UIN) de la DGCA. Diferentes categorías de drones requieren diferentes niveles de permisos, siendo los drones más pesados los que requieren permisos más estrictos.

3. **Licencia de Piloto Remoto (RPL)**: Los pilotos que operan drones en las categorías 'Pequeño' y superiores deben obtener una Licencia de Piloto Remoto (RPL) de la DGCA. Para calificar para un RPL, los pilotos deben someterse a capacitación en organizaciones de capacitación de drones aprobadas por la

DGCA y aprobar exámenes escritos y prácticos.

4. **No-Permiso No-Despegue (NPNT)**: El sistema NPNT es un requisito de cumplimiento obligatorio para todos los drones que operan en India. Asegura que los drones solo puedan despegar después de recibir autorización de la plataforma Digital Sky, que verifica el cumplimiento del dron con las restricciones del espacio aéreo y las normas de seguridad.

5. **Geo-Cercado y Restricciones**: Se requiere que los drones en India tengan capacidades de geo-cercado para evitar que entren en espacio aéreo restringido, como aeropuertos, instalaciones militares y otras áreas sensibles. Además, se prohíbe que los drones vuelen sobre ciertas áreas designadas, incluyendo zonas ecológicamente sensibles y ubicaciones estratégicas.

6. **Permisos de Vuelo**: Los operadores deben obtener permisos de vuelo específicos de la plataforma Digital Sky para cada operación de dron, especificando detalles como la ruta de vuelo, la altitud y la duración. Los operadores de drones comerciales también deben obtener autorizaciones adicionales de las autoridades locales para ciertos tipos de operaciones.

7. **Restricciones Operacionales**: Se prohíbe que los drones vuelen más allá de la línea de vista visual (BVLOS) y deben operarse solo durante las horas del día. También están sujetos a restricciones de altitud, con diferentes límites dependiendo de la categoría del dron.

8. **Restricciones de Carga Útil**: No se permite que los drones en India lleven materiales peligrosos o cargas útiles que representen un riesgo para la seguridad pública o la seguridad.

9. **Requisitos de Seguro**: Se requiere que los operadores de drones tengan cobertura de seguro de responsabilidad civil para sus drones, según lo especificado por la DGCA.

En general, las regulaciones de drones en India buscan equilibrar la promoción de la innovación y garantizar la seguridad y la seguridad en el espacio aéreo. Si bien las regulaciones han introducido algunas complejidades para los operadores de drones, son esenciales para fomentar el crecimiento de la industria de drones mientras se abordan las preocupaciones regulatorias.

Leyes para Drones de Aficionados para Residentes de India

En India, las personas tienen la oportunidad de participar en el vuelo de drones con fines recreativos, comúnmente conocidos como aficionados. Aunque la operación de drones generalmente está permitida para uso no comercial, deben cumplirse ciertas regulaciones. Específicamente, las personas que operan drones de hasta 2 kg con fines recreativos están exentas de requerir un Certificado de Piloto Remoto de India, siempre que la actividad se mantenga no comercial [54]. Sin embargo, es obligatorio registrar los drones de aficionados para aquellos que intentan volar drones con fines recreativos o no comerciales. Aunque los aficionados no están obligados a obtener un ID Remoto de Drone, es esencial asegurar una cobertura de seguro adecuada para los vuelos de drones recreativos, con la excepción de los UAVs Nano.

Leyes de Drones Comerciales para Residentes de India

Para las personas en India que buscan utilizar drones con fines comerciales, se aplican regulaciones específicas. Las operaciones comerciales de drones requieren la posesión de una licencia de Piloto de Drone Comercial de India y el registro de drones comerciales. Aunque no se requiere que los operadores de drones comerciales adquieran un ID Remoto de Drone, asegurar una cobertura de seguro adecuada para drones es un requisito previo para realizar operaciones comerciales de drones en India.

Aplicaciones Comerciales de Drones en India

La utilización de drones para diversas aplicaciones comerciales ha ganado una tracción significativa en India. Estas aplicaciones abarcan una amplia gama de industrias y actividades, incluyendo fotografía y videografía aérea, monitoreo agrícola y de cultivos, entrega de paquetes y logística, inspección y mantenimiento de infraestructuras, conservación ambiental y monitoreo de vida silvestre, seguridad y vigilancia, así como topografía y mapeo.

Leyes de Drones para Visitantes en India

Los visitantes a India están sujetos a regulaciones específicas respecto a las operaciones de drones. A los visitantes extranjeros no se les permite operar drones dentro del país, y la posesión de una Licencia de Piloto de Drone por extranjeros no es aplicable en India. Además, los requisitos como el ID Remoto de Drone y el registro, así como el seguro de drone, no se aplican a turistas y visitantes que participan en actividades con drones en India.

Leyes de Drones para Operadores de Drones Gubernamentales en India

Los visitantes a India están sujetos a regulaciones específicas respecto a las operaciones de drones. A los visitantes extranjeros no se les permite operar drones dentro del país, y la posesión de una Licencia de Piloto de Drone por extranjeros no es aplicable en India. Además, los requisitos como el ID Remoto de Drone y el registro, así como el seguro de drone, no se aplican a turistas y visitantes que participan en actividades con drones en India.

Leyes Recientes para Operaciones de Drones en India

El Gobierno de India ha tomado medidas significativas para mejorar y agilizar las operaciones de drones en todo el país. Notablemente, el Ministerio de Aviación Civil introdujo las Nuevas Reglas de Enmienda para Drones 2023, que entraron en vigor el 27 de septiembre de 2023. Entre las enmiendas estaba la clarificación de que la prueba de identidad y dirección emitida por el gobierno, como la Tarjeta de Votante, la Licencia de Conducir o la Tarjeta de Ración, podría ser aceptada para las solicitudes de Certificado de Piloto Remoto en ausencia de un pasaporte. Esta enmienda tenía como objetivo abordar barreras previas enfrentadas por individuos en áreas rurales, particularmente aquellos dedicados a actividades agrícolas, eliminando el requisito de un pasaporte como prerrequisito para la Certificación de Piloto Remoto. Para calificar para la Certificación de Piloto Remoto, los individuos deben cumplir ciertos criterios de elegibilidad, incluyendo tener entre 18 y 65 años de edad, poseer al menos una calificación de Clase X de una junta reconocida y completar la Capacitación de Piloto Remoto según lo especificado por la DGCA de un instituto autorizado de Capacitación de Piloto Remoto [54].

Reglas Generales para Volar un Drone en India

Para asegurar el cumplimiento de las regulaciones de drones en India, es esencial familiarizarse con las reglas clave que gobiernan las operaciones de drones. Aquí están las directrices más cruciales a tener en cuenta [53]:

En primer lugar, todos los drones, excepto aquellos clasificados en la categoría Nano, deben someterse a un registro y recibir un Número de Identificación Único (UIN). Para las actividades comerciales con drones, excepto para aquellos en la categoría Nano volados por debajo de 50 pies y la categoría Micro volados por debajo de 200 pies, se requiere un permiso.

Además, los pilotos de drones están obligados a mantener una línea visual directa de vista mientras operan los drones. El vuelo vertical está restringido a una altitud máxima de 400 pies, y los drones no pueden volar en "Zonas de No Vuelo" designadas, incluyendo áreas cerca de aeropuertos, fronteras internacionales y varias ubicaciones estratégicas como Vijay Chowk en Delhi e instalaciones militares.

Obtener permiso para volar en espacio aéreo controlado requiere la presentación de un plan de vuelo y la obtención de un número único de Autorización de Defensa Aérea (ADC)/Centro de Información de Vuelo (FIC).

OPERACIONES CON DRONES 115

Figura 31: Drone MedCOPTER durante las operaciones BVLOS realizadas en Karnataka, India. Nambi2015, CC BY-SA 4.0, vía Wikimedia Commons.

Categorías de Drones en India

La clasificación de drones en India se basa en el peso, y los requisitos de registro varían en consecuencia:

- **Nano**: Drones que pesan 250 gramos (.55 libras) o menos.

- **Micro**: Drones que pesan entre 250 gramos (.55 libras) y 2 kg (4.4 libras).

- **Pequeño**: Drones que pesan entre 2 kg (4.4 libras) y 25 kg (55 libras).

- **Mediano**: Drones que pesan entre 25 kg (55 libras) y 150 kg (330 libras).

- **Grande**: Drones que exceden los 150 kg (330 libras).

Equipamiento Obligatorio para Drones en India

Además del registro, se estipulan ciertas características obligatorias para los drones que operan en India, excluyendo aquellos en la categoría Nano. Estas características incluyen GPS, capacidad de retorno al punto de origen (RTH), luces anticolisión, placas de identificación, un controlador de vuelo con registro de datos de vuelo, así como funcionalidad RF ID y SIM/No Permission No Take-off (NPNT).

Política de No Permiso, No Despegue de India Bajo la política "No Permiso, No Despegue" (NPNT), se requiere que los pilotos de drones obtengan permiso para cada vuelo a través de una aplicación móvil vinculada a la Plataforma Digital Sky. Sin recibir autorización a través de esta plataforma, los operadores de drones no pueden iniciar el despegue. Todos los operadores de drones deben registrar sus drones y solicitar permiso para cada vuelo a través de la Plataforma Digital Sky de India, con más detalles disponibles en el sitio web de la DGCA.

Clasificaciones de Zonas para Operaciones de Drones

De acuerdo con las Reglas de Drones 2021, el espacio aéreo indio se divide en tres zonas distintas: Zona Roja, Zona Amarilla y Zona Verde. Aquí hay una descripción detallada de cada zona:

Zona Roja: La Zona Roja pertenece al espacio aéreo sobre áreas terrestres o aguas territoriales de India, que incluye instalaciones especificadas o límites de puerto notificados más allá de las aguas territoriales. Solo se permiten operaciones realizadas por el Gobierno Central dentro de esta zona. Se imponen restricciones estrictas a las actividades de drones, con dimensiones específicas delineadas.

Zona Amarilla: La Zona Amarilla abarca el espacio aéreo sobre áreas terrestres o aguas territoriales de India. Las operaciones de drones dentro de esta zona están sujetas a restricciones y requieren permiso de la autoridad de control de tráfico aéreo relevante. Esta zona incluye el espacio aéreo por encima de 400 pies o 120 metros en zonas verdes designadas y el espacio aéreo por encima de 200 pies o 60 metros dentro de una distancia lateral de 8 a 12 kilómetros desde el perímetro de un aeropuerto operativo.

Zona Verde: La Zona Verde cubre el espacio aéreo sobre áreas terrestres o aguas territoriales de India, extendiéndose hasta una distancia vertical de 400 pies o 120 metros. Incluye áreas no clasificadas como Zonas Rojas o Amarillas en el mapa de espacio aéreo para drones. Además, la Zona Verde incluye el espacio aéreo hasta una distancia vertical de 200 pies o 60 metros sobre el área ubicada entre una distancia lateral de 8 a 12 kilómetros desde el perímetro de un aeropuerto operativo.

Mapa de Espacio Aéreo para Drones y Características Clave: El Gobierno Central, liderado por el Primer Ministro Shri Narendra Modi, presentó un mapa interactivo de espacio aéreo para drones en la plataforma digital sky de la DGCA el 24 de septiembre de 2021. Las características clave de este mapa incluyen:

- **Interfaz Interactiva**: Los usuarios pueden identificar visualmente las zonas amarillas y rojas en toda India a través del mapa de espacio aéreo para drones.

- **Zona Verde**: Los drones que pesen hasta 500 kg pueden operar libremente en las zonas verdes sin solicitar permiso previo.

- **Zona Amarilla**: Las operaciones dentro de esta zona requieren permiso de las autoridades de control de tráfico aéreo relevantes, con restricciones de altura específicas cerca de los aeropuertos.

- **Reducción de la Zona Amarilla**: El radio de la zona amarilla se ha reducido de 45 km a 12 km desde el perímetro del aeropuerto.

- **Zona Roja**: Las operaciones de drones en la zona roja están estrictamente prohibidas sin el permiso del Gobierno Central.

- **Modificación del Mapa de Espacio Aéreo**: Las entidades autorizadas tienen la capacidad de modificar el mapa de espacio aéreo según sea necesario.

- **Verificación Regular**: Se aconseja a los operadores de drones verificar regularmente el mapa de espacio aéreo para cualquier actualización o cambio en los límites de las zonas.

- **Accesibilidad**: El mapa de espacio aéreo para drones es fácilmente accesible en la plataforma digital sky sin necesidad de credenciales de inicio de sesión.

Registro de Sistemas de Aeronaves No Tripuladas:

Se requiere que los operadores de drones registren sus sistemas de aeronaves no tripuladas en la plataforma digital sky y obtengan un número de identificación único (UIN), a menos que estén exentos bajo las Reglas de Drones de 2021. La DGCA mantiene un registro completo de todos los sistemas de aeronaves no tripuladas emitidos por UIN.

Según el Ministerio de Aviación Civil, un mapa interactivo del espacio aéreo estará disponible en su sitio web, ilustrando tres zonas distintas [55]:

Amarillo denota espacio aéreo controlado. Verde significa áreas donde no se requiere permiso. Rojo indica áreas donde está prohibido volar. Los operadores de drones pueden utilizar estas delimitaciones para determinar dónde les está permitido o prohibido volar sus sistemas de aeronaves no tripuladas.

La zona amarilla, que anteriormente abarcaba un radio de 45 kilómetros alrededor de los perímetros de los aeropuertos, ahora se ha reducido a un radio de 12 kilómetros. Este ajuste implica que los operadores de drones ya no necesitan autorización para volar fuera de un radio de 12 kilómetros alrededor de los perímetros del aeropuerto.

La zona verde abarca el espacio aéreo hasta 400 pies e incluye áreas que no están designadas como zonas rojas o amarillas. Además, se extiende hasta 200 pies por encima de la región ubicada entre 8 y 12 kilómetros desde el perímetro de un aeropuerto operativo.

En India, ciertas áreas están designadas como zonas de no vuelo (Zona Roja), donde las operaciones de drones están estrictamente prohibidas. Estas áreas incluyen:

- Dentro de 5 kilómetros de los perímetros de los aeropuertos internacionales en Mumbai, Delhi, Chennai, Kolkata, Bengaluru y Hyderabad.

- Dentro de un radio de 3 kilómetros de los límites de cualquier aeropuerto civil, privado o de defensa.

- Dentro de 25 kilómetros de la frontera internacional (AGPL), que incluye la Línea de Control (LoC), Línea de Control Real (LAC) y Línea de Posición de Tierra Actual.

- Dentro de 3 kilómetros de instalaciones o establecimientos militares sin autorización.

- Dentro de un radio de 5 kilómetros de Vijay Chowk en Delhi.

- Dentro de 2 kilómetros del perímetro de ubicaciones estratégicas o instalaciones vitales notificadas por el Ministerio del Interior, a menos que se obtenga una autorización.

- Dentro de 3 kilómetros del Complejo del Secretariado Estatal en las capitales estatales. Para estaciones terrestres situadas en una plataforma fija en tierra, se permite la colocación más allá de 500 metros en el agua desde la costa.

- Está prohibido volar desde un vehículo en movimiento, un barco o cualquier otra plataforma flotante improvisada. Sobre zonas ecosensibles alrededor de Parques Nacionales y Santuarios de Vida Silvestre sin la aprobación previa del Ministerio de Medio Ambiente, Bosques y Cambio Climático.

- Dentro de zonas Prohibidas, Restringidas y de Peligro, ya sean permanentes o temporales.

Para garantizar un vuelo de drones seguro y responsable, es esencial adherirse a las siguientes pautas:

Qué hacer:

Obtenga un Número de Identificación Único (UIN) de la DGCA y solicite permiso previo al vuelo desde la Plataforma Digital Sky. Asegure el cumplimiento de las condiciones de seguridad y tenga cuidado con la interferencia de dispositivos móviles y el bloqueo de señales. Limite los vuelos a las horas del día y monitoree las condiciones meteorológicas, manteniéndose informado sobre cambios en las situaciones climáticas. Siga todas las pautas y regulaciones para volar drones, realizando una investigación exhaustiva antes de invertir en un drone. Comprenda los aspectos operativos y regulatorios antes de cada vuelo y respete las restricciones del espacio aéreo y las Zonas Sin Drones. Elija lugares de vuelo alejados de aeropuertos y helipuertos, respetando la privacidad de las personas y manteniendo un registro de los vuelos. Notifique a las autoridades en caso de incidentes o accidentes.

Qué no hacer:

No exceda los límites de altitud especificados para diferentes categorías de drones ni vuele drones cerca de aeropuertos, helipuertos y áreas concurridas sin permiso. No opere drones sobre instalaciones gubernamentales, bases militares o zonas sin drones, y absténgase de volar sobre propiedad privada sin permiso. Evite operar en el espacio aéreo regulado cerca de aeropuertos sin la aprobación adecuada y no use drones para transportar o soltar material peligroso. Nunca opere drones bajo la influencia de drogas o alcohol y absténgase de volar drones desde vehículos en movimiento, barcos o aviones.

Regulaciones de Drones en 2022

Exenciones de Aprobación Previa: Con la excepción de las categorías nano y micro, que están limitadas a uso no comercial, todas las operaciones con drones requieren aprobación previa de la plataforma en línea Digital Sky para vuelos individuales o una serie de vuelos.

Se requiere que los operadores de drones aseguren que la aeronave permanezca dentro del área designada para la cual se otorgó el permiso y que mantengan un registro en línea de cada vuelo.

Según las regulaciones de 2022, no es necesario un permiso para volar y operar drones pequeños que caen bajo las categorías nano y micro.

Además, el gobierno está estableciendo corredores de drones para facilitar las operaciones de entrega de carga.

REALIZACIÓN DE INSPECCIONES OPERACIONALES EN SISTEMAS OPERADOS A DISTANCIA

R ealizar inspecciones operacionales en sistemas operados a distancia implica un enfoque sistemático para garantizar la seguridad, el cumplimiento y la eficiencia. Esto incluye:

- Selección adecuada de mapas, cartas y partes meteorológicos para la operación remota prevista. Se prepara un plan de operaciones y se establece geovallado si es necesario. Esto implica elegir cuidadosamente mapas y cartas que proporcionen información precisa y relevante sobre el área operativa. Los informes meteorológicos ayudan a entender las condiciones meteorológicas actuales y pronosticadas que pueden afectar la operación. El geovallado, si es necesario, implica establecer límites virtuales para restringir la trayectoria de vuelo del dron.

- Se accede, analiza y aplica a plan operacional la información preoperacional, incluyendo el Noticiero a los Aeronavegantes (NOTAM) o equivalentes de la industria. Este paso asegura que cualquier información relevante sobre restricciones del espacio aéreo, restricciones de vuelo temporales u otras consideraciones operativas se tenga en cuenta.

- Los riesgos se indican claramente en las cartas y se implementan controles de riesgo. Identificar peligros potenciales como obstáculos, características del terreno o restricciones del espacio aéreo es crucial para una operación segura.

Los controles de riesgo, como ajustar la trayectoria de vuelo o la altitud, se implementan para mitigar los riesgos identificados.

- Se planifican los efectos de la velocidad del viento, las condiciones ambientales adversas y las acciones de contingencia. Entender cómo el viento y las condiciones ambientales pueden afectar las operaciones de drones es esencial para un vuelo seguro y efectivo. Se desarrollan planes de contingencia para abordar situaciones inesperadas o emergencias.

- Se preparan y validan el perfil de enlace perdido y la ruta. Esto implica planificar la pérdida de comunicación entre el piloto remoto y el dron y establecer procedimientos para restablecer la comunicación o hacer que el dron regrese de manera segura al suelo en caso de pérdida de enlace.

- Se mantiene la conciencia de las condiciones meteorológicas actuales y pronosticadas durante toda la operación. El monitoreo continuo de las condiciones meteorológicas ayuda a tomar decisiones informadas y adaptar el plan operativo según sea necesario para garantizar la seguridad.

- Se obtiene, lee y utiliza información sobre el sistema operado a distancia para guiar el trabajo según sea necesario. Entender las capacidades y limitaciones del sistema operado a distancia es esencial para una operación segura y efectiva.

- Se completan la planificación y documentación pre y post operacional. Esto implica preparar toda la documentación necesaria, incluyendo planes de vuelo, listas de verificación y cualquier permiso o autorización requeridos, antes y después de la operación.

- Se confirma el peso operativo y la configuración del sistema remoto para garantizar el cumplimiento de los requisitos regulatorios y las limitaciones operativas.

- Se completan la liberación técnica pre y post operación y la documentación administrativa de operación del sistema remoto para documentar el proceso operativo y garantizar la responsabilidad.

- La capacidad de servicio del sistema se determina mediante una inspección técnica aprobada para asegurar que el sistema operado a distancia esté en buenas condiciones de trabajo y sea seguro para la operación.

- Se completa la certificación de inspección para la liberación técnica para certificar que el sistema operado a distancia ha sido inspeccionado y aprobado para la operación.

- Equipo y documentación se identifican y están accesibles de acuerdo con los requisitos regulatorios para asegurar que todo el equipo y la documentación necesarios estén disponibles durante la operación.

- Se completan revisiones internas y externas de acuerdo con las listas de verificación del sistema aprobadas para verificar que el sistema operado a distancia funcione correctamente y esté libre de defectos o daños.

- Se llevan a cabo tareas de administración de despliegue y comunicaciones para coordinar la operación con las partes interesadas relevantes y asegurar que se sigan todos los protocolos necesarios.

- El sistema operado a distancia se asegura de acuerdo con las especificaciones del fabricante y los procedimientos organizacionales para prevenir el acceso no autorizado o la manipulación.

- Se realiza una inspección previa a la operación del sistema operado a distancia y del equipo auxiliar de acuerdo con la documentación del fabricante original y el manual de operaciones para asegurar que todos los componentes funcionen correctamente y cumplan con los requisitos operativos.

- Se realizan acciones apropiadas para rectificar discrepancias, y se registran para documentar cualquier problema o problema encontrado durante la inspección previa a la operación y asegurar que se aborden de manera oportuna.

- La inspección previa a la operación se registra de acuerdo con el manual de operaciones para mantener un registro del proceso de inspección y demostrar el cumplimiento de los requisitos regulatorios.

Varias regulaciones de aviación civil rigen las acciones de los pilotos antes del vuelo, como, en un contexto australiano, incluyendo el CAR 78 para registros de navegación, CAR 92 para el uso de aeródromos, CAR 233 para la responsabilidad del piloto al mando antes del vuelo, CAR 234 para los requisitos de combustible, CAR 235 para despegues y aterrizajes, CAR 235A para la anchura mínima de pista, CAR 239 para la planificación del vuelo por parte del piloto al mando, CAR 244 para precauciones de seguridad antes del despegue, y CAR 282 para delitos relacionados con licencias, certificados y autoridades. Antes del vuelo, es prudente realizar una verificación exhaustiva de la planificación del vuelo, el equipo de navegación y el equipo de la aeronave para asegurar el cumplimiento de todos los requisitos. ¿Has:

1. ¿Establecido la ruta más segura y la altitud mínima segura, evitando terrenos peligrosos, áreas restringidas y áreas remotas designadas?

2. ¿Revisado dos veces todos los rumbos magnéticos y las distancias en el plan de vuelo?

3. ¿Verificado la idoneidad de las paradas de reabastecimiento de combustible, el aeródromo de destino y las áreas de aterrizaje alternativas?

4. ¿Consultado detalles en ERSA y contactado a los propietarios/operadores para obtener información del aeródromo y posibles peligros?

5. ¿Revisado pronósticos meteorológicos, NOTAMs y duración de la luz diurna para en ruta, aeródromos de destino y alternativos?

6. ¿Chequeado radares meteorológicos y sitios de rastreo de relámpagos para patrones meteorológicos?

7. ¿Asegurado el buen funcionamiento de los instrumentos esenciales y la aviónica?

8. ¿Confirmado la funcionalidad y cargado las frecuencias requeridas para el transceptor VHF?

9. ¿Proporcionado baterías de respaldo para equipos portátiles?

10. ¿Asegurado correctamente el equipo de amarre?

11. ¿Asegurado que todos los documentos y listas de verificación necesarios estén actuales y disponibles?

12. ¿Chequeado los niveles de combustible y aceite e inspeccionado por contami-

nación?

13. ¿Confirmado suficiente carga de combustible/batería con un margen de seguridad?

14. ¿Verificado que el peso y balance de la aeronave estén dentro de los límites especificados?

15. ¿Calculado la altitud de densidad y la distancia de despegue requerida, considerando las dimensiones y condiciones de la pista?

16. ¿Calculado la altitud de densidad para los aeródromos de destino y alternativos, asegurando márgenes de seguridad para el aterrizaje, despegue y rendimiento de ascenso? Todos los pilotos y operadores deben adherirse a las normas y regulaciones relevantes y mantener su equipo en condiciones de aeronavegabilidad en todo momento.

Área y entorno

Al seleccionar un sitio para operaciones de UAV, es crucial evaluar posibles peligros y factores ambientales. Esto incluye verificar la presencia de cables o alambres, animales cercanos, personas o espectadores, y propiedades en las inmediaciones. Es esencial asegurarse de que el sitio esté alejado de participantes no esenciales y mantener zonas de amortiguamiento adecuadas entre la aeronave y el personal. Además, minimizar los despegues y aterrizajes sobre áreas pobladas es importante para la seguridad. Considerar la topografía local es necesario para mantener una línea de vista visible hacia el UAV y asegurar que la conexión de telemetría no esté obstruida. Investigar posibles sitios de aterrizaje alternativos en caso de que el sitio de despegue esté obstruido. También se deben tener en cuenta consideraciones psicológicas como la fatiga, la presión temporal o la presión externa de los clientes.

Las consideraciones meteorológicas, incluyendo la temperatura, la visibilidad y la precipitación, juegan un papel significativo en la seguridad del vuelo. La velocidad del viento, tanto a nivel del suelo como en altitud, debe evaluarse cuidadosamente, especialmente considerando los efectos del rotor en el lado de sotavento de objetos grandes. Antes del vuelo, notifique a los espectadores o propietarios de propiedades cercanas sobre sus intenciones y busque permiso si es necesario. Discuta el plan de vuelo con su copiloto o observador para asegurar un entendimiento mutuo y coordinación. Si vuela en espacio aéreo controlado, notifique a la autoridad aeroespacial y cumpla con los NOTAMs relevantes. Asegúrese de tener los medios para mantener la comunicación si es necesario.

Un kit de primeros auxilios bien surtido, fácilmente accesible y visible para cualquier persona en el área es esencial para responder inmediatamente a emergencias.

Equipo / UAV / Dron

Antes de cada vuelo, realice una inspección detallada del UAV y su equipo. Revise si hay grietas en las juntas y miembros estructurales, tornillos, amarres, sujetadores, correas, cableado y conexiones sueltos o dañados. Inspeccione los montajes de las hélices y los tornillos, aplicando una ligera presión en contra en los brazos para verificar componentes sueltos. Para FPV, inspeccione y limpie la lente de la cámara, asegurándose de que esté asegurada y que las conexiones estén firmemente unidas. Verifique que la configuración de la cámara sea la correcta para imágenes fijas, video y tasa de fotogramas.

Asegúrese de que la batería o baterías estén completamente cargadas, bien colocadas y aseguradas firmemente. Verifique la funcionalidad del equipo de seguridad como Volver al Hogar (RTH), el paracaídas de recuperación y la detección de proximidad al aeropuerto en el firmware. Compruebe que las hélices estén lisas y libres de daños o defectos, incluyendo la hoja, la superficie y el buje. Apriete y asegure los adaptadores de hélice, y asegúrese de que la alarma de voltaje y el tiempo de espera para el armado/ocioso estén configurados correctamente.

Confirme que el modelo correcto está seleccionado en el transmisor (si aplica) y realice una prueba de alcance para asegurar una comunicación adecuada. Equilibre el peso antes de cada vuelo, ajustando la posición de la batería para un balance óptimo. Verifique regularmente la carga en la nariz y la cola, moviendo la batería hacia adelante y hacia atrás para encontrar el punto óptimo para el mejor equilibrio.

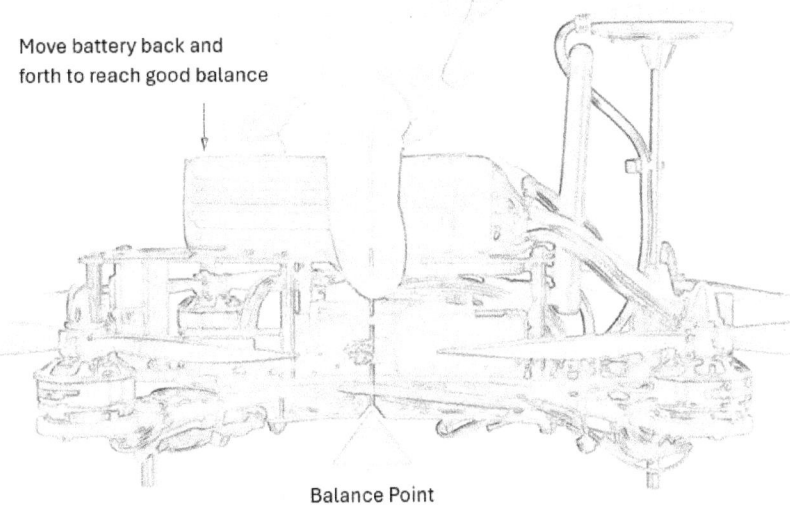

Figura 32: Equilibrando el dron con la batería instalada.

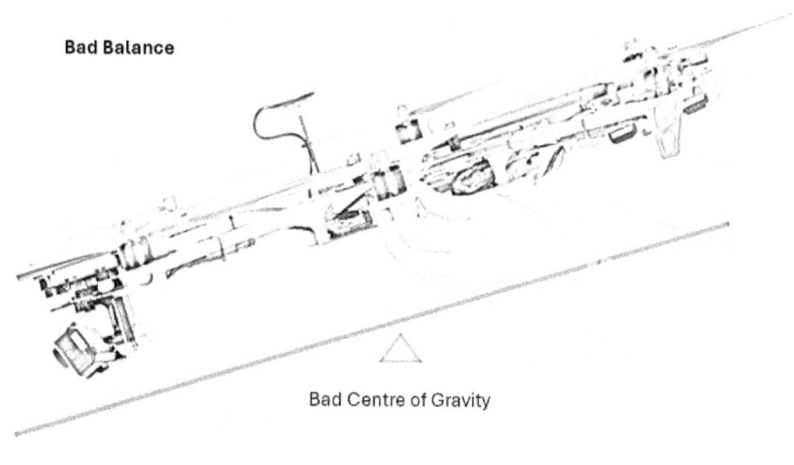

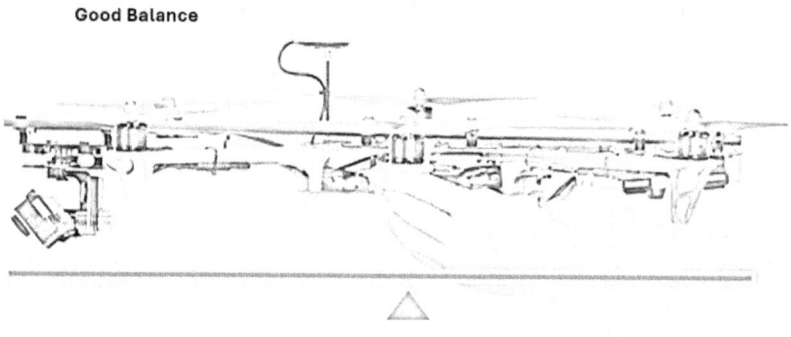

Figura 33: El dron debe estar equilibrado alrededor del punto del centro de gravedad.

Plan de Misión

Para cada misión, una planificación exhaustiva es esencial para asegurar que se consideren todas las acciones y contingencias. La planificación de contingencias debe abarcar rutas seguras en caso de fallo del sistema, rendimiento degradado o pérdida de la comunicación, si existen tales medidas de seguridad. Es crucial compartir los planes de misión y los planes de vuelo con otros operadores en las proximidades para promover la coordinación y la seguridad.

Para seleccionar mapas, cartas y briefings meteorológicos adecuados para una operación con drones, sigue estos pasos:

1. **Evaluar Requisitos Operacionales**: Determinar los requisitos específicos de la operación con drones, incluyendo la ruta de vuelo prevista, la altitud y la duración. Considera factores como el propósito del vuelo (por ejemplo, levantamientos aéreos, fotografía o vigilancia) y cualquier restricción regulatoria o consideraciones de espacio aéreo.

2. **Identificar Información Relevante**: Basado en los requisitos operacionales, identifica los tipos de información necesarios para una planificación de vuelo segura y efectiva. Esto puede incluir características del terreno, clasificaciones del espacio aéreo, ayudas a la navegación, obstáculos, áreas restringidas y condiciones meteorológicas.

3. **Elegir Mapas y Cartas Apropiados**: Selecciona mapas y cartas que proporcionen una cobertura completa del área operativa y detalles relevantes para la navegación con drones. Considera el uso de cartas aeronáuticas, mapas topográficos, imágenes satelitales o herramientas de mapeo especializadas diseñadas para operaciones con drones.

4. **Asegurar Información Detallada**: Verifica que los mapas y cartas seleccionados contengan información detallada esencial para la planificación de vuelo y la navegación. Busca características como contornos de elevación, cuerpos de agua, puntos de referencia, carreteras, edificios y coordenadas geográficas.

5. **Verificar Restricciones de Espacio Aéreo**: Revisa los mapas y cartas para identificar cualquier restricción de espacio aéreo o áreas de uso especial que puedan impactar el vuelo planificado con drones. Presta atención al espacio aéreo controlado, áreas de entrenamiento militar, zonas prohibidas y restricciones de vuelo temporales (TFRs) emitidas por las autoridades de aviación.

6. **Evaluar Peligros Potenciales**: Evalúa los mapas y cartas en busca de peligros u obstáculos potenciales que podrían representar riesgos para la operación con drones. Esto puede incluir características naturales como montañas, acantilados o vegetación densa, así como estructuras hechas por el hombre como líneas eléctricas, torres y edificios.

7. **Realizar Briefings Meteorológicos**: Recolecta información meteorológica actual y pronosticada relevante para el área operativa. Consulta fuentes meteorológicas oficiales, como agencias meteorológicas, servicios meteorológicos de aviación o plataformas meteorológicas en línea, para obtener datos sobre temperatura, velocidad y dirección del viento, visibilidad, precipitación y condiciones atmosféricas.

8. **Analizar el Impacto del Clima**: Analiza los briefings meteorológicos para evaluar cómo las condiciones meteorológicas pueden afectar la operación con drones. Considera factores como ráfagas de viento, turbulencia, condiciones de hielo, cobertura de nubes y restricciones de visibilidad. Determina si las condiciones meteorológicas cumplen con los requisitos de seguridad para el vuelo planeado.

9. **Documentar Hallazgos**: Documenta los hallazgos de la evaluación de mapas, cartas y briefings meteorológicos para informar el plan operativo y asegurar que toda la información relevante se considere durante la planificación y ejecución del vuelo. Esta documentación puede incluir mapas anotados, informes meteorológicos y notas sobre restricciones de espacio aéreo y peligros.

Para las operaciones con drones, se pueden utilizar diversos tipos de mapas y cartas para garantizar una planificación y navegación de vuelo seguras y efectivas. Aquí tienes un desglose de los tipos de mapas y cartas comúnmente utilizados:

1. Cartas Aeronáuticas: Estas cartas, proporcionadas por autoridades de aviación como la Administración Federal de Aviación (FAA) o la Autoridad de Aviación Civil (CAA), ofrecen información detallada sobre la estructura del espacio aéreo, ayudas a la navegación, aerovías y áreas restringidas. Son esenciales para entender las regulaciones del espacio aéreo y planificar rutas de drones para evitar el espacio aéreo restringido o controlado.

2. Mapas Topográficos: Los mapas topográficos, emitidos típicamente por agencias gubernamentales como el Servicio Geológico de los Estados Unidos (USGS) u organizaciones nacionales de mapeo, representan características del terreno como contornos de elevación, ríos, bosques y puntos de referencia. Estos mapas son valiosos para evaluar la idoneidad del terreno, identificar obstáculos y planificar trayectorias de vuelo sobre paisajes variados.

3. Imágenes Satelitales: Las imágenes satelitales obtenidas de plataformas de mapeo en línea como Google Earth o Bing Maps proporcionan representaciones visuales de alta resolución de la superficie terrestre. Los operadores de drones pueden usar imágenes satelitales para visualizar el área operativa, identificar puntos de referencia, evaluar condiciones del terreno y planificar rutas de vuelo con precisión.

4. Modelos Digitales de Elevación (DEM): Los DEM son representaciones digitales de datos de elevación del terreno, a menudo derivados de tecnología radar o LiDAR. Proporcionan información de elevación precisa, permitiendo a los operadores de drones analizar características del terreno, calcular gradientes de pendiente y evaluar cambios de elevación para la planificación segura del vuelo.

5. Mapas Vectoriales: Los mapas vectoriales consisten en características definidas geométricamente como puntos, líneas y polígonos, almacenados como datos vectoriales digitales. Ofrecen flexibilidad en la visualización de diversas capas de mapas, incluyendo carreteras, edificios, uso del suelo y límites administrativos. Los mapas vectoriales son adecuados para importarlos en software de planificación de vuelos con drones e integrarlos con sistemas de navegación para guía en tiempo real.

6. Herramientas de Mapeo Especializadas: Algunas herramientas y plataformas de software de mapeo están diseñadas específicamente para operaciones con drones, ofreciendo características adaptadas a las necesidades de los pilotos de UAV. Estas herramientas pueden incluir visualización de terreno en 3D, detección de obstáculos, optimización de rutas y capacidades de geovallado para definir zonas de no vuelo y límites de seguridad.

Al considerar los requisitos operacionales, los recursos disponibles, la cobertura, el detalle, la escala, la resolución, la precisión, la actualidad, la compatibilidad de formatos y las características especializadas de estas cartas y mapas, los operadores de drones pueden tomar decisiones informadas para garantizar una planificación y ejecución de vuelo seguras y exitosas. Probar y verificar los mapas y cartas elegidos antes de la operación es crucial para confirmar su fiabilidad y adecuación para la misión en cuestión.

El término "carta aeronáutica" abarca diversos mapas utilizados para la navegación aérea, siempre que contengan información esencial como características topográficas, peligros, rutas de navegación, delimitaciones del espacio aéreo y detalles de aeropuertos. En Estados Unidos, existen nueve tipos de cartas aeronáuticas comúnmente utilizadas, orientadas principalmente a la navegación por instrumentos, incluyendo cartas de altitud baja en ruta, cartas de altitud alta en ruta, procedimientos de aproximación por instrumentos, procedimientos de salida por instrumentos y procedimientos de llegada terminal estándar. Sin embargo, nuestro enfoque aquí serán las cartas pertinentes a las operaciones bajo las reglas de vuelo visual (VFR).

Independientemente de la ubicación, los pilotos probablemente encontrarán cartas aeronáuticas seccionales, conocidas coloquialmente como "sectionals". Estas cartas, con una escala de uno a 500,000, sirven como ayudas para la navegación visual en aeronaves de velocidad lenta o media. Las sectionals priorizan puntos de referencia visuales y detalles topográficos, mostrando información vital como elevaciones de obstáculos y terrenos, frecuencias para navegación, comunicación y meteorología, detalles de aeropuertos, designaciones de espacio aéreo controlado y áreas restringidas. Los pilotos utilizan predominantemente sectionals para vuelos transcontinentales.

En contraste con las sectionals, las cartas de área terminal VFR están disponibles solo para regiones específicas, utilizando una escala de uno a 250,000. Los pilotos deben utilizar cartas terminales para la navegación cuando estén accesibles, ya que ofrecen percepciones mejoradas de áreas concurridas dentro y alrededor del espacio aéreo Clase B. Estas cartas contienen información similar a las sectionals pero proporcionan detalles adicionales, especialmente en relación con el espacio aéreo, aeropuertos, obstáculos, terreno y puntos de referencia visuales.

Las cartas aeronáuticas mundiales (WAC) emplean una escala de uno a 1 millón y están principalmente adecuadas para la navegación de larga distancia por pilotos de aeronaves de alta velocidad. Cada WAC cubre un área geográfica considerable, aunque con menos detalle en comparación con las cartas terminales y seccionales. Sin embargo, los WAC incluyen características esenciales como ciudades, pueblos, carreteras principales, ferrocarriles, puntos de referencia prominentes, frecuencias, aerovías y áreas restringidas.

Por último, las cartas de taxi de aeropuerto, aunque utilizadas principalmente por pilotos VFR, están disponibles para muchos aeropuertos importantes. Estas cartas ayudan a los pilotos a navegar dentro de los recintos del aeropuerto, facilitando el flujo fluido del tráfico aéreo. Identificadas por el nombre oficial del aeropuerto, como el Aeropuerto Internacional Dulles, las cartas de taxi ayudan a los pilotos a maniobrar eficientemente en tierra.

Dominar la habilidad para interpretar cartas seccionales se establece como una habilidad fundamental para cualquier piloto de drones. Al perfeccionar esta competencia, un operador de drones gana conocimientos sobre peligros en el espacio aéreo, características topográficas, datos de aeropuertos y espacio aéreo controlado. Especialmente para aquellos que buscan obtener un certificado de piloto remoto Parte 107 (EE. UU.), la competencia en leer y comprender las cartas seccionales constituye una parte sustancial del examen de conocimiento requerido para la certificación.

Antes de adentrarse en las cartas seccionales, es esencial comprender los fundamentos de la lectura de mapas, particularmente el concepto de las coordenadas de latitud y longitud. Estas coordenadas sirven como el marco fundamental para ubicar cualquier lugar en el globo. Las coordenadas de latitud y longitud delinean posiciones a lo largo de un patrón de cuadrícula imaginario. Para distinguir entre ambas, es crucial entender el papel de los puntos de referencia clave: el ecuador y el meridiano principal.

El meridiano principal, denominado como "longitud cero", atraviesa de polo a polo, pasando por Greenwich, Inglaterra. Por el contrario, el ecuador actúa como la "latitud cero", yace perpendicular al meridiano principal y equidistante de los polos norte y sur. Las líneas de latitud corren paralelas al ecuador, mientras que las líneas de longitud se extienden de polo a polo.

Las coordenadas de latitud y longitud pueden expresarse en dos formatos principales. El método tradicional involucra grados, minutos (donde 1 grado equivale a 60 minutos) y segundos (donde 1 minuto equivale a 60 segundos). Sin embargo, los sistemas GPS modernos utilizan típicamente la notación decimal. Familiarizarse con ambos formatos es ventajoso para la competencia en lectura de mapas.

En las cartas seccionales, todo el mapa se divide en cuadrantes para facilitar la delineación precisa de áreas más pequeñas. Cada cuadrante, definido por límites dentro de 30 minutos de latitud y longitud, sirve como un punto de referencia conveniente para los pilotos que navegan por las cartas seccionales. Comprender los identificadores de cuadrantes ayuda a los pilotos a indicar áreas específicas pero extensas dentro de las cartas.

A lo largo de las cartas seccionales, los aeropuertos se destacan como hitos significativos. Estos lugares cruciales vienen en varios tipos, cada uno ofreciendo características distintivas que se denotan en las cartas seccionales. Los factores diferenciadores incluyen la presencia de una torre de control, el tipo de superficie de la pista y la disponibilidad de combustible. Comprender estas distinciones es esencial para los pilotos de drones, ya que les guía sobre qué frecuencias de radio monitorear para obtener actualizaciones de tráfico aéreo pertinentes sobre aeropuertos específicos.

Figura 34: Carta seccional de la FAA que muestra el Aeropuerto Internacional de la Región Capital (FAA: LAN), anteriormente Aeropuerto de la Ciudad Capital, en Lansing, Condado de Clinton, Michigan. FAA de los Estados Unidos, dominio público, vía Wikimedia Commons.

Principalmente, los aeropuertos se clasifican según la presencia o ausencia de torres de control, representadas por símbolos distintivos en las cartas seccionales. Los aeropuertos con torres de control están marcados con símbolos azules, mientras que aquellos sin torres de control se indican con símbolos magenta [57].

OPERACIONES CON DRONES

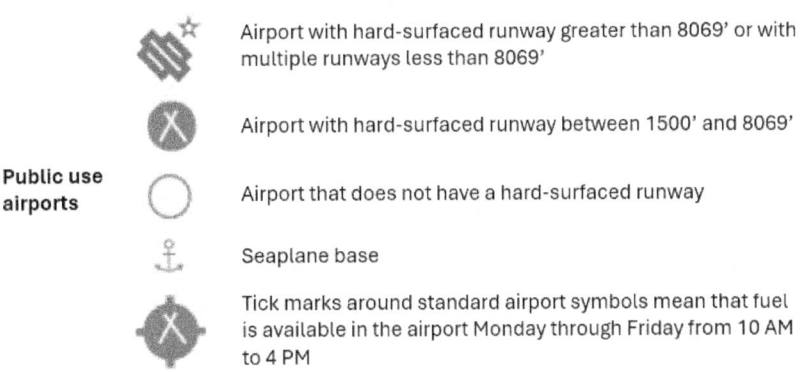

Figura 35: Para aeropuertos de uso público, esta lista de símbolos puede usarse como referencia.

Por otro lado, distinguir los aeropuertos militares es sencillo, ya que están designados por abreviaturas como AAF (Campo Aéreo del Ejército), NAS (Estación Aérea Naval) y NAV (Instalación Aérea Naval), entre otros.

En cuanto a detalles adicionales sobre un aeropuerto en particular, se debe prestar atención a la secuencia alfanumérica asociada con cada símbolo del aeropuerto. Esto se ilustrará usando un ejemplo, mostrado como la Figura 36.

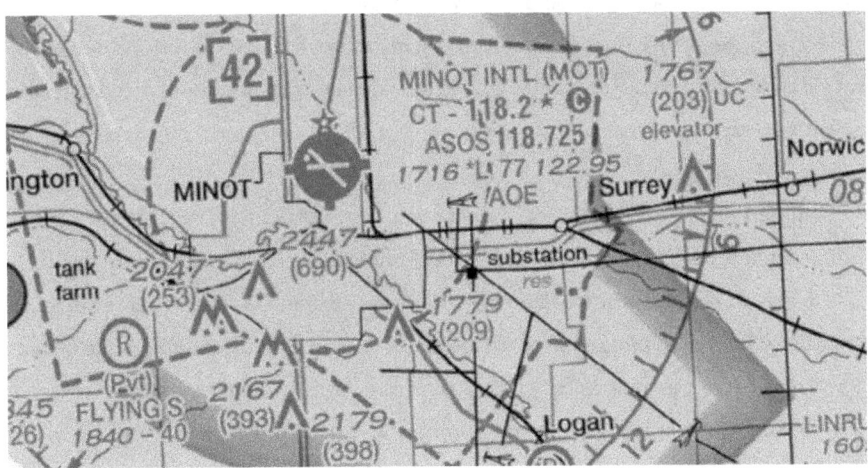

Figura 36: Carta seccional alrededor del Aeropuerto Internacional de Minot. FAA-CT-8080-2G, Figura 21, Administración Federal de Aviación de Estados Unidos, dominio público.

Basándonos en la información proporcionada, podemos deducir que el aeropuerto denotado por el símbolo posee una torre de control, una pista pavimentada de menos de 8069 pies de longitud y ofrece servicio de combustible . Se pueden obtener detalles adicionales pertinentes del texto adyacente al símbolo:

Identificador del Aeropuerto: Cada aeropuerto se identifica mediante una abreviatura aprobada por la Organización de Aviación Civil Internacional (OACI). En este caso, el identificador de tres letras es MOT, que representa el Aeropuerto Internacional de Minot.

Elevación: La elevación del aeropuerto se especifica en 1716 pies MSL (sobre el nivel medio del mar). Este factor de elevación influye en la extensión del espacio aéreo controlado alrededor del aeropuerto, como se discutirá más adelante.

CTAF: La presencia de un círculo azul oscuro con una 'C' indica el uso de la Frecuencia Común de Asesoramiento de Tráfico (CTAF) en el aeropuerto. Se espera que los pilotos que pasan por la zona anuncien su ubicación e intenciones. Esto sugiere que, aunque el aeropuerto tiene una torre de control, opera de manera parcial. La frecuencia designada para que los pilotos de drones monitoreen los autoanuncios es 118.2 MHz.

Frecuencia de ASOS: El símbolo indica que la frecuencia del Sistema Automatizado de Observación Superficial (ASOS) del aeropuerto es 118.725. ASOS proporciona automáticamente información meteorológica esencial como la presión barométrica, velocidad y dirección del viento, visibilidad y precipitación.

Frecuencia de UNICOM: Dado el funcionamiento intermitente de la torre de control, se utiliza la frecuencia de UNICOM 122.95 cuando la torre está activa. Es recomendable monitorear tanto los canales UNICOM como CTAF del aeropuerto mientras se escanea las comunicaciones.

Longitud de la Pista más Larga: La pista más larga del Aeropuerto Internacional de Minot mide 7700 pies, denotado por '77' en el símbolo, representando cientos de pies.

Además de destacar puntos de interés, las cartas seccionales sirven como referencias cruciales para que los pilotos naveguen alrededor de obstáculos y maniobren de manera segura sobre terrenos dinámicos. Las características clave que indican el terreno incluyen líneas de contorno o mapas de relieve sombreado, que sirven como las capas de mapa fundamentales para la carta seccional.

Terrain (contour lines)		Contour lines connect points of equal elevation. The graduations between the lines may vary based on the resolution of the map, but intervals of 50 to 250 feet are common.
Terrain (shaded relief)	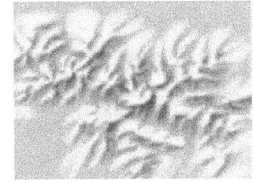	Shaded relief maps are a way of visually representing the terrain of the map by allowing the viewer to see the terrain features as if there is a light source from the northwest.

Figura 37: Indicaciones del Terreno.

Además de las señales visuales del terreno, las cartas seccionales incluyen símbolos y datos que permiten a los pilotos adaptar sus rutas de vuelo y altitudes. Entre estos, la Cifra de Elevación Máxima (MEF, por sus siglas en inglés) es fundamental, y aparece en cada cuadrante de la carta sectional. La MEF indica el punto más alto de elevación dentro del cuadrante, abarcando tanto características naturales como artificiales [57].

Además, las cartas seccionales incorporan numerosos símbolos que denotan diferentes tipos de obstáculos.

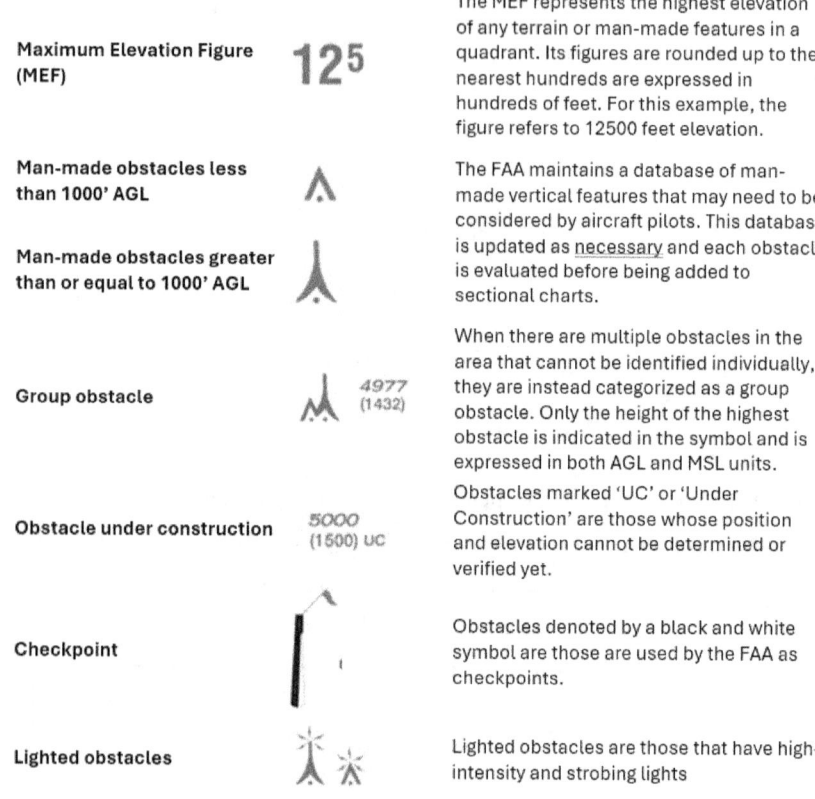

Figura 38: Símbolos de mapa utilizados para indicar obstáculos.

El espacio aéreo controlado, a menudo circundante a los aeropuertos, es regulado por los servicios de control de tráfico aéreo (ATC), lo que requiere autorización de espacio aéreo para vuelos de drones debido al volumen de tráfico aéreo. En contraste, el espacio aéreo no controlado, también conocido como espacio aéreo Clase G, carece de regulación de ATC, permitiendo operaciones de drones bajo reglas de vuelo visual (VFR).

El espacio aéreo de uso especial incluye áreas restringidas, denotadas por símbolos distintivos en los mapas seccionales, que imponen limitaciones de vuelo no relacionadas con el tráfico aéreo rutinario. Estas limitaciones pueden variar desde ejercicios militares hasta eventos públicos.

En el contexto de EE.UU., los tipos de espacio aéreo controlado son:
- Clase A: Desde los 18,000 hasta los 60,000 pies, principalmente utilizado por aerolíneas comerciales para vuelos de largo alcance, por lo tanto, menos relevante

para operaciones de drones.

- Clase B: Designado alrededor de los aeropuertos principales, con una amplia cobertura de espacio aéreo y que requiere autorización de espacio aéreo para vuelos de drones. Su configuración a menudo se asemeja a la forma de un "pastel invertido".

- Clase C: Similar al espacio aéreo Clase B pero asociado con aeropuertos más pequeños, representado por líneas sólidas magenta en los mapas seccionales, y requiere autorización de espacio aéreo para vuelos de drones.

- Clase D: Asignado a aeropuertos más pequeños, caracterizado por una extensión menor y siempre comenzando en la superficie, necesitando autorización de espacio aéreo para vuelos de drones.

- Clase E: Abarca áreas no cubiertas por las categorías anteriores, constituyendo la mayoría del espacio aéreo nacional, con la mayoría de las operaciones de drones permitidas sin autorización de espacio aéreo, salvo ciertas proximidades al aeropuerto [57].

Entender estas clasificaciones de espacio aéreo ayuda a los pilotos de drones a navegar a través de los requisitos regulatorios y realizar vuelos de manera segura dentro del espacio aéreo designado.

Espacio aéreo no controlado: Clase G, o espacio aéreo no controlado, se presenta como la categoría menos restrictiva entre los tipos de espacio aéreo. No sujeto a la jurisdicción de ninguna instalación de ATC, el espacio aéreo Clase G permite la operación de drones sin requerir autorización específica. A pesar de esta libertad, el cumplimiento de las regulaciones de vuelo de la FAA sigue siendo imperativo dentro del espacio aéreo Clase G. Los pilotos deben mantener altitudes de vuelo por debajo de 400 pies AGL y asegurar la línea de vista visual. Aunque no controlado, el espacio aéreo Clase G aún puede ser testigo de actividad de aeronaves tripuladas, requiriendo que los pilotos de drones cedan el paso [57].

Espacio aéreo de uso especial: El espacio aéreo de uso especial abarca una variedad de restricciones de vuelo, a menudo asociadas con la seguridad nacional o la protección de multitudes durante eventos. Diversos tipos de espacio aéreo de uso especial pueden atender a la seguridad de los pilotos de drones durante operaciones militares o pruebas de artillería. La identificación de estas clasificaciones de espacio aéreo generalmente se basa en códigos y símbolos distintos.

Áreas prohibidas: Designadas por etiquetas como P-XXX, las áreas prohibidas presentan líneas azules sólidas con marcas de hash en los mapas seccionales. Estrictamente prohibidas para el vuelo de drones, las áreas prohibidas priorizan las preocupaciones de seguridad nacional, exigiendo su evitación independientemente del estado de autorización del espacio aéreo.

Áreas Restringidas: Etiquetadas como R-XXX, las Áreas Restringidas están demarcadas por líneas azules sólidas con marcas de hash. Aunque no están completamente prohibidas, la operación de drones dentro de las Áreas Restringidas requiere una autorización explícita de la agencia de control relevante. La aprobación depende de factores como las actividades de pruebas militares, lo que requiere el cumplimiento de las directivas de la agencia.

Áreas de Advertencia: Indicadas por etiquetas como W-XXX, las Áreas de Advertencia están encerradas por líneas azules sólidas con marcas de hash. Aunque los pilotos de drones pueden operar dentro de las Áreas de Advertencia sin autorización previa, es primordial ejercer precaución debido a posibles peligros del tráfico aéreo.

Áreas de Alerta: Identificadas por etiquetas A-XXX, las Áreas de Alerta presentan líneas magenta sólidas con marcas de hash. Típicamente caracterizadas por un volumen de tráfico aéreo elevado, las Áreas de Alerta requieren una operación de drones vigilante a pesar de la ausencia de una agencia de control. Aunque no está explícitamente prohibido, se aconsejan prácticas de vuelo cautelares.

Áreas de Operación Militar (MOA): Las MOA, marcadas con líneas magenta sólidas con marcas de hash, denotan zonas de entrenamiento u operación militar. Se desaconseja fuertemente el vuelo de drones dentro de las MOA debido a los posibles peligros que representan las actividades militares. La orientación de las agencias de control puede proporcionar claridad sobre los permisos de vuelo de drones dentro de las MOA.

Rutas de Entrenamiento Militar (MTR): Representadas por símbolos de flecha en los mapas seccionales, las MTR llevan etiquetas como VR (reglas visuales) o IR (reglas de instrumentos) seguidas de un identificador numérico. Dada la naturaleza de alta velocidad del entrenamiento de vuelo militar dentro de las MTR, se insta a los pilotos de drones a mantenerse alejados de estas rutas para evitar posibles conflictos [57].

Concienciación Pública

Mantener un comportamiento cortés y educado es importante como operador de drones. Recuerde que usted es un embajador de la industria, y sus acciones influirán en otros pilotos y en la percepción pública de los drones. El profesionalismo debe mantenerse en todo momento para mantener los estándares de la industria y fomentar relaciones positivas.

Pre-vuelo / Calentamiento

Antes del despegue, es necesario realizar una revisión pre-vuelo completa para asegurar la seguridad y funcionalidad del UAV. Verifique que todas las baterías del transmisor, de la aeronave a bordo y de la cámara estén completamente cargadas, confirmando los niveles de voltaje. Verifique si hay conflictos de frecuencia entre los sistemas de video y transmisor/receptor. Inspeccione todas las superficies de control en busca de señales de daño o bisagras sueltas, y asegúrese de que el estado general del UAV sea óptimo.

Examine el motor/motor y el montaje adjunto al fuselaje, así como las hélices, el hardware de montaje y las palas del rotor en busca de astillas y deformaciones. Revise el tren de aterrizaje para detectar daños y funcionamiento adecuado. Pruebe todas las conexiones eléctricas para asegurarse de que estén seguras y operativas. Verifique que el sistema de montaje del equipo de foto/video esté seguro y funcionando correctamente.

Verifique la ubicación del equipo GPS que controla el piloto automático y verifique los movimientos del IMU en el software de control terrestre. Asegúrese de que el UAV esté en modo de estabilización y que las superficies de control se muevan hacia las posiciones correctas. Posicione el UAV en un lugar nivelado y seguro para el despegue.

Encienda la estación terrestre FPV y el receptor de video/gafas, si corresponde. Si usa un grabador de video, encienda el sistema de cámara y asegúrese de que los ajustes de la cámara sean correctos. Borre la memoria de la cámara SD e insértela en la cámara.

Comience la lista de verificación pre-vuelo confirmando que todos los controles del transmisor se muevan libremente en todas direcciones, con los ajustes en la posición neutra y los interruptores en la posición correcta. Ajuste el acelerador del transmisor a cero y encienda el transmisor de radio.

Conecte y encienda la batería al fuselaje, asegurándose de que los indicadores LED y los tonos audibles sean correctos. Inicie el temporizador si es aplicable. Confirme que el video FPV se muestra en el monitor o gafas.

Antes del despegue, escanee el área en busca de coches, personas o animales cercanos. Anuncie "¡DESPEJADO!" para alertar a otros sobre el vuelo inminente. Active el controlador de vuelo y aumente ligeramente el acelerador, escuchando cualquier anomalía. Realice un corto vuelo estacionario de 20-30 segundos a 3-5 pies para verificar vibraciones o elementos sueltos. Finalmente, confirme que los niveles de voltaje son correctos antes de proceder con el vuelo.

Preparación Personal para el Vuelo

Antes de tomar los cielos, es esencial realizar una evaluación personal para asegurarse de estar apto para volar. Para este propósito se ha diseñado una lista de verificación mnemotécnica, conocida como la lista I'M SAAFE. Responder 'sí' a cualquiera de estas preguntas puede indicar que su capacidad de alerta, percepción, juicio, rendimiento general o conciencia situacional están comprometidas, lo que podría llevar a olvidos o a la toma de decisiones perjudicadas.

- Enfermedad: ¿Tiene algún síntoma de enfermedad, trastorno o condiciones conocidas que podrían representar un peligro durante el vuelo?

- Medicamentos y Otras Drogas: ¿Ha estado utilizando medicamentos prescritos, de venta libre o drogas recreativas, o ha mezclado medicamentos que podrían afectar su capacidad para operar de manera segura?

- Estrés y Distracciones: ¿Está bajo presión psicológica debido al trabajo o circunstancias personales? ¿Está preocupado por problemas financieros, de salud, familiares, emocionales o de relaciones? ¿Siente ansiedad por emprender el vuelo?

- Edad: Si está en sus años mayores, ¿ha considerado si su capacidad para manejar emergencias o situaciones desconocidas ha disminuido al punto de que sería aconsejable volar acompañado por otro piloto calificado?

- Alcohol: ¿Ha consumido alcohol en las últimas 8 horas? Incluso si han pasado 8-16 horas desde el consumo, los niveles de alcohol en la sangre todavía pueden ser significativos. Es importante asegurarse de que su consumo promedio de alcohol se encuentre dentro de la categoría de 'riesgo muy bajo' para mantener los estándares de seguridad.

- Fatiga: ¿Se siente cansado, inadecuadamente descansado o con falta de sueño? La fatiga puede perjudicar la función cognitiva y los tiempos de reacción, representando un riesgo durante las operaciones de vuelo.

- Alimentación e Hidratación: ¿Ha consumido suficiente comida y líquidos para mantener niveles adecuados de nutrición e hidratación? La deshidratación y una nutrición inadecuada pueden impactar el rendimiento cognitivo y físico, afectando su capacidad para volar de manera segura.

Plan de Operaciones y Geovallado

Para establecer un plan de operaciones y geovallado para operaciones de drones, siga estos pasos:

1. **Definir Objetivos**: Esboce claramente los objetivos de la operación del dron, incluyendo el propósito del vuelo, los resultados deseados y cualquier tarea específica a realizar.

2. **Identificar Rutas de Vuelo**: Determine las rutas de vuelo óptimas para alcanzar los objetivos, considerando factores como las restricciones del espacio aéreo, características del terreno y posibles peligros. Planifique rutas que minimicen los riesgos y maximicen la eficiencia.

3. **Evaluar Medidas de Seguridad**: Evalúe las medidas de seguridad para mitigar riesgos y asegurar la operación segura del dron. Esto puede incluir el establecimiento de procedimientos de emergencia, implementación de límites de altitud e identificación de áreas a evitar.

4. **Desarrollar Plan de Operaciones**: Cree un plan de operaciones detallado que abarque todos los aspectos de la operación del dron, incluyendo preparativos previos al vuelo, procedimientos en vuelo y protocolos post-vuelo. Especifique roles y responsabilidades para cada miembro del equipo involucrado en la op-

eración.

5. **Implementar Tecnología de Geovallado**: Si es necesario, utilice la tecnología de geovallado para definir límites virtuales para la operación del dron. El geovallado ayuda a asegurar que el dron permanezca dentro de las áreas designadas y evita que entre en espacios aéreos restringidos u otras zonas prohibidas.

6. **Configurar Parámetros de Geovallado**: Establezca los parámetros de geovallado basados en los requisitos específicos de la operación, teniendo en cuenta factores como límites de altitud, límites geográficos y zonas de no vuelo. Ajuste los ajustes según sea necesario para alinearse con los protocolos de seguridad y requisitos reglamentarios.

7. **Probar el Sistema de Geovallado**: Realice pruebas exhaustivas del sistema de geovallado para verificar su funcionalidad y efectividad en el mantenimiento del cumplimiento con los límites operacionales. Identifique cualquier problema o limitación potencial y haga ajustes según sea necesario.

8. **Comunicar el Plan a los Interesados**: Comunique el plan de operaciones y los parámetros de geovallado a todos los interesados relevantes, incluidos los operadores de drones, miembros del equipo en tierra y cualquier autoridad u organización involucrada en la operación. Asegúrese de que todos entiendan sus roles y responsabilidades y cumplan con los protocolos de seguridad.

9. **Monitorear y Adaptar**: Monitoree continuamente la operación del dron y el sistema de geovallado durante el vuelo para asegurar la adherencia al plan y los parámetros establecidos. Esté preparado para adaptar el plan en tiempo real basado en condiciones cambiantes o circunstancias imprevistas.

10. **Evaluar el Rendimiento**: Después de la operación, realice una evaluación integral del rendimiento tanto del dron como del sistema de geovallado. Identifique cualquier área de mejora e incorpore las lecciones aprendidas en planes de operaciones futuros.

Acceso y Análisis de la Información Preoperacional

Para acceder y analizar la información preoperacional en operaciones de drones, siga estos pasos:

1. **Identificar Fuentes de Información**: Determine las fuentes de información preoperacional disponibles, como los sistemas de Notificación a los Aeronavegantes (NOTAM), autoridades de aviación, servicios meteorológicos y alertas o publicaciones específicas de la industria.

2. **Acceder al Sistema de NOTAM**: Inicie sesión en el sistema NOTAM o acceda a los sitios web de la autoridad de aviación relevante para recuperar los últimos avisos y actualizaciones relacionadas con restricciones del espacio aéreo, restricciones temporales de vuelo (TFRs), cierres de aeropuertos y otra información pertinente.

3. **Revisar los NOTAMs**: Revise minuciosamente todos los NOTAMs aplicables a la operación planificada, prestando especial atención a cualquier aviso que pueda impactar el área de vuelo prevista, restricciones de altitud o uso del espacio aéreo. Anote los tiempos efectivos y las áreas afectadas por cada NOTAM.

4. **Verificar Alertas de la Industria**: Manténgase informado sobre cualquier alerta específica de la industria o publicaciones que proporcionen información adicional sobre las condiciones del espacio aéreo, cambios regulatorios u otros factores relevantes que podrían influir en la operación del dron.

5. **Analizar la Información**: Analice la información preoperacional obtenida de los NOTAMs y otras fuentes para evaluar su impacto en la operación planificada. Evalúe la gravedad y la duración de cualquier restricción de espacio aéreo o TFRs y considere cómo podrían afectar el trayecto del vuelo, los requisitos de altitud o la programación.

6. **Incorporar al Plan Operativo**: Integre los hallazgos de su análisis al plan operativo, ajustando las rutas de vuelo, altitudes u horarios según sea necesario para cumplir con las regulaciones del espacio aéreo y asegurar una operación segura. Comunique claramente cualquier cambio o actualización a los miembros del equipo involucrados en la operación.

7. **Monitorear Actualizaciones**: Monitoree continuamente los NOTAMs y otras fuentes de información relevantes hasta la hora del vuelo programado

para mantenerse informado sobre cualquier nuevo desarrollo o cambio que pueda surgir. Esté preparado para adaptar el plan operativo de acuerdo con la información actualizada.

8. **Documentar Hallazgos**: Mantenga un registro de la información preoperacional accedida y analizada, incluyendo cualquier NOTAM revisado y las decisiones tomadas en base a su contenido. Documentar esta información garantiza la rendición de cuentas y proporciona una referencia para operaciones futuras.

9. **Coordinar con las Autoridades**: Si es necesario, coordine con las autoridades de aviación relevantes o agencias de control de tráfico aéreo para aclarar cualquier incertidumbre o buscar orientación adicional respecto a las restricciones del espacio aéreo o requisitos regulatorios que impacten la operación planificada.

10. **Verificar Cumplimiento**: Antes de iniciar la operación del dron, verifique que el plan operativo esté alineado con toda la información preoperacional relevante, incluyendo NOTAMs y restricciones del espacio aéreo. Asegúrese de que el vuelo del dron se lleve a cabo de acuerdo con los requisitos regulatorios y protocolos de seguridad.

Identificación de Peligros e Implementación de Controles de Riesgo

Para identificar peligros e implementar controles de riesgo en operaciones de drones, siga estos pasos:

1. **Revisar Cartas y Mapas**: Comience examinando minuciosamente las cartas y mapas del área de vuelo planificada, incluyendo cartas seccionales, mapas topográficos y cualquier otro recurso de mapeo relevante. Preste especial atención a las características del terreno, obstáculos, designaciones del espacio aéreo y condiciones ambientales que podrían representar riesgos para la operación.

2. **Identificar Peligros Potenciales**: Utilice la información proporcionada por las cartas y mapas para identificar posibles peligros a lo largo del trayecto de vuelo planeado. Esto puede incluir obstáculos naturales como montañas, árboles o cuerpos de agua, así como estructuras hechas por el hombre, como edificios,

líneas eléctricas o torres de comunicación. Además, tome nota de cualquier restricción del espacio aéreo, como espacios aéreos controlados, áreas restringidas o restricciones temporales de vuelo (TFRs).

3. **Documentar Riesgos Identificados**: Documente claramente todos los peligros y riesgos identificados asociados con el vuelo planificado, anotando su ubicación, naturaleza y posible impacto en la operación. Organice esta información de manera sistemática para asegurar una cobertura completa de todos los riesgos relevantes.

4. **Evaluar la Severidad del Riesgo**: Evalúe la severidad de cada peligro identificado basándose en su potencial para causar daño o interrupción a la operación del dron. Considere factores como la altitud, la proximidad a la trayectoria de vuelo y la probabilidad de encontrar el peligro durante la operación.

5. **Desarrollar Controles de Riesgo**: Una vez que los peligros han sido identificados y evaluados, desarrolle controles de riesgo para mitigar los riesgos identificados y asegurar la seguridad de la operación. Esto puede implicar medidas como ajustar la trayectoria de vuelo para evitar obstáculos, establecer zonas de amortiguamiento alrededor de restricciones del espacio aéreo o modificar los procedimientos operativos para adaptarse a las condiciones ambientales.

6. **Priorizar los Controles de Riesgo**: Priorice los controles de riesgo basándose en la severidad y la probabilidad de encontrar cada peligro, centrándose en mitigar primero los riesgos más significativos. Asigne recursos y atención de acuerdo para abordar eficazmente los riesgos de alta prioridad.

7. **Comunicar los Controles de Riesgo**: Comunique claramente los peligros identificados y los controles de riesgo correspondientes a todos los miembros del equipo involucrados en la operación del dron. Asegúrese de que todos entiendan sus roles y responsabilidades en la implementación de los controles de riesgo y en mantener la conciencia situacional durante la operación.

8. **Monitorear Continuamente los Peligros**: Mantenga la vigilancia y monitoree continuamente cualquier nuevo peligro o cambio en las condiciones que puedan afectar la seguridad del vuelo. Manténgase flexible y preparado para ajustar los controles de riesgo según sea necesario para responder a las circunstancias

cambiantes.

9. **Documentar el Proceso de Gestión de Riesgos**: Mantenga registros detallados del proceso de identificación de peligros, evaluaciones de riesgo y controles de riesgo implementados para la operación del dron. Documente cualquier desviación de los controles de riesgo planificados y la justificación detrás de estas decisiones para facilitar la revisión posterior al vuelo y el aprendizaje.

10. **Revisar y Aprender**: Tras la finalización de la operación del dron, realice una revisión exhaustiva del proceso de gestión de riesgos para identificar lecciones aprendidas y áreas de mejora. Utilice esta retroalimentación para refinar las prácticas de gestión de riesgos para operaciones futuras y mejorar el rendimiento general de seguridad.

Planificación para la Velocidad del Viento y Condiciones Ambientales Adversas

Para planificar la velocidad del viento y condiciones ambientales adversas en operaciones de drones, siga estos pasos:

1. **Análisis Meteorológico**: Comience accediendo a pronósticos y reportes meteorológicos actualizados para el área de vuelo planificada. Preste especial atención a la velocidad y dirección del viento, así como a otras condiciones meteorológicas relevantes como precipitaciones, visibilidad y temperatura. Utilice fuentes confiables como servicios meteorológicos oficiales o sitios web de meteorología de aviación para recopilar información precisa y fiable.

2. **Evaluar las Condiciones del Viento**: Evalúe el impacto de la velocidad del viento en las operaciones de drones considerando factores como la máxima tolerancia del dron a la velocidad del viento, su capacidad para mantener estabilidad en condiciones ventosas y los efectos del viento en el rendimiento del vuelo y la vida útil de la batería. Determine la dirección predominante del viento e identifique cualquier área de vientos turbulentos o ráfagas que puedan presentar desafíos durante el vuelo.

3. **Planificar la Ruta de Vuelo**: Basado en el análisis de las condiciones del viento, ajuste la ruta de vuelo planificada y la trayectoria para optimizar el rendimiento y minimizar riesgos. Considere volar contra el viento durante las etapas de salida de la misión para conservar energía de la batería y asegurar un retorno seguro al punto de lanzamiento. Identifique puntos de referencia adecuados o puntos de interés que puedan proporcionar refugio contra vientos fuertes o servir como puntos de navegación.

4. **Considerar Factores Ambientales**: Además de la velocidad del viento, considere otras condiciones ambientales adversas que puedan afectar las operaciones de drones, como lluvia, nieve, niebla o temperaturas extremas. Evalúe la capacidad del dron para resistir estas condiciones y haga ajustes al plan operativo según sea necesario para mitigar riesgos y asegurar una operación segura.

5. **Monitorear Cambios Meteorológicos**: Monitoree continuamente las condiciones meteorológicas previas y durante la operación del dron para identificar cualquier cambio o desarrollo que pueda impactar la seguridad del vuelo. Esté preparado para adaptar el plan operativo en tiempo real basado en los patrones y pronósticos meteorológicos evolutivos. Mantenga comunicación con las partes interesadas relevantes, como autoridades del espacio aéreo o clientes, para coordinar ajustes al plan de vuelo según sea necesario.

6. **Implementar Medidas de Seguridad**: Incorpore medidas de seguridad en el plan operativo para abordar los riesgos potenciales asociados con condiciones meteorológicas adversas. Esto puede incluir establecer límites operativos para la velocidad del viento, establecer procedimientos de emergencia para eventos climáticos adversos y asegurar que todo el equipo y personal estén adecuadamente preparados para manejar condiciones ambientales desafiantes.

7. **Capacitación del Piloto y Desarrollo de Habilidades**: Asegúrese de que los pilotos de drones estén adecuadamente capacitados y sean competentes para volar en diversas condiciones meteorológicas. Proporcione oportunidades para que los pilotos practiquen vuelos en condiciones de viento o climáticas adversas bajo circunstancias controladas para construir confianza y competencia. Enfatice la importancia de la conciencia situacional y las habilidades de toma de decisiones en la gestión de riesgos relacionados con el clima durante las

operaciones de vuelo.

8. **Planificación de Contingencia**: Desarrolle planes de contingencia para escenarios de clima adverso, incluyendo opciones para rutas de vuelo alternativas, sitios de aterrizaje de emergencia y procedimientos para abortar o retornar el dron de manera segura en caso de cambios climáticos inesperados o fallos de equipo. Comunique estos planes de contingencia a todos los miembros del equipo involucrados en la operación y asegúrese de que todos entiendan sus roles y responsabilidades.

En el ámbito de la aviación, en Estados Unidos por ejemplo, los servicios meteorológicos son un esfuerzo colaborativo que involucra entidades como el Servicio Meteorológico Nacional (NWS), la Administración Federal de Aviación (FAA), el Departamento de Defensa (DOD), diversas organizaciones de aviación e individuos [45].

La demanda de información meteorológica global ha motivado también la participación de agencias meteorológicas internacionales. Aunque las predicciones meteorológicas no son infalibles, los meteorólogos utilizan un análisis científico meticuloso y modelado por computadora para prever cada vez con mayor precisión los patrones, tendencias y características del clima. Este cúmulo de conocimientos se difunde a pilotos y profesionales de la aviación a través de una red intrincada de servicios meteorológicos, organismos gubernamentales y observadores independientes, proporcionándoles informes y pronósticos meteorológicos actuales para la toma de decisiones informadas respecto a la seguridad del vuelo.

Las observaciones meteorológicas de superficie agrupan datos climáticos actuales de estaciones terrestres individuales a lo largo de los Estados Unidos. Esta red comprende instalaciones operadas por el gobierno y otras contratadas de manera privada que continuamente ofrecen información meteorológica actualizada. Sistemas meteorológicos automatizados, incluyendo los Sistemas de Observación Meteorológica Automatizados (AWOS), los Sistemas de Observación de Superficie Automatizados (ASOS) y otros configuraciones mecanizadas, contribuyen significativamente a la recolección de datos de estaciones terrestres.

Estas observaciones de superficie proporcionan condiciones meteorológicas localizadas y detalles pertinentes específicos para cada aeropuerto. La información transmitida incluye el tipo de informe, el identificador de la estación, la marca temporal, modificadores según sea necesario, velocidad del viento, visibilidad, rango visual de pista (RVR), fenómenos meteorológicos, condición del cielo, temperatura/punto de rocío, lecturas de altímetro y observaciones relevantes. Los datos para las observaciones de superficie pueden provenir de observadores humanos, estaciones automatizadas o configuraciones automatizadas complementadas por supervisión manual. Independientemente de la fuente de datos, las observaciones de superficie ofrecen perspectivas valiosas sobre los aeropuertos individuales a nivel nacional, cubriendo un área geográfica limitada y resultando ventajosas para los pilotos remotos.

Los servicios meteorológicos de aviación en Australia son proporcionados por varias agencias, cada una desempeñando un papel crucial en asegurar la seguridad y eficiencia del transporte aéreo. Aquí hay una visión general de los componentes clave de los servicios meteorológicos de aviación en Australia:

1. Bureau of Meteorology (BoM): El Bureau of Meteorology es la agencia principal responsable de proporcionar pronósticos meteorológicos, alertas y observaciones en toda Australia. Ofrece una amplia gama de productos y servicios específicos para la aviación adaptados a las necesidades de pilotos, aerolíneas y otros interesados en la aviación. Estos incluyen pronósticos de aeródromo terminal (TAFs), informes rutinarios de tiempo de aviación (METARs), pronósticos de área y cartas de tiempo significativo. El BoM también emite advertencias de tiempo severo y asesorías para tormentas eléctricas, turbulencia, formación de hielo y otras condiciones peligrosas que pueden afectar las operaciones de aviación.

2. Airservices Australia: Airservices Australia es una corporación propiedad del gobierno responsable de gestionar el control del tráfico aéreo, la navegación y los servicios de rescate y extinción de incendios de aviación en Australia. Colabora con el Bureau of Meteorology para proporcionar información meteorológica específica de aviación a pilotos y controladores de tráfico aéreo. Airservices Australia opera una red de estaciones de observación meteorológica, como Estaciones Meteorológicas Automáticas (AWS) y unidades del Servicio de Información Terminal Automático (ATIS), para recopilar datos meteorológicos en tiempo real en aeropuertos y aeródromos a lo largo del país. Estos datos se utilizan para generar METARs, TAFs y otros productos meteorológicos de aviación.

3. Civil Aviation Safety Authority (CASA): La Civil Aviation Safety Authority es

la autoridad nacional de aviación de Australia, responsable de regular la seguridad de la aviación civil y supervisar la certificación y licencia de pilotos, aeronaves y operadores aéreos. CASA trabaja en estrecha colaboración con el Bureau of Meteorology y otras agencias para garantizar que los pilotos reciban información meteorológica precisa y oportuna para tomar decisiones informadas sobre la planificación y operaciones de vuelo. CASA publica circulares de asesoramiento y material de orientación sobre temas relacionados con el clima, incluyendo los efectos del tiempo en el rendimiento de las aeronaves, la planificación de combustible y las operaciones de vuelo.

4. Servicios Meteorológicos de Aviación: Además del Bureau of Meteorology y Airservices Australia, varios proveedores de servicios meteorológicos privados ofrecen servicios de pronóstico y consultoría meteorológica de aviación especializados para aerolíneas, operadores de aviación general y aeropuertos. Estas empresas emplean meteorólogos con experiencia en meteorología de aviación para proporcionar informes meteorológicos personalizados, servicios de optimización de rutas y evaluaciones de riesgo para la planificación y operaciones de despacho de vuelo. También pueden desarrollar productos y herramientas meteorológicos personalizados para satisfacer las necesidades específicas de sus clientes.

Los servicios meteorológicos de aviación en Europa se proporcionan mediante un esfuerzo colaborativo que involucra a diversas agencias meteorológicas nacionales, autoridades de aviación y organizaciones internacionales. Esto incluye:

1. Organización Europea para la Seguridad de la Navegación Aérea (EUROCONTROL): EUROCONTROL es una organización paneuropea que coordina la gestión del tráfico aéreo (ATM) y la seguridad de la aviación en todo el continente. Opera la Agencia Europea de Seguridad Aérea (EASA) y colabora con los servicios meteorológicos nacionales y autoridades de aviación para asegurar la provisión de información meteorológica oportuna y precisa para apoyar un viaje aéreo seguro y eficiente. EUROCONTROL ofrece una gama de productos y servicios meteorológicos de aviación, incluyendo pronósticos meteorológicos, alertas y observaciones, para ayudar a pilotos, controladores de tráfico aéreo y aerolíneas a tomar decisiones informadas sobre la planificación y operaciones de vuelo.

2. Servicios Meteorológicos Nacionales: Cada país europeo cuenta con su propio servicio meteorológico nacional responsable de proporcionar pronósticos, observaciones y alertas meteorológicas dentro de su territorio. Estos servicios recopilan y analizan datos meteorológicos de una red de estaciones de observación, satélites y sistemas de radar para generar productos meteorológicos específicos para la aviación, como METARs (informes rutinarios de tiempo de aviación), TAFs (pronósticos de aeródromo terminal), SIGMETs (información meteorológica significativa) y AIRMETs (información meteorológica del aeronauta). Estos productos se difunden a pilotos, controladores de tráfico aéreo y partes interesadas de la aviación a través de diversos canales, incluidos internet, radio y servicios especializados de informes meteorológicos de aviación.

3. Agencia Europea de Seguridad Aérea (EASA): EASA es la agencia reguladora de la Unión Europea responsable de la seguridad y estandarización de la aviación. Trabaja estrechamente con las autoridades nacionales de aviación y servicios meteorológicos para desarrollar regulaciones, estándares y material de orientación relacionado con los servicios meteorológicos de aviación. EASA asegura que la información meteorológica de aviación cumpla con los estándares internacionales y sea consistente en todo el espacio aéreo europeo, mejorando así la seguridad y la interoperabilidad en la región.

4. Centros Asesores sobre Cenizas Volcánicas (VAACs): Europa alberga varios Centros Asesores sobre Cenizas Volcánicas responsables de monitorear y pronosticar los peligros de las cenizas volcánicas en la atmósfera. Estos centros, operados por agencias meteorológicas nacionales y organizaciones internacionales como el Met Office en el Reino Unido y Météo-France en Francia, proporcionan información oportuna sobre las plumas de ceniza volcánica y los pronósticos de dispersión de cenizas para apoyar la seguridad de la aviación y la toma de decisiones. Los pilotos y las aerolíneas utilizan los avisos de los VAACs para evitar áreas afectadas por cenizas volcánicas, las cuales pueden representar riesgos significativos para los motores de los aviones y las operaciones de vuelo.

Los servicios meteorológicos de aviación en India son proporcionados por varias organizaciones y agencias clave para asegurar la seguridad y eficiencia del transporte aéreo en todo el país. Aquí hay una visión general de cómo se gestionan los servicios meteorológicos de aviación en India:

1. Departamento Meteorológico de India (IMD): El Departamento Meteorológico de India es la agencia principal responsable de la previsión meteorológica, el monitoreo y la emisión de avisos meteorológicos en todo el país. Opera una red de observatorios, estaciones meteorológicas y centros meteorológicos para recopilar y analizar datos del tiempo de diversas fuentes, incluidos satélites, radares y globos meteorológicos. IMD proporciona una amplia gama de productos y servicios meteorológicos específicos para la aviación, incluyendo pronósticos de aeródromo (TAFs), informes rutinarios de tiempo de aviación (METARs), cartas de tiempo significativo y pronósticos para áreas en ruta y terminales. Estos productos se difunden a pilotos, controladores de tráfico aéreo y partes interesadas de la aviación a través de canales dedicados como los Servicios Meteorológicos Aeronáuticos (AMS) y el sitio web de IMD.

2. Autoridad de Aeropuertos de India (AAI): La Autoridad de Aeropuertos de India gestiona y opera la mayoría de los aeropuertos del país, incluyendo aeropuertos internacionales importantes, aeropuertos domésticos y enclaves civiles. AAI colabora con IMD para asegurar la provisión de información meteorológica precisa y oportuna para apoyar la gestión segura y eficiente del tráfico aéreo en los aeropuertos. La división de Gestión del Tráfico Aéreo (ATM) de AAI utiliza pronósticos y observaciones meteorológicos de aviación para tomar decisiones respecto a la planificación de vuelos, operaciones en pistas y servicios de control de tráfico aéreo.

3. Centros Meteorológicos Regionales (RMCs): India está dividida en varias regiones, cada una atendida por un Centro Meteorológico Regional responsable de proporcionar pronósticos meteorológicos, avisos y asesoramientos adaptados a las necesidades específicas de la región. Estos RMCs complementan los servicios proporcionados por IMD emitiendo pronósticos meteorológicos locales, avisos de tiempo severo y productos especializados para la aviación, la agricultura y otros sectores. Los RMCs trabajan estrechamente con IMD y AAI para coordinar los servicios meteorológicos de aviación y asegurar una integración perfecta con las operaciones de gestión del tráfico aéreo.

4. Sistemas Automatizados de Observación Meteorológica (AWOS): Muchos aeropuertos en India están equipados con Sistemas Automatizados de Observación Meteorológica, que recopilan y difunden automáticamente datos me-

OPERACIONES CON DRONES 155

teorológicos en tiempo real, incluyendo temperatura, humedad, velocidad del viento y visibilidad. Las instalaciones de AWOS mejoran la precisión y fiabilidad de las observaciones meteorológicas de aviación, permitiendo a los pilotos y controladores de tráfico aéreo tomar decisiones informadas sobre las operaciones y seguridad de vuelo.

5. Programa Satelital Meteorológico de India (INSAT): India opera una flota de satélites meteorológicos como parte del Programa Satelital Meteorológico de India (INSAT), que proporciona cobertura continua de sistemas meteorológicos y condiciones atmosféricas sobre el subcontinente indio y regiones circundantes. Los satélites INSAT contribuyen al monitoreo de patrones meteorológicos, ciclones tropicales y otros fenómenos meteorológicos, mejorando la capacidad de pronosticar el tiempo y emitir avisos oportunos para la aviación y otros sectores.

Acceder a los servicios meteorológicos de aviación implica obtener información meteorológica relevante para la planificación de vuelos, la toma de decisiones y las operaciones en vuelo. Para acceder a los servicios meteorológicos de aviación:

- **Sitios Web y Aplicaciones Oficiales**: La información meteorológica de aviación está disponible a través de sitios web oficiales y aplicaciones móviles proporcionadas por agencias meteorológicas, autoridades de aviación y otras organizaciones relevantes. Estas plataformas ofrecen una amplia gama de productos meteorológicos, incluyendo pronósticos, observaciones, cartas y avisos adaptados para fines de aviación. Ejemplos de dichos sitios web y aplicaciones incluyen:

    o **Servicios Meteorológicos Nacionales**: Muchos países cuentan con servicios meteorológicos nacionales que ofrecen información meteorológica específica para la aviación en sus sitios web o a través de aplicaciones dedicadas. Estos servicios pueden incluir el National Weather Service (NWS) en Estados Unidos, el Departamento Meteorológico de India (IMD), la Oficina Meteorológica del Reino Unido (UK Met Office) y otros.

    o **Autoridades de Aviación**: Autoridades reguladoras de aviación como la Administración Federal de Aviación (FAA) en Estados Unidos, la Agencia Europea de Seguridad Aérea (EASA) y la Autoridad de Aviación Civil (CAA) en varios países proporcionan información meteorológica de aviación en sus sitios web y aplicaciones móviles.

- **Proveedores de Terceros**: Algunos proveedores tercerizados ofrecen servicios meteorológicos de aviación a través de sus sitios web y aplicaciones. Estas plataformas pueden ofrecer características adicionales o productos meteorológicos personalizados para pilotos y profesionales de la aviación.

- **Informes Meteorológicos de Aviación**: Los pilotos pueden obtener informes meteorológicos completos de estaciones de servicio de vuelo certificadas (FSS) o estaciones de servicio de vuelo automatizadas (AFSS) antes del vuelo. Estos informes incluyen condiciones meteorológicas actuales, pronósticos, NOTAMs (Notificaciones a los Aeronautas), SIGMETs (Información Meteorológica Significativa) y otra información pertinente relacionada con la ruta de vuelo planeada. Los informes se pueden obtener por teléfono, radio o plataformas en línea como DUATS (Direct User Access Terminal System) en Estados Unidos.

- **Productos Meteorológicos de Aviación**: Las agencias meteorológicas y las autoridades de aviación producen una variedad de productos meteorológicos específicamente diseñados para propósitos de aviación. Estos productos incluyen:

  - **METARs (Informes Meteorológicos Rutinarios de Aviación)**: Observaciones de las condiciones meteorológicas actuales en aeropuertos y aeródromos.

  - **TAFs (Pronósticos de Aeródromo Terminal)**: Pronósticos de las condiciones meteorológicas en aeropuertos específicos para las próximas 24 a 30 horas.

  - **SIGMETs (Información Meteorológica Significativa)**: Avisos para fenómenos meteorológicos significativos que afectan la seguridad de la aviación.

  - **Cartas Meteorológicas Gráficas**: Mapas y cartas que muestran características meteorológicas como frentes, sistemas de presión y turbulencia.

  - **Imágenes de Radar y Satélite**: Imágenes en tiempo real de precipitaciones, cobertura de nubes y otros fenómenos meteorológicos capturados por sensores de radar y satélite.

- **Estaciones Meteorológicas Automatizadas**: Muchos aeropuertos y aeródromos están equipados con Sistemas de Observación Meteorológica Automatizados (AWOS) o Sistemas de Observación de Superficie Automatizados (ASOS) que proporcionan actualizaciones continuas de las condiciones meteorológicas. Los pilotos pueden acceder a estas observaciones a través de frecuencias de radio o plataformas en línea.

- **Servicios de Suscripción**: Algunos proveedores de servicios meteorológicos de aviación ofrecen servicios basados en suscripción que proporcionan información meteorológica mejorada, modelos de pronóstico avanzados y alertas meteorológicas personalizadas adaptadas a operaciones de vuelo específicas o áreas geográficas.

Al utilizar estos canales, los pilotos y profesionales de la aviación pueden acceder a la información meteorológica más reciente para tomar decisiones informadas y asegurar la seguridad de las operaciones de vuelo. Los informes meteorológicos de aviación tienen como objetivo proporcionar representaciones precisas de las condiciones meteorológicas actuales. Estos informes se actualizan regularmente y vienen en varios tipos, como METARs y PIREPs. Para acceder a un informe meteorológico en Estados Unidos, visite http://www.aviationweather.gov/ y en Australia en http://www.bom.gov.au/aviation/observations/metar-speci/.

El Informe Rutinario de Tiempo de Aviación, abreviado como METAR, sirve como una observación detallada de las condiciones meteorológicas actuales en la superficie, presentada en un formato internacional estandarizado. Estos informes se emiten típicamente a intervalos regulares a menos que cambios significativos en el clima provoquen la emisión de un METAR especial (SPECI). Por ejemplo, un informe METAR para el Aeropuerto del Condado de Gregg podría verse así [45]: METAR KGGG 161753Z AUTO 14021G26KT 3/4SM +TSRA BR BKN008 OVC012CB 18/17 A2970 RMK PRESFR.

Analicemos los componentes de un informe METAR típico:

1. Tipo de Informe: Los informes METAR se categorizan en informes rutinarios, transmitidos a intervalos regulares, y informes especiales (SPECI) para actualizaciones inmediatas sobre condiciones meteorológicas rápidamente cambiantes

o información crítica.

2. Identificador de la Estación: Este código de cuatro letras, establecido por la Organización de Aviación Civil Internacional (ICAO), identifica de manera única a la estación que informa. Por ejemplo, el Aeropuerto del Condado de Gregg en Longview, Texas, se identifica como "KGGG".

3. Fecha y Hora del Informe: Representada en un grupo de seis dígitos, donde los primeros dos dígitos representan la fecha y los últimos cuatro indican la hora en tiempo universal coordinado (UTC). La "Z" adjunta denota tiempo Zulu (UTC).

4. Modificador: Indica si el informe es automático (AUTO) o corregido (COR). La presencia de "AO1" o "AO2" en la sección de comentarios indica el tipo de sensores de precipitación empleados.

5. Viento: Reportado con dirección, velocidad y ráfagas. Los vientos variables se denotan como "VRB", y los vientos con ráfagas se indican con una "G" seguida por la ráfaga máxima registrada.

6. Visibilidad: La visibilidad predominante se informa en millas estatutarias (SM), a menudo acompañada por el rango visual de pista (RVR) para referencia del piloto.

7. Tiempo: Describe fenómenos meteorológicos, incluyendo intensidad, proximidad y descriptores. Puede incluir tipos de precipitación, oscurecimientos y otras condiciones atmosféricas.

8. Condición del Cielo: Informa sobre la cobertura de nubes, altura y tipo. Las alturas de las nubes se proporcionan en cientos de pies sobre el nivel del suelo (AGL).

9. Temperatura y Punto de Rocío: Dadas en grados Celsius, con temperaturas bajo cero indicadas por la letra "M" de menos.

10. Ajuste del Altímetro: Lectura de presión barométrica en pulgadas de mercurio ("Hg), típicamente precedida por la letra "A".

OPERACIONES CON DRONES

11. **Hora Zulu:** Indica la hora en tiempo universal coordinado (UTC), comúnmente utilizado en aviación.

12. **Comentarios:** Contiene información adicional, como datos de viento, variaciones de visibilidad y fenómenos meteorológicos notables. Los comentarios a menudo comienzan con "RMK" y pueden incluir avisos de mantenimiento de equipos.

En el ejemplo proporcionado, el informe METAR para el Aeropuerto del Condado de Gregg muestra varios parámetros meteorológicos, incluyendo velocidad del viento, visibilidad, precipitaciones, cobertura de nubes, temperatura y presión barométrica.

Veamos un informe METAR de muestra para el Aeropuerto de Sídney (KSYD) en Australia: METAR KSYD 221200Z AUTO 18010KT 10SM SCT030 BKN050 25/18 Q1015 NOSIG Explicación:

- **METAR**: Esto indica que es un informe meteorológico de rutina.

- **KSYD**: Identificador de estación para el Aeropuerto de Sídney.

- **221200Z**: Fecha y hora del informe, donde "22" representa el día del mes, "1200Z" indica la hora en UTC.

- **AUTO**: Indica que el informe proviene de una fuente automatizada.

- **18010KT**: Viento del sur (180 grados) a 10 nudos.

- **10SM**: La visibilidad es de 10 millas estatutarias.

- **SCT030 BKN050**: Condición del cielo con nubes dispersas a 3000 pies y nubes fragmentadas a 5000 pies.

- **25/18**: La temperatura es de 25 grados Celsius, y el punto de rocío es de 18 grados Celsius.

- **Q1015**: La configuración del altímetro es de 1015 hectopascales.

- **NOSIG**: No se espera cambio significativo en las condiciones meteorológicas en un futuro cercano.

Además, un informe METAR de muestra para el Aeropuerto Internacional Indira Gandhi (VIDP) en Nueva Delhi, India: METAR VIDP 221500Z 07008KT 5000 HZ SCT020 BKN080 33/24 Q1008 NOSIG Explicación:

- **METAR**: Esto indica que es un informe meteorológico de rutina.

- **VIDP**: Identificador de estación para el Aeropuerto Internacional Indira Gandhi.

- **221500Z**: Fecha y hora del informe, donde "22" representa el día del mes, "1500Z" indica la hora en UTC.

- **07008KT**: Viento del noreste (070 grados) a 8 nudos.

- **5000**: La visibilidad es de 5000 metros.

- **HZ**: Hay neblina.

- **SCT020 BKN080**: Condición del cielo con nubes dispersas a 2000 pies y nubes fragmentadas a 8000 pies.

- **33/24**: La temperatura es de 33 grados Celsius, y el punto de rocío es de 24 grados Celsius.

- **Q1008**: La configuración del altímetro es de 1008 hectopascales.

- **NOSIG**: No se espera cambio significativo en las condiciones meteorológicas en un futuro cercano.

Los informes METAR para aeropuertos en India se pueden acceder a través de varias fuentes, incluyendo:

1. **Sitio web del Departamento Meteorológico de India (IMD)**: El IMD proporciona servicios meteorológicos en India y ofrece acceso a informes METAR para aeropuertos de todo el país en su sitio web.

2. **Servicios Meteorológicos de Aviación**: Los servicios meteorológicos de aviación en India también pueden proporcionar acceso a informes METAR a través de sus plataformas o sitios web. Estos servicios están específicamente dirigidos a la industria de la aviación y ofrecen información meteorológica completa para pilotos y otros profesionales de la aviación.

3. **Aplicaciones Móviles**: Hay varias aplicaciones móviles disponibles para smartphones que proporcionan acceso a información meteorológica en tiempo real, incluyendo informes METAR. Estas aplicaciones a menudo permiten a los usuarios buscar aeropuertos específicos y ver informes METAR junto con otros datos meteorológicos.

4. **Autoridades de Aviación**: La Dirección General de Aviación Civil (DGCA) u otras autoridades de aviación relevantes en India también pueden proporcionar acceso a informes METAR a través de sus sitios web oficiales o portales dedicados a información y servicios relacionados con la aviación.

5. **Sitios Web de Terceros**: Hay varios sitios web de terceros que agregan datos meteorológicos de diferentes fuentes, incluyendo informes METAR. Estos sitios web pueden ofrecer interfaces fáciles de usar para acceder a informes METAR para aeropuertos en India y en todo el mundo.

Y finalmente, un informe METAR para el Aeropuerto Chopin de Varsovia (EPWA) en Varsovia, Polonia: METAR EPWA 221800Z 28010KT 7000 SCT025 BKN050 10/06 Q1012 NOSIG Explicación:

- **METAR**: Esto indica que es un informe meteorológico de rutina.

- **EPWA**: Identificador de la estación para el Aeropuerto Chopin de Varsovia.

- **221800Z**: Fecha y hora del informe, donde "22" representa el día del mes, "1800Z" indica la hora en UTC.

- **28010KT**: Viento del oeste (280 grados) a 10 nudos.

- **7000**: La visibilidad es de 7000 metros.

- **SCT025 BKN050**: Condición del cielo con nubes dispersas a 2500 pies y nubes rotas a 5000 pies.

- **10/06**: La temperatura es de 10 grados Celsius, y el punto de rocío es de 6 grados Celsius.

- **Q1012**: La configuración del altímetro es de 1012 hectopascales.

- **NOSIG**: No se espera un cambio significativo en las condiciones meteorológicas en un futuro cercano.

Los informes METAR para aeropuertos en Europa se pueden acceder a través de varios canales, incluyendo:

1. **Servicios Meteorológicos Nacionales**: Cada país europeo típicamente tiene su propio servicio meteorológico nacional responsable de proporcionar información meteorológica, incluyendo informes METAR. Estos servicios a menudo tienen sitios web donde se pueden acceder a los informes METAR para aeropuertos dentro de sus respectivos países.

2. **Eurocontrol**: Eurocontrol, la Organización Europea para la Seguridad de la Navegación Aérea, proporciona servicios centralizados de gestión del tráfico aéreo en toda Europa. Pueden ofrecer acceso a informes METAR a través de su sitio web o portales meteorológicos de aviación dedicados.

3. **Servicios Meteorológicos de Aviación**: Varios servicios meteorológicos de aviación específicamente para la industria de la aviación ofrecen información meteorológica completa, incluyendo informes METAR, para aeropuertos en Europa. Estos servicios pueden proporcionar acceso a través de sus sitios web, aplicaciones móviles u otras plataformas.

4. **Sitios Web de Aeropuertos**: Algunos aeropuertos en Europa publican informes METAR en sus sitios web oficiales para la conveniencia de pilotos y pasajeros. Estos informes suelen estar disponibles en la página de información meteorológica u operacional del aeropuerto.

5. **Aplicaciones Móviles**: Hay numerosas aplicaciones móviles disponibles para smartphones que proporcionan acceso a información meteorológica en tiempo real, incluyendo informes METAR, para aeropuertos en Europa. Estas aplicaciones a menudo ofrecen interfaces amigables y características personalizables para pilotos y entusiastas de la aviación.

6. **Autoridades de Aviación**: Las autoridades nacionales de aviación en los países europeos también pueden proporcionar acceso a informes METAR a través de sus sitios web oficiales o portales dedicados a información y servicios relacionados con la aviación.

Las previsiones meteorológicas para fines de aviación a menudo dependen de informes de condiciones meteorológicas observadas para proporcionar predicciones precisas para la misma área. Se generan varios productos de pronóstico específicamente para la planificación de vuelos previos [45]. Estos incluyen el Pronóstico de Aeródromo Terminal (TAF), el Pronóstico de Área de Aviación (FA), los Avisos Meteorológicos en Vuelo (SIGMET, AIRMET) y el Pronóstico de Vientos y Temperaturas en Altura (FB).

Un TAF es un pronóstico emitido para un radio de cinco millas estatutarias alrededor de un aeropuerto, típicamente para aeropuertos más grandes. Cada TAF es válido por un período de 24 o 30 horas y se actualiza cuatro veces al día a las 0000Z, 0600Z, 1200Z y 1800Z. El TAF utiliza descriptores y abreviaturas similares a los utilizados en los informes METAR. Esta información es crucial para la planificación de vuelos. El TAF incluye:

1. **Tipo de informe**: TAF o TAF AMD (modificado).

2. **Identificador de estación ICAO**: El mismo que se usa en los informes METAR.

3. **Fecha y hora de origen**: Dada en un código de seis números que indica la fecha y la hora en UTC.

4. **Fechas y horas del período de validez**: Indican las horas de inicio y fin del período de pronóstico en UTC.

5. **Viento pronosticado**: Dirección y velocidad en un grupo de cinco dígitos.

6. **Visibilidad pronosticada**: Dada en millas estatutarias.

7. **Tiempo significativo pronosticado**: Fenómenos meteorológicos codificados de manera similar a los informes METAR.

8. **Condición del cielo pronosticado**: Similar a los informes METAR pero solo incluye nubes CB.

9. **Grupo de cambio pronosticado**: Describe cualquier cambio significativo en el tiempo esperado durante el período de pronóstico, indicado por FM (cambio rápido) o TEMPO (temporal).

10. **PROB30**: Porcentaje que describe la probabilidad de tormentas eléctricas y precipitaciones dentro del período de pronóstico, no aplicable para las primeras

6 horas.

Ejemplo de TAF [45]: TAF VABB 111130Z 1112/1212 TEMPO 1112/1114 5SM BR FM1500 16015G25KT P6SM SCT040 BKN250 FM120000 14012KT P6SM BKN080 OVC150 PROB30 1200/1204 3SM TSRA BKN030CB FM120400 1408KT P6SM SCT040 OVC080 TEMPO 1204/1208 3SM TSRA OVC030CB Explicación: TAF rutinario para Mumbai, India, emitido el día 11 del mes a las 1130Z, válido por 24 horas desde las 1200Z del día 11 hasta las 1200Z del día 12. Viento de 150° a 12 nudos, visibilidad superior a 6 SM, nubes dispersas a 4,000 pies, nubes rotas a 25,000 pies. Niebla temporal entre las 1200Z y las 1400Z. Desde las 1500Z, viento de 160° a 15 nudos, con ráfagas de hasta 25 nudos, visibilidad superior a 6 SM, nubes dispersas a 4,000 pies, nubes rotas a 25,000 pies. Probabilidad de tormentas eléctricas con chubascos moderados de lluvia desde las 1200Z hasta las 0400Z con nubes rotas a 3,000 pies y nubes cumulonimbus. Viento de 140° a 8 nudos desde las 0400Z, visibilidad superior a 6 millas, nubes dispersas a 4,000 pies, cielo cubierto a 8,000 pies. Tormentas eléctricas temporales con chubascos moderados de lluvia entre las 0400Z y las 0800Z con cielo cubierto a 3,000 pies y nubes cumulonimbus. Fin del informe.

Aquí tienes un ejemplo de TAF y su explicación para una ciudad europea: Ejemplo de TAF: TAF EHAM 220505Z 2206/2312 18008KT 9999 BKN025 TEMPO 2206/2209 4000 -DZ BR BKN008 BECMG 2209/2212 9999 SCT030 BECMG 2216/2219 6000 BKN012 TEMPO 2303/2307 4000 -RA BR BKN008 BECMG 2308/2311 9999 SCT018

Explicación: Este TAF es para el Aeropuerto de Schiphol en Ámsterdam (EHAM) emitido el día 22 del mes a las 0505Z, válido desde las 0600Z del día 22 hasta las 1200Z del día 23.

- **Viento**: Desde 180 grados a 8 nudos.

- **Visibilidad**: 10 kilómetros o más (9999).

- **Nubes:** Nubes fragmentadas a 2,500 pies sobre el nivel del suelo (BKN025).

- **Condiciones Temporales (TEMPO):** Entre las 0600Z y las 0900Z, se esperan condiciones temporales con visibilidad reducida a 4 kilómetros, llovizna ligera (-DZ), niebla (BR) y nubes fragmentadas a 800 pies (BKN008).

- **Cambiando (BECMG):** Entre las 0900Z y las 1200Z, se espera que las condiciones mejoren con la visibilidad volviendo a 10 kilómetros o más y nubes dispersas a 3,000 pies (SCT030).

- **Cambiando (BECMG)**: Entre las 1600Z y las 1900Z, se espera que las condiciones empeoren con la visibilidad reducida a 6 kilómetros y nubes fragmentadas a 1,200 pies (BKN012).

- **Condiciones Temporales (TEMPO)**: Entre las 0300Z y las 0700Z del día 23, se esperan condiciones temporales con visibilidad reducida a 4 kilómetros, lluvia ligera (-RA), niebla (BR) y nubes fragmentadas a 800 pies (BKN008).

- **Cambiando (BECMG)**: Entre las 0800Z y las 1100Z del día 23, se espera que las condiciones mejoren nuevamente con la visibilidad volviendo a 10 kilómetros o más y nubes dispersas a 1,800 pies (SCT018).

Este pronóstico proporciona información crucial para los pilotos que planean vuelos hacia o desde el Aeropuerto de Schiphol en Ámsterdam, permitiéndoles anticipar cambios en las condiciones meteorológicas durante el período del pronóstico.

Los avisos de Información Meteorológica Significativa Convectiva (WST) se difunden para advertir a los pilotos sobre las condiciones meteorológicas severas asociadas con tormentas eléctricas. Estos avisos se emiten cuando los vientos superficiales superan los 50 nudos, se observa granizo con un diámetro de al menos ¾ de pulgada en la superficie, o hay tornados presentes. Además, se emiten para notificar a los pilotos de tormentas eléctricas incrustadas, líneas de tormentas eléctricas o tormentas eléctricas con precipitaciones fuertes o intensas que afectan una parte significativa (40% o más) de una región que cubre 3,000 millas cuadradas o más. Los pilotos remotos se beneficiarán de estos avisos meteorológicos al planificar sus vuelos.

Como ejemplo de un SIGMET: SIGMET LSJH VÁLIDO 051830/052230 LSJH- SIGMET 01 VÁLIDO 051830/052230 LSJH LJLX- LJLX SIGMET 01 VÁLIDO 051830/052230 OVRBLD CONVECTV ACT INVOF STNRY FNT AFFECTING AREA= Explicación: Este SIGMET, emitido para LSJH (una ciudad europea hipotética), es válido desde las 1830 UTC del día 5 hasta las 2230 UTC del mismo día. Indica información meteorológica significativa sobre la actividad convectiva. La actividad convectiva está asociada con una convección sobre-desarrollada en las proximidades de un frente estacionario, afectando el área especificada. Los pilotos en esta región deben ejercer precaución ya que las condiciones meteorológicas severas como las tormentas eléctricas pueden estar presentes, impactando la seguridad y la navegación del vuelo.

Los pilotos de Vehículos Aéreos No Tripulados (UAV) pueden acceder a los SIGMETs a través de varios canales para mantenerse informados sobre información meteorológica significativa que pueda impactar sus vuelos. Aquí le mostramos cómo pueden acceder a los SIGMETs:

1. Sitios web de meteorología aeronáutica: Muchos sitios web de meteorología aeronáutica proporcionan acceso a los SIGMETs junto con otra información meteorológica pertinente. Los pilotos pueden visitar estos sitios web para ver los SIGMETs relevantes para su área de operaciones. Sitios como el Centro de Meteorología Aeronáutica (AWC) en Estados Unidos o el sitio web de la Agencia Europea de Seguridad Aérea (EASA) para Europa suelen ofrecer información sobre los SIGMETs.

2. Aplicaciones meteorológicas: Existen varias aplicaciones meteorológicas diseñadas específicamente para pilotos, que incluyen datos de SIGMETs entre otra información relacionada con el clima. Estas aplicaciones suelen proporcionar actualizaciones en tiempo real y notificaciones sobre los SIGMETs que afectan el área de operación designada del piloto.

3. Autoridades de aviación oficiales: Los pilotos de UAV también pueden obtener los SIGMETs directamente de las autoridades de aviación oficiales o de las agencias responsables de los servicios meteorológicos. Estas autoridades a menudo publican los SIGMETs en sus sitios web o los distribuyen a través de suscripciones por correo electrónico u otros canales de comunicación.

4. Informes meteorológicos de aviación: Antes de las operaciones de vuelo, los pilotos de UAV pueden solicitar informes meteorológicos de aviación de fuentes certificadas. Estos informes incluyen SIGMETs junto con otra información meteorológica relevante adaptada a la ruta prevista y al área operativa del piloto.

5. NOTAMs: Los Avisos a los Aeronavegantes (NOTAMs) a veces incluyen información sobre los SIGMETs que afectan a regiones específicas. Los pilotos de UAV deben revisar los NOTAMs para cualquier aviso relacionado con SIGMETs aplicable a su área de vuelo.

OPERACIONES CON DRONES 167

Al utilizar estos recursos, los pilotos de UAV pueden acceder a los SIGMETs y mantenerse informados sobre fenómenos meteorológicos significativos que puedan impactar sus operaciones, permitiéndoles tomar decisiones informadas y asegurar la seguridad del vuelo.

Mantenerse al tanto de las condiciones meteorológicas actuales y pronosticadas es crucial para operaciones seguras de drones. Para hacerlo de manera efectiva, es importante acceder a fuentes meteorológicas confiables. Utilice fuentes reputadas como agencias meteorológicas oficiales, servicios meteorológicos de aviación y sitios web o aplicaciones de pronóstico meteorológico. Estas fuentes proporcionan información actualizada y precisa relevante para las operaciones de drones.

Antes de iniciar el vuelo, es esencial monitorear las condiciones meteorológicas actuales en la ubicación del dron y a lo largo de su trayectoria de vuelo planificada. Preste atención a factores como la velocidad y dirección del viento, la visibilidad, la temperatura, la humedad y la precipitación. Este paso asegura que usted tenga una comprensión clara del entorno meteorológico inmediato.

Además de monitorear las condiciones actuales, manténgase informado sobre el clima pronosticado para la duración del vuelo planeado. Revise tanto las predicciones a corto como a largo plazo, buscando cambios anticipados en los patrones meteorológicos como tormentas eléctricas, vientos fuertes, niebla u otras condiciones adversas.

Los informes meteorológicos específicos para la aviación como los METARs (Informes Meteorológicos de Rutina de Aviación) y los TAFs (Pronósticos de Aeródromo Terminal) proporcionan información detallada adaptada a las necesidades de la aviación. Acceda a estos informes para obtener datos esenciales sobre el viento, la visibilidad, la cobertura de nubes y otros parámetros relevantes para el vuelo de drones.

Mantenga un ojo en las alertas, advertencias y avisos emitidos por las autoridades meteorológicas. Estas notificaciones destacan eventos meteorológicos significativos o peligros que podrían impactar las operaciones de drones, como tormentas severas, vientos fuertes o restricciones del espacio aéreo.

Integre la evaluación meteorológica en su lista de verificación previa al vuelo. Evalúe cómo las condiciones meteorológicas actuales y pronosticadas pueden afectar el rendimiento del dron, la estabilidad del vuelo y la seguridad. Considere factores como la velocidad del viento, las ráfagas, los extremos de temperatura y la precipitación.

Manténgase flexible y esté preparado para ajustar su plan operacional basado en las condiciones meteorológicas cambiantes. Si las condiciones empeoran o se vuelven inseguras para el vuelo del dron, posponga o cancele la misión hasta que las condiciones mejoren. La seguridad siempre debe tener prioridad sobre el cumplimiento de los objetivos operacionales.

Mantenga una conciencia continua de las condiciones meteorológicas durante el vuelo. Monitoree las actualizaciones meteorológicas y los cambios en tiempo real, especialmente para vuelos de larga duración. Utilice herramientas de monitoreo meteorológico a bordo si están disponibles para rastrear las condiciones durante el vuelo.

Por último, desarrolle planes de contingencia para eventos meteorológicos inesperados o emergencias. Identifique rutas de vuelo alternativas, sitios de aterrizaje o procedimientos de emergencia para mitigar los riesgos asociados con condiciones meteorológicas adversas. Al monitorear constantemente las condiciones meteorológicas y ajustar los planes operativos en consecuencia, los operadores de drones pueden mejorar la seguridad y mitigar el impacto del clima adverso en sus vuelos.

Perfil y Ruta para Pérdida de Enlace de Dron

Una pérdida de enlace de dron se refiere a la pérdida de comunicación entre el dron y su operador o la estación de control en tierra. Esta pérdida de conexión puede ocurrir por varias razones, incluyendo problemas técnicos, interferencias de señal o factores ambientales. Cuando un dron experimenta una pérdida de enlace, puede que ya no reciba comandos del operador, lo que dificulta o imposibilita su control remoto.

En algunos casos, los drones están equipados con mecanismos de seguridad que se activan cuando se detecta una pérdida de enlace. Estos mecanismos pueden incluir funciones como el retorno automático al punto de despegue, donde el dron navega autónomamente de regreso a su punto de despegue, o protocolos de seguridad predefinidos para minimizar el riesgo de accidentes.

El término "pérdida de enlace" subraya la importancia crítica de mantener la comunicación entre el operador y el dron durante las operaciones de vuelo. Perder este enlace puede plantear desafíos significativos y riesgos, particularmente en escenarios donde el dron vuela sobre áreas pobladas o lugares sensibles. Por lo tanto, los operadores de drones deben tener planes y procedimientos de contingencia establecidos para mitigar el impacto de una pérdida de enlace y asegurar la operación segura de sus drones.

Preparar un perfil de pérdida de enlace y un plan de rutas es esencial para mantener la seguridad y el control en caso de pérdida de la conexión de comunicación entre el operador del dron y el dron. Aquí te explicamos cómo hacerlo:

1. **Definir el Perfil de Pérdida de Enlace**: Comience delineando un perfil de pérdida de enlace completo que especifique las acciones a tomar en caso de una falla de comunicación. Este perfil debe incluir procedimientos paso a paso para varios escenarios, como la pérdida total de comunicación o la pérdida intermitente de la señal.

2. **Procedimientos de Emergencia**: Defina procedimientos de emergencia para recuperar el control o recuperar de manera segura el dron en caso de pérdida de enlace. Esto puede implicar activar modos de seguridad, iniciar funciones de retorno al hogar o pilotar manualmente el dron de regreso a un lugar seguro si es posible.

3. **Opciones de Rutas de Contingencia**: Establezca opciones de rutas alternativas que el dron pueda seguir de manera autónoma en caso de pérdida de enlace. Estas rutas deben priorizar la seguridad y el cumplimiento con las regulaciones del espacio aéreo. Identifique puntos de referencia específicos o trayectorias de vuelo que el dron pueda seguir para minimizar riesgos para las personas, propiedades y otras aeronaves.

4. **Validar Procedimientos**: Pruebe y valide los procedimientos de pérdida de enlace y las opciones de rutas en un entorno controlado para asegurar que funcionen según lo previsto. Realice vuelos simulados con fallos de comunicación simulados para verificar la efectividad de los planes de contingencia.

5. **Protocolos de Seguridad y Cumplimiento**: Asegúrese de que los procedimientos y opciones de rutas desarrollados se alineen con los protocolos de seguridad y los requisitos regulatorios establecidos por las autoridades de aviación. Considere factores como restricciones del espacio aéreo, límites de altitud y medidas de evitación de colisiones para mitigar riesgos potenciales.

6. **Capacitación del Operador**: Proporcione capacitación integral a los operadores de drones sobre cómo ejecutar los procedimientos de pérdida de enlace y las opciones de rutas de contingencia de manera efectiva. Enfatice la importancia

de mantener la calma y seguir los protocolos establecidos durante situaciones de emergencia.

7. **Documentación y Revisión**: Documente el perfil de pérdida de enlace y el plan de rutas, incluyendo cualquier actualización o revisión realizada durante las pruebas o la experiencia operativa. Revise y actualice periódicamente los procedimientos basados en comentarios, cambios en las regulaciones o avances tecnológicos.

8. **Comunicación de Emergencia**: Establezca protocolos para la comunicación con las autoridades relevantes, como el control del tráfico aéreo o los servicios de emergencia locales, en caso de un incidente de pérdida de enlace que represente un riesgo de seguridad para las operaciones aéreas o terrestres.

Al desarrollar un perfil de pérdida de enlace y un plan de rutas exhaustivo, los operadores de drones pueden gestionar eficazmente las fallas de comunicación y asegurar la operación segura de drones en varios escenarios. La capacitación regular, las pruebas y la adhesión a los protocolos de seguridad son esenciales para mantener la preparación y la capacidad de respuesta durante situaciones de emergencia.

Impactos del Clima en los Vuelos de Drones

Ahora consideremos los factores que influyen en el rendimiento de las aeronaves, abarcando el peso de la aeronave, las condiciones atmosféricas, el entorno de la pista y las leyes físicas fundamentales que gobiernan las fuerzas de las aeronaves. Entre estos factores, las características atmosféricas, particularmente la presión y la temperatura, ejercen una influencia significativa.

Altitud de Densidad

La Altitud de Densidad surge como un concepto crítico para entender el rendimiento aerodinámico dentro de una atmósfera no estándar. Representa la altitud en la atmósfera estándar correspondiente a un valor específico de densidad del aire. El rendimiento de la aeronave se correlaciona directamente con la densidad del aire: a medida que la densidad del aire aumenta (menor altitud de densidad), el rendimiento mejora, mientras que una disminución en la densidad del aire (mayor altitud de densidad) disminuye el rendimiento [45]. Esta altitud impacta directamente en las operaciones de las aeronaves y está moldeada por variaciones de altitud, temperatura y humedad.

La altitud de densidad es un concepto fundamental en la aviación que juega un papel crucial en la comprensión del rendimiento aerodinámico, especialmente en condiciones atmosféricas no estándar. Se refiere a la altitud hipotética en la atmósfera estándar donde la densidad del aire coincide con un valor específico en la altitud real. En términos más simples, la altitud de densidad indica la altitud a la cual la densidad del aire es equivalente a la densidad del aire en la ubicación actual, pero en una atmósfera estándar.

El rendimiento de la aeronave está significativamente influenciado por la densidad del aire. Generalmente, a medida que la densidad del aire aumenta, el rendimiento de la aeronave mejora, y a medida que la densidad del aire disminuye, el rendimiento de la aeronave disminuye. Por lo tanto, la altitud de densidad sirve como un indicador clave de cómo las condiciones atmosféricas afectan las operaciones de las aeronaves.

Varios factores contribuyen a la determinación de la altitud de densidad:

1. **Altitud**: La altitud real sobre el nivel del mar afecta la densidad del aire. A medida que aumenta la altitud, la densidad del aire disminuye, lo que lleva a una mayor altitud de densidad. Por el contrario, las altitudes más bajas resultan en una mayor densidad del aire y menores altitudes de densidad.

2. **Temperatura**: Las variaciones de temperatura impactan la densidad del aire. Las temperaturas más altas hacen que las moléculas de aire se dispersen, reduciendo la densidad del aire, mientras que las temperaturas más bajas aumentan la densidad del aire. En consecuencia, las temperaturas más altas resultan en mayores altitudes de densidad, y las temperaturas más bajas llevan a menores altitudes de densidad.

3. **Humedad**: Aunque el efecto de la humedad en la densidad del aire es relativamente menor en comparación con la altitud y la temperatura, aún juega un papel. El aire húmedo es menos denso que el aire seco porque las moléculas de vapor de agua desplazan a las moléculas de aire. Por lo tanto, niveles más altos de humedad contribuyen a una menor densidad del aire y mayores altitudes de densidad, mientras que niveles más bajos de humedad aumentan la densidad del aire y disminuyen las altitudes de densidad.

Comprender la altitud de densidad es esencial para los pilotos porque afecta directamente el rendimiento de la aeronave. Las mayores altitudes de densidad disminuyen la potencia de salida del motor, reducen la elevación de la aeronave y aumentan las distancias de despegue y aterrizaje. Los pilotos deben tener en cuenta la altitud de densidad al planificar vuelos, especialmente en regiones montañosas o durante el clima caliente, para asegurar operaciones seguras y eficientes de la aeronave. Al considerar la altitud de densidad junto con otros factores como la temperatura, la presión y la humedad, los pilotos pueden tomar decisiones informadas para optimizar el rendimiento y la seguridad del vuelo.

La altitud de densidad impacta a los drones de manera similar a las aeronaves tripuladas, aunque con algunas particularidades. La altitud de densidad afecta a los drones de la siguiente manera:

1. Rendimiento de Vuelo: Al igual que las aeronaves tripuladas, los drones experimentan cambios en el rendimiento de vuelo basados en la altitud de densidad. Las altitudes de densidad más altas, típicamente asociadas con elevaciones más altas, temperaturas más cálidas y menor presión atmosférica, resultan en una disminución de la densidad del aire. Esta reducción en la densidad del aire afecta el rendimiento aerodinámico del dron, incluyendo su capacidad de sustentación, maniobrabilidad y estabilidad. Los drones pueden tener dificultades para generar la sustentación suficiente para mantener la altitud o realizar maniobras de manera efectiva en condiciones de alta altitud de densidad.

2. Rendimiento de la Batería: La altitud de densidad también puede afectar el rendimiento de las baterías del dron. En ambientes con alta altitud de densidad, donde el aire es menos denso y las temperaturas pueden ser elevadas, las baterías del dron pueden experimentar un mayor estrés y una eficiencia reducida. Las altas temperaturas pueden hacer que las baterías se degraden más rápidamente y reducir su capacidad total, lo que lleva a tiempos de vuelo más cortos y un rendimiento disminuido.

3. Motor y Sistema de Propulsión: El motor y el sistema de propulsión de un dron se ven impactados por cambios en la altitud de densidad. En condiciones de alta altitud de densidad, donde el aire es menos denso, los motores del dron pueden necesitar trabajar más duro para generar el empuje necesario para el vuelo. Esta mayor carga de trabajo puede llevar a temperaturas más altas del motor, un mayor consumo de energía y posibles problemas de sobrecalentamiento. Por el contrario, en condiciones de baja altitud de densidad, donde el aire es más denso, los motores pueden operar más eficientemente, pero los drones aún pueden enfrentar desafíos relacionados con la regulación de la temperatura y el rendimiento de la batería.

4. Estabilidad de Vuelo: Las variaciones en la altitud de densidad pueden afectar la estabilidad del vuelo del dron. En entornos de alta altitud de densidad, donde la densidad del aire es reducida, los drones pueden experimentar una disminución en la estabilidad debido a cambios en las fuerzas aerodinámicas y las condiciones

del viento. Esta reducción en la estabilidad puede hacer que sea más desafiante controlar el dron con precisión, especialmente durante maniobras o en condiciones de viento racheado. Los pilotos deben tener en cuenta estos problemas de estabilidad al volar drones en entornos de alta altitud de densidad para asegurar una operación segura y precisa.

En general, la altitud de densidad impacta a los drones influyendo en su rendimiento de vuelo, eficiencia de la batería, operación del motor y estabilidad de vuelo. Los pilotos necesitan considerar las variaciones de la altitud de densidad al planificar vuelos de drones, especialmente en regiones montañosas, entornos de alta temperatura o áreas con cambios significativos en la presión atmosférica, para optimizar el rendimiento del dron y asegurar operaciones seguras y efectivas.

La presión juega un papel fundamental en la dinámica de la densidad del aire. Como el aire, siendo un gas, es comprimido, ocupa un volumen menor, aumentando así su densidad. Por el contrario, la presión reducida expande el aire, disminuyendo su densidad. La densidad sigue siendo directamente proporcional a la presión, con el doble de presión resultando en el doble de densidad, manteniéndose constante la temperatura [45].

La presión es un factor fundamental que influye en la densidad del aire, lo que a su vez afecta varios aspectos de la aviación y la dinámica atmosférica. Comprender la relación entre la presión y la densidad del aire es crucial para pilotos, meteorólogos y entusiastas de la aviación.

El aire, al ser un gas, es altamente compresible. Cuando el aire es sometido a presión, responde comprimiéndose o expandiéndose para ocupar el espacio disponible. Este comportamiento está regido por la ley de los gases ideales, que establece que la presión de un gas es directamente proporcional a su temperatura y densidad, siempre que el volumen permanezca constante.

Cuando el aire se comprime, como en un sistema de alta presión o por fuerzas externas como el movimiento descendente asociado con la subsidencia, se vuelve más denso. En otras palabras, una mayor masa de aire se compacta en un volumen menor, lo que lleva a un aumento en la densidad del aire. Este fenómeno es particularmente evidente cerca de la superficie de la Tierra, donde la presión atmosférica es más alta.

Por el contrario, la presión reducida, como se observa en sistemas de baja presión o en altitudes más altas, hace que el aire se expanda. Con menos presión ejercida sobre las moléculas de aire, estas se dispersan sobre un volumen mayor, lo que resulta en una disminución de la densidad del aire. Esta disminución en la densidad es un factor significativo que contribuye a los desafíos del vuelo en altitudes altas, donde las aeronaves encuentran un aire más delgado y una sustentación reducida.

La relación entre la presión y la densidad del aire es directamente proporcional, lo que significa que los cambios en la presión conducen a cambios correspondientes en la densidad del aire. Si la presión se duplica, la densidad del aire también se duplica, asumiendo una temperatura y un volumen constantes. De manera similar, una disminución en la presión resulta en una disminución proporcional en la densidad del aire.

Sin embargo, es importante señalar que la relación entre la presión y la densidad solo se mantiene bajo condiciones de temperatura constante, como lo describe la ley de los gases ideales. Los cambios en la temperatura pueden alterar la densidad del aire independientemente de las variaciones de presión. Por lo tanto, al considerar el impacto de la presión sobre la densidad del aire, es esencial tener en cuenta también los cambios de temperatura.

La presión juega un papel fundamental en la gobernanza de la dinámica de la densidad del aire. Comprender cómo los cambios en la presión afectan la densidad del aire es esencial para predecir el comportamiento atmosférico, analizar patrones meteorológicos y optimizar el rendimiento de las aeronaves en diferentes condiciones de vuelo.

El impacto de la presión en los drones es significativo y multifacético, influyendo en varios aspectos de su rendimiento y operación. Así es como la dinámica de la presión afecta a los drones:

1. **Rendimiento de Vuelo**: Las variaciones de presión impactan directamente en la densidad del aire, afectando el rendimiento aerodinámico de los drones. En condiciones de alta presión, donde la densidad del aire aumenta, los drones pueden experimentar una mejora en la sustentación y estabilidad debido a que el aire más denso proporciona más sustentación. Por el contrario, en condiciones de baja presión, como en altitudes más altas, la reducción de la densidad del aire puede llevar a una disminución de la sustentación y a desafíos de rendimiento para los drones.

2. **Capacidad de Altitud**: Los drones dependen de la sustentación generada por sus rotores para mantenerse en el aire. A medida que la presión disminuye con la altitud, la densidad del aire también disminuye, lo que dificulta que los drones generen sustentación. Esto limita la capacidad de altitud de los drones, ya que pueden luchar para mantener la estabilidad y el control del vuelo en el aire tenue a elevaciones más altas.

3. **Rendimiento de la Batería**: Las variaciones de presión pueden afectar indirectamente el rendimiento de la batería del dron. En condiciones de alta presión, donde la densidad del aire es mayor, los drones pueden experimentar un aumento en la resistencia aerodinámica, requiriendo más potencia para mantener el vuelo. Esto puede llevar a una rápida depleción de la batería y reducir la duración del vuelo. Por el contrario, en condiciones de baja presión, los drones pueden encontrar menos resistencia y conservar la energía de la batería de manera más eficiente.

4. **Adaptabilidad Meteorológica**: Entender los patrones de presión es esencial para que los pilotos de drones anticipen cambios meteorológicos y adapten sus planes de vuelo en consecuencia. Los sistemas de alta presión generalmente traen condiciones meteorológicas estables con cielos despejados y vientos ligeros, proporcionando condiciones óptimas de vuelo para drones. En contraste, los sistemas de baja presión a menudo significan clima inclemente, como tormentas, vientos fuertes y turbulencias, lo que representa riesgos para la operación de drones.

5. **Planificación de Vuelo**: Los pilotos deben considerar las variaciones de presión al planificar misiones de drones, especialmente cuando operan en diferentes altitudes o en regiones geográficas diversas. El conocimiento de los gradientes de presión y las tendencias de presión atmosférica ayuda a los pilotos a evaluar la factibilidad y seguridad de sus rutas de vuelo previstas, asegurando un rendimiento óptimo y minimizando los riesgos asociados con los desafíos inducidos por la presión.

La presión es un parámetro atmosférico fundamental que influye significativamente en el rendimiento de los drones, la capacidad de altitud, el uso de la batería, la adaptabilidad meteorológica y la planificación de vuelo. Al comprender la relación entre la presión y la densidad del aire, los operadores de drones pueden tomar decisiones informadas para optimizar las operaciones de vuelo y asegurar misiones de drones seguras y eficientes en diversas condiciones ambientales.

La temperatura sirve como otro determinante de la densidad del aire. Un aumento en la temperatura disminuye la densidad, mientras que una disminución la aumenta. Esta relación inversa se mantiene cierta bajo presión constante. A pesar de los efectos contradictorios, la disminución de la presión con la altitud generalmente supera el impacto de la temperatura, lo que lleva a una disminución en la densidad con el aumento de la altitud.

La temperatura ejerce una influencia significativa en la densidad del aire, desempeñando un papel crucial en la dinámica atmosférica y las operaciones de aviación. Aquí se explica detalladamente cómo la temperatura afecta la densidad del aire:

1. **Temperatura y Movimiento Molecular**: La temperatura es una medida de la energía cinética promedio de las moléculas en una sustancia. Cuando la temperatura del aire aumenta, las moléculas dentro de él ganan energía y se mueven más vigorosamente, aumentando su velocidad y energía cinética. Por el contrario, una disminución de la temperatura resulta en un movimiento molecular reducido y menor energía cinética.

2. **Efecto en la Densidad**: La densidad de un gas está determinada por la masa de sus moléculas y el espacio que ocupan. En aire más cálido, donde las moléculas se mueven más rápido y colisionan más frecuentemente, el aire se vuelve menos denso porque las moléculas están más dispersas. Esto es análogo a aumentar el volumen mientras se mantiene constante la masa, resultando en una densidad disminuida.

3. **Relación Inversa**: Existe una relación inversa entre la temperatura y la densidad del aire bajo condiciones de presión constante. A medida que la temperatura sube, la densidad del aire disminuye, y viceversa, cuando la temperatura baja, la densidad del aire aumenta. Esta relación se mantiene siempre que la presión permanezca constante.

4. **Impacto en la Aviación**: En la aviación, los cambios en la densidad del aire debido a variaciones de temperatura tienen implicaciones significativas para el rendimiento de las aeronaves, especialmente durante el despegue, el aterrizaje y el ascenso a la altitud. El aire más cálido, con su menor densidad, proporciona menos sustentación y rendimiento aerodinámico, requiriendo pistas más largas para el despegue y tasas de ascenso reducidas. Por el contrario, el aire más frío ofrece mejores condiciones aerodinámicas, mejorando el rendimiento de las aeronaves.

5. **Variación de Altitud**: A pesar de la influencia de la temperatura en la densidad del aire, su impacto a menudo es eclipsado por los cambios en la presión con

la altitud. A medida que aumenta la altitud, la presión atmosférica disminuye exponencialmente, causando una disminución correspondiente en la densidad del aire. Aunque la temperatura puede fluctuar con la altitud, la disminución de la presión generalmente contrarresta sus efectos sobre la densidad, resultando en una disminución neta de la densidad del aire en altitudes más altas.

6. **Consideraciones Meteorológicas**: Las variaciones de temperatura juegan un papel crucial en la formación de patrones climáticos y la estabilidad atmosférica. Las masas de aire cálido tienden a ascender, lo que lleva a la formación de nubes convectivas y tormentas eléctricas, mientras que las masas de aire frío se hunden, promoviendo condiciones atmosféricas estables. Comprender los gradientes de temperatura y su impacto en la densidad del aire es esencial para la predicción meteorológica y la seguridad de la aviación.

La temperatura actúa como un determinante clave de la densidad del aire, influyendo en el rendimiento de las aeronaves, la estabilidad atmosférica y los patrones climáticos. Su relación inversa con la densidad, junto con los cambios en la presión, contribuye a la naturaleza dinámica de la atmósfera de la Tierra y sus efectos en las operaciones de aviación.

El impacto de la temperatura en la densidad del aire afecta significativamente las operaciones de los drones en varios aspectos.

En primer lugar, la temperatura influye directamente en la generación de sustentación al afectar la densidad del aire. En un aire más cálido, caracterizado por una menor densidad debido al aumento del movimiento molecular, los drones encuentran una capacidad de sustentación reducida. Esto puede impedir su capacidad para ascender, transportar cargas y maniobrar de manera efectiva.

En segundo lugar, el rendimiento de la batería se ve afectado por las fluctuaciones de temperatura. Las altas temperaturas pueden acelerar las tasas de descarga de la batería y disminuir la eficiencia general de la batería. Por el contrario, las temperaturas más frías pueden mejorar el rendimiento de la batería al mantener condiciones operativas óptimas.

En tercer lugar, las variaciones de temperatura impactan la duración del vuelo de un dron. Las temperaturas más cálidas pueden hacer que los motores y componentes electrónicos del dron operen a temperaturas elevadas, lo que potencialmente podría llevar a un sobrecalentamiento y reducir los tiempos de vuelo. Por el contrario, las temperaturas más frías pueden prolongar la duración del vuelo al mantener temperaturas operativas más bajas.

Además, los cambios en la densidad del aire debido a las fluctuaciones de temperatura pueden influir en la estabilidad y el control del dron durante el vuelo. El aire más cálido puede conducir a una mayor turbulencia y disturbios del aire, resultando en una estabilidad reducida y potencialmente afectando la precisión del vuelo y la exactitud de la navegación.

Las variaciones de temperatura también merecen consideración en escenarios de altitud. Mientras que la temperatura afecta principalmente la densidad del aire cerca de la superficie terrestre, también puede influir en las operaciones de los drones en elevaciones más altas. A medida que los drones ascienden a altitudes más frías, la densidad del aire puede aumentar ligeramente, impactando parámetros como la capacidad de sustentación y la estabilidad del vuelo.

Además, las fluctuaciones de temperatura son indicativas de cambios en los patrones climáticos, incluyendo corrientes convectivas, cortantes de viento y turbulencias. Los drones que operan en condiciones más cálidas pueden encontrarse con corrientes térmicas y corrientes ascendentes, alterando las trayectorias de vuelo y la estabilidad. Por el contrario, las temperaturas más frías pueden producir condiciones atmosféricas estables, ofreciendo experiencias de vuelo más suaves.

Los operadores de drones deben integrar consideraciones de temperatura en los procesos de planificación de vuelo. Comprender cómo la temperatura influye en la densidad del aire y el rendimiento del dron permite a los operadores anticipar desafíos y ajustar los parámetros de vuelo para operaciones seguras y eficientes.

La temperatura influye significativamente en el rendimiento del dron, la eficiencia de la batería, la duración del vuelo, la estabilidad y las consideraciones operativas. Al tener en cuenta las variaciones de temperatura y sus efectos en la densidad del aire, los operadores de drones pueden optimizar las operaciones de vuelo y garantizar resultados de misión seguros y efectivos.

La humedad, o el contenido de humedad, modula aún más la densidad del aire. El aire húmedo, que contiene vapor de agua más ligero que el aire, muestra una densidad disminuida en comparación con el aire seco. En consecuencia, un mayor contenido de agua eleva la humedad, reduciendo la densidad del aire, lo que a su vez influye en el rendimiento de la aeronave. La humedad relativa, que denota la cantidad de vapor de agua en relación con la capacidad del aire, varía con la temperatura, con el aire más cálido conteniendo más vapor [45].

La humedad, o el contenido de humedad, es un factor esencial para determinar la densidad del aire y, por consiguiente, afecta el rendimiento de las aeronaves. En primer lugar, la humedad en el aire reduce su densidad. A diferencia del aire seco, que consiste únicamente en nitrógeno, oxígeno y otros gases, el aire húmedo contiene vapor de agua, que es más ligero que los otros componentes de la atmósfera. Como resultado, la masa total de aire en un volumen dado se reduce cuando está presente el vapor de agua, lo que lleva a una disminución de la densidad del aire.

En segundo lugar, el nivel de humedad en la atmósfera afecta directamente la densidad del aire. Niveles de humedad más altos indican una mayor concentración de vapor de agua en el aire, reduciendo aún más su densidad. Por el contrario, niveles de humedad más bajos resultan en un aire más denso, ya que hay menos vapor de agua presente para desplazar los gases más pesados.

La humedad relativa es una métrica clave utilizada para medir el contenido de humedad del aire. Representa la relación entre la cantidad de vapor de agua presente en el aire y la cantidad máxima de vapor de agua que el aire puede contener a una temperatura y presión dadas. El aire más cálido tiene una mayor capacidad para retener humedad, lo que lleva a niveles más altos de humedad relativa en comparación con el aire más frío.

La temperatura juega un papel crucial en la determinación de la humedad relativa. A medida que la temperatura del aire aumenta, su capacidad para retener humedad también aumenta, lo que lleva a niveles más altos de humedad relativa. Por el contrario, el aire más frío tiene una menor capacidad para retener humedad, resultando en niveles más bajos de humedad relativa.

El impacto de la humedad en la densidad del aire es particularmente significativo para el rendimiento de las aeronaves. Una densidad de aire reducida debido a niveles más altos de humedad puede afectar negativamente la sustentación de la aeronave, el rendimiento aerodinámico y la eficiencia del motor. Un aire más denso proporciona mejor sustentación y propulsión para las aeronaves, mientras que un aire menos denso puede llevar a un rendimiento reducido y un mayor consumo de combustible.

La humedad influye en la densidad del aire al introducir vapor de agua en la atmósfera, lo que disminuye la densidad total del aire. Los niveles de humedad relativa varían con la temperatura, con el aire más cálido reteniendo más humedad. Comprender la relación entre la humedad y la densidad del aire es crucial para pilotos, meteorólogos e ingenieros de aeronaves en la evaluación del rendimiento de las aeronaves y la optimización de las operaciones de vuelo.

Aunque la humedad por sí sola puede no ser un factor primario en los cálculos de altitud de densidad, aún contribuye a las consideraciones de rendimiento general. Por lo tanto, entender estas dinámicas atmosféricas ayuda en la evaluación del rendimiento de las aeronaves y asegura operaciones seguras en medio de condiciones ambientales variables.

Rendimiento y Peso

El rendimiento se refiere a la capacidad de una aeronave para cumplir con tareas específicas esenciales para sus propósitos previstos. Abarca varios factores cruciales para las operaciones de vuelo, incluyendo las distancias de despegue y aterrizaje, la tasa de ascenso, la altitud máxima, la capacidad de carga útil, el alcance, la velocidad, la maniobrabilidad, la estabilidad y la eficiencia del combustible [45].

Factores como el peso, la altitud y los cambios de configuración influyen significativamente en el rendimiento de ascenso. El rendimiento de ascenso depende de la capacidad de la aeronave para generar un exceso de empuje o un exceso de potencia, ambos afectados por estas variables.

El peso juega un papel particularmente significativo en el rendimiento de la aeronave. Un aumento en el peso requiere un ángulo de ataque (AOA) más alto para mantener una altitud y velocidad dadas. Esto lleva a un aumento en la resistencia inducida en las alas y la resistencia parásita en la aeronave, requiriendo un empuje adicional para superarla. En consecuencia, queda menos empuje de reserva disponible para el ascenso. Los diseñadores de aeronaves priorizan minimizar el peso para mitigar su impacto adverso en los parámetros de rendimiento.

Cuando el peso de una aeronave aumenta, afecta directamente sus características aerodinámicas y capacidades operativas.

Uno de los efectos principales del aumento de peso es la necesidad de un ángulo de ataque (AOA) más alto para mantener una altitud y velocidad constantes durante el vuelo. El ángulo de ataque se refiere al ángulo entre la línea de cuerda del ala y la dirección del flujo de aire entrante. Al aumentar el ángulo de ataque, la sustentación generada por las alas compensa el peso adicional, permitiendo que la aeronave permanezca en el aire.

Sin embargo, un ángulo de ataque más alto también resulta en un aumento de la resistencia inducida en las alas. La resistencia inducida es la fuerza de arrastre generada como subproducto de la producción de sustentación. A medida que aumenta el peso de la aeronave, las alas deben trabajar más para generar la sustentación necesaria, lo que lleva a una mayor resistencia inducida. Además, la resistencia total experimentada por la aeronave, incluyendo la resistencia parásita de otros componentes como el fuselaje y el empenaje, también aumenta con el peso.

Para superar el aumento de la resistencia y mantener el rendimiento, los motores de la aeronave deben producir un empuje adicional. Este requisito de empuje adicional reduce la cantidad de empuje de reserva disponible para el ascenso. En otras palabras, una aeronave más pesada tiene menos empuje de reserva disponible para acelerar y ascender en comparación con una aeronave más ligera.

Los diseñadores de aeronaves reconocen la importancia crítica de la gestión del peso en la optimización de los parámetros de rendimiento. Se esfuerzan por minimizar el peso de la aeronave a través de diversas estrategias de diseño, como el uso de materiales ligeros, la optimización de componentes estructurales y la utilización de sistemas de propulsión eficientes. Al reducir el peso, los diseñadores pueden mejorar el rendimiento de ascenso de la aeronave, la maniobrabilidad, la eficiencia del combustible y la flexibilidad operativa general.

Los cambios en el peso también tienen un efecto dual sobre el rendimiento de ascenso. A medida que aumenta la altitud, la potencia requerida para ascender aumenta mientras que la potencia disponible disminuye. En consecuencia, el rendimiento de ascenso de una aeronave disminuye con la altitud debido a estos efectos combinados en la dinámica de potencia. Este efecto dual se deriva de la interacción entre la potencia requerida para ascender y la potencia disponible para los motores de la aeronave.

A medida que aumenta la altitud, varios factores entran en juego que afectan la dinámica de potencia de la aeronave. En primer lugar, la densidad del aire disminuye con la altitud, lo que resulta en un rendimiento reducido del motor. Los motores reciben aire menos rico en oxígeno, lo que disminuye su salida de potencia. Esta reducción en la potencia disponible afecta la capacidad de la aeronave para ascender de manera eficiente.

Simultáneamente, la potencia requerida para ascender aumenta con la altitud. A medida que la aeronave asciende, encuentra menor densidad de aire y reducción en la generación de sustentación de las alas. Para mantener una tasa de ascenso constante, los motores deben compensar produciendo más empuje, lo que requiere potencia adicional.

Este efecto combinado de la disminución de la potencia disponible y el aumento de la potencia requerida resulta en un rendimiento de ascenso decreciente a medida que aumenta la altitud. Esencialmente, los motores de la aeronave luchan por generar suficiente empuje para superar las fuerzas aerodinámicas que actúan en contra del ascenso.

La altitud a la que este decrecimiento en el rendimiento de ascenso se vuelve notable depende de varios factores, incluyendo el peso de la aeronave, la eficiencia del motor, el diseño aerodinámico y las condiciones atmosféricas. Sin embargo, en general, a medida que aumenta la altitud, la tasa de ascenso de la aeronave disminuye progresivamente debido al margen de potencia decreciente disponible para sostener el ascenso.

Comprender esta dinámica de potencia es crucial para los pilotos y operadores de aeronaves, especialmente durante operaciones en altitudes altas o al planificar ascensos a regiones elevadas. Al considerar los efectos del peso en el rendimiento de ascenso y los desafíos planteados por el aumento de la altitud, los pilotos pueden tomar decisiones informadas para optimizar sus perfiles de vuelo y asegurar operaciones seguras y eficientes.

Presión Atmosférica Para establecer un punto de referencia consistente para las condiciones atmosféricas, se ha desarrollado la Atmósfera Estándar Internacional (ISA). Estas condiciones estándar sirven como la base para la mayoría de los datos de rendimiento de las aeronaves. La presión estándar a nivel del mar se define como 29.92 pulgadas de mercurio ("Hg) y una temperatura estándar de 59 grados Fahrenheit (15 grados Celsius). La presión atmosférica también se mide en milibares (mb), con 1 pulgada de mercurio equivalente a aproximadamente 34 milibares. La presión estándar a nivel del mar se estandariza en 1,013.2 milibares. Las lecturas típicas de presión en milibares varían de 950.0 a 1,040.0 milibares. Los gráficos de superficie, los sistemas de alta y baja presión y los datos de huracanes se informan utilizando milibares [45].

Dado que las estaciones meteorológicas están distribuidas en todo el mundo, todas las lecturas locales de presión barométrica se convierten a la presión a nivel del mar para garantizar registros e informes estandarizados. Para lograr esto, cada estación ajusta su presión barométrica añadiendo aproximadamente 1 pulgada de mercurio por cada 1,000 pies de elevación. Por ejemplo, una estación situada a 5,000 pies sobre el nivel del mar, que registra una lectura de presión de 24.92 pulgadas de mercurio, informa una lectura de presión a nivel del mar de 29.92 pulgadas de mercurio [45].

Al monitorear las tendencias de presión barométrica en un área amplia, los meteorólogos pueden pronosticar con mayor precisión el movimiento de los sistemas de presión y los patrones climáticos asociados. Por ejemplo, observar un patrón de aumento de presión en una estación meteorológica generalmente señala la aproximación de condiciones climáticas favorables. Por el contrario, una disminución o caída rápida en la presión típicamente indica la llegada de mal tiempo y, potencialmente, tormentas severas.

Efectos del Viento

El viento puede tener varios efectos en los drones, influyendo en su rendimiento, estabilidad y características generales de vuelo:

1. **Estabilidad de Vuelo**: El viento puede causar turbulencias que pueden llevar a inestabilidad durante el vuelo. Las ráfagas de viento pueden perturbar el equilibrio y el control del dron, haciendo que sea un desafío para el piloto mantener un vuelo estable.

2. **Deriva**: Los vientos fuertes pueden hacer que los drones se desvíen de su curso, especialmente cuando vuelan en áreas abiertas o a mayores altitudes. Esto puede resultar en que el dron se desvíe de su trayectoria de vuelo prevista y potencialmente represente un riesgo para obstáculos o estructuras cercanas.

3. **Consumo de Batería**: Volar contra vientos fuertes requiere que el dron ejerza más potencia, lo que conduce a un mayor consumo de energía y reduce la vida útil de la batería. Por el contrario, los vientos de cola pueden mejorar la eficiencia de la batería al reducir los requisitos de potencia del dron.

4. **Variaciones de Velocidad**: La velocidad del viento puede afectar la velocidad en tierra y la velocidad aérea del dron. Los vientos de frente reducirán la velocidad en tierra del dron, mientras que los vientos de cola la aumentarán. Los pilotos deben tener en cuenta estas variaciones al planificar los vuelos para asegurar una temporización precisa y el cumplimiento de los horarios.

5. **Cambios de Altitud**: El cizallamiento del viento, que es un cambio repentino en la velocidad o dirección del viento con la altitud, puede impactar el control de la altitud del dron. Este fenómeno puede hacer que el dron ascienda o descienda involuntariamente, requiriendo acción correctiva por parte del piloto para mantener los niveles de vuelo deseados.

6. **Duración del Vuelo:** Volar en condiciones de viento puede reducir la duración del vuelo del dron, ya que gasta más energía para contrarrestar los efectos de la resistencia del viento. Los pilotos pueden necesitar acortar la duración de los vuelos o ajustar las trayectorias de vuelo para conservar la energía de la batería y asegurar capacidades seguras de regreso al hogar.

7. **Riesgo de Pérdida de Control:** En condiciones de viento extremo, los drones pueden volverse vulnerables a la pérdida de control o incluso a choques inducidos por el viento. Los vientos fuertes pueden sobrepasar los motores y sistemas de estabilización del dron, dificultando que el piloto mantenga el control, especialmente en modelos de drones más pequeños o ligeros. El viento es un factor ambiental crítico que los pilotos de drones deben considerar al planificar y ejecutar vuelos. Al comprender los efectos del viento en el rendimiento del dron y emplear estrategias de vuelo apropiadas, los pilotos pueden mejorar la seguridad, la eficiencia y el éxito de la misión.

La presencia de obstrucciones en el suelo representa un peligro significativo para los pilotos, afectando los patrones de flujo de viento y creando peligros invisibles. Las características del terreno como las variaciones del terreno y las grandes estructuras interrumpen el flujo natural del viento, resultando en ráfagas de viento impredecibles caracterizadas por cambios repentinos en la velocidad y dirección. Estas obstrucciones abarcan una amplia gama de estructuras, desde instalaciones hechas por el hombre como hangares hasta formaciones naturales como montañas, acantilados y cañones [45].

El viento es un factor ambiental crítico que los pilotos de drones deben considerar al planificar y ejecutar vuelos. Al comprender los efectos del viento en el rendimiento del dron y emplear estrategias de vuelo adecuadas, los pilotos pueden mejorar la seguridad, la eficiencia y el éxito de la misión.

La presencia de obstrucciones en el suelo representa un peligro significativo para los pilotos, afectando los patrones de flujo de viento y creando peligros no visibles. Características del terreno como variaciones del mismo y grandes estructuras interrumpen el flujo natural del viento, resultando en ráfagas de viento impredecibles caracterizadas por cambios repentinos en velocidad y dirección. Estas obstrucciones abarcan una amplia gama de estructuras, desde instalaciones hechas por el hombre como hangares hasta formaciones naturales como montañas, acantilados y cañones [45].

El grado de turbulencia causado por obstrucciones en el suelo depende del tamaño del obstáculo y de la velocidad del viento predominante. Esta turbulencia puede afectar significativamente el rendimiento de cualquier aeronave y representar un serio riesgo de seguridad tanto para pilotos como para pasajeros.

Este fenómeno es particularmente pronunciado al volar en regiones montañosas. Mientras que el viento asciende suavemente por el lado barlovento de una montaña, ayudado por corrientes ascendentes que asisten a las aeronaves en cruzar la cima de la montaña, el lado sotavento presenta un escenario diferente. A medida que el aire desciende por el lado sotavento, sigue los contornos del terreno, resultando en un flujo de aire cada vez más turbulento. Este flujo de aire turbulento plantea un riesgo de empujar las aeronaves hacia el lado de la montaña, particularmente en condiciones de viento fuerte donde la presión descendente y la turbulencia son más pronunciadas [45].

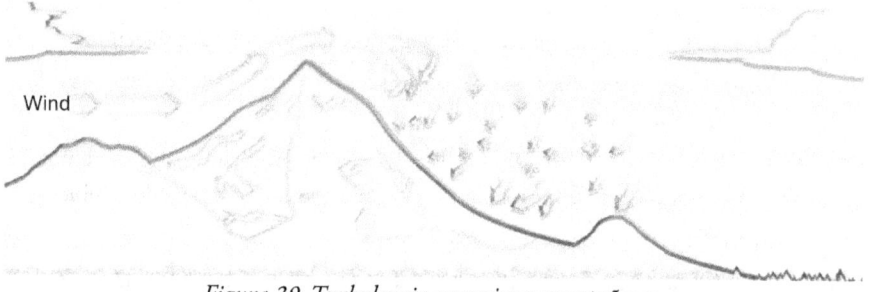

Figura 39: Turbulencia en regiones montañosas.

La cizalladura del viento se refiere a una alteración repentina y significativa en la velocidad y/o dirección del viento que ocurre en un área muy limitada. Este fenómeno puede someter a una aeronave a corrientes verticales abruptas, causando cambios súbitos en la altitud, así como cambios rápidos en el movimiento horizontal de la aeronave. Aunque la cizalladura del viento puede manifestarse en varias altitudes, la cizalladura del viento a baja altura plantea riesgos particulares debido a la proximidad de la aeronave al suelo. Los factores que contribuyen a la cizalladura del viento a baja altura a menudo incluyen el paso de sistemas frontales, tormentas eléctricas, inversiones de temperatura y la presencia de vientos fuertes en niveles altos que superan los 25 nudos [45].

El impacto de la cizalladura del viento en las aeronaves puede ser peligroso. Puede alterar rápidamente el rendimiento de la aeronave y perturbar sus características de vuelo normales. Por ejemplo, un cambio repentino de viento de cola a viento de frente puede resultar en un aumento de la velocidad aerodinámica y el rendimiento, mientras que la transición opuesta puede llevar a una disminución de la velocidad aerodinámica y el rendimiento. Los pilotos deben permanecer vigilantes y preparados para responder rápidamente a estas fluctuaciones para mantener el control de la aeronave.

Una de las formas más severas de cizalladura del viento a baja altura es el microburst, típicamente asociado con precipitación convectiva que desciende rápidamente desde la base de la nube hacia el aire seco. Los microbursts pueden indicarse por una intensa lluvia en superficie combinada con virga en la base de la nube, aunque a veces solo un anillo de polvo soplando sirve como una pista visible. Estos fenómenos típicamente exhiben un diámetro horizontal de 1 a 2 millas y una profundidad de aproximadamente 1,000 pies. Los microbursts tienen una vida útil relativamente corta de 5 a 15 minutos pero pueden generar corrientes descendentes que alcanzan velocidades de hasta 6,000 pies por minuto (fpm) y causar pérdidas de viento de frente que varían de 30 a 90 nudos, lo que afecta significativamente el rendimiento de la aeronave [45]. Además, los microbursts pueden producir turbulencia severa y cambios peligrosos en la dirección del viento. Durante un encuentro inadvertido con un microburst, una aeronave no tripulada (UA) pequeña puede experimentar inicialmente un viento de frente que mejora el rendimiento, seguido por corrientes descendentes que disminuyen el rendimiento, y luego un aumento repentino en la velocidad del viento de cola. Tales condiciones aumentan el riesgo de impacto con el terreno o altitudes de vuelo peligrosamente bajas, especialmente durante maniobras de aproximación.

Es esencial reconocer que la cizalladura del viento puede afectar vuelos en todas las altitudes. Aunque a veces se detecta y se informa sobre la cizalladura del viento, a menudo pasa desapercibida, representando una amenaza oculta para la seguridad de la aviación. Los pilotos deben mantener una constante conciencia del potencial de cizalladura del viento, especialmente cuando operan en proximidad a tormentas eléctricas y sistemas frontales.

Al prepararse para un vuelo sobre regiones montañosas, es esencial recopilar datos completos antes del vuelo respecto a las formaciones de nubes, patrones de viento, velocidades del viento y estabilidad atmosférica. Utilizar imágenes satelitales puede ayudar a identificar ondas montañosas. Sin embargo, la información completa no siempre está disponible fácilmente, lo que requiere vigilancia de las señales visuales en el cielo.

Las velocidades del viento que superan los 25 nudos en los niveles de las cimas de las montañas indican una posible turbulencia, mientras que las velocidades del viento que superan los 40 nudos a través de las barreras montañosas requieren una mayor precaución. La presencia de nubes estratificadas típicamente indica condiciones de aire estables. Por el contrario, la aparición de nubes lenticulares estacionarias o nubes rotor sugiere la presencia de una onda montañosa, con turbulencia anticipada que se extiende varias millas a sotavento de las montañas y condiciones de vuelo relativamente más suaves en el lado barlovento [45].

La aparición de nubes convectivas en el lado barlovento de las montañas señala aire inestable, indicando la probabilidad de turbulencia en la proximidad y alrededor del terreno montañoso.

Estabilidad Atmosférica

La estabilidad de la atmósfera depende de su resistencia al movimiento vertical. Una atmósfera estable impide el movimiento vertical, haciendo que las pequeñas perturbaciones se disipen. Por el contrario, una atmósfera inestable fomenta la amplificación de movimientos verticales menores, lo que conduce a un flujo de aire turbulento y fenómenos convectivos. La inestabilidad puede resultar en turbulencia pronunciada, el desarrollo de nubes verticales expansivas y la ocurrencia de eventos meteorológicos severos.

La estabilidad del aire y los patrones climáticos consecuentes se determinan por la interacción de la humedad y la temperatura. El aire frío y seco muestra alta estabilidad, inhibiendo el movimiento vertical y promoviendo condiciones climáticas favorables, generalmente despejadas. Por el contrario, la atmósfera es más inestable cuando está cálida y húmeda, como se observa comúnmente en las regiones tropicales durante el verano. En tales entornos, las ocurrencias diarias de tormentas eléctricas surgen debido a la inestabilidad aumentada de la masa de aire circundante.

Inversión

A medida que el aire asciende y se expande dentro de la atmósfera, su temperatura típicamente disminuye. Sin embargo, una anomalía atmosférica, conocida como inversión de temperatura, puede interrumpir este comportamiento convencional. Una inversión de temperatura ocurre cuando la temperatura del aire aumenta con la altitud, llevando a la formación de capas de inversión. Estas capas consisten en masas de aire poco profundas, suaves y estables cerca de la superficie de la Tierra. La temperatura dentro de estas capas aumenta con la altitud hasta alcanzar el límite superior de la inversión. El aire en la parte superior de la capa de inversión actúa como una barrera, atrapando elementos meteorológicos y contaminantes debajo de ella. En presencia de alta humedad relativa, las capas de inversión pueden fomentar la formación de nubes, niebla, neblina o humo, reduciendo consecuentemente la visibilidad dentro de la capa.

Las inversiones de temperatura basadas en la superficie ocurren comúnmente durante noches claras y frescas cuando el aire en proximidad al suelo se enfría como resultado de las temperaturas superficiales decrecientes. Este proceso de enfriamiento hace que el aire a unos cientos de pies de la superficie se vuelva más frío que el aire por encima de él. Las inversiones frontales ocurren cuando el aire más cálido desplaza al aire más frío, ya sea extendiéndose sobre una capa de aire más frío o forzando al aire más frío debajo de una capa de aire más cálido.

Temperatura/Punto de Rocío La conexión entre el punto de rocío y la temperatura define el concepto de humedad relativa. El punto de rocío, expresado en grados, representa la temperatura a la cual el aire alcanza su capacidad máxima de retención de humedad. Cuando la temperatura del aire baja hasta el punto de rocío, se satura completamente, lo que lleva a la condensación de la humedad en diversas formas como niebla, rocío, escarcha, nubes, lluvia o nieve [45].

Métodos para Alcanzar el Punto de Saturación: Cuando la temperatura y el punto de rocío están cercanos, el aire a menudo alcanza su punto de saturación, lo que puede resultar en la formación de niebla, nubes bajas o precipitaciones. Varios métodos pueden llevar a que el aire alcance su punto de saturación. En primer lugar, el aire cálido que se enfría sobre una superficie más fría puede hacer que la temperatura del aire disminuya, alcanzando el punto de saturación. En segundo lugar, la mezcla de masas de aire frío y cálido también puede llevar a la saturación. En tercer lugar, el enfriamiento nocturno del aire por contacto con superficies de suelo más frías puede inducir la saturación. Finalmente, el aire que asciende o es forzado hacia arriba en la atmósfera puede alcanzar su punto de saturación mediante la expansión y el enfriamiento [45].

Formación de Rocío y Escarcha: Durante las noches frías, claras y tranquilas, la temperatura del suelo y objetos cercanos puede hacer que la temperatura del aire circundante caiga por debajo del punto de rocío. Esto resulta en la condensación de la humedad del aire sobre superficies como el suelo, edificios, vehículos y aeronaves. Esta humedad condensada, conocida como rocío, a menudo es visible en la hierba y otros objetos por la mañana. En temperaturas de congelación, la humedad condensada forma escarcha en lugar de rocío. Mientras que el rocío no representa una amenaza significativa para las aeronaves no tripuladas (UA) pequeñas, la escarcha presenta un notable riesgo de seguridad de vuelo. La escarcha interrumpe el flujo de aire sobre las alas, reduciendo la producción de sustentación y aumentando la resistencia, afectando negativamente el rendimiento de despegue. Por lo tanto, es imperativo eliminar completamente cualquier escarcha de una UA pequeña antes de iniciar un vuelo para asegurar operaciones seguras.

Nubes Entre los pilotos, la nube cumulonimbo se destaca como uno de los tipos de nubes más peligrosos. Se manifiesta individualmente o en grupos y se refiere como una tormenta eléctrica de masa de aire, resultado del calentamiento del aire cerca de la superficie terrestre, o una tormenta eléctrica orográfica, inducida por el movimiento del aire en pendiente en áreas montañosas. Las nubes cumulonimbo dispuestas en una línea continua forman bandas no frontales de tormentas eléctricas o líneas de chubascos.

Figura 40: Nube cumulonimbo en el Mar Báltico cerca de la isla de Öland, Suecia. Arnold Paul, CC BY-SA 2.5, a través de Wikimedia Commons.

Debido al movimiento ascendente de las corrientes de aire, las nubes cumulonimbus son altamente turbulentas, representando un considerable peligro para la seguridad del vuelo. Entrar en una tormenta puede someter a una aeronave no tripulada (UA) pequeña a corrientes ascendentes y descendentes que superan los 3,000 pies por minuto (fpm). Además, las tormentas pueden generar grandes granizos, rayos peligrosos, tornados y cantidades sustanciales de precipitación, todos ellos posibles riesgos para las aeronaves.

Figura 41: Nube cumulonimbus con Pileus en el Territorio del Norte. Bidgee, CC BY 3.0, a través de Wikimedia Commons.

Nubes Altocúmulos Lenticulares Estacionarias: Las nubes altocúmulos lenticulares estacionarias se forman en las crestas de las olas generadas por obstrucciones en el flujo del viento. Estas nubes exhiben un movimiento mínimo, por lo que se les denomina "estacionarias". Sin embargo, el viento que sopla a través de ellas puede ser bastante fuerte. Se distinguen por sus bordes suaves y bien definidos. La presencia de estas nubes señala la presencia de turbulencia intensa, lo que justifica su evitación.

Figura 42: Nube Lenticular Medusa Estacionaria sobre las Montañas Wasatch, Utah. The Weather Nutz, CC BY-SA 4.0, a través de Wikimedia Commons.

Estabilidad

La estabilidad de una masa de aire dicta sus características meteorológicas predominantes. Cuando una masa de aire se superpone a otra, las condiciones experimentan cambios verticales.

En meteorología, distinguir entre masas de aire estables e inestables es esencial para entender las condiciones meteorológicas predominantes. Aquí tienes un desglose de las características asociadas con cada una:

Aire Inestable: Las masas de aire inestables típicamente dan lugar a nubes cumuliformes, caracterizadas por su apariencia imponente y parecida a la coliflor. Estas nubes a menudo indican actividad convectiva y la posibilidad de tormentas eléctricas. La precipitación en forma de chubascos es una característica común de las masas de aire inestables. La precipitación tiende a ocurrir en ráfagas dispersas y localizadas, resultando en patrones irregulares de lluvia o chubascos. Debido a las corrientes convectivas y el movimiento vertical rápido, el aire inestable puede causar condiciones de aire turbulento, llevando a turbulencia. Esta turbulencia puede ser particularmente intensa en regiones que experimentan actividad convectiva, como las tormentas eléctricas. A pesar de las condiciones turbulentas, el aire inestable a menudo resulta en buena visibilidad, excepto en áreas afectadas por obstrucciones sopladas como polvo o arena, que pueden reducir la visibilidad.

Las nubes cumuliformes son un tipo de formación de nubes caracterizadas por su apariencia distintiva y esponjosa con bordes afilados y bien definidos. Estas nubes a menudo se parecen a montones, montículos o torres, de ahí el término "cúmulo", que en latín significa "montón" o "pila". Las nubes cumuliformes típicamente se desarrollan verticalmente, con sus bases formándose en altitudes más bajas y sus cimas extendiéndose hacia regiones más altas de la atmósfera.

Hay varios tipos de nubes cumuliformes, incluyendo:

1. **Cumulus Congestus**: Estas nubes se caracterizan por su estructura imponente y desarrollo vertical significativo. Las nubes cumulus congestus a menudo están asociadas con condiciones atmosféricas inestables y pueden desarrollarse en cumulonimbos, que son capaces de producir tormentas eléctricas.

2. **Cumulus Humilis**: También conocidas como cúmulos de buen tiempo, las nubes cumulus humilis son pequeñas nubes esponjosas con bases planas y cimas redondeadas. Típicamente se forman en días soleados cuando la inestabilidad atmosférica es relativamente baja. Las nubes cumulus humilis generalmente son benignas y no producen precipitación.

3. **Cumulus Fractus**: Las nubes cumulus fractus son pequeñas nubes fragmentadas que parecen desgarradas o deshilachadas. Estas nubes a menudo se forman cuando las nubes cúmulos más grandes se disipan, y su apariencia es indicativa de cambios en las condiciones meteorológicas, como la llegada de una tormenta o un cambio en los patrones de viento.

4. **Cumulus Castellanus**: Estas nubes tienen una apariencia de castillo, con torres verticales que sobresalen de sus cimas. Las nubes cumulus castellanus a menudo están asociadas con una creciente inestabilidad atmosférica y pueden indicar la posibilidad de desarrollo de tormentas eléctricas más tarde en el día.

Las nubes cumuliformes típicamente se forman como resultado de procesos convectivos, donde el aire caliente cerca de la superficie terrestre se eleva y se enfría, llevando a la condensación del vapor de agua en gotas de nube visibles. Son más comúnmente observadas durante el día cuando la calefacción superficial está en su punto máximo, pero también pueden formarse en asociación con otros fenómenos meteorológicos como límites frontales o terrenos montañosos.

Figura 43: Nubes cumulus congestus sobre Long Island, Nueva York, vistas desde Fire Island. Jsayre64, CC BY-SA 3.0, a través de Wikimedia Commons.

Figura 44: Nubes cumulus humilis mostrando la tipicidad de su forma plana. Kr-val, dominio público, a través de Wikimedia Commons.

Aire Estable: En contraste, las masas de aire estables tienden a producir nubes estratiformes y niebla. Estas nubes suelen ser capas o mantos de apariencia laminar, formando una cobertura de nubes que puede extenderse sobre grandes áreas. La precipitación en masas de aire estables es más continua y generalizada en comparación con la naturaleza de chubascos observada en el aire inestable. Esta precipitación tiende a ser más uniforme y persistente con el tiempo. Las masas de aire estables están asociadas con condiciones de aire más suaves, caracterizadas por menos turbulencia en comparación con las masas de aire inestables. El vuelo a través del aire estable tiende a ser más estable y predecible. Aunque las masas de aire estables generalmente resultan en una visibilidad de regular a pobre, especialmente en la bruma y el humo, las condiciones son más consistentes y menos propensas a cambios repentinos en comparación con las masas de aire inestables.

Las nubes estratiformes son un tipo de formación de nubes caracterizadas por su apariencia horizontal y en capas. A diferencia de las nubes cumuliformes, que son esponjosas y se desarrollan verticalmente, las nubes estratiformes generalmente se extienden sobre grandes áreas y tienen bases y cimas relativamente uniformes. Estas nubes a menudo cubren el cielo en una capa continua, oscureciendo el sol y produciendo condiciones de iluminación difusa y atenuada.

Hay varios tipos de nubes estratiformes, incluyendo:

1. **Altostratus**: Las nubes altostratus son nubes de nivel medio que se forman a altitudes que van de 6,500 a 20,000 pies (2,000 a 6,100 metros) sobre la superficie de la Tierra. Aparecen como mantos grises o azul-grisáceos que cubren el cielo y a menudo preceden o acompañan a los frentes cálidos. Las nubes altostratus pueden producir precipitaciones ligeras, como llovizna o lluvia ligera.

2. **Nimbostratus**: Las nubes nimbostratus son nubes gruesas y oscuras que se extienden sobre grandes áreas del cielo. Típicamente están asociadas con precipitaciones constantes, moderadas a fuertes, como lluvia o nieve. Las nubes nimbostratus suelen formarse a altitudes más bajas que las nubes altostratus y se observan comúnmente durante los pasajes frontales.

3. **Stratus**: Las nubes stratus son nubes de bajo nivel que se forman a altitudes por debajo de los 6,500 pies (2,000 metros). Aparecen como capas grises y uniformes que cubren el cielo y a menudo están asociadas con condiciones nubladas y precipitaciones ligeras, como llovizna o neblina. Las nubes stratus pueden formarse como resultado de condiciones atmosféricas estables o por el levantamiento de

aire húmedo sobre superficies más frías.

4. **Cirrostratus**: Las nubes cirrostratus son nubes de alto nivel compuestas de cristales de hielo y a menudo aparecen como mantos delgados y tenues que cubren el cielo. Generalmente se encuentran a altitudes superiores a los 20,000 pies (6,100 metros) y pueden producir fenómenos de halo, como halos solares y lunares, cuando la luz es refractada por los cristales de hielo. Las nubes cirrostratus pueden preceder la aproximación de frentes cálidos e indicar la posibilidad de precipitaciones.

Las nubes estratiformes se forman a través de procesos como el levantamiento de masas de aire a lo largo de límites frontales, la convergencia de masas de aire, o el enfriamiento del aire cerca de la superficie terrestre. Están comúnmente asociadas con condiciones atmosféricas estables y pueden persistir durante largos períodos, llevando a períodos prolongados de cielos nublados y condiciones meteorológicas apagadas.

Figura 45: Nube altostratus undulatus. Liridon, CC BY-SA 4.0, a través de Wikimedia Commons.

Comprender las características de las masas de aire tanto estables como inestables es crucial para los meteorólogos, pilotos y pronosticadores del tiempo para predecir y prepararse para diversos fenómenos meteorológicos y sus impactos.

Frentes

Los frentes ocurren cuando masas de aire originarias de regiones distintas con características diferentes se encuentran e interactúan. Estos encuentros crean una frontera conocida como zona frontal o frente, donde pueden ocurrir cambios significativos en temperatura, humedad y dirección del viento de manera abrupta y en distancias relativamente cortas. Estas variaciones en las condiciones atmosféricas a lo largo del frente suelen ir acompañadas de fenómenos meteorológicos dinámicos [45].

Los frentes pueden tener varios impactos en el vuelo de drones, influyendo en varios aspectos de las operaciones de vuelo:

1. **Condiciones Meteorológicas**: Los frentes están asociados con cambios en los patrones meteorológicos, incluyendo cambios en temperatura, humedad y velocidad del viento. Los drones son sensibles a las condiciones meteorológicas, y los cambios repentinos provocados por los frentes pueden afectar su rendimiento y estabilidad durante el vuelo. Por ejemplo, un frente frío puede traer vientos fuertes y temperaturas más bajas, mientras que un frente cálido puede resultar en mayor humedad y precipitación, ambos desafíos potenciales para la operación de drones.

2. **Patrones de Viento**: Las zonas frontales suelen exhibir cambios significativos en la dirección y velocidad del viento. Los drones dependen de condiciones de viento estables para un vuelo seguro y eficiente. Sin embargo, la presencia de frentes puede llevar a vientos erráticos y en ráfagas, lo que puede afectar la capacidad del dron para mantener la estabilidad y el control. Los pilotos necesitan estar atentos y ajustar sus planes de vuelo en consecuencia para navegar de manera segura a través de áreas afectadas por frentes.

3. **Visibilidad**: Las zonas frontales también pueden impactar la visibilidad debido a cambios en la humedad atmosférica y la formación de nubes o niebla. La visibilidad reducida puede representar riesgos para los pilotos de drones, especialmente cuando vuelan más allá de la línea de vista visual (BVLOS). Las condiciones de poca visibilidad pueden requerir el uso de sistemas de navegación avanzados o rutas de vuelo alternativas para mantener la conciencia situacional y evitar obstáculos.

4. **Precipitación**: Los frentes a menudo traen cambios en los patrones de precipitación, incluyendo lluvia, nieve o aguanieve. La precipitación puede afectar el rendimiento del dron y comprometer componentes electrónicos si no están adecuadamente protegidos. Además, las condiciones meteorológicas húmedas pueden reducir la visibilidad y aumentar el riesgo de accidentes, lo que hace esencial que los operadores de drones ejerzan precaución y consideren posponer

los vuelos durante el mal tiempo asociado con los frentes.

5. **Tormentas eléctricas**: Ciertos tipos de frentes, como los frentes fríos, están frecuentemente asociados con la formación de tormentas eléctricas. Las tormentas eléctricas presentan riesgos significativos para las operaciones de drones debido a los rayos, fuertes vientos, turbulencia y granizo. Volar drones cerca de tormentas eléctricas es extremadamente riesgoso y debe evitarse para prevenir daños en la aeronave y asegurar la seguridad de las personas y propiedades en tierra.

Los frentes pueden impactar el vuelo de drones al alterar las condiciones meteorológicas, patrones de viento, visibilidad, precipitación y el riesgo de encontrar tormentas eléctricas. Los pilotos deben monitorear de cerca los pronósticos meteorológicos y ejercer precaución al operar drones en áreas afectadas por la actividad frontal para mitigar riesgos y asegurar operaciones de vuelo seguras.

Engelamiento Estructural

El engelamiento estructural durante el vuelo requiere dos condiciones específicas [45]:

1. La aeronave debe encontrarse con agua visible, como lluvia o gotas de nube.

2. La temperatura en el lugar donde la humedad contacta con la aeronave debe estar en o por debajo de 0°C. El enfriamiento aerodinámico tiene el potencial de disminuir la temperatura de un perfil aerodinámico a 0°C, incluso si la temperatura ambiente circundante es ligeramente más cálida.

Se deben cumplir dos condiciones primarias para que ocurra el engelamiento estructural:

1. **Presencia de Agua Visible**: Para que ocurra el engelamiento, la aeronave debe encontrarse con agua visible en forma de lluvia o gotas de nube. Estas gotas de agua entran en contacto con las superficies de la aeronave, como las alas, el fuselaje y la cola.

2. **Temperatura en o Por Debajo del Punto de Congelación**: La temperatura en el punto donde la humedad contacta con la aeronave debe estar en o por debajo del punto de congelación del agua, que es 0°C (32°F). Cuando la

temperatura está en o por debajo del punto de congelación, las gotas de agua pueden congelarse al impactar con las superficies de la aeronave, lo que lleva a la acumulación de hielo.

Un fenómeno conocido como enfriamiento aerodinámico agrava aún más el riesgo de engelamiento estructural. Incluso si la temperatura ambiente circundante es ligeramente más cálida que la de congelación, el flujo de aire rápido sobre las superficies de la aeronave puede causar una disminución de la temperatura, enfriando efectivamente el perfil aerodinámico a 0°C o menos. Esto significa que incluso en condiciones donde la temperatura del aire podría estar ligeramente por encima del punto de congelación, la dinámica del flujo de aire alrededor de la aeronave puede crear áreas localizadas donde es posible el engelamiento.

En esencia, el engelamiento estructural ocurre cuando la humedad en el aire encuentra superficies de una aeronave a temperaturas de congelación, llevando a la formación de hielo. La combinación de agua visible y temperaturas bajo cero representa un riesgo significativo para el rendimiento y la seguridad de la aeronave, haciendo crucial que los pilotos estén atentos y tomen precauciones adecuadas cuando vuelen en condiciones propicias para el engelamiento.

El engelamiento estructural presenta obstáculos significativos para las operaciones de drones, particularmente en ambientes propensos a la formación de hielo.

Preocupaciones de Seguridad de Vuelo: El engelamiento en las superficies de los drones, como alas y hélices, puede alterar la aerodinámica y comprometer la estabilidad del vuelo. La acumulación de hielo altera la forma de los componentes del dron, lo que lleva a un aumento de la resistencia y una reducción de la sustentación. Esto puede afectar la capacidad del dron para mantener la altitud y maniobrar de manera segura, lo que podría resultar en pérdida de control y accidentes.

Reducción del Rendimiento: La acumulación de hielo añade peso al dron, afectando su rendimiento general. El aumento de peso debido a la acumulación de hielo requiere más energía para mantener el vuelo, lo que conduce a un mayor consumo de energía y una reducción de la vida útil de la batería. Además, las propiedades aerodinámicas alteradas del dron pueden resultar en una disminución de la velocidad y agilidad, afectando sus capacidades operativas.

Duración del Vuelo: El engelamiento estructural puede impactar significativamente la duración del vuelo de los drones. La acumulación de hielo aumenta los requisitos energéticos del dron, causando una mayor depleción de la batería y reduciendo la duración de las misiones de vuelo. Los drones que operan en condiciones de hielo pueden necesitar regresar a la base para el reemplazo o recarga de baterías más frecuentemente, limitando su rango operacional y eficiencia.

Riesgo de Daño: La formación de hielo en componentes del dron, como hélices y sensores, puede representar un riesgo de daño. La acumulación de hielo puede interferir con la rotación de las hélices, llevando a desequilibrio y posible falla del motor. Además, la acumulación de hielo en sensores, cámaras y otro equipo crítico puede perjudicar la funcionalidad y comprometer las capacidades de recolección y transmisión de datos.

Medidas Preventivas: Para mitigar los riesgos asociados con el engelamiento estructural, los operadores de drones deben ejercer precaución e implementar medidas preventivas. Esto incluye monitorear las condiciones meteorológicas y evitar vuelos en áreas donde es probable que ocurra engelamiento. Al volar en ambientes fríos y húmedos, los operadores deben inspeccionar regularmente el dron en busca de acumulación de hielo y tomar las acciones necesarias para remover el hielo acumulado, como aterrizar y eliminar manualmente el hielo o emplear equipo de deshielo si está disponible.

El engelamiento estructural plantea desafíos significativos para las operaciones de drones, afectando la seguridad del vuelo, el rendimiento, la duración y la integridad del equipo. Los operadores de drones deben permanecer vigilantes y proactivos en la gestión de los riesgos asociados con el engelamiento para asegurar resultados de misión seguros y exitosos.

Tormentas Eléctricas

A lo largo de su ciclo de vida, una célula de tormenta eléctrica avanza a través de tres etapas distintas: la etapa de cúmulo, la etapa madura y la etapa de disipación. Detectar la transición de una etapa a otra es desafiante, ya que ocurre de manera sutil y sin cambios abruptos. Además, una tormenta puede consistir en múltiples células en varias etapas del ciclo de vida simultáneamente.

Etapa de Cúmulo

Toda tormenta eléctrica comienza como una nube cúmulo, aunque no todas las nubes cúmulo evolucionan a tormentas eléctricas. La característica definitoria de la etapa de cúmulo es la presencia de una corriente ascendente, ilustrada en la figura 3-4. La fuerza de la corriente ascendente varía y se extiende desde la superficie hasta la cima de la nube.

Durante esta etapa, la tasa de crecimiento de la nube puede superar los 3,000 pies por minuto, lo que la hace insegura para operar aeronaves no tripuladas (UA) pequeñas en áreas con nubes cúmulos que se forman rápidamente. Inicialmente, las gotas de agua dentro de la nube son pequeñas pero crecen a medida que la nube se desarrolla. La corriente ascendente lleva agua líquida por encima del nivel de congelación, creando un peligro de hielo. A medida que las gotas de lluvia se vuelven más pesadas, caen, arrastrando aire frío hacia abajo y creando una corriente descendente fría junto a la corriente ascendente, señalando la transición a la etapa madura [45].

Etapa Madura

El inicio de la precipitación desde la base de la nube indica el desarrollo de una corriente descendente, marcando la entrada en la etapa madura. La lluvia fría dentro de la corriente descendente impide el calentamiento por compresión, manteniendo la corriente descendente más fría que el aire circundante. En consecuencia, su velocidad descendente se acelera, posiblemente superando los 2,500 pies por minuto. El aire que baja rápidamente se dispersa hacia afuera en la superficie, generando vientos superficiales fuertes y racheados, una caída repentina de la temperatura y un aumento rápido en la presión. Este aumento de viento en superficie, conocido como "viento de arado," se caracteriza por su "primer ráfaga" en el borde delantero. Concurrentemente, las corrientes ascendentes alcanzan velocidades máximas, posiblemente superando los 6,000 pies por minuto. La proximidad de las corrientes ascendentes y descendentes crea una fuerte cizalladura vertical y un entorno altamente turbulento. Todos los peligros de las tormentas eléctricas alcanzan su punto máximo durante la etapa madura [45].

Etapa de Disipación

La etapa de disipación se caracteriza por las corrientes descendentes dominando la célula de la tormenta, lo que lleva a la rápida desaparición de la tormenta. Una vez que la lluvia cesa y las corrientes descendentes disminuyen, concluye la etapa de disipación. Cuando todas las células dentro de la tormenta eléctrica completan esta etapa, solo quedan restos benignos de nubes.

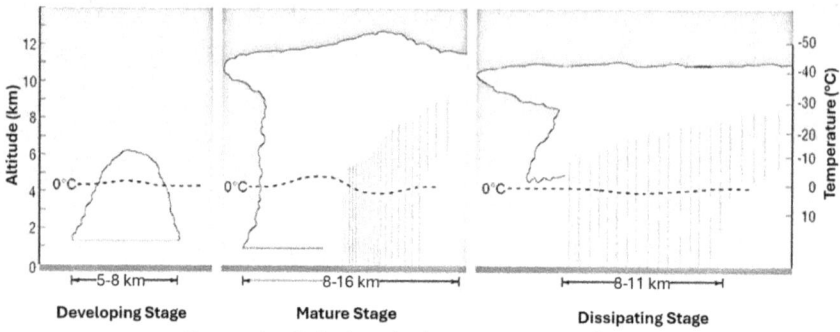
Figura 46: Ciclo de vida de una tormenta eléctrica.

Techo

En aviación, el término "techo" se refiere a la altitud de la capa más baja de nubes en el cielo. Sirve como un parámetro crucial para los pilotos y los controladores de tráfico aéreo para evaluar las condiciones meteorológicas y determinar la seguridad del vuelo. El techo se determina en base a observaciones de la cobertura de nubes y la visibilidad.

La cobertura de nubes se clasifica en diferentes categorías basadas en la extensión del cielo cubierto por nubes. Cuando de cinco octavos a siete octavos del cielo está oscurecido por nubes, la cobertura de nubes se denomina "rota" [45]. Esto significa que hay rupturas o aberturas significativas en la cobertura de nubes, permitiendo que algo de luz solar penetre. Por otro lado, cuando el cielo entero está cubierto por nubes sin rupturas o aberturas, la cobertura de nubes se describe como "nublado". En este caso, el cielo aparece uniformemente gris o blanco, sin visibilidad del sol o del cielo.

Además, el concepto de techo se extiende más allá de la simple cobertura de nubes para incluir la visibilidad en fenómenos como la niebla o la neblina. En situaciones donde la visibilidad se reduce debido a la niebla o la neblina, la altura a la cual los objetos o el terreno se vuelven oscurecidos desde la vista también se considera parte del techo.

Los datos en tiempo real del techo son esenciales para la planificación de vuelos y la navegación. Esta información se proporciona típicamente por informes meteorológicos de rutina de aviación (METAR) y varios tipos de estaciones meteorológicas automáticas ubicadas en aeropuertos y otros lugares clave. Los pilotos dependen de estos datos para evaluar la factibilidad de volar bajo las condiciones meteorológicas actuales, especialmente al considerar factores como la cobertura de nubes, la visibilidad y posibles peligros como la niebla o la neblina. Al monitorear los informes del techo, los pilotos pueden tomar decisiones informadas respecto al despegue, aterrizaje y selección de ruta para asegurar la seguridad de las operaciones de vuelo [45].

Visibilidad

En la aviación, la visibilidad se refiere a la distancia horizontal máxima en la que se pueden distinguir claramente objetos prominentes a simple vista. Es un parámetro crucial para los pilotos, ya que afecta directamente la seguridad y la navegación del vuelo. La información sobre la visibilidad ayuda a los pilotos a evaluar las condiciones de visibilidad que pueden esperar durante un vuelo, permitiéndoles planificar y ejecutar sus operaciones en consecuencia.

La visibilidad está estrechamente relacionada con factores como la cobertura de nubes, la niebla y la neblina, ya que estos fenómenos pueden reducir significativamente la visibilidad al oscurecer objetos en el entorno circundante. Los pilotos dependen de informes de visibilidad precisos para tomar decisiones informadas sobre el despegue, el aterrizaje y la navegación, especialmente cuando vuelan en condiciones de visibilidad reducida.

Los datos actuales de visibilidad se reportan en informes meteorológicos de aviación como el METAR (Informe Meteorológico Rutinario de Aviación) y también son proporcionados por sistemas meteorológicos automáticos instalados en aeropuertos y otras ubicaciones relevantes. Esta información es crucial para que los pilotos comprendan las condiciones de visibilidad en su punto de partida, destino y a lo largo de su ruta de vuelo.

Durante las sesiones informativas meteorológicas previas al vuelo, los pilotos reciben pronósticos de visibilidad de los meteorólogos, lo que les ayuda a anticipar las condiciones de visibilidad que podrían encontrar durante su vuelo. Al mantenerse informados sobre los informes y pronósticos de visibilidad, los pilotos pueden planificar efectivamente sus vuelos, ajustar sus rutas si es necesario y asegurar la seguridad de sus operaciones, incluso en condiciones de visibilidad desafiantes.

CARGA DE LA AERONAVE

Antes de cualquier vuelo, el piloto a distancia al mando (PIC) debe asegurarse de que la aeronave esté correctamente cargada evaluando su estado de peso y equilibrio. El cumplimiento de las limitaciones de peso y equilibrio establecidas por el fabricante o constructor es fundamental para la seguridad del vuelo. El PIC remoto debe anticipar las posibles repercusiones de operar una aeronave más allá de sus limitaciones de peso en caso de una emergencia [45].

Aunque se especifica un peso bruto máximo de despegue, esto no garantiza un despegue seguro bajo todas las condiciones. Factores como altas elevaciones, temperaturas y humedad pueden requerir una reducción de peso antes de intentar el vuelo. Además, las condiciones de la pista, el viento y los obstáculos deben considerarse, lo que podría requerir una reducción adicional del peso [45].

Los cambios en el peso durante el vuelo, principalmente debido al consumo de combustible, impactan directamente el rendimiento y el equilibrio de la aeronave. En operaciones de aeronaves no tripuladas (UA) pequeñas, las fluctuaciones de peso pueden ocurrir con artículos consumibles. Las condiciones de equilibrio adversas pueden afectar las características de vuelo de manera similar al exceso de peso, lo que requiere la adherencia a los límites del centro de gravedad (CG) establecidos por el fabricante. A medida que los elementos de carga se desplazan o se consumen, la ubicación del CG puede cambiar, requiriendo que el PIC remoto anticipe y mitigue los efectos resultantes. Si el CG excede los límites permitidos, es necesario reubicar o reducir el peso antes del vuelo [45].

Peso

La gravedad es la fuerza fundamental que atrae a todos los objetos hacia el centro de la Tierra. Dentro del contexto de la dinámica de las aeronaves, el Centro de Gravedad (CG) es un concepto crucial. Se puede visualizar como un único punto donde se concentra la totalidad del peso de la aeronave. Si una aeronave fuera suspendida en su CG exacto, mantendría el equilibrio independientemente de su orientación en el espacio. El CG juega un papel crucial en la estabilidad de las Aeronaves No Tripuladas (UA) pequeñas.

La posición permisible del CG se determina durante la fase de diseño de la aeronave y es específica para cada modelo de aeronave. Los diseñadores también establecen el rango dentro del cual puede moverse el centro de presión (CP), el punto donde se concentran las fuerzas aerodinámicas (como la sustentación). Es importante comprender que, mientras el peso de la aeronave actúa en el CG, las fuerzas aerodinámicas generadas por las alas actúan en el CP [45].

Cuando el CG está ubicado adelante del CP, hay una tendencia natural de la aeronave a inclinar su nariz hacia abajo. Por el contrario, si el CP está situado delante del CG, induce un momento de cabeceo hacia arriba. Para garantizar la estabilidad del vuelo, los diseñadores establecen el límite trasero del CG adelante del CP para una velocidad de vuelo dada, manteniendo el equilibrio.

Comprender la relación entre el peso y la sustentación es fundamental en la aviación. La sustentación, generada por las alas, actúa hacia arriba y perpendicular tanto al viento relativo como al eje lateral de la aeronave. Su función principal es contrarrestar la fuerza de la gravedad, que actúa hacia abajo debido al peso de la aeronave. En un vuelo nivelado y estable, cuando la sustentación iguala al peso, la aeronave permanece en equilibrio sin ninguna aceleración vertical. Si la sustentación disminuye por debajo del peso, la velocidad vertical de la aeronave disminuye, mientras que si la sustentación excede al peso, la velocidad vertical aumenta. Este delicado equilibrio entre el peso y la sustentación gobierna la capacidad de la aeronave para mantener la altitud y controlar su movimiento vertical.

Estabilidad

La estabilidad es un aspecto esencial del diseño de las aeronaves, que se refiere a la capacidad inherente de la aeronave para corregir desviaciones de su trayectoria de vuelo prevista y volver a o mantener su trayectoria original. Es una característica determinada principalmente durante la fase de diseño de la aeronave [45].

La estabilidad influye en dos áreas críticas:

1. Maniobrabilidad: Esto se refiere a cuán fácilmente se puede maniobrar una aeronave y su capacidad para soportar los esfuerzos impuestos por las maniobras. Varios factores contribuyen a la maniobrabilidad, incluyendo el peso de la aeronave, su inercia, el tamaño y la colocación de los controles de vuelo, su resistencia estructural y la planta de poder. La maniobrabilidad, al igual que la estabilidad, está principalmente influenciada por el diseño de la aeronave.

2. Controlabilidad: Este aspecto concierne a la capacidad de respuesta de la aeronave a las entradas de control del piloto, particularmente en cuanto a cambios en la trayectoria de vuelo y la actitud. La controlabilidad mide cuán efectivamente responde la aeronave a los comandos del piloto durante las maniobras, independientemente de sus características de estabilidad.

En esencia, la estabilidad asegura que la aeronave tienda naturalmente a regresar a su trayectoria de vuelo prevista después de las perturbaciones, mientras que la maniobrabilidad y la controlabilidad determinan cuán efectivamente el piloto puede maniobrar la aeronave y ejercer control sobre sus movimientos. Estas cualidades son cruciales para operaciones de vuelo seguras y eficientes.

Factores de Carga

En aerodinámica, el factor de carga máximo, a un ángulo de inclinación dado, representa la relación entre la sustentación generada por la aeronave y su peso. Esta relación sigue un patrón trigonométrico. El factor de carga se cuantifica en Gs, que significa "aceleración de la gravedad". Denota la fuerza experimentada por un objeto cuando se somete a aceleración, equivalente a la fuerza ejercida por la gravedad sobre un objeto estacionario. Cualquier fuerza aplicada a una aeronave para alterar su trayectoria de vuelo en línea recta induce estrés en su estructura, y la magnitud de esta fuerza se denomina como el factor de carga.

Aunque una formación formal en aerodinámica no es obligatoria para obtener un certificado de piloto remoto, es crucial que los pilotos posean una comprensión sólida de las fuerzas que actúan sobre una aeronave, cómo utilizar estas fuerzas de manera ventajosa y las limitaciones operativas de la aeronave específica que operan.

Por ejemplo, un factor de carga de 3 indica que el estrés total en la estructura de una aeronave es tres veces su peso. Dado que los factores de carga se expresan en términos de Gs, un factor de carga de 3 puede denominarse como "3 Gs", y de manera similar, un factor de carga de 4 como "4 Gs".

Dado que los diseños estructurales de las aeronaves están diseñados para soportar solo un cierto nivel de sobrecarga, comprender los factores de carga se ha vuelto indispensable para todos los pilotos. Los factores de carga son significativos por dos razones principales:

1. Los pilotos pueden someter inadvertidamente las estructuras de las aeronaves a niveles peligrosos de estrés, lo que lleva a una posible falla estructural.

2. Los factores de carga aumentados resultan en velocidades de pérdida más altas, haciendo que las pérdidas sean alcanzables incluso a velocidades de vuelo aparentemente seguras. Esto subraya la importancia de que los pilotos estén conscientes de y gestionen los factores de carga para mantener la seguridad del vuelo.

Durante un giro coordinado a una altitud constante, el factor de carga experimentado por una aeronave es el resultado de dos fuerzas principales: la fuerza centrífuga y el peso. La fuerza centrífuga es la fuerza hacia afuera experimentada por un objeto en movimiento a lo largo de un camino curvo, en este caso, el camino de la aeronave durante un giro. El peso, por otro lado, es la fuerza que actúa hacia abajo debido a la gravedad.

La tasa de giro (ROT) durante un giro coordinado varía con la velocidad del aire de la aeronave. Generalmente, a velocidades más altas, la tasa de giro es más lenta. Esta tasa de giro más lenta compensa la fuerza centrífuga adicional generada durante el giro, asegurando que el factor de carga permanezca constante.

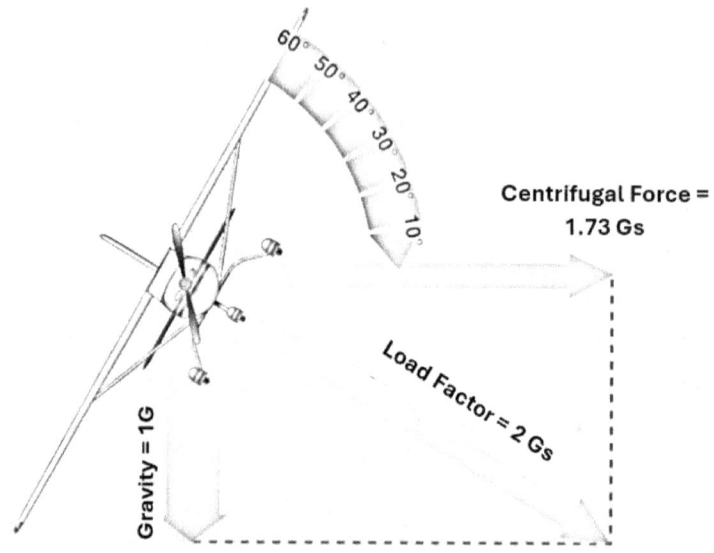

Figura 47: Durante los giros, dos fuerzas contribuyen al factor de carga experimentado por una aeronave: la fuerza centrífuga y el peso. La fuerza centrífuga empuja hacia afuera, generada por la trayectoria curva de la aeronave, mientras que el peso actúa hacia abajo debido a la gravedad. Estas fuerzas combinadas determinan el factor de carga, impactando la estabilidad y la integridad estructural de la aeronave durante las maniobras.

El gráfico mostrado como la Figura 48 indica que a medida que el ángulo de inclinación del avión aumenta, el factor de carga aumenta rápidamente. Más allá de un ángulo de inclinación de aproximadamente 45° a 50°, el aumento en el factor de carga se vuelve significativo. Por ejemplo, en un giro nivelado coordinado con un ángulo de inclinación de 60°, el factor de carga es de 2 Gs. En una inclinación de 80°, el factor de carga aumenta a 5.76 Gs. Es crucial tener en cuenta que el ala debe generar sustentación igual a estos factores de carga para mantener la altitud.

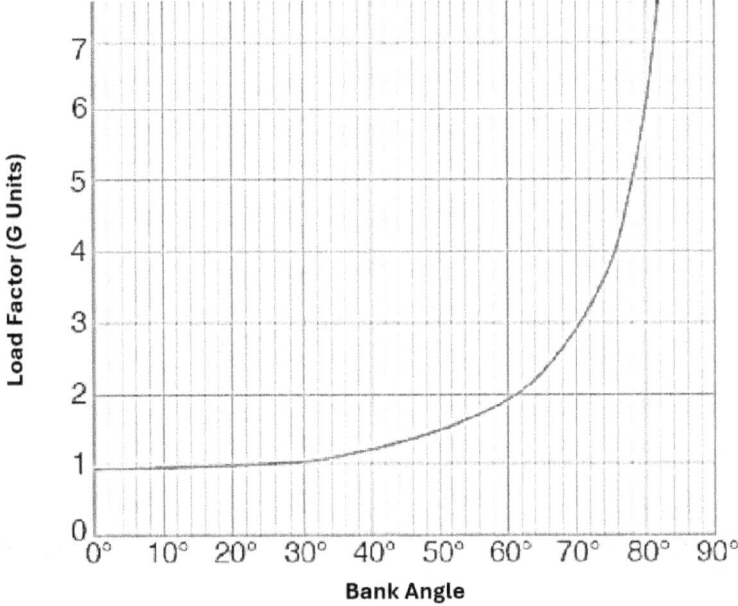

Figura 48: El ángulo de inclinación cambia el factor de carga en vuelo nivelado.

El gráfico que muestra el factor de carga aumenta rápidamente a medida que se acerca a un ángulo de inclinación de 90°. Sin embargo, nunca alcanza realmente los 90° porque un giro a nivel constante a un ángulo de inclinación de 90° no es físicamente posible debido a limitaciones aerodinámicas.

Si bien una aeronave puede inclinarse hasta 90° en un giro coordinado si la altitud no es una preocupación, mantener la altitud en tal giro no es matemáticamente posible. Una aeronave capaz de mantener un giro inclinado de 90°, deslizándose, también puede realizar un vuelo recto en cuchillo. Sin embargo, es importante señalar que más allá de un ángulo de inclinación de poco más de 80°, el factor de carga supera el límite de 6 Gs, que es el factor de carga límite para la mayoría de las aeronaves acrobáticas. Superar este límite puede llevar a daños estructurales o fallos. Por lo tanto, los pilotos deben ser conscientes de estos factores de carga y las limitaciones asociadas para garantizar operaciones de vuelo seguras.

Cualquier aeronave, dentro de sus limitaciones estructurales, puede experimentar una pérdida a cualquier velocidad aérea. Cuando el ángulo de ataque (AOA) se vuelve suficientemente alto, el flujo de aire suave sobre el perfil aerodinámico se rompe y se separa, lo que lleva a un cambio repentino en las características de vuelo y una pérdida de sustentación, resultando en una pérdida.

La ocurrencia de una pérdida en una aeronave es un fenómeno aerodinámico crítico que puede suceder a cualquier velocidad aérea, siempre que se cumplan ciertas condiciones. Incluso dentro de sus limitaciones estructurales, cualquier aeronave es susceptible de entrar en pérdida. Esta vulnerabilidad surge del principio aerodinámico fundamental relacionado con el ángulo de ataque (AOA) de las alas de la aeronave.

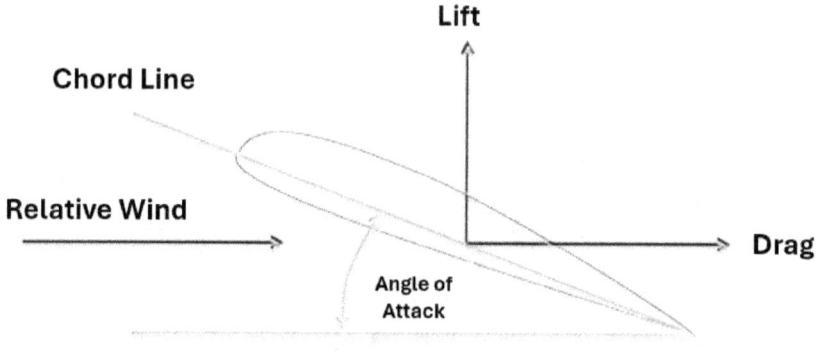

Figura 49: Ángulo de ataque.

El ángulo de ataque se refiere al ángulo entre la línea de cuerda del ala (una línea imaginaria que va del borde de ataque al borde de salida del ala) y el flujo de aire relativo. A medida que aumenta el ángulo de ataque, el flujo de aire sobre la superficie del ala cambia. En ángulos de ataque bajos, el flujo de aire permanece adherido y suave sobre la superficie del ala, generando sustentación. Sin embargo, cuando el ángulo de ataque se vuelve suficientemente alto, el flujo de aire suave sobre el perfil aerodinámico puede romperse y separarse, lo que lleva a un flujo de aire turbulento y una pérdida de sustentación.

Este ángulo crítico de ataque, en el que ocurre la separación del flujo de aire, varía dependiendo del diseño del perfil aerodinámico y otros factores. Una vez que ocurre la separación del flujo de aire, el ala ya no puede generar suficiente sustentación para soportar el peso de la aeronave. Como resultado, la aeronave experimenta un cambio repentino en las características de vuelo, a menudo caracterizado por un picado hacia abajo, una pérdida de altitud y una reducción de la efectividad del control. Esta reducción abrupta en la sustentación es lo que comúnmente se conoce como una pérdida.

Las pérdidas pueden ocurrir durante diversas fases del vuelo, incluyendo el despegue, el aterrizaje y las maniobras. Son particularmente peligrosas durante fases críticas como las operaciones a baja altitud o cuando se está cerca del suelo. La recuperación de una pérdida generalmente implica reducir el ángulo de ataque bajando la nariz de la aeronave, aplicando potencia total si es necesario y recuperando el vuelo controlado.

En resumen, una pérdida ocurre cuando el ángulo de ataque se vuelve suficientemente alto como para interrumpir el flujo de aire suave sobre el ala, lo que lleva a una pérdida repentina de sustentación y un cambio en las características de vuelo. Comprender los factores que contribuyen a las condiciones de pérdida y cómo reconocer y recuperarse de ellas es esencial para que los pilotos aseguren operaciones de vuelo seguras y efectivas.

Las investigaciones han demostrado que la velocidad de pérdida de una aeronave aumenta proporcionalmente a la raíz cuadrada del factor de carga [45]. Por ejemplo, una aeronave con una velocidad de pérdida normal de 50 nudos puede perder sustentación a 100 nudos con un factor de carga de 4 Gs. Si la aeronave pudiera soportar un factor de carga de nueve, podría perder sustentación a una velocidad de 150 nudos. Los pilotos deben tener cuidado de no inducir inadvertidamente una pérdida en la aeronave al aumentar el factor de carga, como durante giros cerrados o espirales [45].

En giros cerrados que exceden un ángulo de inclinación de 72°, el factor de carga alcanza 3, aumentando significativamente la velocidad de pérdida. Para una aeronave con una velocidad de pérdida normal de 45 nudos, es necesario mantener una velocidad aérea superior a 75 nudos para evitar la pérdida durante tales maniobras [45]. Efectos similares ocurren durante ascensos rápidos o maniobras que generan factores de carga superiores a 1 G. Estos incidentes repentinos de pérdida de control, particularmente durante giros cerrados o entradas abruptas de elevador cerca del suelo, han llevado a numerosos accidentes.

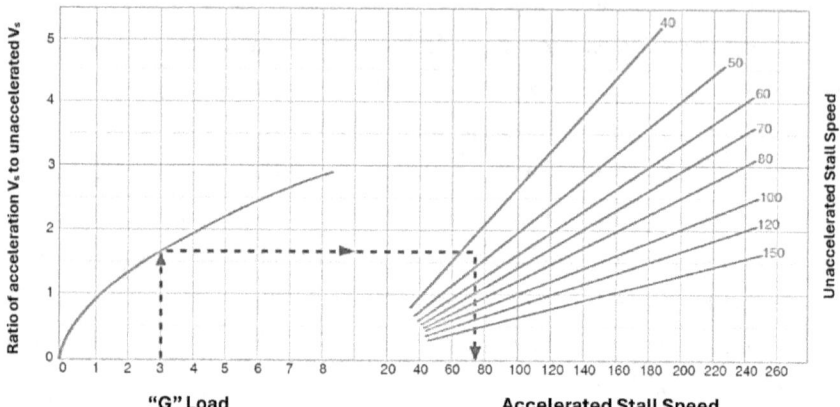

Figura 50: Los cambios en el factor de carga afectan directamente la velocidad de pérdida de una aeronave. A medida que aumenta el factor de carga, la velocidad de pérdida de la aeronave también aumenta. Por el contrario, cuando el factor de carga disminuye, la velocidad de pérdida disminuye en consecuencia. Los pilotos deben ser conscientes de esta relación, ya que impacta los márgenes de seguridad durante las maniobras de vuelo e influye en las características de manejo de la aeronave.

Al forzar una pérdida en una aeronave a velocidades de aire más altas, que cuadra el factor de carga, impone un tremendo estrés en la estructura de la aeronave, destacando la importancia de evitar pérdidas a velocidades elevadas.

Peso y Equilibrio

Adherirse a los límites de peso y equilibrio de una aeronave es esencial para garantizar la seguridad del vuelo. Exceder el límite máximo de peso compromete la integridad estructural de la aeronave y obstaculiza su rendimiento. Operar con el centro de gravedad (CG) más allá de los límites aprobados puede resultar en dificultades de control. Por lo tanto, los pilotos deben reevaluar regularmente los datos de peso y equilibrio de la aeronave.

El peso, la fuerza ejercida por la gravedad sobre un cuerpo, es un aspecto crucial del diseño y operación de aeronaves. Se contrarresta únicamente por la fuerza de sustentación, que sostiene la aeronave en vuelo. Cargar una aeronave más allá del peso recomendado por el fabricante debe evitarse para asegurar que la sustentación generada sea suficiente para contrarrestar el peso, evitando la incapacidad de vuelo.

Los efectos del exceso de peso en el rendimiento de la aeronave son numerosos y significativos. Los fabricantes se esfuerzan por mantener las aeronaves lo más livianas posible sin comprometer la resistencia o la seguridad. Los pilotos deben ser conscientes de las consecuencias adversas de la sobrecarga, que pueden llevar a características de vuelo deficientes y dificultades durante el despegue y el aterrizaje.

El exceso de peso disminuye el rendimiento de vuelo en varios parámetros, incluyendo la velocidad de despegue, la tasa de ascenso, la velocidad de crucero, la maniobrabilidad y la velocidad de pérdida. Los pilotos deben tener un entendimiento completo de cómo el peso impacta el rendimiento de la aeronave específica que están operando. Operar una aeronave con sobrepeso reduce los márgenes de seguridad y exacerba los peligros durante situaciones de emergencia. Por lo tanto, los pilotos deben considerar cuidadosamente las implicaciones del exceso de peso para garantizar operaciones de vuelo seguras y eficientes.

Deficiencias de rendimiento experimentadas por una aeronave sobrecargada:

1. **Mayor velocidad de despegue:** El exceso de peso aumenta la velocidad de aire necesaria para lograr el despegue. Esto se debe a que el peso adicional incrementa la inercia de la aeronave, requiriendo una mayor velocidad para superar las fuerzas gravitacionales y generar suficiente sustentación para el despegue.

2. **Carrera de despegue más larga:** Con los requisitos de mayor velocidad de despegue, una aeronave sobrecargada generalmente necesita una distancia más larga para acelerar a la velocidad necesaria para el despegue. Esta distancia de aceleración prolongada se debe al aumento del momento que debe superarse debido al peso adicional.

3. **Tasa y ángulo de ascenso reducidos:** Una vez en el aire, una aeronave sobrecargada experimenta una tasa de ascenso disminuida, lo que significa que asciende a una velocidad vertical más lenta en comparación con su rendimiento normal. Además, el ángulo de ascenso, que representa la inclinación de la trayectoria de ascenso, también se reduce. Estas reducciones se deben a la disminución del exceso de potencia disponible para superar las fuerzas gravitacionales e impulsar la aeronave hacia arriba.

4. **Altitud máxima más baja:** El exceso de peso limita la altitud a la que una aeronave puede ascender. Es posible que los motores de la aeronave no tengan el empuje necesario para mantener las tasas de ascenso en altitudes más altas debido al aumento del arrastre aerodinámico y las fuerzas gravitacionales que actúan

sobre la aeronave más pesada.

5. **Alcance más corto:** El exceso de peso disminuye la eficiencia del combustible de la aeronave, lo que lleva a una reducción en la distancia que puede viajar con una cantidad dada de combustible. Este alcance disminuido resulta del mayor consumo de combustible requerido para levantar y sostener la aeronave más pesada en vuelo.

6. **Velocidad de crucero reducida:** Una aeronave sobrecargada opera generalmente a una velocidad de crucero más lenta en comparación con su rendimiento óptimo. Esta reducción de velocidad resulta del aumento del arrastre causado por la aeronave más pesada, que requiere más potencia para mantener el impulso hacia adelante.

7. **Maniobrabilidad reducida:** El exceso de peso perjudica la capacidad de la aeronave para maniobrar efectivamente. La masa aumentada hace que sea más desafiante para la aeronave responder de manera pronta y precisa a los controles, resultando en una disminución de la agilidad y la capacidad de respuesta en vuelo.

8. **Velocidad de pérdida más alta:** Una aeronave sobrecargada tiene una velocidad de pérdida más alta, lo que significa que requiere una mayor velocidad de aire para mantener la sustentación y prevenir una pérdida. Esta mayor velocidad de pérdida es una consecuencia del aumento de la carga alar resultante del peso adicional, que requiere una mayor producción de sustentación para contrarrestar las fuerzas gravitacionales.

9. **Mayor velocidad de aproximación y aterrizaje:** Durante las fases de aproximación y aterrizaje, una aeronave sobrecargada requiere una mayor velocidad de aire para mantener la sustentación y el control. Esta mayor velocidad de aproximación y aterrizaje es necesaria para compensar el peso adicional y asegurar un toque seguro dentro de la distancia de pista disponible.

10. **Rodaje de aterrizaje más largo:** Al tocar tierra, una aeronave sobrecargada requiere una distancia más larga para detenerse completamente debido a la mayor energía cinética resultante de su mayor velocidad de aterrizaje. Este rodaje prolongado plantea desafíos en términos de requisitos de longitud de pista y

capacidades de frenado, especialmente en áreas de aterrizaje restringidas.

En general, los efectos acumulativos del exceso de peso degradan significativamente el rendimiento de vuelo de una aeronave, comprometiendo su seguridad, eficiencia y capacidades operativas. Los pilotos deben gestionar cuidadosamente el peso de la aeronave dentro de los límites especificados para mitigar estas deficiencias de rendimiento y garantizar operaciones de vuelo seguras.

Sistemas de Aeronaves Pilotadas a Distancia y sus Componentes

Los términos "Vehículo Aéreo No Tripulado" (UAV), "Sistema de Aeronave No Tripulada" (UAS), "Sistema de Aeronave Pilotada a Distancia" (RPAS) y "Drone" generalmente se refieren al mismo concepto: una aeronave o un sistema de aeronave operado de forma remota sin un piloto a bordo. Normalmente, el operador controla dichas aeronaves desde tierra, pero también pueden operarse desde un vehículo, un barco o otra aeronave tripulada.

Inicialmente, "UAV" fue adoptado por CASA en julio de 2002 y sigue siendo ampliamente utilizado en materiales de certificación, licenciamiento y guías. Este término fue prevalente durante el establecimiento de los Operadores de UAV Certificados en Australia.

"UAS" es ahora el término reconocido internacionalmente, respaldado por la OACI y CASA, sirviendo como la terminología de clasificación general.

"RPAS," definido por la OACI, denota un tipo de UAS controlado directamente por un piloto en todas las etapas del vuelo a pesar de su operación remota. CASA ha adoptado recientemente "RPAS" como su terminología principal.

Los materiales de referencia de CASA utilizan "UAVs," "UAS" y "RPAS" indistintamente dependiendo del contexto de la discusión. Las discusiones de antecedentes históricos que involucran a ACUO, por ejemplo, pueden utilizar los tres términos debido a los orígenes de la asociación.

Históricamente, "Drone" se refería a los UAS utilizados como objetivos en el entrenamiento de defensa aérea militar. A pesar de su uso original, la cultura popular, especialmente los medios de comunicación, ahora emplea "drone" como un término genérico para las aeronaves no tripuladas o pilotadas a distancia, particularmente aquellas con capacidades militares.

Las aeronaves remotamente pilotadas recreativas están categorizadas por CASA como "Aeronaves Modelo" y son operadas para deporte y recreación bajo la supervisión de la Asociación Aeronáutica Modelo de Australia (MAAA) y las Regulaciones de Seguridad de Aviación Civil (CASR) 1998 - Parte 101.G.

ACUO observa los avances tecnológicos continuos en el sector UAS, lo que lleva a revisiones continuas de terminologías y definiciones. Esta evolución es típica en industrias emergentes, similar a los cambios terminológicos vistos en la aviación comercial y el transporte motorizado a principios del siglo XX. No obstante, se espera que los esfuerzos de la OACI para estandarizar la terminología y las definiciones establezcan un consenso en un futuro cercano, con "UAS" y "RPAS" ya teniendo estatus legal en numerosas jurisdicciones.

Componentes de un Drone

Aunque los modelos de drones pueden variar, ciertos componentes son consistentes y esenciales para su operación. Al hablar de drones cuadricópteros, el tipo más común para los pilotos de drones, podemos delinear partes fundamentales aplicables a la mayoría de los RPAS.

Componentes de un Drone:

- **Marco o Chasis:**

    - El marco o chasis sirve como el cuerpo del drone, manteniendo todos los componentes unidos en una configuración que favorece un rendimiento aerodinámico óptimo. Determina el tamaño y la estructura del drone.

- **Brazos:**

    - Estos soportan los motores y se conectan al marco. Los brazos más largos mejoran la estabilidad, mientras que los más cortos aumentan la maniobrabilidad. En algunos casos, los brazos son parte integral del marco y no se cuentan como piezas separadas.

- **Motores:**

    - Vitales para la propulsión del drone, los motores están ubicados en los extremos de los brazos y generan elevación. Trabajan en conjunto con las hélices para levantar el drone.

- **Hélices del Drone:**

  ○ Las hélices, conectadas a los motores, proporcionan elevación al girar. Cada motor suele tener una o dos hélices, formando parte del tren de potencia.

- **Batería:**

  ○ Alimenta los motores y otros componentes eléctricos. Las baterías de Li-po son comunes, ofreciendo alto rendimiento y autonomía de vuelo.

- **Placa Controladora de Vuelo:**

  ○ Actúa como el "cerebro" del drone, recibiendo y procesando información de diversas fuentes para controlar los movimientos de vuelo.

- **Sensores:**

  ○ Esenciales para el rendimiento, los sensores incluyen sensores de velocidad, altura, altitud y posición, proporcionando datos cruciales para el control del vuelo.

- **Cámara:**

  ○ Integral para la fotografía aérea o filmación, las cámaras son comunes en los drones, con estructuras que soportan la instalación de cámaras.

- **Gimbal:**

  ○ Estabiliza la cámara durante el vuelo, evitando que las vibraciones del motor afecten la calidad de la imagen.

- **Controladores de Velocidad Variables o Controladores de Velocidad (ESC):**

  ○ Mejoran la experiencia de vuelo permitiendo ajustes de velocidad y dirección.

- **Estación de Control del Drone:**

    ○ Comprende elementos como el transmisor de radio, receptor, componentes de gestión de datos y control remoto, facilitando un control preciso del drone.

- **Tren de Aterrizaje:**

    ○ Asegura la integridad del drone al hacer contacto con el suelo, manteniendo distancia entre el cuerpo del drone y el suelo, especialmente crucial para los drones que llevan cargas útiles.

Accesorios:
- **Partes adicionales de drones**, que no son estándar pero se incluyen dependiendo de la actividad prevista. Esto puede incluir drones de carga o drones para espectáculos de luces, incorporando componentes adicionales para tareas específicas. Entender estos componentes es crucial para la operación segura del drone y el control efectivo del vuelo.

El **marco del drone** actúa como la columna vertebral estructural, conectando todos los componentes y partes. Facilita la disposición de los diversos constituyentes y generalmente viene en dos formas: diseños en "X" o "+", optimizados para la aerodinámica. El peso y el tamaño del marco influyen significativamente en el rendimiento de los drones voladores.

Motor: Responsable de impulsar el drone al hacer girar las hélices, el motor es un componente crucial. En un cuadricóptero, cuatro motores impulsan cada hélice individualmente. Es importante notar que un mayor RPM por voltio del motor resulta en una rotación más rápida de la hélice.

Control Electrónico de Velocidad (ESC): También conocido como ESC, este sistema cableado conecta el motor con la batería y regula el giro de las hélices. El ESC ajusta la velocidad y el movimiento de las hélices para permitir diversas maniobras durante el vuelo. Otro componente involucrado en el control de la velocidad de las hélices es la **Placa de Control de Vuelo (FCB)**, que gestiona el giroscopio y la aceleración, gobernando finalmente la operación del drone.

Hélices: Funcionan como alas, las hélices dirigen la trayectoria de vuelo del drone. Rotan para levantar el drone y proporcionan ajustes de balanceo, guiñada y cabeceo durante el vuelo.

Batería y Cargador: La fuente de energía del drone es su batería, esencial para su operación. Los drones dependen de baterías de diversas capacidades, influenciando la duración del vuelo. Típicamente, las baterías de los drones son recargables para un uso prolongado.

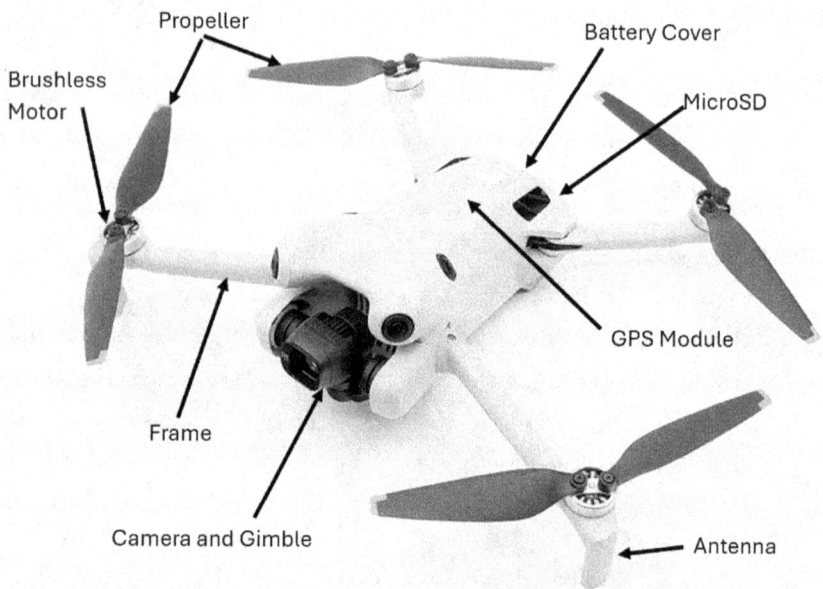

Figura 51: Partes de un Drone (DJI Mini 4 Pro). Imagen trasera: Jacek Halicki, CC BY-SA 4.0, vía Wikimedia Commons.

En el diseño de un cuadricóptero, se logra una arquitectura libre de torsión mediante un marco central (cubo) que aloja todos los componentes electrónicos, con cuatro brazos (vigas) que se extienden hacia afuera para proporcionar posiciones de montaje estables para los rotores. Cada rotor consta de una hélice impulsada por un motor controlado por un ESC (controlador de velocidad electrónico), generalmente ubicado en un área ventilada cerca del cubo principal. Siguiendo la tercera ley de Newton, según la cual cada acción tiene una reacción igual y opuesta, la rotación en sentido horario y antihorario de los rotores del cuadricóptero crea un sistema libre de torsión. Esto contrasta con los helicópteros convencionales, donde un rotor único obliga a girar el fuselaje, necesitando un complejo sistema de rotor de cola. Con cuatro rotores distribuyendo la carga de trabajo, los rotores del cuadricóptero no necesitan girar tan rápido, lo que resulta en controles menos bruscos.

En un cuadricóptero, los motores #1 y #3 giran en sentido antihorario, mientras que los motores #2 y #4 giran en sentido horario. Ajustar las velocidades de los rotores en cada lado permite maniobras de inclinación (inclinación hacia adelante o hacia atrás) y de balanceo (inclinación hacia la derecha o hacia la izquierda) para el movimiento lateral, mientras que velocidades de motor sincronizadas proporcionan control del acelerador para ajustes de altitud. El control de yaw (giro a la derecha o izquierda) se logra variando el torque entre las hélices que giran en sentido horario y antihorario, en lugar de usar un rotor de cola. Por ejemplo, acelerar los rotores horarios y/o desacelerar los rotores antihorarios aumenta el torque en dirección antihoraria, girando el cuadricóptero hacia la izquierda.

Mantener un Centro de Gravedad (CG) equilibrado es esencial para las operaciones del cuadricóptero, con el CG típicamente situado en el medio entre los cuatro rotores. Cualquier carga útil, como una cámara o un cardán, ubicada lejos del CG se compensa ajustando la posición de la batería en la dirección opuesta. Sin un CG adecuado, uno o más rotores pueden tener dificultades para mantener el equilibrio. Los controladores de vuelo con giros integrados deben estar posicionados en el CG. Para ajustar y verificar el CG, levanta el cuadricóptero desde dos puntos opuestos junto al controlador de vuelo usando tus dedos índices. El cuadricóptero debería asemejarse a un balancín bien nivelado, indicando un equilibrio adecuado. Si no es así, el operador puede ajustar el CG moviendo la carga útil o la batería hasta que se logre el equilibrio.

La aerodinámica del cuadricóptero difiere significativamente de la de los aviones, con superficies extensas que crean una resistencia sustancial al viento. Esto se vuelve especialmente crítico durante condiciones de viento y descensos. Los controladores de vuelo avanzados y el firmware electrónico ofrecen algoritmos para abordar estos problemas.

La integridad estructural es crucial para los cuadricópteros, particularmente para los sistemas más grandes. La rigidez es vital para que los cuadricópteros más grandes mantengan la estabilidad. Se prefieren materiales fuertes y ligeros como la fibra de carbono o el aluminio para las vigas, soportes y hélices, asegurando un diseño sin compromisos. Los cuadricópteros más económicos pueden utilizar componentes de plástico producidos en masa, resultando en una flexibilidad y peso excesivos.

Control Remoto

Un control remoto actúa como un transmisor de radio responsable de varias funciones, incluida la recepción y transmisión de señales. Supervisa el vuelo, la dirección y la velocidad del dron, facilitando el envío de instrucciones a la aeronave.

Palanca derecha: Esta palanca controla los movimientos de inclinación (pitch) y balanceo (roll) del dron, dictando sus movimientos hacia la izquierda, derecha, atrás y adelante durante el vuelo. Palanca izquierda: Asociada con el control de aceleración (throttle) y giro (yaw), la palanca izquierda maneja los giros y volteretas del dron. Controla las rotaciones en sentido horario y antihorario de la aeronave, así como regula la altitud de vuelo.

Botón de ajuste: Presente en todas las unidades de control remoto, el botón de ajuste se utiliza para corregir cualquier desequilibrio en los controles. Al presionar el botón de ajuste, se ajustan los ajustes de control para restaurar el equilibrio.

Antena: La antena del control remoto funciona como un receptor para las transmisiones. Recibe las señales enviadas desde el controlador y actúa en consecuencia para controlar el dron.

Figura 52: Usando un controlador de dron. Foto por David Montanari, vía Pexels.

Principio de funcionamiento del dron y patrón de flujo

La dinámica de fluidos es un aspecto crucial en el diseño y desarrollo de aeronaves y drones, gobernando los principios aerodinámicos que subyacen a su operación. La sustentación, esencial para contrarrestar la gravedad y elevar el vehículo, se basa en generar una fuerza ascendente suficiente. Esta fuerza se complementa con el empuje, que propulsa el vehículo hacia adelante. Comprender estas fuerzas implica aplicar las leyes cinemáticas de los flujos de fluidos [58].

Cuando el aire interactúa con un perfil aerodinámico o hélice, incurre en fuerzas de presión, viscosidad y arrastre, con la fuerza ejercida siendo directamente proporcional a la velocidad del aire en la entrada.

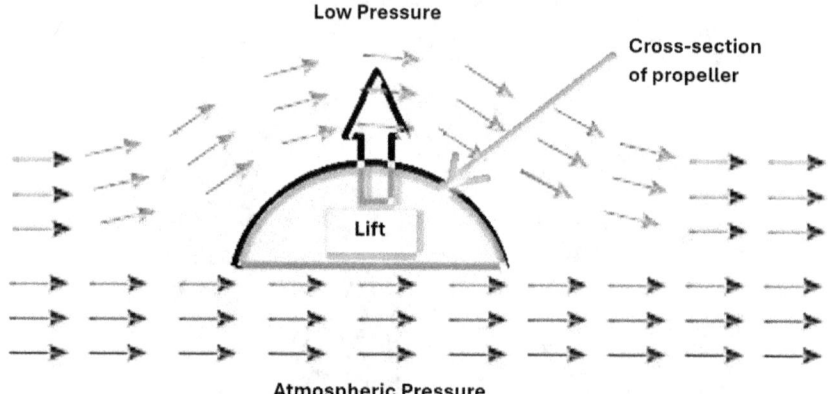

Figura 53: Sustentación basada en el principio de Bernoulli.

El patrón de flujo alrededor de la sección transversal del perfil aerodinámico o la hélice muestra una alta presión del fluido debajo y una baja presión arriba de la hélice, resultando en una fuerza ascendente conocida como sustentación. Esta fuerza de sustentación es responsable de elevar el peso de un avión o dron, y su magnitud está influenciada por el ángulo de inclinación del perfil aerodinámico o la hélice [58].

El principio de Bernoulli, basado en la conservación de la energía en el flujo de fluidos, explica cómo la suma de todas las formas de energía dentro de un fluido permanece constante a lo largo de la línea de corriente. A medida que el aire fluye sobre un perfil aerodinámico o ala, su velocidad aumenta en la parte superior, llevando a una disminución de la presión del aire. En contraste, en el lado inferior de la hoja, la velocidad del aire disminuye, causando un aumento en la presión. Esta discrepancia de presión a través del perfil aerodinámico resulta en una fuerza de sustentación ascendente, crucial para el vuelo [58].

Los drones multirotor están equipados con varios números de hélices. Aunque tener más hélices mejora la estabilidad y la capacidad de carga, también exige más energía de la batería para impulsar motores adicionales para una mayor salida de energía. Entre estos, el quadcopter se destaca como una opción ampliamente favorita.

- Bicopter (2 hélices)

- Triplecopter (3 hélices)

- Quadcopter (4 hélices)

- Hexacopter (6 hélices)

- Octacopter (8 hélices)

Principio de funcionamiento del Quadcopter [58]:
- Un quadcopter cuenta con cuatro hélices situadas en las esquinas de su marco.

- La velocidad y la dirección de rotación de cada hélice se controlan de manera independiente para asegurar el equilibrio y la maniobrabilidad del dron.

- En un diseño quadrotor convencional, todos los rotores están espaciados uniformemente entre sí.

- Para mantener el equilibrio del sistema, un conjunto de rotores gira en el sentido de las agujas del reloj mientras que el otro conjunto gira en sentido contrario.

- Para ascender (flotar), todos los rotores deben operar a altas velocidades. Ajustar las velocidades de los rotores permite que el dron se mueva hacia adelante, hacia atrás y hacia los lados.

Dinámica del Quadcopter: Los movimientos de un quadcopter se clasifican en cuatro tipos según la relación entre sus cuatro hélices: 1) acelerador, 2) inclinación, 3) balanceo y 4) giro [58].

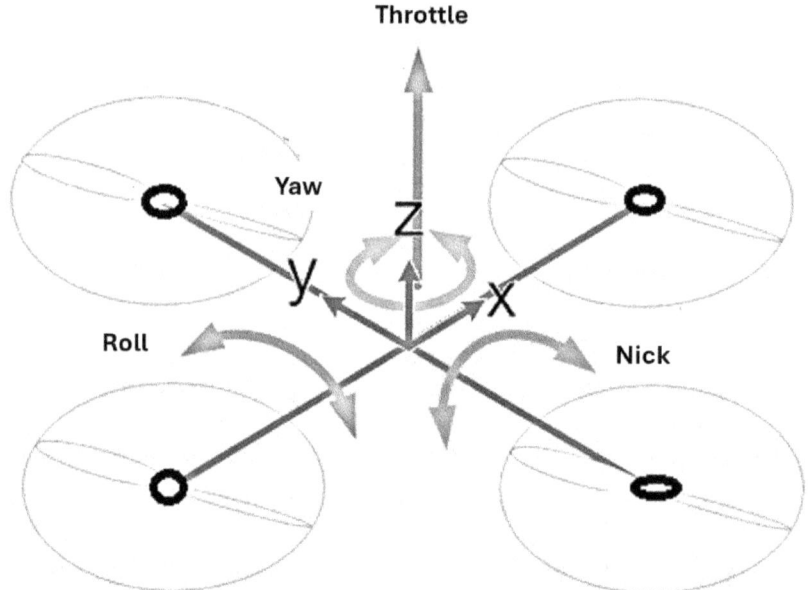

Figura 54: Movimientos del Quadcopter.

Acelerador/Planeo: El acelerador se refiere al movimiento vertical del dron.
- Si las cuatro hélices operan a velocidad normal, el dron descenderá.

- Si las cuatro hélices operan a una velocidad más alta, el dron ascenderá, resultando en un planeo.

Inclinación (Pitch): El movimiento de inclinación implica el desplazamiento del dron a lo largo de su eje lateral, hacia adelante o hacia atrás.
- Si las dos hélices traseras operan a alta velocidad, el dron se mueve hacia adelante.

- Si las dos hélices delanteras operan a alta velocidad, el dron se mueve hacia atrás.

Rodada (Roll): La rodada se refiere al movimiento del dron alrededor de su eje longitudinal.
- Si las dos hélices derechas operan a alta velocidad, el dron se mueve hacia la izquierda.

- Si las dos hélices izquierdas operan a alta velocidad, el dron se mueve hacia la derecha.

OPERACIONES CON DRONES

Guiñada (Yaw): El movimiento de guiñada implica la rotación de la cabeza del dron alrededor del eje vertical, hacia la izquierda o hacia la derecha.

- Si dos hélices de la diagonal derecha operan a alta velocidad, el dron rota en sentido antihorario.

- Si dos hélices de la diagonal izquierda operan a alta velocidad, el dron rota en sentido horario.

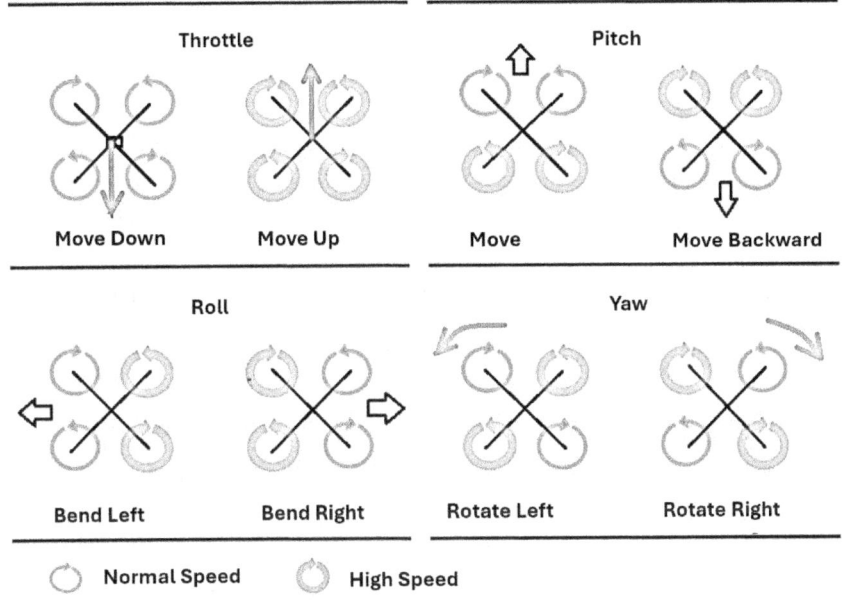

Figura 55: Controles del Cuadricóptero.

Fuerzas y momentos que actúan en un dron

Cuando un dron está en vuelo, experimenta varias fuerzas que dictan su movimiento. Estas fuerzas interactúan para determinar el comportamiento general del dron. Las fuerzas principales que actúan sobre un dron son:

Peso:

- El peso es la fuerza ejercida sobre el dron debido a su masa y la gravedad.

- Siempre actúa hacia abajo, hacia el centro de la Tierra.

- Cuanto mayor es el peso del dron, más potencia se requiere para levantarlo y maniobrarlo.

- El peso del dron se puede calcular multiplicando su masa por la aceleración debida a la gravedad.

Sustentación:
- La sustentación es la fuerza ascendente generada en el dron, contrarrestando su peso.

- Esta fuerza es producida por las diferencias de presión a través del cuerpo del dron en la dirección vertical.

- Factores como la velocidad, el tamaño y la forma de las hélices influyen en la cantidad de fuerza de sustentación generada.

- La sustentación es crucial para elevar el dron contra la fuerza de gravedad.

- Para generar sustentación, las cuatro hélices operan a altas velocidades para crear empuje hacia arriba.

Empuje:
- El empuje es la fuerza ejercida sobre el dron en la dirección de su movimiento, típicamente perpendicular al plano del rotor.

- Durante el vuelo estacionario, el empuje es puramente vertical, pero puede inclinarse para inclinar el dron hacia adelante o hacia atrás para el movimiento direccional.

- El empuje es esencial para impulsar el dron en la dirección deseada a una velocidad constante.

- Para lograr el movimiento deseado, a menudo se da mayor velocidad a dos hélices para producir mayor empuje.

Resistencia:
- La resistencia es la fuerza que actúa sobre el dron en la dirección opuesta a su movimiento, causada por la resistencia del aire.

- Los factores que contribuyen a la resistencia incluyen las diferencias de presión y la viscosidad del aire.

- Para minimizar la resistencia, los drones están diseñados con formas aerodinámicas que reducen la resistencia del aire y optimizan el flujo de aire sobre el cuerpo.

Controlar un dron multirotor

Algunos pasos generales para operar un dron incluyen:

1. Familiarizarse con el manual: Comience leyendo cuidadosamente el manual del dron. Cada modelo de dron es único y viene con su propio conjunto de instrucciones y directrices.

2. Registrar su dron: Dependiendo de su ubicación, puede ser necesario registrar su dron ante las autoridades pertinentes antes de volarlo.

3. Cargar la batería del dron: Asegúrese de que la batería del dron esté completamente cargada antes de intentar volarlo para evitar interrupciones inesperadas.

4. Elegir una ubicación adecuada: Seleccione un lugar que sea espacioso, libre de obstáculos como árboles, edificios o líneas eléctricas, y que cumpla con las regulaciones locales para la operación de drones.

5. Verificar las condiciones meteorológicas: Evite volar su dron en condiciones meteorológicas adversas, como vientos fuertes o lluvia. Verifique el pronóstico del tiempo antes de proceder con su vuelo.

6. Encender el dron y el control remoto: Encienda tanto el dron como el control remoto, asegurándose de que estén correctamente sincronizados y funcionando.

7. Calibrar el dron: Siga las instrucciones proporcionadas en el manual para calibrar el dron antes del despegue, asegurando un rendimiento óptimo y estabilidad.

8. Despegar: Empuje gradualmente el mando del acelerador hacia arriba para ini-

ciar el despegue, manteniendo un ascenso suave y controlado.

9. Navegar el dron: Utilice el control remoto para maniobrar el dron a través del aire, manteniendo una distancia segura de personas, edificios y otras estructuras.

10. Prepararse para el aterrizaje: Cuando esté listo para concluir el vuelo, baje suavemente el dron al suelo usando el mando del acelerador, asegurando un descenso controlado y estable.

11. Apagar el dron: Después de aterrizar el dron de manera segura, apague tanto el dron como el control remoto para conservar la vida útil de la batería y garantizar la seguridad.

Operar un Quadcopter:
- Preparación previa al vuelo: Aprender a volar un quadcopter se facilita mediante un enfoque estructurado paso a paso. Antes de volar, asegúrate de estar completamente familiarizado con los siguientes procedimientos:
  - Familiarización con el Quadcopter: Comienza por conocer tu quadcopter y revisar cuidadosamente todos los materiales instructivos proporcionados.
  - Configuración del Transmisor: Familiarízate con el transmisor del control remoto (RC) y asegúrate de que las baterías estén correctamente insertadas.
  - Entendimiento del Control: Comprende la funcionalidad de cada control:
  - El stick izquierdo controla el acelerador (ajuste de altitud) y el guiñada (rotación).
  - El stick derecho controla el pitch (movimiento hacia adelante/hacia atrás) y el roll (movimiento de lado a lado).
- Configuración previa al vuelo: Sigue la configuración y ajustes previos al vuelo recomendados por el fabricante:
  - Carga de Batería: Carga la batería del quadcopter usando el cargador proporcionado según las instrucciones del fabricante.
  - Controles previos al vuelo: Prepara el quadcopter para el vuelo según las

instrucciones proporcionadas.

- Selecciona el Área de Vuelo: Asegúrate de tener un área espaciosa y despejada, ya sea en interiores o exteriores, libre de viento o corrientes de aire. Asegúrate de que el área de vuelo esté libre de personas, animales u objetos frágiles.

- Configuración inicial:

  - Posicionamiento: Coloca el quadcopter en el centro de tu espacio abierto, orientado directamente lejos de ti.

  - Activación del Transmisor: Baja el acelerador (stick izquierdo) en el transmisor RC y enciéndelo. Siempre activa el transmisor antes de conectar la batería del quadcopter.

  - Conexión de la Batería: Conecta la batería del quadcopter después de activar el transmisor. Cuando termines de volar, desconecta primero la batería antes de apagar el transmisor.

  - Distancia Segura: Retrocede tres o cuatro pasos desde el quadcopter y mantente de frente hacia él.

- Vuelo inicial:

  - Práctica de Despegue: Aumenta gradualmente el stick del acelerador hasta que los motores comiencen a girar, luego redúcelo hasta que se detengan. Repite para familiarizarte con el control del acelerador.

  - Hovering: Aumenta gradualmente el acelerador para levantar ligeramente el quadcopter del suelo. Practica mantener un vuelo estacionario. Usa los botones de ajuste para corregir cualquier movimiento direccional o rotación.

- Hovering Controlado:

  - Control de Altitud: Usa el control del acelerador para mantener la altitud. Haz ajustes leves al stick derecho para mantener la posición horizontal.

- Estabilidad Direccional: Utiliza el stick izquierdo (guiñada) para prevenir la rotación. Ajusta los botones de ajuste según sea necesario para la estabilidad.

- Maniobras Básicas:

    - Movimiento Hacia Adelante y Hacia Atrás: Practica mover el quadcopter hacia adelante y hacia atrás usando el stick derecho (pitch).

    - Movimiento de Lado a Lado: Experimenta con el movimiento de lado a lado usando el stick derecho (roll).

- Dominio de la Rotación:

    - Reorientación Mental: Entiende la reorientación mental necesaria para rotar el quadcopter.

    - Control del Transmisor: Desarrolla control subconsciente sobre el transmisor RC.

- Rotaciones Avanzadas:

    - Rotación Gradual: Practica rotar el quadcopter gradualmente usando el stick de guiñada.

    - Ajustes de Ángulo: Experimenta con la rotación del quadcopter en diferentes ángulos, aumentando gradualmente hasta 180 grados.

    - Pitch y Roll: Integra movimientos de pitch y roll mientras mantienes el control sobre la guiñada.

    - Maniobras Avanzadas: Domina maniobras más complejas, como volar en círculos y ochos, mientras mantienes la orientación.

Operar un dron puede ser una experiencia divertida y gratificante, pero dominar el proceso requiere paciencia, práctica y atención al detalle. Aquí tienes una guía completa para ayudarte a navegar los pasos para operar un dron de manera efectiva:

- Familiarización y configuración previa al vuelo:

    - Comienza por familiarizarte con tu quadcopter y revisa cuidadosamente todas las instrucciones proporcionadas.

- Asegúrate de que tu transmisor de control remoto esté correctamente configurado y equipado con baterías.

- Preparación previa al vuelo:

  - Carga la batería del dron según las instrucciones del fabricante.

  - Prepara tu dron para el vuelo, siguiendo los procedimientos recomendados.

  - Selecciona un lugar adecuado para volar, dentro o fuera, asegurando que sea espacioso, libre de obstáculos y protegido del viento y corrientes de aire.

  - Verifica que el área de vuelo esté libre de personas, animales y objetos frágiles.

- Configuración inicial y despegue:

  - Posiciona el dron en el centro de tu área de vuelo designada, orientado lejos de ti.

  - Confirma que el acelerador (stick izquierdo) en el transmisor de control remoto esté en su posición más baja antes de encenderlo.

  - Siempre enciende el transmisor primero, seguido por la conexión de la batería del dron.

  - Después de completar la sesión de vuelo, desconecta primero la batería del dron antes de apagar el transmisor.

  - Retrocede unos pasos del dron, manteniendo una vista clara del mismo.

- Maniobras básicas de vuelo:

  - Comienza aumentando gradualmente la entrada del acelerador hasta que los motores del dron se inicien y luego redúcela para detenerlos, familiarizándote con el control del acelerador.

  - Practica levantar el dron del suelo incrementalmente, asegurándote de que permanezca relativamente estacionario y sin rotar.

- Ajusta la configuración del trim según sea necesario para lograr un vuelo estacionario estable sin entrada manual.

- Vuelo estacionario y control de altitud:

  - Logra mantener un vuelo estacionario controlado aproximadamente a un pie sobre el suelo, utilizando la entrada del acelerador para mantener la altitud.

  - Emplea movimientos sutiles del stick derecho para mantener la posición horizontal y contrarrestar cualquier desviación de guiñada, rolido o cabeceo.

- Movimiento hacia adelante y hacia los lados:

  - Introduce gradualmente el movimiento hacia adelante y hacia atrás utilizando el stick de pitch (derecho), dominando el control direccional mientras mantienes el dron orientado lejos de ti.

  - Transiciona al movimiento lateral usando el stick de rolido (derecho), ajustando la entrada de guiñada (stick izquierdo) según sea necesario para mantener la orientación.

- Control de rotación y orientación:

  - Desarrolla habilidades para rotar el dron usando el stick de guiñada (izquierdo), manteniendo la orientación y ajustando las entradas de control en consecuencia.

  - Practica mantener el vuelo estacionario en varios ángulos y aumenta gradualmente los ángulos de rotación hasta 180 grados, ajustando las respuestas de control según sea necesario.

- Maniobras avanzadas y coordinación:

  - Combina los movimientos de los sticks de guiñada, pitch y rolido para ejecutar patrones de vuelo complejos como círculos y ochos.

  - Refina tus habilidades de control y coordinación mediante práctica consistente, aumentando gradualmente la complejidad de las maniobras y los entornos de vuelo.

Siguiendo estas instrucciones paso a paso y dedicando tiempo a la práctica, mejorarás gradualmente tu competencia y confianza para operar un dron de manera efectiva y segura. Controles: A continuación se presenta una ilustración de los mecanismos de control para pilotar un quadcopter y una explicación de la función de cada control.

- **Roll (Alabeo)**: Inclina el quadcopter hacia la izquierda o derecha ajustando la velocidad de los rotores de un lado mientras se disminuye en el otro.

- **Pitch (Cabeceo)**: Inclina el quadcopter hacia adelante o hacia atrás de manera similar al roll.

- **Yaw (Guiñada)**: Rota el quadcopter acelerando todos los rotores que giran en una dirección y desacelerando aquellos que giran en la dirección opuesta.

- **Throttle (Acelerador)**: Gestiona el eje vertical regulando la velocidad general de los rotores. Estos controles también se conocen por otros nombres; por ejemplo, roll se conoce como alerón, pitch como elevador y yaw como timón de dirección.

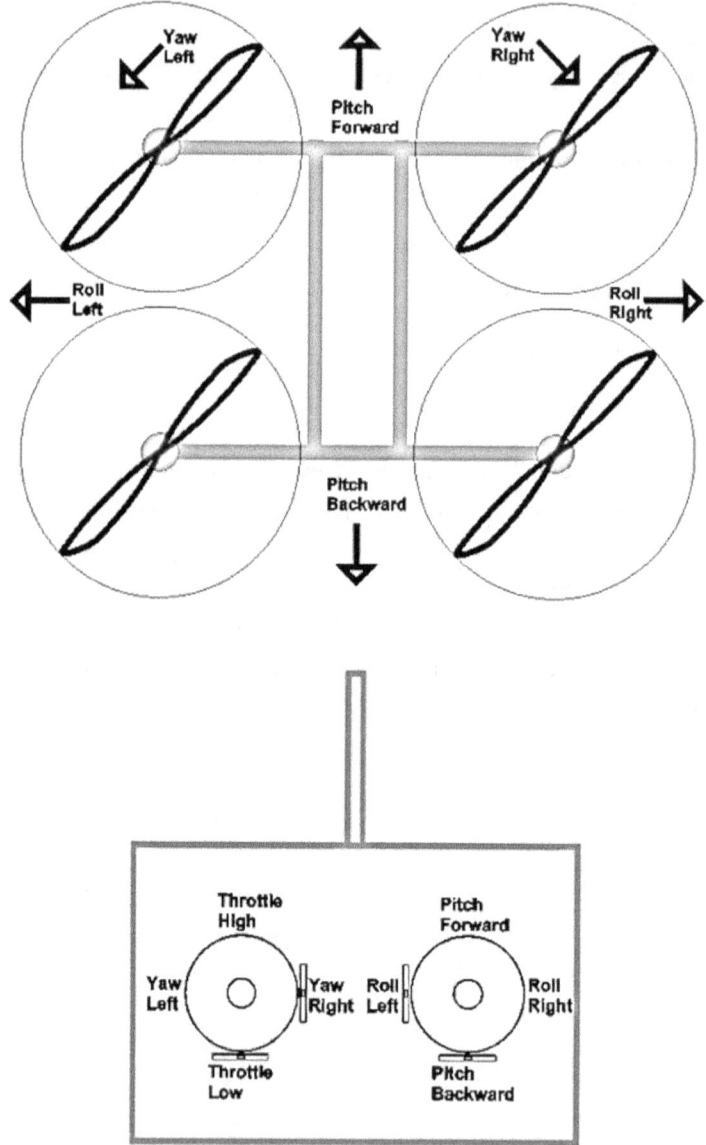

Figura 56: Controles de un quadcopter.

Estabilización: Los quadcopters suelen ofrecer tres modos principales de estabilización:

    1. Modo de Tasa, también conocido como manual, duro o Acro.

    2. Modo de Actitud (distinto del Modo de Altitud), también llamado

auto-nivelación o nivelación automática.

3. Modo de Retención GPS, conocido también como modo Espera.

Mantenimiento de Vuelo Estacionario en Quadcopter:

1. Chequeo de Control: Comienza ajustando el acelerador alrededor del 10% y prueba gradualmente cada control para asegurar su correcto funcionamiento antes del vuelo. Evita volar a menos que todos los controles estén confirmados como funcionales.

2. Familiarización con el Quadcopter: Aumenta el acelerador lentamente hasta que el quadcopter se eleve aproximadamente 2 pulgadas del suelo. Luego, manipula los controles para evaluar la respuesta del quadcopter a tus entradas. Para quadcopters con tren de aterrizaje largo, es aconsejable mantenerlo a un pie de altura para evitar interferencias del suelo. Si percibes una pérdida de control, reduce rápidamente el acelerador y devuelve el quadcopter a su posición de despegue.

3. Ascenso: Una vez cómodo con los controles, eleva el quadcopter a unos 3 pies. El vuelo estacionario a mayor altitud se vuelve algo más fácil debido a la reducción de la turbulencia del aire proveniente del suelo.

4. Práctica de Objetivos: Establece objetivos de aterrizaje y practica volar hacia cada objetivo, aterrizar y luego proceder al siguiente. Este ejercicio mejora la precisión del vuelo estacionario y la habilidad de aterrizaje.

5. Dominio de la Orientación: Comienza el vuelo estacionario con el quadcopter posicionado a las 10 en punto, ganando confianza gradualmente antes de pasar a otras posiciones como las 2, 9 y 3 en el reloj.

6. Vuelo Estacionario Nariz Adentro: El vuelo estacionario nariz adentro, una técnica común entre los pilotos de helicópteros RC, implica posicionar el quadcopter con la nariz hacia ti. Inicialmente, ajusta manualmente la orientación del quadcopter antes del despegue. Ten en cuenta que los controles pueden sentirse invertidos inicialmente, requiriendo un ajuste similar al de equilibrar un palo. Dominar el vuelo estacionario nariz adentro ayuda en la práctica de orientación, incluyendo el mantenimiento estacionario en las posiciones de las 7 y 5 en punto.

7. Práctica de Aterrizaje Nariz Adentro: Establece objetivos de aterrizaje e intenta aterrizar el quadcopter con la nariz hacia adentro. Esta maniobra es desafiante y requiere paciencia para dominarla.

Aerodinámica para el Vuelo y Mantenimiento Direccional de Aeronaves de Ala Fija

Aunque no es estrictamente necesario tener un conocimiento básico de la aerodinámica y la estabilidad de las aeronaves para volar, esto resulta beneficioso, especialmente para aquellos involucrados en el diseño o modificación de aeronaves. No obstante, dominar la teoría puede ser más desafiante que el acto de volar en sí. La preferencia personal dicta hasta qué punto uno se adentra en los aspectos teóricos.

La guía siguiente sirve como una introducción fundamental a la aerodinámica y la estabilidad de las aeronaves. Aunque no es un requisito previo para volar, ayuda en la construcción de diversos modelos. Como mínimo, se aconseja familiarizarse con la terminología utilizada en el diseño de aeronaves.

Una aeronave requiere cuatro tipos principales de estructuras para lograr el vuelo:

1. Estructuras de elevación: Estos componentes generan sustentación para contrarrestar la gravedad.

2. Estructuras de estabilidad: Estos elementos mantienen la estabilidad y la capacidad de control del rumbo de la aeronave.

3. Estructuras de control: Estos mecanismos facilitan el control del movimiento de la aeronave.

4. Estructuras de utilidad: Estos elementos proporcionan integridad estructural, elevan la aeronave del suelo y acomodan los sistemas de carga útil y propulsión.

Estructuras de Elevación: El ala sirve como estructura de elevación, responsable de generar sustentación dirigiendo el flujo de aire mientras está en movimiento. Debe equilibrar la generación de sustentación y la minimización de la resistencia, la fuerza que impide el movimiento hacia adelante de la aeronave. El rendimiento de un ala se cuantifica a menudo por su relación sustentación-arrastre (LD), que determina sus capacidades de planeo y eficiencia energética.

Las alas operan en principios tanto simples como intrincados. Mientras intuitivamente empujan el aire hacia abajo a medida que avanzan, también crean sustentación "aspirando" aire por encima del ala. Comprender las complejidades del funcionamiento del ala implica conceptos como el efecto Bernoulli y la conservación del momento. Sin embargo, para fines prácticos, es esencial concentrarse en factores relevantes y no enredarse en debates teóricos.

Puntos Clave sobre las Alas:

- El tamaño del ala es un factor crucial, con pequeñas aeronaves como los insectos experimentando el flujo de aire de manera diferente que las aeronaves más grandes.

- El número de Reynolds, que describe la escala del objeto en relación con la viscosidad y densidad del fluido, influye en el rendimiento del ala.

- La sección transversal del ala, conocida como perfil aerodinámico, juega un papel significativo en su eficiencia, con extensas investigaciones destinadas a mejorar el rendimiento aerodinámico.

- Mientras que los modelos pequeños pueden usar diseños de alas simplistas, las aeronaves más grandes y rápidas requieren diseños de perfiles aerodinámicos más sofisticados para un rendimiento óptimo.

Sustentación y Arrastre: El arrastre, generado por la fricción y el movimiento inducido del aire, plantea un desafío para las alas, necesitando velocidad hacia adelante para una operación efectiva. La sustentación es directamente proporcional a la velocidad y al ángulo de ataque (AOA), con un AOA óptimo que típicamente varía entre 2 y 3 grados. Sin embargo, superar un AOA crítico lleva a un estancamiento, donde el rendimiento del ala se deteriora rápidamente.

Un evento de pérdida ocurre cuando el ángulo de ataque (AOA) del ala supera un umbral crítico, resultando en un aumento significativo de la resistencia y una pérdida de sustentación. Este fenómeno, similar a una pérdida profunda, puede causar un cambio drástico en las características de vuelo, llevando a una pérdida de control. Aunque algunos diseños de aeronaves mitigan el riesgo de pérdidas profundas mediante mecanismos de estabilidad, mantener conciencia de los límites de AOA es esencial para un vuelo seguro.

El objetivo no es la eliminación completa, sino más bien la minimización de la rotación. Lograr este objetivo implica tres enfoques principales:

1. Optar por alas largas y delgadas para reducir el área de las puntas de las alas.

2. Diseñar alas elípticas para concentrar la sustentación hacia el centro y minimizar las diferencias de presión en las puntas. Alternativamente, emplear torsión en el ala, conocida como "washout", para reducir progresivamente la sustentación hacia las puntas, evitando así la pérdida durante los giros.

3. Incorporar winglets o estructuras verticales para interrumpir la formación de vórtices en las puntas de las alas.

Aunque los winglets pueden reducir efectivamente los vórtices de las puntas dentro de un rango limitado de velocidad y ángulo de ataque, diseñarlos para evitar comprometer el rendimiento en diversas condiciones puede ser desafiante. A menudo, extender la envergadura resulta más eficiente a menos que esté limitado por factores como las restricciones de las puertas de los aeropuertos para grandes aviones.

Aunque las alas elípticas ofrecen una mayor eficiencia, su complejidad de construcción y los costos asociados son más altos. Por el contrario, las alas de alto coeficiente de aspecto, caracterizadas por una mayor envergadura en comparación con el ancho, son más eficientes pero requieren mecanismos de control más fuertes, lo que lleva a penalizaciones adicionales en peso y costo.

Las alas de alto coeficiente de aspecto necesitan un perfil más delgado para mantener la grosura y el curvado relativo, lo que resulta en debilidad estructural a menos que se compense con materiales más fuertes o perfiles aerodinámicos más gruesos, lo que aumenta la resistencia o el peso. Por lo tanto, los materiales avanzados y las técnicas de diseño desempeñan un papel crucial en la optimización del rendimiento de la aeronave.

Factores Clave en el Diseño de Alas:

1. Carga Alar: La relación peso-tamaño del ala determina la sustentación requerida para el vuelo. Una carga alar más baja facilita un vuelo más lento y reduce el consumo de energía.

2. Coeficiente de Aspecto: La relación entre el ancho y la longitud del ala desde una perspectiva aérea influye en la eficiencia del ala. Las alas de alto coeficiente de aspecto minimizan los vórtices en las puntas de las alas pero requieren una construcción más resistente.

3. Grosura: Las alas más gruesas ofrecen fuerza estructural pero inducen más resistencia a velocidades más altas y ángulos de ataque más bajos.

4. Curvado: La curvatura del ala afecta el comportamiento de la pérdida y la resistencia en diferentes ángulos de ataque. Las alas de alto curvado son adecuadas para vuelos lentos y pistas cortas.

5. Barrido: La rotación del ala hacia atrás desde una línea recta influye en la estabilidad y el rendimiento de la velocidad. Las alas en flecha mejoran la estabilidad a altas velocidades pero comprometen la relación sustentación-resistencia.

Consideraciones del Diseño del Ala:

- No existe un diseño de ala universal, ya que los compromisos deben equilibrarse según las velocidades de vuelo específicas y los requisitos de rendimiento.

- Lograr delgadez requiere refuerzo, aumentando el peso y la carga alar.

- Las alas de alto coeficiente de aspecto demandan fuerza y rigidez adicionales, agregando peso y costo.

- El alto curvado facilita el vuelo lento pero limita la velocidad y puede plantear desafíos en condiciones de viento.

Dispositivos de modificación de alas: Diversas estructuras, como flaps y extensiones en el borde de ataque, ajustan las características del ala para adaptarse a diferentes fases del vuelo. Sin embargo, estas modificaciones conllevan consideraciones de peso, costo y fiabilidad.

Contrarresto del torque: La generación eficiente de sustentación requiere mantener el ala en el ángulo de ataque óptimo, lo que típicamente induce una fuerza de torque hacia abajo en la nariz. Las estructuras de estabilidad son esenciales para contrarrestar este torque y asegurar un vuelo eficiente y estable.

Estructuras de Estabilidad

La importancia de la estabilidad en el diseño de aeronaves no puede ser exagerada, ya que impacta directamente la seguridad y el control del vuelo. Un dicho popular entre los aviadores subraya esta importancia: "Un avión con peso en la nariz puede volar mal, pero un avión con peso en la cola puede volar bien... una vez." Los aviones con peso en la cola, aunque capaces de volar, son propensos a maniobras súbitas e incontrolables, especialmente durante pérdidas o cuando son afectados por corrientes de aire. Dado que los despegues y aterrizajes ocurren a bajas velocidades y cerca del suelo, hay poco margen para la recuperación en tales situaciones. Los pilotos pueden poseer habilidades considerables, pero no pueden controlar los movimientos impredecibles del aire. Por consiguiente, los aviones con peso en la cola tienen una vida útil corta en la aviación.

La estabilidad es crucial para que una aeronave mantenga el control y la maniobrabilidad. En esencia, la estabilidad se refiere a la capacidad de una aeronave para resistir la amplificación de pequeños cambios de posición. Sin estabilidad, incluso perturbaciones menores como ráfagas de viento o ligeros comandos de control pueden conducir a movimientos escalados más allá de la capacidad del piloto para compensar. Aunque la estabilidad excesiva puede hacer que una aeronave sea difícil de controlar, especialmente en el caso de los modelos de aviones, es indispensable para un vuelo seguro operado por humanos.

Estabilidad Dinámica vs. Estática: La estabilidad de una aeronave abarca aspectos dinámicos y estáticos, cada uno sirviendo funciones distintas. A diferencia de una bicicleta, que es estáticamente inestable cuando está parada pero gana estabilidad en movimiento, las aeronaves requieren estabilidad dinámica para mantener el control durante el vuelo. De manera similar, los triciclos exhiben estabilidad estática pero enfrentan limitaciones en la estabilidad dinámica, particularmente durante giros a alta velocidad. Comprender esta distinción es crucial, ya que la estabilidad estática a veces puede obstaculizar el rendimiento dinámico, como lo demuestran las diferencias entre bicicletas y triciclos.

Centro de Gravedad: El punto de equilibrio de una aeronave, conocido como Centro de Gravedad (CG) o Centro de Masa, juega un papel crítico en su estabilidad. Al igual que equilibrar un bote o bicicleta, asegurarse de que el CG esté adecuadamente alineado es esencial para un vuelo estable. Si bien algunos diseños pueden posicionar el CG debajo de las alas para mejorar la estabilidad estática, este enfoque a menudo compromete la estabilidad dinámica. Por el contrario, colocar el CG por encima de la estructura de sustentación es poco común, excepto para aeronaves de vuelo estacionario, debido a los efectos desestabilizadores de posiciones más altas del CG. La interacción entre la estabilidad estática y dinámica complica aún más el diseño de aeronaves, resaltando la naturaleza intrincada de las consideraciones de estabilidad.

Modificaciones del ala para la estabilidad: Algunos diseños de aeronaves incorporan estructuras de estabilidad directamente en el ala, ejemplificado por diseños de "plank" de ala completa y alas voladoras barridas como los ala deltas. Para las alas barridas, reducir el Ángulo de Ataque (AOA) en las puntas (conocido como "washout") o emplear perfiles aerodinámicos reflexivos puede mejorar la estabilidad. Sin embargo, estas modificaciones a menudo vienen con el costo de disminuir la sustentación o aumentar la resistencia, subrayando los compromisos inherentes en las mejoras de estabilidad. Incluso los diseños de aeronaves modernas que utilizan tecnología avanzada para controlar activamente el vuelo enfrentan penalizaciones de rendimiento, enfatizando los desafíos de emular los mecanismos de vuelo natural observados en las aves.

Los Tres Ejes de Estabilidad: La estabilidad de una aeronave abarca tres ejes principales: alabeo, cabeceo y guiñada. La estabilidad de alabeo, lograda a través de configuraciones de ala diedro, depende del deslizamiento lateral para corregir desviaciones del vuelo horizontal. La estabilidad de guiñada, facilitada por estabilizadores verticales o alas barridas, contrarresta el deslizamiento lateral para mantener la alineación con el viento relativo. Sin embargo, estos ejes de estabilidad deben coordinarse cuidadosamente para asegurar un control efectivo durante las maniobras. Por ejemplo, el diedro solo no puede inducir giros; en su lugar, las maniobras de inclinación requieren entradas coordinadas de alabeo y guiñada para iniciar y mantener la trayectoria deseada.

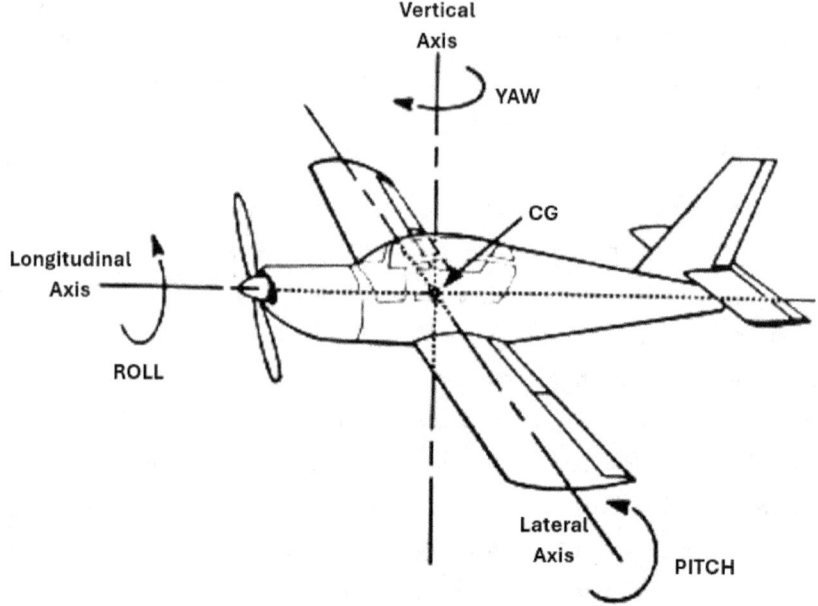

Figura 57: Ejes de la aeronave.

Estabilidad de Cabeceo: La estabilidad de cabeceo, esencial para mantener la orientación adecuada a lo largo del eje longitudinal, depende de la ubicación del Centro de Gravedad (COG) en relación con la estructura de sustentación. Lograr la posición adecuada del COG asegura que la aeronave tienda naturalmente a volver a su Ángulo de Ataque (AOA) óptimo tras las perturbaciones. El estabilizador horizontal, ubicado detrás del ala principal, contrarresta el par generado por los cambios en el AOA, estabilizando la aeronave en el cabeceo.

Notablemente, el diseño del estabilizador horizontal, incluyendo su curvatura y orientación, influye en su eficacia en el control de cabeceo. En conclusión, las estructuras de estabilidad son fundamentales para la operación segura y eficiente de las aeronaves. Al comprender los principios de estabilidad y emplear modificaciones de diseño apropiadas, los ingenieros aeronáuticos pueden lograr un equilibrio delicado entre estabilidad, control y rendimiento, asegurando características de vuelo óptimas en una variedad de condiciones operativas.

Estructuras de Control

En la aviación, las estructuras de control son esenciales para maniobrar la aeronave a lo largo de los tres ejes: alabeo, cabeceo y guiñada. Aunque algunas aeronaves, como los ala deltas, parecen carecer de estructuras de control tradicionales, dependen del desplazamiento del peso para ajustar el trim de la aeronave. Los ala deltas permiten a los pilotos manipular el cabeceo, alabeo y guiñada desplazando su peso, aprovechando la masa mayor del piloto en comparación con los componentes del planeador. Además, los ala deltas utilizan una quilla central que se mueve lateralmente, alterando el retorcimiento del ala de manera similar a un tensor de botavara en un velero, amplificando el efecto del desplazamiento de peso.

A pesar de su aparente simplicidad, incluso estos diseños pueden volverse sorprendentemente intrincados. Las estructuras de control suelen estar integradas en las estructuras de estabilidad, formando un sistema cohesivo para garantizar la maniobrabilidad y estabilidad durante el vuelo. El elevador, ubicado en el estabilizador horizontal, gobierna el control de cabeceo, mientras que los alerones, típicamente montados en cada ala, regulan el alabeo. El timón, parte del estabilizador vertical, controla la guiñada.

Ciertos diseños de aeronaves pueden presentar solo un timón para el control de la guiñada, dependiendo del acoplamiento de guiñada-alabeo para girar. Estos diseños necesitan dihedral para estabilidad. Por el contrario, otros diseños pueden carecer de un timón, empleando el acoplamiento alabeo-guiñada para girar, lo que requiere ya sea un estabilizador vertical o alas barridas para convertir el deslizamiento lateral en guiñada. Sin embargo, todos los diseños de aeronaves incorporan alguna forma de control de elevador.

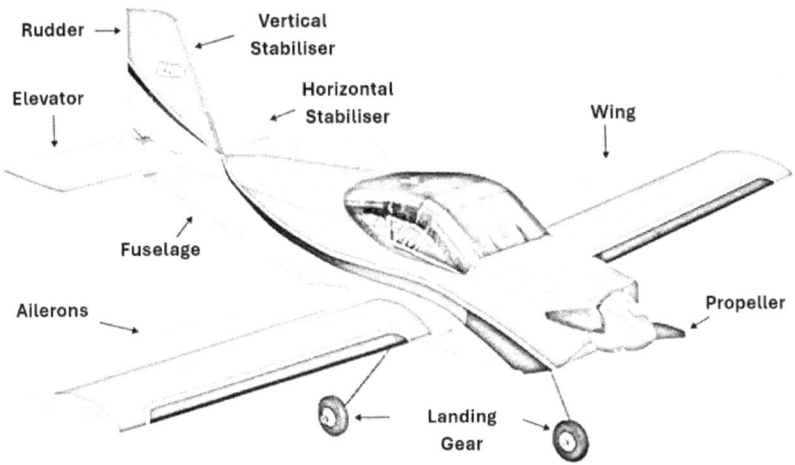

Figura 58: Estructuras de control de aeronaves.

En los diseños de alas volantes, los elevadores a menudo desempeñan dobles funciones como alerones, una configuración conocida como elevones. Mediante el uso de mezcla de controles, los elevones permiten ajustes de cabeceo y alabeo: el movimiento ascendente de ambos elevones hace que la aeronave cabecee hacia arriba, mientras que el movimiento diferencial induce el alabeo. El control de guiñada es típicamente mínimo durante el vuelo estándar, con el acoplamiento guiñada-alabeo compensando las fuerzas de giro. Las aeronaves de entrenamiento, diseñadas con sistemas de control de 2 ejes simplificados, dependen del acoplamiento integrado de alabeo-guiñada para facilitar la coordinación durante las maniobras de vuelo básicas. Sin embargo, las maniobras más avanzadas requieren control sobre los tres ejes.

El movimiento excesivo de las superficies de control puede introducir resistencia y desestabilizar la aeronave, llevando a un comportamiento de "chirrido" caracterizado por respuestas súbitas y exageradas a los insumos de control. Aunque este comportamiento está deliberadamente diseñado en algunos aviones de espuma para interiores o radicales, plantea desafíos que los pilotos deben dominar para un control preciso.

En los aviones modelo, conectar las superficies de control a los servos presenta un desafío significativo. Típicamente, los servos están montados a distancia de los controles debido a restricciones de espacio o distribución de peso, conectados a través de varillas y palancas conocidas como "cuernos". Para optimizar la precisión del control, se emplea una palanca adecuada, utilizando palancas más cortas en el servo y más largas en la superficie de control para maximizar el movimiento del brazo del servo. Esta configuración meticulosa asegura un control preciso sobre los movimientos de la aeronave.

Lanzar, Controlar y Recuperar un Avión Pilotado a Distancia

Procedimientos de Preparación

Antes de llevar tu dron a los cielos, es crucial adherirse a una lista de verificación exhaustiva antes del vuelo y mantener registros detallados de vuelo. Esto es lo que debes incluir:

- Lista de Verificación Previa al Vuelo e Información del Registro de Vuelo:

    - Registrar la fecha y hora del vuelo.

    - Anotar la ubicación y asegurar un área segura para despegue y aterrizaje.

    - Identificar al operador y cualquier miembro del equipo involucrado.

    - Verificar todas las conexiones de cables y hardware para seguridad.

    - Documentar detalles de la aeronave, información de radio y canal, y modos/configuraciones de vuelo.

    - Registrar detalles sobre hélices y baterías utilizadas, incluyendo etiquetado y seguimiento del uso de cada batería.

    - Verificar el estado del GPS, anotando el número de satélites bloqueados.

- Monitorizar las condiciones meteorológicas, incluyendo dirección del sol, dirección del viento y velocidad. Asegurar que la aeronave sea adecuada para manejar las condiciones prevalecientes.

- Definir el propósito, sujeto, misión y persona de contacto para el vuelo.

- Evaluar peligros potenciales y elaborar un plan para mitigar cada riesgo.

- Registrar la elevación y velocidad alcanzada durante el vuelo.

- Confirmar la seguridad de la carga útil, preferiblemente comenzando sin carga adicional.

- Configurar los ajustes de la cámara y asegurar espacio suficiente en la tarjeta de memoria.

- Documentar la duración del vuelo y cualquier irregularidad observada durante la experiencia.

- **Medidas de Seguridad de la Zona de Vuelo:**

  - Mantener una distancia mínima de 30 pies entre el UAV y cualquier individuo u objeto.

  - Utilizar conos de seguridad o grandes lonas para marcar el perímetro de la zona segura.

  - Considerar la creación de un límite físico usando cuerda, postes, pintura o polvo delimitador de campo para disuadir a los espectadores de entrar en la zona de vuelo.

  - Si hay un observador presente, instruirlo para que se comunique con los individuos cercanos, dirija a los espectadores a mantenerse alejados de la zona de vuelo y mantenga la conciencia de la posición del UAV.

  - Evitar volar cerca de grandes estadios con multitudes en las gradas.

- **Conciencia de Obstáculos:**

  - Estar atento a cables, líneas eléctricas, cables sueltos, ramas de árboles extendidas, postes de luz y características arquitectónicas en el área de vuelo.

- Mantener una distancia segura de los obstáculos potenciales para minimizar el riesgo.

- Inspección de la Aeronave:

  - Realizar una verificación exhaustiva de sistemas antes de cada vuelo, incluso si el dron funcionó perfectamente en sesiones anteriores.

  - Probar motores y ajustes sin hélices y realizar una prueba de dirección de las hélices después de colocarlas.

  - Documentar cualquier reparación o modificación realizada en el dron en el momento.

- Procedimientos de Batería:

  - Revisar los procedimientos de batería, incluyendo manejo, almacenamiento y disposición.

  - Monitorizar la edad e integridad de la batería para asegurar un funcionamiento seguro.

  - Familiarizarse con los centros de entrega locales para baterías de LiPo usadas.

  - Mantener un extintor de incendios cerca como precaución.

- Registros de Vuelo y Mantenimiento:

  - Mantener un registro detallado de vuelo documentando cada vuelo, incluyendo detalles relevantes de la lista de verificación previa al vuelo.

  - Mantener un registro de mantenimiento separado para construcciones de UAV, registrando reparaciones, mejoras y resultados de pruebas.

  - Documentar el proceso de toma de decisiones durante la construcción del dron, incluyendo selección y comparaciones de componentes.

- Recursos:

- Utilizar foros en línea y recursos para buscar consejos e información sobre seguridad y tecnología de UAV.

- No dudar en pedir ayuda si se tiene alguna duda sobre algún aspecto del diseño, construcción o vuelo del dron.

Lanzamiento de Aeronave Pilotada a Distancia

La fase inicial de operación de un dron se conoce como despegue, un paso crítico que requiere dominio. Para iniciar el despegue, el piloto activa el acelerador para poner en marcha las hélices. Comienza posicionando tu dron en una superficie nivelada dentro de un espacio abierto. Aumenta gradualmente el acelerador para elevar el dron unos pocos centímetros inicialmente. Es esencial que el piloto desarrolle familiaridad y comodidad con la sensibilidad del acelerador para destacarse en las maniobras de despegue. Si el dron comienza a desviarse, se recomienda abstenerse de usar el joystick derecho para ajustar y en su lugar detener el proceso para reiniciarlo de nuevo.

Antes de poder despegar con tu dron, hay algunos pasos finales que debes seguir. Estos pasos son generalmente aplicables al lanzamiento, aunque cada tarea puede variar ligeramente dependiendo del modelo de dron. Por lo tanto, consulta tu manual de usuario si no estás seguro. Al prepararte para lanzar tu dron, tu enfoque debe estar únicamente en la tarea en cuestión. Cualquier distracción debe ser apartada para evitar lesiones. Sigue estos pasos generales:

1. Coloca tu dron en el suelo en un área segura de despegue y aterrizaje. Si tu dron tiene un modo de retorno automático, volverá a esta ubicación automáticamente. Ten en cuenta que la mayoría de los modos de retorno automático no evitan colisiones, así que elige un área abierta. Asegúrate de que el dron esté apuntando lejos de ti y que tu plataforma de despegue y aterrizaje esté al menos a 10 pies frente a ti. Usar tu propia plataforma de lanzamiento asegura una superficie limpia y nivelada para despegar y aterrizar.

2. Si tu cámara está integrada, asegúrate de que se haya quitado la tapa del objetivo y configura la cámara en el modo de vuelo deseado. Para cámaras adicionales como GoPro, enciende la cámara, quita la tapa y configúrala en el modo deseado.

3. Verifica que el transmisor esté apagado y el acelerador esté en cero antes de conectar la batería del dron. Aunque la probabilidad de que el dron se inicie al conectar la batería es baja, procede con precaución.

4. Conecta y enciende la batería del dron.

5. Calibra el dron. Los sensores de alta gama en el dron necesitan calibración antes de cada vuelo para garantizar un control adecuado. Calibra lejos de fuentes electromagnéticas como altavoces y líneas eléctricas.

6. Inicia el bloqueo GPS, similar a establecer una ubicación de inicio. Actualiza la posición de inicio si cambias las ubicaciones de despegue y aterrizaje para evitar que el dron regrese a una ubicación antigua.

7. Arma el dron para indicar la disposición para el vuelo. No manipules el dron mientras esté armado, especialmente en modos de vuelo asistidos, ya que puede intentar corregir y nivelar.

8. Aumenta lentamente el acelerador para poner en marcha los motores y despegar. Mantén el dron a unos 10-20 pies sobre el suelo para verificar el control y la estabilidad antes de continuar.

Despegue y Aterrizaje

Cuando un UAV opera en un aeródromo típicamente utilizado por aeronaves tripuladas, debe adherirse a los procedimientos estándar de despegue y aterrizaje y seguir las instrucciones del ATC a menos que se le permita lo contrario.

Para los UAV controlados manualmente durante el despegue por el controlador de lanzamiento, se aplican los procedimientos estándar VFR, las regulaciones locales del patrón de campo de aviación y los mínimos meteorológicos VFR para la clase de espacio aéreo. Después del despegue, el controlador de lanzamiento debe ajustar la posición del UAV según sea necesario para mantener el contacto visual. Durante el despegue y la transición de control directo a autónomo, el controlador supervisor del UAV debe monitorear el sistema del UAV para garantizar el cumplimiento de los espacios libres de navegación y la ruta de vuelo, y verificar el estado del sistema. Durante esta fase, la evasión de colisiones es responsabilidad del controlador supervisor, pero el controlador de lanzamiento puede ajustar la posición del UAV según las instrucciones del ATC bajo procedimientos IFR.

Para los UAV controlados manualmente durante el aterrizaje por el controlador de lanzamiento, se aplican los mismos procedimientos VFR, las regulaciones locales del patrón de campo de aviación y los mínimos meteorológicos VFR. El UAV debe seguir las instrucciones del ATC, con separación de tráfico proporcionada por el ATC, hasta alcanzar un punto de recuperación predeterminado. Al visualizar el UAV el controlador supervisor, asume la responsabilidad de la separación de tráfico y la evasión de colisiones. El controlador supervisor debe monitorear el proceso de recuperación al control manual para garantizar el cumplimiento de las autorizaciones de navegación y la ruta de vuelo. Para los UAV equipados con sistemas automáticos de despegue y aterrizaje, el controlador supervisor debe monitorear el estado del sistema del UAV y el cumplimiento de las autorizaciones del ATC, realizando correcciones de la ruta de vuelo según sea necesario y según lo indique el ATC.

Figura 59: Lanzamiento de Sistema Aéreo No Tripulado UAS (Dron) para Encuestar Incendios. Mike McMillan - DNR, Dominio público, vía Wikimedia Commons.

Procedimientos de Emergencia

El plan de vuelo del UAV debe abarcar detalles y protocolos relacionados con escenarios de vuelo de emergencia preplanificados en caso de pérdida de control positivo de enlace de datos sobre el UAV. Dependiendo de las capacidades del sistema, estos escenarios podrían implicar:

(a) Tránsito autónomo del UAV a una zona de recuperación predeterminada seguido de una recuperación autónoma.

(b) Tránsito autónomo del UAV a una zona de recuperación predeterminada seguido de la activación de un sistema de terminación de vuelo (FTS).

Procedimientos de Aborto: El controlador supervisante del UAV debe formular procedimientos específicos de aborto y terminación de vuelo, los cuales deben ser informados al ATC según sea necesario. Como mínimo, el informe debería cubrir información sobre perfiles de vuelo preprogramados de pérdida de enlace (incluyendo acciones de terminación si falla la restauración del enlace de control), capacidades de terminación de vuelo y desempeño del UAV bajo condiciones de terminación.

Se deben realizar verificaciones continuas y automáticas del enlace de datos, y las advertencias en tiempo real deben ser mostradas de inmediato a la tripulación del UAV en caso de fallo. En caso de una pérdida completa de enlace de datos, excluyendo pérdidas de señal intermitentes o períodos de interrupción programados, el controlador del UAV debe activar automáticamente y manualmente el código SSR 7700 y ejecutar procedimientos de recuperación de emergencia. Los parámetros que determinan la aceptabilidad de pérdida de señal intermitente y pérdida total serán establecidos por el fabricante. Un UAV operando bajo perfiles de vuelo autónomos preprogramados debido a una pérdida completa de enlace de datos de control será tratado por el ATC como una aeronave de emergencia.

Si ocurre una falla de comunicación entre el controlador supervisante del UAV y el ATC, el UAV debe activar el código SSR 7600 (modo 3A) e intentar establecer comunicaciones alternativas. Hasta que se restaure la comunicación con el ATC, el UAV se adherirá a la última instrucción reconocida o será dirigido a orbitar en su posición actual. Si la comunicación con el ATC permanece sin establecerse, la salida del UAV deberá ser terminada.

Interacción con los Servicios de Tráfico Aéreo

En Australia, los UAV que operan dentro del espacio aéreo controlado por radar deben estar equipados con un transpondedor SSR capaz de funcionar en los modos 3A y C. El controlador supervisante del UAV debe poseer la capacidad de ajustar el código SSR y el identificador de squawk según sea necesario.

Desviaciones de Vuelo: Las solicitudes de desviaciones de vuelo deben adherirse a los procedimientos establecidos y ser dirigidas a las autoridades apropiadas de los Servicios de Tráfico Aéreo (ATS).

Comunicaciones: El controlador supervisante del UAV es responsable de iniciar y mantener comunicaciones bidireccionales con las autoridades de ATC relevantes durante todo el vuelo. Reporte de Posición: En el espacio aéreo controlado, los UAV deben ser monitoreados continuamente para cumplir con el plan de vuelo aprobado por el controlador supervisante del UAV. Todos los informes de posición y otros informes requeridos deben ser realizados a la unidad ATC correspondiente. Los sistemas de Vigilancia Dependiente Automática (ADS) pueden ser utilizados para este propósito.

Seguimiento: El ATC supervisará continuamente la trayectoria de vuelo del UAV en áreas con cobertura radar. Fuera de la cobertura radar, la CASA puede requerir equipo adicional para facilitar el seguimiento del UAV y mantener la separación con otras aeronaves. Los equipos ADS u similares pueden ser adecuados para este propósito.

Identificación del UAV: Cada vuelo de UAV debe tener un medio para indicar a ATC que está sin tripulación. Por lo tanto, todos los indicativos de llamada de UAV deben incluir el término "SIN TRIPULACIÓN".

Revisiones Pre-Vuelo

Área y Entorno
- Peligros / Selección del Sitio

    - Verificar cables

    - Animales

    - Personas / espectadores

    - Propiedad en las cercanías

    - El sitio está alejado de participantes no esenciales

    - Capacidad para mantener zonas de amortiguación adecuadas entre la aeronave y el personal;

- Minimizar despegues y aterrizajes sobre áreas pobladas
- Tomar en cuenta la topografía local, asegurando una línea de visión visible hacia el UAV en todo momento. Asegurarse de que la conexión de telemetría no esté obstruida.
- Investigar posibles sitios alternativos de aterrizaje en caso de que el sitio de despegue esté obstruido.

* Consideración Psicológica (¿estás bien descansado, apresurado, con "prisa por llegar", ¿estás siendo presionado por el cliente?)

* Consideraciones Meteorológicas

    - Temperatura
    - Visibilidad
    - Precipitación

* Velocidad del Viento

    - Vientos superiores / en altitud
    - Rotor (lado de sotavento de objetos grandes)

* Notificar a cualquier espectador o propietario cercano de la propiedad sobre tus intenciones (permiso)

* Discutir el plan de vuelo con tu copiloto o observador

* Si vuelas en espacio aéreo controlado, ¿has notificado a la autoridad del espacio aéreo?

    - NOTAMs
    - ¿Puedes comunicarte con las autoridades?
    - ¿Necesitas mantener la comunicación?

- Kit de Primeros Auxilios abastecido, fácilmente accesible y visible para cualquier persona en el área.

Equipo / UAV / Dron
- Inspección General
- Grietas en juntas y miembros estructurales
- Tornillos, amarres, sujetadores o correas sueltas o dañadas
- Cables sueltos o dañados
- Conexiones sueltas o dañadas (soldadura, enchufes, etc.)
- Inspeccionar montajes y tornillos de hélices y aplicar ligera contrapresión en los brazos para verificar componentes sueltos
- FPV, inspeccionar / limpiar la lente del FPV (Cámara) y asegurarse de que esté asegurada y las conexiones estén firmemente sujetas
- Ajustes de la cámara correctos (imágenes fijas, video, velocidad de cuadros)
- Batería / Baterías completamente cargadas, correctamente colocadas y aseguradas
- Equipos de seguridad funcionando
  - RTH (regreso al hogar)
  - Paracaídas de recuperación
  - Funcionamiento del Firmware de Detección de Proximidad al Aeropuerto
- Las hélices están suaves y libres de daños / defectos (verificar hoja, superficie y cubo)
- Adaptadores de hélice están apretados / asegurados
- Asegurarse de que la alarma de voltaje esté conectada
- Asegurarse de que el tiempo de armado / inactivo esté configurado correcta-

mente

- Modelo correcto seleccionado en el transmisor (si es aplicable)
- Verificar que el transmisor RC muestre el rango y el centrado adecuados para todos los sticks
- Realizar prueba de rango

Plan de Misión
- Todas las acciones y contingencias para la misión planificada.
- La planificación de contingencias debe incluir rutas seguras en caso de falla del sistema, rendimiento degradado o pérdida del enlace de comunicación, si existe un sistema de seguridad.
- Los planes de misión y los planes de vuelo deben ser compartidos con otros operadores en la zona.

Conciencia Pública
- Sé cortés y educado.
- Eres un embajador y tus acciones afectarán a otros pilotos y a la industria en general.
- Sé profesional / aparenta ser profesional.

Pre-vuelo / Preparación
- Verificar que todas las baterías del transmisor, de la aeronave y de la cámara estén completamente cargadas; (confirmar voltajes).
- Asegurarse de que no haya conflictos de frecuencia tanto con el video como con el transmisor / receptor.
- Revisar todas las superficies de control en busca de signos de daño, bisagras sueltas y condiciones generales; Revisar el ala / rotores para asegurarse de que estén en buenas condiciones estructurales y correctamente asegurados;
- Revisar el motor / motor y montaje adjunto al armazón;

- Estudiar hélices / hardware de montaje (apretado) / palas de rotor en busca de virutas y deformaciones;

- Verificar el tren de aterrizaje en busca de daños y funcionamiento.

- Probar conexiones eléctricas, conectadas y seguras.

- Asegurarse de que el sistema de montaje de equipos fotográficos / de video esté seguro y operativo.

- Verificar la ubicación del equipo GPS que controla el piloto automático.

- Verificar los movimientos del IMU en el software de control de tierra.

- UAV en modo de estabilización, asegurarse de que las superficies de control se muevan hacia las posiciones correctas.

- El UAV / Dron está en un lugar nivelado y seguro para despegar.

- Encender la estación terrestre FPV.

- Encender el receptor de video / gafas FPV.

- Si se utiliza grabador de video, encender el sistema de la cámara.

- Ajustar los ajustes de la cámara (imágenes fijas, video, velocidad de cuadro).

- Limpiar la memoria de la cámara SD e insertarla en la cámara.

- Acción / Comenzar a filmar.

- Todos los controles del transmisor se mueven libremente en todas las direcciones.

- Todos los ajustes del transmisor en posición neutral.

- Todos los interruptores del transmisor en la posición correcta (típicamente hacia afuera).

- Acelerador del transmisor a cero.

- Transmisor de radio encendido.

- Conectar / encender la batería al armazón.

- Asegurarse de que los indicadores LED y los tonos audibles sean correctos.

- Temporizador encendido (si corresponde).

- FPV, confirmar que el video esté en el monitor / gafas.

- Escanear para detectar autos / personas / animales cercanos.

- ¡Decir "¡DESPEJADO!".

- Armar el controlador de vuelo.

- Aumentar ligeramente el acelerador escuchando cualquier anormalidad.

- Un breve ascenso de 20-30 segundos a 3-5 pies (escuchar vibraciones / artículos sueltos).

- Confirmar que los niveles de voltaje sean correctos.

Preflight - Failsafe

Confirma que se ha programado un mecanismo de seguridad preestablecido (típicamente involucrando el regreso a casa y la reducción del acelerador del motor) en el enlace RC (consulta las pautas del fabricante) y realiza una prueba en tierra desactivando el transmisor y observando la respuesta tanto en el receptor como en la estación terrestre. Una vez satisfecho, vuelve a activar el transmisor.

Ejemplo de Failsafe Específico - 3DR IRIS+ / X8+

Configuraciones de Failsafe

Por defecto, las configuraciones de failsafe del dron están optimizadas para el vuelo manual en áreas abiertas con señales GPS fuertes. Sin embargo, para áreas con señales GPS débiles o para misiones específicas, se recomienda ajustar las configuraciones de failsafe para una mayor tolerancia a fallos.

Vuelo en Áreas con Señal GPS Baja: Algunas áreas pueden experimentar una señal GPS débil debido a obstrucciones físicas o disponibilidad limitada de satélites. Si encuentras un fallo de verificación previa al armado que indique falta de bloqueo GPS 3D en tu estación terrestre, es probable que estés en un área con señal GPS baja. Para volar sin bloqueo GPS, modifica la configuración de failsafe para desactivar la cerca geográfica horizontal. Esto elimina el requisito de bloqueo GPS antes del despegue y desactiva los modos de vuelo dependientes del GPS, permitiendo solo el control manual (modo estándar - mantenimiento de altitud).

Para Desactivar el Failsafe de Rango (Cerca Geográfica Horizontal): Conecta el dron a Mission Planner y navega a Config/Tuning > Standard Params. Localiza el parámetro de Tipo de Cerca, que normalmente está configurado en Altitud y Círculo por defecto. Cámbialo a Altitud para desactivar el failsafe de rango y luego selecciona Escribir Params para guardar los cambios en el dron.

Vuelo con Señal GPS Baja: Antes del despegue, el LED de estado parpadea en azul para indicar la disposición para el armado sin bloqueo GPS. El dron solo puede volar en modo estándar (mantenimiento de altitud) sin bloqueo GPS. Evita activar los modos de Loiter, RTL, Follow Me o Auto si no se obtiene el bloqueo GPS antes del despegue.

Requisitos de GPS para los Modos de Vuelo:

Mode	GPS Requirement
Standard (altitude hold mode)	No GPS lock required
Loiter	GPS lock required
Auto	GPS lock required before take-off
RTL	GPS lock required before take-off
Land	No GPS lock required
Follow Me	GPS lock required

Figura 60: Configuraciones de GPS para diversos modos de vuelo.

Vuelo de Misiones con Alcance Extendido: Para volar misiones que excedan el límite de alcance predeterminado de 300 metros, desactiva la cerca geográfica horizontal según se indicó anteriormente. Esto permite que el dron viaje más allá de los 300 metros desde el punto de lanzamiento durante la misión sin activar una acción de retorno al punto de lanzamiento (RTL). Para los vuelos de misión, el bloqueo GPS es esencial antes del despegue. En caso de pérdida de señal GPS durante la misión, el dron activará el comportamiento de seguridad predeterminado de GPS. En tales casos, cambia al control manual (modo estándar - mantenimiento de altitud).

Cuando se vuelan misiones con alcance extendido, es recomendable configurar el comportamiento de seguridad de GPS para aterrizar cuando se pierda la señal GPS, aumentando la probabilidad de una recuperación segura en distancias más largas.

OPERACIONES CON DRONES 261

Para Configurar el Comportamiento de Seguridad de GPS: Conecta el dron a Mission Planner y accede a Config/Tuning > Standard Params. Localiza el parámetro de Habilitar Failsafe de GPS, que normalmente está configurado en AltHold por defecto. Cámbialo a Land para instruir al dron a aterrizar en la posición actual en caso de pérdida de señal GPS, y luego selecciona Escribir Params para guardar los cambios en el dron.

Verificación de Alcance: Realiza una verificación de alcance del transmisor siguiendo las instrucciones del fabricante. Asegúrate de que el transmisor esté en su estado normal de vuelo antes de lanzar.

Preparación Específica del Lanzamiento del Dron

Ejemplo - DJI Phantom 3 Professional

'Aeronave' se utiliza para referirse al DJI Phantom 3 Professional y se considera intercambiable con UAV, Dron, Cuadricóptero.

'iPad' se utiliza para referirse al dispositivo iOS o Android, como un teléfono inteligente o tableta, utilizado para ejecutar el software de la aplicación DJI GO. Nota: Este documento está escrito específicamente para su uso con un dispositivo iOS de Apple y NO tiene en cuenta ninguna diferencia funcional para los Operadores que utilicen un dispositivo Android para ejecutar la aplicación DJI GO.

'Unidad de Control Remoto (RC)' se utiliza para referirse a la unidad de control remoto de DJI.

Figura 61: DJI Phantom 3 4K +. Rektoz, CC BY-SA 4.0, vía Wikimedia Commons.

Lista de Verificación del Área Operativa

- Verificar fuentes potenciales de interferencia como superficies de metal grandes, materiales ferromagnéticos en la persona o en UAV cercano, así como estructuras metálicas subterráneas (armaduras, tuberías, conductos, etc.) en o alrededor del área de calibración.

- Registrar y confirmar distancias (utilizar un telémetro láser si es posible):

    ○ Distancia de despegue/aterrizaje al punto de interés (POI).

    ○ Perímetro (longitudes de esquina a esquina).

    ○ Centro del POI hasta el radio máximo para el modo Órbita.

    ○ Alturas máximas de todas las estructuras verticales (edificios, cables de energía, árboles, etc.; los postes de energía y las farolas suelen tener entre 20 y 25 metros).

    ○ Asegurar un camino directo claro "en línea recta" desde el POI hasta la posición de lanzamiento/aterrizaje.

OPERACIONES CON DRONES 263

- Tomar nota de la altitud mínima para la ruta de vuelo de RTH (Regreso a Casa) basada en posibles obstrucciones (postes, árboles, estructuras), típicamente al menos 50 metros.

- Confirmar la altura máxima de las estructuras a orbitar o sobrevolar (Altura Mínima de Colisión).

Lista de Verificación Previa al Vuelo de la Aeronave y el Controlador

- Firmware: Asegurarse de que el firmware de la Aeronave, la Unidad RC, las Baterías Inteligentes y el software de control del dispositivo iOS estén actualizados antes de llegar al lugar. Esto puede requerir una conexión WiFi que podría no estar disponible en el lugar.

- Hélices: Asegurar a mano o con la llave de DJI (hélices con tapa gris en postes grises y girar en sentido horario para apretar, hélices con tapa negra en postes negros y girar en sentido antihorario para apretar).

- Batería (Aeronave): Totalmente cargada e instalada correctamente (totalmente encajada y bloqueada en su lugar al ras con el casco).

  - LED rojo sólidamente encendido y no parpadeando.
  - Cuatro (4) LED verdes sólidamente encendidos y no parpadeando.

- Batería (Controlador RC): Totalmente cargada.

  - Primer LED sólidamente encendido en rojo al encenderse.
  - Los siguientes cuatro (4) LED sólidamente encendidos en blanco al encenderse.

- Batería (iPad): Totalmente cargada al 97-100%.

- Cubierta de la lente, bloqueo del cardán y abrazadera del cardán de la Aeronave retirados y guardados.

- Filtros de lente de la cámara colocados y asegurados correctamente (preferencia del piloto si no es la configuración de cámara estándar).

- Tarjeta SD insertada en la ranura de la cámara de la Aeronave (contactos metálicos hacia abajo) y encajada en su lugar al ras con la ranura. Reformatear antes del vuelo.

- iPad montado y bloqueado de forma segura en el soporte de sujeción de la Unidad RC.

- Cable Lightning certificado por Apple MFI conectado al iPad con el conector USB conectado a la Unidad RC.

- Si se utiliza un parasol, asegurarse de que el cable esté correctamente guiado a través del agujero de acceso y enchufado sin curvas bruscas o atascos.

- Antenas: Erectas verticalmente.

- Interruptor de Cambio de Modo de Vuelo en 'Modo P' (Modo de Posicionamiento) para control de vuelo asistido utilizando GPS, posicionamiento de visión y posicionamiento de barómetro.

Lista de Verificación Previa al Vuelo del Dispositivo iOS
- Batería (iPad): Totalmente cargada al 97-100%.

  - WiFi: Desactivado en Configuración.

  - Bluetooth: Desactivado en Configuración.

  - Todas las Aplicaciones en Segundo Plano Cerradas.

  - Permitir Múltiples Aplicaciones Activado en Configuración.

  - Gestos Desactivados en Configuración.

- Brillo de la Pantalla: Ajustado a brillante y Auto-Brillo Desactivado en Configuración.

- Aplicación DJI GO: Asegurarse de usar la última Versión Estable.

- Configuraciones de DJI GO: Preseleccionadas antes de montar en la Unidad RC si es posible para mayor comodidad.

- Modo: Alternar de 'P' a 'F' en la Unidad RC para acceder a los Modos de Vuelo Asistidos Inteligentes Adicionales. Para esta lista de verificación, volar manualmente en 'Modo P' para un control completo.

- Barra de Estado de la Aeronave: Muestra Conectado/Listo cuando todas las unidades están encendidas.

- Configuraciones de Control: Confirmar todas las configuraciones según la Misión y los Requerimientos de Vuelo. Las Configuraciones y Configuraciones Específicas se detallan en un documento SFOCS (Hoja de Trucos de Operaciones de Vuelo Específicas) por separado.

Configuración Previa al Lanzamiento

- Inserte la tarjeta micro SD en la ranura de la cámara de la Aeronave.

- Verifique que el estado de la batería muestre completamente cargado para todos los dispositivos.

- Compruebe que las hélices estén bloqueadas de forma segura y correctamente alineadas (negro con negro y gris con gris).

- Asegúrese de que el iPad esté montado, asegurado y conectado de forma segura a la Unidad RC mediante cable.

- Confirme que las antenas de la Unidad RC estén correctamente posicionadas en posición vertical.

- Verifique que el modo de vuelo de la Unidad RC esté configurado en la posición "P".

- Coloque la Aeronave en una superficie nivelada, indicando la posición HOME apropiada.

- Asegúrese de que la nariz de la Aeronave esté apuntando lejos del operador (Dirección de Vuelo).

- Inicie la Secuencia de Encendido:

    ○ Unidad RC – Encendido:

- Presione el botón de encendido una vez, luego dos veces y una tercera vez y manténgalo presionado durante 2-3 segundos antes de soltarlo. Todos los LED se iluminarán y la unidad emitirá un pitido.

  ○ iPad – Encendido.

  ○ Aeronave – Encendido:

  - Presione el botón de la batería una vez, luego dos veces y una tercera vez y manténgalo presionado durante 2-3 segundos antes de soltarlo.

  - Nota: al encender la Aeronave, asegúrese de que las manos y los antebrazos estén debajo de las hélices. Use una segunda mano debajo del nivel de la hélice para sostener el tren de aterrizaje y mantener la Aeronave quieta durante la secuencia de encendido.

  - La Aeronave debería emitir una serie de pitidos.

  - La cámara y el cardán completarán algunas rotaciones completas, deteniéndose 'en posición' y mirando hacia adelante cuando esté listo.

  - Las luces debajo del brazo permanecerán rojas en los brazos que miran hacia adelante y cambiarán de color en los brazos que miran hacia atrás para indicar el Estado de la Aeronave. Consulte la página 12 del Manual del Usuario del Phantom 3 Professional.

  - Indicador de batería – Cuatro LED verdes encendidos y no parpadeando, y un LED rojo encendido y no parpadeando.

  - Estado de la batería de la UAV OK (totalmente cargada, sin errores).

  - Estado de la UAV OK y listo.

  - LED del controlador en verde.

  - Estado del controlador OK (sin errores).

- Inicie la aplicación DJI GO.

- DJI GO App – Inicie la aplicación, seleccione la Aeronave correcta y vaya al

Modo de Cámara. La aplicación debería establecer una conexión con la Aeronave en unos segundos.

- Brújula – Calibre según las instrucciones del manual.

- Bloqueo GPS – Calibre según las instrucciones del manual.

- Toque la opción "Cámara".

- Si es un área de lanzamiento nueva, toque la opción "Calibrar" y siga las instrucciones en pantalla.

- Ajuste la configuración de la cámara según lo deseado.

- Listo para Despegar:

    ○ Estado de vuelo de DJI GO App OK para continuar (Seguro para volar – GPS).

    ○ Ambos joysticks de control a la posición inferior interna para iniciar los motores (CSC).

    ○ Ejecute el despegue automático o manual y muévase a la posición de espera (~2m) durante 30 segundos.

    ○ Confirme y registre la configuración del GPS:

        - Ubicación de despegue/aterrizaje (confirme con una verificación visual en el mapa mostrado).

        - Verifique la estabilidad de la UAV.

- Stick Izquierdo hacia adelante para ascender 2-3 metros y luego mantenga la posición.

- Stick Izquierdo hacia atrás para descender 2-3 metros y luego mantenga la posición.

- Stick Izquierdo a la Izquierda para girar a la izquierda y luego mantenga la posición.

- Stick Izquierdo a la Derecha para girar a la derecha y luego mantenga la posición.

- Stick Derecho hacia adelante para avanzar 2-3 metros y luego mantenga la posición.

- Stick Derecho hacia atrás para retroceder 2-3 metros y luego mantenga la posición.

- Stick Derecho a la Izquierda para desplazarse hacia la izquierda y luego mantenga la posición.

- Stick Derecho a la Derecha para desplazarse hacia la derecha y luego mantenga la posición.

- Vuelva a la ubicación original de Despegue/Aterrizaje a unos 2 metros de altura y luego mantenga la posición.

- Verifique y vuelva a configurar cualquier configuración de vuelo o de cámara y confirme la posición de inicio.

- Todos los chequeos OK – listo para ir.

Despegue y Aterrizaje Autónomos para UAVs de Ala Fija

En el pasado, los UAVs requerían pilotaje remoto por parte de un operador en tierra, pero los avances en tecnología ahora ofrecen varios niveles de autonomía. Una vez que un operador establece parámetros específicos para el UAV (altitud, velocidad del aire, coordenadas, etc.), los UAVs operados de manera autónoma pueden navegar hacia su destino, permitiendo a los operadores monitorear la aeronave en lugar de controlarla constantemente. Tal plataforma requiere controladores autónomos personalizados de despegue y aterrizaje (ATOL) en conjunto con los sistemas de control de vuelo (FCS) existentes. Los altos niveles de automatización, en particular los sistemas basados en ATOL, ofrecen varias ventajas, incluida una mayor seguridad de vuelo, operaciones simplificadas, costos operativos reducidos y una disminución de la carga de trabajo del operador.

Uno de los beneficios notables de los sistemas basados en ATOL es la eliminación de operadores humanos (y, consecuentemente, cualquier error potencial del operador) durante las fases críticas de despegue y aterrizaje. El error humano solo contribuye a aproximadamente el 60% de los accidentes de UAV durante las operaciones, con incidentes de despegue y aterrizaje que representan más del 50% de los accidentes a pesar de constituir solo una fracción de la fase de vuelo. Eliminar la necesidad de control manual de la aeronave durante el despegue y el aterrizaje con un sistema basado en ATOL puede mejorar significativamente la seguridad durante las operaciones.

Entrenar a los operadores para realizar despegues y aterrizajes de UAV representa una inversión significativa tanto en tiempo como en dinero. Eliminar la necesidad de esta capacitación podría ser ventajoso para cualquier programa. Además, los operadores suelen estar restringidos por condiciones como la noche o la densa niebla al aterrizar la aeronave. Contar con un sistema automatizado que se base en sensores a bordo en lugar de la vista para fines de aterrizaje proporciona una plataforma de UAV más robusta.

Además, los operadores pueden redirigir su enfoque hacia otras tareas y responsabilidades, lo que les permite monitorear la aeronave en lugar de pasar tiempo controlando manualmente el despegue y el aterrizaje. En operaciones militares, los sistemas ATOL podrían reducir la necesidad de tripulaciones de lanzamiento y recuperación para plataformas de UAV más grandes, lo que permite a los militares asignar valiosos operadores a otras áreas. Durante operaciones de larga duración que duran más de 20 horas, la fatiga del operador puede afectar la toma de decisiones, el rendimiento y el enfoque, factores críticos para el aterrizaje. Implementar un sistema ATOL elimina los factores de riesgo relacionados con el operador y reemplaza a los operadores humanos con un sistema que no se cansa ni se fatiga.

El primer aterrizaje autónomo registrado de una aeronave de ala fija ocurrió el 23 de agosto de 1937, en Wright Field en Dayton, Ohio, utilizando el avión de transporte C-14B del Ejército. Este logro fue posible gracias al Capitán Carl Crane, quien desarrolló los instrumentos y radios necesarios a bordo del C-14B para interactuar con balizas de radio en tierra alrededor del campo de aviación. Desde entonces, importantes avances tecnológicos han llevado a sistemas de piloto automático más complejos, compactos y robustos capaces de aterrizajes y despegues autónomos. Si bien cambiar a un sistema ATOL ofrece numerosos beneficios, la implementación puede plantear varios desafíos.

El principal desafío en el desarrollo de un sistema autónomo de despegue y aterrizaje es el problema de localización, que implica asegurar que el UAV conozca con precisión su posición (incluida la elevación) con respecto a la pista durante el despegue o el aterrizaje. Otros desafíos en el diseño de un sistema ATOL incluyen el seguimiento de la línea central de la pista, el enfoque de precisión, los efectos de suelo, los vientos cruzados (ángulos de crabeo y decrab), la velocidad de descenso y las acciones de frenado.

Fases Convencionales de Rodaje y Despegue de la Aeronave: El rodaje implica impulsar la aeronave hacia adelante en tierra utilizando el control del acelerador para acercarse y alinearse con la pista. La dirección se logra maniobrando la rueda de morro y el timón.

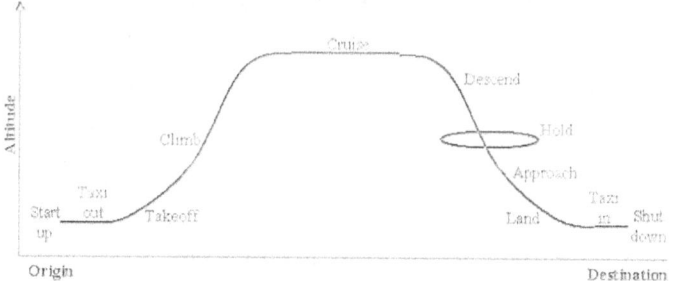

Figura 62: Aircraft Taxing, Take-off, Cruise, and Landing. Carnes (2014).

La fase de despegue del vuelo marca la transición desde el rodaje hasta el vuelo en el aire. Normalmente, los motores se ponen a máxima potencia para alcanzar la velocidad de despegue necesaria, que varía según factores como la densidad del aire, el peso y la configuración de la aeronave. Las velocidades de despegue son influenciadas por el movimiento relativo del aire; por ejemplo, un viento de proa disminuye la velocidad terrestre requerida para el despegue al mejorar el flujo de aire sobre las alas, generando así más sustentación para la aeronave.

Después del despegue, la aeronave asciende a una altitud designada antes de proceder a su altitud de crucero de manera segura. Este ascenso se logra aumentando la sustentación generada por las alas de la aeronave hasta que la fuerza de sustentación excede el peso de la aeronave.

Impacto del Viento en el Lanzamiento

La mayoría de los incidentes de aeronaves ocurren durante las fases de despegue y aterrizaje, involucrando problemas como obstáculos durante la salida y excesos de pista durante el aterrizaje. En esta sección, profundizamos en los factores que influyen en el rendimiento de la aeronave durante estas fases críticas, con el objetivo de ayudar a los pilotos a garantizar operaciones seguras, como lo exigen los reglamentos.

La influencia del viento en las operaciones de la aeronave es un factor que podemos controlar hasta cierto punto. Seleccionar pistas de aterrizaje con el componente de viento de proa más favorable (cuando existen múltiples pistas) y utilizar vientos de cola al volar hacia nuestro destino son estrategias que podemos emplear. Además, la velocidad y dirección del viento pueden variar con la altitud, brindando más oportunidades de optimización.

La fase final del vuelo, especialmente los aterrizajes, puede ser la más desafiante para los pilotos. Se dedica un tiempo significativo a la formación en esta área para lograr casi la perfección.

Vientos de Proa y Vientos de Cola

Las aeronaves utilizan el flujo de viento sobre las alas para generar sustentación para el vuelo. Se necesita una velocidad mínima del viento para el despegue, a menudo complementada por el empuje del motor.

Viento de Proa

Despegar contra el viento permite que el viento contribuya a la sustentación requerida, lo que resulta en un despegue más temprano y, en consecuencia, una velocidad terrestre más baja, lo que conduce a una carrera de despegue más corta. Este enfoque no solo es más seguro, sino que también reduce la distancia de pista requerida para despegues abortados. Subir contra el viento facilita un ascenso más pronunciado, ideal para superar obstáculos durante la salida.

De manera similar, aterrizar contra el viento ofrece ventajas como el uso reducido de la pista, menor velocidad terrestre al tocar tierra (lo que reduce el desgaste de la aeronave) y una disponibilidad más rápida de la pista para movimientos de aeronaves subsiguientes.

Una regla general sugiere que las distancias de despegue y aterrizaje disminuyen un 1.5% por cada nudo de viento de proa hasta 20 nudos.

Viento de Cola

Despegar con viento de cola requiere una distancia de pista más larga para alcanzar la suficiente sustentación para el vuelo, ya que el viento de cola debe ser contrarrestado antes de que se produzca algún efecto de viento de proa. El ángulo de ascenso también se ve disminuido, aumentando el riesgo de encuentros con obstáculos. Un viento de cola de cinco nudos puede extender la distancia de despegue en un 25%, mientras que un viento de cola de diez nudos puede aumentarla aproximadamente en un 55%.

Se observan efectos similares durante los aterrizajes, con velocidades terrestres más altas que afectan la dinámica del enfoque. Aterrizar con viento de cola aumenta el riesgo de reducir inadvertidamente la velocidad del aire debido a percepciones visuales, lo que potencialmente puede provocar pérdidas de sustentación. La vigilancia y el cumplimiento de las velocidades de enfoque normales son esenciales para mitigar este riesgo.

Es recomendable evitar operaciones con viento de cola durante el aterrizaje a menos que se disponga de una longitud de pista suficiente y experiencia del piloto para gestionarlo de manera segura.

Recuerda: Los vientos de cola no alteran la velocidad indicada del aire o la velocidad de pérdida; solo influyen en la velocidad terrestre.

Vientos Turbulentos y Rafagas de Viento

Durante el despegue en vientos racheados, es prudente mantener la aeronave en tierra durante más tiempo para proporcionar un margen de seguridad contra la pérdida de sustentación. Durante el aterrizaje, agregar la mitad del factor de ráfaga a la velocidad final de aproximación compensa las fluctuaciones del viento. Por ejemplo, si la torre informa vientos de 240 grados a 18 nudos con ráfagas de hasta 28 nudos, se recomienda agregar 5 nudos a la velocidad del aire [61].

Aplicar el mismo principio al despegue, agregando la mitad del factor de ráfaga a la velocidad normal de despegue garantiza un margen de seguridad contra la pérdida de sustentación. Sin embargo, esto puede aumentar los requisitos de pista, lo que lo hace menos ideal para pistas más cortas.

Consideraciones para Operaciones de RPAs de Ala Fija

Dirección de Despegue y Aterrizaje

La sabiduría convencional dicta que las aeronaves deben despegar y aterrizar contra el viento siempre que sea posible. Este enfoque reduce la carrera de despegue requerida, disminuye la velocidad al tocar tierra al aterrizar y facilita ángulos de ascenso y descenso más pronunciados. Sin embargo, seguir este consejo no siempre es factible. Los pilotos de ultraligeros (UL), en particular, a menudo operan desde pistas con obstáculos en un extremo, lo que hace necesario un despegue y aterrizaje unidireccional. En tales casos, volar contra el viento puede no ser una opción. Por otro lado, los pilotos de aviación general (GA) típicamente operan desde pistas pavimentadas en "aeropuertos reales", donde se desaconseja despegar con viento de cola. A pesar de esto, los despegues con viento de cola siguen siendo un tema con información limitada disponible, lo que indica una falta de conciencia sobre los riesgos asociados. Las siguientes secciones profundizan en los factores a considerar al contemplar despegues o aterrizajes en condiciones de viento desfavorables, cada variable jugando un papel en diferentes grados [62].

Velocidad Aérea, Velocidad del Viento y Velocidad Terrestre

La velocidad aérea representa la velocidad del flujo de aire sobre la aeronave, mientras que la velocidad terrestre denota la velocidad relativa al suelo. En aire tranquilo, tanto la velocidad aérea como la velocidad terrestre se alinean. Sin embargo, cuando hay viento presente, surgen discrepancias. Por ejemplo, volar contra un viento de frente reduce la velocidad terrestre, mientras que volar con un viento de cola la aumenta. Esta disparidad afecta significativamente las distancias de despegue y aterrizaje, resaltando la importancia de la conciencia del viento en la planificación del vuelo [62].

Planeo

Comprender la interacción entre la velocidad aérea, la velocidad del viento y la velocidad terrestre es crucial. En casos de vientos fuertes, aeronaves como el Challenger pueden mantenerse efectivamente en el aire cuando se posicionan contra el viento, mostrando el equilibrio entre estos factores.

Movimiento de la Aeronave en el Viento

Una vez en el aire, las aeronaves experimentan fricción mínima con el suelo, lo que les permite desplazarse con la dirección del viento. Este desplazamiento se hace evidente durante aproximaciones con viento cruzado, lo que requiere que los pilotos ajusten su rumbo para compensar el movimiento lateral. De manera similar, aterrizar con vientos cruzados fuertes requiere una técnica de "crabbing" para mantener la alineación con el eje central de la pista [62].

Rendimiento de la Aeronave en el Viento

A pesar de desplazarse con el viento, los parámetros de rendimiento de la aeronave permanecen consistentes, incluyendo la tasa de ascenso y la velocidad de pérdida. Sin embargo, las variaciones en la intensidad del viento, especialmente las ráfagas, pueden afectar brevemente el rendimiento. En última instancia, es la velocidad terrestre de la aeronave influenciada por el viento lo que afecta significativamente la dinámica de despegue y aterrizaje.

Vientos Superficiales vs. Vientos en Altitud

Los vientos superficiales suelen ser más débiles que los vientos en altitud debido a la fricción con el suelo. Los pilotos deben anticipar vientos más fuertes a mayores altitudes, con posibles turbulencias en la zona de transición entre masas de aire de movimiento lento y rápido. Mantener el enfoque en parámetros críticos de vuelo, como la velocidad del aire, ayuda a mitigar los efectos de las condiciones turbulentas encontradas en estas capas de cizallamiento.

Despegar con un Viento de Cola versus un Viento de Frente

En última instancia, un viento de cola requiere una pista de despegue más larga, junto con una mayor distancia necesaria para despejar obstáculos al final de la pista. Consideremos un escenario donde un avión necesita una carrera de 200 pies para despegar a 40 mph, subiendo a una velocidad de 500 pies por minuto con una velocidad del aire de 45 mph. Operando desde una pista de 1,000 pies, se hace evidente que despejar obstáculos al final de la pista se vuelve significativamente desafiante con un viento de cola, lo que resulta en una notable disminución en la altitud ganada para cuando el avión cruza el final de la pista, especialmente evidente con un viento de cola de 15 mph.

Además, a medida que el avión asciende, encuentra vientos de cola más fuertes en altitud, lo que provoca una caída momentánea en la velocidad del aire y una disminución subsiguiente en la velocidad de ascenso debido a la dependencia del ascenso en la velocidad del aire. Al mismo tiempo, puede experimentarse turbulencia mientras el avión atraviesa la capa de cizallamiento entre masas de aire más lentas y más rápidas.

Esto presenta un escenario desafiante para el piloto, caracterizado por una carrera prolongada en tierra, un ángulo de ascenso superficial, una tasa de ascenso reducida y posibles turbulencias. Sin embargo, una vez que el avión se alinea con el viento, el rendimiento del ascenso mejora, aunque con un ángulo más superficial debido al aumento de la velocidad del suelo, lo que proporciona cierto alivio al piloto [62].

Las consideraciones también se extienden a la pendiente de la pista, donde típicamente, despegar cuesta abajo y aterrizar cuesta arriba es preferible para una mejor aceleración y desaceleración. Sin embargo, las condiciones del viento pueden requerir una reconsideración, con un despegue cuesta arriba contra un viento de frente que potencialmente ofrece un mejor rendimiento que un despegue cuesta abajo con un viento de cola. En última instancia, la decisión sobre la dirección del despegue implica una evaluación basada en factores como el grado de pendiente y la fuerza del viento, resaltando la discreción del piloto para garantizar operaciones seguras [62].

Aterrizajes con Viento de Cola

Básicamente, durante un aterrizaje con viento de cola, tocarás tierra a una velocidad significativamente mayor de lo habitual, lo que supone un riesgo de sobrepasar la pista y una posible colisión con obstáculos o terreno peligroso más allá del final de la pista [62].

Al aterrizar con viento de cola, la velocidad del suelo es la suma de la velocidad del aire y la velocidad del viento. En consecuencia, la velocidad de toque del avión excederá la velocidad de toque en aire tranquilo por la velocidad del viento, lo que requiere una distancia de parada más larga. Además, el ángulo de descenso del avión será más superficial debido al aumento de la velocidad del suelo.

Para mitigar los riesgos, si el enfoque no tiene obstáculos, el piloto puede optar por un enfoque más bajo de lo habitual para minimizar la energía potencial de la altitud, confiando únicamente en la energía cinética aumentada para disiparla. Un enfoque más plano permite tener un mejor tiempo de reacción a los cambios en la velocidad del viento mientras el avión desciende a través de cualquier capa de cizallamiento presente.

Una consideración crítica es mantener la vigilancia en el indicador de velocidad del aire y agregar potencia rápidamente si surge alguna señal de disminución de velocidad. Es crucial no juzgar la velocidad basándose en objetos en el suelo, ya que pueden parecer pasar más rápido de lo habitual. Reaccionar a esta alta velocidad aparente en el suelo reduciendo la velocidad corre el riesgo de disminuir la velocidad del aire, lo que potencialmente puede llevar a un deslizamiento inesperado o una alta tasa de descenso.

Cuando se aterriza sobre un obstáculo con viento de cola, es recomendable cruzar el obstáculo a la altitud y velocidad del aire más baja posible para una operación segura. Esto minimiza la velocidad excesiva al tocar tierra mientras garantiza la seguridad. La turbulencia sobre los árboles en condiciones ventosas requiere un margen adicional entre los árboles y la trayectoria del avión. Además, la repentina desaparición de los vientos de cola a medida que el avión se acerca a la pista puede provocar un rápido aumento de la velocidad del aire, lo que resulta en una flotación más larga antes del aterrizaje.

Estos efectos pueden variar según las condiciones locales pero requieren conciencia y disposición para gestionarlos de manera efectiva durante el vuelo [62].

Aterrizaje con Viento de Frente sobre un Obstáculo

Si bien los vientos de frente suelen ser preferibles a los vientos de cola, existe una trampa potencial al aterrizar con viento de frente, especialmente sobre un obstáculo como árboles o bosques que rodean la pista. Inicialmente, el enfoque parece rutinario, pero hay un ángulo de descenso notablemente más pronunciado de lo habitual debido al viento de frente. Ajustando la potencia para mantener un descenso más superficial, el avión pasa sobre los árboles y comienza el descenso hacia la pista. Aquí está el giro:

Como la pista está protegida por árboles circundantes, el viento de frente experimentado sobre los árboles desaparece repentinamente cuando el avión desciende por debajo de su nivel. En consecuencia, la velocidad del suelo permanece alta, heredada del viento de frente a mayor altitud, mientras que la velocidad del aire disminuye al descender hacia el aire tranquilo.

El resultado puede variar desde inconsecuente hasta potencialmente preocupante. Si el enfoque tuviera un margen de velocidad adicional, la pérdida repentina de velocidad del aire puede tener un impacto mínimo. Sin embargo, si el enfoque estaba cerca del límite mínimo de velocidad del aire, la disminución abrupta podría provocar una alta tasa de descenso. Sin una corrección rápida a través de potencia adicional, podría producirse un aterrizaje duro y posiblemente dañino.

Consideraciones Adicionales Sobre Despegues con Viento de Cola

Más a menudo que no, cuando se enfrentan al desafío de un despegue con viento de cola, varios otros factores complican la situación. Por lo general, no es solo un factor, sino una combinación de elementos los que contribuyen a las dificultades encontradas por los pilotos. Aquí hay varios aspectos a tener en cuenta [62]:

- Pendiente de la Pista: Un despegue cuesta abajo es preferible ya que acorta la distancia de despegue, mientras que una pendiente cuesta arriba aumenta la distancia requerida para el despegue.

- Condiciones del Campo Blando: Superficies suaves y esponjosas debido a precipitaciones recientes o nieve derretida prolongan significativamente la carrera de despegue. La hierba alta agrava este efecto, haciendo la situación aún más desafiante. Para muchos aviones, se recomienda una actitud de morro alto durante el despegue desde campos blandos para transferir rápidamente el peso de las ruedas a las alas. Sin embargo, una vez en el aire, bajar rápidamente el morro es crucial para volver a una actitud de vuelo normal.

- Hierba Mojada: La hierba mojada, ya sea por lluvia o rocío, aumenta la fricción superficial, lo que resulta en una carrera de despegue más larga. Levantar temprano la rueda delantera puede ser ventajoso, pero actitudes de morro extremadamente altas, como las utilizadas para despegues desde campos blandos, pueden no proporcionar beneficios sustanciales a menos que el campo también esté blando. La hierba mojada también disminuye la efectividad de frenado durante los aterrizajes a alta velocidad debido a la tracción reducida.

- Vientos Racheados: Condiciones de viento racheado o variable hacen que los despegues sean más desafiantes en comparación con vientos constantes. Los pilotos deben anticipar una experiencia más dinámica durante el despegue en tales condiciones.

- Presión de los Neumáticos: La baja presión de los neumáticos en superficies duras conduce a un aumento de las distancias de despegue debido a la flexión de los neumáticos. Si bien el impacto es menos notable en superficies blandas, la carrera de despegue general sigue siendo considerablemente más larga en comparación con el pavimento. La compensación implica el tamaño de la huella del neumático, con una presión más alta que produce una huella más pequeña, lo que potencialmente causa más hundimiento en superficies blandas.

- Viento de Cola con Componente Cruzado: Cuando se enfrenta a un viento de cola acompañado de un viento cruzado, el avión tiende a desviarse lateralmente al despegar. Los pilotos deben establecer rápidamente un ángulo de cangrejo para contrarrestar esta deriva, mientras manejan el ángulo de ascenso superficial y la alta velocidad del suelo inducida por el viento de cola.

Los pilotos deben permanecer vigilantes con respecto a todos los factores que influyen en el despegue. Centrarse únicamente en el viento de cola y los posibles obstáculos al final de la pista puede resultar en pasar por alto otras variables críticas, lo que lleva a resultados desfavorables. La vigilancia y la consideración exhaustiva de todos los factores son esenciales para garantizar un despegue seguro.

La Decisión de Ir o No Ir

Como piloto, la responsabilidad recae en ti de determinar si es seguro intentar un despegue en condiciones desafiantes. Considera los siguientes puntos:

- Familiaridad con el Rendimiento de la Aeronave: Comprende las capacidades de tu aeronave. ¿Cuál es su carrera de despegue típica? ¿Qué tan empinadamente puede ascender? ¿Cuál es la distancia de parada más corta desde la velocidad de despegue?

- Consideración del Peso: La carga pesada extenderá la distancia de despegue y disminuirá la velocidad de ascenso.

- Evaluación del Viento: Evalúa con precisión la velocidad del viento. Existe una diferencia significativa entre despegar con un viento de 10 mph y uno de 15 mph.

- Habilidades de Pilotaje: Evalúa tu propia destreza. Algunos pilotos manejan mejor condiciones adversas que otros. ¿Has volado recientemente? ¿Has enfrentado condiciones similares antes?

- Evitar la Presión: No cedas a la presión de otros pilotos, pasajeros o espectadores. Sentirte obligado a proceder es una señal de advertencia.

- Evaluación Integral: Ten en cuenta todas las variables como el viento, el peso, las condiciones de la pista, la presión de los neumáticos, etc.

- Confía en tus Instintos: Si sientes un nerviosismo genuino o miedo que afecta tu concentración, es mejor detenerte. La discreción es clave.

- Considera el Aterrizaje: Mientras evalúas la viabilidad del despegue, también contempla la posibilidad de aterrizar. Planificar un regreso seguro es esencial.

- "Cuando Dudes, Sal": Si la incertidumbre persiste, salir de la aeronave es una elección prudente. Mañana puede ofrecer mejores condiciones, y preservar la integridad de la aeronave es primordial.

En última instancia, priorizar la seguridad sobre la presión o el malestar es crucial. Confiar en tu juicio asegura una experiencia de vuelo más segura y controlada.

Navegando Situaciones Problemáticas

De vez en cuando, las situaciones se desvían del curso o nos toman desprevenidos. Cuando te enfrentes a un aprieto, aquí tienes algunos escenarios junto con consejos para potencialmente salvar la situación:

- Decidir Cuándo Abortar un Despegue: La familiaridad del piloto con su aeronave es primordial. Percibir cualquier desviación de lo normal, como sonidos inusuales o aceleración lenta, requiere precaución. Cuando se contempla un aborto, es recomendable actuar rápidamente, idealmente antes de alcanzar una velocidad considerable. Evalúa la tasa de aceleración durante la carrera de despegue y visualiza posibles puntos de detención a lo largo de la pista.

- Decidir Cuándo Abortar un Intento de Aterrizaje e Iniciar un Remonte: Un aterrizaje óptimo depende de un enfoque bien ejecutado. Si el enfoque es defectuoso, el aterrizaje puede seguir el mismo rumbo. El reconocimiento temprano de un enfoque deficiente permite un remonte rápido. Cuando la pista lo permita, un remonte es factible en cualquier punto, incluso después del contacto con el suelo. Una vez tomada la decisión, comprométete con ella de manera decisiva. Identifica el punto de compromiso y mantén el enfoque en el aterrizaje.

- Navegando una Salida con Poca Pista: En casos de exceso de altitud y velocidad durante una salida, una maniobra de resbalo bien ejecutada podría ofrecer alivio, siempre que el piloto tenga la habilidad suficiente. La baja inercia de las aeronaves ultraligeras exige un aterrizaje suave con frenado controlado. Si detenerse antes del final de la pista parece improbable, mantén el control direccional y prepárate para el terreno más allá.

- Navegando una Salida con Obstáculos que se Acercan Rápidamente: En un escenario donde los obstáculos se acercan peligrosamente, mantener una actitud descendente para aumentar rápidamente la velocidad del aire es crucial. Esto acelera el alcance de la línea de obstáculos, minimizando la influencia del viento. Después de despejar los obstáculos, corrige rápidamente la actitud de picado para mantener la velocidad del aire. El juicio prudente dicta si ejecutar una maniobra de subida es viable. Si la perspectiva parece sombría, optar por un aborto y un descenso controlado es la opción más segura.

Aterrizaje de Ala Fija

La base de un aterrizaje exitoso radica en ejecutar un enfoque competente. Antes de iniciar el enfoque final, el piloto realiza una exhaustiva lista de verificación de aterrizaje, asegurándose de que tareas cruciales como confirmar el flujo de combustible, bajar el tren de aterrizaje y otras funciones específicas de la aeronave estén completadas. El uso de los flaps durante la mayoría de los aterrizajes permite una velocidad de aproximación reducida y un ángulo de descenso más pronunciado, mejorando la visibilidad del piloto del área de aterrizaje. A medida que comienza el enfoque final, la velocidad del aire de la aeronave y la tasa de descenso se estabilizan, alineándose con la línea central de la pista.

Una habilidad clave adquirida a través de la práctica es mantener la actitud correcta y la tasa de descenso durante el enfoque. Con el tiempo, los pilotos desarrollan una comprensión intuitiva, o "imagen", de la posición de la aeronave en relación con la pista, incluida la visibilidad del capó de la nariz y la perspectiva de la pista. Adaptarse para aterrizar en pistas de diferentes tamaños requiere ajustes mentales a esta imagen visual. Los marcadores numéricos en la pista sirven como indicadores importantes; la desaparición de los números debajo de la nariz de la aeronave señala un aterrizaje largo, mientras que la separación de los números de la nariz indica un aterrizaje corto.

A medida que la aeronave desciende sobre el umbral de la pista, el poder se reduce aún más, posiblemente a ralentí. El piloto disminuye gradualmente la tasa de descenso y la velocidad del aire aplicando una mayor presión hacia atrás en el volante de control. La alineación con la línea central de la pista se mantiene principalmente utilizando el timón. La presión continua hacia atrás en el volante de control a medida que la aeronave entra en efecto suelo reduce su velocidad hacia adelante y la tasa de descenso. El objetivo es mantener la aeronave volando a solo centímetros sobre la superficie de la pista hasta que pierda velocidad de vuelo, permitiendo un aterrizaje suave en las ruedas principales.

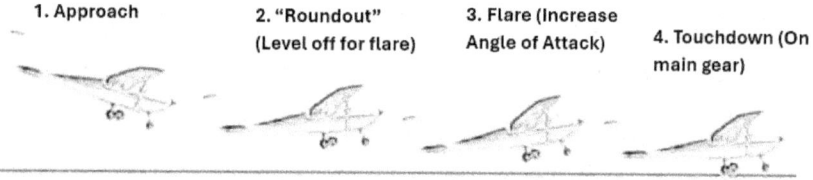

Figura 63: Secuencia de aterrizaje.

Para prevenir el sobreesfuerzo y daño al tren de aterrizaje delantero al tocar tierra, el piloto mantiene una actitud de morro alto aplicando una presión cada vez mayor sobre el volante de control hasta que la velocidad hacia adelante disminuya significativamente. La transición de volar a rodar requiere juicio y técnica cuidadosos, ya que el aterrizaje demanda más habilidad que cualquier otra maniobra en vuelo. Vientos cruzados, cizalladuras de viento y variaciones en la densidad del aire presentan desafíos adicionales durante el aterrizaje.

Las consideraciones para el aterrizaje incluyen comprender las características únicas de cada tipo de aeronave, como se detalla en su manual de operación del piloto. Acercarse a una velocidad óptima, típicamente 1.3 veces la velocidad de pérdida de sustentación de la aeronave, es crucial, con ajustes hechos para diferentes pesos de la aeronave. Las condiciones del viento influyen en las técnicas de aterrizaje, requiriendo ajustes como volar ligeramente más rápido en condiciones ventosas. Los flaps juegan un papel significativo en la aproximación final, reduciendo la velocidad de pérdida de sustentación y alterando la actitud de la aeronave para mejorar la visibilidad.

La capacidad del piloto para manejar escenarios de aterrizaje adversos, como rebotes, efecto de carretilla y globos, es esencial. La toma de decisiones rápida, incluida la opción de abortar si algún aspecto del aterrizaje parece insatisfactorio, es primordial para la seguridad. Al aterrizar, los alerones deben girarse hacia el viento para evitar que las ráfagas inclinen la aeronave.

Resolución de Problemas de Despegue

Inclinación del Drone Durante el Despegue: Uno de los dilemas más comunes encontrados por los pilotos novatos de drones que han ensamblado su propia aeronave es la inclinación durante el despegue. Si bien rectificar este problema puede ser sencillo, identificar la causa exacta puede resultar desafiante debido a los diversos culpables potenciales.

Dirección Incorrecta de Giro del Motor: Los controladores de vuelo anticipan que cada motor gire en sentido horario o antihorario, dependiendo de su ubicación. Consulte el manual o la hoja de datos de su controlador de vuelo para determinar la dirección de giro del motor designada, asegurándose de que coincida con la configuración del controlador de vuelo.

Instalación Incorrecta de la Hélice: Las hélices deben girar para inducir flujo de aire hacia abajo, con el lado cóncavo de la hoja hacia abajo. Verifique que sus hélices estén girando en la dirección correcta y no estén instaladas al revés.

Orientación del Controlador de Vuelo: Ciertos controladores de vuelo ofrecen flexibilidad en las posiciones de montaje, permitiendo posiciones laterales, anguladas o boca abajo. Si su controlador de vuelo está posicionado de manera poco convencional, asegúrese de que su configuración refleje este ajuste.

Mal Funcionamiento del Sistema de Radio: La colocación efectiva de la antena es fundamental para una conectividad inalámbrica óptima. Factores como la potencia, la calidad de la antena y la línea de visión despejada influyen significativamente en la fuerza de la señal.

Amplificación de la Radio: Si bien los amplificadores pueden mejorar la fuerza de la señal y extender el rango operativo, pueden causar saturación del receptor a corta distancia. En consecuencia, depender de señales amplificadas aumenta la vulnerabilidad a la interrupción de la conexión de radio debido a obstrucciones menores.

Desprendimiento de Hélice en Pleno Vuelo: Aunque poco frecuente, el desprendimiento de la hélice plantea un riesgo de daños sustanciales. El uso de hélices autoajustables provenientes de proveedores de buena reputación puede mitigar la probabilidad de desprendimiento de la hélice. Además, aplicar Loctite Threadlocker a los pernos de sujeción de la hélice puede evitar el aflojamiento durante el vuelo.

Vida Útil Reducida de la Batería: Las condiciones óptimas de almacenamiento de la batería implican temperatura ambiente, ambientes sombreados con baja humedad. La exposición a altas temperaturas y humedad puede comprometer la química interna de la batería, lo que lleva a una capacidad disminuida y una duración de vuelo reducida.

Baterías Defectuosas del Fabricante: Los casos de baterías defectuosas pueden requerir reemplazo. Contacte al fabricante para explorar opciones de reemplazo de batería si sospecha un defecto.

Enfoque General

Mantenimiento y Aterrizaje: Mantener una posición estable en el aire puede ser un desafío para pilotos novatos, pero puede dominarse con práctica constante. Para comenzar, asegúrate de que el dron esté al menos a 24 pulgadas sobre el nivel del suelo. Utiliza el acelerador para elevar el dron y el joystick derecho para controlar su posición. Practica el mantenimiento en el aire durante al menos 10-12 segundos para desarrollar habilidades, ajustando el acelerador gradualmente al prepararte para aterrizar. La práctica regular es clave para perfeccionar las habilidades de mantenimiento.

Procedimiento de Despegue: Antes de iniciar el despegue, asegúrate de que se hayan completado todos los controles previos al vuelo. Enciende el control remoto sin extender la antena del RC para evitar interferencias con el sistema GPS del dron. Coloca el dron en una superficie nivelada mirando hacia el piloto, luego inserta el paquete de baterías LiPo. El dron emitirá pitidos de inicio, indicando que está listo. Cierra la cúpula y evita mover manualmente el dron más para prevenir la activación del motor en superficies inclinadas. Enciende la estación base y comienza el software decodificador de enlace descendente para recibir comunicación y actualizaciones de estado del dron. El dron realizará una autocomprobación y buscará señales GPS, indicadas por una secuencia de pitidos. Espera hasta que el dron señale que está listo para despegar, luego enciende los motores ajustando el control deslizante y el joystick en consecuencia. Mantén una distancia segura del dron para evitar interferencias con la señal RC y garantizar un despegue estable.

Maniobra: Después de dominar el mantenimiento y el despegue, maniobrar el dron implica volarlo hacia adelante, hacia atrás, hacia la izquierda y hacia la derecha. Controla el acelerador para mantener el dron en el aire y usa el stick derecho para maniobrar. Comienza configurando el dron para mantenerse en el aire, luego presiona el stick derecho para moverlo hacia adelante o hacia atrás. Usa el mismo stick para desplazar el dron hacia la izquierda o hacia la derecha. Si el dron comienza a girar (giro), ajusta el stick izquierdo para mantener su dirección. La práctica regular y la familiaridad con los movimientos del stick son esenciales para maniobras precisas.

Recuperación

Para evitar posibles accidentes, es crucial tomar ciertas precauciones. En primer lugar, si te encuentras al borde de una colisión, reduce rápidamente el acelerador a cero para evitar daños a tu cuadricóptero y evitar dañar a cualquier persona cercana, incluido tú mismo. Además, siempre mantén una distancia segura de las hélices para evitar lesiones accidentales en tus manos mientras están en movimiento. Cuando realices mantenimiento o ajustes en el dron, recuerda quitar la batería previamente. Esta precaución evita la activación accidental de las hélices, reduciendo el riesgo de lesiones, especialmente en tus dedos. Para pilotos novatos que vuelan en interiores, considera asegurar el dron atándolo o encerrándolo dentro de una jaula protectora para minimizar el riesgo de colisiones o daños no deseados.

Los diseñadores de UAV han explorado una amplia gama de técnicas para lanzar y recuperar aeronaves no tripuladas en comparación con sus contrapartes tripuladas. Esta innovación no solo proviene de la libertad de no tener que priorizar la seguridad de la tripulación, sino también de las limitaciones de diseño como el espacio en cubierta, la transportabilidad y el costo. Por ejemplo, el proyectil de reconocimiento Quick Look lanzado por cañón del Ejército de EE. UU. experimenta casi 15,000 G de aceleración en el lanzamiento, mientras que el banco de pruebas de motor a reacción X-7 de la Fuerza Aérea de EE. UU. fue recuperado de manera similar a una jabalina al enterrar su nariz en el suelo. [63]

La selección de técnicas de lanzamiento y recuperación para un UAV particular depende de sus requisitos de misión, que típicamente se centran en tres consideraciones principales: entorno operativo, logística y costo. Los factores ambientales incluyen el tamaño y la forma del área de lanzamiento/recuperación, las características del terreno, los requisitos de movilidad y la necesidad de operaciones encubiertas. Las consideraciones logísticas se centran en la transportabilidad y los desechables, mientras que las consideraciones de costo implican compensaciones diseño-costo.

Las técnicas de lanzamiento y recuperación se dividen en tres categorías generales: superficies preparadas, métodos de punto y métodos aéreos. Las superficies preparadas, utilizadas por UAV más grandes, no requieren equipo adicional pero pueden plantear desafíos en el manejo de vientos cruzados y la seguridad del área. Los métodos de punto, como los lanzamientos o recuperaciones de longitud cero en redes, mitigan estas preocupaciones pero pueden tensionar la estructura del UAV, lo que lleva a estructuras más pesadas y una efectividad de misión reducida. Las técnicas aéreas ofrecen soluciones a los desafíos ambientales y logísticos, pero agregan complejidad y gastos al sistema UAV.

Los métodos de superficie preparada incluyen despegues convencionales, lanzamientos con línea de remolque, lanzamientos rotativos, lanzamientos desde soportes de automóviles y lanzamientos con catapulta. Los métodos de lanzamiento puntual implican catapultas, lanzadores de longitud cero, lanzamientos de tubos de artillería, lanzamientos de morteros y lanzamientos a mano. Los métodos de lanzamiento aéreo incluyen lanzamientos desde el aire, lanzamientos desde portaaviones, remolques de globo o dirigible y lanzamientos con paracaídas.

Las técnicas de recuperación abarcan una variedad de opciones, que incluyen aterrizajes convencionales, aterrizajes detenidos, recuperaciones en redes, recuperaciones con paracaídas, recuperaciones con parapente, aterrizajes en agua, aterrizajes con pérdida de sustentación comandada y aterrizajes verticales. También se han desarrollado sistemas de aterrizaje automatizados para reducir las pérdidas de aeronaves y acortar la capacitación de pilotos, aunque añaden peso, complejidad y costo al sistema.

Mirando hacia el futuro, los UAV podrían ver avances en los métodos de lanzamiento y recuperación, incluyendo operaciones desde submarinos y el despliegue de enjambres de microvehículos aéreos desde aeronaves tripuladas o no tripuladas. Además, el desarrollo de aviones espaciales no tripulados podría abrir nuevas posibilidades para las operaciones aéreas.

La caída en picado profundo se refiere a una condición de vuelo en la que una aeronave se inclina a ángulos excepcionalmente altos más allá del ángulo de pérdida de sustentación, lo que lleva a una rápida pérdida de velocidad y altitud. Esta técnica puede utilizarse para ejecutar aterrizajes precisos en áreas restringidas. Su tamaño compacto, peso ligero y construcción especializada ayudan a prevenir daños. La figura 64 ilustra las diversas fases de una trayectoria vertical durante una maniobra de caída en picado profundo/aterrizaje.

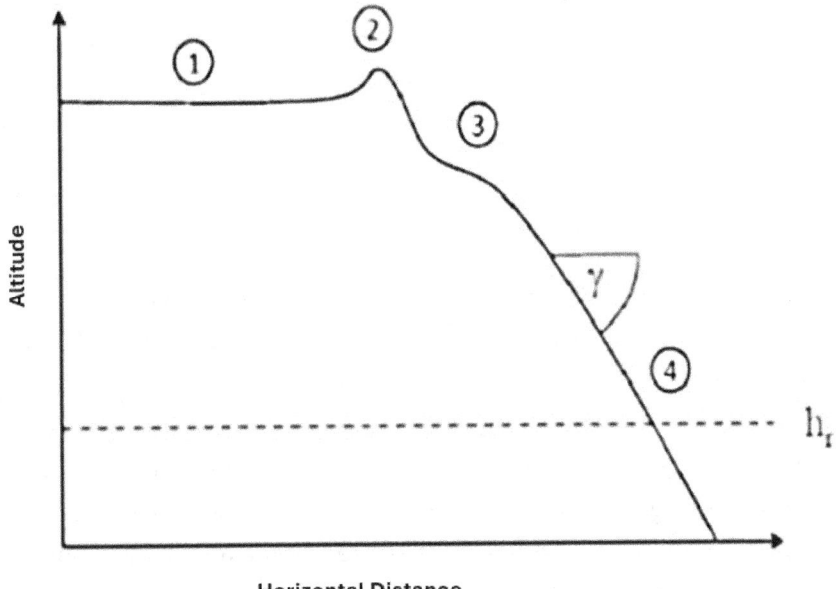

Figura 64: Fases de un aterrizaje forzoso en caída en picado.

Inicialmente, en (1), la aeronave mantiene un vuelo nivelado estable antes de iniciar la maniobra de aterrizaje en caída en picado. Posteriormente, en (2), la maniobra comienza al apagar el motor y inclinar el UAV más allá del ángulo de pérdida, aumentando así la resistencia y reduciendo las fuerzas de sustentación, lo que hace que el UAV descienda y se desacelere horizontalmente. El UAV asciende brevemente debido a su momento antes de pasar a la siguiente fase. En (3), el UAV entra en la fase de descenso para alcanzar el objetivo. El punto marcado como (4) indica la altitud mínima donde se puede ejecutar una maniobra de recuperación para evitar un aterrizaje completo en caso de un intento fallido de aproximación. El ángulo γ se refiere como el ángulo de trayectoria de vuelo. Sin embargo, volar a altos grados de inclinación en condiciones de caída en picado profunda suele ser sinónimo de pérdida de control.

Además, la falta de control en el descenso de la aeronave aumenta el área de aterrizaje. Esto ocurre porque cuando las alas entran en vuelo de caída en picado profunda, el flujo de aire comienza a separarse del borde de ataque del ala. Este flujo de aire desprendido es turbulento e inestable, lo que dificulta modelar y controlar el UAV. Por lo tanto, implementar un enfoque controlado de aterrizaje de caída en picado es esencial para la funcionalidad del UAV. Se pueden emplear varios enfoques para lograr esta tarea, siendo el método más preciso el de predecir la ubicación de la aeronave de antemano. Un modelo matemático altamente preciso puede esclarecer todas las fuerzas que actúan sobre la aeronave durante el vuelo.

Aeronaves de Rotor Único

Durante el vuelo motorizado, los helicópteros utilizan la potencia del motor para superar la resistencia del rotor. Sin embargo, en caso de fallo del motor o desconexión deliberada del sistema de rotor, se requiere una fuerza alternativa para mantener el RPM del rotor y permitir un vuelo controlado hacia el suelo. Esta fuerza se genera ajustando el paso colectivo, lo que permite un descenso controlado. Durante el descenso, el flujo de aire proporciona la energía necesaria para superar la resistencia de la pala y hacer girar el rotor, un estado conocido como autorrotación. Esencialmente, el piloto intercambia altitud por energía, convirtiendo la energía potencial en energía cinética almacenada en el rotor en movimiento. Esta energía cinética se utiliza luego para facilitar un aterrizaje suave cerca del suelo.

Las autorrotaciones generalmente se realizan con velocidad hacia adelante, pero para fines de explicación, consideremos una autorrotación vertical sin velocidad hacia adelante. En este escenario, el disco del rotor se divide en tres regiones:

1. La región impulsada, cerca de las puntas de las palas, experimenta una fuerza de arrastre ligeramente inclinada detrás del eje de rotación, lo que ralentiza la rotación de la pala.

2. La región impelente, que abarca la mayor parte del radio de la pala, produce empuje ligeramente inclinado hacia adelante del eje de rotación, acelerando la rotación de la pala.

3. La región de pérdida, en la sección interna de la pala, opera por encima del

ángulo de ataque de pérdida y causa arrastre, lo que ralentiza aún más la rotación de la pala.

Las fuerzas que actúan en cada región varían debido a las diferencias en la velocidad relativa del viento rotacional a lo largo de la longitud de la pala. Ajustar el paso colectivo, el RPM autorrotativo o la velocidad de descenso altera el tamaño de cada región, afectando la rotación de la pala.

La entrada en autorrotación ocurre después de un fallo del motor, indicado por la rápida disminución del RPM del rotor y una condición fuera de ajuste. El piloto debe reducir rápidamente el paso colectivo para evitar una disminución excesiva del RPM y establecer un planeo a la velocidad del aire adecuada. Los cambios en el flujo de aire a medida que el helicóptero desciende mantienen el equilibrio y estabilizan el RPM del rotor y la velocidad de descenso.

Para prepararse para el aterrizaje, el piloto reduce la velocidad del aire y la velocidad de descenso ajustando el control cíclico para inclinar hacia atrás la fuerza total del disco del rotor, aumentando el ángulo de ataque de la pala y la fuerza de sustentación. Esta acción reduce la velocidad hacia adelante y disminuye la velocidad de descenso, aumentando el RPM y la energía cinética para un aterrizaje más suave.

Ejecutar con éxito un aterrizaje autorrotativo requiere entradas de control precisas para manejar la velocidad del aire, la velocidad de descenso y el RPM del rotor, asegurando en última instancia un aterrizaje seguro.

Actitudes Peligrosas, Toma de Decisiones Aeronáuticas y Juicio

A lo largo de cada vuelo, los pilotos se enfrentan constantemente a decisiones relacionadas con las interacciones entre cuatro elementos clave de riesgo: el piloto al mando, el avión, el entorno y la operación. Este proceso de toma de decisiones implica evaluar minuciosamente cada uno de estos elementos para obtener una percepción precisa de la situación del vuelo. Una decisión fundamental para el piloto al mando es la determinación de ir/no ir, que depende de evaluar estos elementos de riesgo para determinar si el vuelo debe continuar o ser abortado. Profundicemos en cada uno de estos elementos y su impacto en la toma de decisiones en diversas situaciones.

En lo que respecta al piloto, se deben tomar decisiones sobre competencia, estado de salud, estado mental, nivel de fatiga y otras variables que puedan afectar la seguridad del vuelo. Por ejemplo, si un piloto ha dormido poco y muestra signos de enfermedad, puede ser prudente reconsiderar la viabilidad de emprender un vuelo largo, como lo demostró un piloto que rechazó una solicitud de vuelo debido a la fatiga y la posible enfermedad.

Evaluar el avión implica evaluar su rendimiento, funcionalidad del equipo y aeronavegabilidad. Por ejemplo, el juicio perspicaz de un piloto llevó a retrasar el despegue después de notar una fuga de aceite, lo que resultó en el descubrimiento de una conexión suelta de la manguera del enfriador de aceite durante la inspección realizada por un mecánico.

El entorno abarca las condiciones meteorológicas, el control del tráfico aéreo, los dispositivos de navegación, las características del terreno y los obstáculos. La mala evaluación de los factores ambientales puede llevar a errores, como subestimar el impacto de la turbulencia de estela durante el aterrizaje, lo que resulta en un aterrizaje brusco debido a la deriva de la turbulencia de estela de un avión pesado precedente.

Las consideraciones operativas implican evaluar el propósito de la operación de vuelo y los riesgos asociados. Esto incluye cuestionar la necesidad del vuelo, la importancia de cumplir con el horario y sopesar los riesgos involucrados. Por ejemplo, la decisión de un piloto de empujar los límites del suministro de combustible para mantener el horario durante un vuelo de traslado resultó en una situación potencialmente peligrosa que no valía la pena correr.

Para evaluar el riesgo de manera efectiva, analizar informes de accidentes y datos de investigación, como los proporcionados por la Junta Nacional de Seguridad del Transporte (NTSB, por sus siglas en inglés), puede brindar ideas valiosas. Comprender los patrones y estadísticas de accidentes puede ayudar a identificar actividades de vuelo de alto riesgo e informar la toma de decisiones para mitigar posibles peligros. Por ejemplo, reconocer que el vuelo de maniobra y ciertas fases como los aproximaciones conllevan un mayor riesgo de accidentes fatales puede llevar a los pilotos a adoptar una vigilancia y medidas precautorias más rigurosas en estas situaciones. En última instancia, la toma de decisiones informada basada en una evaluación minuciosa del riesgo es fundamental para garantizar la seguridad del vuelo y reducir la probabilidad de accidentes.

Toma de Decisiones Aeronáuticas (ADM)

La toma de decisiones aeronáuticas (ADM) implica el proceso único de tomar decisiones dentro del entorno de la aviación. Involucra un enfoque sistemático en el cual los pilotos evalúan constantemente las circunstancias para determinar el curso de acción más apropiado basado en la información más reciente disponible. La importancia de adquirir y comprender habilidades efectivas de ADM no puede ser subestimada. A pesar de los avances en los métodos de entrenamiento de pilotos, la tecnología de las aeronaves y los servicios de aviación, los accidentes persisten, con el error humano permaneciendo como un factor predominante. Estudios sugieren que aproximadamente el 80 por ciento de los accidentes de aviación se derivan de factores humanos, con una parte significativa ocurriendo durante el despegue y el aterrizaje [45]. ADM sirve como un marco sistemático para evaluar riesgos y manejar el estrés, con un enfoque en comprender cómo las actitudes personales influyen en la toma de decisiones y cómo pueden ajustarse para mejorar la seguridad.

Reconociendo el papel crucial del buen juicio en la seguridad de la aviación, la industria aérea fue pionera en programas de entrenamiento destinados a mejorar ADM y reducir los accidentes atribuibles a factores humanos. El entrenamiento en gestión de recursos de tripulación (CRM) surgió para promover la utilización efectiva de recursos disponibles en los procesos de toma de decisiones, enfatizando la colaboración entre los miembros de la tripulación de vuelo. La FAA respondió a los hallazgos de investigación incorporando entrenamiento en toma de decisiones en los requisitos de certificación de pilotos, con ADM y gestión de riesgos convirtiéndose en temas obligatorios para la certificación de sUAS.

En 1987, la FAA lanzó seis manuales adaptados a las necesidades de toma de decisiones de pilotos en varios niveles de habilidad, después de extensos esfuerzos de investigación y desarrollo [45]. Estos materiales tenían como objetivo mitigar los accidentes relacionados con decisiones al proporcionar recursos de capacitación integrales. Estudios independientes confirmaron la eficacia del entrenamiento de ADM, demostrando que los pilotos que recibieron dicha instrucción cometieron significativamente menos errores en vuelo en comparación con aquellos sin entrenamiento de ADM. Además, los operadores que implementaron el entrenamiento de ADM experimentaron una reducción sustancial en las tasas de accidentes, destacando los beneficios tangibles de integrar los principios de ADM en la educación de pilotos y los programas de entrenamiento recurrente.

Contrario a la creencia común, la habilidad de ejercer un buen juicio realmente puede ser enseñada. Tradicionalmente, se pensaba que el buen juicio se desarrollaba naturalmente con la experiencia, a medida que los pilotos acumulaban horas de vuelo sin accidentes. Sin embargo, el proceso de toma de decisiones ha evolucionado con la introducción de la Toma de Decisiones Aeronáuticas (ADM), que perfecciona la toma de decisiones convencional para reducir la probabilidad de error humano y promover la seguridad de vuelo. ADM ofrece un enfoque estructurado para evaluar el impacto de los cambios durante un vuelo en su resultado de seguridad. Engloba todas las facetas de la toma de decisiones y delinea pasos para una toma de decisiones efectiva:

1. Reconocimiento de las actitudes personales que representan riesgos para la seguridad del vuelo.

2. Aprender técnicas para modificar el comportamiento.

3. Identificar y manejar el estrés.

4. Desarrollar habilidades en evaluación de riesgos.

5. Utilizar todos los recursos disponibles.

6. Evaluar la eficacia de las habilidades de ADM propias.

La gestión de riesgos, un aspecto crucial de la Toma de Decisiones Aeronáuticas (ADM), tiene como objetivo identificar de manera proactiva los peligros para la seguridad y mitigar los riesgos asociados. Al adherirse a principios sólidos de toma de decisiones, los pilotos pueden reducir o eliminar los riesgos inherentes al vuelo. La toma de decisiones efectiva se basa tanto en experiencias directas como indirectas, similar a la adopción de normas de uso de cinturones de seguridad en la seguridad automotriz. A medida que los pilotos navegan a través del proceso de ADM, es imperativo mantener los cuatro principios fundamentales de gestión de riesgos:

1. Evitar riesgos innecesarios.

2. Delegar las decisiones de riesgo a aquellos capaces de implementar controles de riesgo.

3. Aceptar riesgos solo cuando los beneficios superen a los peligros.

4. Integrar la gestión de riesgos en todas las etapas de la planificación y ejecución del vuelo.

Si bien los errores de juicio en la vida cotidiana no siempre resultan en tragedias, las consecuencias son considerablemente más altas en la aviación debido a su naturaleza implacable. La ADM, al mejorar la gestión del entorno aeronáutico, debe ser abrazada y practicada por todos los pilotos para garantizar operaciones de vuelo seguras y responsables.

Gestión de Recursos de Tripulación (CRM) y Gestión de Recursos de un Solo Piloto Aunque el CRM tradicionalmente se dirige a pilotos que operan en entornos de tripulación, muchos de sus principios son aplicables a operaciones de un solo piloto. Varios conceptos de CRM se han adaptado de manera efectiva a aeronaves de un solo piloto, lo que ha llevado al surgimiento de la Gestión de Recursos de un Solo Piloto (SRM). La SRM abarca las técnicas utilizadas por un solo piloto para gestionar todos los recursos disponibles tanto antes como durante el vuelo, garantizando un resultado exitoso. Integra principios como la Toma de Decisiones Aeronáuticas (ADM), la Gestión de Riesgos (RM), la Gestión de Tareas (TM), la Gestión de la Automatización (AM), la conciencia de Vuelo Controlado en Terreno (CFIT) y la Conciencia Situacional (SA). El entrenamiento en SRM ayuda a los pilotos a mantener la conciencia situacional mediante la gestión efectiva de la automatización, el control de la aeronave y las tareas de navegación. Esto permite a los pilotos evaluar y mitigar los riesgos con precisión y tomar decisiones oportunas e informadas. En última instancia, la SRM capacita a los pilotos para recopilar, analizar y utilizar la información de manera efectiva en su proceso de toma de decisiones.

Riesgo y Peligro

Dos componentes fundamentales del ADM implican el riesgo y el peligro. Un peligro se refiere a una condición, evento o circunstancia tangible o percibida que encuentra un piloto. Al enfrentarse a un peligro, el piloto lo evalúa basándose en diversos factores y valora su impacto potencial, determinando así su riesgo. Por consiguiente, el riesgo representa una evaluación de un peligro único o acumulativo al que se enfrenta un piloto; sin embargo, diferentes pilotos pueden percibir los peligros de manera diferente.

Actitudes Peligrosas y Antídotos

Estar apto para volar abarca más que solo el estado físico de un piloto y sus experiencias recientes; la actitud también juega un papel crucial en la calidad de la toma de decisiones. La actitud, en este contexto, se refiere a una predisposición motivacional para responder a personas, situaciones o eventos de cierta manera. Las investigaciones han identificado cinco actitudes peligrosas—anti-autoridad, impulsividad, invulnerabilidad, machismo y resignación—que pueden impedir una toma de decisiones sólida y el ejercicio adecuado de autoridad. Estas actitudes peligrosas contribuyen a un juicio deficiente del piloto pero pueden mitigarse efectivamente redirigiéndolas hacia una acción correctiva. La clave para neutralizar los pensamientos peligrosos radica en reconocerlos primero. Una vez identificados, los pilotos deben reconocer la naturaleza peligrosa del pensamiento y recordar el antídoto correspondiente. Memorizar estos antídotos para cada actitud peligrosa asegura que estén disponibles cuando se necesiten.

Las Cinco Actitudes Peligrosas:

1. Anti-Autoridad: Los pilotos que exhiben esta actitud resisten la autoridad y las reglas, a menudo sintiéndose resentidos o considerando las regulaciones innecesarias. Sin embargo, es esencial reconocer la importancia de seguir las reglas y regulaciones, reconociendo que generalmente están establecidas por razones de seguridad.

2. Impulsividad: Los pilotos con esta actitud actúan apresuradamente sin una consideración o evaluación adecuada de alternativas. Es crucial recordar pausar y pensar antes de actuar, asegurando un enfoque más deliberado y calculado para la toma de decisiones.

3. Invulnerabilidad: Los pilotos que se sienten invulnerables creen que los accidentes no les sucederán, lo que conduce a una falsa sensación de seguridad y un aumento del comportamiento de riesgo. Reconocer que los accidentes pueden sucederle a cualquiera es vital para mantener una mentalidad cautelosa y consciente de la seguridad.

4. Machismo: Los pilotos que demuestran esta actitud a menudo buscan probarse a sí mismos tomando riesgos innecesarios, con el objetivo de impresionar a otros con sus habilidades. Sin embargo, arriesgar la seguridad por el bien del bravuconería es irresponsable y debe evitarse.

5. Resignación: Los pilotos con esta actitud se sienten impotentes y pasivos, creyendo que tienen poco control sobre los resultados. Es importante reconocer que los individuos pueden marcar la diferencia y tomar medidas proactivas para asegurar resultados seguros.

El piloto debe examinar cuidadosamente las decisiones para asegurarse de que no estén influenciadas por actitudes peligrosas. Estas actitudes pueden llevar a una toma de decisiones deficiente y acciones que involucran riesgos innecesarios. Por lo tanto, los pilotos deben estar familiarizados con alternativas positivas, o antídotos, para contrarrestar las actitudes peligrosas. Reconocer actitudes peligrosas durante las operaciones de vuelo y aplicar el antídoto apropiado cuando sea necesario es esencial para garantizar la seguridad.

Gestión del Estrés: La gestión efectiva del estrés es crucial para mantener el rendimiento y las capacidades de toma de decisiones durante el vuelo. Mientras que un cierto nivel de estrés puede aumentar la alerta, el estrés prolongado o excesivo puede perjudicar el juicio y el rendimiento. Reconocer y manejar los factores de estrés antes de que afecten el rendimiento es esencial para garantizar operaciones seguras.

Uso de Recursos Internos y Externos: Los pilotos deben ser conscientes de los recursos internos y externos disponibles durante las operaciones de vuelo. Los recursos internos incluyen instrumentos, procedimientos y el conocimiento compartido de la tripulación, mientras que los recursos externos abarcan el control de tráfico aéreo (ATC) y los despachadores de vuelo. Reconocer y acceder a estos recursos, evaluar su relevancia e impacto en la seguridad del vuelo y utilizarlos efectivamente son aspectos esenciales de la capacitación en ADM.

Gestión de la Carga de Trabajo: La gestión efectiva de la carga de trabajo implica planificar, priorizar y secuenciar tareas para evitar sobrecargas. Los pilotos deben anticipar las necesidades de la carga de trabajo y prepararse en consecuencia, especialmente durante situaciones de alta demanda. Priorizar tareas, delegar cuando sea necesario y mantener el enfoque en operaciones de vuelo esenciales son estrategias clave para gestionar la carga de trabajo de manera efectiva. Reconocer signos de sobrecarga e implementar estrategias para disminuir la carga de trabajo, como delegar tareas o solicitar asistencia de ATC, son esenciales para mantener operaciones seguras.

La evaluación de riesgos es un aspecto crítico de cada vuelo para pilotos solos, quienes deben navegar condiciones peligrosas mientras toman numerosas decisiones. Sin embargo, este proceso está lejos de ser sencillo. Por ejemplo, los pilotos solos a menudo actúan como su propio control de calidad al tomar decisiones, lo que lleva a posibles sesgos y descuidos. Un piloto fatigado, por ejemplo, puede minimizar su agotamiento y priorizar los objetivos de la misión sobre las limitaciones personales. Esta tendencia a pasar por alto peligros tangibles en favor de factores intangibles, como el bienestar del paciente en el caso de los pilotos de EMS en helicóptero, plantea desafíos significativos para los pilotos solos sin el beneficio de la consulta de la tripulación. En consecuencia, los pilotos solos enfrentan una vulnerabilidad aumentada al lidiar con estos factores intangibles.

Mitigar el riesgo es un esfuerzo multifacético. Los pilotos solos pueden emplear estrategias como la lista de verificación IMSAFE para evaluar su preparación física y mental para volar. Esta lista incluye evaluar factores como enfermedad, efectos de medicamentos, niveles de estrés, consumo de alcohol, fatiga y estado emocional, todos los cuales pueden impactar significativamente las habilidades de vuelo y la seguridad. Considerar estos factores de manera proactiva es esencial para minimizar el riesgo y garantizar operaciones de vuelo seguras.

Utilizar la lista de verificación PAVE es un método efectivo para mitigar el riesgo al identificar sistemáticamente posibles peligros en la planificación previa al vuelo. El acrónimo significa Piloto al mando (PIC), Aeronave, Entorno y Presiones Externas, abarcando áreas clave del proceso de toma de decisiones de un piloto.

Al emplear la lista de verificación PAVE, los pilotos pueden evaluar fácilmente cada categoría en busca de factores de riesgo antes de embarcarse en un vuelo. Una vez identificados los riesgos, los pilotos deben determinar si pueden ser gestionados de manera segura. Si no es así, la decisión prudente es cancelar el vuelo. Para aquellos que deciden continuar, es crucial desarrollar estrategias para mitigar los riesgos. Una de estas estrategias es establecer mínimos personales adaptados al nivel de experiencia y competencia del piloto.

En la lista de verificación PAVE:

- P representa al Piloto al mando, donde el piloto evalúa su preparación para el vuelo basándose en la experiencia, la actualización, la condición física y emocional usando la lista de verificación IMSAFE.

- A representa la Aeronave, promoviendo consideraciones sobre la idoneidad del avión, la familiaridad y la capacidad para llevar la carga planeada.

- V denota el entorno, abarcando las condiciones meteorológicas, la evaluación del terreno, las verificaciones del espacio aéreo y la conciencia de cualquier restricción de vuelo temporal (TFR, por sus siglas en inglés).

- E aborda las Presiones Externas, que son influencias externas que pueden obligar a un piloto a completar un vuelo a pesar de las preocupaciones de seguridad. Estas presiones incluyen el deseo de demostrar calificaciones, impresionar a otros o cumplir metas personales.

Gestionar efectivamente las presiones externas es crucial ya que pueden anular otros factores de riesgo. Los procedimientos operativos estándar personales (SOPs, por sus siglas en inglés) ofrecen un método para mitigar las presiones externas proporcionando un enfoque estructurado para la toma de decisiones y ofreciendo una liberación de las presiones asociadas con las operaciones de vuelo.

El modelo 3P, que consiste en Percibir-Procesar-Actuar, ofrece un enfoque sistemático y sencillo aplicable a todas las fases del vuelo. Los pilotos comienzan por "percibir" las circunstancias actuales del vuelo, luego "procesan" evaluando su impacto en la seguridad, y finalmente "actúan" ejecutando el mejor curso de acción. Este proceso cíclico se repite continuamente durante el vuelo, promoviendo la vigilancia y las medidas de seguridad proactivas.

En contraste, el Modelo DECIDE para la Toma de Decisiones Aeronáuticas (ADM, por sus siglas en inglés) presenta un proceso de razonamiento deductivo de seis pasos para la toma de decisiones. Si bien es particularmente beneficioso para pilotos novatos, puede no capturar completamente las habilidades de toma de decisiones matizadas de los pilotos expertos debido a diferencias en el procesamiento mental. Sin embargo, el modelo DECIDE mejora la toma de decisiones convencional para novatos aumentando la conciencia, facilitando la recopilación de información y fomentando la motivación al seleccionar y ejecutar acciones, promoviendo en última instancia resultados más seguros. Los pasos del modelo DECIDE incluyen Detectar (detectar cambios), Estimar (estimar la necesidad de contramedidas), Elegir (elegir un resultado seguro), Identificar (identificar acciones efectivas), Hacer (implementar las acciones elegidas) y Evaluar (evaluar la efectividad de las acciones y el progreso del vuelo).

Factores Humanos

¿Por qué son críticos los factores humanos, como la fatiga, la complacencia y el estrés, en la aviación? Estos factores, entre otros, colectivamente conocidos como factores humanos, contribuyen directamente a o causan una parte significativa de los accidentes de aviación, representando más del 70 por ciento de tales incidentes. Si bien tradicionalmente se asocian con las operaciones de vuelo, los incidentes y accidentes de factores humanos han aumentado su preocupación en el mantenimiento de aviación y la gestión del tráfico aéreo. En respuesta, la FAA ha priorizado el estudio e investigación de factores humanos, colaborando con profesionales en varios dominios de la aviación para integrar las últimas perspectivas en las operaciones diarias, con el objetivo de mejorar la seguridad y la eficiencia [45].

La ciencia de factores humanos, o tecnologías de factores humanos, comprende un enfoque multidisciplinario que se nutre de la psicología, la ingeniería, el diseño industrial, la estadística, la investigación operativa y la antropometría. Incluye la comprensión de las capacidades humanas, la aplicación de este entendimiento al diseño y despliegue de sistemas, y la garantía de la aplicación exitosa de los principios de factores humanos en toda la aviación, incluidos pilotos, controladores de tráfico aéreo y personal de mantenimiento. Aunque a menudo se equipara con la Gestión de Recursos de la Tripulación (CRM) o la Gestión de Recursos de Mantenimiento (MRM), los factores humanos se extienden más allá de estos dominios tanto en amplitud de conocimientos como en aplicación. Involucra la recopilación de investigaciones específicas para varios contextos, como operaciones de vuelo, mantenimiento y niveles de estrés, para informar el diseño de herramientas, máquinas, sistemas, tareas, trabajos y entornos, con el objetivo de facilitar una interacción humana segura, cómoda y efectiva. La comunidad de aviación en su conjunto se beneficia significativamente de la investigación y el desarrollo continuos de factores humanos, ya que mejora la comprensión de cómo los individuos pueden desempeñar sus roles de manera segura y eficiente, mejorando las herramientas y sistemas con los que interactúan.

Conciencia Situacional

La conciencia situacional abarca la percepción y comprensión precisas de todos los factores y condiciones dentro de los cinco elementos fundamentales de riesgo de la aviación: vuelo, piloto, aeronave, ambiente y tipo de operación [45]. Esta conciencia es crucial para garantizar la seguridad antes, durante y después de un vuelo. Mantener la conciencia situacional implica comprender la importancia relativa de varios factores relacionados con el vuelo y su posible impacto en la trayectoria del vuelo. En lugar de fijarse en un factor percibido como significativo, un piloto necesita tener una visión general de toda la operación. Conocer la ubicación geográfica de la aeronave es importante, pero comprender los eventos que se desarrollan es igualmente esencial.

Varios factores pueden impedir el mantenimiento de la conciencia situacional, incluidos la fatiga, el estrés y la sobrecarga de trabajo. Estos factores pueden causar que un piloto se concentre excesivamente en un aspecto particular, disminuyendo su conciencia general del vuelo. Las distracciones, en particular, pueden desviar la atención del piloto de monitorear la aeronave, aumentando el riesgo de accidentes.

La gestión efectiva de la carga de trabajo es esencial para garantizar que las operaciones esenciales se completen sin abrumar al piloto. Esto implica planificar, priorizar y secuenciar tareas para evitar cargas de trabajo excesivas. Con la experiencia, los pilotos aprenden a anticipar períodos de alta carga de trabajo durante tiempos de menor actividad. Además, mantenerse informado sobre las condiciones meteorológicas a través de fuentes como ATIS, ASOS o AWOS, y monitorear las condiciones de tráfico a través de la frecuencia de la torre o CTAF puede proporcionar un contexto situacional valioso.

Reconocer señales de sobrecarga de trabajo es crucial para gestionar la carga de trabajo de manera efectiva. Los síntomas pueden incluir un esfuerzo aumentado con productividad reducida, incapacidad para concentrarse en múltiples tareas e indecisión debido a la sobrecarga de información. Cuando se enfrentan a la sobrecarga de trabajo, los pilotos deben hacer una pausa, evaluar, desacelerar y priorizar tareas para mitigar el riesgo de errores. Comprender las estrategias para disminuir la carga de trabajo es esencial para mantener la conciencia situacional y garantizar operaciones de vuelo seguras.

COMUNICACIONES

La comunicación clara y efectiva entre pilotos y controladores es crucial para la seguridad de las operaciones en el aeródromo. Puedes contribuir a mejorar la comprensión del controlador respondiendo adecuadamente y adhiriéndote a la fraseología estándar. Aquí tienes algunas pautas para asegurar comunicaciones claras y precisas:

- Utiliza la fraseología estándar al contactar con el Control de Tráfico Aéreo (ATC) para facilitar una comunicación clara y concisa. Tu transmisión inicial debe incluir:

  - La entidad a la que te diriges

  - Tu indicativo

  - Tu ubicación actual

  - Una breve descripción de tu solicitud o intención.

- Siempre indica tu posición al iniciar contacto con cualquier torre o controlador de tierra, independientemente de si ya has comunicado tu posición a otro controlador.

- Concéntrate únicamente en las instrucciones del ATC durante la comunicación y evita realizar tareas no esenciales.

Asegura una buena técnica de radio siguiendo estas prácticas:
- Prepara tu transmisión de antemano, asegurándote de que esté bien pensada.

Antes de transmitir, confirma que estás en la frecuencia correcta y que no interrumpirás comunicaciones en curso.

- Mantén las comunicaciones concisas y al grano, especialmente en situaciones inusuales o comunicaciones largas. • Acusa recibo de todas las autorizaciones leyendo los elementos requeridos y concluyendo con tu indicativo.

- Repite cualquier punto de espera o instrucciones relacionadas con las actividades en la pista, como detenerse antes de la pista, entrar, aterrizar o cruzar una pista.

- Monitorea la frecuencia de la torre asignada para posibles conflictos que involucren tu pista cuando estés esperando en una pista para despegar o en la aproximación final.

- Aclara cualquier malentendido o confusión respecto a las instrucciones o autorizaciones del ATC de manera pronta.

En caso de que encuentres una aeronave en la pista a la que has sido autorizado para aterrizar:
- Asume que el controlador está al tanto de la situación y ha emitido instrucciones apropiadas a la otra aeronave. Sin embargo, si tienes dudas o te sientes incómodo con la separación, consulta la autorización con el controlador, haciendo referencia al otro tráfico, y prepárate para ejecutar una maniobra de alrededor si es necesario.

Aquí tienes ejemplos (australianos) de instrucciones de taxi para ilustrar una comunicación adecuada:

[Ejemplo de llamada inicial]

Piloto: "Essendon Ground, Alpha Bravo Charlie, GA Park, recibido Alpha, a Sydney, solicito taxi."

Controlador: "Alpha Bravo Charlie, Essendon Ground, taxi hasta el Punto de Espera Echo, Pista Uno Siete."

Piloto: "Punto de Espera Echo, Pista Uno Siete, Alpha Bravo Charlie."

[Otro ejemplo]

Piloto: "Bankstown Ground, Helo Forty Four, solicito taxi aéreo de Heli Tours al helipuerto principal."

Controlador: "Helo Forty Four, Bankstown Ground, taxi aéreo al helipuerto principal, cruzar Pista Dos Nueve Izquierda, Centro y Derecha."

Piloto: "Cruzar Pista Dos Nueve Izquierda, Centro y Derecha, Helo Forty Four."

Llamada inicial con solicitud específica

Deja claras cualquier solicitud especial en el contacto inicial

EJEMPLO

Piloto: "Melbourne Ground, Qantas Five Forty Two, Boeing 737, recibido Alpha, squawk cuatro tres dos uno, Bahía Veinte, IFR, a Sydney solicito taxi y salida por intersección desde Juliet."

Controlador: "Qantas Five Forty Two, Melbourne Ground, taxi hasta el Punto de Espera Juliet, Pista Tres Cuatro."

Piloto: "Punto de Espera Juliet, Pista Tres Cuatro, Qantas Five Forty Two."

'Alinearse y esperar'

Repite todas las instrucciones de 'alinearse' y 'alinearse y esperar', incluyendo el designador de la pista cuando sea transmitido por el ATC o cuando haya posibilidad de confusión.

EJEMPLO

Controlador: "Virgin Two Thirty Two, alíneate y espera en Pista Dos Siete."

Piloto: "Alinearse y esperar, Pista Dos Siete, Virgin Two Thirty Two."

Autorización condicional

Un piloto que reciba una autorización condicional debe identificar la aeronave o vehículo que causa la autorización condicional antes de proceder de acuerdo con la autorización.

EJEMPLO

Controlador: "Alpha Bravo Charlie, detrás de Cessna en final corto, alíneate detrás."

Piloto: "Detrás del Cessna, alineándome, Alpha Bravo Charlie."

Autorización de despegue/aterrizaje

Repite todas las autorizaciones de despegue y aterrizaje con un indicativo, incluyendo el designador de la pista cuando sea transmitido por el ATC o cuando haya posibilidad de confusión.

EJEMPLO

Controlador: Alpha Bravo Charlie, Pista Tres Cuatro, autorizado para despegar.

Piloto: Pista Tres Cuatro, autorizado para despegar, Alpha Bravo Charlie.

EJEMPLO

Controlador: Qantas Dos Veintidós, Pista Tres Cuatro, autorizado para aterrizar.

Piloto: Autorizado para aterrizar, Pista Tres Cuatro, Qantas Dos Veintidós.

'Aterrizar y mantenerse corto' (LAHSO)

Las instrucciones de aterrizar y mantenerse corto requieren que el piloto las repita.

EJEMPLO

Controlador: Virgin Cinco Treinta y Cuatro, un Cessna 441 aterrizará en pista cruzada, mantente corto en Pista Dos Siete, autorizado para aterrizar en Pista Tres Cuatro.

Piloto: Mantenerse corto en Pista Dos Siete, autorizado para aterrizar en Pista Tres Cuatro, Virgin Cinco Treinta y Cuatro.

EJEMPLO

Controlador: Qantas Treinta y Tres, Boeing 737 aterrizará en pista cruzada y se mantendrá corto – Pista Dos Siete autorizado para despegar.

Piloto: Pista Dos Siete, autorizado para despegar, Qantas Treinta y Tres.

Contacto inicial después de salir de la pista

Se espera que salgas de la pista por la primera calle de rodaje disponible o según lo instruido por el ATC.

Debes contactar con el control de tierra tan pronto como sea posible después de salir de la pista.

EJEMPLO

Piloto: Cairns Ground, Alpha Bravo Charlie, Bahía Dos.

Controlador: Alpha Bravo Charlie, Cairns Ground, taxi a Bahía Dos, cruza Pista Uno Dos.

Piloto: Cruza Pista Uno Dos, Alpha Bravo Charlie.

Cuando se te instruya taxi hacia una pista para la salida, debes repetir el punto de espera especificado en la autorización de taxi.

EJEMPLO

Controlador: Alpha Bravo Charlie, taxi al Punto de Espera Tango Pista Uno Siete.

Piloto: Punto de Espera Tango, Pista Uno Siete, Alpha Bravo Charlie.

Operaciones de Radio (Perspectiva de EE. UU.)

Las comunicaciones efectivas por radio son vitales para garantizar la operación segura de aeronaves dentro del Sistema Nacional del Espacio Aéreo (NAS, por sus siglas en inglés).

OPERACIONES CON DRONES　　　　　　　　　　　　　　　303

Los pilotos dependen de las comunicaciones por radio para intercambiar información crucial antes, durante y después de los vuelos. Este intercambio de información facilita el flujo fluido del tráfico aéreo, tanto en áreas de espacio aéreo complejas como en regiones menos pobladas. Además, los pilotos utilizan las comunicaciones por radio para informar sobre condiciones meteorológicas inesperadas y emergencias en vuelo, mejorando la seguridad general.

Aunque los pilotos de aeronaves no tripuladas pequeñas (UA) no suelen comunicarse por frecuencias de radio, sigue siendo esencial que comprendan los fundamentos del lenguaje de aviación. Entender las conversaciones de radio comunes ayuda a los pilotos de UA a mantener la conciencia situacional cuando operan dentro del NAS [45]. Aunque gran parte de la orientación proporcionada se refiere a pilotos de aeronaves tripuladas, es igualmente importante que los pilotos de UA comprendan los protocolos de comunicación únicos utilizados dentro del NAS.

Entender los procedimientos adecuados de radio es crucial para que los pilotos operen de manera segura y eficiente dentro del sistema de espacio aéreo. Familiarizarse con el Glosario Piloto/Controlador encontrado en el Manual de Información Aeronáutica (AIM) ayuda a los pilotos a entender la terminología estándar de radio. Además, el AIM proporciona numerosos ejemplos de comunicaciones por radio para mejorar aún más la comprensión [45].

La Organización de Aviación Civil Internacional (ICAO) ha adoptado un alfabeto fonético para las comunicaciones por radio, que los pilotos deben utilizar al identificar su aeronave al control de tráfico aéreo (ATC).

Cuando operan en aeropuertos sin torres de control operativas, los pilotos deben permanecer vigilantes y mantener la conciencia de otro tráfico aéreo en las proximidades. Esto es especialmente importante ya que algunas aeronaves pueden no tener capacidad de comunicación, o los pilotos pueden no comunicar su presencia o intenciones. Para mejorar la seguridad, todas las aeronaves equipadas con radio deben transmitir y recibir en una frecuencia común, y los pilotos de UA pequeñas deben monitorear otras aeronaves identificadas para avisos del aeropuerto.

Los aeropuertos sin torres de control operativas pueden tener diversas instalaciones de comunicación, incluyendo estaciones de servicio de vuelo (FSS), estaciones de comunicaciones universales (UNICOM) o ninguna estación aeronáutica en absoluto. Los pilotos pueden comunicar sus intenciones y obtener información del aeropuerto/tráfico contactando a una FSS, un operador UNICOM, o haciendo transmisiones de autoanuncio.

Muchos aeropuertos ahora ofrecen clima automatizado, capacidad de verificación de radio e información de asesoramiento del aeropuerto a través de sistemas UNICOM automatizados. Estos sistemas proporcionan varias características seleccionables por clics de micrófono en la frecuencia UNICOM, con disponibilidad publicada en el Directorio de Aeropuerto/Instalación y cartas de aproximación.

La comunicación efectiva en aeropuertos sin torres de control operativas depende de seleccionar la frecuencia común correcta, a menudo referida como la Frecuencia Común de Asesoramiento de Tráfico (CTAF). La CTAF sirve como la frecuencia designada para realizar prácticas de asesoramiento de aeropuerto cuando se opera hacia o desde aeropuertos sin torres de control operativas. Esta frecuencia puede ser una UNICOM, MULTICOM, FSS o frecuencia de torre, según se indica en las publicaciones aeronáuticas relevantes.

Para aeropuertos sin instalaciones de FSS o UNICOM, se utiliza típicamente una frecuencia MULTICOM de 122.9 para procedimientos de comunicación y transmisión.

Aunque no es obligatorio que un piloto remoto al mando se comunique por radio con aeronaves tripuladas cerca de aeropuertos no controlados, la seguridad dentro del Sistema Nacional del Espacio Aéreo dicta que los pilotos remotos deben estar bien versados en patrones de tráfico, protocolos de radio y fraseología.

Al planificar operar cerca de un aeropuerto no controlado, el primer paso en los procedimientos de radio es identificar las frecuencias apropiadas. La mayoría de los aeropuertos no controlados tendrán una frecuencia UNICOM, típicamente 122.8, aunque es esencial verificar esta información a través de los Suplementos de Cartas de EE. UU. o la carta seccional, ya que las frecuencias pueden variar [45]. En casos donde un aeropuerto no controlado carezca de una UNICOM o cualquier frecuencia listada, se utiliza la frecuencia MULTICOM de 122.9. Estas frecuencias son accesibles en las cartas seccionales o en la publicación de Suplementos de Cartas de la FAA.

Para las aeronaves tripuladas que se dirigen a un aeropuerto no controlado, la práctica operativa estándar implica transmitir "a ciegas" cuando se encuentran aproximadamente a 10 millas del aeropuerto. Esta llamada inicial debe incluir la posición de la aeronave relativa al norte, sur, este u oeste del aeropuerto. Por ejemplo: "Tráfico de Town and Country, Cessna 123 Bravo Foxtrot está a 10 millas al sur en ruta para aterrizar, tráfico de Town and Country."

Durante las transmisiones en un aeropuerto no controlado, las aeronaves tripuladas deben mencionar el nombre del aeropuerto tanto al principio como al final de la transmisión para confirmar el destino para otros en la frecuencia. Las transmisiones subsiguientes incluyen: "Tráfico de Town and Country, Cessna 123 Bravo Foxtrot, está entrando en el patrón, a mitad de campo en el viento en contra izquierdo para la pista 18, tráfico de Town and Country."

A medida que la aeronave entra en el patrón de tráfico, puede seguir una entrada estándar de 45 grados a la pierna de viento en contra o optar por un enfoque directo, típicamente utilizado para aproximaciones por instrumentos: "Tráfico de Town and Country, Cessna 123 Bravo Foxtrot, está a una milla al norte del aeropuerto, GPS pista 18, aterrizaje completo, tráfico de Town and Country."

Durante la fase de aterrizaje, se deben hacer transmisiones adicionales: "Tráfico de Town and Country, Cessna 123 Bravo Foxtrot, base izquierda, pista 18, tráfico de Town and Country." "Tráfico de Town and Country, Cessna 123 Bravo Foxtrot, final, pista 18, tráfico de Town and Country."

Una vez libre de la pista, la siguiente transmisión es necesaria: "Tráfico de Town and Country, Cessna 123 Bravo Foxtrot, libre de la pista 18, rodando hacia el estacionamiento, tráfico de Town and Country."

Procedimientos similares se aplican al salir de un aeropuerto no controlado: "Tráfico de Town and Country, Cessna 123 Bravo Foxtrot, despegando de la pista 18, tráfico de Town and Country."

Aunque es una práctica recomendada que las aeronaves tripuladas realicen transmisiones de radio cerca de aeropuertos no controlados, no es obligatorio por regulación. Por lo tanto, los pilotos remotos deben permanecer vigilantes, escaneando el área en busca de otras aeronaves y utilizando la comunicación por radio para mejorar la conciencia situacional y aumentar la seguridad.

Entender los indicativos de las aeronaves es crucial para un piloto remoto que opera cerca de cualquier aeropuerto, ya sea controlado o no controlado. Aunque la parte 107 del CFR 14 exige que los pilotos remotos obtengan autorización para ciertas áreas de los aeropuertos, es aconsejable que dispongan de un radio para monitorear las frecuencias relevantes. Sin embargo, es imperativo que los pilotos remotos se abstengan de transmitir en cualquier frecuencia de aviación activa a menos que se enfrenten a una emergencia.

La comunicación en aviación involucra procedimientos únicos, desconocidos para los pilotos remotos sin exposición previa al "lenguaje de aviación." Un aspecto de esto son los indicativos de las aeronaves. Cada aeronave registrada en los Estados Unidos se le asigna un número de registro único, comúnmente conocido como número "N". Por ejemplo,

N123AB se articularía usando el alfabeto fonético como "November Uno-Dos-Tres-Alpha-Bravo". Típicamente, "November" se sustituye por el nombre del fabricante de la aeronave (marca), o en ocasiones por el tipo de aeronave (modelo). Las aeronaves ligeras de aviación general (GA) generalmente usan el nombre del fabricante, como "Cessna, Uno-Dos-Tres-Alpha-Bravo" para un Cessna 172. Por el contrario, aeronaves GA más pesadas como turbohélices o turbojets usan el modelo de la aeronave, como "Citation, Uno-Dos-Tres-Alpha-Bravo" para un Cessna Citation. Los aviones comerciales típicamente usan el nombre de su compañía junto con su número de vuelo, por ejemplo, "Southwest-Siete-Uno-Uno" para el vuelo 711 de Southwest Airlines. Sin embargo, hay excepciones como British Airways, que utiliza "Speedbird" en lugar de su nombre de compañía.

En resumen, los pilotos remotos no están obligados a comunicarse con otras aeronaves cerca de los aeropuertos a menos que sea en una emergencia. Sin embargo, para la seguridad dentro del Sistema Nacional del Espacio Aéreo (NAS), es esencial que los pilotos remotos comprendan la terminología de aviación y estén al tanto de los diversos tipos de aeronaves que podrían estar operando en las cercanías de una pequeña UA.

Drones utilizando tecnología 4G en el Reino Unido

A partir del 20 de enero de 2023, la Autoridad de Licencias del Espectro del Reino Unido, también conocida como Ofcom, introdujo una nueva Licencia de Operador de Radio UAS, marcando un avance significativo al permitir que los drones operen más allá de la línea de vista visual (BVLOS). Esta licencia proporciona autorización para una gama diversa de equipos que los operadores pueden elegir usar o pueden estar obligados a llevar a bordo según las estipulaciones de la Autoridad de Aviación Civil (CAA) [64]. Notablemente, esto incluye drones equipados con tecnología 4G LTE. La emisión de esta licencia es indefinida, contingente al pago anual de una tarifa de licencia.

Para los drones que utilizan únicamente el espectro designado para Wi-Fi o aviones modelo, no se requiere obtener una licencia, ya que ya están exentos bajo las regulaciones existentes. Por lo tanto, no hay cambios para los drones actualmente en operación.

La Licencia de Operador de Radio UAS otorga autorización de espectro para la utilización de varios equipos de radio en drones. Esto abarca equipos para el mando y control, incluyendo terminales móviles y satelitales, así como otros sistemas de seguridad [64]. Esto facilita a los operadores de UAS acceder a una gama de tecnologías que podrían mejorar su capacidad para ofrecer una gama más amplia de servicios a distancias más extensas.

Además, la Licencia de Operador de Radio UAS proporciona autorización de acceso al espectro para drones que emplean tecnologías alternativas que permiten mayores potencias, lo que permite un rango operacional ampliado. Esta licencia abarca la autorización de espectro para una variedad de equipos de radio, incluyendo:

- Funciones de 'mando y control' de UAS, facilitando el control remoto del piloto y los comandos de navegación, así como la gestión del lanzamiento, vuelo y recuperación del dron.

- Relevamiento de datos de carga útil, permitiendo la transmisión de video y datos de regreso al piloto remoto.

- 'Conspicuidad Electrónica', permitiendo que otros usuarios rastreen la ubicación y trayectoria de vuelo del UAS.

- Capacidades de 'Detectar y Evitar', que permiten a los drones evadir autónomamente obstáculos, como otros drones, que representan un riesgo.

- Sistemas de comunicaciones, navegación y vigilancia, que permiten a los Controladores de Tráfico Aéreo monitorear y gestionar vuelos según lo requerido por la CAA.

Licencia de Transmisores VHF (Australia)

La licencia para transmisores VHF es gestionada por la Autoridad Australiana de Comunicaciones y Medios (ACMA), que emite una licencia de clase que permite a individuos operar estaciones de aeronaves o estaciones móviles aeronáuticas, siempre que se adhieran a las condiciones de la licencia. Las Organizaciones de Administración de Aviación Recreativa (RAAO) proporcionan endosos de operador de radio VHF como certificación de cumplimiento con los estándares de la Autoridad para operar estaciones de aeronaves VHF o móviles aeronáuticas. Sin embargo, es esencial notar que las RAAOs no pueden emitir endosos para transceptores HF, y los individuos que intenten hacer transmisiones de radio en el aire en frecuencias de aviación HF deben poseer una licencia de operador de radioteléfono de vuelo de CASA.

La ACMA emite una licencia de clase para licenciar todos los transmisores de radio operacionales, incluyendo transceptores de radiotelefonía de aviación VHF y HF, transpondedores o balizas de emergencia llevadas en aeronaves. Esta licencia de clase, conocida como la Licencia de Clase de Radiocomunicaciones (Estaciones de Aeronaves y Estaciones Móviles Aeronáuticas) 2006 (CL2006), reemplaza la anterior Licencia de Clase de Estación de Aeronaves 2001. CL2006 permite a operadores calificados operar diversos equipos de radiocomunicaciones y radionavegación aeronáuticas instalados en aeronaves o utilizados en la mayoría de las radiocomunicaciones móviles aeronáuticas basadas en tierra.

Las estaciones de aeronaves solo pueden transmitir cuando están a bordo de una aeronave, utilizando el indicativo de estación de la aeronave para identificación. Cualquier incumplimiento de las condiciones de CL2006 hace que el operador no esté autorizado para operar bajo la licencia de clase y puede llevar a una acusación por parte de la ACMA.

Las estaciones móviles aeronáuticas, al igual que las estaciones de aeronaves, están autorizadas para comunicaciones relacionadas con la conducción segura de vuelos, emergencias o asuntos específicos ocupacionales o relacionados con la industria. Los operadores deben identificar claramente la estación móvil durante las transmisiones.

El equipo utilizado para las estaciones de aeronaves debe cumplir con los estándares especificados, y solo se puede usar aparatos aprobados por la Autoridad de Seguridad de Aviación Civil (CASA) para instalaciones fijas. Los pilotos de aeronaves recreativas pueden usar radioteléfonos VHF portátiles de la banda de aviación en el espacio aéreo de Clase G si cumplen con los criterios de seguridad descritos en los documentos regulatorios.

Las estaciones de aeronaves deben tener identificación individual o indicativos, típicamente derivados de la marca de registro de la aeronave. Se utilizan diferentes formatos de indicativo para aeronaves recreativas y deportivas, cada uno siguiendo patrones específicos basados en el tipo y número de registro.

Las estaciones aeronáuticas, incluidas las operadas por clubes aéreos, escuelas de vuelo o clubes de paracaidismo, están licenciadas por la ACMA para operar en la banda VHF de aviación. Los símbolos de frecuencia de comunicación se denotan en kilohercios (kHz) para HF y megahercios (MHz) para las bandas VHF y UHF.

Las regulaciones rigen las limitaciones de comunicación, comunicaciones no autorizadas y la confidencialidad de los mensajes transmitidos. Es obligatorio que todas las transmisiones se realicen en inglés, utilizando la fraseología estándar y alfabetos fonéticos, sin profanidades, engaños ni uso inapropiado de indicativos.

Las frecuencias operativas para estaciones de aeronaves, aprobadas por Airservices Australia, se encuentran principalmente dentro de la banda de comunicaciones VHF de aviación, con separaciones de canal dependiendo de la clasificación del espacio aéreo y los estándares de estabilidad de frecuencia. Existe una banda VHF dedicada a las instalaciones de navegación, conocida como la banda NAV, mientras que la banda VHF de aviación completa sirve tanto para navegación como para comunicación.

Algunas frecuencias operativas de aviación específicas son:

- Operaciones de clubes aéreos — 119.1 MHz

- Operaciones de escuelas de vuelo — 119.1 MHz

- Avistamiento de incendios — 119.1 MHz

- Operaciones de clubes de paracaidismo — 119.2 MHz

- Deporte de aviación — 120.85 MHz

- Ubicación de emergencia — 121.5 MHz (más 243.0 y 406.025 en la banda UHF)

- Operación de planeadores/veleros — 122.5, 122.7, 122.9 MHz

- Operaciones de pesca o agrícolas o arreo de ganado — 122.8 MHz

- Comunicaciones de piloto a piloto — 123.45 MHz

- Información de tráfico de aeronaves — 126.35 MHz

- Pruebas de la industria de aeronaves — 129.1 MHz

- Fumigación aérea — 129.6 MHz

- Operador de aeródromo, incluyendo reabastecedor de combustible — 129.9 MHz

- Espectáculo aéreo — 127.9 MHz

- Carta y otros propósitos no listados — 126.4, 128.9, 135.55 MHz

- Solo búsqueda y rescate — 121.5, 123.1, 123.2 MHz (más las frecuencias de la banda marina 156.3, 156.8 MHz)

En los aeródromos situados dentro del espacio aéreo de Clase G, existen áreas designadas conocidas como áreas de frecuencia común de asesoramiento de tráfico (CTAF, por sus siglas en inglés). Estas áreas abarcan todos los aeródromos razonablemente activos y requieren que los pilotos cumplan con procedimientos específicos de monitoreo y reporte para asegurar una separación segura y facilitar las prioridades de movimiento cuando sea necesario.

La frecuencia VHF designada para la comunicación en cada CTAF se especifica en documentos como el En Route Supplement Australia (ERSA), así como en las Cartas de Navegación Visual (VNC), Cartas Terminales Visuales (VTC), Cartas de Planificación de Australia (PCA) y Cartas En Ruta (ERC-L). Además, algunos aeródromos CTAF pueden operar un servicio de información basado en tierra privado llamado 'Unicom', cuya frecuencia operativa se alinea con la frecuencia VHF del aeródromo especificada en ERSA.

Para la comunicación de piloto a piloto en el aire mientras están en ruta, se utiliza una frecuencia designada de 123.45 MHz. Esta frecuencia sirve como el canal regional aire-aire cuando los aviones operan en áreas remotas más allá del alcance de las estaciones terrestres VHF. Las comunicaciones en esta frecuencia están limitadas al intercambio de información pertinente a las operaciones de las aeronaves, y solo se pueden usar indicativos autorizados.

Con respecto a la calificación del operador de radio, las personas que operan estaciones de aeronaves deben cumplir con los requisitos delineados en la Licencia de Clase de Radiocomunicaciones (Estaciones de Aeronaves y Estaciones Móviles Aeronáuticas) 2006 (CL2006). Esto implica estar calificado de acuerdo con las Regulaciones de Aviación Civil y las Órdenes de Aviación Civil relevantes. El Instructor Jefe de Vuelo de una instalación de entrenamiento de vuelo aprobada tiene la autoridad para recomendar la emisión de un endoso de operador de radio después de una evaluación del desempeño del solicitante durante las operaciones de vuelo y un examen oral o escrito. El examen cubre el temario descrito en los manuales proporcionados por las Organizaciones de

Administración de Aviación Recreativa (RAAOs), como la sección 3.08 del Manual de Operaciones RA-Aus.

En el espacio aéreo de Clase G, las transmisiones de las estaciones de aeronaves se dividen principalmente en tres categorías. En primer lugar, están las transmisiones de asesoramiento, que sirven para informar a otras estaciones cercanas sobre la ubicación e intenciones del piloto para fines de separación de tráfico. No se espera el reconocimiento de estas transmisiones. En segundo lugar, están las llamadas de estación a estación, donde un piloto solicita información específica de los servicios de información de vuelo de Airservices Australia, otra estación de aeronaves o una estación terrestre de aeródromo. En tercer lugar, las respuestas a otras aeronaves o estaciones terrestres involucran el suministro de información específica en respuesta a una solicitud o una transmisión de asesoramiento que indica un posible conflicto de tráfico.

La mayoría de las transmisiones dentro del espacio aéreo de Clase G ocurren cuando las aeronaves están cerca de aeródromos no controlados. Estas transmisiones generalmente toman la forma de transmisiones, como lo manda el CAR 166C, siempre que sea necesario para prevenir colisiones o el riesgo de las mismas con otras aeronaves en las proximidades. Si bien las transmisiones para evitar colisiones son obligatorias, otras transmisiones son discrecionales, pero los pilotos deben adherirse a una estructura de transmisión estándar para minimizar la congestión de frecuencia.

Para asegurar una comunicación efectiva, es esencial usar el inglés de aviación y mantener las transmisiones concisas. Sin embargo, es crucial equilibrar la necesidad de comunicación con el objetivo de minimizar la congestión de frecuencia. Los pilotos deben ejercer su juicio para determinar cuándo y qué transmisiones son necesarias para un flujo de tráfico seguro y eficiente, considerando los diversos antecedentes de los pilotos, incluidos los de otros países.

En las proximidades de los aeródromos dentro del espacio aéreo de Clase G, las frecuencias comunes de asesoramiento de tráfico (CTAF) desempeñan un papel vital. Airservices Australia asigna frecuencias VHF discretas a los aeródromos públicos no controlados con movimientos diarios significativos. Los pilotos que operan cerca de estos aeródromos deben monitorear la frecuencia CTAF designada especificada en las cartas ERSA, VNC, VTC y ERC-L. Si un aeródromo carece de una CTAF discreta, se debe usar la frecuencia Multicom predeterminada de 126.7 MHz. Las áreas de transmisión más grandes tienen volúmenes de espacio aéreo definidos con CTAF asignadas, indicadas en las cartas aeronáuticas.

Los pilotos también deben estar al tanto de los requisitos reglamentarios descritos en los CARs 166, 166A, 166B, 166C, 166D y 166E para operaciones en aeródromos no controlados. El cumplimiento de estas regulaciones asegura prácticas de comunicación seguras y eficientes. Además, el uso de servicios de radio de tierra/aire certificados (CA/GRS) y servicios Unicom puede proporcionar asistencia valiosa a los pilotos, ofreciendo información esencial como avisos de viento, meteorología y tráfico dentro de la CTAF. El acceso a los recursos de AIP Book y ERSA en línea facilita el acceso a información relevante para una comunicación y navegación efectivas.

Los formatos de transmisión CTAF prescritos se adhieren a una secuencia estructurada, asegurando una comunicación clara y concisa entre las estaciones de aeronaves dentro del espacio aéreo de Clase G. Estas transmisiones típicamente consisten en seis elementos clave, presentados en un orden consistente:

1. Ubicación: El área general o nombre del aeródromo.

2. ID de la estación llamada: Típicamente "TRÁFICO", dirigido a todas las estaciones de aeronaves cercanas y posiblemente a estaciones terrestres que mantienen una escucha en la CTAF.

3. ID de la estación que llama: El indicativo de la aeronave, incluyendo el tipo y registro de la aeronave.

4. Posición de la estación que llama: Dónde se encuentra la aeronave, a menudo referenciada al aeródromo.

5. Intenciones de la estación que llama: Las acciones previstas del piloto.

6. Ubicación repetida: Reiterando el nombre del área general o aeródromo para mayor claridad.

Para las transmisiones de transmisión donde no se espera una respuesta específica, como el rodaje o entrada en pista, la ID de la estación llamada suele ser "TRÁFICO". Sin embargo, si se busca una respuesta, la ID de la estación llamada puede ser "CUALQUIER ESTACIÓN" o "CUALQUIER TRÁFICO" precedido por el nombre de la ubicación.

El formato varía dependiendo del propósito de la transmisión. Por ejemplo, una llamada de rodaje notifica a otras aeronaves la intención de rodar hacia una pista, mientras que una llamada de entrada en pista alerta al tráfico en el circuito o despejando la pista de la intención de usar la pista para despegue. De manera similar, las llamadas de entrada, tránsito y unión al circuito proporcionan información relevante a otros pilotos sobre la posición, intenciones y altitud de la aeronave.

La etiqueta de transmisión enfatiza la importancia de la claridad, brevedad y adherencia al inglés de aviación. Se alienta a los pilotos a componer sus mensajes mentalmente antes de transmitir, hablar de manera distinta y a un ritmo normal, y evitar palabras superfluas o frases en inglés no aeronáutico. Además, los pilotos deben estar atentos a las transmisiones en curso para evitar transmitir sobre otros y operar el interruptor de presionar para hablar antes de hablar para asegurar que se transmita el mensaje completo.

En general, la adherencia a los formatos de transmisión CTAF prescritos y la etiqueta de transmisión mejora la efectividad de la comunicación y contribuye a operaciones seguras dentro del espacio aéreo de Clase G.

Durante el vuelo, hay situaciones en las que las llamadas de radio adicionales o discrecionales pueden mejorar la seguridad y la conciencia situacional entre las aeronaves que operan dentro del espacio aéreo de Clase G. Aunque generalmente se aconseja minimizar las transmisiones de radio, ciertas condiciones de tráfico o acciones, como una maniobra de vuelta al circuito o una salida del mismo, pueden justificar una comunicación extra. Estas llamadas discrecionales, aunque típicamente más breves que las transmisiones estándar, sirven para mantener informados a todos los pilotos y mantener una separación segura.

Formato de Llamada de Vuelta al Circuito: Si se debe abortar un aterrizaje, transmitir una llamada de vuelta al circuito puede alertar a otras aeronaves. El formato típicamente incluye la ubicación, el indicativo de la aeronave y la acción que se está tomando, como "VUELTA AL CIRCUITO" seguido del número de pista.

Formato de Llamada de Salida: Al salir del circuito después de actividades como toques y despegues, informar a otras aeronaves sobre tus intenciones de salida puede ser beneficioso. Esta llamada típicamente incluye la ubicación, el indicativo de la aeronave y detalles de la salida, como "SALIENDO HACIA [destino]".

Solicitud de Información: Hay situaciones en las que es apropiado solicitar información a otras aeronaves, como preguntar sobre la pista activa. Usando la llamada "CUALQUIER ESTACIÓN" seguida de la ubicación y la solicitud, los pilotos pueden buscar detalles relevantes.

Comunicación con Estaciones Unicom o CA/GRS: Cuando se aproxima a un aeródromo con servicio Unicom o CA/GRS, los pilotos pueden solicitar información sobre el viento y el tráfico. Los operadores en tierra proporcionan los detalles relevantes y los pilotos acusan recibo de la información.

Llamadas de Respuesta CTAF: En respuesta a transmisiones de otras aeronaves que indican posibles conflictos de tráfico, mantener la conciencia situacional es crucial. Los pilotos deben proyectar los movimientos del otro tráfico y comunicar claramente sus intenciones para evitar conflictos. Además, se anima a los pilotos recreativos a ceder prioridad a ciertas aeronaves por seguridad y cortesía.

Procedimientos en Ruta: En el espacio aéreo de Clase G, no hay informes obligatorios para aeronaves VFR operando en ruta. Sin embargo, se aconseja mantener una escucha activa en la frecuencia apropiada y anunciar posibles conflictos con otras aeronaves. La frecuencia apropiada depende de factores como la proximidad a aeropuertos principales o frecuencias designadas para áreas específicas.

En el espacio aéreo de Clase E, se aplican procedimientos similares, con la adición de la necesidad de usar la frecuencia ATC apropiada para aprovechar el Servicio de Información de Radar. En general, las llamadas de radio discrecionales sirven para mejorar la seguridad y la coordinación entre los pilotos que operan dentro del espacio aéreo no controlado.

Características y Operación de Radio VHF

La comunicación VHF (Very High Frequency) ofrece un medio de comunicación directo, confiable y de alta fidelidad. Sin embargo, su efectividad está limitada por su naturaleza de corto alcance, que depende de una conexión directa de línea de vista entre las estaciones transmisoras y receptoras. Aunque los sistemas modernos de comunicación aeronáutica VHF son adaptables y fáciles de usar cuando están correctamente instalados, la presencia de ruido dentro del entorno de la cabina puede presentar desafíos tanto para la recepción como para la transmisión.

Propagación de Ondas de Radio VHF

La transmisión de ondas electromagnéticas ocurre en líneas rectas, pero está sujeta a alteraciones debido a diversos factores como la interacción con la superficie de la Tierra y fenómenos atmosféricos como la reflexión, refracción y difracción. Las capas ionosféricas juegan un papel significativo en la modificación de las trayectorias de las ondas de radio. Este proceso de transmisión de la señal entre el transmisor y el receptor se conoce como propagación. A medida que las ondas de radio atraviesan la atmósfera u otros medios, hay una pérdida de energía de la señal, conocida como atenuación, que se amplifica con la distancia.

En la banda de Alta Frecuencia (HF) (que va de 3 MHz a 30 MHz), la propagación de ondas de radio está notablemente influenciada por la reflexión y refracción dentro de las capas ionosféricas, permitiendo transmisiones a larga distancia con potencia mínima y tamaño de antena reducido. Por el contrario, en la banda VHF (30 MHz a 300 MHz), la propagación ocurre principalmente a lo largo de un camino directo. Aunque las señales VHF son menos afectadas por fenómenos atmosféricos como la reflexión y refracción, enfrentan una atenuación significativa debido a la superficie de la Tierra y pueden ser obstruidas, desviadas o reflejadas por el terreno y estructuras, similar a la recepción de TV en banda VHF. Por lo tanto, la recepción clara de las transmisiones VHF requiere una trayectoria sin obstrucciones de línea de vista (LOS) entre las antenas transmisoras y receptoras, con suficiente energía de salida de RF para contrarrestar la atenuación de la señal a lo largo de la distancia LOS.

Distancia de Línea de Vista (LOS)

La distancia LOS entre una estación terrestre y una aeronave, o entre dos aeronaves, está determinada por la curvatura de la superficie de la Tierra e influenciada por la elevación/altura de las estaciones y el terreno interviniente. Una regla general para estimar la distancia máxima del camino directo (hasta el horizonte) entre una aeronave y una estación terrestre es la raíz cuadrada de la altura de la aeronave, en pies, sobre el terreno subyacente. Aunque técnicamente es 1.06 veces la raíz cuadrada, este ligero ajuste generalmente se ignora para propósitos prácticos.

Aircraft height (feet)	Maximum LOS distance (nm)
10	3.2
100	10
1000	32
5000	70
10 000	100

Figura 65: Distancia teórica de línea de vista hasta el horizonte.

Estimación de Raíces Cuadradas

Al calcular mentalmente raíces cuadradas, la simplificación puede acelerar el proceso. Al descartar los dos dígitos menos significativos de la altura y estimar la raíz cuadrada de los uno o dos dígitos restantes, seguido de una multiplicación por 10, la estimación se vuelve más manejable. Por ejemplo, con una altura de 3200 pies, ignorando los 00 nos quedamos con 32. La raíz cuadrada de 32 cae entre 5 y 6, aproximadamente 5.5, que, al multiplicarla por 10, nos da una distancia de línea de vista (LOS) de 55 millas náuticas (nm). De manera similar, para una altura de 700 pies, despreciando 00 y considerando la raíz cuadrada de 7, estimada entre 2 y 3, resulta aproximadamente 2.6, dando una distancia LOS de 26 nm.

Comunicaciones Aire-a-Aire

En la comunicación aire-aire, la distancia LOS comprende dos cálculos de 'distancia al horizonte'. Por ejemplo, con una aeronave a 5000 pies y otra a 10,000 pies, la distancia máxima combinada de LOS sería 70 + 100 = 170 nm, con posibles ajustes debido a la difracción de ondas o terreno interviniente que afecta la distancia real.

Consideraciones para la Operación del Transceptor VHF

La distancia LOS representa el rango máximo teórico para la transmisión y recepción VHF de trayectoria directa. Sin embargo, las distancias reales varían dependiendo de factores como la calidad del sistema transmisor/receptor, tipo y colocación de la antena, calidad del receptor/auriculares y otros factores. El rango efectivo típicamente varía de 5 nm hasta la distancia completa de LOS, siendo probable aproximadamente 50 nm para una instalación de baja potencia bien implementada.

Componentes y Operación del Transceptor

El aparato de la estación de aeronaves incluye un sistema de antena, una unidad de radio transmisor/receptor (transceptor), altavoz/auriculares, micrófono, cables de interconexión y dispositivos de adaptación. Estos componentes deben ser eléctricamente compatibles entre sí y con cualquier unidad de intercomunicación de la cabina en una aeronave de dos asientos.

Transmisión y Recepción

Los transmisores utilizan modulación de amplitud (AM) para impresionar información de voz en una onda portadora de RF fija. Los receptores demodulan señales seleccionadas, aislando la información de voz para su amplificación y conversión en ondas sonoras.

Configuración y Cambio de Frecuencias

Las frecuencias se introducen típicamente a través de teclados electrónicos o perillas, con opciones para establecer pasos de canal a 25 kHz o 50 kHz. La mayoría de los transceptores permiten configurar una frecuencia activa y de reserva, con la capacidad de cambiar entre ellas según sea necesario. Algunas unidades ofrecen capacidad de monitoreo dual, permitiendo escuchar en múltiples frecuencias mientras se transmite en una.

Características y Consideraciones

Los transceptores a menudo incluyen posiciones de memoria para almacenar frecuencias, funciones de escaneo rápido, acceso a frecuencias de emergencia/distress, configuraciones de potencia de transmisión ajustables y compatibilidad con antenas de aeronaves. Los auriculares desempeñan roles duales de protección auditiva y mejora de la comunicación, con opciones de reducción de ruido pasiva y activa disponibles.

Uso del Control de Silenciador

El control de silenciador filtra el ruido de fondo mientras permite el paso de señales fuertes. Debe ajustarse solo después de establecer contacto con la frecuencia activa, ya que un ajuste inapropiado puede filtrar transmisiones activas. El control automático de ganancia puede anular el silenciador, permitiendo el monitoreo de ruido de fondo cuando sea necesario.

Enlace C2

Un enlace C2, o enlace de Comando y Control, es un enlace de comunicación que facilita el intercambio de información entre el piloto u operador y una aeronave pilotada remotamente (RPA, por sus siglas en inglés), comúnmente conocida como un dron o vehículo aéreo no tripulado (UAV).

El enlace C2 sirve como el medio principal para que el piloto u operador comande y controle la RPA durante su vuelo. Permite la transmisión de instrucciones, comandos y datos operativos entre la estación de control en tierra (GCS) o la Estación de Piloto Remoto (RPS) y la RPA en sí. Esta comunicación es crucial para monitorear el estado del avión, ajustar sus parámetros de vuelo y asegurar su operación segura a lo largo de la misión.

El enlace C2 apoya diversas funciones, incluyendo:

1. Control: Permite al piloto modificar el comportamiento de la RPA, como ajustar los controles de vuelo, los sistemas de propulsión o el tren de aterrizaje.

2. Monitoreo: Proporciona retroalimentación en tiempo real sobre la salud, estado y parámetros operativos de la RPA, tales como velocidad, altitud y advertencias

del sistema.

3. Sistemas de Detección y Evasión: Gestiona sistemas a bordo diseñados para detectar y evitar obstáculos u otras aeronaves, mejorando la seguridad y la prevención de colisiones.

4. Transferencia y Grabación de Datos de Vuelo: Facilita la comunicación entre la RPA y el piloto u operador, indicando el estado operativo del avión y grabando datos de vuelo para análisis y revisión.

El enlace C2 puede operar a través de varias arquitecturas de comunicación, incluyendo comunicación directa por radio (Línea de Vista de Radio - RLOS), comunicación por satélite (Más Allá de la Línea de Vista de Radio - BRLOS), o retransmisión a través de la propia RPA. La elección de la arquitectura de comunicación depende de factores como el alcance operacional, el terreno y los requisitos regulatorios.

El enlace C2 es un componente esencial de las operaciones de RPA, permitiendo un comando y control efectivos de la aeronave para asegurar la ejecución segura y exitosa de la misión.

Funciones Soportadas por el Enlace C2: El Enlace de Comando y Control (C2) facilita varias funciones críticas para las operaciones de Aeronaves Pilotadas Remotamente (RPA):

- Control: Permite al Piloto al Mando (PIC) modificar el comportamiento de la RPA, incluyendo control de vuelo, propulsión y tren de aterrizaje.

- Control del Sistema de Detección y Evasión: Gestiona sistemas a bordo como transpondedores, ADS-B y radar para evitar colisiones.

- Apoyo para Transferencia y Grabación de Datos de Vuelo: Facilita la comunicación entre la RPA y la Estación de Piloto Remoto (RPS) para indicación del estado operacional y grabación de datos.

- Monitoreo de Salud y Estado: Monitorea parámetros de la RPA como velocidad, actitud y advertencias del sistema.

- Monitoreo del Sistema de Detección y Evasión: Observa rastreos de objetivos y asesoramientos para evitar colisiones.

OPERACIONES CON DRONES

Terminología del Enlace C2:

- Línea de Vista de Radio (RLOS): Comunicación directa entre la RPA y la radio en tierra, típicamente utilizada para el despegue y el aterrizaje.

- Más Allá de la Línea de Vista de Radio (BRLOS): Comunicación cuando la distancia excede la curvatura de la tierra, requiriendo redes de radio o satélites en tierra.

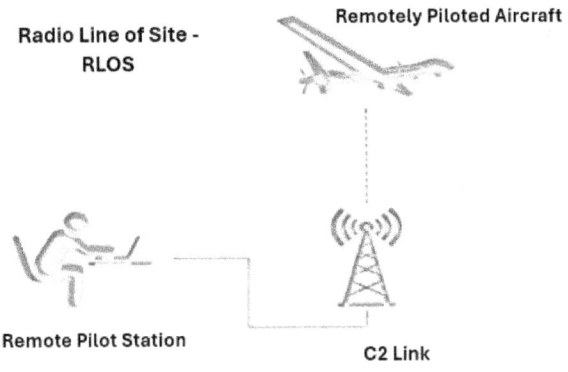

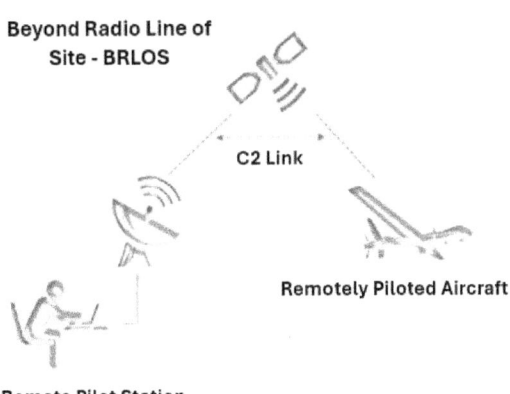

Figura 66: Arquitecturas de Control de Enlace C2.

Arquitecturas de Comunicación del Enlace C2:

- **Relevo a través de la RPA**: La RPA retransmite las comunicaciones al ATC, de manera similar a las aeronaves tripuladas hacia las estaciones terrestres.

- **Sin relevo a través de la RPA**: Comunicación directa por radio VHF entre la RPS y el ATC, limitada por el alcance.

- **Enlace de Tierra a Tierra**: Conexión de red cableada para menor latencia y mayor fiabilidad, especialmente adecuada para operaciones internacionales/oceánicas.

Características del Enlace C2:

- **Funciones Críticas de Seguridad**: Asegura una conexión confiable entre el PIC y la RPA, con tasas de datos adecuadas, presupuestos de enlace y protección contra interferencias.

- **Rendimiento**: Admite varios servicios como transmisión de voz/datos, navegación, vigilancia y prevención de colisiones.

- **Procedimientos de Pérdida del Enlace C2**: Define las acciones en caso de fallo del enlace C2, considerando fallos de equipo, errores humanos y condiciones de propagación de RF.

Pérdida del Enlace C2:

- **Causas**: Fallo de equipo, error humano, interferencia o condiciones de propagación de RF como efectos atmosféricos/climáticos, reflexión del terreno y obstrucción del fuselaje.

- **Efectos**: Interrupciones temporales del enlace debido a desvanecimientos de señal, con profundidades y duraciones variables dependiendo de enlaces terrestres o satelitales.

- **Estados**: Estado Nominal (enlace C2 disponible), Estado de Pérdida del Enlace C2 (enlace C2 no disponible, pero se ejecuta el plan de vuelo) y Estado de Decisión de Pérdida del Enlace C2 (enlace C2 no disponible, decisión pendiente).

Entender estos conceptos asegura una comunicación y control efectivos en las operaciones de RPA, mejorando la seguridad y fiabilidad.

Las funciones respaldadas por el Enlace de Comando y Control (C2) tienen un impacto significativo en los operadores de drones, ya que influyen directamente en la efectividad, seguridad y fiabilidad de las operaciones de aeronaves pilotadas remotamente (RPA). Exploremos las implicaciones de cada aspecto:

1. **Control**: La capacidad del Piloto al Mando (PIC) para modificar el comportamiento de la RPA es crucial para ejecutar planes de vuelo, ajustar parámetros de vuelo y responder a condiciones cambiantes. Esto permite a los operadores mantener el control sobre la trayectoria de vuelo de la aeronave, los sistemas de propulsión y el tren de aterrizaje, asegurando una operación segura y precisa.

2. **Control del Sistema de Detección y Evasión**: Gestionar los sistemas a bordo para la prevención de colisiones es esencial para garantizar la seguridad tanto del dron como de otros usuarios del espacio aéreo. El control efectivo sobre los transpondedores, ADS-B y sistemas de radar permite a los operadores detectar y evitar posibles obstáculos o conflictos, reduciendo el riesgo de colisiones en el aire.

3. **Apoyo para la Transferencia y Grabación de Datos de Vuelo**: Facilitar la comunicación entre la RPA y la Estación de Piloto Remoto (RPS) permite a los operadores monitorear el estado operativo de la aeronave y registrar datos de vuelo esenciales. Esta información es invaluable para analizar el rendimiento, identificar problemas y mejorar operaciones futuras.

4. **Monitoreo de Salud y Estado**: Monitorear parámetros de la RPA como velocidad, actitud y advertencias del sistema proporciona a los operadores retroalimentación en tiempo real sobre la condición de la aeronave. Esto les permite identificar cualquier anomalía o mal funcionamiento de manera oportuna y tomar acciones correctivas adecuadas para mantener la seguridad y eficiencia operativa.

5. **Monitoreo del Sistema de Detección y Evasión**: Observar las trayectorias de los objetivos y los asesoramientos para la prevención de colisiones mejora la conciencia situacional y permite a los operadores tomar decisiones informadas para evitar conflictos potenciales.

En términos de la terminología del Enlace C2, es crucial comprender conceptos como la Línea de Vista Radio (RLOS) y Más Allá de la Línea de Vista Radio (BRLOS) para seleccionar el método de comunicación adecuado basado en los requisitos operativos y las restricciones regulatorias.

De manera similar, la familiaridad con diferentes arquitecturas de comunicación, tales como el relevo a través del RPA, sin relevo a través del RPA, y enlaces de tierra a tierra, permite a los operadores establecer canales de comunicación fiables y eficientes con el control de tráfico aéreo (ATC) y otros interesados.

Además, estar consciente de las características del Enlace C2, incluyendo funciones críticas de seguridad, requisitos de rendimiento y procedimientos ante la pérdida del enlace C2, empodera a los operadores para anticipar y abordar desafíos potenciales de manera efectiva durante las operaciones RPA.

Un entendimiento integral de las funciones, terminología, arquitecturas, características y procedimientos relacionados con el Enlace de Comando y Control es esencial para que los operadores de drones aseguren operaciones seguras, eficientes y conforme a normativa en entornos y escenarios diversos.

Comunicaciones en Situaciones Difíciles

Cuando enfrentan dificultades como combustible bajo, pérdida de navegación, falla de luz o fallo del motor, los pilotos recreativos deben priorizar sus acciones para asegurar la seguridad. Los siguientes pasos son esenciales:

1. Evaluación de Resultados Probables: Evaluar las consecuencias potenciales de las acciones disponibles, considerando factores como el terreno, la visibilidad y la controlabilidad de la aeronave.

2. Volar la Aeronave: Mantener el control de la aeronave mientras se aborda la situación de emergencia.

3. Ejecutar Simulacros de Emergencia Pre-planificados: Continuar volando la aeronave mientras se siguen los procedimientos de emergencia predeterminados.

4. Seleccionar Área de Aterrizaje: Identificar el mejor sitio posible de aterrizaje considerando factores como el terreno, los obstáculos y la densidad poblacional.

5. Evaluar el Resultado del Aterrizaje: Evaluar el resultado probable del aterrizaje en términos de posibles lesiones y supervivencia. La decisión de comunicar una

situación de angustia depende de varios factores:

- Naturaleza de la Dificultad: Dificultades de control o terrenos desafiantes pueden justificar una comunicación de angustia inmediata.

- Tipo de Aeronave y Situación: Ciertas situaciones pueden presentar un mayor riesgo de lesión, necesitando una transmisión de angustia.

- Urgencia de Asistencia: Si el tiempo lo permite y hay incertidumbre o urgencia, los pilotos pueden solicitar asistencia sin declarar una emergencia. Es crucial entender los protocolos de comunicación de angustia:

- Prioridad de Llamada de Angustia: Las llamadas MAYDAY tienen prioridad absoluta sobre otras comunicaciones.

- Prioridad de Llamada de Urgencia: Las llamadas PAN-PAN tienen prioridad, excepto por las llamadas de angustia.

- Canales de Comunicación: Seleccionar frecuencias VHF basadas en la disponibilidad y el tiempo de respuesta.

- Formato de Comunicación de Emergencia: Seguir formatos estandarizados para llamadas MAYDAY y PAN-PAN para transmitir información esencial de manera clara y eficiente. Utilizar GPS y otros medios de comunicación puede ayudar en situaciones de angustia:

- Coordinación GPS: Los dispositivos GPS funcionales proporcionan información precisa de posición para operaciones de búsqueda y rescate eficientes.

- Comunicación Alternativa: Considerar el uso de radios UHF CB o dispositivos móviles celulares para comunicarse con estaciones terrestres u otras aeronaves. Los procedimientos de emergencia deben priorizar la seguridad:

- Activación del Transmisor Localizador de Emergencias (ELT): Seguir los procedimientos recomendados para activar dispositivos ELT para señalar angustia.

- Preparación para la Supervivencia: Estar familiarizado con los procedimientos de supervivencia y los recursos descritos en manuales y publicaciones de aviación.

Al adherirse a los protocolos establecidos y utilizar los recursos disponibles, los pilotos pueden comunicar efectivamente situaciones de angustia y recibir asistencia oportuna, mejorando la probabilidad de un resultado seguro en escenarios de emergencia.

Transpondedores de Radar Aéreo - Transpondedores Modo A/C

Los transpondedores funcionan como dispositivos de radio especializados dentro del Sistema de Radar de Baliza de Control de Tráfico Aéreo (ATCRBS). Cuando son activados por un pulso de interrogación de 1030 MHz emitido por un radar secundario de vigilancia de control de tráfico aéreo (SSR), los transpondedores emiten un pulso de alta energía de 1090 MHz, mejorando la señal de retorno del radar. Mientras que el radar de vigilancia primaria (PSR) opera dentro de 50 millas náuticas de los principales aeropuertos y no interroga a los transpondedores aéreos, el SSR, con un alcance de al menos 100 millas náuticas, proporciona información de rumbo y distancia, con la altura del objetivo determinada por el transpondedor aéreo.

Los transpondedores Modo A/C, comunes en aeronaves civiles más pequeñas, transmiten un código de identidad/estado de 12 bits asignado por el ATC y una lectura de altitud (en unidades de 100 pies). Estas unidades, referidas como transpondedores Modo A/C o Modo 3A/C, utilizan la notación octal para el código de identidad, con cada numeral que varía de 0 a 7. El código squawk estándar no discreto para aeronaves VFR es '1200', con códigos discretos asignados por el ATC cuando es necesario.

Los transpondedores Modo A/C cuentan con una función de 'identificar' o 'identificación de posición especial' (SPI). Cuando se activa, esto altera temporalmente el código de la aeronave, haciéndola resaltar en la pantalla del controlador. Los pilotos solo deben activar esta función cuando el ATC lo instruya o al squawkear inicialmente un código de emergencia.

Para situaciones de emergencia, los pilotos pueden usar códigos squawk de transpondedor no discretos específicos:

- 7700 para emergencias

- 7600 para fallo de comunicaciones VHF

- 7500 para interferencia ilegal (secuestro).

Transpondedores Modo S: Los transpondedores Modo S, encontrados en aeronaves de transporte de pasajeros, utilizan una Dirección de Aeronave ICAO de 24 bits permanente asignada por la Autoridad Nacional de Aeronavegabilidad. Esta dirección, proporcionada en notación hexadecimal de 6 dígitos, asegura una identificación única. Los transpondedores Modo S pueden ser dirigidos selectivamente por estaciones terrestres u otras aeronaves para la transferencia de datos. Además, retienen las funcionalidades del Modo A/C.

TCAS (Sistemas de Alerta y Evitación de Colisiones de Tráfico): TCAS II, instalado en aeronaves de pasajeros más grandes, emite pulsos de interrogación Modo C y utiliza respuestas de transpondedores Modo A/C dentro de un rango de 14 millas náuticas para evaluar el riesgo de colisión. Los sistemas TCAS también utilizan capacidades del Modo S para el intercambio de datos entre aeronaves y estaciones terrestres.

Regulaciones Operativas de Transpondedores: Todas las aeronaves que operan en el espacio aéreo Clase A, C y E o por encima de 10,000 pies deben tener un transpondedor Modo A/C operativo. Los transpondedores deben operarse constantemente cuando están equipados, con excepciones en el espacio aéreo Clase E para aeronaves con capacidad eléctrica insuficiente. Las aeronaves que operan dentro de 40 millas náuticas de una torre Clase D en espacio aéreo Clase E deben tener un transpondedor funcional.

Procedimiento de Emergencia de Transpondedor: En caso de angustia o dificultades de navegación, los pilotos deben seleccionar el código de estado de emergencia '7700', activar la función 'IDENT' y contactar al servicio ATC apropiado en la frecuencia de control de área de ruta.

Monitoreo de 121.5 MHz

El monitoreo de 121.5 MHz en ruta ofrece numerosas ventajas, incluyendo:

- Respuesta inmediata a llamadas de socorro de otras aeronaves.

- Detección de señales ELT para una respuesta rápida a accidentes.

- Contactabilidad por estaciones terrestres para mensajes urgentes.

- Cumplimiento con los requisitos y recomendaciones de la OACI.

- Utilidad para solicitar asistencia en emergencias.

- Requisito para que las aeronaves interceptoras se comuniquen antes de tomar acción.

Air Safety Australia alienta a los pilotos a adoptar la práctica de monitorear 121.5 MHz, enfatizando su naturaleza silenciosa y su papel crítico en la seguridad aeronáutica.

Operación del Equipo de Radio

Procedimiento para la Resolución de Problemas con Equipos de Radio

a. Información para la Resolución de Problemas:

Consulte el manual específico del modelo de radio en uso para obtener instrucciones detalladas de resolución de problemas. Lo siguiente sirve como una guía general aplicable a la mayoría de tipos de equipos.

b. Sin Energía en la Radio:

- Asegúrese de que la batería interna (si está presente) esté correctamente alojada.

- Verifique el estado de cualquier batería externa que se esté utilizando.

- Confirme que el interruptor maestro de la radio o aviónica esté encendido.

- Verifique el funcionamiento del interruptor de ENCENDIDO/APAGADO.

- Revise los fusibles intactos o los disyuntores en el circuito de alimentación de la radio. Nota: Algunas verificaciones pueden requerir el uso de un multímetro u otro equipo similar. Las personas no familiarizadas con dicho equipo deben buscar orientación de alguien con la experiencia adecuada.

c. Sin Reconocimiento de Transmisiones:

- Confirme que la frecuencia seleccionada sea la correcta.

- Verifique los ajustes de los controles de volumen y squelch.

- Asegure que las conexiones de la antena estén bien aseguradas.

- Verifique que el indicador de transmisión (si está disponible) indique la generación de onda portadora.

OPERACIONES CON DRONES 327

- Revise si hay obstáculos o la posición del transmisor que podrían estar interfiriendo con la transmisión o recepción.

- Intente seleccionar otra frecuencia, como una frecuencia de control de ATC, donde se podría esperar un reconocimiento.

d. Otros Problemas:
- Recepción de todo hash o chillidos:

  ○ Asegure que solo una estación transmita a la vez para evitar conflictos.

  ○ Si ocurre una transmisión simultánea, el resultado puede incluir la transmisión de "Dos juntos", a pesar de no ser recomendable.

  ○ Note que un transmisor significativamente más potente puede sobrepasar las transmisiones de uno más débil.

- Chillido fuerte durante las transmisiones:

  ○ Este problema a menudo surge debido a problemas con las conexiones de la antena, la ubicación o la idoneidad, particularmente con radios portátiles adaptados para uso aéreo.

  ○ Considere reemplazar la antena de látigo suministrada con una antena de posventa diseñada específicamente para VHF Airband y reposicionarla lejos del auricular y otras influencias metálicas.

  ○ Las antenas deben estar sintonizadas a frecuencias específicas para un funcionamiento eficiente, lo que puede requerir equipo y conocimientos especializados.

- Señal presente pero no se escucha voz:

  ○ Descrito como "Onda portadora solamente, sin modulación."

  ○ Este problema probablemente se deba a un micrófono defectuoso, interruptor de presión para hablar o cableado asociado.

Fraseología de Radiotelefonía — Inglés Aeronáutico

Asegurando una Comunicación de Radiotelefonía Aeronáutica Clara y Efectiva: La claridad y efectividad de cada transmisión de radiotelefonía aeronáutica depende de la clara articulación de su intención, asegurando que sea fácilmente comprensible y memorable para los destinatarios. Antes de transmitir, es crucial ensamblar las palabras requeridas, mantener la brevedad, adherirse a la terminología estándar y fraseología — conocida como inglés aeronáutico — y emplear consistentemente el propio indicativo completo y preciso, lo cual es pivotal para transmitir información operacional valiosa.

Pronunciación en Radiotelefonía: En las comunicaciones de radiotelefonía (R/T), se utiliza un alfabeto fonético cuando se necesitan transmitir letras individuales. Originario de la Organización del Tratado del Atlántico Norte, este alfabeto fonético sirve como un estándar internacional utilizado por las fuerzas armadas de las naciones de la OTAN.

Letters

Phonetic	Pronunciation	Phonetic	Pronunciation
A ALFA	AL fah	B BRAVO	BRAH voh
C CHARLIE	CHAR lee	D DELTA	DELL tah
E ECHO	ECK ho	F FOXTROT	FOKS trot
G GOLF	GOLF	H HOTEL	hoh TELL
I INDIA	IN dee A	J JULIETT	JEW lee ETT
K KILO	KEY loh	L LIMA	LEE mah
M MIKE	MIKE	N NOVEMBER	no VEM ber
O OSCAR	OSS cah	P PAPA	pah PAH
Q QUEBEC	keh BECK	R ROMEO	ROW me oh
S SIERRA	see AIR rah	T TANGO	TANG go
U UNIFORM	YOU nee form	V VICTOR	VIK tah
W WHISKY	WISS key	X X-RAY	ECKS ray
Y YANKEE	YANG key	Z ZULU	ZOO loo

Numbers

The R/T pronunciation of numbers should be the following phonetic form:

0 ZE–RO	5 FIFE
1 WUN	6 SIX
2 TOO	7 SEV en
3 TREE	8 AIT
4 FOW er	9 NIN er
Hundred HUN dred	
Thousand TOU SAND	
Decimal DAY SEE MAL	

Figura 67: Alfabeto fonético utilizado en radiotelefonía.

Expresión de Valores Numéricos: Al transmitir información sobre altitud, altura de nubes y visibilidad que contienen cientos y miles completos, es esencial articular cada dígito individualmente, seguido del término adecuado "HUNDRED" (cien) o "THOUSAND" (mil) sin incluir el sufijo 'pies'. Por ejemplo:

- ALTITUD:

    ○ (800 pies) – "EIGHT HUNDRED" (OCHO CIENTOS)

    ○ (1500 pies) – "ONE THOUSAND FIVE HUNDRED" (MIL QUINIENTOS)

    ○ (4750 pies) – "FOUR SEVEN FIVE ZERO" (CUATRO SIETE CINCO CERO)

    ○ (10 000 pies) – "ONE ZERO THOUSAND" (UNO CERO MIL)

- ALTURA DE NUBES:

    ○ (2200 pies) – "TWO THOUSAND TWO HUNDRED" (DOS MIL DOSCIENTOS)

    ○ (4300 pies) – "FOUR THOUSAND THREE HUNDRED" (CUATRO MIL TRECIENTOS)

- VISIBILIDAD:

    ○ (1500 pies) – "ONE THOUSAND FIVE HUNDRED" (MIL QUINIENTOS)

    ○ (3000 pies) – "THREE THOUSAND" (TRES MIL)

Para todos los demás valores numéricos, excepto las frecuencias VHF, cada dígito debe ser pronunciado por separado, como:

- RUMBO:

    ○ (150° M) – "ONE FIVE ZERO" (UNO CINCO CERO)

    ○ (080° M) – "ZERO EIGHT ZERO" (CERO OCHO CERO)

- (305° M) – "THREE ZERO FIVE" (TRES CERO CINCO)

- DIRECCIÓN DEL VIENTO:

  - (020°) – "ZERO TWO ZERO DEGREES" (CERO DOS CERO GRADOS)

  - (100°) – "ONE ZERO ZERO DEGREES" (UNO CERO CERO GRADOS)

  - (210°) – "TWO ONE ZERO DEGREES" (DOS UNO CERO GRADOS)

- VELOCIDAD DEL VIENTO:

  - (10 nudos) – "ONE ZERO KNOTS" (UNO CERO NUDOS)

  - (15 nudos, con ráfagas de 25) – "ONE FIVE KNOTS GUSTING TWO FIVE" (UNO CINCO NUDOS CON RÁFAGAS DE DOS CINCO)

- AJUSTE DEL ALTIMETRO – QNH:

  - (995 hPa) – "NINE NINE FIVE" (NUEVE NUEVE CINCO)

  - (1010 hPa) – "ONE ZERO ONE ZERO" (UNO CERO UNO CERO)

  - (1027 hPa) – "ONE ZERO TWO SEVEN" (UNO CERO DOS SIETE)

En cuanto a las frecuencias VHF, en Australia, la introducción de un espaciado de 25 kHz está en curso debido a la congestión de frecuencia, pero actualmente, solo opera un espaciado de 50 kHz en el espacio aéreo Clase G. El método de transmisión varía dependiendo de si la frecuencia es un múltiplo de 50 kHz o de 25 kHz.

Al expresar el tiempo en comunicaciones de radiotelefonía, se utiliza el sistema de reloj de 24 horas. Las horas se denotan por las dos primeras cifras, y los minutos por las dos últimas cifras. Por ejemplo:

- (0001 hrs) – "ZERO ZERO ZERO ONE" (CERO CERO CERO UNO)

- (1920 hrs) – "ONE NINE TWO ZERO" (UNO NUEVE DOS CERO)

Los controles de tiempo se proporcionan al minuto más cercano, y la aviación civil australiana emplea el Tiempo Universal Coordinado [UTC]. Se añade el sufijo 'Zulú' cuando se hace referencia al UTC.

Palabras y Frases Estándar: Se emplea un conjunto de palabras y frases estándar en las comunicaciones de radiotelefonía, cada una con significados y usos específicos, como se muestra en la Figura 68.

ACKNOWLEDGE	Let me know that you have received and understood this message.
AFFIRM	Yes.
APPROVED	Permission for proposed action granted.
BREAK	I hereby indicate the separation between portions of the message (to be used where there is no clear distinction between the text and other portions of the message).
CANCEL	Annul the previously transmitted clearance.
CHECK	Examine a system or procedure (no answer is normally expected).
CLEARED	Authorised to proceed under the conditions specified.
CONFIRM	Have I correctly received the following ... ? or Did you correctly receive this message ... ?
CONTACT	Establish radio contact with ...
CORRECT	That is correct.
CORRECTION	An error has been made in this transmission (or message indicated) the correct version is ...
DISREGARD	Consider that transmission as not sent.
HOW DO YOU READ	What is the readability (i.e. clarity and strength) of my transmission?
I SAY AGAIN	I repeat for clarity or emphasis.
MAINTAIN	Continue in accordance with the condition(s) specified or in its literal sense, e.g. "Maintain VFR".
MAYDAY	My aircraft and its occupants are threatened by grave and imminent danger and/or I require immediate assistance.
MONITOR	Listen out on (frequency).
NEGATIVE	"No" or "Permission is not granted" or "That is not correct".
OVER	My transmission is ended and I expect a response from you (not normally used in VHF communication).
OUT	My transmission is ended and I expect no response from you (not normally used in VHF communication).
PAN PAN	I have an urgent message to transmit concerning the safety of my aircraft or other vehicle or of some person on board or within sight but I do not require immediate assistance.
READ BACK	Repeat all, or the specified part, of this message back to me exactly as received.
REPORT	Pass me the following information.
REQUEST	I should like to know or I wish to obtain.
ROGER	I have received all of your last transmission (Under NO circumstances to be used in reply to a question requiring READ BACK or a direct answer in the affirmative or negative. Do not use the term 'COPY THAT' or double click the transmit button.)
SAY AGAIN	Repeat all or the following part of your last transmission
SPEAK SLOWER	Reduce your rate of speech.
STANDBY	Wait and I will call you.
VERIFY	Check and confirm with originator.
WILCO	I understand your message and will comply with it. (Do not use the term 'COPY THAT' or double click the transmit button.)

Figura 68: Palabras y frases estándar.

Claridad de la Transmisión: La escala de legibilidad se utiliza en respuesta a consultas sobre la claridad de la transmisión o solicitudes de verificación de radio. La escala va desde "Ilegible" hasta "Perfectamente Legible" para asegurar una comunicación efectiva.

OPERACIONES CON DRONES

Gestión de Factores Humanos en Operaciones de Sistemas de Aeronaves Pilotadas a Distancia

Los factores humanos abarcan diversos aspectos que influyen en cómo los individuos realizan sus tareas. Estos factores incluyen habilidades sociales y personales como la comunicación y la toma de decisiones, que complementan la experiencia técnica y, por lo tanto, juegan un papel crucial en garantizar operaciones de aviación seguras y eficientes.

El estudio de los factores humanos implica la aplicación de conocimientos científicos sobre el cuerpo y la mente humanos para entender mejor las capacidades y limitaciones humanas. Al aprovechar el conocimiento de los factores humanos, se vuelve posible minimizar la probabilidad de errores y desarrollar sistemas más tolerantes a errores y resilientes.

El error humano se presenta como la amenaza más significativa para la seguridad de la aviación. Aunque los factores humanos son reconocidos como un factor contribuyente principal a incidentes y accidentes, también ofrecen un potencial sustancial para mejorar la seguridad de la aviación.

En tiempos recientes, la proliferación de los Sistemas de Aeronaves Pilotadas a Distancia (RPAS) ha suscitado preocupaciones debido a su creciente complejidad y operaciones diversas, lo que podría llevar a conflictos de seguridad con los sistemas de aviación pilotados convencionalmente en un futuro cercano.

Por ejemplo, un dron que realiza vigilancia sobre un área concurrida o una instalación sensible podría servir tanto para propósitos defensivos como potencialmente amenazantes si se maneja incorrectamente.

Incluso un incidente a pequeña escala que involucre un RPAS puede tener consecuencias graves, como demostró un incidente pasado en Hungría donde un avión modelo se estrelló durante un espectáculo aéreo, resultando en pérdida de vidas.

En la aviación, la seguridad tradicionalmente depende de tres factores: aspectos técnicos (como las aeronaves, sistemas y mantenimiento), factores ambientales (como las condiciones meteorológicas) y factores humanos, que nuestro equipo considera de suma importancia.

Independientemente de los avances tecnológicos, la seguridad en última instancia permanece en manos humanas. Ya sea un dron recreativo o un RPAS de combate sofisticado, el control humano y la toma de decisiones son indispensables para garantizar operaciones seguras.

Sin embargo, las operaciones de RPAS presentan desafíos únicos en cuanto a factores humanos, incluyendo:

1. Cues sensoriales reducidas: Los pilotos carecen de la rica retroalimentación sensorial disponible en las aeronaves convencionales, lo que dificulta mantener la conciencia del estado del avión.

2. Diseño de la Estación de Piloto Remoto (RPS): Algunos diseños de RPS pueden no cumplir con los estándares ergonómicos, planteando desafíos para el rendimiento del piloto.

3. Traspasos: Transferir el control de un RPAS entre pilotos o estaciones de control puede introducir riesgos asociados con fallas de coordinación.

4. Evitación de colisiones y garantía de separación: Los pilotos deben depender de fuentes alternativas de información para la conciencia situacional, particularmente en ausencia de una vista directa.

5. Implicaciones de factores humanos del rendimiento de enlace: Las latencias en la transmisión de señales de radio pueden afectar el control y la comunicación del piloto.

6. Consideraciones de terminación de vuelo: Los pilotos pueden necesitar tomar

decisiones críticas en emergencias, como intentar un aterrizaje fuera del aeropuerto o terminar el vuelo de manera segura.

Además, gestionar el enlace de comando y control (C2), la gestión de la carga de trabajo y las consideraciones de mantenimiento plantean más desafíos que requieren atención cuidadosa. En general, abordar estos desafíos de factores humanos es esencial para asegurar la integración segura y efectiva de los RPAS en el sistema de aviación.

Trabajo en Horas No Tradicionales

El trabajo por turnos se ha vuelto cada vez más común en nuestra sociedad, reflejando la naturaleza evolutiva del trabajo más allá de la rutina tradicional de lunes a viernes, de 9 a 5. Un segmento creciente de la fuerza laboral ahora participa en diversos patrones de turnos y horarios no tradicionales.

El trabajo por turnos cumple varios propósitos en el mercado laboral, permitiendo a los empleadores optimizar la producción utilizando las 24 horas del día. Además, garantiza la provisión continua de servicios esenciales, como el transporte y la atención médica, a la comunidad durante todo el día y la noche.

Para los fines de esta discusión, un 'trabajador por turnos' se refiere a individuos que trabajan en turnos rotativos, turnos irregulares, turnos vespertinos, turnos de tarde, turnos matutinos o turnos divididos, comúnmente conocidos como 'horas de trabajo no tradicionales'.

Participar en trabajo por turnos regular o permanente implica más que solo adherirse a un horario de trabajo; se convierte en un estilo de vida que impacta significativamente los patrones de sueño, la gestión de la salud, la vida familiar y las interacciones sociales. Las investigaciones indican que el trabajo por turnos afecta tanto la salud física como mental, así como el rendimiento laboral.

El Reloj Corporal (Ritmos Circadianos): El cuerpo humano opera según un ritmo circadiano estrechamente ligado al ciclo de noche y día, influyendo en patrones de somnolencia, vigilia, producción de hormonas y temperatura corporal. Estos ritmos, que operan en un ciclo aproximado de 24 horas, no se ajustan fácilmente a los horarios de trabajo, especialmente aquellos que involucran turnos nocturnos. Los horarios nocturnos alteran los patrones naturales de sueño/vigilia y otros ritmos biológicos, lo que lleva a fatiga, interrupciones del sueño y varios problemas de salud, como trastornos gastrointestinales.

Impactos en el Rendimiento: El rendimiento laboral está significativamente influenciado por fluctuaciones en la alerta, siendo la hora del día o de la noche un factor crucial. Factores como el tipo de tarea, diferencias individuales y la adaptación a cambios de rutina también afectan el rendimiento. Los efectos relacionados con la fatiga en el rendimiento incluyen atención reducida, dificultades de comunicación, cambios de humor, disminución de la concentración, incremento de omisiones y descuidos, vigilancia disminuida, comprensión y aprendizaje lentos, dificultades en la codificación/decodificación, memoria a corto plazo defectuosa, pensamiento confuso, percepción lenta y una respuesta irregular, entre otros.

Diferencias Individuales: Las respuestas individuales al trabajo por turnos varían en función de factores como la edad, hábitos de vida y cronotipo (preferencia matutina o vespertina). Enfrentar el trabajo por turnos se vuelve más desafiante con la edad debido a cambios fisiológicos, aunque las experiencias pasadas y las estrategias de afrontamiento pueden mitigar algunos efectos. Las personas pueden ser categorizadas como tipos matutinos o vespertinos (cronotipos), influenciando su capacidad para adaptarse a diferentes horarios de trabajo. Los tipos matutinos pueden tener dificultades con el trabajo nocturno pero se adaptan mejor a los turnos temprano en la mañana, mientras que los tipos vespertinos manejan más fácilmente los turnos de tarde y noche. Además, las diferencias individuales pueden extenderse más allá de las simples categorizaciones de cronotipo.

Factores Fisiológicos (Incluyendo Drogas y Alcohol) que Afectan el Rendimiento del Piloto

En EE.UU., la parte 107 del 14 CFR prohíbe la operación de aeronaves no tripuladas pequeñas (UA) si el piloto remoto al mando (remote PIC), la persona que manipula los controles, o el Observador Visual (VO) no están en condiciones de realizar sus funciones de manera segura [45]. El remote PIC tiene la tarea de asegurarse de que todos los miembros de la tripulación no estén incapacitados durante la operación. Aunque es bien sabido que el consumo de drogas y alcohol puede afectar el juicio, ciertos medicamentos de venta libre y condiciones médicas también pueden impactar la capacidad de operar de manera segura una pequeña UA. Por ejemplo, algunos antihistamínicos y descongestionantes pueden inducir somnolencia.

La parte 107 prohíbe específicamente a las personas servir como remote PIC, persona que manipula los controles, VO, o cualquier otro miembro de la tripulación si han consumido alcohol recientemente, están actualmente bajo su influencia, tienen una concentración de alcohol en la sangre de .04 por ciento o más, o están usando drogas que afectan sus capacidades mentales o físicas. Ciertas condiciones médicas, como la epilepsia, también pueden representar riesgos para las operaciones. Es responsabilidad del remote PIC asegurarse de que su condición médica esté controlada y que pueda llevar a cabo de manera segura una operación con una pequeña UA.

Influencias Fisiológicas y Médicas en el Rendimiento del Piloto

Varios factores fisiológicos y médicos pueden impactar significativamente en el rendimiento de un piloto. Es crucial que los pilotos entiendan y reconozcan estos factores para asegurar operaciones de vuelo seguras. Algunos de los factores clave incluyen:

Hiperventilación: La hiperventilación se refiere a la respiración excesiva, lo que lleva a una pérdida de dióxido de carbono de la sangre. Aunque la hiperventilación rara vez causa incapacidad completa, puede inducir síntomas alarmantes que pueden interrumpir el vuelo. Los síntomas pueden incluir deterioro visual, mareos, sensaciones de hormigueo y espasmos musculares. Respirar normalmente o en una bolsa de papel puede ayudar a restaurar los niveles adecuados de dióxido de carbono y aliviar los síntomas.

Estrés: El estrés es la respuesta del cuerpo a las demandas físicas y psicológicas, desencadenando la liberación de hormonas como la adrenalina y aumentando el metabolismo. Los estresores pueden ser físicos, fisiológicos o psicológicos, y pueden ser agudos (a corto plazo) o crónicos (a largo plazo). Mientras que el estrés agudo puede desencadenar una respuesta de "lucha o huida", el estrés crónico puede afectar significativamente el rendimiento. Los pilotos que experimentan estrés crónico deberían buscar asesoramiento médico.

Fatiga: La fatiga es un contribuyente común al error del piloto, afectando la atención, la coordinación y las habilidades de toma de decisiones. Puede resultar de factores como la pérdida de sueño, el esfuerzo físico, el estrés y el trabajo cognitivo. La fatiga aguda, típicamente a corto plazo, puede manejarse con descanso y sueño. Sin embargo, la fatiga crónica, que dura un período prolongado, a menudo requiere intervención médica. Los pilotos que experimentan fatiga aguda deberían abstenerse de volar hasta que estén adecuadamente descansados, mientras que aquellos que experimentan fatiga crónica deberían consultar a un médico.

Es esencial que los pilotos estén conscientes de estos factores fisiológicos y médicos y tomen medidas apropiadas para mitigar sus efectos, asegurando operaciones de vuelo seguras y efectivas.

Deshidratación: La deshidratación ocurre cuando el cuerpo pierde una cantidad crítica de agua, a menudo debido a factores como temperaturas altas, viento, humedad y el consumo de bebidas diuréticas como café, té, alcohol y refrescos con cafeína. Los signos comunes de deshidratación incluyen dolor de cabeza, fatiga, calambres, somnolencia y mareos. La fatiga es típicamente el primer efecto notable de la deshidratación, que puede obstaculizar tanto el rendimiento físico como mental, particularmente durante períodos largos de vuelo en clima caliente o a grandes altitudes. Para prevenir la deshidratación, se recomienda consumir de dos a cuatro cuartos de agua cada 24 horas. Sin embargo, se deben considerar las diferencias fisiológicas individuales y no se debe depender únicamente de la sensación de sed como indicador de deshidratación. Llevar un contenedor para medir la ingesta de agua, evitar el consumo excesivo de cafeína y alcohol y mantenerse por delante de las sensaciones de sed son pasos esenciales para prevenir la deshidratación.

Golpe de Calor: El golpe de calor ocurre cuando el cuerpo no puede regular adecuadamente su temperatura. Los síntomas pueden incluir aquellos de deshidratación y, en casos graves, puede ocurrir un colapso. Para prevenir el golpe de calor, es crucial llevar y consumir una cantidad adecuada de agua a intervalos frecuentes, incluso cuando no se sienta sed. El cuerpo puede absorber agua a una tasa de 1.2 a 1.5 cuartos por hora, por lo que las personas deben apuntar a beber un cuarto por hora en condiciones de estrés térmico severo o un pinta por hora en condiciones de estrés moderado.

Uso de Medicamentos: Las Regulaciones de Aviación Federal (Título 14 CFR) no abordan explícitamente el uso de medicamentos, pero prohíben que las personas actúen como pilotos si tienen una condición médica o están tomando medicamentos que afectan su capacidad para cumplir con los requisitos de certificación médica. Además, las regulaciones prohíben el uso de cualquier droga que afecte las facultades de una persona en contra de la seguridad. Muchos medicamentos, incluidos los de venta libre, tienen el potencial de efectos secundarios adversos, que pueden impactar el juicio y rendimiento del piloto. Los pilotos deben evaluar su condición física antes de cada vuelo utilizando el mnemónico IMSAFE (Illness, Medication, Stress, Alcohol, Fatigue, Emotion - Enfermedad, Medicación, Estrés, Alcohol, Fatiga, Emoción). También deben esperar al menos

48 horas después de tomar un nuevo medicamento antes de volar para asegurarse de que no experimenten efectos adversos que podrían comprometer la seguridad del vuelo. Otras consideraciones incluyen evitar medicamentos innecesarios, mantener comidas equilibradas, mantenerse hidratado, obtener suficiente sueño y mantenerse físicamente en forma.

Alcohol: El alcohol compromete significativamente el funcionamiento del cuerpo, como lo demuestra la investigación que vincula su consumo con un declive en el rendimiento. Los pilotos tienen la tarea de tomar numerosas decisiones, muchas de las cuales son sensibles al tiempo, a lo largo de un vuelo. El resultado exitoso de cualquier vuelo depende de la capacidad de tomar decisiones correctas y responder adecuadamente a situaciones rutinarias y anormales. Sin embargo, la influencia del alcohol disminuye significativamente la probabilidad de completar un vuelo sin incidentes. Incluso pequeñas cantidades de alcohol pueden afectar el juicio, reducir el sentido de responsabilidad, impactar la coordinación, estrechar el campo visual, afectar la memoria, disminuir la capacidad de razonamiento y acortar el lapso de atención. Solo una onza de alcohol puede ralentizar los reflejos musculares, afectar los movimientos oculares durante la lectura y aumentar la frecuencia de errores. Las discapacidades visuales y auditivas pueden ocurrir después de consumir incluso una sola bebida.

Es importante tener en cuenta que un piloto permanece bajo la influencia del alcohol mientras experimenta una resaca. A pesar de sentir que están funcionando normalmente, las respuestas motoras y mentales aún están afectadas. El alcohol puede permanecer en el cuerpo durante más de 16 horas después del consumo, enfatizando la importancia de que los pilotos ejerzan precaución y se abstengan de volar poco después de beber.

La intoxicación se determina por la concentración de alcohol en el torrente sanguíneo, típicamente medida como un porcentaje por peso. Según la parte 91 del 14 CFR, el nivel de alcohol en sangre debe estar por debajo del 0.04 por ciento, y debe haber un mínimo de 8 horas entre el consumo de alcohol y el pilotaje de una aeronave. Si el nivel de alcohol en sangre de un piloto es del 0.04 por ciento o más después de 8 horas, no pueden volar hasta que caiga por debajo de ese umbral. Incluso si el nivel de alcohol en sangre está por debajo del 0.04 por ciento, un piloto aún no puede volar dentro de las 8 horas posteriores al consumo de alcohol. Si bien las regulaciones proporcionan pautas claras, es aconsejable errar en el lado de la precaución y ejercer aún más restricción de lo que se manda.

Visión y Vuelo

Comprender la visión y sus mecanismos mejora la capacidad de un piloto para utilizar eficazmente la vista y abordar problemas potenciales. Las técnicas de escaneo efectivas involucran movimientos sistemáticos de derecha a izquierda o de izquierda a derecha. Comenzando desde el punto más lejano detectable (arriba), los pilotos cambian gradualmente su enfoque hacia adentro hacia la posición de la aeronave (abajo). Cada punto de visualización abarca un área aproximadamente de 30° de ancho, con duraciones ajustadas basadas en el detalle requerido pero limitadas a 2 a 3 segundos por parada. La transición entre puntos de visualización debe involucrar una superposición de 10° con el campo de visión anterior.

Fatiga

La fatiga, según la definición de la Autoridad Federal de Aviación de EE. UU., se refiere a una condición caracterizada por un aumento del malestar, una capacidad reducida para el trabajo, una disminución de la eficiencia, pérdida de energía o capacidad de respuesta, a menudo acompañada de sensaciones de cansancio y agotamiento.

El desarrollo de la fatiga puede derivar de varias fuentes, siendo la principal preocupación su impacto adverso en el desempeño de tareas del individuo. Por ejemplo, períodos prolongados de concentración mental, como estudiar o escribir informes, pueden inducir una fatiga comparable al trabajo físico.

Numerosos estudios han demostrado que la fatiga afecta significativamente la capacidad de una persona para llevar a cabo tareas que requieren enfoque sostenido, pensamiento intrincado y destreza manual. La fatiga puede manifestarse rápidamente después de un esfuerzo físico o mental intenso o gradualmente durante días o semanas debido a factores como sueño insuficiente, responsabilidades de cuidado, viajes, trastornos del sueño o horarios de trabajo exigentes.

Además, los efectos de la fatiga pueden ser exacerbados por una hidratación y nutrición inadecuadas, exposición a ambientes duros, esfuerzos mentales o físicos prolongados, o falta de familiaridad o aptitud para las tareas en cuestión.

Fisiológicamente, la fatiga es una respuesta natural al estrés prolongado, ya sea físico o mental. Después de 17 horas de vigilia, la función cognitiva disminuye de manera equivalente a un nivel de alcohol en sangre del 0.05 por ciento, escalando al 0.1 por ciento después de 24 horas. La fatiga afecta la velocidad de procesamiento cognitivo, la memoria, la concentración y aumenta la susceptibilidad a distracciones.

Varios factores contribuyen a la fatiga, incluyendo la tensión emocional, la carga de trabajo mental, el esfuerzo físico, la ingesta insuficiente de alimentos/líquidos, las condiciones ambientales adversas, la monotonía y los patrones de sueño interrumpidos. El sueño, tanto en términos de cantidad como de calidad, juega un papel fundamental en el combate contra la fatiga y en el mantenimiento de la alerta y el rendimiento.

Factores como los turnos de trabajo no tradicionales, especialmente los nocturnos, pueden alterar los patrones de sueño y disminuir la oportunidad de un descanso y recuperación adecuados. Factores relacionados con el trabajo, como horarios exigentes, presiones de tareas y entornos de sueño inadecuados, así como problemas no relacionados con el trabajo, como el sueño perturbado o interrumpido, trastornos del sueño no tratados y elecciones de estilo de vida, contribuyen a la fatiga.

En la sociedad actual, conectada globalmente y dominada por la tecnología, las actividades sociales y recreativas, junto con las demandas laborales, a menudo invaden el tiempo de sueño, exacerbando los niveles de fatiga.

Detectar nuestros propios niveles de fatiga con precisión puede ser desafiante, lo que a menudo hace difícil determinar cuándo se vuelve inseguro continuar trabajando o conduciendo. Sin embargo, hay signos y síntomas observables que sirven como indicadores.

Estos signos y síntomas de fatiga generalmente se categorizan en aspectos físicos, mentales y emocionales. El diagrama presentado en la sección siguiente describe los signos clave dentro de cada categoría. Además, dependiendo de la naturaleza de la tarea en cuestión, puede haber indicadores específicos de fatiga adaptados a esa actividad.

Por ejemplo, en el contexto de la tripulación de vuelo, los indicadores de fatiga pueden incluir:

- Menor minuciosidad en los escaneos de instrumentos

- Coordinación disminuida entre los miembros de la tripulación

- Aumento de instancias de errores de omisión

- Mayor sensibilidad al ruido

- Adopción de estrategias de control de vuelo más pasivas

- Tolerancia de niveles de riesgo elevados

- Interpretación errónea de instrucciones o lecturas de instrumentos

- Correcciones retrasadas en respuesta a desviaciones del sistema

- Desprecio por las señales periféricas

- Disminución de los estándares de rendimiento

- Aumento de lapsos en la memoria prospectiva

- Percepción visual deteriorada

- Ocurrencia de microsueños

- Quedarse dormido mientras opera los controles

Experimentar múltiples síntomas de la lista sugerida indica una disminución significativa en la alerta. Aunque la fatiga no es la única causa de tales síntomas, su coexistencia a menudo indica un deterioro relacionado con la fatiga.

La manifestación consistente de síntomas relacionados con la fatiga justifica la consideración de consultar a un especialista médico relevante. Esto es especialmente crucial para individuos con un índice de masa corporal que excede 30 y un tamaño de cuello 'grande' (43 cm o más en hombres; 40 cm o más en mujeres), ya que estas características están asociadas con un riesgo notablemente más alto de trastornos del sueño, particularmente apnea del sueño.

Existen momentos de riesgo elevado de fatiga a lo largo del día, independientemente de los patrones de sueño de recuperación. Comprender estos períodos es crucial al determinar las horas de trabajo, las horas extra, la planificación de contingencias y las estrategias de respuesta a emergencias.

Los momentos de alto riesgo para la fatiga incluyen:

- Trabajar desde la medianoche hasta el amanecer, especialmente entre las 2 a.m. y las 5 a.m., coincidiendo con los puntos bajos de los ritmos circadianos del cuerpo asociados con la alerta y el rendimiento.

- Instancias donde no se han tomado descansos regulares.

- Turnos que exceden las ocho horas de duración, como se muestra en la Figura 2 que muestra el riesgo relativo medio de error para varias longitudes de turno.

- Comenzar turnos tempranos antes de las 6 a.m., lo que a menudo resulta en sueño acortado debido a desafíos en ajustar los horarios de acostarse o ansiedad por despertarse a tiempo.

- Períodos cuando los empleados son nuevos en su trabajo o lugar de trabajo, ya que la curva de aprendizaje y el proceso de aclimatación pueden interrumpir los patrones de sueño.

Las principales causas de la fatiga incluyen:

1. Sueño inadecuado, siendo necesario para los adultos entre siete y ocho horas por noche.

2. Apnea del sueño, que interrumpe la respiración durante el sueño.

3. Dieta pobre que provoca fluctuaciones en el azúcar en sangre y lentitud.

4. Anemia, particularmente común en mujeres debido a la pérdida de sangre menstrual.

5. Depresión, que contribuye a la fatiga junto con síntomas emocionales.

6. Hipotiroidismo, que ralentiza el metabolismo y causa lentitud.

7. Consumo excesivo de cafeína que conduce a un aumento de la frecuencia cardíaca y fatiga.

8. Diabetes, que obstaculiza el metabolismo del azúcar y la conversión de energía.

9. Deshidratación, que lleva a la fatiga y reduce la función corporal.

10. Enfermedad cardíaca, que se manifiesta en fatiga durante actividades rutinarias. Abordar estos factores mediante cambios en el estilo de vida, intervenciones médicas y una hidratación adecuada puede ayudar a mitigar los riesgos relacionados con la fatiga y mejorar el bienestar general.

Sueño

El sueño se caracteriza como un estado de inconsciencia parcial o completa donde las funciones voluntarias están suspendidas, permitiendo que el cuerpo descanse y se rejuvenezca. A pesar de su evidente importancia, el propósito preciso del sueño sigue siendo parcialmente incomprendido. En términos generales, se cree que durante el sueño, tanto la mente como el cuerpo se "recuperan" del estrés diario y se "preparan" o "recargan" para los desafíos del día siguiente. Los conocimientos sobre la función del sueño han surgido principalmente de estudios sobre la privación del sueño en animales y humanos.

La necesidad de un sueño normal: Los requisitos de sueño varían entre individuos y evolucionan a lo largo de las diferentes etapas de la vida. Los recién nacidos suelen dormir de 16 a 18 horas por día, mientras que los niños en edad preescolar generalmente necesitan de 10 a 12 horas. Los niños en edad escolar y los adolescentes suelen beneficiarse de al menos 9 horas de sueño cada noche. Para la mayoría de los adultos, un funcionamiento óptimo durante el día siguiente generalmente se logra con 7 a 8 horas de sueño por noche.

Tanto la calidad como la cantidad del sueño están significativamente influenciadas por el momento del sueño dentro del ciclo diurno de 24 horas. Los humanos se han adaptado naturalmente a dormir durante las horas nocturnas y estar activos durante el día. Entender los ciclos y la estructura del sueño: El sueño no es uniforme a lo largo de la noche; más bien, progresa a través de varias etapas caracterizadas por patrones distintos de ondas cerebrales. Estas etapas forman un ciclo continuo que dura aproximadamente de 90 a 120 minutos, comprendiendo cinco fases distintas:

1. Etapa 1: Inicio del sueño, ocasionalmente acompañado por sacudidas o espasmos musculares.

2. Etapa 2: Fase de sueño ligero, durante la cual los individuos son fácilmente despertables.

3. Etapas 3 y 4: Etapas de sueño profundo, cruciales para la regeneración física, donde despertarse es desafiante.

4. Etapa 5 (sueño REM): Fase de movimiento ocular rápido, caracterizada por soñar y movimientos oculares notables bajo los párpados cerrados. El sueño REM juega un papel vital en la consolidación de la memoria y el bienestar mental, y estudios recientes sugieren su contribución a la restauración física.

En la primera parte de la noche, los individuos pasan más tiempo en las etapas 3 y 4 de cada ciclo de sueño. Sin embargo, a medida que avanza la noche, la duración relativa del sueño REM aumenta. Cuando hay privación de sueño, el cuerpo prioriza la recuperación del sueño profundo (etapas 3 y 4) y el sueño REM. Como resultado, las personas privadas de sueño a menudo transitan rápidamente del sueño ligero al sueño profundo al quedarse dormidos.

Recuperación de la privación del sueño: Experimentar somnolencia y fatiga no deseadas puede representar tanto una inconveniencia como un peligro, particularmente en situaciones como conducir o pilotar una aeronave, donde podría conducir a consecuencias fatales.

Se han identificado numerosas estrategias para mitigar la probabilidad o los efectos de la fatiga, algunas de las cuales se discuten más adelante en este manual, como gestionar la ingesta de cafeína o prestar atención a las elecciones dietéticas.

Las medidas más extremas incluyen el uso de estimulantes como las anfetaminas. Sin embargo, aunque las intervenciones farmacológicas pueden ofrecer un alivio temporal, no abordan la necesidad subyacente de sueño restaurador, que es esencial para la recuperación física y mental. La cantidad específica de sueño requerido para un rendimiento óptimo varía para cada individuo, pero generalmente oscila entre 7 y 9 horas en un período de 24 horas. A pesar de los cambios relacionados con la edad que pueden afectar los patrones de sueño, la necesidad de sueño permanece constante a lo largo de la vida. La mayoría de las personas naturalmente tienden a seguir un horario de sueño que se alinea con una rutina nocturna típica, aunque existen variaciones, especialmente entre las personas mayores que pueden tender a dormir más temprano.

Aunque el sueño ininterrumpido es ideal, el sueño fragmentado, que consiste en múltiples períodos cortos de sueño, es preferible a la privación total de sueño. Incluso una breve siesta puede mejorar significativamente la alerta. Sin embargo, es crucial reconocer que la siesta no puede sustituir completamente una noche completa de sueño y no debe confiarse como único remedio para los déficits de sueño.

El impacto del envejecimiento en el sueño: A medida que envejecemos, generalmente se vuelve cada vez más difícil tanto iniciar como mantener el sueño, una dificultad que suele ser más pronunciada durante los períodos de descanso diurno, pero que también puede afectar los patrones de sueño nocturno. Estos cambios en el comportamiento del sueño no se limitan únicamente a la dificultad para conciliar el sueño y la reducción de la duración del sueño; otras alteraciones fisiológicas relacionadas con la edad, además, complican los desafíos de adaptarse a horarios de trabajo no tradicionales.

Estudios recientes indican que los cambios relacionados con la edad en la función de la vejiga pueden contribuir significativamente a las interrupciones del sueño, provocando despertares más frecuentes para ir al baño. Junto con otros cambios fisiológicos asociados con el envejecimiento, estas interrupciones pueden resultar en una mayor frecuencia de despertares a lo largo del ciclo de sueño. Consecuentemente, puede surgir una mayor somnolencia diurna como resultado de estos patrones de sueño interrumpidos.

Sonambulismo: El sonambulismo, también conocido como somnambulismo, implica la participación en comportamientos complejos, como caminar, mientras se sigue durmiendo, típicamente durante la segunda o tercera hora de sueño. Las actividades durante los episodios de sonambulismo pueden variar desde simplemente sentarse y parecer despierto, a pesar de estar dormido, hasta caminar. La persona permanece inconsciente de estas acciones y generalmente no tiene recuerdo de ellas al despertar.

El sonambulismo puede manifestarse en comportamientos más elaborados, incluyendo reorganizar muebles, usar el baño, o vestirse y desvestirse. En casos extremos, se han reportado individuos conduciendo vehículos mientras se encuentran en estado de sonambulismo.

Durante los episodios de sonambulismo, los ojos del sonámbulo pueden estar completamente o parcialmente abiertos, y pueden navegar por su entorno, evitar obstáculos e incluso responder a comandos simples, aunque de manera inconsciente. Despertar a un sonámbulo generalmente resulta en sorpresa al encontrarse fuera de la cama. Los episodios de sonambulismo suelen ser breves, durando solo segundos o minutos, aunque pueden persistir por períodos más largos, incluso hasta 30 minutos o más. El sonambulismo ocurre durante la etapa de movimiento rápido de los ojos (REM) del sueño.

Las causas del sonambulismo son poco entendidas, y ha habido un enfoque limitado en las opciones de tratamiento para adultos.

Apnea del sueño: La apnea del sueño es un trastorno del sueño caracterizado por interrupciones en la respiración, que pueden afectar la vigilia durante actividades diurnas como el trabajo o la conducción.

Existen tres tipos principales de apnea del sueño: apnea central del sueño, apnea obstructiva del sueño y apnea mixta del sueño. La apnea central del sueño ocurre cuando el cerebro no envía señales a los músculos responsables de la respiración, resultando en una falta de esfuerzo para respirar.

La apnea obstructiva del sueño ocurre cuando el cerebro envía señales a los músculos respiratorios, pero el flujo de aire está obstruido debido a un bloqueo en la vía respiratoria, impidiendo una respiración adecuada. Esta forma de apnea del sueño es la más prevalente en las sociedades occidentales.

La apnea mixta del sueño implica una combinación de apnea central y obstructiva del sueño.

Si sospechas o te han informado que exhibes síntomas sugerentes de apnea del sueño, es crucial consultar con un profesional de la salud. Los síntomas clásicos de la apnea del sueño incluyen hacer sonidos de asfixia, experimentar pausas en la respiración durante el sueño y despertar abruptamente jadeando por aire.

Siestas: Beneficios de las Siestas: Las siestas cortas ofrecen varias ventajas, proporcionando muchos de los beneficios asociados con el sueño más largo en un marco de tiempo condensado. Estos beneficios abarcan la mejora de la memoria a corto plazo, el rendimiento elevado, el aumento de la alerta y la mejora del tiempo de reacción. Sin embargo, vale la pena mencionar que los efectos de las siestas generalmente no duran tanto como los de las sesiones de sueño más largas.

Definición de una Siesta: La definición de una siesta varía en la literatura. En este contexto, una siesta se refiere a cualquier sueño que dure hasta tres horas, mientras que un "sueño corto" se extiende de tres a cinco horas. Las siestas de tan solo 10 a 15 minutos han demostrado ofrecer beneficios medibles. En general, cuanto más larga sea la siesta, más pronunciadas serán sus ventajas en términos de recuperación y mejora del rendimiento. Las siestas de menos de 10 minutos generalmente no se consideran beneficiosas.

Momento de las Siestas: La investigación sobre el momento de las siestas sugiere perspectivas en conflicto. Mientras algunos estudios indican que el momento de una siesta influye en sus efectos restauradores, especialmente en la lucha contra la fatiga, otros proponen que el momento es menos crítico cuando la fatiga es significativa, con el enfoque principal en obtener cualquier sueño. Es aconsejable adoptar un horario de siestas que se alinee mejor con las preferencias individuales. Sin embargo, es importante reconocer que la siesta puede interferir con el sueño posterior más tarde en el día o por la noche.

Desafíos en la Implementación de Políticas de Siesta: A pesar de los posibles beneficios de la siesta para mitigar los efectos adversos de la fatiga y garantizar la alerta en roles críticos para la seguridad, las actitudes organizacionales hacia la siesta en el lugar de trabajo pueden presentar obstáculos. Algunas organizaciones pueden no respaldar la siesta en el lugar de trabajo, independientemente de su eficacia.

Puntos Clave en una Política de Siesta:

- Las siestas sirven como complemento al sueño principal cuando se requieren operaciones insuficientes o prolongadas.

- Las siestas preventivas, dirigidas a evitar la fatiga, generalmente son más efectivas para mantener el rendimiento que las siestas de recuperación tomadas cuando la fatiga ya se ha instalado.

- La fatiga es un peligro previsible, y la siesta puede mitigar eficazmente sus efectos.

- Las políticas de siesta no deben explotarse para extender los horarios más allá de límites razonables, sino que deben priorizar la seguridad.

- Fomentar la siesta como una estrategia planificada para prevenir la fatiga.

- Las siestas son más beneficiosas cuando se toman antes de que ocurra la somnolencia peligrosa.

- Pueden ayudar a mantener el rendimiento cuando se pierde ocasionalmente el sueño más prolongado o cuando se extienden los períodos de trabajo.

- Permitir al menos quince minutos después de despertar de una siesta para recuperar completamente la alerta antes de reanudar las tareas.

- Siempre que sea posible, programar siestas durante períodos de somnolencia natural, como la tarde o la mañana temprana para los trabajadores del turno nocturno.

- Una sola siesta de 45 minutos generalmente es suficiente para prevenir la fatiga, aunque pueden existir excepciones en las operaciones de aviación.

- Las políticas de siesta también deben promover información sobre la dieta, el estado físico y el uso de alcohol y otras drogas.

- Las condiciones óptimas para la siesta incluyen un entorno oscuro, tranquilo, con una temperatura cómoda y buena ventilación.

Alimentación y Fatiga

Como se discutió anteriormente en esta guía, la capacidad de mantenerse despierto está principalmente vinculada al descanso y recuperación adecuados. Sin embargo, factores adicionales pueden contribuir a sensaciones de cansancio, lentitud y fatiga general. Un factor significativo es el impacto de los niveles bajos de azúcar en la sangre, lo cual muchos individuos subestiman o no reconocen en relación con su alerta y seguridad.

Digestión y Apetito

Los ritmos biológicos humanos dictan la vigilia durante el día y el sueño por la noche, influyendo en varios procesos corporales, incluida la digestión. La eficiencia digestiva es naturalmente más alta durante las horas del día, con la secreción de jugos digestivos como ácidos estomacales y enzimas siendo más activa durante este tiempo.

La comida consumida por la noche se metaboliza a un ritmo más lento, lo que a menudo resulta en sensaciones de hinchazón, estreñimiento y posibles molestias como ardor de estómago e indigestión. Las personas que comen fuera de los horarios típicos de comida pueden experimentar alteraciones gastrointestinales, exacerbadas por el consumo de bebidas como té, café o alcohol. Estudios han demostrado que los trabajadores nocturnos tienen un riesgo elevado de desarrollar úlceras pépticas en comparación con sus homólogos diurnos.

Además, las personas que trabajan en horarios no tradicionales pueden notar cambios en sus patrones de hambre, experimentando episodios inesperados de hambre en momentos poco convencionales.

Manteniendo los Niveles de Azúcar en la Sangre con la Dieta

Dadas las interrupciones en la digestión y el apetito causadas por los horarios de trabajo no tradicionales, estabilizar los niveles de azúcar en la sangre se vuelve desafiante. Un nivel de azúcar en la sangre estable es crucial para minimizar las fluctuaciones en los niveles de energía, particularmente común entre los trabajadores por turnos.

Contrario a la creencia popular, investigaciones recientes han desmentido la noción de que los bocadillos azucarados causan picos y caídas rápidas en los niveles de azúcar en la sangre. En cambio, el índice glucémico (IG) de los alimentos determina cómo los niveles de azúcar en la sangre responden a diferentes tipos de alimentos.

Los alimentos con un IG alto provocan un aumento y caída rápidos en los niveles de azúcar en la sangre, haciéndolos adecuados para reponer energía rápidamente después de un esfuerzo físico o ejercicio. Por el contrario, los alimentos con un IG bajo facilitan un cambio gradual en los niveles de azúcar en la sangre, ayudando a mantener niveles de energía estables con el tiempo. Incorporar bocadillos de IG bajo durante un turno puede ayudar a prevenir fluctuaciones drásticas en la energía.

Los hallazgos sobre los alimentos IG también tienen implicaciones significativas para las personas con diabetes, ya que el consejo médico típicamente aconseja evitar alimentos de IG alto para regular los niveles de azúcar en la sangre. Sin embargo, los alimentos de IG alto pueden servir como impulsos de energía ocasionales para individuos no diabéticos, especialmente después de la actividad física. No obstante, los alimentos de IG bajo son generalmente más beneficiosos para mantener niveles de energía consistentes en la vida diaria.

Aquí tienes ejemplos de alimentos categorizados según su índice glucémico (IG):

Alimentos de IG bajo:

1. Avena
2. Batatas
3. Lentejas
4. Manzanas
5. Naranjas
6. Garbanzos
7. Yogur griego
8. Pan integral
9. Quinoa
10. Frutos secos y semillas

Alimentos de IG intermedio:

1. Plátanos
2. Arroz integral
3. Cuscús
4. Pasta de trigo integral

5. Guisantes verdes

6. Piña

7. Pasas

8. Alforfón

9. Palomitas de maíz

10. Muesli

Alimentos de IG alto:
1. Pan blanco

2. Arroz blanco

3. Papas (puré o al horno)

4. Copos de maíz

5. Cereales azucarados

6. Sandía

7. Avena instantánea

8. Pretzels

9. Bagels blancos

10. Dátiles

Estos ejemplos proporcionan una idea general de cómo diferentes alimentos se clasifican en la escala del índice glucémico. Sin embargo, es esencial considerar factores individuales como el tamaño de la porción, métodos de cocción y la composición dietética general al evaluar el impacto de alimentos específicos en los niveles de azúcar en sangre.

Se han sugerido estrategias dietéticas alternativas para los trabajadores por turnos en investigaciones, una de las cuales implica incorporar alimentos proteicos bajos en grasa en tus comidas para ayudar a mantener la alerta. Esto se atribuye a un proceso bioquímico que involucra el aminoácido tirosina, el cual conduce a la elevación de sustancias químicas estimulantes en el cuerpo.

Las opciones de alimentos bajos en grasa y altos en proteínas están ampliamente disponibles en supermercados modernos, a menudo indicadas a través del etiquetado nutricional. Además, los alimentos ricos en proteínas contribuyen a la salud general al proporcionar nutrientes esenciales para la fuerza muscular y el desarrollo. Optar por opciones de alimentos bajos en grasa y altos en proteínas es un enfoque prudente para mantener una dieta equilibrada.

Ejemplos de fuentes de proteínas bajas en grasa incluyen pescado, aves y cortes magros de carne roja. Para aquellos que prefieren proteínas basadas en vegetales, opciones como frijoles, lentejas y vegetales verdes como el brócoli y los guisantes son elecciones favorables.

Evalúa tus hábitos dietéticos actuales Es probable que parte de la información presentada en esta sección sea nueva para ti, ofreciendo perspectivas y estrategias frescas. Experimenta con estos enfoques por un período y observa su impacto en tu bienestar, particularmente cuando te sientas fatigado.

Mantener una dieta equilibrada es clave. Generalmente, la evidencia sugiere que una dieta baja en grasa rica en alimentos de IG bajo e intermedio, complementada con proteínas de calidad, ofrece los mayores beneficios. Recuerda practicar moderación en tus hábitos alimenticios.

Adicionalmente, considera el contenido de fibra de tu dieta, proveniente de frutas y verduras frescas, así como los niveles de minerales esenciales y sal.

La ingesta diaria de sal recomendada es de 3.8 gramos (aproximadamente media cucharadita), adecuada para reponer la cantidad perdida a través de la transpiración diaria y asegurar la ingesta suficiente de otros nutrientes vitales. El consumo excesivo de sal más allá de esta recomendación puede contribuir a la presión arterial alta, aumentando el riesgo de accidentes cerebrovasculares, enfermedades del corazón o problemas renales.

Hidratación

Como se discutió anteriormente, la alerta no solo es influenciada por el sueño sino también por factores como la digestión y la nutrición. De manera similar, la hidratación juega un papel significativo en mantener la alerta y asegurar la seguridad.

Cuando el cuerpo experimenta deshidratación, inicia mecanismos para conservar agua, resultando en actividad reducida y una tendencia a relajarse y desacelerar. Este estado de relajación aumenta la probabilidad de somnolencia. La deshidratación también puede llevar a síntomas como mareos y dolores de cabeza.

Muchos individuos no consumen suficiente agua, llevando a niveles de hidratación subóptimos. Mientras que la deshidratación severa puede llevar a problemas médicos, la mayoría de los efectos relacionados con la deshidratación son a corto plazo y pueden ser aliviados aumentando la ingesta de agua.

Varios factores contribuyen a la deshidratación, incluyendo:

- Realizar tareas físicamente exigentes.

- Trabajar en ambientes calurosos.

- Consumir bebidas con cafeína, ya que la cafeína actúa como un diurético, promoviendo la pérdida de agua.

- Beber alcohol, que también tiene propiedades diuréticas.

- Consumir bebidas gaseosas, que pueden no hidratar tan efectivamente como el agua pura.

- Consumir alimentos salados, que necesitan agua adicional para su procesamiento.

Además, el acceso limitado al agua en ciertos lugares de trabajo, como para los conductores profesionales, puede exacerbar los riesgos de deshidratación.

Para optimizar la alerta y la vigilancia, es esencial monitorear de cerca la ingesta de líquidos. Algunas personas pueden necesitar aumentar significativamente su ingesta de líquidos para alcanzar niveles óptimos de hidratación. Curiosamente, muchas personas encuentran que aumentar la ingesta de agua mejora la alerta sin aumentar significativamente la frecuencia urinaria; más bien, su salida de orina aumenta con cada instancia.

Cafeína y Otros Estimulantes

Entender la dinámica del uso de cafeína puede mejorar significativamente la capacidad de uno para aprovechar sus efectos de manera efectiva y gestionar posibles inconvenientes.

Conceptos Básicos de la Cafeína: La cafeína es una sustancia conocida por sus propiedades adictivas. Las personas pueden desarrollar una dependencia de la cafeína si sienten que no pueden funcionar sin ella y requieren su consumo diario. Ocurre naturalmente en varias plantas, como los granos de café, las hojas de té y las nueces de cacao, y está presente en numerosos alimentos y bebidas, incluyendo chocolate y bebidas de cola.

Efectos de la Cafeína: El consumo de bebidas con cafeína comúnmente se asocia con un aumento de la alerta. La cafeína opera bloqueando la recepción de adenosina, un neurotransmisor que promueve la relajación y el sueño. En consecuencia, después de consumir cafeína, las personas pueden experimentar niveles de energía elevados, tensión muscular, excitación y aumento de la frecuencia cardíaca.

Tiempo y Duración de los Efectos: La cafeína tarda típicamente de 15 a 30 minutos en entrar en el torrente sanguíneo, con sus efectos fisiológicos máximos ocurriendo aproximadamente una hora después. Los efectos estimulantes de la cafeína pueden durar aproximadamente cinco horas. Por lo tanto, consumir bebidas con cafeína demasiado cerca de la hora de dormir puede dificultar el inicio del sueño.

Ventajas y Desventajas de la Cafeína: Aunque la cafeína es ampliamente utilizada y legalmente disponible, es esencial reconocer tanto sus beneficios como sus inconvenientes. La sensación inmediata de alerta experimentada después de la ingesta de cafeína puede ser parcialmente atribuible a factores psicológicos, como la anticipación y las interacciones sociales. Además, las personas que consumen cafeína regularmente pueden experimentar síntomas de abstinencia al intentar reducir o eliminar su ingesta.

Uso Estratégico de la Cafeína: Para maximizar la efectividad de la cafeína y mitigar posibles efectos negativos, el consumo estratégico es crucial. Algunas estrategias clave incluyen evitar la cafeína cuando no se está cansado para prevenir la acumulación de tolerancia, abstenerse de un consumo excesivo por la mañana para evitar exacerbar la fatiga del mediodía, y minimizar la ingesta de cafeína antes de acostarse para facilitar un sueño de calidad. Entender el momento y la duración de los efectos de la cafeína, así como ser consciente de su presencia en varios alimentos y bebidas, puede ayudar a las personas a optimizar su uso de cafeína.

Si bien la cafeína puede servir como una ayuda temporal para manejar la alerta, no debe sustituir el sueño adecuado ni abordar problemas de salud subyacentes. La planificación adecuada y la moderación son esenciales al usar la cafeína como una herramienta de gestión de la alerta, particularmente para ocupaciones críticas para la seguridad, como la aviación. Además, las personas deben ser conscientes de las fuentes alternativas de cafeína, como el chocolate oscuro, y ajustar su consumo en consecuencia.

Alcohol

Comprender los efectos del alcohol en el sueño, la alerta y el rendimiento es crucial para garantizar la seguridad y el bienestar, especialmente en entornos sensibles a la seguridad.

Visión general del alcohol: El alcohol afecta significativamente el rendimiento a niveles moderados y altos de intoxicación, afectando el tiempo de respuesta, la función cognitiva y la conciencia ambiental. Muchos lugares de trabajo, incluida la industria de la aviación, imponen regulaciones estrictas respecto al consumo de alcohol para mitigar los riesgos de seguridad.

Efectos del alcohol: Como depresor del sistema nervioso central, el alcohol induce relajación y reduce las inhibiciones en pequeñas dosis. Sin embargo, dosis más altas conducen a la disminución del rendimiento, causando somnolencia, pérdida de memoria y disminución de la conciencia. La intoxicación alcohólica plantea riesgos significativos, contribuyendo a accidentes y problemas de salud como el alcoholismo y las enfermedades cardiovasculares.

Factores de riesgo y consecuencias: El consumo de alcohol aumenta la probabilidad de accidentes, con concentraciones más altas de alcohol en sangre correlacionando con riesgos de accidentes elevados. En Australia, el alcohol es un factor principal en varios accidentes, incluidos incidentes viales e infortunios industriales. Comprender las mediciones de bebidas estándar y las tasas de metabolización es esencial para un consumo de alcohol responsable.

Directrices australianas: Las guías recientes enfatizan los hábitos de bebida de bajo riesgo, recomendando límites para el consumo de alcohol diario y en ocasiones únicas. Consideraciones especiales se aplican a niños, mujeres embarazadas y personas que planean quedar embarazadas.

Alcohol y rendimiento: El consumo de alcohol lleva a una reducción de la alerta y un aumento de la somnolencia, incluso después de que sus efectos hayan desaparecido. La intoxicación puede resultar en exceso de confianza y errores de rendimiento, contribuyendo a accidentes, ausentismo y disminución de la productividad en el lugar de trabajo.

Efectos persistentes: Incluso después de que los niveles de alcohol en sangre vuelvan a cero, el alcohol puede continuar afectando el rendimiento debido a factores como la deshidratación y las perturbaciones gastrointestinales. Estudios han demostrado déficits de rendimiento medibles hasta 8 a 14 horas después del consumo, impactando habilidades psicomotoras, función cognitiva y juicio, particularmente relevante en operaciones de aviación.

Nicotina

La nicotina, un compuesto estimulante que ocurre naturalmente en las hojas de tabaco, ha sido consumida a través del fumado o masticación durante siglos. Provoca un aumento de la respiración y la frecuencia cardíaca mientras suprime el apetito al activar receptores nerviosos específicos sensibles a la nicotina. En pequeñas dosis, actúa como un estimulante, elevando la alerta e induciendo una sensación de euforia al estimular el sistema nervioso central.

Naturaleza adictiva y riesgos para la salud: La nicotina es altamente adictiva, con riesgos para la salud bien documentados asociados al consumo de tabaco. Fumar cigarrillos eleva los riesgos de varias enfermedades, incluyendo enfermedades cardíacas, cáncer de pulmón, enfermedades de las encías y circulación comprometida, entre otras. Los fumadores generalmente exhiben niveles de forma física más bajos en comparación con los no fumadores.

Contenido y absorción de nicotina: Los cigarrillos contienen cantidades variables de nicotina, que varían de 1 a 20 mg dependiendo de la marca y la intensidad. Los efectos de la nicotina generalmente disminuyen dentro de una hora después del consumo. Entra fácilmente al cuerpo a través de diversas vías, incluida la inhalación en los pulmones, la absorción a través de la piel mediante parches y membranas mucosas como las encías y los revestimientos nasales.

Camino de la nicotina en el cuerpo: La nicotina entra principalmente al cuerpo a través de los pulmones, llegando rápidamente al cerebro a través del torrente sanguíneo, donde genera sensaciones placenteras experimentadas por los fumadores. Mantener niveles consistentes de nicotina se convierte en un hábito para los fumadores, con variabilidad individual en las tasas de metabolismo y niveles de tolerancia.

Retirada de la nicotina: Los síntomas de abstinencia de la nicotina pueden comenzar tan pronto como una sola noche, interrumpiendo los patrones de sueño y llevando a sueños angustiantes, especialmente para los fumadores intensos. Los síntomas incluyen dolores de cabeza, dolores musculares, molestias orales, concentración deteriorada y fluctuaciones en la presión arterial y la frecuencia cardíaca, acompañados por sentimientos de estrés, ansiedad, depresión e irritabilidad.

Manejo de la abstinencia: Evitar la ingesta de nicotina por la noche y en la hora de dormir puede ayudar a mejorar la calidad del sueño, especialmente si los síntomas de abstinencia son manejables. Dejar de fumar típicamente lleva a mejores patrones de sueño después de unos diez días, aunque los síntomas de abstinencia, que alcanzan su máximo de tres a cuatro días después de cesar, pueden persistir hasta diez días.

Medicamentos

Los medicamentos ingresan al cuerpo a través de la ingestión, inyección o inhalación, afectando posteriormente la función cerebral al entrar en el torrente sanguíneo. La eliminación del cuerpo ocurre principalmente a través del hígado y los riñones, siendo eventualmente excretados en la orina. Sin embargo, los efectos de los medicamentos pueden variar significativamente entre individuos e incluso dentro del mismo individuo debido a factores como la hora del día, el estado de ánimo, la fatiga y la ingesta dietética. La edad, el género y el tamaño corporal también influyen en el impacto del medicamento y las tasas de recuperación.

Medicamentos con receta: Ciertos medicamentos con receta pueden perjudicar la conducción o la operación de maquinaria pesada y pueden interactuar con niveles de fatiga y otras sustancias como el alcohol, comprometiendo aún más el rendimiento. Las personas en roles sensibles a la seguridad deben consultar a su proveedor de salud respecto a las interacciones potenciales de los medicamentos y los efectos en el rendimiento. Es esencial informar a los supervisores sobre los medicamentos prescritos y cualquier uso reciente de anestesia debido a su posible impacto en las pruebas de detección.

Medicamentos de venta libre: Algunos medicamentos de venta libre para el alivio del dolor o resfriados y gripe pueden causar somnolencia y síntomas relacionados con la fatiga. Las personas deben revisar cuidadosamente las instrucciones de uso y las etiquetas y consultar con farmacéuticos si tienen dudas sobre los efectos secundarios potenciales.

Aunque algunos trabajadores por turnos recurren a ayudas para dormir de venta libre, es crucial usarlas con prudencia, considerando su potencial para inducir somnolencia al día siguiente.

Estimulantes y ayudas para la alerta: Ciertos estimulantes de venta libre como productos a base de cafeína o pseudoefedrina pueden mejorar la alerta, pero también pueden inducir efectos adversos como aumento de la ansiedad, palpitaciones cardíacas o insomnio. Estas sustancias deben usarse con moderación y bajo supervisión médica para mitigar los riesgos de seguridad y rendimiento.

Pastillas para dormir y sedantes: Los benzodiacepinas, comúnmente prescritos para insomnio y ansiedad, pueden producir una gama de efectos a corto plazo, incluyendo relajación, somnolencia, memoria deteriorada y coordinación motora. El uso a largo plazo puede llevar a tolerancia, dependencia y síntomas de abstinencia, afectando varios aspectos de la salud física y mental. Las benzodiacepinas pueden perjudicar habilidades motoras finas, función cognitiva, estado de ánimo, alerta y comportamiento de aprendizaje, haciéndolas inadecuadas para tareas críticas de seguridad como conducir u operar maquinaria.

Implicaciones de rendimiento y tiempos de eliminación: El uso de benzodiacepinas ha sido asociado con síntomas similares a los de una resaca e impedimento persistente al despertar, lo que potencialmente puede comprometer la seguridad en el trabajo. Los tiempos de eliminación para las benzodiacepinas varían según el medicamento específico y la dosis, oscilando entre uno y siete días. Los usuarios crónicos o aquellos que abusan de las benzodiacepinas pueden experimentar tiempos de eliminación prolongados, planteando riesgos prolongados para la seguridad y el rendimiento.

Salud General y Bienestar

Numerosos estudios han revelado problemas de salud relacionados con horarios de trabajo no convencionales, con trabajadores por turnos que generalmente informan más quejas de salud en comparación con aquellos en turnos diurnos tradicionales. Los trabajadores por turnos, particularmente aquellos con horarios rotativos, tienden a tomar más días de enfermedad, visitar más frecuentemente las clínicas del lugar de trabajo y exhibir puntuaciones más bajas en diversas evaluaciones de salud.

Las quejas comunes asociadas con los horarios de trabajo no tradicionales incluyen dificultades para dormir, fatiga e irritabilidad. Estos horarios también pueden impactar sistemas físicos como los sistemas gastrointestinal, cardiovascular y reproductivo, influyendo en el bienestar general más allá de trastornos específicos.

Los trabajadores por turnos a menudo informan niveles elevados de estrés, aumento del consumo de alcohol y drogas, y un sentido general de cansancio, que puede ser exacerbado por el estrés mental relacionado con la insatisfacción en aspectos personales y sociales de sus vidas.

Problemas Gastrointestinales: Los trabajadores por turnos tienen mucha más probabilidad de desarrollar trastornos gastrointestinales, incluyendo úlceras pépticas, indigestión, ardor de estómago, flatulencia y estreñimiento. Las irregularidades en la ingesta de alimentos debido a los cambiantes patrones de trabajo pueden contribuir a problemas digestivos. Apegarse a horarios regulares de comidas y adoptar hábitos alimenticios saludables pueden mitigar los problemas gastrointestinales a largo plazo.

Enfermedad Cardiovascular: Los trabajadores por turnos enfrentan un mayor riesgo de enfermedades cardiovasculares como la presión arterial alta y el ataque cardíaco en comparación con los trabajadores diurnos. La historia familiar, factores de estilo de vida como el ejercicio, la dieta y el tabaquismo, y el sueño insuficiente son contribuyentes significativos a la salud cardiovascular. Los chequeos regulares, mantener una dieta equilibrada, el ejercicio regular y evitar fumar son esenciales para la salud cardiovascular.

Embarazo y Salud Reproductiva: Las trabajadoras por turnos, especialmente aquellas en turnos nocturnos, pueden experimentar ciclos menstruales irregulares y un aumento en el dolor menstrual. Los estudios sugieren asociaciones entre el trabajo por turnos y factores como la fertilidad, el riesgo de aborto espontáneo, el nacimiento prematuro y un menor crecimiento fetal y peso al nacer. Aunque algunas diferencias observadas entre trabajadores por turnos y no turnos son estadísticamente pequeñas, es aconsejable considerar las horas de trabajo como un factor potencial en la salud reproductiva.

El bienestar abarca varios aspectos del estado personal, físico, material, mental y espiritual de un individuo, contribuyendo a su satisfacción, salud y sensación de logro a través del trabajo, conexiones sociales y actividades de ocio. Además de desafíos como la pérdida, la depresión, la ansiedad y el estrés, la fatiga emerge como una amenaza significativa para el bienestar en los tiempos modernos.

Iniciativas Organizacionales para el Bienestar: Muchas organizaciones han implementado programas destinados a mejorar el bienestar de los empleados. Estos esfuerzos pueden incluir políticas de equidad y diversidad, requisitos de Salud y Seguridad Ocupacional, sistemas de evaluación de rendimiento, arreglos de trabajo flexibles, provisiones de licencias amplias, instalaciones de fitness en el sitio, y acceso a servicios de apoyo como capellanes, trabajadores sociales y psicólogos. Tales iniciativas reflejan la creencia entre la alta dirección de que los empleadores tienen la responsabilidad de fomentar el bienestar de su fuerza laboral.

Responsabilidad Individual para el Bienestar: Independientemente de su rol dentro de la organización, los individuos tienen una responsabilidad por su propio bienestar. Similar a la gestión de la fatiga, mantener el bienestar del personal es una responsabilidad compartida entre supervisores y empleados. Sin embargo, los individuos poseen un control significativo sobre su bienestar emocional y físico.

Bienestar Emocional: Un fuerte bienestar emocional se caracteriza por una alta autoestima y relaciones positivas con familiares, amigos y colegas. Los individuos con un bienestar emocional robusto exhiben resiliencia, mantienen una perspectiva equilibrada sobre los problemas y emplean estrategias de afrontamiento efectivas. Estas estrategias incluyen técnicas de gestión de pensamientos, reinterpretación positiva de eventos, métodos de relajación, ejercicio, priorización, búsqueda de apoyo y aceptación de las circunstancias.

Bienestar Físico: Los individuos influyen en gran medida en su bienestar físico a través de factores como el ejercicio, la dieta, la hidratación y el sueño. El abuso de sustancias, particularmente el alcohol y la nicotina, puede socavar el bienestar físico. El autocuidado físico adecuado resulta en niveles de energía aumentados, sueño reparador, concentración mejorada y una sensación satisfactoria de salud.

Bienestar Material: El bienestar material juega un papel significativo en el bienestar general de muchas personas e impacta a sus familias también. El estrés financiero es un estresor moderno prevalente. La investigación sugiere que, aunque se espera una remuneración justa, un pago excesivo puede afectar negativamente la satisfacción laboral. Más allá de las necesidades básicas, las personas a menudo buscan recompensas no materiales como el reconocimiento y roles de trabajo significativos.

Bienestar Espiritual: Para algunos, el bienestar espiritual forma la piedra angular de su bienestar general. La espiritualidad abarca aspectos intangibles que proporcionan un sentido de propósito o significado en la vida, que pueden estar asociados con creencias religiosas o filosofías personales. Los estudios indican que las personas con creencias espirituales bien desarrolladas tienden a navegar los desafíos de manera más efectiva.

Esforzarse por el Equilibrio: Un enfoque equilibrado para los objetivos de vida y actividades es esencial para fomentar un fuerte sentido de bienestar. Los modelos de equilibrio de vida típicamente enfatizan el trabajo, las conexiones sociales y el ocio como facetas centrales que sustentan el bienestar general.

Ejercicio Físico

Ventajas de la Actividad Física: El ejercicio físico regular aporta una multitud de beneficios para la salud, incluyendo una protección mejorada contra enfermedades cardíacas, accidentes cerebrovasculares, hipertensión arterial, diabetes tipo 2, obesidad, dolor de espalda y osteoporosis. (Es importante notar la mayor prevalencia de enfermedades cardiovasculares y otros problemas de salud entre los trabajadores por turnos).

Mientras que tradicionalmente el ejercicio ha estado vinculado principalmente a la salud física, ahora se reconoce por sus efectos holísticos en el cuerpo, incluyendo la promoción del bienestar psicológico. Los beneficios psicológicos del ejercicio regular incluyen la mejora del estado de ánimo, una mejor gestión del estrés, un aumento de la autoestima y una sensación general de bienestar. En resumen, la mayoría de las personas se sienten mejor después de participar en actividad física.

El ejercicio también juega un papel en la mejora de la calidad del sueño. Los estudios indican que hacer ejercicio de 30 a 180 minutos antes de acostarse puede llevar a un aumento del sueño profundo (restaurador). Un estudio incluso encontró que el ejercicio vespertino mejoró la percepción de una buena noche de sueño y redujo la somnolencia diurna. Además, estar físicamente en forma aumenta la resistencia, amplificando así el disfrute de las actividades de ocio.

Beneficios Específicos del Ejercicio Físico: El ejercicio físico ofrece una amplia gama de beneficios, incluyendo niveles de energía aumentados, reducción de la tensión muscular y el estrés, mejora del tono y la fuerza muscular, mayor condición aeróbica, mejor flexibilidad, fortalecimiento de la función inmune, disminución de la grasa corporal, mejora de la densidad ósea, circulación mejorada, mejor digestión y un funcionamiento corporal más saludable en general.

Establecer una Rutina de Fitness: Muchas personas con horarios de trabajo no tradicionales luchan por establecer hábitos regulares de ejercicio. En promedio, las trabajadoras por turnos tienen un peso de 5 a 10 kg más que sus contrapartes que no trabajan por turnos, mientras que los trabajadores por turnos masculinos tienen de 10 a 12 kg más.

Para obtener los máximos beneficios para la salud, los expertos recomiendan participar en 20 a 30 minutos de actividad aeróbica tres o más veces por semana, junto con ejercicios de fortalecimiento muscular y estiramiento al menos dos veces por semana. Sin embargo, si alcanzar este nivel de actividad resulta desafiante, acumular 30 minutos o más de actividad física de intensidad moderada diariamente, tres a cuatro veces por semana, todavía puede producir beneficios significativos para la salud. Las actividades de intensidad moderada incluyen tareas cotidianas como aspirar, cortar el césped y caminar, que no requieren equipo especial y se pueden realizar en cualquier momento.

Antes de comenzar un programa de ejercicios, es aconsejable consultar con un médico, especialmente si tiene sobrepeso, más de 30 años o es nuevo en el ejercicio. Para aquellos que han estado inactivos, lo mejor es comenzar con actividades menos extenuantes como caminar, andar en bicicleta suavemente o nadar a un ritmo cómodo, aumentando gradualmente la intensidad para prevenir lesiones.

Operaciones RPAS – Amenazas Ambientales u Operacionales

Desafíos de Visualización y Control: El desapego entre el avión y el operador en las operaciones RPAS conduce a una pérdida significativa de señales sensoriales disponibles para los pilotos de aeronaves tripuladas. A diferencia de los pilotos, los operadores de RPAS dependen únicamente de la información sensorial proporcionada por sensores a bordo a través de un enlace de datos, limitada principalmente a imágenes visuales con un campo de visión restringido. En consecuencia, los operadores de RPAS experimentan una "aislación sensorial" relativa de su vehículo controlado, careciendo de entrada visual ambiental, retroalimentación cinestésica/vestibular y sonido. Es esencial realizar investigaciones para entender cómo esta aislación sensorial afecta el rendimiento del operador y explorar diseños avanzados de visualización para compensar la falta de entrada sensorial directa.

Desafíos del Ancho de Banda del Enlace de Datos: La calidad de la información sensorial visual disponible para los operadores de RPAS está limitada por el ancho de banda del enlace de comunicaciones entre el vehículo y la estación de control en tierra. Un ancho de banda limitado del enlace de datos impone restricciones en la resolución temporal y espacial, capacidades de color y campo de visión de las pantallas visuales, lo que lleva a retrasos en la transmisión en respuesta a las entradas del operador. Es esencial realizar investigaciones para abordar estos desafíos, explorando diseños de visualización para superar las limitaciones de ancho de banda y optimizar los compromisos entre aspectos de la pantalla.

Automatización y Fallos del Sistema: Los sistemas RPAS varían en el grado de automatización del control de vuelo, que va desde el control manual hasta el vuelo completamente automatizado. La forma óptima de control de vuelo depende de factores como los retrasos en el tiempo de comunicación y la calidad de la información sensorial. Se necesitan investigaciones para determinar los métodos de control óptimos para diferentes fases del vuelo y examinar la interacción entre operadores humanos y sistemas automatizados. Además, la investigación debería centrarse en establecer y optimizar procedimientos para responder a fallos del sistema y pérdida de comunicación.

Composición, Coordinación, Selección y Capacitación de la Tripulación: La composición, selección y capacitación de las tripulaciones de vuelo RPAS son factores críticos para garantizar operaciones seguras. Es necesario realizar investigaciones para determinar el tamaño y estructura óptimos de la tripulación para diversas categorías de misiones y explorar diseños de visualización y ayudas de automatización para reducir las demandas de la tripulación. Se necesitan esfuerzos para facilitar la comunicación de la tripulación, especialmente durante las transferencias de control, y establecer estándares para seleccionar y capacitar a los operadores RPAS.

Gestión de Riesgos y Peligros: La gestión de riesgos efectiva es crucial para las operaciones RPAS, requiriendo que los pilotos estén conscientes de los recursos disponibles y mantengan la conciencia situacional. Técnicas como el modelo Percepción, Proceso, Rendimiento (3P) y las listas de verificación de gestión de riesgos ayudan en la toma de decisiones informadas y la gestión eficaz de la carga de trabajo. Además, entender la toma de decisiones naturalista y reconocer las trampas operacionales puede ayudar a mitigar los riesgos asociados con el estrés, la carga de trabajo y las distracciones.

Abordar las amenazas ambientales y operacionales en las operaciones RPAS requiere un enfoque multifacético que abarca diseños avanzados de visualización, automatización, coordinación de la tripulación, gestión de peligros y estrategias efectivas de toma de decisiones. Los esfuerzos continuos de investigación y desarrollo son cruciales para mejorar la seguridad y el rendimiento de RPAS en entornos operativos diversos.

Directrices Operacionales para RPAS - Abordando Situaciones de Pérdida de Enlace

Al enfrentar la posibilidad de perder la conectividad del enlace de control, es vital establecer prácticas efectivas para asegurar la continuidad y seguridad del vuelo. Los enlaces de control no son infalibles, y pueden ocurrir interrupciones que potencialmente pongan en peligro la relación de mando y control entre el piloto remoto y el RPAS (Sistemas de Aeronaves Pilotadas a Distancia). Para mitigar el impacto de los enlaces perdidos, es crucial implementar procedimientos preprogramados que permitan al RPAS navegar de manera autónoma hasta que se restablezca el enlace.

La evidencia anecdótica sugiere que los pilotos de RPAS deben estar preparados para que cada comando pueda ser potencialmente su último contacto con la aeronave durante un cierto período si ocurre una interrupción del enlace. Es esencial ejercer precaución, especialmente cuando un solo comando podría llevar a condiciones de vuelo inseguras si no se da seguimiento de manera oportuna. Por ejemplo, dirigir la aeronave hacia un terreno sin la capacidad de emitir un comando subsiguiente para desviarse podría ser peligroso.

El comportamiento predecible durante situaciones de pérdida de enlace es primordial tanto para el piloto como para el Control de Tráfico Aéreo (ATC). Esto requiere definir procedimientos claros para enlaces perdidos, incluyendo maniobras predeterminadas como ascender o moverse a una ubicación designada. Estos procedimientos pueden necesitar adaptarse en función del progreso del vuelo o requisitos operacionales específicos. Los pilotos y el ATC deben estar bien informados sobre estos procedimientos para evitar sorpresas durante escenarios de enlace perdido, enfatizando la importancia de incorporar detalles de programación de enlace perdido en el plan de vuelo de la aeronave.

Establecer las mejores prácticas para gestionar escenarios de enlace perdido es esencial, enfocándose en asegurar un comportamiento seguro y predecible del RPAS. Determinar la duración de una interrupción del enlace que activa un procedimiento de enlace perdido es crucial, pero puede variar según factores operacionales como la fase del vuelo o el entorno. Las interrupciones frecuentes pueden incitar a los pilotos a emplear soluciones alternativas, destacando la necesidad de encontrar un equilibrio entre la previsibilidad del vuelo y el mantenimiento del control.

Los pilotos de RPAS enfrentan desafíos únicos debido a las limitadas señales sensoriales, confiando principalmente en la retroalimentación visual de las cámaras a bordo. La ausencia de interacción física directa con la aeronave complica las verificaciones previas al vuelo, necesitando enfoques alternativos para asegurar la aeronavegabilidad. Además, los pilotos de RPAS pueden encontrarse con ilusiones perceptuales y conflictos, subrayando la importancia de evaluar su impacto en la seguridad y operaciones de vuelo.

La vigilancia y la gestión de la fatiga son críticas para los pilotos de RPAS, especialmente durante vuelos de larga duración caracterizados por una baja carga de trabajo. Se deben identificar estrategias para mantener el compromiso y prevenir la monotonía, equilibrando la necesidad de descansos con las demandas operacionales. Los traspasos entre estaciones de control representan otra área de preocupación, requiriendo protocolos claros para asegurar una transición sin problemas y evitar fallos de comunicación o errores en la gestión de modos.

La planificación de vuelos para operaciones de RPAS involucra consideraciones únicas, incluyendo vuelos de ultra-larga duración, cobertura del enlace C2 y planificación de contingencias. Los pilotos deben anticipar posibles desafíos como condiciones meteorológicas adversas o interrupciones del enlace, incorporándolos en planes de vuelo integrales para asegurar el éxito de la misión y la seguridad.

En emergencias que requieran la terminación del vuelo, los pilotos de RPAS deben sopesar los riesgos para terceros contra la preservación de la aeronave y su carga útil. La toma de decisiones puede complicarse por la información sensorial limitada y la ausencia de ocupantes a bordo, lo que enfatiza la necesidad de protocolos claros e información en tiempo real para mitigar los riesgos de manera efectiva.

En general, las operaciones de RPAS requieren una planificación meticulosa, una comunicación efectiva y la adherencia a protocolos de seguridad para asegurar la conducción segura y eficiente de las misiones.

OPERACIONES DE SISTEMAS DE AERONAVES PILOTADAS A DISTANCIA MULTIROTOR

Para este momento, probablemente ya hayas decidido el tipo de dron que se adapta a tus necesidades. El siguiente paso es asegurar una comprensión clara de las funcionalidades que requieres del sistema. A continuación, se presentan algunas preguntas directas que debes responder antes de comprar accesorios o finalizar el diseño de tu dron.

1. **Tiempo de Vuelo**: Determina cuánto tiempo necesitas que la aeronave permanezca en el aire antes de requerir un cambio de batería o reabastecimiento de combustible.

2. **Tiempo de Carga de la Batería**: Considera la duración necesaria para cargar las baterías del dron. Aunque es deseable una carga inmediata, cada batería tendrá un tiempo mínimo de carga basado en sus especificaciones. Evalúa cuánto tiempo necesita operar la aeronave continuamente y planifica en consecuencia. Por ejemplo, si requieres una hora de tiempo de vuelo pero cada batería solo proporciona 10 minutos, serán necesarias múltiples baterías. Si la carga en el campo no es factible, se necesitarán conjuntos adicionales de baterías para asegurar una operación continua.

3. **Dimensiones de la Aeronave**: Mide la distancia aproximada entre motores diagonalmente opuestos en multirotores o la envergadura en drones de ala fija. Asegúrate de que las dimensiones se alineen con los requisitos de trans-

porte, considerando el vehículo que lo llevará. Generalmente, las aeronaves más grandes ofrecen duraciones de vuelo más largas pero a un costo más alto.

4. **Carga Útil**: Determina la carga que necesita transportar la aeronave, ya sea una cámara pequeña como una GoPro o un tanque de 30L de pesticida. Entiende que los requisitos de carga útil impactan significativamente el costo.

5. **Velocidad en Tierra**: Evalúa la velocidad de la aeronave relativa al suelo, especialmente al mapear grandes áreas dentro de un tiempo limitado de batería. Conocer la velocidad máxima y la duración del vuelo permite calcular el área de cobertura para evitar quedarse corto durante las misiones.

6. **Enlace de Radio**: Entiende el tipo y alcance del enlace de radio del dron. Las bandas de frecuencia de radio como 433MHz, 900MHz, 2.4GHz o 5.8 GHz ofrecen diferentes alcances y capacidades de transmisión de datos. Elige la frecuencia basada en tus prioridades, ya sea transmitir video o cubrir largas distancias.

Independientemente de tu aplicación específica, todos los drones deben incluir los siguientes elementos esenciales:

- Radio de telemetría

- Transmisor de RC para control manual (requerido por algunas autoridades de aviación)

- Cargador de batería

- Software de estación terrestre (o estación terrestre física)

- Piezas de repuesto (baterías, hélices, etc.)

- Sensores adaptados a tu aplicación (por ejemplo, cámara de mapeo, cámara de video con enlace de datos)

La Física del Vuelo de Drones Multirotor

Al encontrarse con una aeronave multirotor por primera vez, los observadores a menudo se maravillan de su capacidad de vuelo. Surge una pregunta común: "¿Cómo logran volar estas máquinas sin superficies de control tradicionales?" Esta cuestión justifica una exploración de la física subyacente del vuelo multirotor.

Dada la ausencia de superficies de control convencionales, maniobrar un multirotor típico depende únicamente de ajustar las velocidades de los motores. Por lo tanto, alterar la salida de empuje de los motores induce movimientos direccionales, guiando la nave en consecuencia.

En cualquier configuración multirotor, una placa de control de vuelo actúa como un componente intermediario entre el receptor de radio y los controladores de velocidad del motor. El controlador de vuelo asume un doble papel: en primer lugar, interpreta las señales de comando del receptor de radio —relacionadas con el pitch, roll, yaw y el acelerador— y las traduce en variaciones del acelerador necesarias para maniobrar la nave. En segundo lugar, en modo de estabilidad, funciona como un módulo de estabilización giroscópica, asegurando que la nave permanezca erguida y nivelada en ausencia de entradas de control explícitas. Operar una aeronave multirotor sin una placa de control de vuelo es extremadamente desafiante, si no virtualmente imposible.

Para ayudar a explicar los diferentes modos de vuelo, utilizaremos un diagrama que muestra la vista superior de una plataforma multirotor Quad-X. Esta configuración es ampliamente utilizada en las operaciones de vuelo actuales, lo que la hace muy relevante para nuestra discusión sobre los principios de vuelo. Como se muestra en la Figura 69, esta ilustración representa el cuadricóptero en un vuelo estacionario estable.

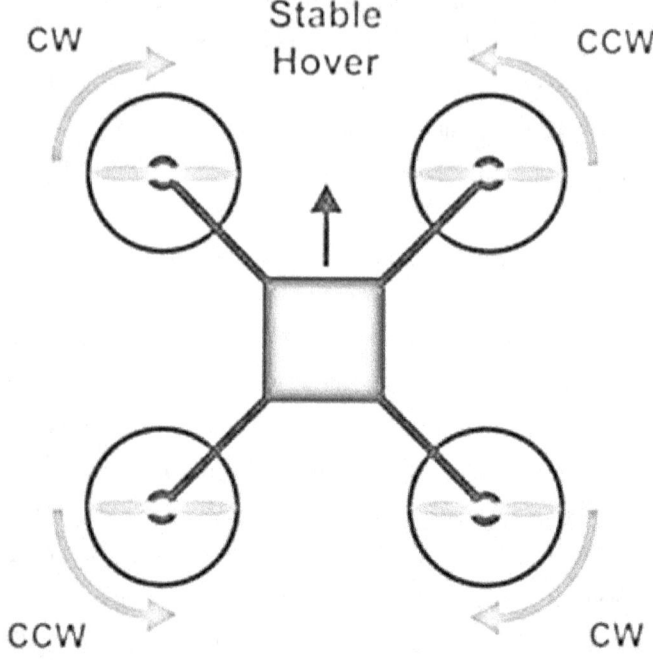

Figura 69: Cuadricóptero en vuelo estacionario estable.

La flecha recta al frente denota la parte frontal de la nave y la dirección del movimiento hacia adelante. Alrededor de cada motor hay flechas curvas que indican la dirección y la velocidad de rotación de la hélice. En este diagrama, las cuatro flechas curvas son uniformes en tamaño, lo que significa que todos los motores están operando a la misma velocidad, con las puntas de las flechas indicando la dirección de rotación de las hélices. Bajo estas circunstancias, cada motor genera un empuje equivalente a un cuarto del peso del fuselaje. Cuando el empuje de los cuatro motores se combina, equilibra el peso de la nave, contrarrestando la fuerza de gravedad que tira hacia el suelo. En ausencia de otras fuerzas externas, la nave mantendrá un vuelo nivelado a una altitud constante.

OPERACIONES CON DRONES   371

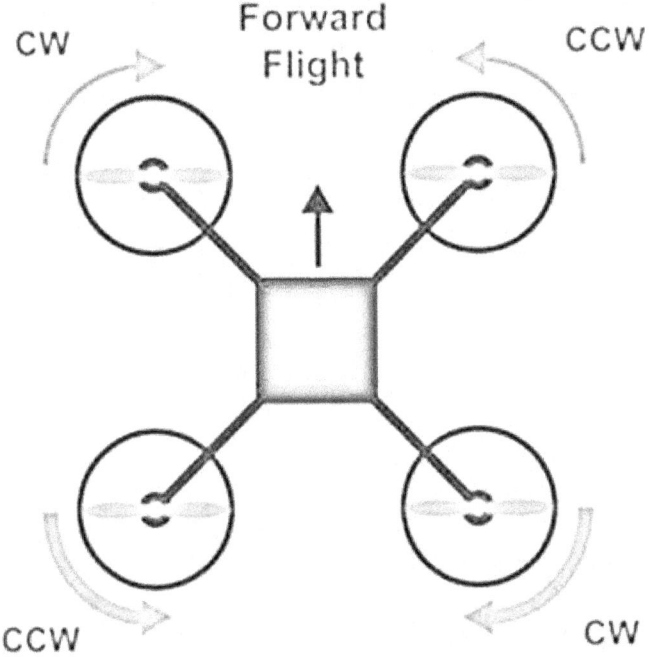

Figura 70: Cuadricóptero avanzando hacia adelante.

Para iniciar el movimiento en el cuadricóptero, son necesarios ajustes en la velocidad de los motores, con algunos motores acelerando mientras otros desaceleran, dependiendo del resultado deseado. La Figura 70 ilustra el proceso cuando se desea un movimiento hacia adelante. Ambos motores traseros aceleran igualmente, denotado por las flechas curvas más gruesas, mientras que los motores delanteros desaceleran igualmente, indicado por las flechas curvas más claras. Esta disparidad en el empuje resulta en que la parte trasera de la nave se levante mientras que el extremo delantero se inclina hacia abajo. Una vez que se alcanza el ángulo deseado, los motores vuelven a una velocidad ligeramente aumentada en comparación con su velocidad de vuelo estacionario original, impulsando la nave hacia adelante. A medida que la nave se inclina ligeramente, una parte de la fuerza de elevación se dirige hacia adelante, contribuyendo al movimiento hacia adelante de la nave. Sin embargo, se pierde una fracción de la fuerza de elevación, necesitando un ligero aumento en la velocidad del motor para compensar. Por el contrario, para moverse hacia atrás, ocurre la secuencia opuesta, con los motores delanteros acelerando para inclinar la nave hacia atrás, seguido por los cuatro motores retornando a una velocidad constante mientras la nave se mueve hacia atrás hacia el piloto. Para volver a un vuelo estacionario estable, se aplican brevemente entradas de control opuestas para detener el movimiento de la nave, seguido por el retorno de los controles a una posición neutral una vez que la nave se estabiliza.

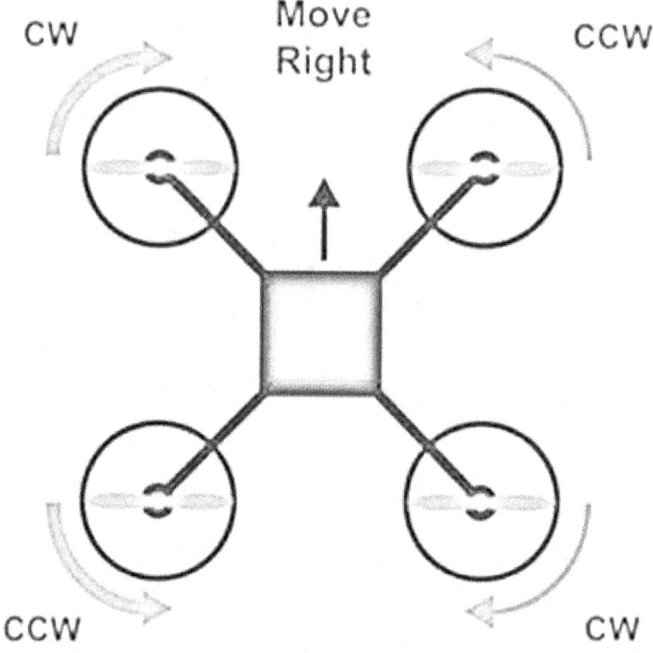

Figura 71: Moviendo la palanca de control hacia la derecha.

Para maniobrar el Quad horizontalmente, se aplica un procedimiento similar, aunque con diferentes motores ajustando sus velocidades. En la Figura 71, la ilustración muestra el resultado cuando se mueve la palanca de control hacia la derecha. Los dos motores izquierdos aceleran mientras que los dos motores derechos desaceleran. Una vez que la nave alcanza el ángulo deseado, las velocidades de los motores se normalizan, iniciando el movimiento hacia la derecha. Por el contrario, para virar a la izquierda, ocurre lo opuesto: los dos motores derechos aceleran mientras que los dos motores izquierdos desaceleran, provocando que la nave se incline hacia la izquierda y comience el movimiento hacia la izquierda. Como se explicó anteriormente, para volver a un vuelo estacionario estable, se aplican brevemente entradas de control contrarias para detener el movimiento, seguido por el reajuste de la palanca de control a una posición neutral.

Cuando la nave está en un vuelo estacionario nivelado y equipada con un controlador de vuelo que incorpora acelerómetros, la placa puede detectar la fuerza de gravedad y determinar la dirección de "abajo". Al alinearse con la fuerza de la gravedad, el controlador de vuelo puede nivelar automáticamente el marco y mantener su posición, incluso cuando se ve perturbado por fuerzas externas como ráfagas de viento.

El siguiente movimiento de control, especialmente para los novatos en multirotores, a menudo plantea preguntas: ¿Cómo gira o rota un quad hacia la izquierda y derecha? En una configuración de quad, como se demostró en las figuras anteriores, dos motores giran en el sentido de las agujas del reloj mientras que los otros dos giran en sentido contrario. Esta configuración cancela las tendencias naturales de torque de un par de motores con el par opuesto, evitando la rotación. Examinando la Figura 72, para inducir una rotación en el sentido de las agujas del reloj, los dos motores que giran en sentido contrario a las agujas del reloj aceleran mientras que los dos motores que giran en el sentido de las agujas del reloj desaceleran en igual medida. Esto mantiene el levantamiento general generado, ya que el empuje ganado por los motores más rápidos iguala el empuje perdido por los más lentos. Sin embargo, el momento de torque producido por los motores que giran en sentido contrario a las agujas del reloj aumenta mientras que el de los motores que giran en sentido de las agujas del reloj disminuye, resultando en un aumento neto de torque que rota todo el marco del quad en el sentido de las agujas del reloj. Por el contrario, para girar a la izquierda, los dos motores que giran en el sentido de las agujas del reloj aceleran mientras que los dos motores que giran en sentido contrario desaceleran, creando una diferencia de torque neto que rota el marco del quad hacia la izquierda.

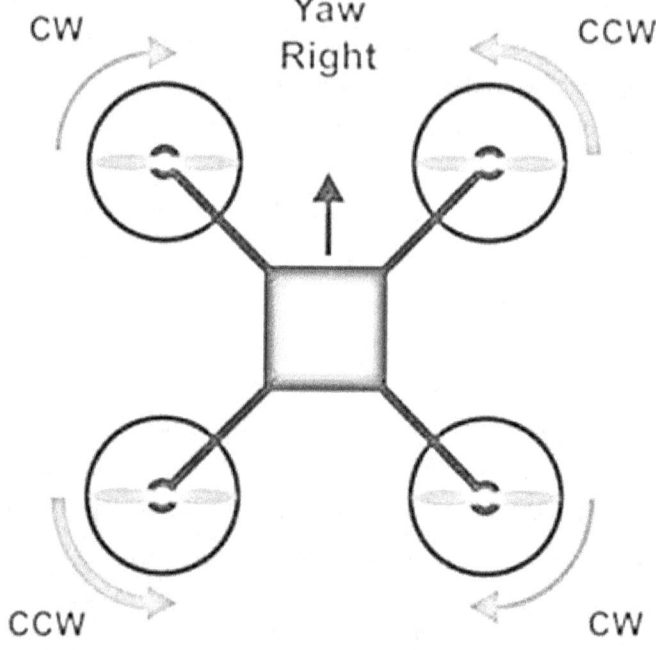

Figura 72: Rotación del cuadricóptero en el sentido de las agujas del reloj.

El último aspecto del vuelo a tratar son los cambios en la altitud. Como se muestra en la Figura 73, para ascender, los cuatro motores aumentan su velocidad de manera equitativa, resultando en un aumento neto del empuje que eleva el cuadricóptero hacia arriba. Por el contrario, para descender, ocurre lo inverso: los cuatro motores disminuyen su velocidad en la misma medida, lo que lleva a una disminución del empuje neto que permite que la nave descienda bajo la influencia de la gravedad.

Todas las maniobras discutidas hasta ahora esencialmente implican transiciones hacia y desde un vuelo estacionario estable. Si la placa controladora de vuelo de tu multirotor incluye un modo acrobático sin capacidad de autonivelación, también puedes realizar maniobras como bucles o giros moviendo y manteniendo suficientemente la palanca de control. En un bucle, el empuje adicional de los motores delanteros continúa tirando del frente de la nave hacia arriba y por encima de la cima, eventualmente regresando a un vuelo nivelado. Antes de intentar un bucle en un cuadricóptero, asegúrate de tener suficiente altitud, ya que las aeronaves multirotor típicamente usan hélices de paso fijo, causando un descenso rápido cuando están boca abajo. En un cuadricóptero, los bucles rápidos pueden ejecutarse subiendo, seguido de un giro en el ápice. Alternativamente, puedes realizar un bucle con un cuadricóptero desde un vuelo hacia adelante para lograr un bucle redondo suave, siempre que mantengas suficiente velocidad hacia adelante para contrarrestar la fuerza de la gravedad que tira de la nave hacia afuera.

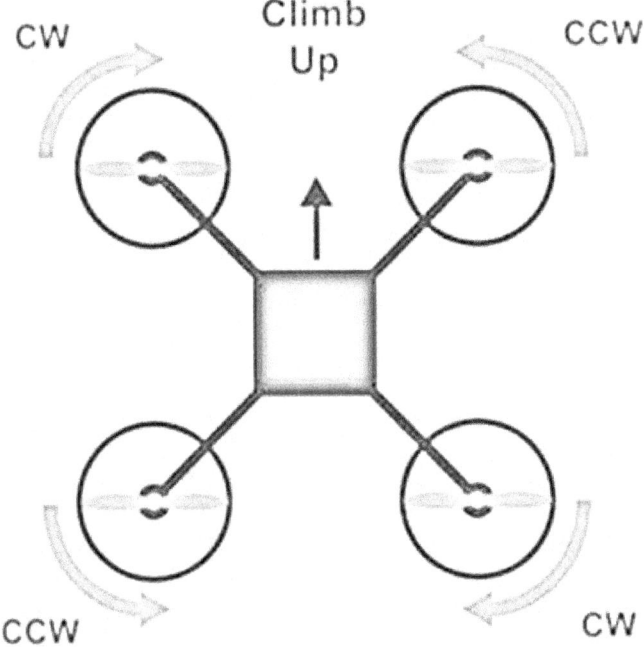

Figura 73: Changing altitude.

Realizar giros acrobáticos desde un vuelo estacionario es factible, siempre y cuando se ejecuten rápidamente y desde una altitud suficiente sobre el suelo. Hacer rodar un cuadricóptero desde un vuelo hacia adelante se asemeja a hacer rodar una aeronave de entrenamiento con un perfil aerodinámico de fondo plano. Debes iniciar el giro subiendo ligeramente para establecer un ángulo ascendente leve. La altitud perdida durante el giro naturalmente te devuelve a un vuelo nivelado al completarlo o con una actitud ligeramente inclinada hacia abajo, lo cual se puede ajustar con un ligero tirón hacia atrás en la palanca.

Eso cubre esencialmente los fundamentos de cómo una nave multirotor maniobra sin superficies de control y, espero, aclara algo de la física subyacente de estos modelos cautivadores. Una vez que comprendas la física involucrada, operar un multirotor se vuelve mucho menos misterioso.

Dominar los elementos esenciales para pilotar tu nuevo cuadricóptero implica comprender los conceptos de Roll (Rolar), Pitch (Cabeceo) y Yaw (Guiñada). Una vez que tengas un entendimiento sólido de estos principios y su impacto en el vuelo de tu dron, navegar tu dron se volverá mucho más fluido. Dedica algo de tiempo a familiarizarte con cómo el Roll, Pitch y Yaw se incorporan en el diseño y comportamiento de tu dron. Con práctica constante, ¡rápidamente elevarás tus habilidades de pilotaje a niveles profesionales!

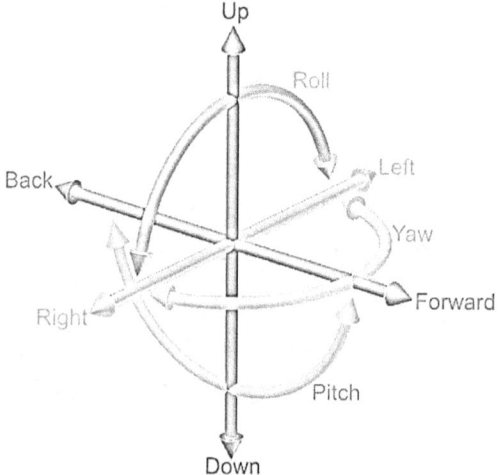

Figura 74: Movimientos de control del dron.

El transmisor de tu dron juega un papel fundamental en su operación, particularmente en relación con la dinámica de vuelo de tu cuadricóptero. Equipado con dos joysticks, el joystick derecho maneja el "Pitch" (cabeceo) y el "Roll" (rolido), mientras que el joystick izquierdo maneja el "Yaw" (guiñada). El Roll denota el movimiento lateral, desplazando el dron de lado a lado, mientras que el Pitch controla el movimiento hacia adelante y hacia atrás. El Yaw dicta la rotación en sentido horario o antihorario de tu UAV, y el acelerador controla el ascenso y descenso vertical. Es crucial mantener el acelerador activado mientras pilotas tu dron para mantener la potencia y evitar que descienda una vez que se reduce la entrada del acelerador.

La Figura 75 es un diagrama simple que muestra cómo los controles se relacionan con el Yaw, Pitch y Roll.

OPERACIONES CON DRONES   377

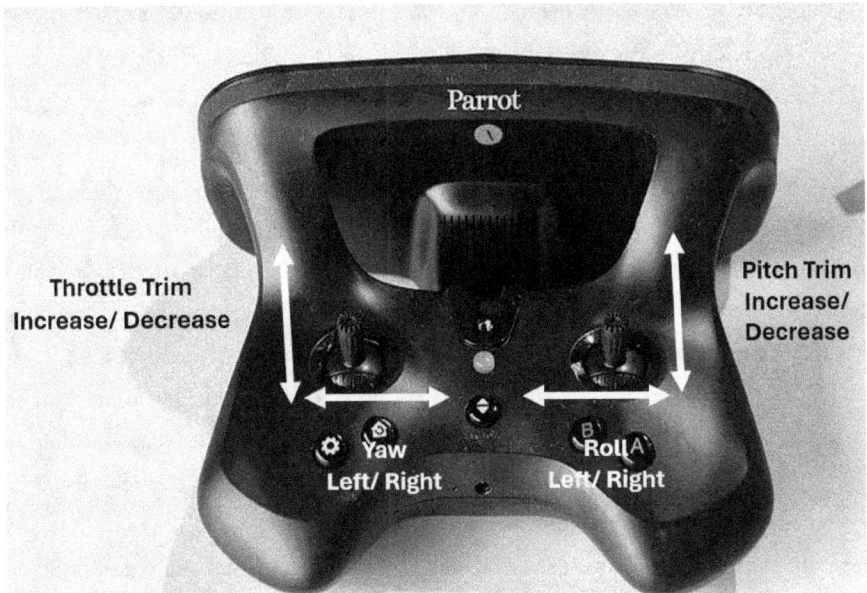

Figura 75: Controlando Yaw, Pitch y Roll. Imagen trasera: Controlador del dron Parrot Bebop 2 Power, Hunini, CC BY-SA 4.0, a través de Wikimedia Commons.

Los Vehículos Aéreos No Tripulados (UAVs por sus siglas en inglés) representan logros de ingeniería complejos, que exigen una comprensión profunda de la física subyacente para su diseño y construcción factibles. Estas aeronaves deben poseer la capacidad de percibir su posición, velocidad, aceleración y diversos otros parámetros que rigen su movimiento. Esta discusión se centra principalmente en los UAVs de Despegue y Aterrizaje Vertical (VTOL), ejemplificados en lo siguiente con el Draganflyer X6, aunque los principios discutidos se extienden a todos los vehículos aéreos y UAVs.

Antes de adentrarnos en conceptos más intrincados como los perfiles aerodinámicos y los acelerómetros, es esencial comprender algunos principios físicos básicos. Estos abarcan la fuerza, la masa y la aceleración. Aunque una explicación completa a menudo requiere cálculo, adoptaremos un enfoque puramente algebraico.

Masa: La masa denota una propiedad que determina cómo un objeto interactúa dentro de un campo gravitatorio e influye en fenómenos como la aceleración, el momento y la energía. Aunque la masa a menudo se confunde con el peso, son conceptos distintos. El peso representa una fuerza ejercida sobre un objeto, mientras que la masa es una propiedad intrínseca. La unidad SI de masa es el Kilogramo, distinta de las libras, que cuantifican la fuerza.

Velocidad: La velocidad, a menudo sinónima de rapidez, se distingue por incorporar tanto la rapidez como la dirección. A diferencia de la rapidez, que solo mide la tasa de movimiento, la velocidad encapsula la dirección, típicamente representada como un ángulo relativo a un punto de referencia.

Aceleración: La aceleración caracteriza la tasa de cambio en la velocidad a lo largo del tiempo. Se puede calcular como la relación del cambio de velocidad al intervalo de tiempo durante el cual ocurre el cambio. La aceleración tiene en cuenta las alteraciones tanto en la velocidad como en la dirección, lo que la convierte en una cantidad vectorial. Los acelerómetros, dispositivos electrónicos, miden la aceleración en varias direcciones.

Fuerza: La fuerza, el producto de la masa y la aceleración (Segunda Ley de Newton), se manifiesta como un "empujón" o "tirón" en un objeto. La magnitud de la fuerza requerida para mover un objeto o acelerarlo se correlaciona con su masa. En consecuencia, aplicar fuerza a un objeto con masa induce aceleración.

Estos conceptos fundamentales sustentan la física fundamental que rige el vuelo de aeronaves y UAVs. Mientras que los conceptos subsiguientes se construyen sobre estos principios, siguen siendo fundamentales para entender la dinámica del vuelo.

Equilibrio del Vuelo de un UAV

El equilibrio caracteriza un estado en el que todas las fuerzas que actúan sobre un objeto se equilibran precisamente entre sí, resultando en una fuerza neta de cero. Dado que cualquier fuerza aplicada a un objeto induce aceleración, una aeronave debe experimentar fuerzas equilibradas para mantener una posición estacionaria. Pero, ¿cómo ocurre este equilibrio?

Consideremos una aeronave hipotética que se mantiene en el aire en un lugar fijo. Las principales fuerzas que actúan sobre ella incluyen la gravedad, que tira hacia abajo, y el empuje de los motores, que empuja hacia arriba. Por simplicidad, ignoraremos el flujo de aire, el torque de las hélices y otras fuerzas laterales.

Para mantenerse en vuelo estacionario sin ascender ni descender, el empuje generado por los motores debe contrarrestar exactamente la fuerza de la gravedad. Visualmente, este equilibrio se representa con la flecha verde que indica la fuerza gravitacional y la flecha naranja que representa la fuerza de sustentación producida por los motores.

OPERACIONES CON DRONES

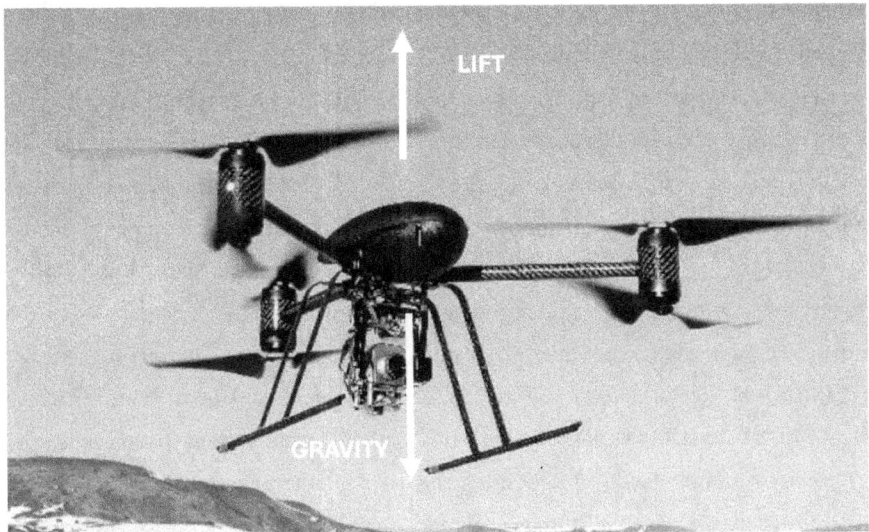

Figura 76: Fuerzas de sustentación y gravedad actuando sobre un dron. Imagen de fondo: Draganflyer X6, Ian Burt, CC BY-SA 2.0, a través de Flickr.

Este concepto tiene una importancia práctica. Por ejemplo, en el caso del Draganflyer X6, que pesa 1000 gramos, los motores y hélices deben proporcionar exactamente 1000 gramos de empuje hacia abajo para mantener el UAV en vuelo estacionario.

Sin embargo, el equilibrio puede ser interrumpido para inducir maniobras específicas. Por ejemplo, para iniciar un giro con el Draganflyer X6, un conjunto de hélices gira más rápido que los otros dos, creando una fuerza excesiva en un lado de la aeronave, lo que resulta en aceleración. Esta aceleración facilita el giro inclinando la aeronave. Una vez que la aeronave está inclinada, el empuje de los motores se redirige lejos de la dirección vertical, permitiendo el movimiento relativo al suelo. Para detener el movimiento, el UAV se inclina en la dirección opuesta.

Este concepto tiene una importancia práctica. Por ejemplo, en el caso del Draganflyer X6, que pesa 1000 gramos, los motores y hélices deben proporcionar exactamente 1000 gramos de empuje hacia abajo para mantener el UAV en vuelo estacionario.

Sin embargo, el equilibrio puede ser interrumpido para inducir maniobras específicas. Por ejemplo, para iniciar un giro con el Draganflyer X6, un conjunto de hélices gira más rápido que los otros dos, creando una fuerza excesiva en un lado de la aeronave, lo que resulta en aceleración. Esta aceleración facilita el giro inclinando la aeronave. Una vez que la aeronave está inclinada, el empuje de los motores se redirige lejos de la dirección vertical, permitiendo el movimiento relativo al suelo. Para detener el movimiento, el UAV se inclina en la dirección opuesta.

Resistencia del UAV Los principales factores que limitan la operación de los drones son el alcance de tu radio y la vida útil de la batería. Típicamente, un radio estándar de 2.4GHz proporciona un alcance de hasta 1 km, extendiéndose a unos 1.5 km bajo condiciones ideales. Sin embargo, al usar el dron en modo de misión automática, no estás limitado por el alcance del radio, aunque es crucial entender completamente esta característica y asegurar su cumplimiento legal. La vida de la batería varía dependiendo del modelo del dron y el equipo adjunto. Además, el consumo de energía aumenta durante vuelos a alta velocidad, reduciendo el tiempo de vuelo. La altitud sobre el nivel del mar también afecta la vida de la batería, haciendo esencial probar la resistencia de la batería bajo condiciones específicas y monitorear de cerca los niveles de batería durante la operación.

La carga máxima que un dron puede llevar depende de varios factores, incluyendo su diseño, motores, hélices, controladores de velocidad electrónicos (ESC), baterías y altitud sobre el nivel del mar. Consulta las especificaciones de cada modelo de dron para obtener detalles precisos.

La ubicación ideal para el vuelo de drones es un área abierta donde no haya riesgo para personas, animales o propiedades. Sin embargo, ten cuidado con la fuerte interferencia de RF, que puede causar comportamientos erráticos del dron. Empezar sobre césped puede mitigar daños en caso de un choque, y es necesario obtener permiso de los propietarios de terrenos para acceder a propiedad privada.

La mayoría de los drones utilizan paquetes de baterías de Polímero de Litio (LiPo), que consisten en varias celdas en serie, determinando el voltaje de la batería. Los paquetes de baterías también varían en capacidades de almacenamiento medidas en mAh, con capacidades mayores resultando en baterías más grandes y pesadas.

Aunque los motores sin escobillas en la mayoría de los Sistemas Aéreos No Tripulados (UAS) pueden operar en lluvia ligera, el controlador de vuelo, ESC y otros electrónicos deben permanecer secos. A menos que estén calificados para el clima, los drones no están garantizados para volar en la lluvia.

Si se pierde el control debido a la pérdida de señal entre el radio y el dron, el dron entrará en modo de Retorno al Lugar de Despegue (RTL) y regresará a su punto de despegue si se estableció bloqueo GPS. De manera similar, activar esta función a través de un interruptor en el radio puede traer el dron de vuelta en caso de error del piloto o problemas de visibilidad, siempre que no haya estado involucrado en un choque.

Volar un dron se ha vuelto más fácil con controladores de vuelo estabilizados y capacidades de GPS. La mayoría de las personas pueden despegar y mantener el vuelo, pero se necesitan habilidades avanzadas para navegar obstáculos y capturar tomas específicas, lo que requiere práctica y experiencia.

Muchos controladores de vuelo admiten misiones completamente autónomas, desde el despegue hasta completar tareas como volar una cuadrícula y regresar a casa. El monitoreo puede realizarse desde el suelo utilizando software de control terrestre o transmisiones de video en vivo.

Controles del Cuadricóptero

Dominar los controles de un cuadricóptero es crucial en tu camino para volverte competente al pilotarlo. A medida que te familiarices con estos controles, gradualmente se incorporarán en tu memoria muscular, ofreciendo una experiencia de vuelo fluida.

Cada control opera de manera independiente, pero su sinergia es lo que te permite navegar el cuadricóptero de manera efectiva. Al entender cómo funciona cada control individualmente y su impacto colectivo, ganarás dominio sobre la dinámica de movimiento del cuadricóptero.

Es importante notar que el grado en que manipulas los controles influye directamente en la respuesta del cuadricóptero. Durante la fase inicial de aprendizaje, es aconsejable aplicar una presión suave sobre los mandos, resultando en movimientos sutiles del cuadricóptero. Con mayor confianza y habilidad, puedes aumentar progresivamente la intensidad de tus movimientos con los mandos, lo que permite maniobras más agudas y precisas.

Los cuatro controles principales del cuadricóptero incluyen:

- Roll (Rol)

- Pitch (Cabeceo)

- Yaw (Guiñada)

- Acelerador (Throttle)

Roll (Rol)

El rol es un control que desplaza tu cuadricóptero horizontalmente hacia la izquierda o derecha. Esta acción se ejecuta manipulando el mando derecho en tu transmisor en cualquiera de las direcciones.

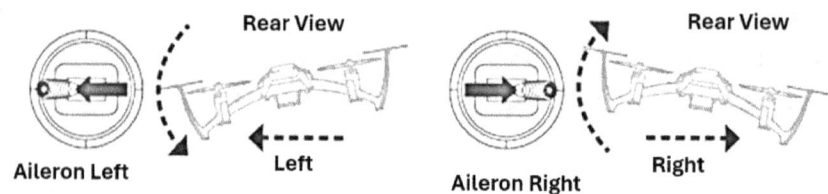

Figura 77: Controles de rol del cuadricóptero.

El término "roll" describe adecuadamente este movimiento, ya que simula el movimiento de rodaje del propio cuadricóptero. Por ejemplo, cuando empujas el mando derecho hacia la derecha, el cuadricóptero se inclinará diagonalmente hacia abajo a la derecha.

La Figura 77 muestra un cuadricóptero ejecutando giros a la izquierda y a la derecha. Observa la inclinación del cuadricóptero y la orientación de las hélices.

Cuando gira a la derecha, la parte inferior de las hélices apunta hacia la izquierda, dirigiendo el flujo de aire en esa dirección. En consecuencia, el cuadricóptero se mueve hacia la derecha. Por el contrario, cuando gira a la izquierda, las hélices se inclinan hacia la derecha, causando flujo de aire en esa dirección y resultando en un movimiento hacia la izquierda del cuadricóptero.

Pitch (Cabeceo)

Para ajustar el pitch de tu cuadricóptero, usa el mando derecho en tu transmisor para moverlo hacia adelante o hacia atrás. Esta acción inclina el cuadricóptero, provocando que se mueva hacia adelante o hacia atrás, respectivamente.

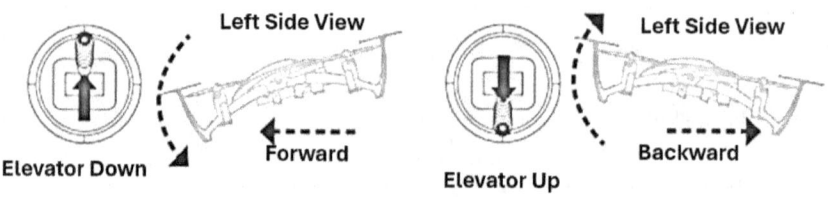

Figura 78: Controles de cabeceo del cuadricóptero.

Yaw (Guiñada)

Esta acción se realiza moviendo el mando izquierdo hacia la izquierda o hacia la derecha. Durante el vuelo continuo, el yaw se combina a menudo con el acelerador. Esto permite al piloto crear círculos y patrones. Además, permite a los videógrafos y fotógrafos seguir objetos que pueden estar cambiando de dirección.

Acelerador (Throttle)

El acelerador proporciona la potencia necesaria a las hélices de tu cuadricóptero para el despegue. Durante el vuelo, mantendrás el acelerador activo constantemente. Para activar el acelerador, empuja el mando izquierdo hacia adelante. Para desactivarlo, tira del mando hacia atrás. Asegúrate de no desactivarlo completamente hasta que estés a unas pocas pulgadas del suelo. De lo contrario, hay riesgo de dañar el cuadricóptero, lo que podría terminar tu entrenamiento prematuramente.

Cuando el cuadricóptero está orientado hacia ti en lugar de alejarse, los controles se invierten, lo cual sigue intuitivamente:

- Mover el mando derecho hacia la derecha hace que el cuadricóptero se mueva hacia la derecha (roll).

- Mover el mando derecho hacia adelante resulta en que el cuadricóptero se mueva hacia adelante (pitch).

- Mover el mando derecho hacia atrás conduce a que el cuadricóptero se mueva hacia atrás (pitch).

- Y así sucesivamente.

Por lo tanto, es crucial permanecer consciente de este ajuste mientras maniobras el cuadricóptero. Concéntrate en predecir los movimientos del cuadricóptero en lugar de su orientación relativa a ti.

Control Remoto/Transmisor

Un transmisor sirve como un controlador portátil que te permite navegar tu cuadricóptero y dictar su trayectoria de vuelo. Cada vez que manipulas los mandos, transmite señales correspondientes a tu cuadricóptero, instruyéndolo sobre la próxima acción a tomar.

Existen diversos transmisores, que difieren en forma, tamaño y funcionalidades. Sin embargo, ciertos componentes son consistentes en todos los transmisores.

Mando Derecho: Responsable de los ajustes de roll y pitch, el mando derecho maniobra tu cuadricóptero hacia la izquierda/derecha y hacia atrás/adelante.

Mando Izquierdo: Gestionando el yaw y el acelerador, el mando izquierdo rota tu cuadricóptero en sentido horario o antihorario y regula su altitud durante el vuelo.

Botones de Ajuste: Cada control posee su propio botón de ajuste para afinar los ajustes.

Al inicialmente activar el acelerador para levantar tu cuadricóptero, podrías observar que el UAV se inclina espontáneamente y se desvía en una o múltiples direcciones. Esto ocurre debido a controles desequilibrados, necesitando el ajuste de controles específicos para un equilibrio adecuado.

Lista de Verificación Pre-Vuelo

Realizar una lista de verificación antes del vuelo es crucial para garantizar la seguridad tanto tuya como de tu cuadricóptero. También ayuda a prevenir retrasos innecesarios al abordar cualquier problema de antemano, permitiéndote disfrutar completamente de tu experiencia de vuelo. Aquí tienes una lista de verificación para revisar antes de cada vuelo:

VERIFICACIÓN DE SEGURIDAD DEL CLIMA Y DEL SITIO

- Asegúrate de que la probabilidad de precipitación sea menor al 10%

- Confirma que la velocidad del viento esté por debajo de 15 nudos (menos de 20 mph)

- Verifica que la base de las nubes esté al menos a 500 pies

- Asegúrate de que la visibilidad sea de al menos 3 millas estatutarias (SM)

- Revisa dos veces las horas del crepúsculo civil para vuelos al amanecer/anochecer

- Establece zonas de despegue, aterrizaje y vuelo estacionario de emergencia

- Verifica la posible interferencia electromagnética

- Observa torres, cables, edificios, árboles u otros obstáculos

- Vigila a los peatones y animales; establece un perímetro de seguridad si es necesario

- Discute la misión de vuelo con otros miembros del equipo si están presentes

INSPECCIÓN VISUAL DE LA AERONAVE/SISTEMA

- Confirma que el número de registro esté exhibido correctamente y sea legible
- Revisa si hay anomalías en el marco de la aeronave, hélices, motores, tren de aterrizaje, etc.
- Inspecciona el gimbal, la cámara, el transmisor, las cargas útiles, etc., en busca de anomalías
- Retira la abrazadera del gimbal y las tapas de las lentes
- Limpia la lente con un paño de microfibra
- Coloca las hélices, la fuente de batería/combustible e inserta la tarjeta SD/filtros de lente

ENCENDIDO
- Enciende el transmisor/control remoto y abre la aplicación relevante
- Enciende la aeronave
- Verifica la conexión establecida entre el transmisor y la aeronave
- Orienta las antenas del transmisor hacia el cielo
- Asegúrate de que el panel de visualización/pantalla FPV funcione correctamente
- Calibra la Unidad de Medida Inercial (IMU) si es necesario
- Calibra la brújula antes de cada vuelo
- Verifica los niveles de batería/combustible tanto en el transmisor como en la aeronave
- Confirma que el UAS haya adquirido la ubicación GPS de al menos seis satélites

DESPEGUE
- Asciende a una altitud a nivel de los ojos durante unos 10-15 segundos
- Revisa si hay desequilibrios o irregularidades

- Escucha sonidos anormales

- Prueba la respuesta y sensibilidad de los controles (pitch, roll y yaw)

- Esté atento a la interferencia electromagnética o advertencias de software

- Realiza una última verificación para asegurar la seguridad del área de operaciones de vuelo

- Procede con la misión de vuelo

Poniendo en Marcha Tu Dron

Para levantar tu cuadricóptero del suelo, concéntrate únicamente en el control del acelerador. Empuja suavemente el acelerador (mando izquierdo) hacia arriba para iniciar el movimiento de las hélices. Haz una pausa brevemente, luego repite esta acción varias veces para familiarizarte con la sensibilidad del acelerador.

Aumenta gradualmente la entrada del acelerador hasta que el cuadricóptero comience a ascender. Una vez en el aire, baja suavemente el acelerador a cero y permite que el cuadricóptero descienda y aterrice.

Repite este proceso de 3 a 5 veces, observando cualquier movimiento no deseado como rotación de guiñada (yaw), desplazamiento lateral (roll) o movimiento hacia adelante/atrás (pitch). Si detectas algún movimiento no deseado, utiliza el botón de ajuste correspondiente para corregirlo.

Por ejemplo, si el cuadricóptero se desvía hacia la izquierda al aplicar el acelerador, ajusta el botón de ajuste de "roll" ubicado junto al mando derecho.

Continúa ajustando los ajustes hasta que logres un vuelo estacionario relativamente estable manipulando únicamente el acelerador.

Diseño de las Hélices del Cuadricóptero

Las hélices del cuadricóptero abarcan una amplia gama de materiales, tamaños y costos, desde opciones económicas hasta selecciones premium. Típicamente, las hélices menos costosas están sujetas a mayor vibración debido a una fabricación menos precisa, especialmente evidente en hélices de mayor tamaño. Sin embargo, esta discrepancia disminuye para naves más pequeñas. Para aquellos que buscan fotografía aérea o videografía de primera calidad, se aconseja invertir en hélices de alta calidad. Además, se recomienda revisar regularmente las hélices de tu cuadricóptero con un equilibrador de hélices de calidad cada pocos vuelos.

Al seleccionar o diseñar hélices para tu cuadricóptero, se deben considerar tres medidas clave:

1. Longitud (Diámetro): El diámetro del disco giratorio de la hélice, generalmente expresado en pulgadas. Las calificaciones de Kv del motor influyen en el tamaño ideal de la hélice; calificaciones Kv más altas requieren hélices más pequeñas para mayor velocidad pero menor eficiencia. Por el contrario, las hélices más grandes, emparejadas con motores Kv más bajos, ofrecen un control más fácil, consumen menos corriente y pueden levantar más peso. Consulta las recomendaciones del fabricante para combinaciones óptimas de motor y hélice al construir un cuadricóptero.

2. Pitch (Paso): Esta medida denota la distancia que una hélice avanzaría hacia adelante a través de un sólido en una revolución completa. Por ejemplo, una hélice con un pitch de 7.0 pulgadas avanzaría 7.0 pulgadas en una revolución.

3. Bore (Agujero): La medida del bore indica el tamaño del agujero en el centro de la hélice, que debe coincidir con el eje de los motores elegidos. Los adaptadores pueden cambiar el tamaño del bore de una hélice, o algunas hélices cuentan con un sistema de montaje directo que las asegura firmemente a la cabeza del motor con tornillos.

Hélices de Bloqueo Automático

La mayoría de los cuadricópteros modernos utilizan hélices de bloqueo automático. Estas hélices se aseguran automáticamente durante el vuelo al enroscarse en la dirección opuesta al giro del motor, evitando que se aflojen en pleno vuelo.

Consideraciones para el Tamaño de las Hélices

El paso de una hélice determina el empuje y la salida necesaria del motor. Los multirotores típicamente emplean hélices con pasos que varían de 3 a 5 pulgadas, siendo los pasos más bajos más eficientes. Hélices más grandes o con pasos de mayor longitud aumentan la velocidad de la aeronave pero también consumen más energía. Generalmente, las hélices con diámetros o pasos más pequeños pueden alcanzar RPMs más altas con menos esfuerzo del motor, resultando en una operación más suave y una mayor respuesta a los controles.

Hélices en Sentido Horario (CW) y Antihorario (CCW)

Los cuadricópteros utilizan cuatro hélices, con hélices en sentido horario y antihorario que presentan diseños distintos. Al comprar hélices, encontrarás términos como CW (clockwise, en sentido horario) y CCW (counter-clockwise, en sentido antihorario). Es esencial tener pares coincidentes de hélices CW y CCW para generar empuje y contrarrestar los movimientos opuestos de guiñada durante el vuelo.

Materiales de las Hélices del Cuadricóptero

Las hélices de cuadricóptero suelen ser de plástico o, en modelos de gama alta, de fibra de carbono. También están disponibles hélices de madera, comúnmente encontradas en el sector de los modelos de aviones.

Manteniendo el Vuelo Estacionario y Aterrizando tu Dron

Para lograr un vuelo estacionario estable, inicia el despegue aumentando gradualmente el acelerador hasta que el cuadricóptero despegue del suelo. Una vez en el aire, utiliza ajustes leves del mando derecho para mantener la posición del cuadricóptero en el aire. Además, podrían ser necesarias correcciones menores con el mando izquierdo (guiñada) para evitar la rotación no deseada.

Aumenta gradualmente el acelerador para elevar el cuadricóptero a una altura de aproximadamente uno a uno y medio pies sobre el suelo. Emplea movimientos sutiles del mando derecho (y potencialmente del mando izquierdo) para asegurar que el cuadricóptero permanezca estacionario en su vuelo estacionario.

Cuando estés listo para aterrizar, reduce gradualmente el acelerador. A medida que el cuadricóptero desciende y se aproxima a una altura de una a dos pulgadas sobre el suelo, disminuye suavemente el acelerador por completo, permitiendo que el UAV descienda suavemente y toque el suelo.

Repite este proceso hasta que te sientas cómodo manteniendo un vuelo estacionario estable y ejecutando aterrizajes suaves.

Volando tu Cuadricóptero a la Izquierda/Derecha y hacia Adelante/Atrás

Para navegar un cuadricóptero en varias direcciones, como izquierda, derecha, adelante y atrás, es esencial mantener un acelerador constante para sostener su vuelo. Luego se utiliza el mando derecho para controlar el movimiento del cuadricóptero según la dirección deseada.

Comienza logrando un vuelo estacionario estable con el cuadricóptero. A continuación, empuja el mando derecho hacia adelante para impulsar el cuadricóptero unos metros hacia adelante. Para regresarlo a su posición original, tira del mando derecho hacia atrás. Repite este proceso para mover el cuadricóptero hacia atrás unos metros antes de regresarlo a su posición inicial de vuelo estacionario.

Para desplazar el cuadricóptero hacia la izquierda, empuja el mando derecho hacia la izquierda para iniciar un movimiento lateral. Devuélvelo a su posición original, luego navega unos metros hacia la derecha empujando el mando derecho hacia la derecha. Si el cuadricóptero comienza a rotar (guiñada), ajusta el mando izquierdo hacia la izquierda o hacia la derecha para mantener su orientación.

Durante maniobras direccionales, es común que el cuadricóptero experimente una caída en altitud. Para contrarrestar esto, aumenta el acelerador para proporcionar energía adicional cada vez que ejecutes un giro o movimiento, asegurando que el cuadricóptero mantenga una altitud constante.

Volando un Patrón Cuadrado

Has despegado con éxito y dominado los conceptos básicos de navegación del cuadricóptero en las direcciones fundamentales. Ahora, es hora de integrar estas habilidades y avanzar para volar en patrones definidos, mejorando tu capacidad para coordinar múltiples entradas de control.

Para ejecutar un patrón cuadrado, mantén la orientación del cuadricóptero mirando hacia fuera de ti durante toda la maniobra. Comienza empujando el mando derecho hacia adelante (pitch) para impulsar el cuadricóptero hacia adelante unos metros. Una vez que hayas alcanzado la distancia deseada, devuelve el mando derecho a su posición neutral para mantener el cuadricóptero en un vuelo estacionario.

Luego, desplaza el mando derecho hacia la derecha (roll) para guiar al cuadricóptero lateralmente hacia la derecha por una corta distancia. Después de alcanzar el punto designado, estabiliza el cuadricóptero en un vuelo estacionario por una breve pausa, asegurando control y alineación.

Usando el Control de Guiñada para Rotar tu Cuadricóptero

Para iniciar la rotación de tu cuadricóptero, asegúrate de que esté en el aire ajustando el acelerador adecuadamente. Al lograr un vuelo estacionario estable, manipula el mando izquierdo en cualquiera de las direcciones. Esta acción induce un movimiento rotacional del cuadricóptero mientras se mantiene en su lugar.

Completa una rotación completa de 360 grados continuamente empujando el mando izquierdo en una dirección. Luego, invierte la dirección del mando izquierdo y repite el proceso para ejecutar otra rotación de 360 grados en la dirección opuesta.

Continúa practicando esta maniobra hasta que te sientas seguro y cómodo con el control de rotación.

Vuelo Continuo

Dominar el vuelo continuo con un cuadricóptero implica coordinar rotaciones y cambios direccionales simultáneamente, lo que puede requerir algunos ajustes. A medida que el cuadricóptero cambia de orientación respecto a la tuya, es esencial monitorear de cerca cómo cada movimiento del mando influye en su trayectoria de vuelo.

Comienza despegando y logrando un vuelo estacionario estable. Rota gradualmente el cuadricóptero a un ángulo leve usando el control de guiñada. Utiliza el mando derecho para navegar el cuadricóptero hacia la izquierda/derecha y hacia adelante/atrás, familiarizándote con el control del cuadricóptero mientras enfrenta varios ángulos.

Continúa practicando rotando el cuadricóptero a diferentes ángulos y maniobrándolo de acuerdo con el mando derecho hasta que te sientas cómodo volando en diferentes orientaciones. Para mantener un vuelo continuo, empuja gradualmente el mando derecho hacia adelante mientras haces ajustes leves hacia la izquierda o derecha con el mismo mando.

Explora volar en diferentes direcciones ajustando el mando derecho hacia adelante (pitch) y modificando sus movimientos laterales, mientras también usas el mando izquierdo (guiñada) para alterar la dirección en que se enfrenta el cuadricóptero. Experimenta con ajustar la altitud del cuadricóptero manipulando el mando izquierdo hacia adelante y atrás (acelerador) mientras continúas refinando tus habilidades de vuelo.

Diferentes Hitos a Alcanzar

Utiliza estos hitos para mantener la organización a lo largo de tu viaje de aprendizaje. Sirven como puntos de referencia para evaluar tu progreso y determinar tus próximos pasos:

- Familiarízate con los cuatro controles principales del cuadricóptero: roll, pitch, yaw y acelerador, y comprende sus efectos en el movimiento del cuadricóptero.

- Entiende la funcionalidad de cada componente de tu cuadricóptero.

- Establece y sigue una lista de verificación antes del vuelo antes de cada despegue.

- Comprende y cumple con los protocolos de seguridad.

- Emplea el acelerador para iniciar el despegue y utiliza los botones de ajuste para los ajustes necesarios.

- Logra comodidad con el vuelo estacionario a media altura y ejecutando aterrizajes suaves.

- Realiza despegues a una altitud de 3 pies y aterriza en la misma posición.

- Ejecuta despegues a una altitud de 3 pies y realiza un giro de 180 grados con el UAV.

- Desarrolla habilidades en maniobrar el cuadricóptero hacia la izquierda/derecha y hacia adelante/atrás.

- Aprende a navegar un cuadricóptero en un patrón cuadrado.

- Domina el vuelo del cuadricóptero en patrones circulares.

- Adquiere la habilidad de rotar (guiñada) un cuadricóptero.

- Aprende a mantener un vuelo continuo con un cuadricóptero.

- Ejecuta todas las tareas mencionadas a una altitud de 25 pies.

Experimentar la visión de tu dron al borde de caer de nariz contra un árbol o, peor aún, un lago puede ser uno de los momentos más angustiosos para cualquier piloto de drones. Sin embargo, si tu dron queda atrapado en un árbol, no hay necesidad de entrar en pánico ya que tienes varias opciones de recuperación. Además, aunque los accidentes de drones son una posibilidad, hay pasos que puedes tomar para minimizar la probabilidad de tales percances y mitigar el daño potencial a tu dron.

En primer lugar, es imperativo leer a fondo el manual de tu dron. Muchos pilotos novatos cometen el error de omitir este paso crucial, solo para encontrarse con comportamientos erráticos de su dron, conocidos coloquialmente como "fly away", lo que resulta en la desaparición del dron al atardecer, nunca para ser recuperado.

Además, antes de embarcarte en un vuelo con dron, es esencial verificar las condiciones meteorológicas. Además de evitar tormentas rápidas, es crucial evaluar la velocidad y dirección del viento, especialmente al pilotar drones ligeros como el Syma X5C, ya que los vientos fuertes pueden impedir significativamente el control del vuelo.

Además, seleccionar una ubicación de vuelo apropiada es primordial. Opta por espacios abiertos amplios con un mínimo o ningún árbol y poco tráfico peatonal. Esta elección proporciona mucho espacio para maniobrar y asegura una línea de visión clara con tu aeronave durante todo el vuelo.

Monitorear tu tiempo de vuelo es otro aspecto crucial de la pilotaje seguro de drones. Ten en cuenta la vida útil de tu batería y asegúrate de tener suficiente carga restante para el viaje de regreso. Consulta el manual de tu dron para estimar la duración de la batería y presta atención a cualquier advertencia avanzada que indique niveles bajos de batería.

Realizar una inspección exhaustiva de tu dron antes de cada vuelo es esencial. Asegúrate de que todas las hélices estén bien aseguradas y libres de daños o desgaste. Además, inspecciona todo el UAV en busca de componentes dañados y repara o reemplaza cualquier pieza comprometida antes del despegue.

Para prevenir que los drones se descontrolen, lo cual puede ser resultado de problemas de hardware o software pero a menudo es el resultado de errores del piloto, prioriza la educación y experiencia del piloto. Familiarízate con la secuencia de inicio de tu dron, actualiza el firmware si es aplicable y asegura una calibración adecuada antes de cada vuelo. Además, siempre usa una batería completamente cargada, asegura las conexiones y establece el bloqueo GPS para mayor seguridad, reservando la funcionalidad de regreso al hogar como último recurso. Seguir estas pautas puede ayudar a minimizar el riesgo de accidentes de drones y asegurar una experiencia de vuelo más segura y placentera.

Procedimientos de emergencia

El plan de misión para Aeronaves Pilotadas a Distancia (RPA) debe incluir procedimientos detallados e información relacionada con los protocolos de vuelo de emergencia planificados para ser implementados en caso de pérdida de enlace de datos con la RPA. Dependiendo de las capacidades del sistema, estos protocolos pueden abarcar:

- Tránsito automatizado de la RPA a una zona de recuperación predeterminada seguido de una recuperación automatizada.

- Tránsito automatizado de la RPA a una zona de recuperación predeterminada seguido de la activación de un sistema de terminación de vuelo.

En el espacio aéreo controlado, los procedimientos específicos de aborto y terminación de vuelo deben ser informados al Control de Tráfico Aéreo (ATC). Como mínimo, la información debe incluir detalles sobre los perfiles de vuelo preprogramados en caso de pérdida de enlace, capacidades de terminación de vuelo y el rendimiento de la RPA bajo condiciones de terminación. Es esencial la verificación continua y automática del enlace de datos, con advertencias en tiempo real mostradas a la tripulación remota en caso de fallo.

En el evento de pérdida de enlace de datos, excluyendo pérdidas de señal intermitentes o cortes programados, es imperativo notificar inmediatamente al ATC, seguido de la ejecución de procedimientos de recuperación. Los parámetros que determinan la aceptabilidad de pérdida de señal intermitente y pérdida total están predeterminados por el fabricante. Una RPA que experimente una pérdida de enlace de datos y ejecute un perfil de vuelo preprogramado hacia la terminación o recuperación debe recibir manejo prioritario por parte del ATC.

Si la comunicación entre el Piloto Remoto (RP) y el ATC falla, el RP debe seleccionar el código de Radar de Vigilancia Secundaria (SSR) 7600, si es aplicable, e intentar establecer canales de comunicación alternativos. Pendiente del restablecimiento de la comunicación con el ATC, la RPA adherirá a la última instrucción reconocida o las condiciones descritas en la Aprobación de Área. Si la comunicación con el ATC permanece interrumpida, la misión de la RPA debería ser terminada.

El plan de misión de la RPA debe delinear los procedimientos de emergencia a seguir en caso de diversas contingencias, incluyendo fallo del motor, pérdida de enlace de datos, pérdida de control, fallo del equipo de navegación y daño al fuselaje. Los procedimientos de emergencia pueden involucrar el uso de dispositivos de recuperación o de seguridad, como paracaídas, para mitigar riesgos a individuos o propiedades. Se fomenta la implementación de dichos dispositivos donde sea aplicable al tipo de RPA. Además, en casos donde una RPA esté equipada con un dispositivo de recuperación como un sistema de paracaídas balístico, incluyendo una carga pirotécnica, es esencial una marcación clara del área o panel para propósitos de identificación.

Selección de Zonas de Despegue y Aterrizaje

Selección del Sitio de Lanzamiento

Al seleccionar un sitio de lanzamiento para Aeronaves Pilotadas a Distancia (RPA), las consideraciones de seguridad tienen prioridad. La selección del sitio de lanzamiento implica lo siguiente:

    1. **Mantener Zonas de Amortiguamiento Adecuadas**: El personal de RPSS debe asegurar un amortiguador de al menos 50 pies entre las operaciones de las

aeronaves y el personal no esencial. Los observadores, actuando como supervisores de seguridad, deben monitorear este amortiguador.

2. **Evaluación Ambiental**: Ningún lanzamiento debe proceder hasta que se hayan considerado todas las evaluaciones ambientales. El personal tiene la autoridad para abortar cualquier lanzamiento si representa peligros para el medio ambiente, para sí mismos o para otros en la zona.

3. **Partida sobre Corredores Poco Poblados**: El Piloto al Mando (PIC) debe esforzarse por seleccionar un sitio de lanzamiento que minimice las partidas sobre áreas pobladas. Si los vuelos sobre áreas pobladas son necesarios, cada vuelo debe planificarse para minimizar el tiempo pasado en dichas áreas.

Sitio de Aterrizaje y Sitios de Aterrizaje Alternativos

1. **Sitio de Aterrizaje Primario**: Típicamente, el sitio de aterrizaje primario es el mismo que el sitio de lanzamiento. El PIC tiene la autoridad final sobre cualquier aproximación al sitio principal y puede abortar cualquier aproximación que considere insegura.

2. **Sitios de Aterrizaje Alternativos**: El PIC debe designar al menos un sitio de aterrizaje alternativo. En el caso de que no sea posible una ola y el sitio de aterrizaje primario se considere inseguro, se activarán los procedimientos para utilizar el sitio secundario.

3. **Sitios de Aborto de Misión**: Opcionalmente, el PIC puede designar un "sitio de aborto" donde la aeronave pueda ser "descargada" de manera segura en una situación de emergencia. Este sitio debería minimizar el riesgo en caso de una emergencia.

4. **Aproximaciones sobre Áreas Pobladas**: El PIC debe hacer todo lo posible por seleccionar un sitio de aterrizaje que minimice las aproximaciones sobre áreas pobladas.

5. **Seguridad de Aterrizaje y Control de Multitudes**: Todos los sitios de aterrizaje deben operarse con los mismos estándares de seguridad que los sitios de lanzamiento, manteniendo un amortiguador de al menos 50 pies entre las operaciones de las aeronaves y el personal no esencial.

Mejores Prácticas de Control de Vuelo/Estación Terrestre Antes del Despegue:
1. Confirma que la antena del transmisor esté completamente extendida.

2. Asegura que los ajustes de trim del transmisor sean correctos.

3. Confirma que la antena del receptor esté completamente extendida.

4. Revisa el área de despegue para obstrucciones y despeja a las personas.

5. Revisa las condiciones meteorológicas y las áreas de aterrizaje de emergencia potenciales.

6. Configura la alarma del temporizador de vuelo.

7. Anuncia "PREPARÁNDOME PARA DESPEGAR."

8. Lanza la aeronave.

En Vuelo:
1. Asciende a una altitud segura y verifica los sistemas de control.

2. Ajusta los trims si es necesario.

3. Mantén una distancia de operación segura de personas y edificios.

4. Si vuelas sobre edificios o personas, mantén una altitud segura.

5. Escanea continuamente en busca de peligros potenciales.

Aterrizaje:
1. Verifica los sistemas de control y ajusta los trims para un aterrizaje de emergencia.

2. Escanea el área de aterrizaje en busca de obstrucciones y vuelve a verificar las condiciones meteorológicas.

3. Anuncia "PREPARÁNDOME PARA ATERRIZAR."

4. Siempre prepárate para una maniobra de alrededor.

5. Aterriza la aeronave con cuidado, lejos de obstrucciones y personas.

Post-Vuelo:

1. Apaga la energía de la aeronave y/o desconecta las baterías.

2. Apaga el transmisor.

3. Apaga el equipo fotográfico.

4. Inspecciona visualmente la aeronave en busca de daños.

5. Retira el combustible no utilizado si aplica.

6. Asegura la aeronave.

El Patrón de Circuito

Deberías familiarizarte con los nombres de las cuatro etapas del circuito.

La primera etapa después del despegue se conoce como Upwind (Contra el viento), aunque no se nombra explícitamente con frecuencia. Upwind denota la etapa inicial al volar un circuito, típicamente contra el viento para utilizar la máxima longitud de la pista.

Sigue la etapa de Crosswind (Viento cruzado), un segmento breve donde alcanzas la altitud de crucero después del despegue.

Luego viene Downwind (A favor del viento), una etapa larga caracterizada por volar con un viento de cola. Asegura la altura adecuada y la alineación paralela con la pista.

La siguiente es Base, una etapa breve de viento cruzado que precede al enfoque final para el aterrizaje.

Finalmente, la etapa Final se alinea con la pista para la preparación del aterrizaje. Mantén una posición precisa sin cortar esquinas ni hacerlo demasiado corto.

El entrenamiento de circuito es una práctica común en muchos aeropuertos, especialmente en aeródromos regionales y de aviación general. Cada aeropuerto establece sus propias pautas con respecto al tiempo y la frecuencia del entrenamiento de circuito, considerando factores como la demanda de pilotos, la capacidad de la pista, la disponibilidad de servicios de control de tráfico aéreo y el equipo de navegación.

Dado que las instalaciones varían en diferentes aeródromos, la frecuencia y el tiempo de los vuelos de entrenamiento de circuito varían en consecuencia.

Un circuito de entrenamiento abarca cinco etapas: despegue, viento cruzado, a favor del viento, base y aproximación final. La Figura 79 ilustra una representación simplificada de este circuito, con las etapas de despegue y final generalmente voladas contra el viento por seguridad. La dirección del patrón de circuito depende del terreno local y las posiciones de las pistas. Los símbolos de aviones y las líneas punteadas en la Figura 1 sugieren puntos de entrada recomendados en el patrón de circuito.

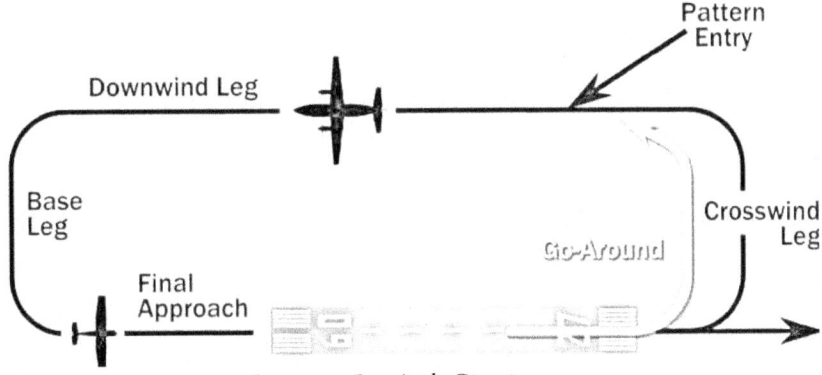

Figura 79: Patrón de Circuito.

CIRCUITOS A LA IZQUIERDA

La Figura 80 ilustra un circuito a la izquierda donde la aeronave realiza giros a la izquierda después del despegue, volando en dirección antihoraria. Este tipo de operación de circuito es el más comúnmente utilizado.

CIRCUITOS A LA DERECHA

En un circuito a la derecha, el piloto ejecuta giros a la derecha después del despegue, siguiendo un circuito en dirección horaria. Esta disposición puede ser necesaria debido a un terreno elevado que limita las operaciones del circuito a un lado de la pista, independientemente de la dirección del viento. Otro escenario para utilizar un circuito a la derecha es en aeropuertos con pistas paralelas. Durante los períodos en que los servicios de control de tráfico aéreo están disponibles, los circuitos pueden realizarse en ambas pistas paralelas simultáneamente, permitiendo circuitos concurrentes a la izquierda y a la derecha.

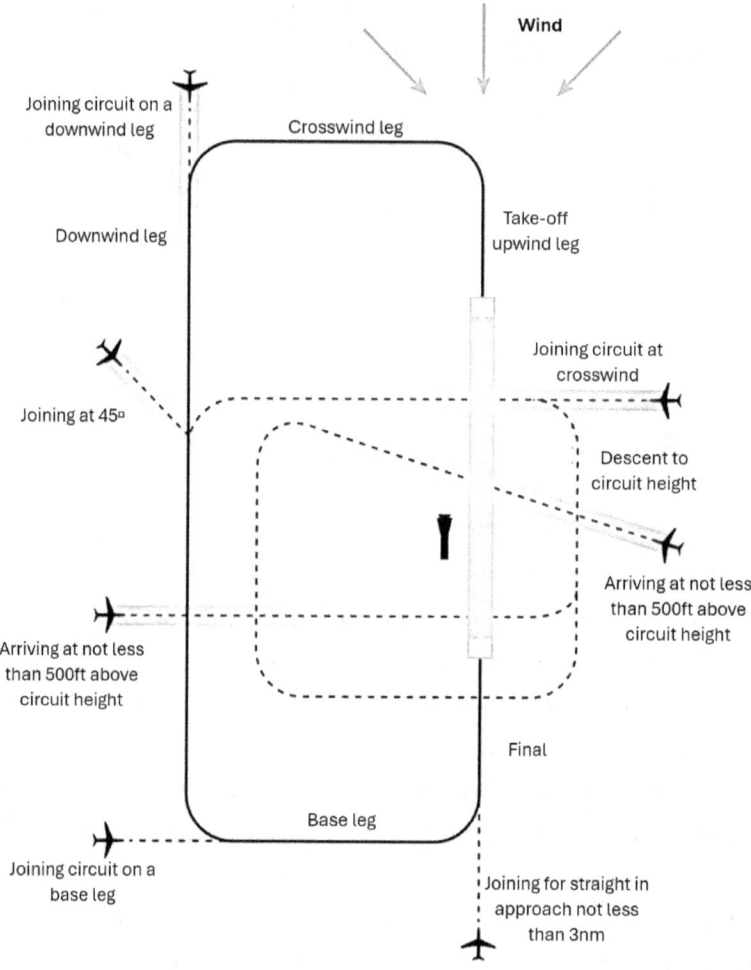

Figura 80: Circuito de entrenamiento a la izquierda.

NCORPORACIÓN Y SALIDA DE AERONAVES EN UN CIRCUITO

En aeropuertos sin torre de control, las regulaciones de CASA especifican procedimientos para la incorporación de aeronaves a un circuito cuando se aproximan desde fuera del área local. Esto implica volar sobre la pista al menos 500 pies por encima del circuito de alto rendimiento o unirse al principio, final o a mitad de la etapa de downwind (a un ángulo de 45°). Si el circuito está despejado, una aeronave que llega puede incorporarse a la aproximación final desde tres millas náuticas. Los pilotos en lugares con una torre de control de tráfico aéreo deben adherirse a las instrucciones de la torre con respecto a la altitud y la entrada/salida del circuito. Las rutas de llegada en el circuito están diseñadas para maximizar la visibilidad de otras aeronaves, con líneas punteadas en la Figura 80 que indican las trayectorias de aproximación. Las aeronaves que salen del circuito pueden extender una de las etapas pero solo deben girar cuando estén claramente despejadas. Las aeronaves de entrenamiento en aeropuertos sin torre de control deben ceder el paso a las aeronaves comerciales, extendiendo una etapa del circuito si es necesario para permitir aterrizajes comerciales.

IMPACTOS DEL RUIDO DE LAS AERONAVES

Todas las aeronaves, incluidos los aviones de entrenamiento, deben cumplir con los estándares internacionales de ruido. Aunque no hay horas reguladas para el entrenamiento de circuito, la mayoría de los aeropuertos establecen sus propias restricciones, típicamente prohibiendo los circuitos desde la noche hasta la mañana temprano (por ejemplo, de aproximadamente 10 p.m. a 7 a.m.). Muchos aeropuertos proporcionan esta información en sus sitios web. La longitud del circuito, y por lo tanto el área sobrevolada, depende de factores como la tasa de ascenso, las condiciones meteorológicas, el tráfico aéreo y la habilidad del piloto. El tamaño y la ubicación del circuito están regulados para garantizar la seguridad general, a veces resultando en entrenamiento sobre áreas pobladas cerca del aeródromo.

Sistemas FPV

Componentes del Sistema FPV

Cámara de Vuelo: La cámara de vuelo sirve como tu portal al mundo del FPV, ofreciendo una vista remota desde los cielos que te sumerge en la experiencia multirotor. Estas cámaras, que se basan en gran medida en la tecnología de cámaras de seguridad, vienen en varios tipos adaptados para uso FPV. Varían desde modelos de definición estándar de 600tvl hasta aquellos optimizados para condiciones de poca luz y cámaras de alta definición que presumen una resolución de 1080p. Es importante notar que, aunque las cámaras de mayor resolución ofrecen más detalles, pueden introducir latencia adicional al sistema.

Transmisores de Video (VTx): Los transmisores de video son responsables de transmitir el feed de video de tu cámara de vuelo a tus gafas o estación terrestre. Disponibles en diferentes tamaños, niveles de potencia y configuraciones, los VTx habilitan la transmisión inalámbrica integral al sistema FPV. Operan en múltiples frecuencias para adaptarse a diferentes entornos y acomodar a numerosos pilotos simultáneamente. Calificados en milivatios (mW), los VTx indican su alcance de transmisión. El manejo adecuado de estos transmisores es crucial para el vuelo en grupo y la etiqueta, ya que un manejo incorrecto puede llevar a accidentes y conflictos entre pilotos.

Gafas: Las gafas FPV proporcionan la conexión visual a tu multirotor FPV, ofreciendo una experiencia inmersiva incomparable con estaciones terrestres y monitores. Con varios estilos disponibles, desde kits de bricolaje hasta modelos repletos de funciones con capacidades DVR integradas, las gafas se asemejan a cascos de realidad virtual, mostrando el feed de video directamente frente a tus ojos. Las gafas incorporan un Receptor de Video (VRx), disponible en diferentes estilos y capacidades, junto con antenas que dictan el alcance de tu vuelo FPV.

Figura 81: Piloto FPV en Italia. Lleva gafas FPV y usa un controlador de radio con un transmisor TBS Crossfire Micro TX. Mr.Oizo FPV, CC BY-SA 4.0, a través de Wikimedia Commons.

Componentes del Sistema de Alimentación

Placas de Distribución de Energía para Principiantes en FPV: Las placas de distribución de energía simplifican el cableado de los multirotores al proporcionar un centro centralizado para el suministro de energía. Anteriormente, los arneses de cableado complejos conectaban directamente los componentes, pero las placas de distribución de energía simplificaron este proceso. Estas placas se conectan a la batería a través de un conector y distribuyen energía a todos los componentes. Algunas placas ofrecen características adicionales como filtrado de energía para obtener una energía más limpia y confiable, y salidas de voltaje variable para optimizar el rendimiento de los componentes.

Baterías: Las baterías sirven como la fuente principal de energía para los multirotores, impactando significativamente en la duración del vuelo y el rendimiento general. Típicamente, son baterías de polímero de litio y consisten en células individuales, cada una con una calificación de voltaje de 3.7 voltios. Añadir más células aumenta el voltaje, afectando la velocidad del motor. Elegir la batería adecuada implica equilibrar el peso y la potencia, ya que las baterías más pesadas acortan los tiempos de vuelo y sobrecargan los motores. Las baterías están clasificadas por voltaje y amperios hora, con calificaciones más altas de amperios hora indicando una carga de mayor duración bajo carga.

Operaciones de Sistemas de Aeronaves Pilotadas a Distancia de Ala Fija

Los UAVs de ala fija más pequeños pueden ser lanzados manualmente por el operador, quien simplemente los lanza al aire. Por el contrario, los drones más grandes y pesados requieren métodos de despegue más sofisticados, como un catapultaje, una pista de aterrizaje o el lanzamiento desde una aeronave más grande.

Figura 82: Lanzamiento manual de un UAV pequeño. Bureau of Land Management Oregon and Washington desde Portland, América, Dominio público, a través de Wikimedia Commons.

Comparación: UAV de Ala Fija vs. UAV VTOL

Los UAVs de ala fija generalmente cuentan con mayores capacidades de carga útil y resistencia para distancias más largas y duraciones de vuelo en comparación con los UAVs VTOL (Despegue y Aterrizaje Vertical), todo esto mientras consumen menos energía. Esta característica los hace ideales para misiones que requieren una resistencia prolongada, como mapeo, vigilancia y operaciones de defensa. Además, los UAVs de ala fija pueden mostrar una mayor resiliencia ante fallos técnicos en vuelo debido a su capacidad natural de planeo en caso de pérdida de propulsión.

Sin embargo, los UAVs de ala fija pueden no ser adecuados para ciertas tareas de inspección que exigen un posicionamiento preciso, como la captura de imágenes detalladas de estructuras específicas u objetos como números de serie de pilones o daños menudos.

Figura 83: Ejemplos de drones de ala fija. Vitaly V. Kuzmin, CC BY-SA 4.0, a través de Wikimedia Commons.

Los drones de ala fija encuentran una amplia aplicación en industrias como la Construcción, la Agricultura, la Minería y los sectores Ambientales, principalmente para emprendimientos de mapeo y topografía a gran escala. Su versatilidad y capacidad para operar efectivamente en condiciones meteorológicas adversas contribuyen a su creciente adopción en diversas industrias. Los planes de vuelo pueden ser meticulosamente diseñados para mapear extensas áreas de tierra, empleando a menudo patrones continuos en cuadrícula con líneas de vuelo paralelas. Posteriormente, las imágenes fotogramétricas capturadas durante estos vuelos pueden ser analizadas y monitoreadas exhaustivamente para diversos fines.

Fuerzas que Actúan en una Aeronave de Ala Fija

La siguiente explicación ofrece una visión general simplificada destinada a proporcionar una comprensión básica de las fuerzas que influyen en el comportamiento de una aeronave. Está diseñada para ayudar a las personas nuevas en aerodinámica a comprender los principios fundamentales en juego. Las cuatro fuerzas principales que actúan sobre una aeronave incluyen:

1. **Sustentación**: Generada por el aire que fluye sobre la superficie de las alas de la aeronave, la sustentación aumenta con la velocidad del flujo de aire. La aeronave debe alcanzar una cierta velocidad para que las alas generen suficiente sustentación para permitir el despegue y el vuelo sostenido.

2. **Peso**: Esta fuerza se opone a la sustentación generada por las alas y se atribuye a la gravedad. La gravedad permanece constante, atrayendo perpetuamente la aeronave hacia el suelo. Si la aeronave cesa su movimiento hacia adelante, las alas ya no producen sustentación, causando que la aeronave descienda debido a la fuerza no contrarrestada de la gravedad.

3. **Empuje**: Típicamente proporcionado por el motor de la aeronave, el empuje propulsa la aeronave hacia adelante, iniciando el flujo de aire sobre las alas, que a su vez genera sustentación.

4. **Resistencia**: A medida que la aeronave se mueve a través del aire, encuentra resistencia conocida como resistencia aerodinámica. No todo el empuje generado por el motor contribuye a la velocidad hacia adelante; parte de él se gasta para contrarrestar la resistencia aerodinámica. Existen varios tipos de resistencia, siendo la resistencia de perfil un componente prominente. Esta resistencia surge de la forma de la aeronave y su impacto en la eficiencia aerodinámica. Por ejemplo, una aeronave de entrenamiento voluminosa y cuadrada alcanzará velocidades más bajas en comparación con una contraparte elegante en forma de jet. Mientras que la resistencia se opone al empuje, existe un umbral más allá del cual el empuje adicional del motor no logra aumentar la velocidad de la aeronave. El diagrama a continuación ilustra estas cuatro fuerzas.

OPERACIONES CON DRONES

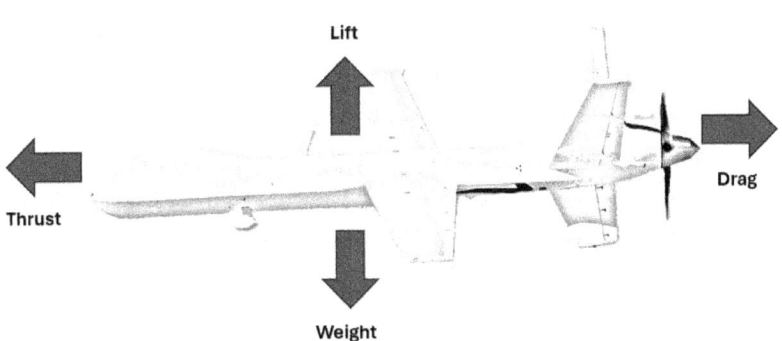

Figura 84: Fuerzas que actúan en una aeronave de ala fija.

El ala genera sustentación para contrarrestar el peso de la aeronave, mientras que el motor proporciona empuje para equilibrar la resistencia ejercida por el fuselaje. Existen diversas configuraciones de este diagrama a lo largo de diferentes fases del vuelo. Por ejemplo, si el motor falla en producir potencia, una parte del vector de sustentación compensa la falta de empuje para superar la resistencia. Sin embargo, la gravedad siempre ejerce su fuerza. En ausencia de empuje, la aeronave descenderá.

Superficies de Control

Los controles primarios de una aeronave consisten en el acelerador, los alerones (uno en cada ala principal), el elevador y el timón de dirección, esenciales para maniobrar tanto en tierra como en el aire.

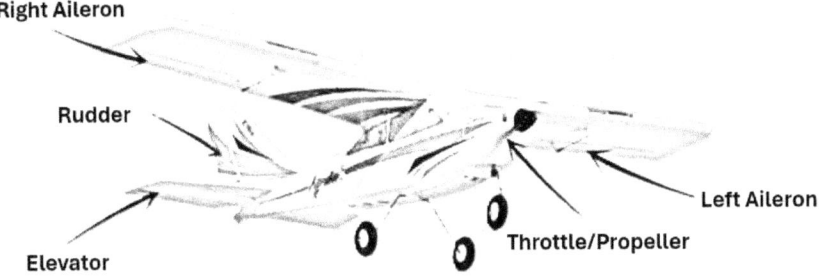

Figura 85: Superficies de control de aeronaves de ala fija.

El acelerador gestiona la potencia del motor, aumentando la velocidad de la hélice a medida que se avanza, generando así empuje. Los alerones, situados en el borde de salida de las alas, controlan el balanceo alrededor del eje longitudinal de la aeronave. Los elevadores, ubicados en el plano de cola horizontal, ajustan el ángulo de picada moviendo la nariz hacia arriba o hacia abajo, regulando tanto la velocidad del aire como la actitud. El timón, adherido a la aleta vertical, gobierna el movimiento de guiñada, dirigiendo la nariz hacia la izquierda o hacia la derecha, aunque principalmente ayuda en equilibrar los giros en lugar de iniciarlos.

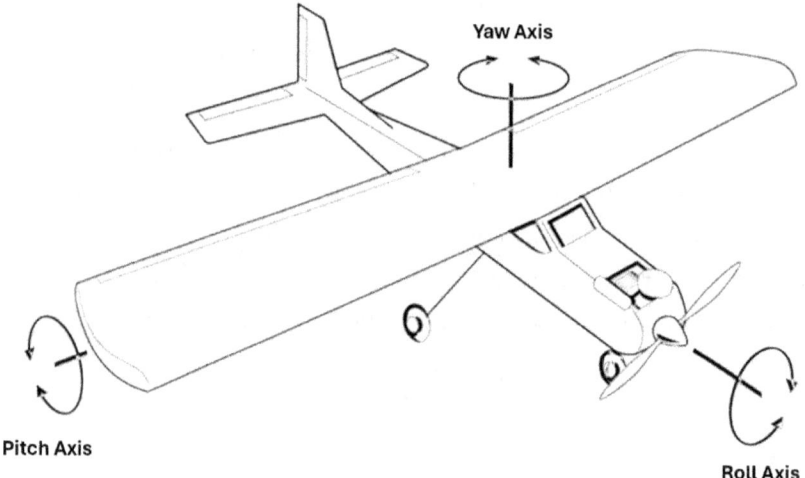

Figura 86: Ejes de control de aeronaves de ala fija.

Al utilizar el elevador, tirar hacia atrás del mando eleva el elevador, lo que hace que la cola del avión descienda, alterando el ángulo de picada y la velocidad del aire de la aeronave en consecuencia. Mientras tanto, los alerones controlan la tasa de balanceo y el ángulo de inclinación. Operan de manera inversa, con uno elevándose mientras el otro desciende, iniciando un giro hacia el lado respectivo. Por el contrario, el timón orquesta el movimiento de guiñada, esencial para giros coordinados cuando se combina con la entrada de los alerones.

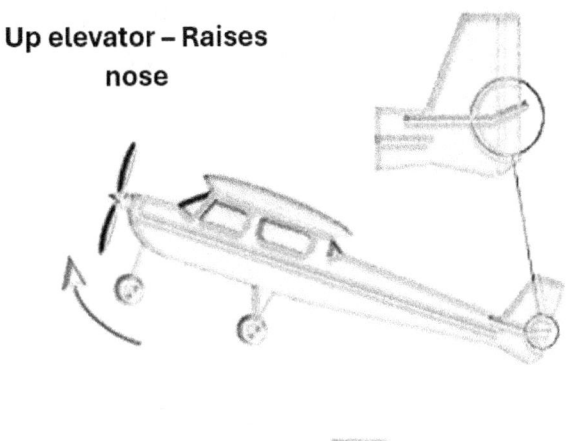

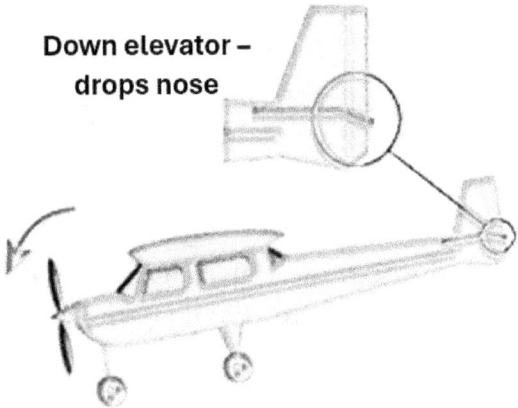

Figura 87: Control de picada del elevador.

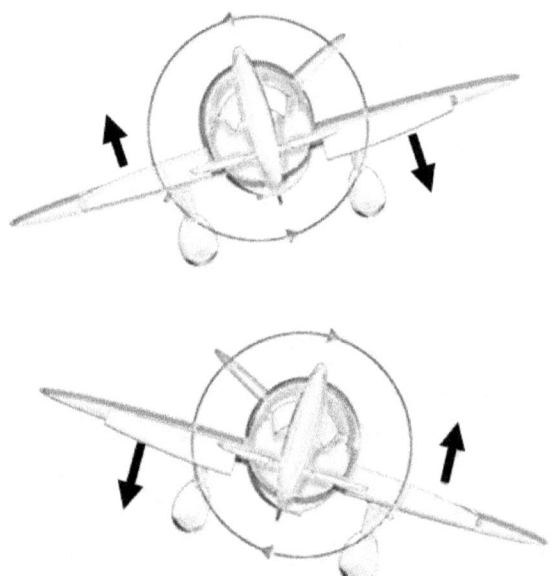

Figura 88: Control de balanceo del alerón.

En cuanto a la gestión del acelerador, las revoluciones de la hélice regulan la tasa de ascenso o descenso. Avanzar el acelerador aumenta la potencia del motor, causando que la aeronave ascienda, mientras que reducir el acelerador induce el descenso. En escenarios de aterrizaje, los ajustes del acelerador afectan la tasa de descenso, complementando los ajustes del elevador que controlan la velocidad del aire.

En esencia, entender y manipular proficientemente estos controles primarios son fundamentales para pilotar eficazmente un dron de ala fija.

Despegue, Viraje, Ascenso, Planeo y Aterrizaje

DESPEGUE

La fase de despegue es crítica para cualquier vuelo. Aplica potencia total de manera constante pero no abrupta. Usa el timón para dirigir mientras estás en el suelo. A medida que la hélice gira, genera un torbellino de aire que puede hacer que la aeronave se desvíe hacia la izquierda. Prepárate para esto y contrarréstalo aplicando algo de timón derecho para mantener un camino recto. La dirección en el suelo se logra a través del timón, que está vinculado ya sea a la rueda delantera o a una rueda de cola direccionable en el caso de un avión con rueda de cola. Una vez en el aire, el efecto de giro adverso disminuye, permitiendo reducir la presión sobre el timón.

Para despegar, la aeronave debe alcanzar suficiente velocidad para generar la sustentación necesaria. Esto ocurre a una velocidad menor que la de crucero, y siempre se debe mantener una velocidad de ascenso segura bien por encima de la velocidad de pérdida. Evita una entrada excesiva del elevador inmediatamente después del despegue, ya que puede causar una disminución en la velocidad del aire y arriesgar superar el ángulo crítico de ataque, llevando a una pérdida. En su lugar, permite que la aeronave gane velocidad gradualmente mientras mantiene un ascenso constante.

Durante el despegue, asegúrate de que la aeronave permanezca alineada con la pista y no se desvíe hacia la izquierda o la derecha. Mantén las alas niveladas y evita un cabeceo excesivo hacia arriba. Solo reduce el acelerador una vez que se alcance una altitud segura. Una vez despejada la pista, inicia un giro suave hacia la etapa de viento cruzado.

Todos los despegues deben realizarse contra el viento predominante. Aunque la secuencia sigue siendo similar para la mayoría de las aeronaves de ala fija, hay pequeñas diferencias basadas en el tipo de tren de aterrizaje: triciclo o de rueda de cola. Independientemente de la configuración, siempre utiliza toda la pista para asegurar suficiente espacio para la recuperación en caso de fallo del motor.

Despegue - Secuencia - Tren de Aterrizaje Triciclo

- Posiciona la aeronave en el centro de la pista, enfrentándose al viento en el extremo de barlovento.

- Aumenta gradualmente el acelerador hasta la configuración máxima (acelerador total), compensando la tracción hacia la izquierda del motor con entrada de timón derecho.

- Mantén la alineación de la pista usando el control del timón, mientras aplicas gradualmente elevador hacia arriba para levantar la nariz y despegar.

- Continúa a lo largo de la línea central con una actitud ligeramente nariz arriba, asegurando que el ángulo de ataque no exceda los 20 grados.

- Inicia el primer giro del circuito una vez que se haya alcanzado suficiente velocidad y altura.

Despegue - Secuencia - Tren de Aterrizaje de Rueda de Cola
- Aplica elevador hacia arriba antes de comenzar el despegue para mantener la rueda de cola en el suelo y permitir el control inicial del timón.
- Aumenta gradualmente el acelerador hasta la configuración máxima, compensando la tracción hacia la izquierda del motor con entrada de timón derecho.
- Controla la dirección de la aeronave con el timón hasta cerca de la velocidad de despegue, luego libera la entrada del elevador para permitir que la cola se eleve.
- Aplica una ligera entrada del elevador para levantar la nariz y despegar del suelo.
- Mantén una actitud ligeramente nariz arriba y asegúrate de que el ángulo de ataque permanezca por debajo de los 20 grados.
- Continúa a lo largo de la línea central hasta que se alcance suficiente velocidad y altura, luego comienza el primer giro del circuito.

Consideraciones Clave:
- Asegúrate de aplicar el acelerador suavemente para evitar que el motor se ahogue.
- Anticipa la deriva hacia la izquierda al aumentar el acelerador y contrarréstala con entrada de timón derecho.
- Mantén un ángulo de ascenso por debajo de los 20 grados para un ascenso gradual.
- Retrasa la iniciación del primer giro hasta que se alcance suficiente velocidad y altura.
- Algunas aeronaves pueden requerir una ligera entrada de elevador hacia abajo para prevenir un ángulo de ataque excesivo.

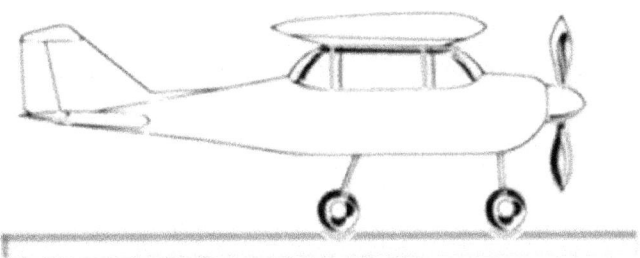

Tricycle Undercarriage

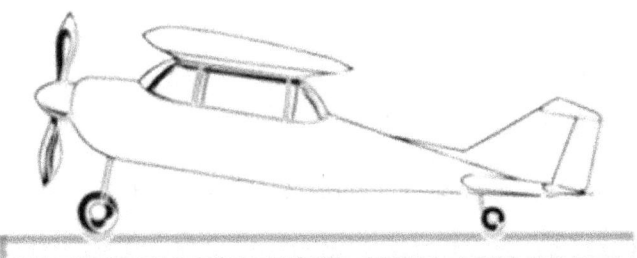

Tail Dragger

Figura 89: Tren de aterrizaje triciclo versus Tren de aterrizaje de rueda de cola.

Despegue - Secuencia de Tren de Aterrizaje de Rueda de Cola

- Antes de iniciar el despegue, aplica elevador hacia arriba y mantén la presión para que la rueda de cola permanezca en el suelo, lo que permite un control inicial de la dirección de la aeronave con el timón.

- Comienza el despegue aumentando suavemente el acelerador hasta la configuración máxima. Ten en cuenta que a medida que aumenta el acelerador, la aeronave puede tender a desviarse hacia la izquierda debido al torque del motor. Compensa aplicando entrada de timón derecho.

- Usa el timón para controlar la dirección de la aeronave hasta que alcance una velocidad cercana a la de despegue, luego libera la entrada del elevador para permitir que la cola se levante del suelo.

- Aplica una ligera entrada del elevador para elevar la nariz, facilitando el despegue.

- Mantén la alineación a lo largo de la línea central con la nariz ligeramente elevada, asegurando que el ángulo de ataque no exceda los 20 grados para prevenir un pérdida.

- Continúa a lo largo de la línea central hasta que se alcance suficiente altitud y velocidad, luego inicia el primer giro del circuito.

Consideraciones:

- Asegúrate de que la aplicación del acelerador sea suave para evitar que el motor se ahogue.

- Anticipa la desviación hacia la izquierda durante el aumento del acelerador y contrarresta con entrada de timón derecho.

- Mantén el ángulo de ataque por debajo de los 20 grados para un ascenso gradual.

- Retrasa el primer giro del circuito hasta que la aeronave alcance una velocidad y altura adecuadas.

- La mayoría de las aeronaves requieren alguna entrada del elevador para el despegue, aunque algunas pueden necesitar elevador hacia abajo para prevenir un ángulo de ataque excesivo.

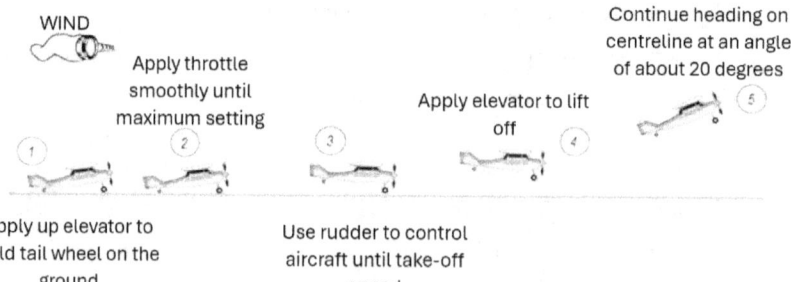

Figura 90: Secuencia de despegue de tren de aterrizaje de rueda de cola.

Viraje: Después de dominar el vuelo recto y nivelado, el viraje se convierte en la siguiente habilidad fundamental en el entrenamiento de aviación. Un viraje bien ejecutado implica cambiar de dirección suavemente a una velocidad y ritmo constantes, manteniendo la coordinación sin deslizamiento o derrape y sin perder altitud. Esfuérzate por mantener tus virajes suaves, con un ángulo moderado de inclinación, idealmente alrededor de 30 grados. Si aumentas el ángulo de inclinación para un viraje más cerrado, necesitarás aumentar la sustentación tirando hacia atrás del mando del elevador. Sin embargo, ten cuidado de no entrar en pérdida.

Gestión de Potencia: A medida que aumenta el ángulo de ataque, también lo hace la resistencia, resultando en una reducción de la velocidad del aire. En virajes cerrados, no solo tiramos del mando hacia atrás para aumentar la sustentación, sino que también requerimos más potencia para contrarrestar la resistencia adicional y evitar que la velocidad del aire caiga demasiado bajo. Sin embargo, llevar el viraje a límites extremos puede llevar a una pérdida si el ángulo de ataque se acerca al ángulo de pérdida, lo cual es peligroso. Aunque los aviones de tamaño completo tienen sistemas de advertencia de pérdida, es crucial para los pilotos de aviones modelo monitorear de cerca la velocidad y el ángulo de ataque para evitar la pérdida.

Virajes en Ascenso: Los virajes en ascenso deben ejecutarse suavemente. Para ascender, se necesita más empuje o potencia, con la mayor parte de la potencia del motor asignada para proporcionar esta sustentación. Si el morro está demasiado elevado sin potencia adecuada, la velocidad puede disminuir, lo que lleva a una posible pérdida o barrena.

ATERRIZAJE

El control de la actitud y la velocidad del morro de nuestra aeronave se maneja ajustando el mando del elevador, mientras que el acelerador regula nuestra tasa de descenso.

Durante el enfoque de aterrizaje, es crucial mantener una velocidad y tasa de descenso apropiadas para evitar pasarse o aterrizar demasiado largo. Apunta a un descenso controlado con el ángulo del cuerpo del avión ligeramente inclinado hacia abajo o nivelado con el horizonte.

Los aterrizajes más exitosos generalmente resultan de circuitos rectangulares meticulosamente volados. Evita cortar esquinas y reduce la potencia gradualmente en la etapa de downwind, disminuyéndola aún más al girar hacia la etapa base.

Al girar hacia base, mantén una trayectoria de vuelo recta con un viraje cuadrado en la posición base. Anuncia verbalmente "Aterrizaje" para alertar a otros y ajusta la potencia según sea necesario.

En la aproximación final, ejecuta un viraje positivo pero moderado, manteniendo el morro nivelado o ligeramente hacia abajo. Ajusta tu tasa de descenso con el acelerador, añadiendo potencia si es necesario para evitar quedarte corto o reduciéndola para evitar pasarte.

A medida que te acercas al final corto, prepárate para cambios en la inclinación y velocidad debido al viento de frente. Ajusta la potencia en consecuencia para evitar hundirte demasiado rápido y mantener un descenso poco profundo.

Durante el toque de ruedas o si las condiciones son desfavorables, opta por una vuelta al circuito. Aplica potencia total, mantén las alas niveladas y asciende gradualmente recto adelante hasta alcanzar una altitud segura.

Recuerda, un aterrizaje exitoso comienza con una etapa de downwind bien ejecutada y un posicionamiento preciso durante los giros hacia base y final. La práctica y la paciencia son claves para dominar esta habilidad crucial, que se evalúa en todos los pilotos, incluyendo el manejo de aterrizajes sin motor y con viento cruzado.

Secuencia de Aproximación para Aterrizaje: La aproximación para aterrizaje implica alinear la aeronave con la pista en preparación para el aterrizaje. Los siguientes pasos describen el proceso:

- Mantén el enfoque en la altitud y la velocidad de la aeronave mientras vuelas el circuito.

- Durante la etapa de downwind, reduce el acelerador a una velocidad adecuada para la aproximación de aterrizaje (por encima de la velocidad de pérdida pero no a acelerador total), descendiendo a una altitud apropiada (aproximadamente 30 metros).

- Ejecuta dos giros de 90 grados, asegurando que el último giro se alinee con la línea central de la pista, ubicada aproximadamente a 50 a 100 metros antes del umbral de la pista. Limita la inclinación a 30 a 40 grados y ajusta el elevador para mantener el vuelo nivelado (evita ganar o perder altitud). Utiliza el timón para apretar el giro sin aumentar la inclinación más allá de 30 a 40 grados. Procura permanecer paralelo a la línea central o ligeramente por debajo de ella. Realiza correcciones menores si es necesario para lograr la alineación, usando los alerones y el timón para controlar la tasa de giro.

- Una vez alineado con la línea central, mantén el vuelo nivelado, asegurando que las alas y el morro permanezcan paralelos al suelo. Realiza ajustes sutiles usando los alerones y/o el timón para mantener la aeronave centrada en la pista.

- Repite la aproximación de aterrizaje hasta lograr una alineación consistente con el centro de la pista, sin cruzar la línea central.

- Si la aproximación no se ejecuta correctamente, realiza un vuelo de paso (no intentes aterrizar) y vuelve a intentarlo.

Secuencia de Aterrizaje: Una vez que la aeronave esté alineada con la pista, manteniendo un vuelo recto y nivelado (con alas y morro alineados), y a una altitud adecuada, el procedimiento de aterrizaje se puede iniciar siguiendo esta secuencia:

- Con la aeronave centrada en la línea central de la pista y el acelerador ajustado a menos de la mitad (ajustado según el tipo de aeronave y las condiciones del viento), inicia el descenso reduciendo ligeramente el acelerador. A medida que la aeronave disminuye la velocidad, la sustentación generada por las alas disminuye, causando el descenso.

- Ajusta el acelerador según sea necesario para controlar la tasa de descenso: aumenta el acelerador si el descenso es demasiado rápido, disminúyelo si es demasiado superficial. Evita una actitud excesiva de morro hacia abajo, ya que puede llevar a una pérdida tanto de altitud como de velocidad. Recuerda, el elevador controla el ángulo de picada (posición del morro), mientras que el acelerador regula la tasa de descenso alterando la sustentación.

- Emplea correcciones sutiles para mantener la aeronave alineada con la línea central y dirigiéndose directamente por la pista, manteniendo las alas y la orientación de la aeronave niveladas.

- Gestiona el descenso para asegurar que la aeronave alcance el umbral de la pista a una altura de aproximadamente seis a diez pies sobre el nivel del suelo.

- Reduce el acelerador al ralentí a medida que la aeronave se aproxima a unos 300 mm por encima de la pista, preparándote para ejecutar la maniobra de flare.

- Ejecuta la maniobra de flare levantando suavemente el morro de la aeronave y manteniendo esta actitud usando el control del elevador. A medida que la aeronave disminuye la velocidad, perderá gradualmente la sustentación y se asentará en la pista de manera suave, sin rebotar.

- Tras el toque, mantén el control direccional usando el timón para dirigir la aeronave a lo largo de la pista.

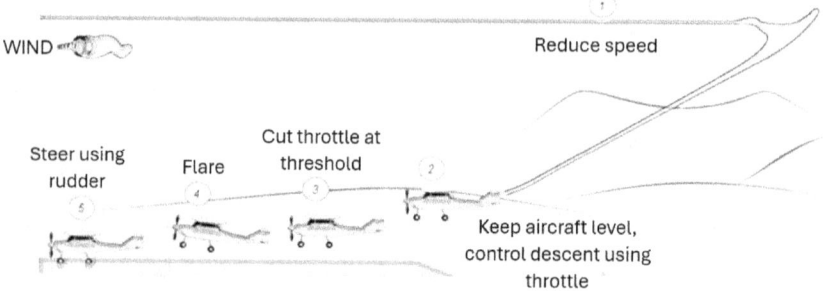

Figura 91: Secuencia de aterrizaje.

Aquí tienes algunas pautas para mejorar la competencia en el aterrizaje:

- **Entiende el rol de los controles**: El elevador ajusta el ángulo de picada (posición del morro), mientras que el acelerador regula la tasa de descenso.

- **Mantén los controles al mínimo**: Asegura una configuración adecuada con alas niveladas y dirección correcta del avión, y haz pequeños ajustes solo cuando sea necesario.

- **Mantén la orientación nivelada**: Asegúrate de que la aeronave no esté inclinada hacia arriba o hacia abajo. Evita apuntar habitualmente el morro hacia abajo para perder altitud.

- **Practica diversos enfoques de aterrizaje**: Intenta enfoques altos y bajos, así como cortos y largos, desde ambos extremos de la pista.

- **Comunica tus intenciones**: Anuncia "aterrizaje" en la etapa de downwind para alertar a otros pilotos.

- **Enfócate en el control de altura y velocidad**: Mantén vigilancia sobre la altitud y la velocidad del aire a lo largo del circuito en preparación para el aterrizaje.

- **Alinea con la línea central**: Ejecuta el último giro con aproximadamente 30 grados de inclinación para posicionar la aeronave directamente sobre o muy cerca de la línea central de la pista.

- **Aterriza con potencia**: Mantén algún nivel de acelerador, incluso si es solo un poco por encima del ralentí, durante el enfoque de aterrizaje.

- **Reduce el acelerador en el umbral**: Corta el acelerador en o justo antes de llegar al umbral de la pista.

- **Practica aterrizajes de toque y despegue**: Ejecuta aterrizajes donde las ruedas principales de la aeronave tocan ligeramente la pista antes de despegar inmediatamente de nuevo.

- **Practica aterrizajes desde ambas direcciones**: Asegura la competencia en enfoques de aterrizaje desde ambos extremos de la pista.

Aprender a aterrizar puede presentar varios desafíos comunes para los pilotos:

- Un problema involucra que la etapa de downwind esté posicionada demasiado cerca de la pista. Esta proximidad lleva a giros ajustados y a sobrepasar la línea central durante el enfoque, dificultando la alineación adecuada de la aeronave para el aterrizaje.

- De manera similar, si la etapa de base está demasiado cerca de la pista, los pilotos pueden encontrarse realizando giros ajustados y luchando para mantener la altitud adecuada para un aterrizaje suave. Esto puede resultar en estar demasiado alto o demasiado bajo durante la fase de enfoque.

- La velocidad excesiva, ya sea antes o durante el enfoque de aterrizaje, plantea otro desafío. Esto puede impedir que la aeronave decelere lo suficiente como para aterrizar de manera segura en la pista, lo que potencialmente podría llevar a sobrepasar la pista.

- La alineación adecuada en la línea central de la pista es crucial para un aterrizaje exitoso. Una configuración inadecuada para el aterrizaje puede resultar en dificultades para mantener la alineación, afectando la precisión del enfoque.

- Acercarse a la pista a altitudes o distancias incorrectas presenta obstáculos adicionales. Los pilotos pueden luchar para ajustar la tasa de descenso de manera efectiva, llevando a enfoques inestables y posiblemente aterrizajes inseguros.

- Otro error común es inclinar el morro de la aeronave hacia abajo excesivamente en un intento de perder altitud rápidamente. Sin embargo, esta maniobra puede inadvertidamente aumentar la velocidad del aire en lugar de reducirla como se pretende, lo que hace que sea desafiante ejecutar un aterrizaje suave.

- La técnica de flare inadecuada, o fallar en realizar un flare completamente, puede resultar en que la aeronave toque la pista bruscamente en lugar de hacer una transición suave hacia la pista. Esto puede llevar a aterrizajes más duros y posibles daños a la aeronave.

- Finalmente, los pilotos pueden encontrar dificultades para aterrizar desde ambas direcciones de la pista. La competencia en la ejecución de aterrizajes desde varias direcciones es esencial para las habilidades de pilotaje bien redondeadas y operaciones seguras.

Aterrizaje Sin Motor (Dead Stick)

Un aterrizaje sin motor se requiere cuando el motor de una aeronave falla o pierde potencia, dejando al piloto sin medios de propulsión. Esto puede ocurrir por diversas razones, como fallas mecánicas, agotamiento de combustible o problemas en el sistema de combustible. En tales situaciones, el piloto debe depender únicamente de las capacidades de planeo de la aeronave para aterrizar de manera segura sin potencia del motor, de ahí el término "dead stick". Los aterrizajes sin motor son una habilidad crítica que los pilotos deben dominar, ya que pueden encontrarse con fallos del motor inesperadamente durante el vuelo.

Ejecutar un aterrizaje sin motor requiere un juicio cuidadoso y un control preciso. Una vez que el motor de la aeronave ha cesado su operación, el piloto debe evaluar la distancia de planeo mientras asegura que la aeronave permanezca por encima de la velocidad de pérdida. No hay segundas oportunidades en los aterrizajes sin motor; el piloto debe ejecutar un aterrizaje exitoso en el primer intento. Determinar si la aeronave puede regresar a la pista depende del juicio del piloto sobre la altitud y la velocidad del aire. Si es factible, el piloto puede intentar planear de regreso a la pista; de lo contrario, debe seleccionar una zona de aterrizaje adecuada en el campo exterior. Idealmente, el área elegida debe ser plana y libre de obstáculos.

Mantener el control de la aeronave es crucial durante todo el proceso de aterrizaje. El piloto debe mantener el acelerador retraído, mientras asegura que las alas permanezcan niveladas y el morro ligeramente hacia abajo para mantener la velocidad de planeo. Evitar giros bruscos es esencial, ya que pueden disminuir rápidamente la altitud. A medida que la aeronave se aproxima al suelo, ya sea en la pista o en el campo exterior, debe mantenerse nivelada con una actitud ligeramente nariz arriba hasta que se desacelere y eventualmente entre en pérdida, deteniéndose en el suelo.

Durante un aterrizaje en pista, es importante usar el timón para mantener la aeronave centrada en la pista. Si aterriza en el campo exterior, tome nota del lugar de aterrizaje y los puntos de referencia circundantes para fines de recuperación. Después del aterrizaje, la aeronave debe ser inspeccionada minuciosamente en busca de cualquier daño o problemas estructurales, como desplazamiento de mamparos o montajes del motor. Además, se debe identificar la causa de la falla del motor, ya sea debido a la depleción de combustible, ajuste incorrecto de la válvula de aguja o combustible contaminado.

Para practicar aterrizajes sin motor, los pilotos pueden simular la falla del motor reduciendo el acelerador a ralentí durante la etapa de downwind del circuito. Puede ser necesario ajustar la longitud de las etapas de downwind y base para acomodar el enfoque de aterrizaje más corto. Al aproximarse, alinee la aeronave con la línea central de la pista y ejecute un aterrizaje controlado, manteniendo una actitud nivelada con un ligero ángulo de picada hacia abajo para retener algo de velocidad del aire.

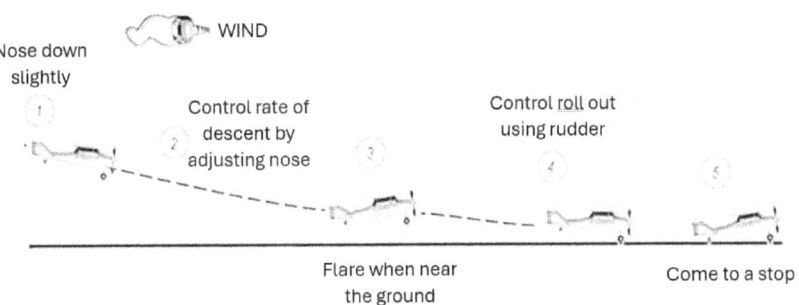

Figura 92: Secuencia de aterrizaje sin motor.

Al realizar un aterrizaje con viento cruzado, la principal distinción de un aterrizaje normal es la influencia del viento, que intenta desviar la aeronave de su trayectoria prevista. Para mantenerte alineado con la línea central de la pista, necesitarás inclinar tu aeronave ligeramente hacia la dirección del viento. Este ajuste hace que la aeronave avance de lado (crabbing), dependiendo de la fuerza del viento. El aspecto crucial es asegurar que la aeronave viaje a lo largo de la línea central, independientemente de su orientación real. Determinar la cantidad adecuada de avance de lado requiere práctica.

Antes de ejecutar un aterrizaje con viento cruzado, es aconsejable realizar varios enfoques para medir el ángulo de avance correcto. Durante el descenso y el toque, ejecuta una maniobra de flare y, al contacto de las ruedas, usa el timón para alinear el morro de la aeronave con la línea central de la pista. A menudo son necesarios ajustes en el acelerador y la velocidad del aire, especialmente en respuesta a la intensidad del viento.

Los vientos cruzados pueden introducir desafíos adicionales. En primer lugar, las aeronaves con timones sustanciales y estabilizadores verticales pueden experimentar desviación debido al viento, donde la aeronave tiende a alinear su morro hacia el viento. Esta tendencia puede interferir con el mantenimiento del ángulo de avance deseado. En segundo lugar, los vientos fuertes pueden hacer que la aeronave sea susceptible a inclinarse, con el viento intentando voltearla hacia atrás. Para contrarrestar este efecto, minimiza las entradas de control y prioriza el uso del timón para alterar la dirección de la aeronave en lugar de los alerones.

Al navegar en condiciones de viento, permanece atento a la influencia del viento y mantén la proximidad a la pista, especialmente durante la etapa de downwind, para asegurar un retorno seguro en caso de una falla del motor. Además, ten en cuenta que los vientos fuertes pueden llevar rápidamente la aeronave lejos de su trayectoria prevista, así que evita alejarte demasiado de las inmediaciones de la pista.

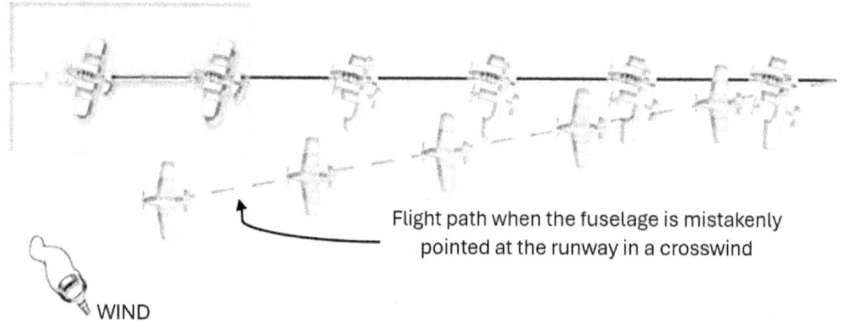

Figura 93: Aterrizaje con viento cruzado.

Procedimientos de emergencia

Los procedimientos de emergencia deben incorporarse al plan de misión del RPA, delineando las acciones a tomar en caso de pérdida de enlace de datos con el RPA. Dependiendo de las capacidades del sistema, estos procedimientos podrían incluir varios perfiles de vuelo, como:

- Tránsito automatizado del RPA a una zona de recuperación pre-designada seguido de una recuperación automatizada.

- Tránsito automatizado del RPA a una zona de recuperación pre-designada seguido de la activación de un sistema de terminación de vuelo.

En el espacio aéreo controlado, se deben informar a la ATC los procedimientos específicos de aborto y terminación de vuelo. Esto incluye proporcionar información sobre perfiles de vuelo pre-programados para la pérdida de enlace, capacidades de terminación de vuelo y rendimiento del RPA bajo condiciones de terminación. Deben realizarse verificaciones automáticas continuas del enlace de datos y mostrar advertencias en tiempo real al equipo remoto en caso de fallo. En el evento de pérdida del enlace de datos, excluyendo la pérdida de señal intermitente o durante interrupciones programadas, es esencial la notificación inmediata a la ATC y la ejecución de procedimientos de recuperación.

Los parámetros que determinan la pérdida de señal intermitente aceptable y la pérdida total serán predeterminados por el fabricante. Un RPA que experimente una pérdida del enlace de datos y ejecute un perfil de vuelo pre-programado para terminación o recuperación debería recibir manejo prioritario por parte de la ATC. Si ocurre una falla de comunicación entre el RP y la ATC, es necesario seleccionar el código SSR 7600, si aplica, e intentar establecer comunicaciones alternativas. Pendiente de restablecimiento de comunicaciones con la ATC, el RPA será controlado basado en la última instrucción reconocida o las condiciones contenidas en la Aprobación de Área. Si la comunicación con la ATC sigue sin éxito, la salida del RPA debería ser abortada.

El plan de misión del RPA debería esbozar procedimientos de emergencia para varios escenarios, incluyendo fallo del motor, pérdida del enlace de datos, pérdida de control, fallo del equipo de navegación y daño al fuselaje. Además, se alienta el uso de dispositivos de recuperación o sistemas de seguridad, como paracaídas, para mitigar riesgos para personas o propiedades donde sea aplicable al tipo de RPA. Si un RPA está equipado con un dispositivo de recuperación como un sistema de paracaídas balístico, incluyendo una carga pirotécnica, el área o panel debería estar claramente marcado para fácil identificación.

Zonas de Despegue y Aterrizaje

La selección del lugar de despegue prioriza la seguridad por encima de todo. Los criterios para seleccionar estos sitios incluyen:

- **Garantizar Zonas de Amortiguamiento Adecuadas:**

  - El personal de RPS debe mantener una zona de amortiguamiento de al menos 50 pies entre las operaciones de la aeronave y el personal no esencial.

  - Los observadores, cuando no están realizando sus tareas, actúan como supervisores de seguridad.

- **Consideraciones Medioambientales:**

  - Ningún despegue debería realizarse hasta que se hayan evaluado todas las evaluaciones ambientales.

  - El personal tiene la autoridad para cancelar cualquier despegue si representa un peligro para el medio ambiente, ellos mismos o cualquier persona cercana.

- **Rutas de Salida sobre Áreas Escasamente Pobladas:**

  - El Piloto al Mando (PIC) debe esforzarse por elegir lugares de despegue que minimicen las salidas sobre áreas pobladas.

  - Si los vuelos sobre áreas pobladas son necesarios, la planificación del vuelo debe tratar de minimizar el tiempo que se pasa en estas áreas.

Respecto a los sitios de aterrizaje y las opciones alternativas:

- **Sitio de Aterrizaje Principal:**

  - Normalmente, el sitio de aterrizaje principal se alinea con el sitio de despegue.

  - El PIC tiene la autoridad final sobre los enfoques al sitio principal y puede abortar cualquier enfoque considerado inseguro.

- **Sitios de Aterrizaje Alternativos:**

  - El PIC debe designar al menos un sitio de aterrizaje alternativo.

- Si un desvío no es posible y el sitio de aterrizaje principal no es seguro, se seguirán los procedimientos para utilizar el sitio alternativo.

- **Sitios de Aborto de Misión:**

  - Opcionalmente, el PIC puede designar un "sitio de aborto" para situaciones de emergencia.

  - El sitio de aborto debe estar lo suficientemente distante como para minimizar el riesgo si la aeronave necesita salir del espacio aéreo en caso de emergencia.

- **Aproximaciones sobre Áreas Pobladas:**

  - El PIC debe esforzarse por elegir lugares de aterrizaje que minimicen las aproximaciones sobre áreas pobladas.

- **Seguridad en el Aterrizaje y Control de Multitudes:**

  - Todos los sitios de aterrizaje deben mantenerse y operarse con los mismos estándares de seguridad que los sitios de despegue.

  - En todos los sitios de aterrizaje se debe mantener una zona de amortiguamiento de al menos 50 pies entre las operaciones de la aeronave y el personal no esencial.

Mejores Prácticas para el Control de Vuelo/Estación Terrestre

Antes de Activar el Transmisor:

1. Antes de activar el transmisor, asegúrate de que no haya conflictos de frecuencia utilizando un escáner de frecuencia.

2. Verifica que no haya ID de RED idénticos operando en las cercanías.

3. Antes de encender cualquier sistema, asegúrate de que todas las partes del cuerpo, la ropa, los obstáculos y los espectadores estén alejados de las hélices o rotores y sus arcos. Asegura la aeronave para prevenir movimientos no deseados al encender el motor.

4. Anuncia audiblemente "HÉLICE DESPEJADA."

5. Activa el transmisor, asegurándote de que la información mostrada, como la memoria de la aeronave y el voltaje de la batería, sea precisa.

6. Confirma que el mando del acelerador en el transmisor esté en la posición de apagado.

7. Conecta la batería y/o activa el interruptor de energía en la aeronave.

8. Sigue los procedimientos de prueba de alcance recomendados como se especifica en el manual del propietario del transmisor/receptor de radio.

9. Verifica el correcto funcionamiento de las superficies de control.

10. Asegúrate de que todos los servos operen suavemente sin ruidos anormales o vibraciones durante el funcionamiento o en reposo.

11. Prueba el motor para verificar su funcionalidad adecuada. Asegura la aeronave y ajusta gradualmente el acelerador desde el ralentí hasta la potencia máxima y de nuevo hacia abajo, comprobando empuje, vibración o anomalías. Confirma que el motor se detiene completamente cuando el mando del acelerador está en posición de apagado.

12. Confirma que el dispositivo de activación funcione correctamente.

Antes del Despegue:

1. Confirma que la antena del transmisor esté completamente extendida.

2. Asegura que los ajustes de trim del transmisor estén correctamente posicionados.

3. Extiende completamente la antena del receptor.

4. Revisa el área de despegue para detectar obstrucciones y asegurarte de que esté libre de personas.

5. Revisa las condiciones meteorológicas y áreas potenciales de aterrizaje de emergencia.

6. Configura la alarma del temporizador de vuelo.

7. Anuncia audiblemente "PREPARÁNDOSE PARA DESPEGAR."

8. Lanza la aeronave.

En Vuelo:
1. Asciende a una altitud segura lejos de peligros y verifica los sistemas de control.

2. Ajusta los trims si es necesario.

3. Mantén una distancia segura de operación de personas y edificios.

4. Si vuelas sobre edificios o personas, mantén una altitud segura para la recuperación y minimiza la exposición.

5. Escanea continuamente las áreas de vuelo y terreno en busca de peligros potenciales.

Aterrizaje:
1. Verifica los sistemas de control y ajusta los trims para garantizar la capacidad de abortar el aterrizaje en caso de emergencia.

2. Escanea el área de aterrizaje en busca de obstrucciones potenciales y reevalúa las condiciones meteorológicas.

3. Anuncia audiblemente "PREPARÁNDOSE PARA ATERRIZAR."

4. Siempre está preparado para una maniobra de aproximación fallida.

5. Aterriza la aeronave cuidadosamente lejos de obstrucciones y personas.

Post-Vuelo:
1. Apaga la aeronave y/o desconecta las baterías.

2. Apaga el transmisor.

3. Apaga el equipo fotográfico si es aplicable.

4. Inspecciona visualmente la aeronave en busca de daños o desgaste excesivo.

5. Retira el combustible no utilizado si es necesario.

6. Asegura la aeronave.

Técnicas de Vuelo

Gestión de una pérdida parcial de potencia después del despegue en una aeronave monomotor

La pérdida parcial de potencia del motor ocurre cuando el motor proporciona menos potencia de la que el piloto comanda, pero más que el empuje en ralentí. Una pérdida parcial de potencia del motor después del despegue ocurre cuando la aeronave está en el aire y subiendo inmediatamente después del despegue, típicamente por debajo de la altura del circuito y en cercanía al aeródromo de salida. En este contexto, un fallo total del motor precedido por una pérdida parcial de potencia se trata como un evento de pérdida parcial de potencia si el piloto tomó medidas en respuesta a la reducción inicial de potencia. Las causas de la pérdida de potencia del motor incluyen problemas mecánicos dentro del motor, restricciones en el flujo de combustible o aire, y bloqueos mecánicos en controles del motor como los cables del acelerador. Para gestionar efectivamente la situación:

1. **Planificación**: Anticipar la posibilidad de una pérdida parcial de potencia y establecer estrategias de respuesta antes del vuelo ofrece una ventaja. Planificar con anticipación reduce la carga de trabajo mental, ayuda a mitigar el estrés en la toma de decisiones e infunde confianza al responder a emergencias.

2. **Chequeos previos al vuelo**: Muchos incidentes de pérdida de potencia parcial después del despegue podrían haberse detectado y prevenido durante los chequeos previos al vuelo. Las inspecciones físicas, las pruebas de funcionamiento del motor y los chequeos del motor en el despegue son cruciales. Signos como caídas anormales de RPM durante las pruebas de funcionamiento o funcionamiento irregular del motor durante el despegue pueden indicar problemas de combustible o bujías.

3. **Mantener el control de la aeronave**: Si ocurre una pérdida de potencia parcial, la respuesta inmediata es esencial. La inacción no es una opción. La prioridad se da a mantener el control. Las opciones de respuesta pueden incluir regresar al aeródromo o realizar un aterrizaje forzoso inmediato. Factores como la altitud, las condiciones del viento, el tráfico y el terreno influyen en estas decisiones. Mantener la velocidad de planeo y ángulos de inclinación moderados ayuda a mantener el control, asegurando un aterrizaje más seguro con las alas niveladas y la aeronave nivelada con el terreno, en lugar de arriesgarse a una pérdida o giro.

Planificación previa al vuelo y autoinforme Planificación previa al vuelo:
Ante la posibilidad de una pérdida parcial de potencia del motor después del despegue, los pilotos deben tomar decisiones críticas en medio de estrés, incertidumbre y alta carga de trabajo. La planificación previa al vuelo juega un papel crucial en la preparación para tales escenarios. Considerar factores como la dirección del viento, las opciones de aterrizaje disponibles dentro y fuera del campo de aviación y los alrededores en todas direcciones durante la planificación previa al vuelo puede reducir significativamente la carga de trabajo mental en caso de una pérdida parcial de potencia del motor. Tener un plan bien pensado de antemano también puede ayudar a mitigar los efectos de la toma de decisiones bajo estrés y aumentar la confianza en la ejecución de acciones de emergencia. Por lo tanto, es esencial incluir la posibilidad de una pérdida parcial de potencia del motor en tu planificación previa al vuelo como parte de tu estrategia de gestión de amenazas y errores.

Tu plan pre-vuelo debería incluir:

- Dirección de la pista y dirección óptima de giro.

- Velocidad y dirección del viento local para el día.

- Terreno y obstáculos a lo largo de la ruta de vuelo.

- Puntos de decisión considerando la altitud y el rendimiento de la aeronave, incluyendo opciones como aterrizar en la pista restante o en el aeródromo, aterrizar fuera del aeródromo o ejecutar un giro de regreso hacia el aeródromo.

Autoinforme previo al vuelo: Al igual que los pilotos de aeronaves multi-motor, todos los pilotos de aeronaves monomotor deben realizar un autoinforme antes de cada despegue. El autoinforme sirve como un recordatorio crucial de las acciones planeadas en caso de emergencias como la pérdida parcial de potencia. A continuación, se detalla el papel del autoinforme previo al vuelo.

Evitar la pérdida parcial de potencia del motor

- Chequeos previos al vuelo: La ATSB informó numerosos casos donde se podrían haber detectado o prevenido anomalías en el sistema del motor antes del despegue. La prevención es clave y los chequeos previos al vuelo meticulosos actúan como una barrera vital para reducir la probabilidad de una pérdida parcial de potencia del motor después del despegue.

- Inspección física pre-vuelo: Instancias de inanición de combustible, agotamiento o contaminación que resultaron en pérdida parcial de potencia, a menudo seguidas de un fallo total del motor, podrían haberse prevenido mediante inspecciones físicas rigurosas antes del vuelo. Realizar todas las revisiones físicas pertinentes es crucial para minimizar el riesgo de pérdida parcial o total de potencia del motor. Incluso si el certificado de mantenimiento de la aeronave ya está firmado para el día, una inspección pre-vuelo exhaustiva, incluidos los componentes del motor y del sistema de combustible, es esencial.

- Pérdida de potencia parcial relacionada con el combustible: La selección adecuada del tanque de combustible antes del despegue, asegurando que los drenajes de combustible estén cerrados y no tengan fugas, y cerrando de manera segura las tapas de combustible son factores que podrían haber facilitado la detección o prevención de incidentes de pérdida de potencia parcial relacionados con el combustible. Estos eventos están a menudo asociados con el aumento del motor, una forma particularmente impredecible de pérdida de potencia parcial que puede llevar a un fallo total del motor.

Revisión de incidentes relacionados con el combustible sugiere las siguientes medidas preventivas:

- Drenar combustible de todos los puntos de drenaje para verificar agua o contaminación.

- Asegurarse de que los puntos de drenaje de combustible no tengan fugas, especialmente los accesorios de estilo bayoneta.

- Considerar cuidadosamente el tanque de combustible requerido para el despegue.

- Confirmar la cantidad suficiente de combustible usando múltiples métodos, como verificar el indicador de combustible y la medición del tanque.

Gestionar distracciones: Aunque estas verificaciones son rutinarias para la mayoría de los pilotos, las distracciones o las presiones de tiempo pueden llevar a inspecciones incompletas. Todos los pilotos deberían considerar la gestión de amenazas y errores durante esta fase del vuelo, planificando distracciones y presiones. Minimizar las distracciones y asegurar chequeos exhaustivos puede prevenir descuidos críticos.

Minimizar los cambios en la configuración del combustible de la aeronave: Los casos sugieren que el combustible residual en las líneas de combustible sostuvo el motor para el despegue, pero fue insuficiente para el vuelo sostenido, llevando a la inanición de combustible poco después de la rotación. Las pruebas de aceleración del motor a fondo pueden diagnosticar anomalías tanto en el motor como en el sistema de combustible, previniendo tales ocurrencias.

Gestión de una pérdida parcial de potencia del motor después del despegue

La pérdida parcial de potencia del motor puede variar en severidad, desde una potencia mínima hasta casi la potencia completa, con diferentes niveles de fiabilidad en la potencia restante del motor. Al enfrentarse a una pérdida parcial de potencia, los pilotos deben priorizar el mantenimiento del control de la aeronave antes que intentar diagnosticar problemas del motor.

Maximizar la altitud o minimizar la distancia: Ascender a las velocidades recomendadas por el fabricante para la 'mejor tasa' o 'mejor ángulo', dependiendo de la aeronave y la ubicación, optimizará las opciones en caso de pérdida parcial de potencia o fallo del motor. Adoptar un ajuste de ascenso 'de crucero' prematuramente puede hacer que la aeronave esté más allá de la posibilidad de un retorno en planeo, incluso si está por encima de la altitud de 'giro de retorno' específica para la aeronave.

Considera las siguientes acciones iniciales al responder a una pérdida parcial de potencia:

- Baja el morro para mantener la velocidad de planeo de la aeronave.

- Realiza chequeos iniciales básicos de problemas del motor según el consejo del fabricante, pero solo si el tiempo lo permite.

- Monitorea el rendimiento de la aeronave para evaluar si mantiene, gana o pierde altitud, lo que informa las opciones de aterrizaje.

- Navega la aeronave para un aterrizaje basado en su altitud actual, rendimiento y rutas de aterrizaje pre-planificadas. Ten cuidado al girar, ya que los ángulos de inclinación aumentados elevan la velocidad de pérdida. Mantén el equilibrio para minimizar la tasa de descenso durante los giros.

- Es aconsejable tener una altitud mínima planificada para girar con las alas niveladas; CASA recomienda al menos 200 pies sobre el nivel del suelo (AGL) para nivelar las alas.

- Reevalúa continuamente las opciones de aterrizaje y prepárate para ajustar el plan según corresponda.

- Ejecuta el aterrizaje, asegurando:

- Tener una altitud mínima planificada para nivelar las alas. La documentación de CASA sugiere evitar giros por debajo de 200 pies AGL, pero esto depende de factores como la tasa de rolido de la aeronave, la velocidad del aire y la experiencia del piloto.

- Mantén la velocidad de planeo hasta el punto de flare, asegurando energía adecuada para detener la tasa de descenso vertical durante el flare.

Como con una pérdida total de potencia después del despegue, durante una pérdida parcial de potencia, evitar intentos de diagnosticar el problema del motor es crucial para mantener el control de la aeronave.

Recuperación de Pérdidas

Las pérdidas son una fuente significativa de preocupación para los estudiantes de pilotaje y aquellos no familiarizados con la aviación, así que profundicemos en ellas aquí. Como se mencionó anteriormente, una aeronave debe alcanzar una cierta velocidad para despegar. Durante el vuelo, es crucial mantener una velocidad de aire adecuada para generar suficiente sustentación para soportar la aeronave sin requerir un ángulo de ataque excesivamente pronunciado. Cuando el ángulo de ataque alcanza un punto específico, conocido como el ángulo crítico de ataque, el flujo de aire sobre el ala puede interrumpirse o "turbular" (ver Figura 94), lo que lleva a una pérdida de sustentación (pérdida). La velocidad a la cual el ala ya no puede sostener la aeronave sin superar este ángulo crítico de ataque se denomina velocidad de pérdida. Esta velocidad puede variar dependiendo de los cambios en la configuración del ala, como la posición de los flaps. Además, maniobras bruscas, inclinaciones pronunciadas y ráfagas de viento pueden someter la aeronave a factores de carga excesivos, causando que exceda el ángulo crítico de ataque y entre en pérdida a cualquier velocidad y actitud. Mantener velocidades propicias para un flujo de aire suave sobre el perfil aerodinámico y las superficies de control es esencial para el control efectivo de la aeronave.

Volar una aeronave, como cualquier otra habilidad, requiere práctica regular para mantener la competencia. Incluso los pilotos profesionales, incluidos aquellos de aerolíneas importantes, aviadores militares e instructores de vuelo, se someten a sesiones periódicas en el aula para actualizar sus habilidades. Incumbe a todos los pilotos ejercer un juicio sólido para asegurar la operación segura y competente de la aeronave que vuelan.

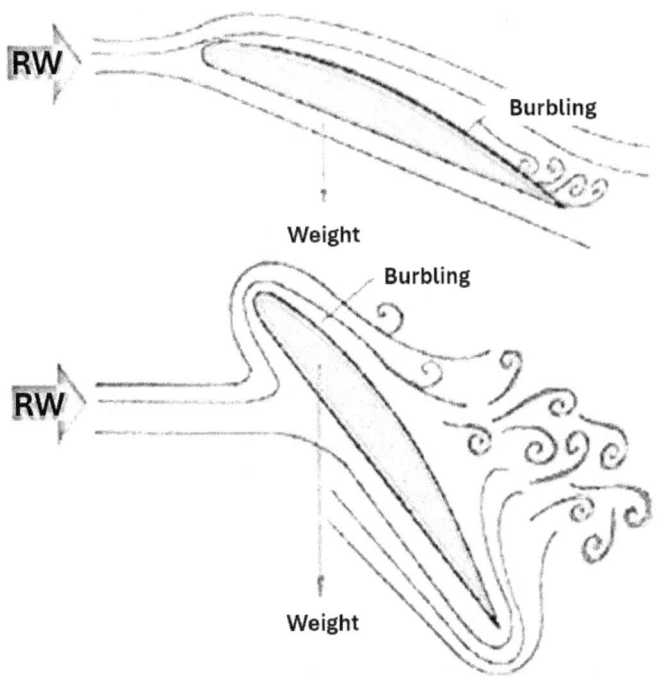

Figura 94: Perfil aerodinámico aproximándose y entrando en pérdida.

Las pérdidas se pueden practicar con o sin potencia para familiarizarte con las características específicas de pérdida de la aeronave sin posar una situación potencialmente peligrosa [65]. A continuación, se describen varios tipos de pérdidas:

1. Pérdidas de despegue (clasificadas como pérdidas con potencia) se practican para simular condiciones durante el despegue y la subida inicial, incluida la configuración. Muchos accidentes de pérdida/giro ocurren durante estas fases de vuelo, particularmente durante sobrepasos. Un factor contribuyente a tales accidentes es la incapacidad del piloto para mantener el control positivo del cabeceo, a menudo debido a una configuración de trim de nariz alta o a la retracción prematura de los flaps. También se han vinculado accidentes al fracaso en mantener el control positivo durante despegues en campos cortos.

2. Pérdidas de llegada (clasificadas como pérdidas sin potencia o pérdidas con

potencia reducida) se practican para simular condiciones típicas de aproximación para aterrizar y configuración. Las simulaciones también deben incorporar ajustes de potencia reducida consistentes con los requisitos de aproximación de la aeronave de entrenamiento específica. Numerosos accidentes de pérdida/giro se han atribuido a situaciones como giros cruzados de la pata de base a la aproximación final (resultando en un giro derrapante o deslizante), intentos de recuperarse de una alta tasa de descenso en la aproximación final solo aumentando la actitud de cabeceo, y control inadecuado de la velocidad en la aproximación final o en otros segmentos del patrón de tráfico.

3. Pérdidas aceleradas pueden ocurrir a velocidades mayores que lo normal debido a entradas de control abruptas y/o excesivas. Estas pérdidas pueden manifestarse durante giros pronunciados, ascensos bruscos, u otros cambios repentinos en la trayectoria de vuelo. Las pérdidas aceleradas suelen ser más severas que las pérdidas no aceleradas y a menudo sorprenden a los pilotos debido a su naturaleza inesperada.

El aspecto principal para recuperarse de una pérdida implica restablecer el control positivo de la aeronave disminuyendo el ángulo de ataque. Al indicio inicial de una pérdida, el ángulo de ataque del ala debe reducirse para permitir que las alas generen sustentación nuevamente. Cada aeronave en vuelo normal puede requerir una cantidad distinta de presión hacia adelante para restaurar la sustentación. Es importante notar que una presión hacia adelante excesiva podría impedir la recuperación aplicando una carga negativa en el ala.

Posteriormente, en el proceso de recuperación de la pérdida, aplicar suavemente la potencia máxima permitida es esencial para aumentar la velocidad y minimizar la pérdida de altitud. A medida que la velocidad aumenta y la recuperación progresa, la potencia debe ajustarse para retornar la aeronave a la condición de vuelo deseada. Una vez que la recuperación está en marcha, establecer un vuelo recto y nivelado debe ser prioritario, empleando una coordinación completa de los controles.

Durante el procedimiento de recuperación, es imperativo asegurarse de que ni el indicador de velocidad ni el tacómetro, si están presentes, alcancen sus líneas rojas de alta velocidad en ningún momento durante una práctica de pérdida.

Pérdidas secundarias

Si la recuperación de una pérdida no se ejecuta correctamente, puede resultar en una pérdida secundaria o incluso en un giro. Una pérdida secundaria surge al intentar acelerar la recuperación de la pérdida antes de que la aeronave haya recuperado una velocidad de vuelo adecuada. Cuando esto ocurre, la presión hacia atrás en el elevador debe liberarse nuevamente, similar a una recuperación de pérdida estándar. Al alcanzar suficiente velocidad, la aeronave puede maniobrarse de nuevo a un vuelo recto y nivelado.

Pérdidas por control cruzado

Se instruye a los estudiantes de vuelo a evitar giros pronunciados a baja altitud. Al sobrepasar la línea central extendida en un giro de base a final, existe la tendencia a compensar aplicando timón interior para aumentar la tasa de giro, necesitando alerón opuesto para mantener el ángulo de inclinación. Esta inclinación de giro derrapante puede causar que la nariz caiga, requiriendo presión hacia atrás en la columna de control. En casos extremos, esto puede llevar a una columna de control completamente hacia atrás con alerón opuesto completo y timón interior completo, resultando en un giro incipiente, denominado "pérdida bajo el fondo".

Una pérdida de timón superior o "pérdida sobre el tope" puede ocurrir cuando la aeronave está deslizándose. Para contrarrestar esto, la aeronave debería inclinarse hacia el ala más alta en el punto de pérdida.

Vuelo Lento

Demostrar habilidad y control es especialmente evidente a bajas velocidades. Al igual que patinar o andar en bicicleta a velocidades más lentas requiere mayor habilidad, volar a velocidades reducidas muestra la competencia de un piloto. La mayoría de las maniobras de vuelo lento V_{s1} se pueden ejecutar dentro de un ángulo de inclinación de diez grados. Se debe aplicar más timón a la derecha con alerón opuesto. Sobrepasar el límite de 10 grados arriesga una pérdida por control cruzado. Introducir algo de potencia permite un banco de 30 grados, aumentando la posibilidad de giros de pérdida. El vuelo lento cerca de la pérdida se denomina mínimo controlable. La efectividad del timón para controlar la pérdida y el guiñada se ilustra mejor durante este ejercicio. La aplicación correcta del timón se confirma cuando la ruptura de la pérdida ocurre recta adelante sin caída de ala. Cualquier aplicación de alerón exacerbaría contraproducentemente la pérdida y llevaría a una caída de ala más abrupta.

Factores de Pérdida de Aeronaves

Wilbur Wright acuñó el término "pérdida" en 1904 para describir cómo Orville permitió que la aeronave se elevara excesivamente y entrara en pérdida durante un giro.

El potencial de una aeronave para entrar en pérdida o giro es inherente a su diseño. La capacidad de un piloto para detectar y responder a este potencial es un testimonio de su habilidad para volar. Cuando una aeronave se vuela en un ángulo que supera el ángulo crítico de ataque, entra en pérdida. En las pérdidas de entrenamiento deliberadas, la velocidad del aire disminuye y se evitan las entradas de control abusivas que causan pérdidas en actitudes inusuales. La baja velocidad no es la causa de la pérdida; más bien, es el ángulo de ataque.

Los controles del elevador y las presiones ejercidas sobre ellos dictan si el ala alcanzará un ángulo de ataque adecuado para entrar en pérdida. Cuando la disparidad angular entre la dirección de la aeronave y su trayectoria real supera aproximadamente 11 grados en relación con la línea de cuerda del ala, ocurre una pérdida, conocida como el ángulo crítico de ataque. Exceder este ángulo con entradas del elevador provoca la separación del flujo de aire de la superficie superior del ala, reduciendo el coeficiente de sustentación, aumentando el coeficiente de arrastre y transmitiendo varias señales aerodinámicas, mecánicas y fisiológicas al piloto.

Las advertencias de pérdida proporcionan una alerta de diez nudos de pérdidas inminentes según lo típicamente realizado. Las pérdidas involuntarias que he encontrado coincidieron con el sonido del claxon de advertencia. Las velocidades de pérdida se ven afectadas por el peso, con un aumento del 20% en el peso que resulta en un 10% más de velocidad de pérdida, y viceversa. El peso es un factor crítico en las velocidades de pérdida, y las cifras del manual de la aeronave se basan en los pesos brutos para proporcionar un margen de seguridad. Este margen se puede ajustar si el peso real es menor que el peso bruto, permitiendo una velocidad de aproximación reducida.

Las velocidades de pérdida están establecidas en la condición del centro de gravedad (CG) más crítica, lo que resulta en la velocidad de pérdida más alta. El comportamiento de la aeronave durante la entrada, la progresión y la recuperación de una pérdida determina sus características de pérdida, que generalmente se evalúan en la posición de CG trasera cuando la velocidad de pérdida está en su punto más bajo.

Giros de Limpieza

Ciertos protocolos se aplican a todas las pérdidas de entrenamiento. Antes de iniciar cualquier pérdida, es imperativo realizar giros de limpieza precisos de 90 grados a la izquierda y a la derecha. Estas maniobras deben reflejar el proceso de pérdida en términos de duración del giro, ángulo de banco, altitud y rumbo. Una pérdida de práctica bien ejecutada generalmente resulta en una pérdida inicial de altitud de 100 pies. Las pérdidas pueden clasificarse como incipientes, parciales, completas o agravadas según su severidad. Prolongar una pérdida agravada conduce a una disminución adicional en la velocidad del aire, necesitando ya sea potencia adicional o altitud para la recuperación.

La recuperación de una pérdida siempre implica aplicar potencia total, retraer los flaps (si están extendidos), ascender y mantener la mejor velocidad de ascenso, típicamente establecida en 65 nudos. Si bien una pauta antigua de la FAA recomendaba ganar 300 pies durante la recuperación, consideraciones prácticas a menudo limitan esto en varios escenarios. Se deben hacer ajustes de recorte para un ascenso positivo.

Práctica de Evitación de Pérdidas a Bajas Velocidades (PTS)

1. Mantener rumbo y altitud mientras se reduce la potencia y se ajusta el trim.

2. Mantener rumbo y altitud mientras se activa la advertencia de pérdida.

3. Demostrar el ajuste del trim del elevador de neutro a completamente hacia arriba.

4. Observar la tendencia del avión a girar hacia la izquierda y evaluar la efectividad del timón.

5. Demostrar el uso del timón derecho según sea necesario.

6. Illustrar el efecto de la entrada del timón al soltarlo y reaplicarlo.

7. Ejecutar giros a la derecha e izquierda sin usar el timón para demostrar el guiñada.

8. Realizar maniobras de vuelo lento incluyendo ascensos, descensos y giros.

9. Demostrar la extensión y retracción de flaps a bajas velocidades para evitar pérdidas.

10. Gestionar distracciones de manera efectiva.

11. Monitorear la pérdida de altitud y observar los cambios de velocidad durante las fases de transición.

Reconocimiento de Pérdidas: La ocurrencia de una pérdida se debe principalmente al ángulo de ataque, más que a la velocidad o actitud del avión. a. Las indicaciones pueden incluir controles flojos. b. Cambios en el tono del flujo de aire exterior. c. Sensaciones como buffet, vibración, cabeceo y sonidos. d. Activación del sistema de advertencia de pérdida. e. Sensaciones físicas experimentadas por el piloto.

Advertencia Natural de Pérdida: Algunos aviones antiguos carecen de sistemas de advertencia de pérdida, confiando en cambio en el buffet inicial sentido en las superficies horizontales de la cola. Los sistemas modernos de advertencia de pérdida generalmente proporcionan alertas hasta 10 nudos antes de la pérdida, según lo estipulado por FAR 23.207, aunque no se define un punto de advertencia específico.

Recuperación Genérica de Pérdidas: Al reconocer una pérdida, reducir inmediatamente el ángulo de ataque. La velocidad de las entradas de control debe corresponder a la gravedad de la pérdida. Aplicar potencia suavemente y establecer un vuelo recto y nivelado o iniciar un ascenso según sea necesario. Las entradas de control incorrectas durante una pérdida pueden llevar a un giro incipiente. Las recuperaciones efectivas de pérdida y giro requieren acciones intelectuales en lugar de instintivas.

Pérdida Secundaria: Se considera un "fracaso" durante cualquier evaluación de vuelo. Ocurre cuando el piloto sobredimensiona la recuperación de una pérdida inicial, resultando en una recurrencia abrupta y violenta de la pérdida debido a las fuerzas reducidas del stick a bajas velocidades.

Pérdidas Cerca del Suelo: La proximidad al suelo y los giros a baja altitud pueden predisponer a las aeronaves a pérdidas debido a factores como turbulencia aumentada, ángulos de banco pronunciados, falta de coordinación y velocidad de aire reducida. Una recuperación adecuada puede verse obstaculizada por la reticencia del piloto a bajar la nariz, lo que lleva a una posible pérdida de control.

Pérdida Profunda: Una pérdida profunda puede ocurrir cuando la aeronave está en una configuración de alto ángulo de ataque y alto arrastre, como durante la velocidad mínima controlable. La recuperación de una pérdida profunda puede necesitar ajustar el centro de gravedad de la aeronave. Se deben evitar las pérdidas si el estado del centro de gravedad de la aeronave es incierto.

Recuperaciones de Pérdida: Las recuperaciones efectivas de pérdidas minimizan la pérdida de altitud y evitan pérdidas secundarias. Un exceso de entrada del elevador hacia adelante puede resultar en una contramedida excesiva y una pérdida secundaria potencial. El mal uso de los alerones puede inducir un deslizamiento lateral, lo que podría llevar a un giro. Las acciones de recuperación deben coordinarse cuidadosamente con ajustes de potencia y velocidad para prevenir complicaciones adicionales.

Les vrilles d'aéronef

Un giro puede describirse como una pérdida exacerbada que resulta en lo que se conoce como "autorrotación", donde la aeronave desciende en un movimiento de tornillo. Durante la autorrotación, la aeronave gira alrededor de un eje vertical, causando que el ala ascendente esté menos estancada que el ala descendente, induciendo una combinación de movimientos de rodamiento, guiñada y cabeceo. Esencialmente, la aeronave es impulsada hacia abajo por la gravedad, exhibiendo movimientos de rodamiento, guiñada y cabeceo en una trayectoria espiral.

Este fenómeno de autorrotación proviene de un ángulo de ataque desigual en las alas. El ala ascendente experimenta una disminución del ángulo de ataque, lo que lleva a un aumento de la sustentación relativa y una reducción del arrastre, siendo así menos estancada. Por el contrario, el ala descendente encuentra un aumento del ángulo de ataque más allá del ángulo crítico de ataque del ala (pérdida), resultando en una disminución de la sustentación relativa y un aumento del arrastre.

Un giro se desencadena cuando el ala de la aeronave supera su ángulo crítico de ataque (pérdida) mientras experimenta un deslizamiento lateral o guiñada, ya sea en o más allá del punto real de pérdida. Durante esta maniobra no coordinada, un piloto puede no darse cuenta inmediatamente de que se ha excedido el ángulo crítico de ataque hasta que la aeronave comienza a guiñar incontrolablemente hacia el ala descendente. No iniciar la recuperación de la pérdida de manera oportuna puede resultar en que la aeronave entre en un giro.

Si ocurre una pérdida mientras la aeronave está en un giro deslizante o patinando, puede llevar a una entrada en giro y rotación en dirección opuesta al giro, independientemente de qué extremo del ala esté elevado. Mientras que algunas aeronaves necesitan un esfuerzo deliberado para iniciar un giro, otras pueden entrar inadvertidamente en un giro debido al manejo incorrecto de los controles durante giros, pérdidas y vuelo a velocidades de aire mínimas controlables. Esto subraya la importancia de practicar pérdidas hasta que la habilidad para reconocerlas y recuperarse de ellas esté perfeccionada.

Al inicio de una pérdida, es común que un ala caiga. En tales casos, la nariz tiende a guiñar hacia el ala más baja. Aquí, el uso adecuado del timón es crucial. Aplicar la cantidad correcta de timón opuesto previene que la nariz guiñe hacia el ala baja. Manteniendo el control direccional y evitando que la nariz guiñe antes de iniciar la recuperación de la pérdida, se puede evitar un giro. Permitir que la nariz guiñe durante la pérdida hace que la aeronave se deslice en dirección del ala bajada, llevando a una entrada en giro.

El ángulo de pérdida se refiere al ángulo crítico en el que el flujo de aire sobre el ala de una aeronave se separa de su superficie, pasando de un flujo suave a uno turbulento. En este ángulo crítico, la generación de sustentación disminuye rápidamente, llevando a una pérdida. Los pilotos suelen asociar una velocidad de aire indicada específica con el ángulo de pérdida para un peso y configuración dados de la aeronave. Sin embargo, esta velocidad de pérdida varía dependiendo de factores como el peso de la aeronave y la configuración, haciendo que la velocidad de aire sea una medida indirecta de una pérdida inminente.

Las velocidades de pérdida citadas generalmente representan la velocidad de 1G en vuelo recto y nivelado a un peso estándar de la aeronave. Aumentar el peso de la aeronave o entrar en un giro aumenta la velocidad de pérdida. Por ejemplo, un giro bancado pronunciado de 60 grados sujeta la aeronave a una carga de 2G, resultando en un aumento de la velocidad de pérdida proporcional a la raíz cuadrada de esa carga. Por lo tanto, los pilotos deben centrarse en el ángulo de ataque en lugar de la velocidad de aire al evaluar la proximidad a una pérdida. La posición del elevador, que indica qué tan atrás se mantiene la columna de control, sirve como un mejor indicador de la proximidad a una pérdida.

Durante una pérdida equilibrada y con alas niveladas, con el indicador de deslizamiento en el centro, ambas alas mantienen el mismo ángulo de ataque. Aunque las fuerzas aerodinámicas pueden intentar inclinar la nariz hacia adelante en la pérdida, no debería ocurrir ningún movimiento general de rodamiento o guiñada.

Sin embargo, si la aeronave guiña, se desarrolla un rodamiento en la dirección de la guiñada debido a la sustentación diferencial en las alas. El ala exterior, experimentando una velocidad aumentada, genera más sustentación, mientras que el ala interior, con un ángulo de ataque incrementado, puede entrar en pérdida, reduciendo la sustentación. Esta sustentación asimétrica hace que la aeronave ruede más en la dirección de la guiñada inicial, lo que lleva a una tasa de rodamiento acelerada.

Los cambios en los ángulos de ataque también influyen en el arrastre. El ala descendente experimenta un aumento de arrastre, mientras que el ala ascendente encuentra un arrastre reducido, exacerbando aún más la guiñada hacia el ala descendente.

A medida que la aeronave guiña y entra en pérdida, entra en autorrotación, rodando simultáneamente alrededor del eje longitudinal debido a la sustentación diferencial y guiñando alrededor del eje vertical debido al arrastre diferencial. Este movimiento combinado crea un eje de giro, causando que la aeronave entre en un giro auto-sostenido hasta que intervengan fuerzas opuestas.

Varios factores pueden causar la guiñada, incluyendo vuelo desequilibrado, caída del ala en la pérdida, aplicación de alerón induciendo arrastre, efecto giroscópico del hélice, ráfagas de viento, producción desigual de sustentación debido a hielo o daño en el ala, y potencia asimétrica en aeronaves bimotores. La causa más común de giros no intencionados es la guiñada en la pérdida resultante de un vuelo desequilibrado.

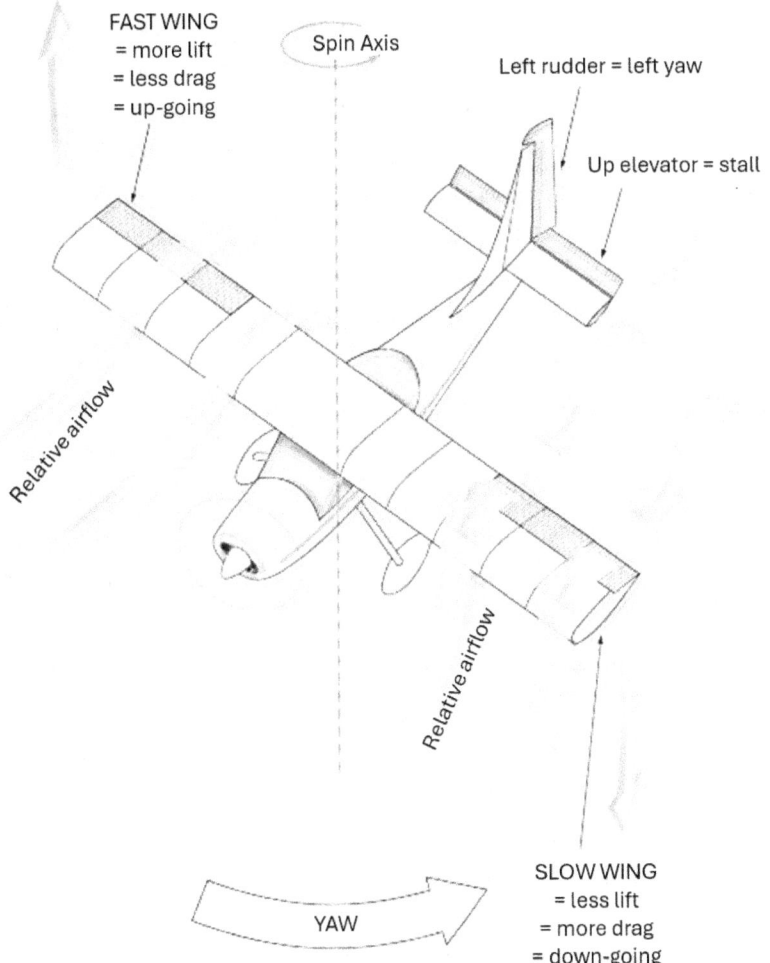

Figura 95: La pérdida y la guiñada se combinan para producir un nuevo eje, el eje de giro.

Para desencadenar un giro, una aeronave primero debe entrar en pérdida. Por lo tanto, la práctica constante de pérdidas ayuda al piloto a identificar rápidamente e instintivamente los signos de un giro inminente. Desarrollar la habilidad de aplicar medidas correctivas de manera pronta cuando se detectan condiciones de giro es crucial. En situaciones donde evitar un giro se vuelve imposible, los pilotos deben iniciar de inmediato los procedimientos de recuperación de giro.

Hay cuatro etapas de un giro: entrada, incipiente, desarrollado y recuperación.

ETAPA DE ENTRADA: Durante la etapa de entrada, el piloto inicia el giro, ya sea intencionalmente o no. El procedimiento para entrar en un giro es similar al de una pérdida sin motor. A medida que la aeronave se acerca a la pérdida, la potencia se reduce gradualmente a ralentí mientras se eleva el morro simultáneamente para inducir una pérdida. En el punto de pérdida, se aplica suavemente el timón completo en la dirección del giro deseada, junto con el elevador completamente hacia atrás (arriba) hasta su límite. Durante este proceso, los alerones permanecen en posición neutral a menos que el Manual de Vuelo (AFM/POH) especifique lo contrario.

ETAPA INCIPIENTE: La etapa incipiente comienza cuando la aeronave entra en pérdida y comienza la rotación, continuando hasta que el giro se desarrolla completamente, lo que generalmente toma hasta dos vueltas para la mayoría de las aeronaves. En esta fase, las fuerzas aerodinámicas e inerciales aún no están equilibradas. Los giros incipientes que no se dejan progresar hasta un giro estacionario se utilizan comúnmente para la formación inicial de giros y la práctica de recuperación. Durante esta etapa, la velocidad indicada suele estar cerca o por debajo de la velocidad de pérdida, y el indicador de giro y deslizamiento señala la dirección de la rotación.

La recuperación del giro incipiente debe iniciarse antes de completar una rotación completa de 360°. El piloto aplica el timón completo en la dirección opuesta a la rotación. Si no está seguro de la dirección del giro, el indicador de giro y deslizamiento mostrará la deflexión en la dirección de rotación.

ETAPA DESARROLLADA: La etapa desarrollada ocurre cuando la rotación de la aeronave, la velocidad aerodinámica y la velocidad vertical se estabilizan, generalmente en una trayectoria de vuelo casi vertical. Aquí, las fuerzas aerodinámicas e inerciales alcanzan el equilibrio, resultando en actitudes, ángulos y movimientos rotacionales constantes o repetitivos alrededor del eje vertical. El giro permanece en equilibrio durante esta fase.

ETAPA DE RECUPERACIÓN: La etapa de recuperación comienza cuando el ángulo de ataque de las alas disminuye por debajo del ángulo crítico, lo que causa que la autorrotación se desacelere. Consecuentemente, el morro se eleva y la rotación cesa. Esta fase puede durar de un cuarto a varias vueltas.

Para iniciar la recuperación, se realizan entradas de control para interrumpir el equilibrio del giro y detener tanto la rotación como la pérdida. Es crucial seguir los procedimientos de recuperación de giro recomendados por el fabricante. En su ausencia, se sugieren los siguientes pasos:

Paso 1: REDUCIR LA POTENCIA (ACELERADOR) A RALENTÍ. La potencia puede exacerbar las características del giro, resultando en una actitud de giro más plana y aumentando las tasas de rotación.

Paso 2: POSICIONAR LOS ALERONES EN NEUTRAL. Los alerones pueden afectar negativamente la recuperación del giro; por lo tanto, asegurar alerones neutrales es óptimo para prevenir que se agrave la situación.

Paso 3: APLICAR TIMÓN COMPLETO OPUESTO CONTRA LA ROTACIÓN. Asegúrate de aplicar entrada completa de timón opuesto para contrarrestar la rotación del giro.

Paso 4: APLICAR UN MOVIMIENTO POSITIVO Y ENÉRGICO DEL CONTROL DE ELEVADOR HACIA ADELANTE, PASANDO EL PUNTO NEUTRAL, PARA ROMPER LA PÉRDIDA. Inmediatamente después de la aplicación completa del timón, un movimiento enérgico del elevador disminuye el ángulo de ataque, rompiendo la pérdida.

Paso 5: DESPUÉS DE QUE LA ROTACIÓN DEL GIRO SE DETENGA, NEUTRALIZAR EL TIMÓN. Si no se hace, esto podría inducir un derrape o deslizamiento debido al aumento de la velocidad del aire actuando sobre un timón desviado.

Paso 6: COMENZAR A APLICAR PRESIÓN DE ELEVADOR HACIA ATRÁS PARA LEVANTAR EL MORRO HACIA EL VUELO NIVELADO. Se debe tener cuidado para evitar una presión excesiva del elevador hacia atrás, lo cual podría llevar a una pérdida secundaria.

Estos procedimientos de recuperación solo deben usarse cuando los procedimientos del fabricante no estén disponibles. Los pilotos deben estar completamente familiarizados con los procedimientos de recuperación de giro proporcionados por el fabricante antes de intentar el entrenamiento de giro.

La confusión respecto a la dirección del giro y la distinción entre un giro y una espiral es un problema común. En una espiral, la velocidad del aire aumenta, indicando que el avión ya no está en pérdida. Es crucial que el piloto reconozca de manera pronta el giro, su dirección y ejecute el procedimiento de recuperación correctamente en un corto período de tiempo, típicamente alrededor de tres segundos. La pérdida mínima de altitud para una recuperación de libro de texto varía de 1000 a 1500 pies.

Dirección del Giro: La dificultad para discernir la dirección del giro puede surgir cuando la atención del piloto se centra en la dirección del rol. La dirección correcta del giro está indicada por la aguja de giro, que responde únicamente a la rotación en el plano de guiñada. Aunque el coordinador de giro puede proporcionar lecturas válidas en un giro derecho, puede ser poco confiable en un giro invertido. La fiabilidad del balín se ve comprometida debido a las fuerzas centrífugas y su posición relativa al centro de gravedad de la aeronave.

Recuperación de Giros PARES

Potencia: Asegúrate de que el acelerador esté completamente cerrado. Esta acción reduce las fuerzas del hélice que podrían mantener el morro hacia arriba, potencialmente aplanando el giro y obstruyendo el elevador. Además, evita el exceso de velocidad del motor durante las etapas posteriores de recuperación.

Alerones: Evita usar los alerones para salir de un giro, ya que podría exacerbar el giro, haciéndolo más plano, rápido y estable. En la mayoría de los aviones ligeros estándar, mantener la posición neutral de los alerones es lo más adecuado para la recuperación de un giro no intencionado.

Timón: Es crucial identificar correctamente el timón opuesto a la dirección del giro. Usa la aguja de giro para una guía precisa, ya que indica de manera confiable la dirección del guiñado (y por lo tanto del giro). Evita depender del horizonte artificial, el indicador de rumbo o el balín para este propósito.

Cambiar tu campo de visión para mirar directamente por el morro del avión te permite concentrarte únicamente en el componente de guiñado del giro. Aplica fuerza en el timón en la dirección indicada por el movimiento del suelo observado más allá del morro. Por ejemplo, en un giro a la izquierda donde el suelo parece desplazarse a la derecha, aplica el timón a la derecha para recuperarte. Sentir la resistencia de los pedales del timón y presionar completamente el más pesado hasta el tope de control es otro método. Aunque es desafiante, relajar conscientemente tus pies mejora tu sensibilidad y reduce la tendencia a oponerte a la aplicación completa del timón opuesto.

Elevador: Mueve gradualmente la palanca o columna de control hacia adelante hasta que el giro cese para reducir el ángulo de ataque y desestancar la aeronave.

Paradas: Después de que el giro termine, centra el timón y los alerones, y recupérate suavemente del picado.

CONTROL EN TIERRA

Los aeropuertos abarcan cualquier área de tierra o agua utilizada o destinada para el despegue o aterrizaje de aeronaves. Esto incluye varias instalaciones especializadas como bases de hidroaviones, helipuertos y aquellas que acomodan aeronaves de rotor basculante [45]. Además, un aeropuerto comprende no solo las zonas reales de aterrizaje y despegue, sino también estructuras adyacentes, comodidades y derechos de paso asociados.

Como ejemplo en EE.UU., los aeropuertos se clasifican ampliamente en tipos con torre y sin torre. Estas clasificaciones se subdividen en:

- Aeropuertos Civiles: Abiertos al público general.

- Aeropuertos de la Administración Militar/Federal: Operados por entidades militares, la NASA u otras agencias federales.

- Aeropuertos Privados: Reservados para uso privado o restringido, no accesibles al público general.

Un aeropuerto con torre opera con una torre de control activa, donde el control de tráfico aéreo (ATC) asegura el flujo seguro y eficiente del tráfico aéreo, particularmente en áreas con operaciones de vuelo significativas o altos volúmenes de tráfico [45].

En contraste, un aeropuerto sin torre carece de una torre de control operativa. Aunque la comunicación bidireccional por radio no es obligatoria, se recomienda que los pilotos monitoreen la actividad aérea en la frecuencia designada para mejorar la conciencia situacional. La Frecuencia Común de Asesoramiento de Tráfico (CTAF, por sus siglas en inglés) facilita esta práctica, sirviendo como plataforma para comunicaciones de asesoramiento aeroportuario en aeropuertos sin torre. La CTAF puede utilizar diversas frecuencias como UNICOM, MULTICOM, FSS, o frecuencias de torre, según se indica en publicaciones aeronáuticas [45].

En los aeropuertos sin torre, los patrones de tráfico siempre se ingresan a la altitud del patrón, con métodos de entrada contingentes a la dirección de llegada. Un enfoque común desde el lado de barlovento implica alinearse con el patrón en un ángulo de 45 grados con la pierna de barlovento y entrar en el medio del campo.

Los datos de los aeropuertos son cruciales para los pilotos remotos que operan cerca de aeropuertos, ofreciendo información sobre frecuencias de comunicación, servicios disponibles, cierres de pistas y construcciones en curso. Tres fuentes principales proporcionan esta información:

1. **Chart Supplement U.S. (anteriormente Airport/Facility Directory)**: Esta publicación ofrece detalles completos sobre aeropuertos, helipuertos y bases de hidroaviones accesibles al público. Publicado en siete libros regionales actualizados cada 56 días, está disponible digitalmente y sirve como un recurso valioso para los pilotos.

2. **Notices to Airmen (NOTAMs)**: Los NOTAMs difunden información aeronáutica sensible al tiempo, crucial para la planificación de vuelos. Cubren cambios temporales como cierres de pistas, construcciones y el estado de ayudas a la navegación, y los pilotos deben revisar los NOTAMs antes de cada vuelo para asegurar la toma de decisiones informada.

3. **Automated Terminal Information Service (ATIS)**: ATIS transmite condiciones meteorológicas locales y detalles operativos como pistas activas y procedimientos de control de tráfico aéreo (ATC). Actualizado cada hora (o más frecuentemente según sea necesario), los pilotos confían en ATIS para mantenerse informados sobre las condiciones actuales que afectan sus operaciones.

Los pilotos remotos deben ejercer prudencia consultando estas fuentes antes de cada vuelo para mitigar los riesgos asociados con las operaciones aeroportuarias.

Además, las cartas aeronáuticas sirven como ayudas esenciales de navegación para los pilotos, proporcionando información detallada sobre las áreas operativas. Dos cartas primarias utilizadas para operaciones bajo las reglas de vuelo visual (VFR) son [45]:

- **Cartas Seccionales**: Ampliamente utilizadas por los pilotos, las cartas seccionales ofrecen información detallada con una escala de 1:500,000. Estas cartas incluyen datos de aeropuertos, ayudas a la navegación, espacio aéreo y topografía, facilitando una planificación de vuelo integral.

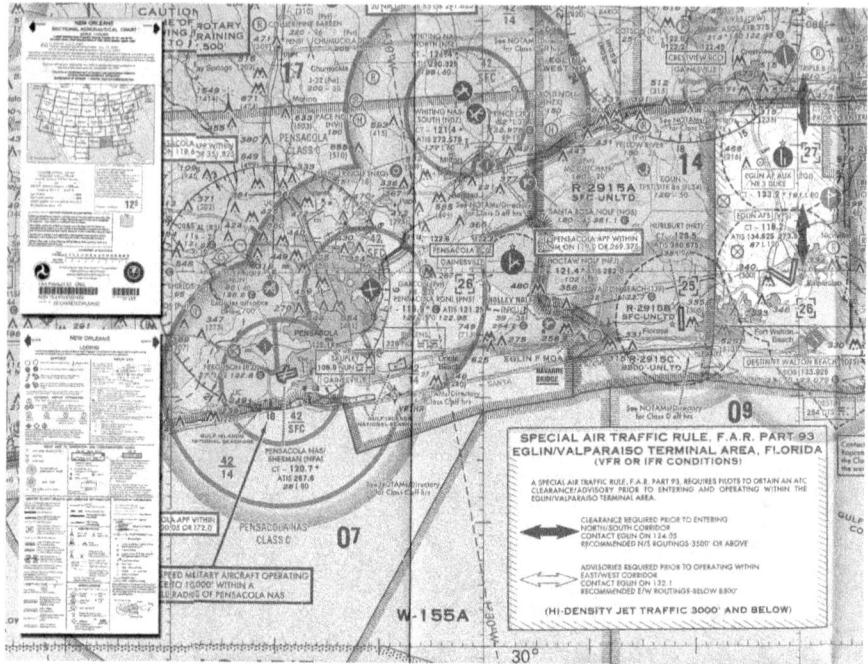

Figura 96: Ejemplo de carta seccional.

Cartas de Área Terminal VFR: Las Cartas de Área Terminal VFR ofrecen asistencia valiosa para navegar dentro o alrededor del espacio aéreo Clase B. Con una escala de 1:250,000 (1 pulgada = 3.43 NM o aproximadamente 4 SM), estas cartas presentan una representación más detallada de características topográficas. Generalmente se actualizan semestralmente, aunque algunas cartas de Alaska y el Caribe pueden seguir diferentes calendarios de revisión.

Los pilotos remotos pueden acceder a un catálogo de cartas aeronáuticas y publicaciones relacionadas a través del sitio web de Productos de Navegación Aeronáutica para obtener instrucciones detalladas sobre cómo realizar pedidos.

Uso de Longitud y Latitud como Puntos de Referencia

La latitud y la longitud son coordenadas geográficas utilizadas para ubicar lugares específicos en la superficie de la Tierra.

Latitud:

- Las líneas de latitud son círculos paralelos que se extienden de este a oeste alrededor de la Tierra.

- Miden la distancia al norte o al sur del ecuador, que está designado como latitud 0°.

- Cada grado de latitud está aproximadamente a 69 millas (111 kilómetros) de distancia.

- Ejemplos:

    - En los EE. UU., la latitud varía de aproximadamente 25° N a 49° N, cubriendo estados como Florida y Washington.

    - En Europa, las latitudes se extienden de aproximadamente 35° N a 70° N, incluyendo países como España y Suecia.

    - En Australia, las latitudes varían de aproximadamente 10° S a 45° S, incluyendo ciudades como Sídney y Melbourne.

    - En el sureste de Asia, las latitudes se extienden de aproximadamente 5° N a 20° N, cubriendo regiones como Tailandia y Vietnam.

Longitud:

- Las líneas de longitud, también conocidas como meridianos, corren desde el Polo Norte hasta el Polo Sur e intersectan el ecuador en ángulos rectos.

- El Meridiano de Greenwich, que pasa por Greenwich, Inglaterra, es la línea de referencia para medir hacia el este y el oeste, con una longitud de 0°.

- Cada grado de longitud es más ancho en el ecuador (aproximadamente 69 millas o 111 kilómetros) y converge en los polos.

- Ejemplos:

    - En los EE. UU., las longitudes varían de aproximadamente 67° O a 125° O, cubriendo estados como California y Nueva York.

- En Europa, las longitudes se extienden de aproximadamente 10° O a 40° E, incluyendo países como Portugal y Rusia.

- En Australia, las longitudes varían de aproximadamente 115° E a 155° E, incluyendo ciudades como Perth y Brisbane.

- En el Sudeste Asiático, las longitudes se extienden de aproximadamente 95° E a 125° E, cubriendo regiones como Indonesia y Filipinas.

Variación:
- La variación se refiere al ángulo entre el norte verdadero (TN) y el norte magnético (MN).

- Puede ser este u oeste, dependiendo de si MN está al este o al oeste de TN.

- Las líneas isogónicas en las cartas aeronáuticas conectan puntos con la misma variación magnética, mientras que la línea agónica indica donde no hay variación.

- Ejemplos:

  - En los EE. UU., el polo norte magnético está ubicado cerca de la latitud 71° N y longitud 96° O, causando variaciones en diferentes regiones.

  - Variaciones similares ocurren en Europa, Australia y el Sudeste Asiático debido a diferentes fuerzas magnéticas y condiciones geológicas.

Planificación de la Operación en el Aeródromo

Una planificación adecuada es crucial para operaciones seguras de taxi, requiriendo tanta atención como otras fases del vuelo. Aquí te mostramos cómo planificar tu operación en el aeródromo de manera efectiva:
- Prevé tu ruta de taxi recopilando información de fuentes como ATIS, NOTAMs, ERSA, experiencias recientes y cartas del aeródromo.

- Familiarízate con la disposición de los aeródromos de salida y llegada.

- Mantén una carta o diagrama del aeródromo accesible para referencia durante la planificación y el taxi.

- Verifica la ruta de taxi esperada contra la carta del aeródromo o ERSA, prestando especial atención a intersecciones complejas.

- Determina cuándo centrarte en la ruta de taxi, especialmente durante intersecciones complejas y cruces de pistas.

- Confirma tu ruta asignada si tienes dudas sobre las instrucciones recibidas de ATC.

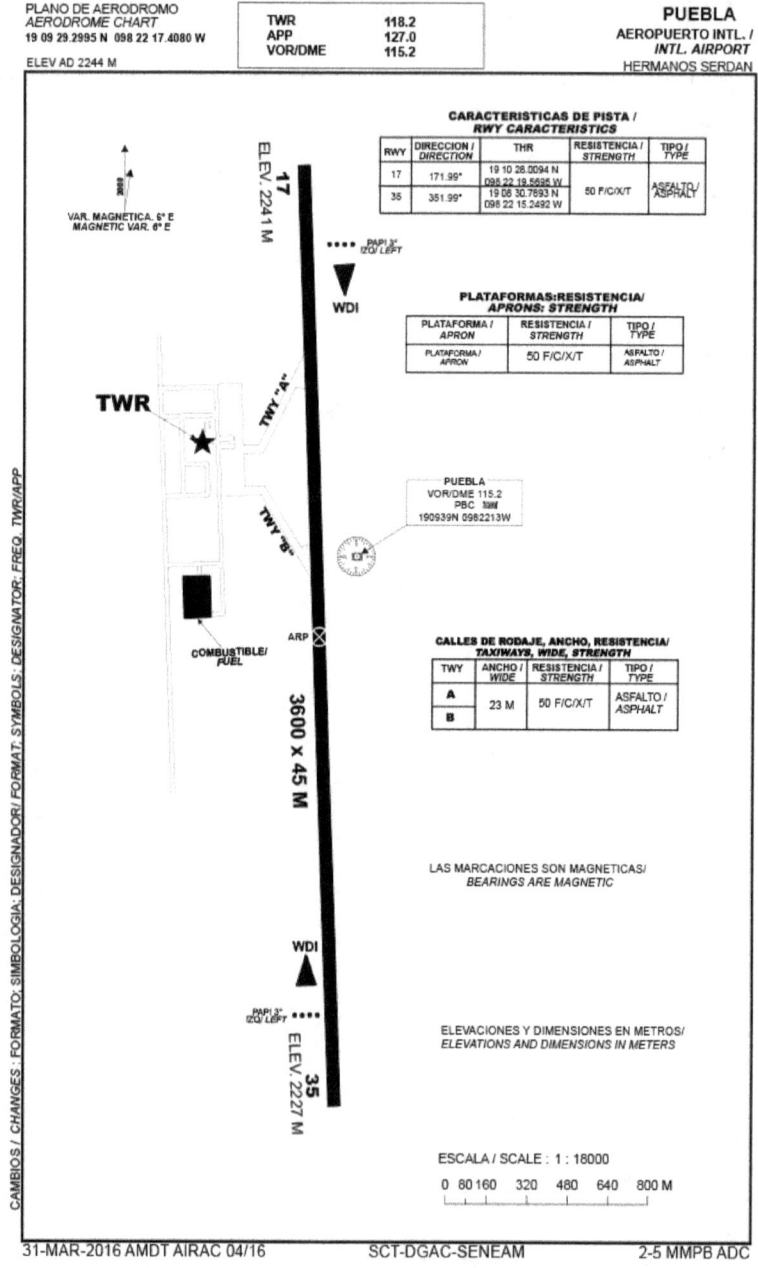

Figura 97: Ejemplo de Carta de Aeródromo. SICT - AFAC - SENEAM, CC BY-SA 4.0, a través de Wikimedia Commons.

La responsabilidad de evitar colisiones en tierra a menudo es malinterpretada. Aunque el Control de Tráfico Aéreo (ATC) gestiona el movimiento en el aeródromo, evitar colisiones es una responsabilidad compartida entre el piloto al mando, el conductor en la zona aeroportuaria y el personal de tierra. El ATC proporciona información sobre otras aeronaves/vehículos, pero mantener la vigilancia es crucial.

La confusión en la pista, particularmente común en aeródromos con pistas paralelas, puede llevar a la entrada, despegue o aterrizaje en una pista incorrecta. Para prevenir esto:

- Presta mucha atención a las autorizaciones de pista.

- Siempre repite la pista asignada completa al leer la autorización.

- Durante las sesiones de información previas al enfoque, acuerda cómo identificar positivamente la pista correcta.

- Confirma visualmente la pista correcta antes de entrar o aterrizar en ella, utilizando señalización, orientación y marcas para su identificación.

- Ten en cuenta que la iluminación de las pistas difiere de la iluminación de las calles de rodaje, lo que ayuda a distinguir entre ellas.

- Asegura que tus llamadas de comunicación estén dirigidas a la frecuencia correcta de control del aeródromo, especialmente en aeródromos con operaciones en pistas paralelas.

Ejerce extrema precaución al volar por debajo de 2,000 pies sobre el nivel del suelo (AGL) debido a la presencia de numerosas torres de antenas, incluidas torres de radio y televisión. Estas estructuras a menudo superan los 1,000 pies AGL, y algunas alcanzan alturas mayores de 2,000 pies AGL. La mayoría de estas torres están soportadas por cables de anclaje, que pueden ser difíciles de detectar, especialmente en buenas condiciones meteorológicas, y pueden volverse completamente invisibles al anochecer o en períodos de visibilidad reducida. Estos cables pueden extenderse horizontalmente aproximadamente 1,500 pies desde la estructura. Por lo tanto, es aconsejable mantener una distancia horizontal de al menos 2,000 pies de todas las torres de antenas. Además, ten en cuenta que las torres nuevas pueden no estar representadas en tu carta actual, ya que la información podría no haber sido recibida antes de la impresión de la carta.

En Australia, las Cartas de Aeródromo ofrecen información detallada sobre la disposición y los nombres de las pistas y calles de rodaje, así como las ubicaciones de las instalaciones principales. Estas cartas se pueden obtener de varias fuentes, incluyendo:

- En Route Supplement Australia (ERSA)
- Departure and Approach Procedures (DAP)
- Visual Terminal Charts (VTC)

Las cartas ERSA y DAP están disponibles en el sitio web de Airservices.

Para todas las aeronaves, el límite de autorización de taxi designado es típicamente el punto de espera para la pista, a menos que el ATC especifique lo contrario, como un punto intermedio como la bahía de espera (run-up). Si la bahía de espera no está designada como un límite de autorización intermedio, una aeronave autorizada hasta el punto de espera de la pista puede proceder a una bahía de espera en ruta y posteriormente partir de la bahía de espera para llegar al punto de espera de la pista, asegurándose de ceder el paso a otras aeronaves en la calle de rodaje. Sin embargo, se necesita una autorización específica del ATC para cruzar cualquier pista que intersecte la ruta de taxi.

Es crucial que los pilotos repitan correctamente el término "punto de espera" si se incluye en una autorización de taxi, ya que no hacerlo es un error común de lectura de retorno.

Procedimientos de Taxi

Implementar procedimientos operativos adecuados durante el rodaje mejora la seguridad de las operaciones en el aeródromo. Esta sección destaca algunas tareas clave para integrar en tus procedimientos de taxi.

Instrucciones del ATC: Siempre que sea posible, obtén tu autorización de rutas aéreas antes de solicitar tu autorización de taxi. Una vez que recibas las instrucciones de taxi, recuerda:

- Anotar las instrucciones de taxi, especialmente si son complejas, para minimizar el riesgo de olvidar alguna parte de la instrucción.

- Monitorear las instrucciones/autorizaciones del ATC emitidas a otras aeronaves para mejorar la conciencia situacional.

- Ejercer vigilancia extra si otra aeronave tiene un indicativo similar.

- Escuchar atentamente para evitar responder a una instrucción/autorización destinada a alguien más.

- Solicitar aclaraciones inmediatamente si tienes dudas sobre alguna instrucción o autorización del ATC.

- Repetir todas las instrucciones/autorizaciones requeridas con tu indicativo de aeronave, cumpliendo con los requisitos del Aeronautical Information Publication (AIP).

- Tener en cuenta que una instrucción de taxi del ATC no autoriza cruzar un punto de espera de pista, una barra de detención iluminada o entrar/rodar en CUALQUIER pista a menos que se autorice específicamente para hacerlo.

- Informar al ATC de manera oportuna si anticipas un retraso o si no puedes cumplir con sus instrucciones.

- Estar atento a las señales luminosas de la torre en caso de problemas sospechosos con la radio.

El ATC designará los puntos de cruce para una aeronave al instruir un cruce de pista. Una instrucción típica podría ser: 'Alpha Bravo Charlie en la Calle de Rodaje November cruce la Pista Uno Siete'. Tu repetición debe ser: 'En November, cruzando pista Uno Siete, Alpha Bravo Charlie'.

Algunos aeropuertos en Australia están equipados con el Sistema de Control y Guía de Movimientos en Superficie Avanzado (A-SMGCS), que permite el seguimiento preciso de aeronaves y vehículos en la superficie del aeropuerto en todas las condiciones de visibilidad. Para cooperar con A-SMGCS, los pilotos deben operar sus transpondedores siguiendo el AIP Australia ENR 1.6. A-SMGCS no implica un procedimiento de 'squawk ident', ya que todo el seguimiento es automático. Si A-SMGCS no está disponible, el ATC puede detener o restringir las operaciones de baja visibilidad.

Instrucciones de Repetición para Entrada de Pista o Mantenerse Corto: Si se instruye mantenerse corto de una pista, evita cruzar el punto de espera de la pista marcado. Siempre repite cualquier autorización o instrucción de mantenerse corto, entrar, aterrizar, alinearse condicionalmente, despegar, cruzar o retroceder en cualquier pista. Evita simplemente acusar recibo de estas autorizaciones o instrucciones con un 'Roger' o 'Wilco' o tu indicativo.

¿Está activa la torre? Para evitar confusión sobre si la torre está activa o si se aplican los procedimientos CTAF, escucha el ATIS. Si la torre está inactiva, el ATIS será identificado como información ZULU e incluirá la hora de activación y la frecuencia de CTAF.

Conciencia Situacional:

Mantener una cabina 'estéril' es crucial para permanecer enfocado en tus tareas sin distracciones como conversar con pasajeros o usar teléfonos móviles.

Durante el taxi, es vital estar consciente de tu ubicación, su relación con tu ruta de taxi planeada y la presencia de otras aeronaves y vehículos en el aeródromo. Esta conciencia, conocida como 'conciencia situacional', puede mantenerse mediante:

- Entender y adherirse a las instrucciones y autorizaciones del ATC.

- Utilizar cartas/diagramas actuales del aeródromo.

- Familiarizarse con ayudas visuales en el aeródromo, como marcas, señales y luces.

- Monitorear la radio y usar la carta del aeródromo para localizar otras aeronaves y vehículos.

- Evitar distracciones y minimizar actividades con la 'cabeza agachada' mientras la aeronave está en movimiento.

CONSEJO: Si no estás seguro de tu ubicación en el aeródromo, asegúrate de estar alejado de cualquier pista y detén la aeronave. Notifica al ATC y solicita instrucciones de taxi progresivas si es necesario.

Aeródromos No Controlados

En aeródromos no controlados, donde la red de seguridad del ATC está ausente, los principios de ver y evitar 'alertados' se vuelven cruciales. Además de la orientación en este folleto, monitorea la frecuencia del aeródromo y transmite tus intenciones para mantener la conciencia situacional para ti y para otros. Mientras las transmisiones estándar están delineadas en el AIP, complementa con transmisiones adicionales si es necesario para mitigar riesgos de colisión.

Algunos aeródromos no controlados pueden ofrecer una unidad de respuesta de frecuencia del aeródromo (AFRU) para confirmar la frecuencia correcta y la funcionalidad de la radio.

Mientras Taxi

Ejerce precaución extra cuando se te instruya taxi sobre una pista, especialmente de noche o en condiciones de visibilidad reducida. Utiliza recursos disponibles para mantenerte en tu ruta de taxi asignada, incluyendo cartas del aeródromo, marcas, señales, luces e indicadores de rumbo.

Asegúrate de solicitar, recibir y cumplir con instrucciones de detención o cruce al acercarte a pistas que se intersectan.

Activa la baliza rotativa y las luces de taxi.

Antes de entrar o cruzar cualquier pista, escanea completamente a la izquierda, adelante, arriba y a la derecha para asegurarte de que la pista y sus aproximaciones estén despejadas.

Cuando recibas una instrucción de 'alinear y esperar' del ATC, presta mucha atención, especialmente de noche o en baja visibilidad. Antes de entrar en la pista, escanea toda su longitud, verifica si hay aeronaves aproximándose o aterrizando y activa las luces estroboscópicas si están equipadas.

Al mantener posición de noche, considera alinearte ligeramente fuera del centro de la línea central para diferenciar tu aeronave de las luces y marcas de la pista.

Después del Aterrizaje

Ten precaución después de aterrizar en una pista que intersecta con otra, particularmente en aeródromos con sistemas de pistas paralelas. Requieres una autorización específica del ATC para cruzar o entrar en cualquier pista.

No permanezcas en la pista activa a menos que estés autorizado por el ATC.

Evita salir hacia otra pista sin la autorización del ATC.

No aceptes instrucciones de salida de última hora de la torre a menos que entiendas completamente y puedas cumplir.

Abstente de comunicaciones o acciones no esenciales hasta que estés seguro fuera y alejado de la pista.

Recuerda, una autorización para aterrizar incluye la autorización para cruzar cualquier otra pista durante el aterrizaje. Sin embargo, salir de la pista de aterrizaje hacia otra pista requiere una autorización específica.

Luces de Aeronaves

Tanto en operaciones diurnas como nocturnas, las luces exteriores de las aeronaves cumplen funciones cruciales para mejorar la visibilidad y comunicar información importante a otros pilotos y al personal de tierra en un aeródromo. Vamos a profundizar en los detalles de su uso:

- Motores Encendidos:

    ○ Cuando los motores de la aeronave están en funcionamiento, es una práctica estándar encender la baliza rotatoria. Esta baliza emite una luz intermitente para indicar que los motores de la aeronave están operativos, alertando a otros sobre la presencia de una aeronave activa.

- Taxi:

    ○ Antes de iniciar las maniobras de taxi, los pilotos deben activar varias luces exteriores para aumentar la visibilidad. Estas incluyen típicamente la baliza rotatoria, las luces de navegación, las luces de taxi y, si están disponibles, las luces de logotipo. Estas luces ayudan a otros pilotos y al personal de tierra a identificar la aeronave en movimiento y discernir su dirección de viaje.

- Cruzar una Pista:

    ○ Al cruzar una pista, es esencial iluminar todas las luces exteriores de la aeronave. Sin embargo, los pilotos deben considerar los posibles riesgos de seguridad que plantean las luces frontales, que podrían perjudicar la visión de otros pilotos o personal de tierra durante los cruces de pista. Por lo tanto, es necesario tener precaución para equilibrar la visibilidad con el deslumbramiento potencial.

- Ingresar a la Pista de Salida (Prepararse y Esperar):

    ○ Al recibir instrucciones de alinearse y esperar en la pista de salida, los pilotos deben activar todas las luces exteriores para mejorar la visibilidad de la aeronave. Esto es particularmente importante para alertar a las aeronaves en aproximación final y asegurar la visibilidad al personal de control de tráfico aéreo (ATC). Dependiendo de las circunstancias, los pilotos también pueden optar por activar las luces de aterrizaje para aumentar aún más la conspicuidad de su aeronave.

- Despegue:

    ○ Cuando se recibe la autorización para despegar o al iniciar la carrera de despegue en un aeródromo sin una torre de control operativa, los pilotos deben activar las luces de aterrizaje. Estas potentes luces aumentan la visibilidad de la aeronave para otras aeronaves en las proximidades y ayudan en la prevención de colisiones durante las fases críticas del vuelo.

El uso estratégico de las luces exteriores de las aeronaves durante diferentes fases de operación juega un papel vital en la promoción de la seguridad y la conciencia situacional en el aeródromo, tanto durante el día como en la noche. Estas luces no solo hacen que la aeronave sea más visible, sino que también comunican efectivamente las intenciones del piloto a otros actores en el ambiente de la aviación.

Marcas, Señales y Luces de Aeródromo

Patrones de Marcado de Calles de Rodaje

Cuando las marcas de las calles de rodaje comprenden una combinación de líneas sólidas y discontinuas, típicamente vistas en las posiciones de espera de pista:

- Cruzar desde el lado discontinuo hacia el lado sólido está permitido sin restricciones.

- Sin embargo, es obligatorio obtener la autorización de control de tráfico aéreo (ATC) antes de cruzar desde el lado sólido al lado discontinuo, especialmente en aeródromos con una torre de control operativa.

- En caso de instrucciones de "mantenerse en corto", deténgase antes de alcanzar la línea sólida inicial de la marca del punto de espera de la pista, como se ilustra a continuación.

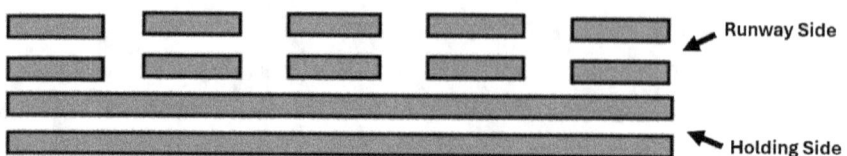

Figura 98: Patrón de marcas de posición de espera antes de una pista de cruce.

Posiciones de Espera Intermedias

Marcas de posiciones de espera intermedias indican un punto de espera situado entre calles de rodaje. Se requiere detenerse en estas posiciones si la torre de control (ATC) indica mantenerse corto de una calle de rodaje específica.

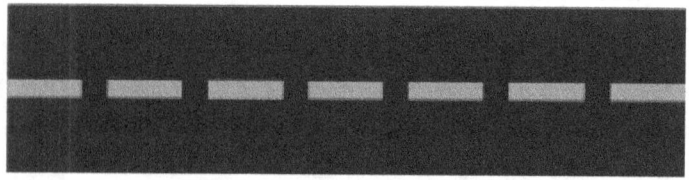

Figura 99: Marca de posición de espera intermedia.

Señales del aeródromo

Además de las marcas y luces del aeródromo, las señales del aeródromo juegan un papel crucial en la guía segura de las aeronaves alrededor del aeródromo.

Es esencial entender los códigos de colores y los significados de estos cinco tipos de señales para un taxeo seguro:

1. Señal de ubicación: Estas señales identifican la pista de rodaje actual. Presentan inscripciones amarillas sobre un fondo negro.

2. Señal de instrucción obligatoria: Estas señales marcan la entrada a pistas o áreas críticas y áreas prohibidas para las aeronaves. Muestran inscripciones blancas sobre un fondo rojo. Se requiere autorización de la ATC antes de proceder más allá de este punto.

3. Señal de dirección: Colocadas antes de las intersecciones, estas señales indican las designaciones de las pistas de rodaje que salen de la intersección y la dirección

del giro necesario para alinear la aeronave. Tienen inscripciones negras sobre un fondo amarillo.

4. Señal de destino: Estas señales utilizan flechas para indicar direcciones a destinos específicos en el campo de aviación, como pistas, terminales o servicios del aeropuerto. También presentan inscripciones negras sobre un fondo amarillo.

Arreglo de señales: Los arreglos de señales de dirección se organizan en sentido horario de izquierda a derecha, con señales de giro a la izquierda en el lado izquierdo y señales de giro a la derecha en el lado derecho de la señal de ubicación.

Señal de punto de espera para taxeo: Ubicada adyacente a las marcas de punto de espera de la pista amarillas en pistas de rodaje que intersectan pistas, estas señales proporcionan información sobre la pista de rodaje y la pista asociada. Por ejemplo, una señal puede indicar que te encuentras en el Punto de Espera de la Pista de Rodaje Alfa para la Pista 15-33, con los umbrales para la Pista 15 a la izquierda y la Pista 33 a la derecha.

Figura 100: Ejemplo de señal de punto de espera para taxeo.

Barras de Detención en Pista e Iluminación de Aeródromo

Las barras de parada en pistas son características de seguridad críticas diseñadas para prevenir incursiones en las pistas, que son incidentes donde las aeronaves entran inadvertidamente en una pista sin la autorización adecuada. Estos incidentes son comunes y pueden llevar a accidentes graves. Las barras de parada sirven como alertas visuales para los pilotos, señalándoles que deben detenerse y esperar en puntos designados en la calle de rodaje.

En Australia, las barras de parada se han implementado en varios aeropuertos y se consideran esenciales para prevenir incursiones en las pistas. Sin embargo, su uso no se limita a Australia; se despliegan en aeropuertos de todo el mundo para mejorar la seguridad durante las operaciones en tierra.

Las barras de parada son simples pero efectivas. Consisten en una serie de luces incrustadas en el pavimento, formando una línea sólida perpendicular a la calle de rodaje y la pista. Cuando están iluminadas, estas luces crean una barrera visual, señalando a los pilotos que deben detenerse y esperar más instrucciones del control de tráfico aéreo (ATC).

Cruzar una barra de parada está estrictamente prohibido sin un permiso explícito del ATC. Los pilotos deben esperar hasta que las luces de la barra de parada se apaguen y el ATC les instruya cruzar. Este protocolo asegura que los movimientos de las aeronaves en tierra estén coordinados y sean seguros.

La iluminación del aeródromo juega un papel crucial en asegurar operaciones seguras en tierra, especialmente en condiciones de baja visibilidad. Se utilizan diferentes configuraciones de iluminación para delinear las pistas, calles de rodaje y otras áreas críticas. Aquí están algunos aspectos clave de la iluminación del aeródromo:

- Luces de borde de pista: Estas luces marcan los bordes de la pista y son típicamente blancas. En algunos casos, como en pistas equipadas con iluminación de alta intensidad, las luces de borde dentro de los 600 metros del final de la pista pueden ser amarillas.

- Luces de borde de calle de rodaje: Estas luces o reflectores son azules y guían a las aeronaves a lo largo de las calles de rodaje.

- Iluminación de aproximación de alta intensidad (HIAL): Utilizada para asistir a las aeronaves durante la aproximación y el aterrizaje, los sistemas HIAL típicamente presentan luces rojas y blancas.

- Luces de línea central de calle de rodaje: Estas luces o reflectores son verdes y ayudan a los pilotos a mantener la alineación mientras taxean.

Los pilotos deben estar vigilantes y adherirse a configuraciones específicas de iluminación. Por ejemplo, luces rojas iluminadas a través de una calle de rodaje indican una barra de parada, y los pilotos no deben proceder hasta que el ATC les instruya. Las luces amarillas intermitentes, conocidas como luces de guardia de pista, destacan los puntos de espera y sirven como señales visuales adicionales para los pilotos.

La implementación de barras de parada y la comprensión adecuada de la iluminación del aeródromo contribuyen significativamente a la seguridad general de las operaciones aéreas, mitigando el riesgo de incursiones en las pistas y asegurando movimientos eficientes en tierra en aeropuertos de todo el mundo.

Operaciones Terrestres de RPAS

La integración de Sistemas de Aeronaves Pilotadas a Distancia (RPAS) en el espacio aéreo compartido con aeronaves tripuladas exige una atención meticulosa a procedimientos únicos para asegurar la seguridad y la integración fluida. Idealmente, estos procedimientos se alinean con los desarrollados para las aeronaves tripuladas para mantener la consistencia y mejorar los estándares de seguridad.

Consideraciones clave en la integración de vuelos RPAS incluyen:

a) Planificación de vuelos:

Establecer designadores de tipo de RPAS distintivos y formular una fraseología de comunicación apropiada para interacciones con el Control de Tráfico Aéreo (ATC).

b) Vuelo VFR:

Definir estándares de separación y establecer reglas de derecho de paso para gobernar las operaciones de vuelo visual.

c) Vuelo IFR:

Establecer estándares de separación y delinear reglas de derecho de paso para operaciones de vuelo por instrumentos.

d) Procedimientos de contingencia y emergencia:

Abordar escenarios potenciales como fallos en el enlace de mando y control (C2), establecer protocolos para fallos de comunicación de ATC con pilotos remotos y delinear procedimientos de interceptación asegurando la conformidad con protocolos de defensa aérea.

En cuanto a la planificación de vuelos, hasta que se establezcan designadores oficiales de tipo de RPAS, se recomienda el uso de marcadores de posición como "ZZZZ" en los formularios de plan de vuelo. Además, los Proveedores de Servicios de Navegación Aérea (ANSPs) deben idear métodos para transmitir información única relacionada con vuelos RPAS, particularmente respecto a procedimientos de enlace C2 perdido.

Características únicas de los RPAS que influyen en las operaciones aerodromas incluyen su capacidad para detectar señales del aeródromo, evitar colisiones y adherirse a las instrucciones del ATC. También se debe considerar las implicaciones para los requisitos de certificación del aeródromo, las necesidades de infraestructura y su integración con aeronaves tripuladas.

Dentro de los ambientes aerodromos controlados, las operaciones de RPAS deberían imitar las de las aeronaves tripuladas, lo que requiere procedimientos de comunicación y maniobra efectivos. Los pilotos remotos deben mantener la comunicación con el ATC, reconocer instrucciones y adherirse a las marcas y señales del aeródromo para operaciones seguras.

Para operaciones de RPAS en aeródromos no controlados bajo el Servicio de Información de Vuelo del Aeródromo (AFIS), es vital una comunicación efectiva con los oficiales de AFIS para intercambiar información de tráfico relacionada con la seguridad. Cumplir con las marcas, señalizaciones y protocolos de maniobra del aeródromo entre otras aeronaves es imperativo.

Los estados pueden optar por establecer aeródromos dedicados exclusivamente para operaciones de RPAS, requiriendo la formulación de protocolos y procedimientos específicos para gobernar dichas operaciones.

Debe haber planes de respuesta a emergencias integrales en los aeródromos para coordinar acciones durante emergencias que ocurran en el sitio o en las inmediaciones.

Los operadores de aeródromos pueden necesitar mejorar sus sistemas de gestión de seguridad para acomodar efectivamente las operaciones de RPAS, incorporando requisitos y protocolos adicionales específicos para las actividades de RPAS.

Navegación de Sistemas de Piloto Remoto

Dependiendo de la gravedad de las condiciones de baja visibilidad, pueden ser necesarios varios métodos de navegación para pilotar tu dron. Para condiciones leves, como niebla ligera o bruma, la navegación visual utilizando la vista y la observación con cámara es suficiente. En condiciones moderadas, como niebla moderada o lluvia, se recomienda la navegación GPS utilizando un sensor GPS y un dispositivo móvil para rastrear la posición en un mapa. En condiciones severas, como niebla densa o nieve, donde las señales de GPS o el contacto visual pueden estar comprometidos, la navegación inercial que depende de un giroscopio y una brújula para medir la velocidad, aceleración y rumbo se vuelve esencial. Ajustar los métodos de navegación basados en el nivel de visibilidad asegura una operación segura y efectiva del dron en diversas condiciones meteorológicas.

Como una visión general de dónde se pueden operar los drones, en los Estados Unidos, los drones, también conocidos como Sistemas de Aeronaves No Tripuladas (UAS), pueden operar en varias categorías de espacio aéreo, sujetas a regulaciones y restricciones específicas impuestas por la Administración Federal de Aviación (FAA). Aquí están las categorías principales donde los drones pueden operar:

1. Espacio Aéreo Clase G: También conocido como espacio aéreo no controlado, el espacio aéreo Clase G está disponible para operaciones de drones sin necesidad de permisos especiales o autorizaciones del control de tráfico aéreo. Sin embargo, los pilotos de drones deben adherirse a las regulaciones de la FAA, incluyendo mantener línea de vista visual con el dron y volar por debajo de 400 pies sobre el nivel del suelo.

2. Espacio Aéreo Clase B, C, D y E: Los drones pueden operar en espacio aéreo controlado con la autorización apropiada de la FAA y coordinación con el control de tráfico aéreo. Esto típicamente involucra obtener aprobación a través del sistema de Capacidad de Notificación y Autorización de Altitud Baja (LAANC) de la FAA o mediante la solicitud de una exención Parte 107.

3. Áreas Restringidas y Prohibidas: Ciertas áreas del espacio aéreo, como alrededor de aeropuertos, instalaciones militares y otras ubicaciones sensibles, tienen restricciones o prohibiciones para las operaciones de drones. Los pilotos deben estar conscientes de estas áreas y obtener los permisos necesarios o evitar volar en espacio aéreo restringido.

4. Restricciones de Vuelo Temporales (TFRs): Las TFRs pueden ser establecidas por la FAA para eventos, emergencias u otras razones temporales. Las operaciones de drones típicamente están prohibidas dentro de las áreas de TFR sin autorización específica de la FAA.

5. Espacio Aéreo de Uso Especial (SUA): SUA incluye áreas designadas para actividades militares o gubernamentales específicas, como áreas restringidas, áreas de operaciones militares (MOAs) y áreas de advertencia. Las operaciones de drones pueden estar restringidas o prohibidas en estas áreas.

6. Parques Nacionales y Áreas Silvestres: Mientras que las operaciones de drones generalmente están permitidas en parques nacionales y áreas silvestres, están sujetas a restricciones impuestas por el Servicio de Parques Nacionales y otras agencias federales. Los pilotos deben cumplir con las regulaciones específicas de cada parque o área silvestre.

Es esencial que los operadores de drones se familiaricen con las clasificaciones del espacio aéreo, las regulaciones y las restricciones aplicables a las áreas en las que pretenden operar. Además, es necesario adherirse a las directrices de la FAA, como las que se detallan en la Parte 107 de las Regulaciones de Aviación Federal, para asegurar operaciones de drones seguras y legales en Estados Unidos.

En Australia, las operaciones de drones están reguladas por la Autoridad de Seguridad de Aviación Civil (CASA), y los drones, conocidos como Aeronaves Pilotadas a Distancia (RPA) o Sistemas de Aeronaves No Tripuladas (UAS), pueden operar en varias categorías de espacio aéreo, sujetos a regulaciones y restricciones específicas. Aquí están las áreas principales donde los drones pueden operar:

1. Espacio Aéreo No Controlado (Clase G): Similar a Estados Unidos, el espacio aéreo de Clase G en Australia es un espacio aéreo no controlado donde generalmente se permite la operación de drones sin necesidad de permisos especiales o autorizaciones de control de tráfico aéreo. Sin embargo, los operadores todavía deben cumplir con las regulaciones de CASA, incluyendo mantener línea visual con el dron y volar por debajo de ciertos límites de altitud.

2. Espacio Aéreo Controlado (Clases C, D, E y CTAF): Las operaciones de drones en espacio aéreo controlado requieren aprobación de CASA y coordinación con el control de tráfico aéreo. Esto implica obtener permiso a través de la plataforma en línea de CASA, conocida como "¿Puedo Volar Aquí?" o solicitando aprobaciones específicas del espacio aéreo.

3. Áreas Restringidas y Prohibidas: Ciertas áreas en Australia, como alrededor de aeropuertos, instalaciones militares y otras ubicaciones sensibles, tienen restricciones o prohibiciones en las operaciones de drones. Los operadores deben estar al tanto de estas áreas y obtener los permisos necesarios o evitar volar en el espacio aéreo restringido.

4. Áreas de Peligro y Áreas de Operaciones Militares (MOAs): Las áreas de peligro y MOAs están designadas para entrenamiento y ejercicios militares. Las operaciones de drones pueden estar restringidas o prohibidas en estas áreas cuando están activas.

5. Parques Nacionales y Áreas Protegidas: Aunque generalmente se permite la operación de drones en parques nacionales y áreas protegidas, los operadores deben cumplir con las regulaciones específicas de cada parque o reserva. Esto puede incluir restricciones para volar cerca de la vida silvestre, sitios culturales u otras áreas sensibles.

6. Áreas Urbanas y Construidas: Las operaciones de drones en áreas urbanas y construidas están sujetas a regulaciones adicionales y consideraciones, incluyendo preocupaciones de privacidad, consideraciones de seguridad y regulaciones del gobierno local.

7. Eventos Especiales y Restricciones Temporales: Se pueden imponer restricciones temporales por eventos especiales, emergencias u otras razones. Los operadores deben adherirse a cualquier restricción de vuelo temporal (TFR) emitida por CASA u otras autoridades.

Es fundamental que los operadores de drones en Australia se familiaricen con las regulaciones de CASA, las clasificaciones del espacio aéreo y cualquier restricción o requisito local específico para las áreas en las que pretenden operar. Adherirse a las pautas de seguridad y prácticas de vuelo responsables es crucial para asegurar operaciones de drones seguras y legales en Australia.

En Europa, las operaciones con drones están reguladas por la Agencia Europea de Seguridad Aérea (EASA) y las autoridades nacionales de aviación de cada estado miembro de la Unión Europea (UE) y la Asociación Europea de Libre Comercio (EFTA). Aquí están las áreas principales donde los drones pueden operar:

1. Categoría Abierta: La categoría Abierta se divide en subcategorías basadas en el nivel de riesgo asociado con la operación y los requisitos específicos para los pilotos de drones. Dependiendo de la subcategoría y las características del dron, las operaciones pueden estar permitidas en diferentes tipos de espacios aéreos, incluyendo áreas rurales, suburbanas y urbanas.

2. Categoría Específica: La categoría Específica permite operaciones de drones más complejas que no se ajustan a las limitaciones de la Categoría Abierta. Los operadores deben obtener una autorización operativa de la autoridad de aviación relevante y realizar evaluaciones de riesgo para sus operaciones específicas. Esta categoría incluye operaciones en espacio aéreo controlado y otras áreas con requisitos específicos.

3. Categoría Certificada: La categoría Certificada es para drones que han sido certificados para operaciones en espacio aéreo controlado y otros entornos complejos. Estos drones deben cumplir con estrictos estándares de seguridad y confiabilidad, similares a los de las aeronaves tripuladas, y ser certificados por la EASA o las autoridades nacionales de aviación.

4. Espacio Aéreo Controlado: Similar a otras regiones, las operaciones de drones en espacio aéreo controlado requieren coordinación con el control de tráfico aéreo y pueden requerir permisos o aprobaciones específicos de la autoridad de

aviación relevante. Los operadores deben adherirse a los procedimientos para obtener autorizaciones de espacio aéreo y garantizar una integración segura con las aeronaves tripuladas.

5. Áreas Restringidas y Prohibidas: Ciertas áreas en Europa, como alrededor de aeropuertos, instalaciones militares y otras ubicaciones sensibles, tienen restricciones o prohibiciones en las operaciones de drones. Los operadores deben estar conscientes de estas áreas y cumplir con las regulaciones para evitar volar en espacio aéreo restringido.

6. Parques Nacionales y Áreas Protegidas: Las operaciones de drones en parques nacionales y áreas protegidas están sujetas a regulaciones específicas de cada país. Los operadores deben cumplir con cualquier restricción sobre volar cerca de la vida silvestre, sitios culturales u otras áreas sensibles.

7. Áreas Urbanas y Construidas: Las operaciones de drones en áreas urbanas y construidas están sujetas a regulaciones adicionales y consideraciones, incluyendo preocupaciones de privacidad, consideraciones de seguridad y regulaciones gubernamentales locales.

8. Restricciones Temporales: Se pueden imponer restricciones temporales por eventos especiales, emergencias u otras razones. Los operadores deben adherirse a cualquier restricción de vuelo temporal (TFR) emitida por las autoridades de aviación relevantes.

Es esencial para los operadores de drones en Europa familiarizarse con las regulaciones de la EASA, las regulaciones de aviación nacionales, las clasificaciones del espacio aéreo y cualquier restricción o requisito local específico para las áreas en las que pretenden operar. Adherirse a las pautas de seguridad y prácticas de vuelo responsables es crucial para asegurar operaciones de drones seguras y legales en Europa.

En el Reino Unido, las operaciones con drones están reguladas por la Autoridad de Aviación Civil (CAA). Aquí están las áreas principales donde los drones pueden operar:

1. Categoría Abierta: La categoría Abierta se divide en subcategorías basadas en el nivel de riesgo asociado con la operación y los requisitos específicos para los pilotos de drones. Dependiendo de la subcategoría y las características del dron, las operaciones pueden estar permitidas en diferentes tipos de espacios aéreos,

incluyendo áreas rurales, suburbanas y urbanas.

2. **Categoría Específica:** La categoría Específica permite operaciones de drones más complejas que no se ajustan a las limitaciones de la Categoría Abierta. Los operadores deben obtener una autorización operativa de la CAA y realizar evaluaciones de riesgo para sus operaciones específicas. Esta categoría incluye operaciones en espacio aéreo controlado y otras áreas con requisitos específicos.

3. **Categoría Certificada:** La categoría Certificada es para drones que han sido certificados para operaciones en espacio aéreo controlado y otros entornos complejos. Estos drones deben cumplir con estrictos estándares de seguridad y confiabilidad, similares a los de las aeronaves tripuladas, y ser certificados por la CAA.

4. **Espacio Aéreo Controlado:** Las operaciones de drones en espacio aéreo controlado requieren coordinación con el control de tráfico aéreo y pueden requerir permisos o aprobaciones específicos de la CAA. Los operadores deben adherirse a los procedimientos para obtener autorizaciones de espacio aéreo y garantizar una integración segura con las aeronaves tripuladas.

5. **Áreas Restringidas y Prohibidas:** Ciertas áreas en el Reino Unido, como alrededor de aeropuertos, instalaciones militares y otras ubicaciones sensibles, tienen restricciones o prohibiciones en las operaciones de drones. Los operadores deben estar conscientes de estas áreas y cumplir con las regulaciones para evitar volar en espacio aéreo restringido.

6. **Parques Nacionales y Áreas Protegidas:** Las operaciones de drones en parques nacionales y áreas protegidas están sujetas a regulaciones específicas de cada país. En el Reino Unido, los operadores deben cumplir con restricciones sobre volar cerca de la vida silvestre, sitios culturales u otras áreas sensibles.

7. **Áreas Urbanas y Construidas:** Las operaciones de drones en áreas urbanas y construidas están sujetas a regulaciones adicionales y consideraciones, incluyendo preocupaciones de privacidad, consideraciones de seguridad y regulaciones gubernamentales locales.

8. **Restricciones Temporales:** Se pueden imponer restricciones temporales por eventos especiales, emergencias u otras razones. Los operadores deben adherirse

a cualquier restricción de vuelo temporal (TFRs) emitida por la CAA.

Es esencial para los operadores de drones en el Reino Unido familiarizarse con las regulaciones de la CAA, las clasificaciones del espacio aéreo y cualquier restricción o requisito local específico para las áreas en las que pretenden operar. Adherirse a las pautas de seguridad y prácticas de vuelo responsables es crucial para asegurar operaciones de drones seguras y legales en el Reino Unido.

En el Sudeste Asiático, las operaciones con drones están reguladas por cada país individualmente, cada uno con su propio conjunto de normas y regulaciones. Aunque las regulaciones específicas pueden variar de un país a otro, hay áreas comunes donde los drones suelen poder operar en toda la región:

1. Áreas Abiertas: Los drones a menudo pueden operar en áreas abiertas como zonas rurales o poco pobladas donde hay mínimos riesgos para las personas, propiedades y otras aeronaves. Estas áreas generalmente están alejadas de espacios aéreos congestionados y áreas pobladas.

2. Sitios de Vuelo Designados: Algunos países designan áreas específicas o sitios de vuelo para operaciones recreativas o comerciales con drones. Estos sitios pueden contar con instalaciones para pilotos de drones, como plataformas de aterrizaje, estaciones de carga y equipos de seguridad.

3. Áreas Agrícolas: Los drones se utilizan frecuentemente con fines agrícolas como el monitoreo de cultivos, la fumigación y la cartografía en áreas agrícolas rurales. Sin embargo, los operadores deben cumplir con cualquier regulación relacionada con actividades agrícolas y restricciones del espacio aéreo.

4. Zonas Industriales: En áreas o zonas industriales, los drones pueden ser utilizados para la inspección, vigilancia y monitoreo de infraestructuras como tuberías, líneas eléctricas e instalaciones industriales. Los operadores deben obtener los permisos necesarios y adherirse a las pautas de seguridad.

5. Sitios de Construcción: Los drones se utilizan comúnmente para levantamientos aéreos, mapeo y monitoreo de progreso en sitios de construcción. Sin embargo, los operadores deben asegurarse de cumplir con cualquier regulación relacionada con actividades de construcción y restricciones del espacio aéreo.

6. Atracciones Turísticas: Los drones a menudo se usan para capturar imágenes y

fotografías aéreas en atracciones turísticas como playas, monumentos y paisajes naturales. Sin embargo, los operadores deben respetar las preocupaciones sobre la privacidad, adherirse a las regulaciones locales y obtener los permisos o autorizaciones necesarios.

7. Áreas Protegidas: Los drones pueden operar en áreas protegidas como parques nacionales, reservas de vida silvestre y áreas de conservación para el monitoreo ambiental, investigación y vigilancia. Sin embargo, los operadores deben obtener permisos y cumplir con las regulaciones para proteger ecosistemas sensibles y la vida silvestre.

8. Áreas Urbanas: En algunos casos, los drones pueden estar permitidos para operar en áreas urbanas para fines específicos como la fotografía aérea, videografía y vigilancia. Sin embargo, los operadores deben cumplir con regulaciones estrictas respecto a seguridad, privacidad y restricciones del espacio aéreo.

9. Respuesta de Emergencia: Los drones pueden ser utilizados para actividades de respuesta a emergencias como operaciones de búsqueda y rescate, evaluación de desastres y entrega de suministros médicos en áreas afectadas por desastres. Los operadores deben coordinarse con las autoridades locales y adherirse a las regulaciones que gobiernan las operaciones de emergencia.

Es importante para los operadores de drones en el Sudeste Asiático familiarizarse con las regulaciones y requisitos del país específico donde tienen la intención de operar. Esto incluye obtener cualquier permiso o licencia necesaria, adherirse a las pautas de seguridad y respetar las costumbres y regulaciones locales. Además, los operadores deben mantenerse informados sobre cualquier actualización o cambio en las regulaciones para asegurar el cumplimiento de la ley.

Para proporcionar un ejemplo más específico y detallado, las operaciones de drones en el espacio aéreo australiano se consideran de la siguiente manera. Los mapas, cartas aeronáuticas e informes meteorológicos son componentes cruciales de la planificación de vuelos para operaciones con drones. Aquí se detalla dónde pueden operar los drones, las consideraciones del espacio aéreo y las clases de espacio aéreo:

Operaciones Permisibles de Drones:
- Los drones pueden operar donde no exista un riesgo irrazonable de lesiones a personas o daños a propiedades.

- La altitud está limitada a 400 pies (121 metros) sobre el nivel del suelo (AGL).

- Las operaciones deben realizarse a más de 3 millas náuticas (5.5 kilómetros) de un aeródromo o Sitio de Aterrizaje de Helicópteros (HLS).

- Operación fuera de espacio aéreo restringido o prohibido, como la Zona Militar de Amberley.

- Realizadas en condiciones meteorológicas favorables (Condiciones Meteorológicas Visuales - VMC).

- Mantener una distancia de 30 metros de personas o propiedades no involucradas en la operación.

Operaciones Restringidas de Drones:
- Los drones no pueden operar sobre áreas pobladas a menos que los riesgos puedan mitigarse.

- Las estrategias de mitigación de riesgos pueden incluir notificar a los residentes, ajustar los horarios, o erigir señalización y conos de seguridad.

Consideraciones del Espacio Aéreo:
- Los operadores irresponsables pueden ignorar las regulaciones, lo que representa riesgos para la seguridad.

- Tres consideraciones clave del espacio aéreo:
  - Zona de no vuelo dentro de 3 millas náuticas (5.5 kilómetros) alrededor de aeródromos como Brisbane, Archerfield y Gold Coast.
  - Los Sitios de Aterrizaje de Helicópteros (HLS) requieren atención especial, particularmente en áreas como el CBD de Brisbane con múltiples HLS en hospitales.
  - El espacio aéreo restringido, por ejemplo, la Zona Militar de Amberley, impone limitaciones adicionales.

Clases de Espacio Aéreo:
- La administración del espacio aéreo en Australia se adhiere a los estándares de la

Organización de Aviación Civil Internacional (ICAO).

- Las clases de espacio aéreo en las Regiones de Información de Vuelo (FIRs) de Australia incluyen:

    ○ Espacio aéreo Clase A a G, cada uno con características específicas respecto a la separación, servicios proporcionados, limitaciones de velocidad y requisitos de comunicación por radio.

Estas regulaciones y consideraciones ayudan a asegurar operaciones de drones seguras dentro del espacio aéreo de Australia, promoviendo tanto la seguridad de la aviación como el cumplimiento regulatorio.

Altimetría VFR: Capa de Transición, Altitud y Nivel

En Australia, el sistema de altimetría incorpora una capa de transición entre la altitud de transición, siempre establecida en 10,000 pies, y el nivel de transición de FL110. Este sistema tiene como objetivo diferenciar a las aeronaves que utilizan QNH de aquellas que emplean 1013.2 hPa como dato de referencia.

Para operaciones en o por debajo de la altitud de transición:

- La referencia del altímetro es el QNH local actual de una estación dentro de 100 millas náuticas de la ruta del avión o el QNH del pronóstico del área si el QNH local no está disponible.

- Mientras se navega en la región de presión estándar, la referencia del altímetro debe ajustarse a 1013.2 hPa.

La transición entre QNH y 1013.2 hPa debe ocurrir en la región de presión estándar al ascender después de pasar los 10,000 pies y antes de nivelarse, o al descender a un nivel en la Región de Ajuste del Altimetría antes de entrar en la Capa de Transición.

La información de QNH se puede obtener de estaciones de reporte, ATIS, TAF, ARFOR, AERIS o de ATS.

Está prohibido navegar dentro de la capa de transición.

En cuanto a la altimetría en niveles de vuelo específicos:

- FL125 no está disponible cuando el QNH del área cae por debajo de 963 hPa.

- FL120 no está disponible cuando el QNH del área cae por debajo de 980 hPa.

- FL115 no está disponible cuando el QNH del área cae por debajo de 997 hPa.

OPERACIONES CON DRONES

- FL110 no está disponible cuando el QNH del área cae por debajo de 1013 hPa.

El QNH del área, pronosticado y válido por tres horas, debe cumplir con estándares específicos en cuanto a precisión y consistencia en áreas adyacentes.

Para la fraseología del altímetro:

- Las altitudes medidas desde el datum de QNH o el QNH del área se expresan en su totalidad (por ejemplo, 3000 pies como 'tres mil').

- Las expresiones de alturas medidas desde el datum de 1013.2 hPa siempre deben incluir el término 'nivel de vuelo'.

Las verificaciones del altímetro antes del vuelo implican verificar la precisión de la altitud usando QNH exacto y elevaciones conocidas como la del asfalto, el umbral o la elevación del punto de referencia del aeródromo.

Para los altímetros VFR:

- Con el QNH exacto ajustado, los altímetros VFR deberían leer la elevación del sitio dentro de las tolerancias especificadas para ser considerados operativos por el piloto.

- Los altímetros VFR no están permitidos para operaciones de avión por encima de FL200.

El QNH exacto es proporcionado por ATIS, una torre o un sensor aeródromo remoto automático, mientras que los datos de elevación del sitio provienen de datos de la encuesta del aeródromo.

El vuelo VFR bajo regulaciones específicas exige adherencia a las condiciones meteorológicas visuales, restricciones de velocidad y limitaciones operativas, incluidas restricciones en VFR nocturno y autorizaciones VFR especiales.

La determinación de la visibilidad de vuelo y los mínimos meteorológicos del aeródromo son responsabilidades asignadas al piloto al mando, sujetas a las regulaciones descritas por CASA.

Servicios de Vigilancia ATS: Requisitos Operativos para Transmisores ADS-B

En Australia, se requiere que los pilotos de aeronaves equipadas con un transmisor ADS-B funcional adecuado para recibir servicios de vigilancia ATS activen el transmisor durante toda la duración del vuelo.

Algunas instalaciones de ADS-B pueden compartir controles con el transpondedor SSR, impidiendo la operación independiente de ambos sistemas. Si no es posible cumplir con una instrucción específica, los pilotos deben informar rápidamente al ATC y solicitar instrucciones alternativas.

Las aeronaves equipadas con ADS-B que cuentan con una función de identificación de aeronave deben transmitir la identificación de la aeronave especificada como se indica en la notificación de vuelo o, en ausencia de una notificación de vuelo presentada, la matrícula de la aeronave.

Operación de Transpondedores: El ATS generalmente asigna un código discreto temporal para cada vuelo que opera en espacio aéreo controlado o que participa en el Servicio de Información de Vigilancia (SIS), excepto como se indica a continuación.

A menos que se indique lo contrario por parte del ATC, los pilotos de aeronaves equipadas con transpondedor Modo 3A o Modo S en el espacio aéreo australiano deben activar sus transpondedores, activando simultáneamente la capacidad del Modo C si está disponible.

Los pilotos deben asegurarse de que tanto los transpondedores como los transmisores ADS-B estén activados, con la función de altitud seleccionada, ya que la cobertura de radar primaria es limitada dentro de 50 nm de los principales aeropuertos, dependiendo de los datos del transpondedor SSR y del transmisor ADS-B. El TCAS también depende de los datos del transpondedor para las funciones de evitación de colisiones.

Cuando operen en el espacio aéreo australiano, las aeronaves deben seleccionar y usar códigos basados en criterios específicos, incluyendo el tipo de vuelo, la clase del espacio aéreo y las operaciones militares o civiles.

Los pilotos son responsables de seleccionar el código apropiado antes de solicitar el SIS o el permiso para ingresar al espacio aéreo controlado, si ya se ha coordinado un código discreto.

La función de identificación (SPI) solo debe operarse cuando la solicite el ATC.

Durante la salida de un aeródromo controlado por radar, los pilotos deben mantener el transpondedor en modo de espera hasta alcanzar la pista de despegue. A la llegada, el transpondedor debe cambiarse a modo de espera o apagarse tan pronto como sea práctico después del aterrizaje.

Códigos de Emergencia del Transpondedor: En caso de emergencia durante el vuelo, excluyendo la pérdida de comunicaciones bidireccionales, los pilotos deben seleccionar el código 7700 a menos que tengan una razón específica para mantener el código actualmente asignado.

Para aeronaves que experimenten una pérdida de comunicaciones bidireccionales, el transpondedor debe ajustarse al código 7600.

Si un controlador de radar observa un código 7600, solicitará al piloto que active la función de identificación (SPI). El control del avión continuará usando la transmisión de identificación para reconocer las instrucciones si se recibe la señal de identificación. Si no, el avión debe mantener el transpondedor en el código 7600 y seguir los procedimientos por falla de radio.

Procedimientos de Comunicaciones por Radio: Los pilotos que busquen servicios de vigilancia ATS deberían dirigir su solicitud a la unidad de ATS con la que están comunicándose. Si no está establecido un Centro de Control de Aproximación de Área (AACC), se informará a los pilotos del momento o lugar para transferirse a una frecuencia de control. En presencia de un AACC, los servicios procedimentales y de vigilancia ATS pueden proporcionarse en una frecuencia común, con el indicativo que muestra el servicio que se está proporcionando.

Procedimientos de Identificación: Antes de proporcionar un servicio de vigilancia ATS, se requiere una identificación positiva de la aeronave. Sin embargo, los servicios de control no se proporcionarán hasta que el avión entre en el espacio aéreo controlado.

Procedimientos de Vectorización: Al recibir instrucciones de rumbo, los pilotos deben iniciar inmediatamente un viraje de tasa 1, o la tasa de viraje estándar para el tipo de avión, y mantener el rumbo dado a menos que se indique lo contrario. Típicamente, se vectorizará a las aeronaves a lo largo de rutas donde el piloto pueda monitorear la navegación.

Los vuelos VFR especiales no pueden ser vectorizados por el ATC a menos que haya una emergencia. Cuando se vectoriza a una aeronave fuera de una ruta establecida, se informará al piloto de la razón del vectorizado, si no es evidente por sí mismo. Si una aeronave informa de instrumentos direccionales poco fiables, se pedirá al piloto que realice todos los giros a una tasa acordada antes de recibir instrucciones de maniobra.

Los controladores asignan altitudes a las aeronaves vectorizadas para asegurar el despeje del terreno, pero en condiciones meteorológicas visuales (VMC) durante el día, se puede permitir a los pilotos organizar su propio despeje del terreno, con instrucciones proporcionadas en consecuencia.

A los pilotos que se les vectoriza rutinariamente recibirán información de posición para ayudar en la navegación del piloto en caso de falla de radio o del sistema de vigilancia ATS.

El ATC mantiene intervalos cortos entre transmisiones para permitir un reconocimiento rápido de fallas en la comunicación, especialmente cuando las aeronaves están en rumbos que podrían infringir el despeje del terreno o los estándares de separación.

Antes del despegue, el ATC puede asignar un rumbo para que la aeronave saliente siga después del despegue, con instrucciones de cambio de frecuencia si es necesario. Las aeronaves que llegan pueden ser vectorizadas para establecerse para un acercamiento por radar o visual, evitar el clima peligroso o acelerar el flujo de tráfico.

Tiempo

El Tiempo Universal Coordinado (UTC) es ampliamente utilizado en la aviación mundial, sirviendo como la referencia de tiempo estándar para el control y gestión del tráfico aéreo internacional. Prácticamente todos los países utilizan el UTC o un tiempo derivado del UTC para las operaciones de aviación para asegurar la consistencia y coordinación a través del espacio aéreo global. Algunos países también utilizan sus propias zonas horarias locales en conjunto con el UTC para propósitos específicos, como la planificación y programación de vuelos. Por lo tanto, aunque no todos los países operan exclusivamente en tiempo UTC, es un componente fundamental de la cronometración y coordinación de la aviación a nivel mundial.

El término "Zulú" se emplea en los procedimientos de control de tráfico aéreo (ATC) para denotar el Tiempo Universal Coordinado (UTC). Por ejemplo:

- 0920 UTC se vocaliza como "cero nueve dos cero zulú"

- 0115 UTC se vocaliza como "cero uno uno cinco zulú"

Cuando se convierte de la Hora Estándar a UTC:
- La Hora Estándar del Este requiere restar 10 horas

- La Hora Estándar Central requiere restar 9.5 horas

- La Hora Estándar del Oeste requiere restar 8 horas

Nota: El horario de verano no se implementa uniformemente en Australia y no se detalla en la Publicación de Información Aeronáutica (AIP). Consulte el AIP SUP y el NOTAM de Horario de Verano para detalles específicos.

Las transmisiones radiotelefónicas adoptan el sistema de reloj de 24 horas. La hora está representada por los dos primeros dígitos y los minutos por los dos últimos dígitos. Por ejemplo:

- 0001 se articula como "cero cero cero uno"

- 1920 se articula como "uno nueve dos cero"

El tiempo puede transmitirse solo en minutos (dos dígitos) en comunicaciones radiotelefónicas cuando la ambigüedad es improbable. El tiempo actual en una estación se transmite al minuto más cercano para ayudar a los pilotos en las verificaciones de tiempo. Las torres de control proporcionan el tiempo al medio minuto más cercano al otorgar un permiso de taxi a los aviones que parten. Por ejemplo:

- 0925:10 se articula como "tiempo, dos cinco"

- 0932:20 se articula como "tiempo, tres dos y medio"

- 2145:50 se articula como "tiempo, cuatro seis"

Formato de tiempo: La fecha y la hora se representan en una combinación de la fecha y la hora en un solo grupo de seis cifras. Sin embargo, un grupo de diez cifras, que comprende el año, mes, fecha, horas y minutos, se utiliza para NOTAMs y SUPs. Esto se condensa a un grupo de ocho cifras (omitiendo el año) para un Boletín de Información Pre-vuelo Específico (SPFIB). El formato es aammddhhmm. Por ejemplo:

- Las 1215 horas UTC del 23 de marzo de 2010 se escribirían como 1003231215.

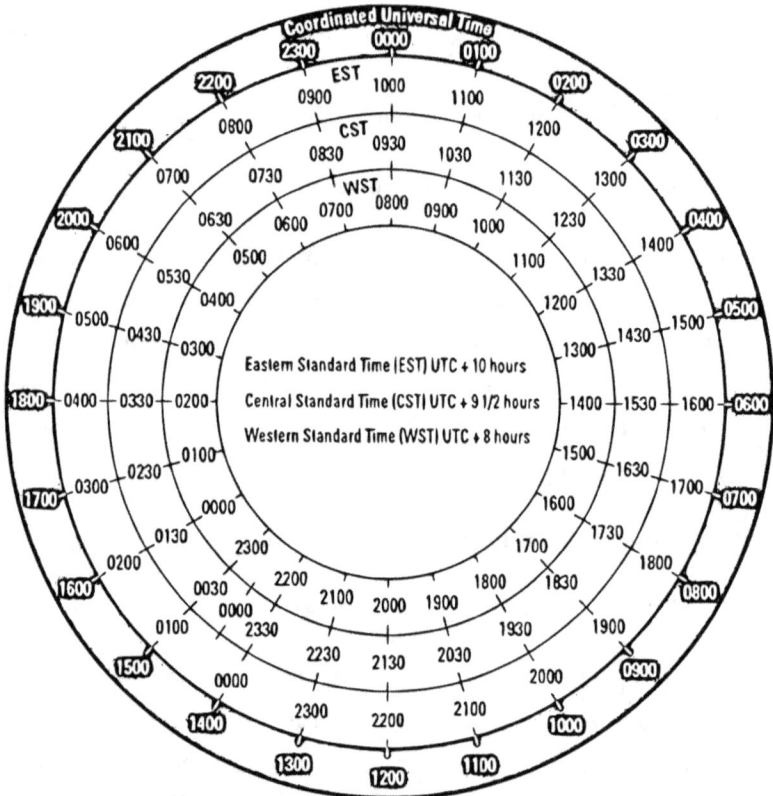

Figura 101: Hora Universal Coordinada.

Información previa a las operaciones y NOTAM

Acceder y revisar los NOTAMs actuales juega un papel crucial en el proceso de preparación de tu vuelo. Sirven como una herramienta efectiva para informar a los pilotos sobre las condiciones cambiantes en ubicaciones específicas, incluyendo el marco temporal, áreas y altitudes afectadas por estos cambios. Obtener los NOTAMs más recientes es igualmente importante tanto para aeródromos controlados como no controlados. Por ejemplo, eventos como grandes carreras en lugares como Bathurst, Louth y Birdsville atraen a un número significativo de aeronaves visitantes, a menudo requiriendo la adherencia a procedimientos especiales.

OPERACIONES CON DRONES

Una ilustración convincente de la importancia de revisar los NOTAMs actuales se ejemplifica en William Creek, situado en el remoto sur de Australia. Las lluvias sin precedentes en el país de los canales de Queensland en años recientes han llevado a inundaciones a través del centro de Australia, transformando el históricamente seco lecho de sal del Lago Eyre Norte y Sur en un vasto mar interior. Este espectáculo ha atraído a turistas por aire, llevando a un notable aumento en el tráfico aéreo.

Notablemente, en la entrada de William Creek en el Suplemento En Ruta Australia (ERSA), bajo "Información adicional", se introducen periódicamente cambios específicos en los procedimientos de transmisión y/o gestión de frecuencias para acomodar vuelos turísticos y aumentar la actividad en el área del Lago Eyre. Sin embargo, muchos pilotos transeúntes permanecen desinformados de estos cambios, lo que puede resultar en operaciones inseguras, como continuar operando en la frecuencia CTAF publicada, 126.7 MHz.

El enfoque más seguro implica transmitir y monitorear la frecuencia temporal, 127.8, y, si se cuenta con dos radios, mantener un monitoreo vigilante en 126.7 MHz como se publica en ERSA.

Además, al acceder al Sistema Nacional de Procesamiento de Información Aeronáutica (NAIPS) y solicitar pronósticos, es esencial notar que los NOTAMs del FIR de Melbourne no serán visibles a menos que se soliciten específicamente a través de un código de NOTAM de Sub-FIR (comúnmente conocido como una "serie 7"), alineado con el Pronóstico de Área apropiado. Estos códigos, aunque enterrados en la sección de Planificación Pre-Vuelo de ERSA, proporcionan información local vital sobre las áreas atravesadas durante los vuelos.

Además, es imperativo verificar el estado de las Áreas Restringidas Militares (RAs) a lo largo y cerca de tu ruta planeada, ya que desviarse en estas áreas sin autorización durante períodos activos puede representar peligros significativos. Las RAs están marcadas en los mapas visuales, y su estado puede ser verificado a través de los NOTAMs.

Las designaciones de Estado de RA Condicional indican la probabilidad de obtener autorización para transitar por el espacio aéreo restringido, ofreciendo orientación para la planificación del vuelo. Sin embargo, en casos de emergencias declaradas, se harán esfuerzos para asegurar la aprobación para el tránsito, independientemente del estado condicional.

Para obtener autorización para áreas restringidas, se sigue un procedimiento similar al de acceder a la autorización del espacio aéreo de clase C civil, incluyendo el contacto con la frecuencia apropiada según ERSA. Si tienes dudas sobre el estado del espacio aéreo restringido, se recomienda asumir RA3 y evitar el área.

Si no estás seguro sobre el estado de cualquier espacio aéreo a lo largo de tu ruta planeada, es aconsejable buscar aclaración. Además, realizar una sesión informativa pre-vuelo exhaustiva, incluyendo la recuperación de todos los NOTAMs relevantes, asegura una preparación de vuelo integral.

Riesgos de los RPA

Los RPA pueden encontrar varios peligros, como se describe en el Concepto Operacional Global de Gestión del Tráfico Aéreo (Doc 9854), que enfatiza la importancia de mitigar los riesgos de colisión a un nivel aceptable. Estos peligros abarcan otros aviones, terreno, fenómenos meteorológicos, turbulencia de estela, actividades aeroespaciales incompatibles y, cuando están en tierra, vehículos de superficie y otros obstáculos en áreas de plataforma y maniobras. Según el Doc 9854, un peligro se define como un objeto o condición con el potencial de causar un accidente o incidente.

Es crucial reconocer que mientras la severidad del riesgo de un peligro puede ser menor para un RPA, puede diferir significativamente para una aeronave tripulada que enfrenta el mismo peligro en el mismo espacio aéreo, y viceversa. Por lo tanto, pueden ser necesarios análisis de riesgo separados para aeronaves tripuladas y no tripuladas que encuentran el mismo peligro. Las estrategias de mitigación adaptadas a los RPAS son esenciales para su integración completa en espacios aéreos y aeródromos no segregados. Mientras que la gestión del tráfico aéreo ayuda a mitigar ciertos peligros para los RPAS, como la actividad aeroespacial incompatible, se requieren medidas adicionales, como capacidades DAA o procedimientos operativos, para abordar peligros tales como tráfico en conflicto, terreno, condiciones meteorológicas adversas, operaciones en tierra y otros riesgos aéreos como la turbulencia de estela, cortante de viento, aves o ceniza volcánica.

Los RPAS deben adherirse a las regulaciones de espacio aéreo, procedimientos y estándares de seguridad establecidos por el Estado y/o el Proveedor de Servicios de Navegación Aérea (ANSP). Dependiendo del entorno operativo específico y las condiciones de vuelo, puede ser necesario una o más capacidades DAA para mitigar eficazmente los peligros. Por ejemplo, si un RPA opera en espacio aéreo segregado o solo bajo condiciones meteorológicas favorables, ciertas capacidades DAA pueden no ser requeridas. Sin embargo, si los RPAS son susceptibles de encontrarse con estos peligros, deben estar en lugar sistemas y procedimientos apropiados para proporcionar capacidades DAA adecuadas para cada peligro específico.

Además, los RPAS pueden detectar peligros, incluido el tráfico en conflicto, utilizando tecnologías ópticas y no ópticas. Las técnicas ópticas, como video, LIDAR e imágenes térmicas, dependen de la radiación electromagnética visible y casi visible, mientras que las técnicas no ópticas, como radar primario, SSR, ADS-B y multilateración, utilizan principalmente radiación electromagnética de frecuencia de radio y son menos dependientes de las condiciones meteorológicas.

Vectores y el triángulo del viento

La navegación a estima implica navegar basándose únicamente en cálculos derivados del tiempo, velocidad aérea, distancia y dirección. Excepto en vuelos oceánicos, la navegación a estima se utiliza típicamente en conjunto con la pilotaje para vuelos transversales. El rumbo y la velocidad sobre el suelo, inicialmente calculados antes del vuelo, se monitorean y ajustan continuamente basados en observaciones de pilotaje en puntos de control.

El impacto del viento: La influencia del viento en nuestro viaje es un aspecto crítico de la navegación. El viento, una masa de aire en movimiento sobre la superficie de la Tierra, afecta el movimiento de las aeronaves de manera similar a como afecta otros objetos en nuestra vida diaria, como árboles, polvo, globos y nubes. Dado que gran parte de la navegación aérea se ha adaptado de la navegación marítima, entender el impacto del viento en los viajes aéreos puede ilustrarse comparándolo con los viajes por mar.

Imagina un barco que parte del punto A y se dirige hacia el punto B. Si la corriente del agua fluye de izquierda a derecha, el barco se desviará hacia la derecha, lo que podría llevarlo a alcanzar el punto C en lugar del punto B.

En la aviación, el viento juega un papel similar, haciendo que las aeronaves se desvíen de su ruta prevista. Cuando el viento sopla desde un lado (viento cruzado), afecta la trayectoria de la aeronave, causando que se desplace. Incluso si la aeronave está apuntando directamente hacia su destino (rumbo), aún puede desviarse del curso (trayectoria) debido al viento.

El viento también puede ser de frente (viento de frente) o desde atrás (viento de cola). Por ejemplo, si una aeronave vuela hacia el norte con una Velocidad Aérea Verdadera de 120 nudos y encuentra un viento de frente de 20 nudos, su Velocidad sobre el Suelo disminuirá a 100 nudos. Por el contrario, en la etapa de retorno hacia el sur, con la misma velocidad y dirección del viento, la aeronave experimentará un viento de cola, lo que resultará en un aumento de la Velocidad sobre el Suelo a 140 nudos.

Entendiendo la Deriva: La deriva se refiere a la desviación entre el rumbo de una aeronave y la trayectoria que sigue, causada por el viento. Si el viento empuja la trayectoria de la aeronave hacia la derecha de su rumbo, hay deriva hacia la derecha, y viceversa. Una manera fácil de determinar la dirección de la deriva es comparando la trayectoria con el rumbo: si la trayectoria está a la derecha del rumbo, hay deriva derecha, y si está a la izquierda, hay deriva izquierda.

Vectores y el triángulo del viento juegan un papel crucial en la comprensión de la navegación aérea y los efectos del viento en las rutas de vuelo. Profundicemos en la explicación detallada:

Vectores de Velocidad: Cuando una aeronave está en vuelo, su movimiento está influenciado tanto por su propia velocidad como por la velocidad del viento. Ambas velocidades son cantidades vectoriales, lo que significa que tienen magnitud (velocidad) y dirección. Al sumar estas velocidades, podemos determinar el vector resultante que representa la velocidad sobre el suelo de la aeronave y su trayectoria sobre el terreno. Esto se representa comúnmente utilizando líneas escaladas con flechas para representar cada cantidad vectorial. Las longitudes de estas líneas representan la magnitud (velocidad) de cada vector, y sus colocaciones indican los puntos de aplicación y las direcciones del movimiento. El vector resultante representa la trayectoria de la aeronave sobre el suelo y su velocidad sobre el suelo.

Por ejemplo, si una aeronave parte del punto de referencia Alfa hacia el punto de referencia Beta manteniendo un cierto rumbo, la velocidad del viento en la altitud de crucero afectará su posición relativa al camino previsto. La deriva resultante del camino previsto se determina considerando tanto la velocidad de la aeronave como la velocidad del viento.

El Triángulo del Viento: Para navegar con precisión de un punto a otro compensando el viento, necesitamos calcular tanto la velocidad del viento esperada como el rumbo requerido para contrarrestar sus efectos. En el triángulo del viento, tenemos tres vectores: el vector del viento, el vector del aire (o rumbo) y el vector del suelo. Sin embargo, a menudo solo conocemos el vector del viento y parte del vector del aire o del suelo.

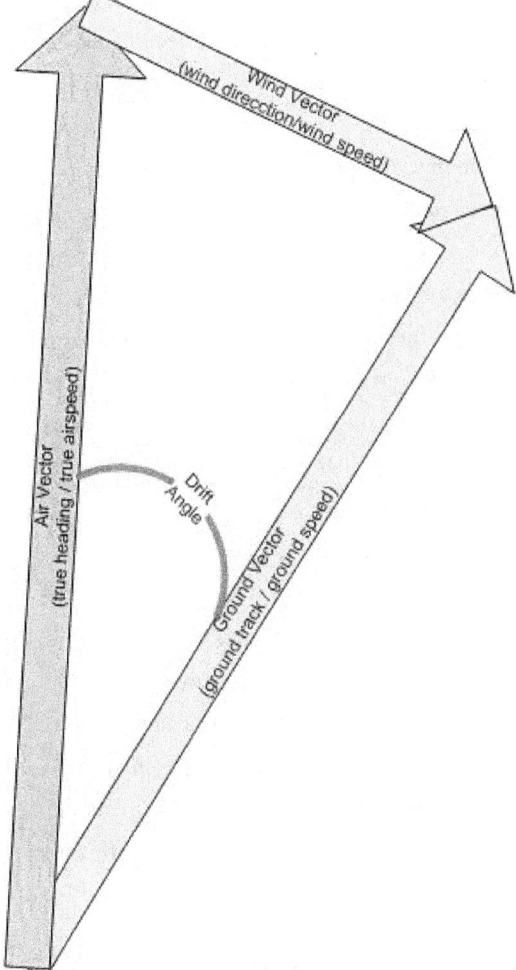

Figura 102: Diagrama vectorial del triángulo del viento, mostrando la relación entre el vector del aire, el vector del viento y el vector del suelo. Aarky~commonswiki, Dominio público, a través de Wikimedia Commons.

Para determinar el rumbo y la velocidad sobre el suelo, podemos trazar vectores a escala en papel. Esto implica marcar puntos de referencia, usar transportadores para medir orientaciones, trazar líneas para representar la dirección y magnitud del viento, y utilizar compases o reglas para medir distancias. Conectando estos vectores, podemos encontrar el rumbo y la velocidad sobre el suelo necesarios para que la aeronave alcance su destino.

Adicionalmente, podemos estimar estos valores utilizando la regla de 1-en-60 o tablas, que proporcionan atajos para el cálculo mental. Estos métodos involucran aproximar el ángulo de corrección del viento y la velocidad sobre el suelo basados en el ángulo relativo del viento respecto a la trayectoria y la velocidad verdadera del aire de la aeronave.

Relaciones Trigonométricas: Entender las relaciones trigonométricas como el seno y el coseno ayuda en la estimación de componentes de viento cruzado y viento de frente/cola de la velocidad del viento. Aplicando estas relaciones, podemos aproximar los efectos del viento en el movimiento de la aeronave sin necesidad de cálculos complejos.

Calculadoras de Navegación: Las reglas de cálculo circulares y las calculadoras E-6B son herramientas utilizadas para la planificación de vuelos y cálculos de navegación. Estos instrumentos proporcionan soluciones para el problema del triángulo del viento, permitiendo a los pilotos determinar rumbos, velocidades sobre el suelo y ángulos de corrección del viento. Mientras que las reglas de cálculo circulares tradicionales ofrecen una solución tangible, las versiones electrónicas modernas proporcionan conveniencia y precisión en un formato compacto.

Navegar a través del viento implica entender la interacción entre la velocidad del viento y el movimiento de la aeronave. El método del Triángulo del Viento permite a los pilotos calcular los ajustes necesarios en el rumbo y la velocidad sobre el suelo para compensar los efectos del viento. Aquí una explicación detallada de cómo realizar estos cálculos:

- **Entender el Triángulo del Viento**: El Triángulo del Viento es una representación gráfica utilizada para resolver problemas de navegación que involucran viento. Consiste en tres vectores:

    - **Vector del Viento**: Representa la velocidad y dirección del viento.

    - **Vector Aéreo (o de Rumbo)**: Representa la velocidad y dirección de la aeronave relativa a la masa de aire.

    - **Vector del Suelo**: Representa la velocidad y dirección de la aeronave relativa al suelo.

- **Reunir Información**: Antes de trazar el Triángulo del Viento, necesitas recopilar información sobre la velocidad del viento y la velocidad verdadera del aire de la aeronave. Esta información se obtiene generalmente de pronósticos meteorológicos y tablas de rendimiento de la aeronave.

- **Trazar Vectores a Escala**: Para comenzar a trazar el Triángulo del Viento, marca los puntos de referencia de la ruta de vuelo en un papel. Utiliza un transportador para medir las orientaciones entre los puntos de referencia. Luego, dibuja líneas para representar la dirección y magnitud del viento en relación con los puntos de referencia.

- **Vector del Viento**: Comienza trazando el vector del viento usando la dirección y velocidad del viento dadas. Usa flechas para indicar la dirección del viento y escala la longitud del vector según la velocidad del viento.

- **Vector Aéreo**: Si se conoce la velocidad verdadera del aire (TAS), usa divisores o reglas para medir la distancia que representa el TAS a lo largo de la trayectoria prevista desde el punto de partida. Marca este punto como el extremo del vector aéreo.

- **Conectar Vectores**: Conecta los extremos del vector del viento y del vector aéreo con una línea recta. Esta línea representa la velocidad sobre el suelo y la dirección de la aeronave relativa al suelo.

- **Determinar Rumbo y Velocidad sobre el Suelo**: El rumbo requerido para contrarrestar el efecto del viento es el ángulo entre el vector aéreo y el vector del suelo. Mide este ángulo con un transportador, y esto da el rumbo necesario para llegar al destino. La longitud del vector del suelo representa la velocidad sobre el suelo necesaria para alcanzar el destino.

- **Métodos Alternativos**: Si prefieres estimaciones más rápidas, puedes usar la regla de 1-en-60 o tablas. Estos métodos involucran aproximar el ángulo de corrección del viento (WCA) y la velocidad sobre el suelo basados en el ángulo relativo del viento respecto a la trayectoria y la velocidad verdadera del aire de la aeronave. La regla de 1-en-60 es especialmente útil para cálculos mentales, proporcionando una estimación aproximada del WCA basada en el ángulo del viento relativo a la trayectoria.

Dominar el método del Triángulo del Viento permite a los pilotos navegar con precisión a través de condiciones de viento variables, calculando los ajustes necesarios al rumbo y la velocidad sobre el suelo. Ya sea trazando vectores en papel o utilizando métodos abreviados como la regla de 1-en-60, entender el Triángulo del Viento es esencial para una navegación de vuelo segura y eficiente.

Típicamente, los pilotos no dibujan el triángulo del viento a escala en papel milimetrado, sino que utilizan un ordenador de navegación analógico para resolverlo. Sin embargo, el ordenador de navegación esencialmente genera un dibujo a escala del Triángulo de Velocidades. Considerar una escala práctica para la representación de la velocidad es esencial si no se utiliza el ordenador de navegación, ya que permite dibujar el triángulo en un trozo de papel manejable. La escala elegida puede variar; por ejemplo, una pulgada podría representar un nudo o un centímetro podría equivaler a un nudo.

Supongamos que estamos volando con una Velocidad Aérea Verdadera (TAS) de 100 nudos y rumbo al norte (000 grados). El viento observado proviene de 240 grados con una velocidad de 30 nudos. Utilizando el triángulo del viento, podemos determinar nuestra trayectoria y velocidad sobre el suelo [66].

Paso 1: En un trozo de papel, preferiblemente papel milimetrado, dibuja el Vector Aéreo. Debe tener una dirección de 000 grados y una longitud de vector equivalente a 100 nudos (digamos, 100 mm).

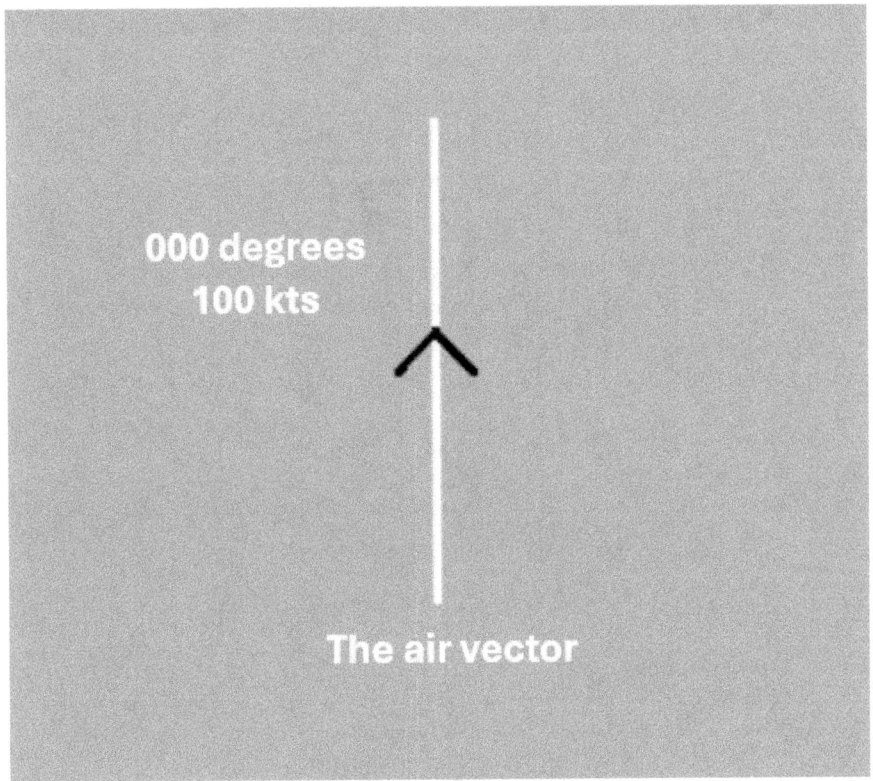

Figura 103: Vector aéreo.

Paso 2: Dibuja el vector del viento. La dirección del viento es de 240 grados. Utilizando las mismas unidades proporcionales a 100 nudos TAS (100 mm), dibuja la longitud del vector del viento (30 mm).

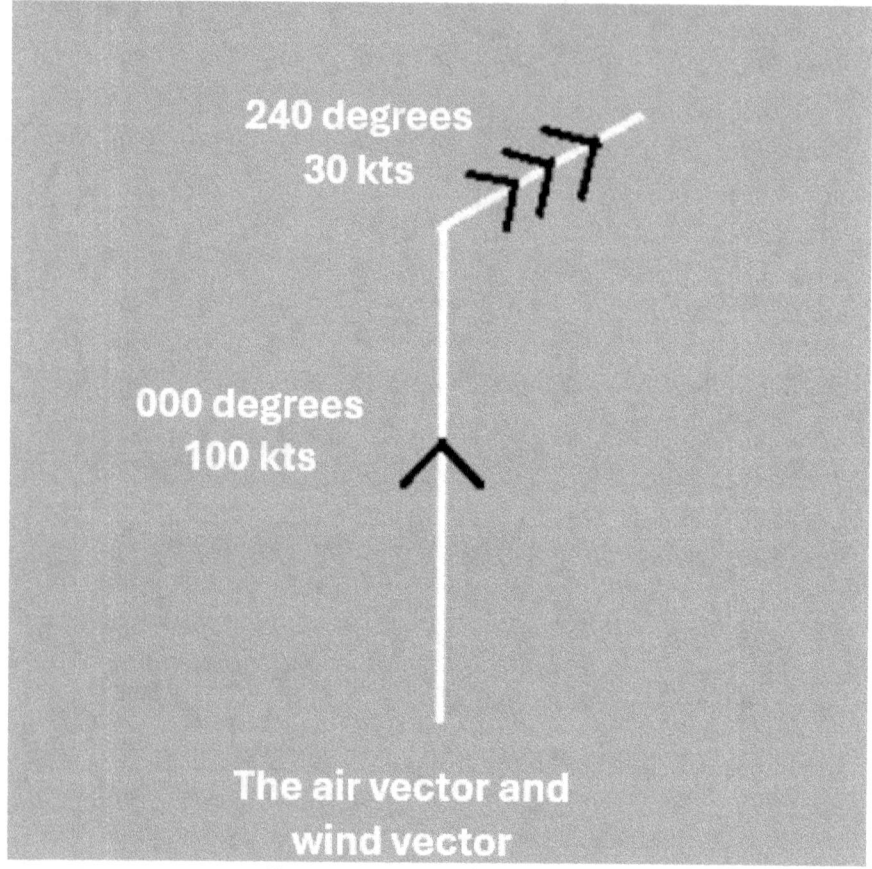

Figura 104: Vectores de aire y viento.

Paso 3: Conecta el vector de aire y el vector de viento para obtener el vector del suelo, el cual proporcionará la trayectoria resultante y la velocidad sobre el suelo.

OPERACIONES CON DRONES 491

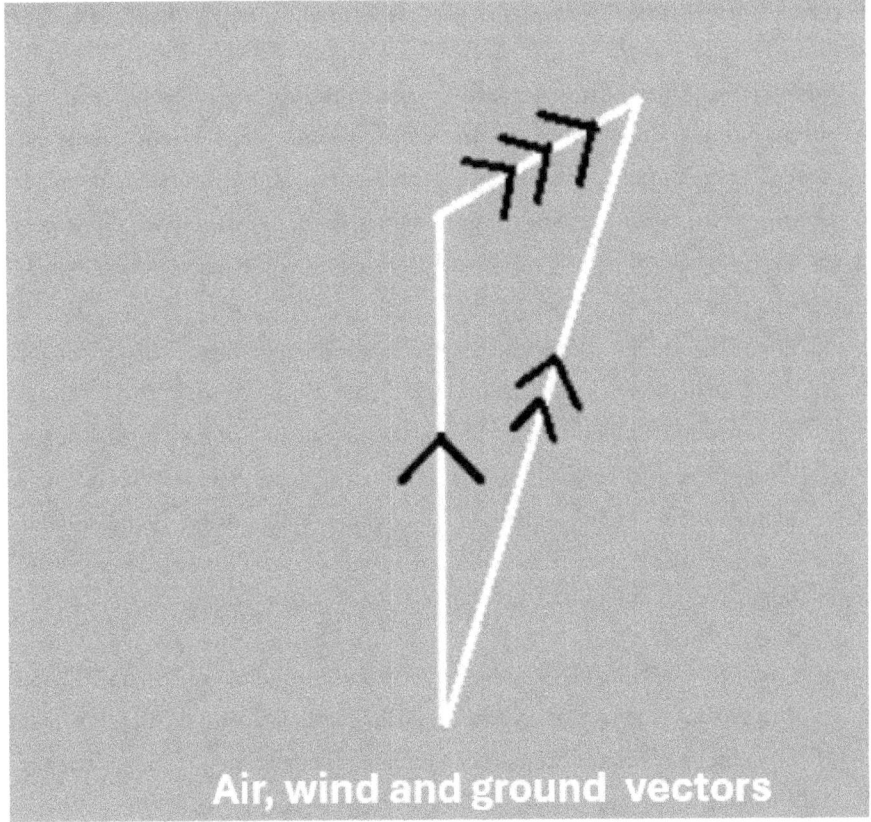

Figura 105: Vectores de aire, viento y suelo.

Cuando esto se realiza en tu papel milimetrado, medir la trayectoria con un transportador arrojará aproximadamente 012°, y medir la longitud del vector del suelo dará una longitud equivalente a aproximadamente 118 nudos (118 mm).

Navegación de Drones

Dominar los diversos modos de vuelo que ofrece tu dron es un aspecto crucial de la navegación. Típicamente, los drones cuentan con múltiples modos de vuelo, incluyendo los modos GPS, deportivo y manual. El modo GPS utiliza GPS para mantener la posición y la altitud, lo que lo hace ideal para pilotos novatos. El modo deportivo mejora la agilidad y la velocidad, mientras que el modo manual otorga control total sobre los movimientos del dron. Entender las distinciones entre estos modos y saber cuándo aplicar cada uno es esencial.

Para los principiantes, mantener contacto visual con el dron es invaluable. Esto implica asegurarse de que el dron permanezca dentro de tu línea de visión directa durante todo el vuelo, facilitando un mejor control y evitación de riesgos. Además, estar atento a las condiciones meteorológicas es vital. Vientos fuertes, lluvia o nieve pueden afectar negativamente la estabilidad y el rendimiento del dron, lo que requiere precaución durante el vuelo.

Los drones navegan mediante una combinación de diferentes tecnologías y métodos, dependiendo de su nivel de sofisticación y los requisitos de su misión.

- **Rastreo Visual**: Para drones básicos sin automatización, los pilotos dependen del rastreo visual para determinar la posición y orientación del dron. Esto se puede hacer visualmente desde el suelo, sirviendo la posición relativa del piloto como punto de referencia. Los drones equipados con cámaras a bordo transmiten datos visuales a la pantalla del piloto, ayudando en la navegación.

- **Receptores GPS/GNSS**: Los drones avanzados utilizan receptores GPS (Sistema de Posicionamiento Global) o GNSS (Sistema Global de Navegación por Satélite) para características de navegación más inteligentes. Estas características incluyen:

    ○ **Mantenimiento de Posición**: Permite que el dron mantenga una ubicación fija a una altitud establecida.

    ○ **Navegación de Regreso al Punto de Partida**: El dron regresa automáticamente a su lugar de despegue al presionar un botón.

    ○ **Vuelo Autónomo**: Las trayectorias de vuelo están predeterminadas basadas en puntos de paso GPS/GNSS, que el dron sigue utilizando funciones de piloto automático.

- **Navegación por Satélite (GNSS)**: GNSS abarca múltiples constelaciones de satélites, incluyendo GPS, GLONASS, Galileo y BeiDou. Al recibir información de tiempo de satélites en órbita, un receptor GNSS puede calcular posiciones en la superficie terrestre, permitiendo la navegación en tiempo real del dron.

- **Navegación Inercial:** En entornos donde las señales de satélite pueden estar obstruidas, como valles o áreas urbanas con edificios altos, entra en juego la navegación inercial. Las Unidades de Medida Inercial (IMU), que consisten en giroscopios, acelerómetros y, a veces, sensores MEMS (Sensores Micro Electroquímicos), proporcionan datos sobre aceleración lineal y mediciones de cabeceo, balanceo y guiñada. El controlador de vuelo a bordo utiliza estos datos para proporcionar información de navegación y asegurar capacidades de vuelo suaves. Sin embargo, los sensores inerciales acumulan errores con el tiempo. Para abordar esto, los sistemas integrados de navegación satelital/inercial utilizan algoritmos de fusión de datos como el Filtro de Kalman para combinar mediciones inerciales con estimaciones de posición del sistema satelital para una navegación más precisa con el tiempo.

Navegar un dron implica varios pasos y consideraciones, dependiendo de factores como las capacidades del dron, los requisitos de la misión y el entorno en el que opera. Aquí tienes una guía general sobre cómo navegar un dron de manera efectiva:

- **Planificación previa al vuelo:**
  - **Objetivos de la Misión:** Define claramente el propósito del vuelo del dron, incluyendo tareas como fotografía aérea, vigilancia, mapeo o inspección.

  - **Evaluación del Área de Vuelo:** Evalúa el espacio aéreo y el terreno donde operará el dron. Identifica cualquier peligro potencial, obstáculos o áreas restringidas.

  - **Verificación del Clima:** Revisa las condiciones meteorológicas, incluyendo la velocidad y dirección del viento, temperatura, precipitación y visibilidad. Asegúrate de que las condiciones meteorológicas sean adecuadas para operaciones seguras del dron.

- **Preparación:**
  - **Verificación de Sistemas del Dron:** Inspecciona el dron, incluyendo el armazón, hélices, motores, baterías y sensores, para asegurar que todos los componentes funcionen correctamente.

  - **Gestión de Baterías:** Carga completamente las baterías del dron y lleva baterías de repuesto si es necesario para extender el tiempo de vuelo.

- **Equipo de Vuelo**: Prepara el equipo necesario como el control remoto, smartphone o tablet para la vista en primera persona (FPV), y cualquier accesorio adicional como almohadillas de aterrizaje o protectores de hélices.

- **Métodos de Navegación**:
  - **Control Manual**: Para drones sin características de navegación autónoma, controla manualmente el dron usando el control remoto, ajustando el acelerador, el cabeceo, el balanceo y el guiñada para maniobrar la aeronave.

  - **Navegación Autónoma**: Utiliza características basadas en GPS/GNSS como mantenimiento de posición, retorno al hogar o navegación por puntos de paso para trayectorias de vuelo automatizadas. Programa los puntos de paso o parámetros de vuelo antes del despegue usando el software o la aplicación del dron.

- **Ejecución del Vuelo**:
  - **Despegue**: Lanza el dron desde un área plana y despejada, lejos de obstáculos y personas. Asciende a una altitud segura antes de proceder con la misión.

  - **Monitoreo de Navegación**: Monitorea continuamente la posición, orientación y parámetros de vuelo del dron durante la misión. Utiliza observación visual y datos de telemetría del control remoto o sensores a bordo.

  - **Evitación de Obstáculos**: Mantén la conciencia situacional para evitar colisiones con obstáculos, edificios u otras aeronaves. Si está equipado, utiliza sensores o características de evitación de obstáculos para detectar y navegar alrededor de obstáculos.

  - **Ajustes en Tiempo Real**: Realiza los ajustes necesarios en la trayectoria de vuelo, altitud, velocidad o rumbo del dron basados en las condiciones ambientales cambiantes o los requisitos de la misión.

- **Procedimientos Post-Vuelo**:
  - **Aterrizaje**: Guía el dron de manera segura de regreso al suelo en la zona de aterrizaje designada. Usa procedimientos de aterrizaje manuales o automatizados, dependiendo de las capacidades del dron.

- **Recuperación de Datos**: Recupera cualquier dato o grabación capturada durante el vuelo, si corresponde. Transfiere los datos del almacenamiento a bordo o tarjetas de memoria a una computadora o dispositivo de almacenamiento para análisis o procesamiento adicional.

- **Mantenimiento del Dron**: Realiza revisiones y tareas de mantenimiento post-vuelo, como la extracción y almacenamiento de baterías, inspección de hélices y limpieza, para asegurar que el dron esté listo para futuros vuelos.

El control manual de un dron implica pilotar la aeronave usando un control remoto (también conocido como transmisor) sin depender de características de navegación autónoma. Aquí tienes una explicación detallada de cómo controlar manualmente un dron:

1. Entendiendo el Control Remoto:

    ◦ Familiarízate con la disposición y funciones del control remoto. Generalmente consta de dos palancas de control, botones, interruptores y posiblemente una pantalla para datos de telemetría.

    ◦ Las palancas de control suelen ser auto-centrantes y vuelven a una posición central al ser liberadas. Controlan el movimiento del dron a lo largo de diferentes ejes.

2. Control del Acelerador:

    ◦ La palanca del acelerador, generalmente ubicada en el lado izquierdo del controlador, controla la altitud o movimiento vertical del dron.

    ◦ Empujar la palanca del acelerador hacia arriba aumenta el acelerador del dron, causando que ascienda. Tirar de la palanca hacia abajo disminuye el acelerador, causando que el dron descienda.

    ◦ Ajusta gradualmente el acelerador para lograr ascensos y descensos suaves, evitando cambios bruscos de altitud.

3. Control de Inclinación y Alabeo:

    ◦ La palanca de control derecha, a menudo ubicada a la derecha de la palanca del acelerador, controla el movimiento hacia adelante/atrás (inclinación) y lateral (alabeo) del dron.

- Empujar la palanca derecha hacia adelante inclina el dron hacia adelante, causando que se mueva hacia adelante. Tirar de la palanca hacia atrás inclina el dron hacia atrás, causando que se mueva hacia atrás.

- De manera similar, empujar la palanca hacia la izquierda o derecha inclina el dron hacia la izquierda o derecha, respectivamente, causando que se alabe en esa dirección.

4. Control de Guiñada:

- La guiñada se refiere a la rotación del dron alrededor de su eje vertical, permitiéndole girar a la izquierda o a la derecha.

- Generalmente se controla rotando la palanca de control izquierda (a menudo referida como la palanca de guiñada) hacia la izquierda o derecha.

- Rotar la palanca en sentido antihorario (a la izquierda) causa que el dron gire a la izquierda, mientras que rotarla en sentido horario (a la derecha) causa que gire a la derecha.

5. Movimientos Coordinados:

- Coordina las entradas de acelerador, inclinación, alabeo y guiñada para lograr maniobras de vuelo deseadas.

- Por ejemplo, para realizar un ascenso suave mientras se mueve hacia adelante, aumenta simultáneamente el acelerador y empuja la palanca derecha hacia adelante para inclinar el dron hacia adelante.

6. Práctica y Precisión:

- Practica volando el dron en áreas abiertas con espacio suficiente para maniobrar de manera segura.

- Comienza con movimientos básicos como el vuelo estacionario, ascenso, descenso, vuelo hacia adelante/atrás y giros.

- Incrementa gradualmente la complejidad de las maniobras a medida que te sientas más cómodo con los controles.

7. Consideraciones de Seguridad:

    - Mantén siempre la línea de visión con el dron y evita volar cerca de personas, edificios u otros obstáculos.

    - Ten en cuenta las condiciones meteorológicas, especialmente la velocidad y dirección del viento, que pueden afectar la estabilidad y control del dron.

La navegación autónoma permite a los drones volar rutas predeterminadas o realizar tareas específicas sin control manual continuo por parte del operador. Esto se logra mediante características basadas en GPS/GNSS y modos de vuelo proporcionados por el software o la aplicación del dron. Aquí tienes una explicación detallada de cómo utilizar las características de navegación autónoma:

1. Entendimiento de GPS/GNSS:

    - El Sistema de Posicionamiento Global (GPS) o el Sistema Global de Navegación por Satélite (GNSS) proporciona información precisa de posicionamiento al recibir señales de satélites que orbitan la Tierra.

    - Los drones equipados con receptores GPS/GNSS utilizan estos datos para determinar su ubicación precisa, altitud y velocidad.

2. Características Autónomas Disponibles:

    - Mantenimiento de Posición: Permite que el dron mantenga una posición fija en el espacio ajustando continuamente sus controles de vuelo basados en datos GPS.

    - Regreso al Punto de Partida (RTH): Dirige automáticamente al dron para que vuelva a su punto de despegue o ubicación de casa designada cuando es activado por el piloto o bajo ciertas condiciones, como batería baja o pérdida de señal.

    - Navegación por Puntos de Paso: Permite que el dron siga una secuencia predefinida de coordenadas GPS (puntos de paso) para ejecutar un camino de vuelo específico de manera autónoma.

3. Preparación para el Vuelo Autónomo:

- Asegúrate de que el sistema GPS/GNSS del dron esté activado y haya adquirido un número suficiente de señales de satélite para un posicionamiento preciso.

- Utiliza el software o la aplicación del dron para acceder a las características de navegación autónoma y configurar los parámetros de vuelo.

4. Programación de Puntos de Paso:

- Selecciona los puntos de paso deseados en el mapa que se muestra en el software o la aplicación del dron.

- Define la altitud, velocidad y otros parámetros para cada punto de paso, especificando cualquier acción o maniobra necesaria.

- Revisa el camino de vuelo planificado para asegurarte de que evita obstáculos, áreas restringidas y otros posibles peligros.

5. Activación del Modo Autónomo:

- Una vez que el plan de vuelo esté programado y verificado, activa el modo autónomo o el modo de vuelo en el controlador o la aplicación del dron.

- Dependiendo del modelo del dron, esto puede involucrar seleccionar la característica autónoma específica (por ejemplo, mantenimiento de posición, regreso al punto de partida o navegación por puntos de paso) desde un menú o cambiar a un modo de vuelo autónomo.

6. Monitoreo del Progreso del Vuelo:

- Monitorea el estado del vuelo, la posición y los datos de telemetría mostrados en el controlador o la aplicación.

- Mantente alerta ante cualquier cambio inesperado o advertencias, y prepárate para intervenir manualmente si es necesario.

7. Análisis Post-Vuelo:

- Después de completar la misión de vuelo autónomo, revisa los datos de vuelo grabados y analiza cualquier problema o desviación de la ruta planificada.

- Realiza los ajustes necesarios para mejorar los vuelos autónomos futuros, como refinar las ubicaciones de los puntos de paso o ajustar los parámetros de vuelo.

Utilizar mapas para la navegación de drones es un aspecto crítico para asegurar operaciones de vuelo seguras y eficientes. El proceso involucra varios pasos meticulosos orientados a maximizar la conciencia situacional y la planificación. Aquí tienes un desglose detallado de cómo usar efectivamente los mapas para la navegación de drones:

En primer lugar, seleccionar una aplicación de mapeo adecuada sienta las bases para una navegación exitosa. Es esencial optar por una aplicación o software confiable que ofrezca mapas detallados, imágenes satelitales y características diseñadas para la navegación de drones. Opciones populares incluyen Google Maps, DroneDeploy y DJI Fly, cada una proporcionando funcionalidades únicas para apoyar las operaciones de drones.

La planificación previa al vuelo es una fase crucial donde la ruta de vuelo se traza meticulosamente utilizando la aplicación elegida. Los operadores deben identificar puntos clave de interés, colocar estratégicamente puntos de paso y evaluar obstáculos o peligros potenciales a lo largo de la ruta prevista. Factores como restricciones del espacio aéreo, elevación del terreno, condiciones meteorológicas y estructuras cercanas deben considerarse cuidadosamente para asegurar un vuelo seguro y eficiente.

Acceder a los datos del mapa es imperativo para la navegación en tiempo real. Los operadores deben abrir la aplicación de mapeo seleccionada en un dispositivo compatible, como un smartphone o tablet, asegurando una conexión a internet estable o descargando previamente los datos del mapa para uso sin conexión, especialmente en áreas remotas con conectividad limitada.

Explorar diferentes capas de mapa disponibles en la aplicación proporciona a los operadores una visión integral del entorno de vuelo y las características del terreno. Desde mapas callejeros hasta imágenes satelitales, mapas topográficos y modelos de elevación del terreno, ajustar las capas de mapa según sea necesario mejora la conciencia situacional y facilita una planificación de ruta efectiva.

Establecer puntos de paso a lo largo de la ruta de vuelo prevista guía al dron a lo largo de la ruta deseada, asegurando una cobertura suficiente del área de interés. Los operadores utilizan la aplicación de mapeo para colocar puntos de paso estratégicamente, teniendo en cuenta factores como características del terreno, puntos de referencia y objetivos de la misión.

Revisar la información del espacio aéreo proporcionada por la aplicación de mapeo es crucial para identificar zonas restringidas, zonas de no vuelo o regulaciones del espacio aéreo en las cercanías. Los operadores deben asegurarse de cumplir con las regulaciones de las autoridades de aviación locales y obtener los permisos o autorizaciones necesarios para operaciones de drones en el espacio aéreo controlado.

Utilizar herramientas de navegación disponibles en la aplicación de mapeo, como herramientas de medición de distancia, brújula y coordenadas GPS, mejora la precisión de la navegación y ayuda a estimar distancias y mantener la orientación durante el vuelo.

Durante el vuelo, los operadores usan la aplicación de mapeo para monitorear en tiempo real la posición, altitud, velocidad y datos de telemetría del dron. Permanecer vigilante ante cualquier desviación de la ruta planeada, obstáculos inesperados o cambios en las condiciones meteorológicas asegura operaciones de vuelo seguras y exitosas.

Después de completar la misión de vuelo, los operadores realizan un análisis post-vuelo utilizando los datos de vuelo registrados, incluyendo los registros de vuelo y las pistas GPS, dentro de la aplicación de mapeo. Analizar el rendimiento del vuelo, evaluar la precisión de la ruta planificada e identificar áreas de mejora para vuelos futuros contribuyen al perfeccionamiento continuo de las técnicas y procedimientos de navegación de drones.

Sistemas Globales de Navegación por Satélite (GNSS)

El Sistema Global de Navegación por Satélite (GNSS) juega un papel vital en permitir a los pilotos de drones navegar sus vehículos aéreos no tripulados (UAVs) de manera precisa y eficiente. Aquí está cómo los pilotos de drones utilizan GNSS para la navegación:

1. **Fijación de Posición**: GNSS proporciona información precisa de posicionamiento tridimensional a los pilotos de drones recibiendo señales de satélites que orbitan la Tierra. Esto permite a los pilotos determinar la latitud, longitud y altitud exactas de la ubicación de su dron, permitiéndoles establecer su posición en un mapa.

2. **Navegación por Puntos de Paso**: Los pilotos de drones pueden programar coordenadas GPS específicas, conocidas como puntos de paso, en el sistema de control de vuelo de sus UAV antes del despegue. Utilizando GNSS, el dron puede navegar de manera autónoma a lo largo de rutas de vuelo predefinidas, visitando cada punto de paso programado en secuencia. Esta característica es

particularmente útil para realizar encuestas aéreas, misiones de mapeo u operaciones de vigilancia.

3. **Modos de Vuelo Automatizados**: Muchos drones modernos están equipados con modos de vuelo autónomos habilitados por la tecnología GNSS. Estos modos incluyen características como mantenimiento de posición, regreso al punto de partida y seguimiento automático. En el modo de mantenimiento de posición, el dron utiliza GNSS para mantener su posición relativa a un punto fijo, permitiendo un vuelo estacionario estable incluso en condiciones de viento. El modo de regreso al punto de partida guía automáticamente al dron de vuelta a su punto de despegue si pierde conexión con el control remoto o encuentra niveles bajos de batería.

4. **Evitación de Obstáculos**: Algunos drones avanzados utilizan datos GNSS en conjunto con sensores a bordo para detectar y evitar obstáculos durante el vuelo. Al correlacionar los datos de posición GNSS con mapas del terreno o bases de datos de obstáculos, estos drones pueden ajustar sus rutas de vuelo para evitar colisiones con edificios, árboles u otros objetos en su vecindad.

5. **Seguimiento y Monitoreo en Tiempo Real**: GNSS permite a los pilotos de drones monitorear la posición y trayectoria de sus UAV en tiempo real utilizando software de estación de control en tierra o aplicaciones móviles. Los pilotos pueden visualizar la ruta de vuelo del dron en un mapa, rastrear su velocidad, altitud y vida útil de la batería, y realizar ajustes según sea necesario para garantizar una operación segura y eficiente.

6. **Aterrizaje de Precisión**: GNSS puede facilitar el aterrizaje de precisión para drones equipados con esta capacidad. Aprovechando los datos de posicionamiento precisos proporcionados por los satélites GNSS, los drones pueden ejecutar descensos controlados y aterrizar precisamente en zonas de aterrizaje o estaciones de acoplamiento predefinidas, incluso en entornos desafiantes.

GNSS, que abarca sistemas como GPS, GLONASS, Beidou y Galileo, es un término global para los sistemas de navegación por satélite. La navegación típicamente involucra tres pasos principales: establecer la trayectoria o plan de vuelo deseado, determinar la posición actual en relación con el plan de vuelo y ejecutar acciones correctivas si hay desviaciones.

Existen varios tipos de sistemas de navegación:

- Pilotaje se basa en referencias visuales en tierra.

- Astronavegación implica mediciones angulares entre cuerpos celestes y el horizonte visible.

- Navegación a estima utiliza puntos de referencia visuales junto con medidas de tiempo, velocidad y rumbo para estimar la distancia recorrida.

- Navegación inercial utiliza computadoras a bordo para procesar la velocidad, la actitud y la información de sensores de movimiento como acelerómetros, giróscopos y magnetómetros para determinar la ubicación actual a partir de un punto de inicio conocido.

- Navegación por radio aplica frecuencias de radio para determinar la posición actual, utilizando ayudas como GNSS, VOR, DME y ADF.

La navegación GNSS implica determinar el tiempo, la posición y la velocidad utilizando múltiples subsistemas GNSS. Calcula la posición en la superficie terrestre midiendo pseudo-distancias de al menos tres satélites de posición conocida, con un cuarto satélite que permite el cálculo de la altitud. Los receptores de navegación por satélite mitigan errores combinando señales de múltiples satélites y empleando estrategias como el filtrado de Kalman para fusionar datos ruidosos y estimar la posición, el tiempo (UTC) y la velocidad.

Los elementos del sistema GNSS incluyen:

- Una constelación de satélites y sistemas auxiliares terrestres para mantenimiento.

- El receptor GNSS de la plataforma.

- Sistemas de Aumento:

    ○ ABAS (Sistemas de Aumento Basados en Aire), que utilizan dispositivos a bordo y algoritmos especiales para verificar la integridad procesando señales GNSS. RAIM es un sistema ampliamente utilizado dentro de ABAS, empleando señales GNSS redundantes para la detección de integridad y fallos.

- SBAS (Sistema de Aumento Basado en Satélite), que utiliza estaciones de referencia ubicadas con precisión para detectar errores, transfiriéndolos a un centro de cómputo y transmitiendo correcciones a través de satélites geoestacionarios. Sistemas como EGNOS (Europa) y WAAS (EE.UU.) compensan las limitaciones de GNSS en precisión, integridad, continuidad y disponibilidad.

- GBAS (Sistema de Aumento Basado en Tierra), que emite señales desde estaciones terrestres utilizando bandas VHF y UHF, principalmente utilizadas en aeropuertos para control de tráfico y aproximación final (LAAS). DGPS y RTK se consideran tipos de GBAS.

Operando sin GPS

Los drones pueden operar sin GPS mediante una combinación de sensores avanzados, ofreciendo una gama de beneficios en diversas industrias.

Para navegar sin GPS, los drones utilizan sensores de alta tecnología a bordo. Los sensores ópticos funcionan como los ojos del dron, estabilizándolo durante el vuelo. Estos sensores proporcionan datos sobre altitud, actitud y ubicación, permitiendo al dron mantenerse en vuelo estacionario y maniobrar con precisión, incluso en ausencia de señales GPS.

Además, se pueden emplear sensores LiDAR para establecer la ubicación espacial en tiempo real utilizando la tecnología SLAM, lo que permite un vuelo estable y la creación de mapas 3D durante la operación. Combinando sensores visuales y LiDAR, drones como el Elios 3 de Flyability pueden generar mapas detallados en 2D o 3D mientras vuelan, lo cual es especialmente beneficioso para inspecciones en espacios confinados.

LiDAR, abreviatura de Detección y Rango de Luz, funciona emitiendo pulsos láser hacia un objeto, creando una imagen 3D al reflejarse. Esta tecnología, similar en concepto a un buscador de peces, es capaz de penetrar follaje y escombros, haciéndola ideal para misiones de búsqueda y rescate y diversas otras aplicaciones.

Aunque inicialmente era desafiante operar drones sin GPS, los avances en la tecnología de sensores los han hecho indispensables en ciertos escenarios. En entornos donde las señales GPS son poco fiables o inexistentes, los drones negados por GPS sobresalen, ofreciendo capacidades de navegación y recolección de datos precisas.

Industrias como la del petróleo y gas, generación de energía y minería dependen en gran medida de drones negados por GPS para inspecciones en entornos desafiantes.

Notablemente, estos drones son cruciales para inspecciones internas de grandes activos como calderas y tanques de almacenamiento, donde las señales GPS no pueden penetrar.

En escenarios como inspecciones de puentes, mantenimiento de turbinas eólicas e inspecciones marítimas, donde estructuras metálicas o materiales densos obstruyen las señales GPS, los drones negados por GPS aseguran operaciones de vuelo estables y precisas.

Además, los drones negados por GPS son invaluables en misiones de búsqueda y rescate, donde la pérdida de señal GPS podría ser potencialmente mortal. Al eliminar la dependencia del GPS, estos drones proporcionan un servicio ininterrumpido, incluso en áreas boscosas densas o sitios de desastres con señales GPS obstruidas.

Los beneficios de usar drones negados por GPS son múltiples. Pueden operar en cualquier entorno, ofreciendo inspecciones detalladas a través de tecnología de sensores avanzada. Además, mejoran la seguridad al eliminar la exposición humana a entornos peligrosos y reducir el tiempo de inactividad de infraestructuras críticas.

A medida que la tecnología de sensores continúa evolucionando, los drones negados por GPS encontrarán aún más aplicaciones en diversas industrias, ofreciendo una precisión y eficiencia sin igual en varios escenarios operativos.

GESTIÓN DE LOS REQUISITOS DE LA FUENTE DE ENERGÍA DE LOS SISTEMAS DE AERONAVES PILOTADAS A DISTANCIA

Los drones dependen principalmente de las baterías como su fuente de energía, siendo las baterías de polímero de litio (LiPo) las más comunes debido a su alta densidad energética y propiedades livianas. Estas baterías proporcionan la energía eléctrica necesaria para alimentar los motores del dron, el controlador de vuelo, las cámaras y otros electrónicos a bordo.

Aparte de las baterías, algunos drones más grandes pueden incorporar fuentes de energía alternativas o sistemas híbridos para tiempos de vuelo extendidos o aplicaciones específicas:

1. **Motores impulsados por combustible**: Algunos drones, especialmente aquellos diseñados para vuelos de larga duración o cargas pesadas, pueden utilizar motores de combustión interna alimentados por gasolina u otros combustibles. Estos motores ofrecen tiempos de vuelo más largos en comparación con las baterías, pero generalmente son más pesados y más complejos.

2. **Paneles solares**: Los drones solares utilizan células fotovoltaicas montadas en las alas o el fuselaje de la aeronave para convertir la luz solar en energía eléctrica. Si bien los paneles solares pueden ayudar a extender los tiempos de vuelo, típicamente se usan en conjunto con baterías para proporcionar energía continua

durante los vuelos diurnos y nocturnos.

3. **Sistemas de energía con cable**: Los drones atados están conectados a una fuente de energía basada en tierra a través de un cable, lo que les permite permanecer en el aire indefinidamente. Estos sistemas se utilizan comúnmente para aplicaciones de vigilancia, monitoreo y telecomunicaciones donde se requiere cobertura aérea continua.

4. **Celdas de combustible de hidrógeno**: Algunos drones experimentales pueden incorporar tecnología de celdas de combustible de hidrógeno como alternativa a las baterías. Las celdas de combustible generan electricidad combinando hidrógeno y oxígeno, produciendo vapor de agua como subproducto. Aunque todavía están en las primeras etapas de desarrollo, las celdas de combustible de hidrógeno ofrecen el potencial para tiempos de vuelo más largos y un impacto ambiental reducido en comparación con las baterías tradicionales.

En general, mientras que las baterías siguen siendo la principal fuente de energía para la mayoría de los drones, los avances continuos en tecnologías de energía alternativa pueden ofrecer nuevas posibilidades para futuras aplicaciones de drones.

Los drones operados por baterías suelen utilizar baterías de polímero de litio (LiPo) debido a su alta densidad energética y propiedades ligeras, que son cruciales para el vuelo. Las baterías LiPo proporcionan la energía necesaria para impulsar los motores del dron, la electrónica y otros componentes. Estas baterías vienen en diversas formas, tamaños y configuraciones para adaptarse a diferentes modelos de drones y requisitos.

La capacidad de las baterías de drones se mide en miliamperios-hora (mAh), indicando cuánta carga puede retener la batería. Las baterías de mayor capacidad generalmente proporcionan tiempos de vuelo más largos, pero también pueden ser más grandes y pesadas, afectando el peso total del dron y su rendimiento de vuelo.

Además, algunos drones pueden usar baterías especializadas con características como sistemas de gestión de baterías inteligentes (BMS) o tecnología de baterías de vuelo inteligentes. Estas características ayudan a optimizar el rendimiento de la batería, monitorear el voltaje y la temperatura de las celdas, y proporcionar mecanismos de seguridad para prevenir la sobrecarga, la descarga excesiva y los cortocircuitos.

En general, las baterías LiPo siguen siendo la opción preferida para los drones, ofreciendo un equilibrio entre densidad energética, peso y rendimiento para satisfacer las demandas de las operaciones aéreas.

Baterías de Polímero de Litio Las baterías LiPo, abreviatura de Lithium Polymer, han revolucionado el mundo de los drones eléctricos, especialmente para aviones, helicópteros y aeronaves multirotor, haciendo que el vuelo eléctrico sea una alternativa altamente viable a los modelos impulsados por combustible.

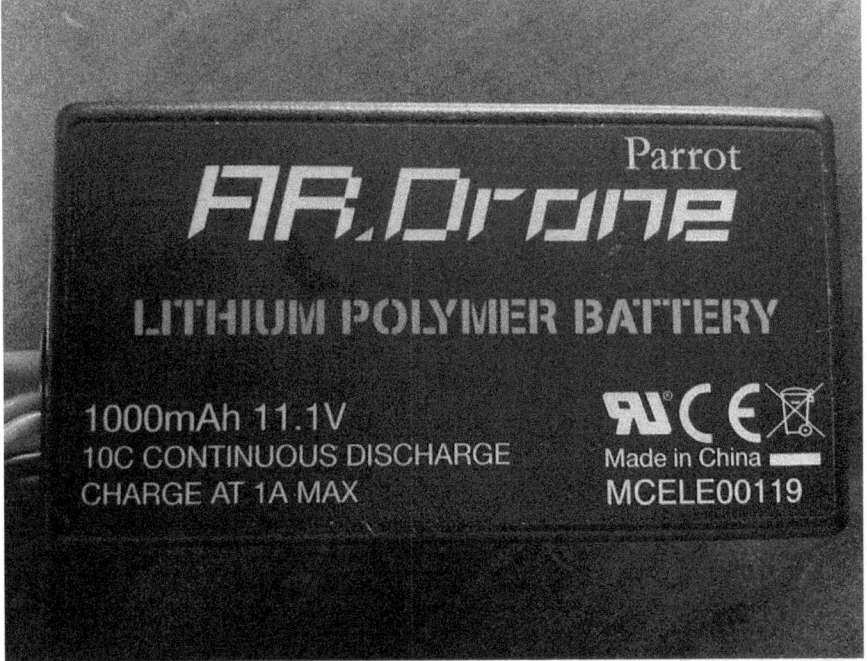

Figura 106: Batería LiPo estándar para AR Drone. Rhorton4549, CC BY-SA 3.0, vía Wikimedia Commons.

Las ventajas de las baterías LiPo sobre tipos tradicionales de baterías recargables como NiCad o NiMH son significativas y contribuyen a su popularidad en la aviación de drones:

1. **Ligeras y versátiles**: Las baterías LiPo son ligeras y se pueden fabricar en diversas formas y tamaños, ofreciendo flexibilidad en el diseño y la instalación.

2. **Alta densidad energética**: Estas baterías tienen grandes capacidades, lo que significa que pueden almacenar una cantidad sustancial de energía en un paquete compacto.

3. **Altas tasas de descarga**: Las baterías LiPo pueden entregar energía rápidamente, haciéndolas ideales para alimentar motores eléctricos exigentes común-

mente utilizados en aeronaves no tripuladas.

En esencia, las baterías LiPo proporcionan un almacenamiento de energía excepcional en relación a su peso, soportan descargas rápidas y están disponibles en una amplia gama de configuraciones.

Estos beneficios han impulsado la popularidad del vuelo eléctrico, superando a los modelos impulsados por combustible tradicionales en términos de relaciones de potencia a peso. Los coches y barcos eléctricos han existido durante décadas, pero la llegada de la tecnología de baterías LiPo ha facilitado el auge de aviones, helicópteros y aeronaves multirotor eléctricos.

Sin embargo, las baterías LiPo también tienen algunas desventajas a considerar:

1. **Costo**: Aunque los precios están disminuyendo gradualmente, las baterías LiPo siguen siendo más caras que las baterías NiCad o NiMH.

2. **Vida útil limitada**: A pesar de las mejoras, las baterías LiPo típicamente soportan solo de 300 a 500 ciclos de carga, con un cuidado adecuado. El descuido o el manejo inadecuado pueden reducir significativamente su vida útil.

3. **Preocupaciones de seguridad**: Debido a su alta densidad energética y electrolitos volátiles, las baterías LiPo pueden representar riesgos de seguridad, incluyendo hinchazón, explosión o incendio si se maltratan.

4. **Requisitos de mantenimiento**: Las baterías LiPo exigen un cuidado especializado para prolongar su vida útil. Factores como la carga, descarga, condiciones de almacenamiento y gestión de la temperatura influyen en la longevidad de la batería, lo que subraya la importancia de un manejo adecuado.

Comprendiendo las baterías LiPo:

Las baterías LiPo alimentan la electrónica y los motores de los drones, ofreciendo una alta densidad energética en comparación con otros tipos de baterías. A diferencia de las baterías convencionales, las baterías LiPo utilizan química de polímero de litio, lo que les permite almacenar una cantidad significativa de energía en relación a su peso.

Mientras que tecnologías de baterías más antiguas como NiCad o NiMH son más pesadas y menos eficientes, las baterías LiPo están construidas a partir de celdas individuales conectadas en configuraciones en serie o paralelo para alcanzar los niveles de voltaje y capacidad deseados.

Especificaciones clave a considerar al seleccionar una batería LiPo incluyen:

- **Número de celdas**: Determina el voltaje de la batería, con cada celda proporcionando típicamente 3.6V. Aumentar el número de celdas en serie incrementa el voltaje, mientras que las conexiones paralelas aumentan la capacidad.

- **Rango de voltaje**: El voltaje nominal por celda es de 3.6V, con un rango operativo seguro de 3.0V a 4.2V por celda para prevenir inestabilidad o daños.

- **Capacidad**: Medida en miliamperios-hora (mAh), representa la capacidad de almacenamiento de energía de la batería y determina cuánto tiempo puede alimentar dispositivos.

- **Tasa de descarga**: Expresada como la calificación C de la batería, indica la tasa a la que se puede extraer energía de la batería sin daños. Las tasas de descarga más altas soportan aplicaciones más exigentes.

- **Tasa de descarga en ráfagas**: Especifica la capacidad de descarga adicional para ráfagas cortas, típicamente de 15 a 30 segundos.

Las baterías LiPo ofrecen alta densidad energética, tamaño compacto y entrega rápida de energía, haciéndolas ideales para alimentar drones. Sin embargo, los usuarios deben adherirse a las directrices de seguridad y prácticas de mantenimiento adecuadas para maximizar el rendimiento y la longevidad de la batería.

Las baterías de Polímero de Litio (LiPo) dominan el panorama. Sin embargo, vale la pena mencionar las baterías de Ion de Litio (Li-Ion), ya que se utilizan en algunos radios de alta gama. Aunque tanto las baterías Li-Ion como LiPo comparten una composición química similar, basada en el intercambio de iones de litio entre el cátodo y el ánodo, existen diferencias clave en su empaque y composición del electrolito.

Baterías Li-Ion: Las baterías Li-Ion emplean un líquido orgánico inflamable basado en solventes como electrolito. Encerradas dentro de una lata de metal duro, similar a las baterías tradicionales, las baterías Li-Ion mantienen los electrodos firmemente enrollados contra una hoja separadora, limitando las opciones en términos de forma y tamaño.

Baterías LiPo: En contraste, las verdaderas baterías LiPo utilizan una hoja separadora de polímero de electrolito seco, que se parece a una película plástica delgada, en lugar de un electrolito líquido. Este separador, laminado entre el ánodo y el cátodo, facilita el intercambio de iones de litio, de ahí el nombre "polímero de litio". Este diseño permite una diversa gama de formas y tamaños de celdas.

Sin embargo, una desventaja de la construcción de celdas LiPo verdaderas es el intercambio lento de iones de litio a través del polímero de electrolito seco, lo que obstaculiza las tasas de descarga y carga. Aunque calentar la batería puede acelerar este proceso, no es práctico para la mayoría de las aplicaciones.

Si este desafío se abordara, los riesgos de seguridad asociados con las baterías de litio disminuirían significativamente. Con el creciente énfasis en vehículos eléctricos y almacenamiento de energía, se anticipan avances significativos en la tecnología LiPo ligera y segura en un futuro cercano. El potencial para baterías LiPo flexibles, similares a la tela, abre posibilidades emocionantes.

Híbridos LiPo: Actualmente, todas las baterías LiPo son en realidad híbridos conocidos como baterías de polímero de iones de litio. Aunque coloquialmente se les llama baterías LiPo, no se adhieren estrictamente al tipo de batería LiPo seco. Al introducir un electrolito a base de solvente/orgánico gelificado para saturar el separador de polímero, la tasa de intercambio de iones de litio mejora significativamente. Sin embargo, los híbridos LiPo, al igual que las baterías Li-Ion, todavía llevan el riesgo de estallar en llamas si se manipulan incorrectamente.

Inicialmente, las baterías LiPo eran más costosas de fabricar en comparación con las baterías Li-Ion, pero sus precios han bajado considerablemente debido a su adopción generalizada en aeronaves impulsadas eléctricamente y dispositivos portátiles de comunicación/entretenimiento.

Los híbridos LiPo mantienen la estructura de celda plana de sus contrapartes secas, ofreciendo flexibilidad en tamaños y formas. Las celdas tipo pouch, utilizadas en la mayoría de las baterías LiPo, eliminan los espacios de aire desperdiciados que se encuentran en los paquetes de baterías de celdas redondas, resultando en una fuente de energía ligera y eficiente ideal para aplicaciones conscientes del peso como los drones.

Clasificaciones de baterías LiPo

Las clasificaciones de las baterías de polímero de litio (LiPo) incluyen varias especificaciones clave que definen su rendimiento y adecuación para diversas aplicaciones. Entender estas clasificaciones es esencial para seleccionar la batería correcta para tus necesidades:

1. Voltaje (V): Representa la diferencia de potencial eléctrico entre los terminales positivo y negativo de la batería. Las baterías LiPo tienen un voltaje nominal de 3.7 voltios por celda. El voltaje total de un paquete de baterías LiPo se determina por la cantidad de celdas conectadas en serie. Por ejemplo, un paquete de batería LiPo de 3 celdas tiene un voltaje nominal de 11.1 voltios (3 celdas × 3.7 voltios/celda).

2. Capacidad (mAh o Ah): La capacidad se refiere a la cantidad de carga eléctrica que una batería puede almacenar y se mide en miliamperios-hora (mAh) o amperios-hora (Ah). Indica cuánto tiempo la batería puede proporcionar energía a un dispositivo antes de requerir recarga. Las baterías de mayor capacidad pueden alimentar dispositivos por períodos más largos. Por ejemplo, una batería de 2200 mAh puede suministrar una corriente de 2200 miliamperios durante una hora.

3. Tasa de descarga (clasificación C): La tasa de descarga, a menudo denominada clasificación C, indica qué tan rápido la batería puede entregar su energía almacenada. Se expresa como un múltiplo de la capacidad de la batería. Por ejemplo, una batería de 25C con una capacidad de 2200 mAh puede descargarse a una tasa de 25 veces su capacidad, o 55 amperios (25 × 2.2A). Las clasificaciones C más altas significan tasas de descarga más rápidas y son adecuadas para aplicaciones de alto rendimiento que demandan más energía.

4. Tasa de carga: Especifica qué tan rápido se puede recargar la batería. Generalmente se expresa como un múltiplo de la capacidad de la batería, similar a la tasa de descarga. Cargar una batería a una tasa superior a su tasa de carga especificada puede reducir su vida útil y representar riesgos de seguridad.

5. Configuración de las celdas: Las baterías LiPo consisten en celdas individuales conectadas en configuraciones en serie o paralelo para lograr el voltaje y la capacidad deseados. La configuración de las celdas afecta el voltaje, la capacidad y la tasa de descarga generales del paquete de baterías. Las configuraciones comunes incluyen 2S (2 celdas en serie), 3S (3 celdas en serie) y 3S2P (3 celdas en serie y 2 conjuntos de celdas en paralelo).

Entender estas clasificaciones permite a los usuarios seleccionar baterías LiPo que cumplan con los requisitos de voltaje, capacidad y rendimiento de sus dispositivos, garantizando una operación segura y eficiente.

Figura 107: Clasificaciones de baterías LiPo. Imagen de fondo: Batería LiPo, CC BY-SA 3.0, a través de Wikimedia Commons.

VOLTAJE: A diferencia de las celdas de baterías tradicionales NiCad o NiMH, que típicamente tienen un voltaje nominal de 1.2 voltios por celda, las celdas de baterías LiPo ostentan un voltaje nominal de 3.7 voltios por celda. Esta característica permite emplear menos celdas en la construcción de un paquete de baterías. Por ejemplo, en aviones RC de escala más pequeña como helicópteros de juguete o micros de grado hobby como el Blade mCX2 o Nano QX, una sola celda LiPo de 3.7 voltios es suficiente para alimentar el modelo.

Excepto para los modelos eléctricos más pequeños, los paquetes de baterías LiPo típicamente consisten de dos o más celdas conectadas en serie para proporcionar voltajes más altos. Para modelos más grandes, este conteo de celdas puede escalar a seis celdas o incluso más para aves más grandes o aplicaciones que requieren alto voltaje (HV). A continuación, se muestra un desglose de los voltajes de los paquetes de baterías LiPo según el conteo de celdas. Los números entre paréntesis, como 1-12S, denotan cuántas celdas están conectadas en serie (S) dentro del paquete de baterías:

- Batería de 3.7 voltios = 1 celda × 3.7 voltios (1S)

- Batería de 7.4 voltios = 2 celdas × 3.7 voltios (2S)

- Batería de 11.1 voltios = 3 celdas × 3.7 voltios (3S)

- Batería de 14.8 voltios = 4 celdas × 3.7 voltios (4S)

- Batería de 18.5 voltios = 5 celdas × 3.7 voltios (5S)

- Batería de 22.2 voltios = 6 celdas × 3.7 voltios (6S)

- Batería de 29.6 voltios = 8 celdas × 3.7 voltios (8S)

- Batería de 37.0 voltios = 10 celdas × 3.7 voltios (10S)

- Batería de 44.4 voltios = 12 celdas × 3.7 voltios (12S)

Cabe señalar que las celdas o paquetes pueden conectarse en paralelo para aumentar la capacidad, indicado por un número seguido de una "P". Por ejemplo, 2S2P significa dos paquetes de dos celdas en serie conectados en paralelo para duplicar la capacidad. Esta configuración es comúnmente vista en paquetes de receptores LiPo de alta capacidad.

Entender estos voltajes es crucial, ya que cada modelo, o más precisamente, la combinación de motor/controlador de velocidad, especifica el voltaje requerido para un funcionamiento adecuado y RPM. Desviarse de este requerimiento podría necesitar cambios en la transmisión o en la calificación KV del motor.

Una breve nota sobre las calificaciones de los motores: Algunos recién llegados al vuelo eléctrico pueden encontrar confusas las calificaciones de los motores eléctricos sin escobillas, particularmente la calificación kv. Contrario a lo que uno podría pensar, kv no representa kilovoltios. En cambio, denota cuántas RPM gira el motor por voltio. Por ejemplo, un motor de 1000kv con un rango de voltaje de 10-25 voltios giraría aproximadamente a 10,000 RPM a 10 voltios y hasta alrededor de 25,000 RPM a 25 voltios. Aunque no es necesario profundizar en las calificaciones de los motores aquí, vale la pena mencionarlo, ya que es un punto común de confusión entre los principiantes.

CAPACIDAD: La capacidad representa la cantidad de poder o energía que el paquete de baterías puede almacenar, medida en miliamperios-hora (mAh). Esencialmente, indica cuánta carga actual o drenaje, medido en miliamperios, la batería puede sostener durante una hora hasta que esté completamente agotada.

Por ejemplo, si una batería LiPo tiene una calificación de 1000mAh, se descargaría completamente en una hora bajo una carga de 1000 miliamperios. Si la misma batería estuviera sujeta a una carga de 500 miliamperios, duraría dos horas antes de agotarse. Sin embargo, con una carga mayor, como el drenaje común de 15 amperios en un helicóptero de tamaño 450 alimentado por un 3S durante el vuelo estacionario, la batería se agotaría en solo unos 4 minutos.

En escenarios donde se involucra un alto drenaje de corriente, optar por un paquete de baterías de mayor capacidad, como un paquete de 2000mAh, puede extender significativamente el tiempo de vuelo. Con un drenaje de 15 amperios, por ejemplo, duplicar la capacidad de la batería extendería el tiempo de vuelo a aproximadamente 8 minutos hasta el agotamiento.

La conclusión aquí es que aumentar la capacidad de la batería mejora el tiempo de vuelo. A diferencia del voltaje, la capacidad puede ajustarse para lograr duraciones de vuelo más largas o más cortas. Sin embargo, es importante considerar las limitaciones de tamaño y peso, ya que las baterías de mayor capacidad tienden a ser más grandes y pesadas. Aumentar la capacidad de una batería LiPo es similar a instalar un tanque de combustible más grande en un vehículo.

TASA MÁXIMA DE CARGA: Esto denota la corriente máxima de carga segura especificada por el fabricante para la batería. Es importante tener en cuenta que cargar la batería a su tasa máxima puede reducir su vida útil total, como se detalla más adelante en esta página en la sección de cálculo de carga de LiPo. Esencialmente, esta cifra representa un máximo seguro, no una opción óptima para maximizar la longevidad de la batería.

TASA DE DESCARGA: ¿Recuerdas la tercera cifra que mencioné anteriormente cuando estás comprando baterías LiPo? Sí, esa es la tasa de descarga. Este aspecto es quizás el más sobrevalorado y mal entendido de todas las clasificaciones de baterías. La tasa de descarga indica esencialmente qué tan rápidamente una batería puede ser descargada de manera segura. Recuerda el proceso de intercambio de iones que discutimos anteriormente en esta página. Bueno, la velocidad a la que los iones pueden moverse del ánodo al cátodo en una batería determina la tasa de descarga. En el ámbito de las baterías LiPo, esto se denomina la clasificación "C".

Si una batería tiene una clasificación de descarga de 10C, significa que puedes descargarla de manera segura a una tasa diez veces superior a su capacidad. De manera similar, un paquete de 15C permite la descarga a quince veces la capacidad, y un paquete de 20C permite la descarga a veinte veces la capacidad, y así sucesivamente.

Por ejemplo, considera nuestra batería de 1000 mAh con una clasificación de descarga de 20C. Esto implica que podrías extraer una carga sostenida de hasta 20,000 miliamperios o 20 amperios de la batería. Para ponerlo en perspectiva, esto equivale a aproximadamente 333 mAh de consumo por minuto. Por lo tanto, el paquete de 1000 mAh se agotaría completamente en unos 3 minutos si se expone continuamente a la tasa de descarga máxima de 20C. Aquí está el cálculo: 20,000 mA divididos por 60 minutos igual a 333 mAh, que luego se divide en la capacidad de 1000 mAh del paquete, dando un total de 3.00 minutos.

La mayoría de los paquetes de baterías LiPo muestran tanto la clasificación C continua como una clasificación C máxima de ráfaga. La clasificación de ráfaga indica la tasa de descarga de la batería para ráfagas breves, que generalmente duran unos pocos segundos como máximo. Por ejemplo, podrías ver algo como "Tasa de descarga = 25C Continua/50C Ráfagas".

Generalmente, las clasificaciones C más altas resultan en baterías más caras y ligeramente más pesadas. Aunque optar por un paquete con una alta clasificación de descarga puede no ser necesario, seleccionar una clasificación de descarga C demasiado baja puede dañar tu batería y posiblemente tu controlador de velocidad electrónico (ESC).

Elegir la clasificación C adecuada depende de tus necesidades específicas y presupuesto. Para principiantes o aquellos que participan en actividades de vuelo más ligeras, optar inicialmente por paquetes con clasificación C más baja puede ser un enfoque rentable. De manera similar, para multi/quad-rotores que requieren menos corriente, los paquetes con clasificación C más baja a menudo son suficientes. Como guía aproximada, los paquetes con clasificaciones de descarga de 25C a 30C son adecuados para la mayoría de los helicópteros eléctricos de tamaño 250-450 que participan en vuelos generales o deportivos ligeros. Los modelos más grandes pueden requerir paquetes clasificados entre 30C y 35C, mientras que los estilos de vuelo más agresivos pueden necesitar paquetes con clasificaciones de descarga de 40C y superiores.

A medida que la tecnología avanza, los paquetes de LiPo se están volviendo más asequibles. Si encuentras un paquete con una clasificación de descarga más alta a un precio comparable al de uno con clasificación más baja, optar por el primero puede ofrecer beneficios como un funcionamiento más fresco y una vida útil más larga. Sin embargo, es importante evitar llevar un paquete LiPo a sus límites, ya que esto puede reducir significativamente su vida útil total. Con el cuidado adecuado, un paquete con una clasificación de descarga al menos el doble del uso máximo previsto puede soportar típicamente alrededor de 400 ciclos de carga y descarga con una degradación promedio.

En lo que respecta a las aeronaves eléctricas de alto voltaje (HV), que usan paquetes LiPo de más de 8S, a menudo operan a niveles de corriente reducidos. En consecuencia, clasificaciones de descarga más bajas pueden ser suficientes para estas aplicaciones. Sin embargo, vale la pena mencionar que los entusiastas que operan modelos HV en sus límites todavía pueden requerir paquetes con clasificaciones de descarga altas. No obstante, el mayor voltaje ofrecido por las configuraciones HV puede proporcionar ventajas como la reducción de la corriente y la generación de calor.

Por último, monitorear la temperatura de tus paquetes después de usarlos proporciona otro medio efectivo para evaluar si estás utilizando una clasificación C suficiente. Desafortunadamente, a pesar de que un paquete esté etiquetado como 30C, su rendimiento en el mundo real puede no necesariamente alinearse con esta especificación. En términos prácticos, las clasificaciones C carecen de verificabilidad, lo que las hace algo arbitrarias. Además, a medida que los paquetes envejecen, su resistencia interna tiende a aumentar, lo que resulta en clasificaciones C más bajas y temperaturas elevadas durante la operación.

Como guía general, si te resulta incómodo agarrar firmemente un paquete LiPo después de usarlo, probablemente esté demasiado caliente. Además, dejar los paquetes dentro de un vehículo en un día caluroso y soleado puede elevar sustancialmente su temperatura, potencialmente superando los 40°C. Ya sea que el calor provenga de fuentes internas o externas, ambos escenarios tienen efectos perjudiciales en el rendimiento y la longevidad de los LiPo. En climas cálidos, puede ser prudente almacenar paquetes LiPo completamente cargados en un refrigerador si van a mantenerse en un vehículo cerrado durante algún tiempo.

Sobrecarga

La descarga excesiva es sin duda la principal culpable de dañar las baterías LiPo de manera irreversible y de aumentar rápidamente su temperatura. Llevar un paquete LiPo hasta o por debajo de 3.0 voltios por celda bajo carga puede resultar en una generación significativa de calor y reducir drásticamente su vida útil.

Para prevenir tales daños, se recomienda encarecidamente adherirse a la "regla del 80%". Esta regla aconseja no descargar un paquete LiPo más allá del 80% de su capacidad para garantizar su seguridad. Por ejemplo, si posees un paquete LiPo de 2000 mAh, limitar la extracción a no más de 1600 mAh (80% de 2000 mAh) es prudente. Sin embargo, es esencial considerar que a medida que los paquetes envejecen, su capacidad disminuye.

Utilizar cargadores computarizados es invaluable para adherirse a esta regla, ya que proporcionan información sobre la capacidad de la batería, permitiendo ajustar los tiempos de vuelo en consecuencia. Alternativamente, medir el voltaje en circuito abierto inmediatamente después de un vuelo también puede indicar una descarga del 80%, con una celda LiPo descargada mostrando típicamente alrededor de 3.74 a 3.75 voltios.

La implementación de monitores de batería LiPo después del vuelo facilita la adherencia a la regla del 80% al evaluar con precisión el estado de carga. Estos monitores ofrecen una visión rápida de los voltajes individuales de las celdas y el voltaje total del paquete, ayudando a determinar si el paquete se ha descargado dentro de límites seguros.

Sin embargo, es crucial verificar la precisión de estos monitores contra voltímetros digitales calibrados o cargadores computarizados, ya que los monitores más baratos pueden carecer de precisión. Además, confiar en la duración de los vuelos temporizados ofrece un enfoque práctico, especialmente al considerar las limitaciones de los monitores de bajo voltaje o las advertencias de voltaje de la telemetría.

No obstante, el vuelo agresivo o intenso requiere precaución, ya que la regla del 80% puede ser demasiado conservadora. En tales escenarios, limitar la descarga al 70% o incluso al 60% puede ser más apropiado para maximizar la vida útil de LiPo.

La resistencia interna emerge como otro parámetro crítico en la evaluación de la salud de la batería LiPo. Típicamente varía de 2 a 6 miliohmios para celdas de mayor capacidad y clasificación de descarga cuando son nuevas, esta resistencia aumenta con la edad, llevando a temperaturas elevadas y pérdida de capacidad. Los cargadores computarizados de buena calidad soportan la medición de la resistencia interna, permitiendo a los usuarios rastrear la condición de la batería de manera precisa a lo largo del tiempo.

Cargando baterías LiPo

Cargar baterías LiPo requiere atención cuidadosa debido a sus características distintas en comparación con los tipos convencionales de baterías recargables. Usar un cargador específicamente diseñado para baterías de química de litio es crucial tanto para la vida útil de la batería como para la seguridad.

Un aspecto crítico a considerar es el voltaje y la corriente máxima de carga. Una celda de batería LiPo de 3.7 voltios está completamente cargada a 4.2 voltios, y cargarla más allá de eso puede acortar significativamente su vida útil. Estudios indican que cargar hasta 4.1V puede rendir más de 2000 ciclos, mientras que cargar hasta 4.2V proporciona alrededor de 500 ciclos. Cargar más allá de 4.2V reduce drásticamente la vida útil del ciclo. Algunos entusiastas sugieren un voltaje de terminación de 4.15 voltios por celda para un rendimiento óptimo y vida útil del ciclo. Además, están surgiendo nuevas celdas LiPo de "alto voltaje" capaces de manejar hasta 4.35 voltios mientras mantienen una vida útil de 500 ciclos.

Usar un cargador especificado para baterías LiPo y seleccionar el voltaje o conteo de celdas correcto es vital. No hacerlo puede llevar a daños en la batería o incluso a riesgos de incendio. Los cargadores de baterías LiPo típicamente emplean el método de carga de corriente constante/voltaje constante (cc/cv), reduciendo gradualmente la corriente de carga a medida que el voltaje de la batería se acerca al 100%.

Al seleccionar la corriente de carga, es esencial adherirse a la "regla de 1C"—nunca cargue un paquete LiPo a una tasa mayor que su capacidad. Mientras algunos expertos abogan por cargar a tasas de hasta 2C o 3C en paquetes de alta calidad con baja resistencia interna, hacerlo puede reducir la vida útil de la batería. Cargar por encima de 1C aumenta el riesgo de fuga térmica y abultamiento, particularmente en temperaturas ambiente altas.

Siete factores principales contribuyen a acortar la vida útil de la batería LiPo, incluyendo el calor, dejar la batería completamente cargada por períodos prolongados, la descarga excesiva, la sobrecarga, el equilibrado inadecuado, el voltaje de almacenamiento incorrecto y el daño físico.

Equilibrar paquetes de baterías LiPo de múltiples celdas es crítico para asegurar que todas las celdas mantengan niveles uniformes de voltaje. El equilibrio previene la sobrecarga o descarga de celdas individuales, lo cual puede dañar la batería o plantear riesgos de seguridad. Mientras que las baterías LiPo de una sola celda no requieren equilibrio, los paquetes de múltiples celdas deben ser equilibrados regularmente. Esto puede lograrse durante la carga a través del enchufe de balance usando un cargador equilibrador, con un equilibrador independiente conectado durante la carga, o después de la carga con un equilibrador independiente. Alternativamente, usar un cargador computarizado con circuito de balance integrado es el método más seguro y eficiente, asegurando que cada celda esté adecuadamente equilibrada y cargada para extender la vida útil de la batería.

Cargar baterías LiPo en un suelo de concreto puede ser una práctica segura cuando se hace con las precauciones adecuadas. Aquí te detallo algunos consejos de seguridad mencionados:

1. **Cargar en el Suelo de Concreto**: Cargar baterías LiPo de múltiples celdas más grandes directamente en el suelo de concreto de un taller, lejos de materiales combustibles, es una práctica común. El concreto no es inflamable y puede ayudar a contener cualquier fuego potencial.

2. **Enfriar Antes de Cargar**: Deja que la batería LiPo se enfríe durante al menos 15 minutos después de usarla antes de cargarla. Cargar una batería caliente puede causar sobrecalentamiento y daños.

3. **Nunca Dejar sin Supervisión**: Es crucial nunca dejar las baterías LiPo cargándose sin supervisión. Aunque no siempre sea práctico permanecer en la misma habitación, nunca salgas de casa mientras las baterías están cargando.

4. **Almacenamiento en Contenedores Metálicos**: Almacenar baterías LiPo en cajas de herramientas metálicas o cajas de munición puede ayudar a contener cualquier fuego potencial. Estos contenedores ofrecen una protección superior en comparación con las bolsas o sacos para LiPo.

5. **Detector de Humo y Extintor de Incendios**: Instalar un detector de humo sobre el área de carga y tener un extintor de incendios cerca añade una capa extra de seguridad. En caso de incendio, estas medidas pueden ayudar a detectarlo temprano y suprimirlo. Estas precauciones de seguridad tienen como objetivo mitigar los riesgos asociados con las baterías LiPo, como los peligros de incendio. Aunque las baterías LiPo son generalmente seguras si se manejan correctamente, seguir las pautas de seguridad y estar preparado para emergencias es esencial para su uso responsable.

Almacenamiento

La forma en que almacenas tus baterías LiPo entre usos impacta significativamente en su vida útil. Como mencioné anteriormente, una celda LiPo que cae por debajo de

3 voltios bajo carga (aproximadamente 3.6V de voltaje en circuito abierto) suele estar irreversiblemente dañada, lo que resulta en una capacidad reducida o la incapacidad para mantener la carga debido a la oxidación de la celda. Almacenar baterías cerca de este umbral de voltaje crítico supone el riesgo de daño irreversible.

Con el tiempo, las baterías se descargan por sí mismas, aunque las baterías LiPo lo hacen a un ritmo más lento en comparación con otros tipos de baterías recargables, perdiendo aproximadamente el 1% de su capacidad por mes. Sin embargo, dejarlas en un estado casi completamente descargado durante períodos prolongados puede llevar a daños irreversibles a medida que las celdas se oxidan.

Es esencial almacenar baterías LiPo en un estado de carga, pero no completamente cargadas, ya que esto también puede degradar la matriz de celdas. Las baterías LiPo completamente cargadas deben usarse prontamente, similar a los autos de F1 esperando en la parrilla. La velocidad a la que las baterías LiPo envejecen durante el almacenamiento depende tanto de la temperatura de almacenamiento como del estado de carga.

Para una vida óptima de la batería, se recomienda almacenar baterías LiPo RC en un cuarto fresco, lo cual ralentiza la reacción química, en un estado de carga de alrededor del 40-60%, equivalente a aproximadamente 3.85 voltios por celda. Almacenar baterías dentro de este rango ayuda a mantener la estabilidad. Almacenar baterías en el refrigerador, cerca de 0 grados Celsius, puede extender el tiempo de almacenamiento al ralentizar la reacción química que oxida el cátodo en las celdas. Este método es particularmente útil para paquetes más pequeños utilizados en micros.

Para garantizar la longevidad y seguridad, sigue las mejores prácticas para almacenar baterías LiPo:

1. Mantén una carga de 3.8V por celda (40-50% de carga).

2. Almacena las baterías en un lugar a prueba de fuego o usa una bolsa LiPo Safe hecha de material resistente al fuego.

3. Asegúrate de que las baterías se almacenen a temperatura ambiente.

4. Si almacenas baterías LiPo completamente cargadas en el refrigerador, empácalas en una bolsa con cierre hermético y elimina el aire para prevenir la condensación. Permite que el paquete de baterías se caliente hasta la temperatura ambiente antes de usarlo, especialmente para paquetes más grandes.

Siguiendo estas pautas, puedes maximizar la vida útil de tus baterías LiPo y asegurar un uso seguro y eficiente.

Desde una perspectiva química, la hinchazón de una batería LiPo puede atribuirse a tres causas principales, junto con un factor agravante que empeora la situación universalmente. Aunque estos problemas también afectan a las baterías de iones de litio con carcasa dura, la carcasa dura puede soportar una presión significativa antes de expandirse.

Contaminación por agua: El agua, junto con otras sustancias que contienen oxígeno que puede liberarse por electrólisis o calor, actúa como un contaminante en las baterías LiPo, lo que lleva a la oxidación del litio y la consiguiente hinchazón de la celda. La presencia de agua dentro de la batería conduce a la producción de oxígeno y hidrógeno libres, contribuyendo a la inestabilidad. Las condiciones de descarga excesiva o carga excesiva exacerban esta situación, resultando en la formación de hidróxido de litio.

Degradación de la fórmula por carga/descarga excesiva: La sobrecarga o la carga rápida de las baterías de litio causa una acumulación de exceso de litio libre en el ánodo, lo que lleva a la formación de placas de litio metálico. Este proceso resulta en la formación de óxido de litio en el ánodo, que consume átomos de oxígeno y libera oxígeno libre. De manera similar, la descarga excesiva lleva a la formación de óxido de litio en el cátodo, aunque a un ritmo más lento. Este abuso causa corrosión en ambos polos de la batería, impactando significativamente su rendimiento y vida útil.

Construcción deficiente del separador: Algunas baterías LiPo de baja calidad sufren de una formulación deficiente del separador, resultando en un separador seco con alta resistencia interna. Con el tiempo, un porcentaje más alto del LiPo se convierte en óxido de litio, haciendo que la resistencia interna aumente aún más. Además, las inconsistencias en la química del ánodo o del cátodo dentro de los lotes de baterías contribuyen a discrepancias de rendimiento y a la posible hinchazón.

Factor agravante del calor: El calor acelera la degradación de las baterías LiPo y exacerba la hinchazón. Mientras que operar baterías LiPo a temperaturas más altas mejora el rendimiento, el calor excesivo durante la carga o descarga conduce a la generación significativa de litio metálico, una causa principal de hinchazón y destrucción de celdas. El voltaje permisible por celda disminuye con el aumento de las temperaturas, y el calor excesivo puede romper enlaces químicos, liberando litio para unirse con oxígeno y crear óxido de litio.

Selección de Baterías

Para lograr una duración y rendimiento óptimos del vuelo, es crucial entender cómo seleccionar la batería LiPo correcta para tu dron. Al igual que otros componentes en un sistema de dron, las baterías están interconectadas, y elegir la correcta depende de factores como el tamaño del dron y el tipo y cantidad de motores utilizados. Esta guía tiene como objetivo describir los pasos para asegurar la compatibilidad entre tu batería y el sistema de dron antes de realizar una compra.

Determinación del Tamaño de Batería Necesario: Para maximizar los tiempos de vuelo, es aconsejable usar la batería más grande en términos de capacidad que se ajuste al peso máximo de despegue de tu dron. Además, considera las dimensiones físicas de la batería para asegurar que se ajuste al espacio designado en tu dron.

Evaluación de la Tasa de Descarga y Capacidad de la Batería: Uno de los factores más críticos y a menudo pasados por alto es verificar la clasificación C de descarga de la batería para asegurar que sea óptima para tu dron. Usar una tasa de descarga demasiado baja puede dañar la batería y llevar a un bajo rendimiento, mientras que una clasificación demasiado alta agrega peso innecesario, reduciendo el tiempo de vuelo.

Cálculo del Máximo de Corriente Continua: Para determinar el consumo total de corriente de tu sistema de dron, usa la fórmula: Consumo Máximo de Amps Continuos (A) = Capacidad de la Batería (Ah) x Tasa de Descarga (C). Por ejemplo, para una batería LiPo de 3 celdas y 5100mAh con una clasificación de 10C, el consumo máximo continuo de amperios sería (5.1Ah x 10) = 51A.

Encontrando la Clasificación C Óptima: Examinando las especificaciones de tus motores, particularmente las tablas de datos de empuje, puedes identificar el consumo máximo de corriente. Por ejemplo, si cada motor consume 10A en el empuje máximo, y tienes cuatro motores, el consumo total de corriente sería 4 x 10A = 40A. Teniendo en cuenta otros equipos, como pilotos automáticos y equipo FPV, añade un margen adicional, como 1A, al consumo total de corriente.

Determinación de Requisitos de Capacidad: Elige una batería con una capacidad y clasificación C que cumplan con el consumo de corriente requerido mientras mantienes el peso del dron alrededor del 50-70% del empuje máximo del motor. Apunta a la batería de la mayor capacidad posible dentro de este límite de peso.

Considerando el Voltaje de la Batería (Conteo de Celdas): El voltaje de la batería afecta la salida de potencia del motor, con voltajes más altos permitiendo más potencia. Sin embargo, las baterías de mayor voltaje son más pesadas debido a que contienen más celdas.

Consulta las tablas de datos de empuje del motor para comparar eficiencia y potencia con diferentes conteos de celdas.

Selección de Conectores de Batería: Elige un conector de batería que se ajuste a tu preferencia y mantente con él para facilitar el uso y la compatibilidad en diferentes drones. Los conectores comunes incluyen Deans/Tplug, XT60 y EC3.

Número de Baterías: La decisión de usar una o más baterías depende de factores como seguridad, tiempo de carga, costo y complejidad. Múltiples baterías ofrecen redundancia y una carga más rápida, pero pueden ser más complejas para montar y conectar. Considera tu configuración específica de dron y preferencia personal al decidir el número de baterías a usar.

Cálculo del Tiempo de Vuelo de una Batería LiPo

Antes de determinar el tiempo de vuelo, es esencial averiguar el consumo promedio de amperaje del cuadricóptero. Una vez que tengamos esta cifra, podemos proceder a calcular la duración del vuelo.

Para calcular el tiempo de vuelo, comienza dividiendo la capacidad de la batería en amperios-hora por el consumo promedio de amperios del cuadricóptero. Luego, multiplica el resultado por 60 para obtener el tiempo de vuelo en minutos.

Por ejemplo, considera una batería LiPo de 11.1 voltios 30C 3000mAh utilizada en un Scout. Si el consumo promedio de amperios calculado del Scout es aproximadamente de 20 amperios, el tiempo de vuelo resultante sería de 9 minutos.

Aquí hay seis estrategias para prolongar la vida útil de tu batería:

1. **Consideración de la Cámara**: A menos que estés muy involucrado en fotografía o videografía aérea, considera quitar la cámara de tu cuadricóptero. Las cámaras no solo agregan peso al dron sino que también consumen su batería a un ritmo más rápido, acortando el tiempo de vuelo.

2. **Aumentar la Capacidad de la Batería**: Opta por una batería con una calificación más alta de miliamperios-hora (mAh) para lograr tiempos de vuelo más largos. Sin embargo, ten en cuenta el peso, ya que las baterías más pesadas pueden contrarrestar los beneficios de energía extendida.

3. **Experimentar con Tamaños de Hélices**: El tamaño de las hélices puede im-

pactar el consumo de energía. Las hélices más grandes pueden ser adecuadas si estás adjuntando una cámara, mientras que las más pequeñas podrían ser suficientes de otro modo. Experimenta con diferentes tamaños para encontrar el equilibrio óptimo para tu tiempo de vuelo.

4. **Volar en Condiciones Favorables**: Elige condiciones meteorológicas ideales para volar para maximizar la vida útil de la batería. Evita condiciones ventosas o lluviosas, ya que pueden hacer que el vuelo sea más desafiante y drenar la batería más rápido. Opta por un clima justo con brisas ligeras para un rendimiento óptimo.

5. **Seguir la Regla del 40-80**: En lugar de drenar completamente y recargar tu batería de iones de litio, intenta mantenerla entre un 40% y un 80% de carga. Evita la sobrecarga o el drenaje completo de la batería, ya que esto puede degradar su vida útil general. Además, carga la batería en un ambiente fresco para mantener su capacidad.

6. **Cargar Estratégicamente**: Carga tu batería unas horas antes de volar en lugar de días antes. Las baterías recargables pierden carga gradualmente cuando están fuera del cargador, por lo que programar tus cargas más cerca del tiempo de vuelo puede ayudar a maximizar el rendimiento de la batería.

Si bien estos consejos pueden mejorar la duración del vuelo, es importante moderar las expectativas. No se pueden lograr aumentos significativos en el tiempo de vuelo, por lo que es prudente tener baterías de repuesto a mano.

Realización de Búsqueda Aérea con Aeronaves Pilotadas a Distancia

Los drones de búsqueda y rescate, también conocidos como aeronaves no tripuladas, son herramientas esenciales utilizadas por los equipos de respuesta a emergencias, incluidos la policía, los bomberos y los equipos de rescate voluntarios. Estos drones son particularmente valiosos para llevar a cabo búsquedas en áreas extensas para localizar a personas desaparecidas o víctimas que necesitan asistencia en diversos entornos.

Los vehículos aéreos no tripulados (UAV) desempeñan un papel crucial al proporcionar información visual y datos en tiempo real, especialmente después de desastres naturales como terremotos o huracanes. Sirven como sistemas de vigilancia aérea, ayudando en la búsqueda de personas perdidas, incluso en terrenos accidentados como montañas.

En emergencias donde hay vidas en riesgo, la información oportuna y las imágenes en vivo son vitales para la toma de decisiones por parte del personal de emergencia. Los UAV ofrecen conciencia situacional sobre áreas extensas rápidamente, minimizando el tiempo y la mano de obra requeridos para localizar y rescatar a personas heridas o perdidas. Esta eficiencia reduce significativamente los costos y riesgos asociados con las misiones de búsqueda y rescate, mejorando así la seguridad pública.

Las operaciones de Búsqueda y Rescate (SAR) involucran localizar y proporcionar asistencia vital a individuos en peligro y enfrentando un peligro inminente. Los esfuerzos de SAR pueden complementar otros servicios de emergencia, particularmente en entornos desafiantes como áreas remotas o en el mar, donde los servicios de emergencia tradicionales pueden enfrentar limitaciones.

Los UAS desplegados en operaciones SAR tienen aplicaciones versátiles, que incluyen:

- Búsqueda y rescate en casos de terrorismo

- Asistencia a redes de comunicación de emergencia

- Monitoreo de diversas catástrofes como accidentes nucleares, incendios, colisiones y accidentes

- Vigilancia de desastres naturales como deslizamientos de tierra, incendios forestales, inundaciones y tormentas

- Localización de personas desaparecidas

- Realización de operaciones de socorro post-desastre

Figura 108: Un operador de drones certificado por la FAA está atado con una cuerda y mira hacia el borde del cañón. Parque Nacional del Gran Cañón, CC BY 2.0, a través de Wikimedia Commons.

OPERACIONES CON DRONES

Los drones desempeñan un papel vital en las operaciones de búsqueda y rescate (SAR) al proporcionar capacidades valiosas que mejoran la efectividad y eficiencia de los esfuerzos de búsqueda. Aquí está cómo se utilizan los drones en búsqueda y rescate:

1. Vigilancia Aérea: Los drones están equipados con cámaras y sensores que proporcionan imágenes aéreas y videos en tiempo real. Esto permite a los equipos de búsqueda cubrir grandes áreas de manera rápida y eficiente, escaneando terrenos de difícil acceso como bosques, montañas o áreas afectadas por desastres.

2. Despliegue Rápido: Los drones pueden ser desplegados rápidamente, lo que permite a los equipos de búsqueda comenzar las operaciones inmediatamente después de recibir una llamada de socorro o cuando ocurre una emergencia. Este rápido tiempo de respuesta puede ser crítico en situaciones donde cada minuto cuenta, como localizar a personas desaparecidas o evaluar la magnitud de un desastre natural.

3. Detección Remota: Los drones pueden llevar sensores especializados como cámaras de imagen térmica o cámaras multiespectrales, que pueden detectar firmas de calor, calor corporal u otras anomalías que puedan indicar la presencia de sobrevivientes o individuos en peligro, incluso en condiciones de poca luz o follaje denso.

4. Optimización del Patrón de Búsqueda: Los drones pueden ser programados para volar patrones de búsqueda predeterminados, cubriendo áreas designadas de manera sistemática y exhaustiva. Esto ayuda a los equipos de búsqueda a evitar la duplicación de esfuerzos y asegura que ninguna área sea pasada por alto durante la operación de búsqueda.

5. Acceso a Áreas Inaccesibles: Los drones pueden acceder a áreas que son difíciles o peligrosas para los equipos de búsqueda humanos, como acantilados empinados, bosques densos o áreas afectadas por desastres naturales. Esta capacidad permite a los drones buscar en áreas que de otro modo serían inaccesibles, aumentando las posibilidades de localizar a personas desaparecidas o sobrevivientes.

6. Conciencia Situacional: Los drones proporcionan a los equipos de búsqueda una conciencia situacional en tiempo real, permitiéndoles evaluar las condi-

ciones en el terreno, identificar posibles peligros y coordinar los esfuerzos de rescate de manera más efectiva. Esta información ayuda a los tomadores de decisiones a priorizar recursos y asignarlos donde más se necesitan.

7. Relevo de Comunicación: Los drones equipados con equipo de comunicación pueden servir como un relevo entre los equipos de búsqueda en el terreno y los centros de mando, proporcionando un enlace de comunicación confiable en áreas remotas o afectadas por desastres donde la infraestructura de comunicación tradicional puede estar interrumpida.

En general, los drones son herramientas valiosas en operaciones de búsqueda y rescate, proporcionando a los equipos de búsqueda capacidades mejoradas, una mayor conciencia situacional y una mayor eficiencia, ayudando en última instancia a salvar vidas en emergencias y desastres.

Comunicaciones SAR

El uso de frecuencias en operaciones de búsqueda y rescate (SAR) es crítico para una comunicación y coordinación efectivas durante emergencias. El tráfico de socorro abarca todos los mensajes relacionados con la asistencia inmediata requerida por individuos, aeronaves o embarcaciones marinas en peligro. Esto incluye comunicaciones SAR y comunicaciones en el lugar del incidente.

Las llamadas de socorro tienen prioridad absoluta sobre todas las otras transmisiones. Al recibir una llamada de socorro, todas las otras transmisiones en la frecuencia deben cesar inmediatamente para prevenir interferencias con la llamada de socorro [67]. Ciertas frecuencias están designadas como protegidas, lo que significa que están exclusivamente reservadas para comunicaciones de socorro y seguridad. El personal SAR debe estar atento para no causar interferencias y debería cooperar con las autoridades para reportar y detener cualquier transmisión no autorizada.

Las comunicaciones SAR deben facilitar varias funciones clave:

1. **Transmisión rápida de mensajes de socorro**: Es esencial que los mensajes de socorro se transmitan rápidamente para alertar a las autoridades de rescate e iniciar los esfuerzos de respuesta.

OPERACIONES CON DRONES   529

2. **Comunicación rápida de información de socorro**: Una vez que se recibe un mensaje de socorro, debe ser comunicado rápidamente a las autoridades de rescate relevantes para asegurar una acción rápida.

3. **Coordinación de unidades SAR**: La coordinación efectiva entre las unidades SAR es necesaria para optimizar los esfuerzos de búsqueda y rescate y asegurar que los recursos se desplieguen eficientemente.

4. **Enlace entre autoridades controladoras/coordinadoras y unidades SAR**: Se necesitan canales de comunicación claros para facilitar la colaboración entre las autoridades controladoras o coordinadoras y las unidades SAR en el terreno o en el campo.

Las llamadas de prioridad, conocidas como llamadas de prioridad de radiotelefonía, se utilizan comúnmente para levantar alarmas e indicar la gravedad de la situación. Estas llamadas de prioridad se categorizan en tres niveles progresivos [67]:

1. **Socorro (MAYDAY)**: Indica una situación donde se requiere asistencia inmediata para prevenir la pérdida de vidas o lesiones graves.

2. **Urgencia (PAN PAN)**: Indica una situación urgente pero no inmediatamente mortal, como una falla mecánica o una emergencia médica que requiere asistencia.

3. **Seguridad (SECURITE)**: Indica un mensaje relacionado con la seguridad, como peligros de navegación o advertencias meteorológicas, para alertar a otras embarcaciones o aeronaves en las cercanías.

Dispositivos de Señalización de Emergencia

En situaciones de socorro en el mar o en áreas remotas, los individuos pueden recurrir a varios métodos para alertar a los posibles rescatistas. Estos dispositivos de señalización de emergencia varían desde sofisticados radios balizas de emergencia hasta simples espejos reflectantes.

Dispositivos Diurnos

Los espejos reflectantes sirven como dispositivos de señalización diurna efectivos, permitiendo a los sobrevivientes redirigir la luz solar hacia las unidades de búsqueda y rescate (SAR). Se ha observado espejos desde distancias de hasta 45 millas y altitudes de 10,000 pies, aunque el rango promedio de detección es de alrededor de 10 millas.

Además, materiales fluorescentes, como la cinta retrorreflectante, mejoran la visibilidad y han sido detectados desde distancias de hasta cinco millas, con un promedio de 3.5 millas. Otro herramienta de señalización diurna es el marcador de tinte marino fluorescente, que colorea el agua de verde o rojo, visible desde distancias de hasta 10 millas, aunque puede no ser visible al buscar contra el resplandor del sol. Las señales que generan humo naranja han sido avistadas a distancias de hasta 12 millas, con un promedio de ocho millas, pero su efectividad disminuye en condiciones de viento. Las bengalas pirotécnicas, aunque utilizables durante el día, tienen un rango detectable de solo alrededor del 10 por ciento en comparación con la noche.

Dispositivos Nocturnos

En escenarios nocturnos, los fuegos son señales altamente efectivas, visibles desde distancias de hasta 50 millas, dependiendo del tamaño del fuego y las condiciones de luz circundantes. Las luces estroboscópicas intermitentes sirven como dispositivos de señalización nocturnos compactos y eficientes, detectables desde distancias de hasta 20 millas, con un alcance promedio de 3.5 millas. Sin embargo, las luces incandescentes encontradas en algunos chalecos salvavidas tienen un rango detectable significativamente menor, típicamente alrededor de 0.5 milla. Las bengalas, estrellas y cohetes pueden ser detectados desde distancias de hasta 35 millas, con un promedio de 25 millas. Además, con la ayuda de Gafas de Visión Nocturna (NVG), incluso fuentes de luz tenues como las pantallas de teléfonos móviles pueden verse desde distancias considerables, mientras que fuentes de luz más grandes como fuegos, antorchas y luces estroboscópicas son visibles desde aún más lejos.

RADAR/IFF/SSR

Más allá de usar RADAR para detectar embarcaciones en peligro, los sistemas de Identificación Amigo o Enemigo (IFF) pueden utilizarse para mejorar la detectabilidad por RADAR. IFF comprende un interrogador y un transpondedor, con el interrogador enviando desafíos electrónicos y el transpondedor respondiendo con pulsos. Estas respuestas, mostradas ligeramente más allá del objetivo RADAR, pueden ser detectadas a mayores rangos que la propia embarcación. Adicionalmente, los sistemas de RADAR de Vigilancia Secundaria (SSR), utilizados por Airservices Australia y aeronaves civiles, funcionan de manera similar y son compatibles con protocolos de emergencia.

Radio y Balizas de Socorro

La comunicación estándar por radio y varios equipos de emergencia, incluyendo transmisores VHF portátiles, balizas de socorro (aprobadas por GMDSS), AIS-SARTs y Transpondedores SAR de 9 GHz, ayudan a los sobrevivientes a transmitir señales y mensajes de socorro. Estos dispositivos son cruciales para alertar y coordinar los esfuerzos SAR en diferentes tipos de incidentes, incluyendo emergencias marítimas, aeronáuticas y terrestres.

Tipos de Incidentes SAR

Las operaciones de búsqueda y rescate (SAR) abarcan una amplia gama de incidentes que requieren una evaluación y resolución rápidas. Estos incidentes pueden categorizarse basándose en el tipo de embarcación involucrada, el ambiente y los desafíos específicos que enfrentan los individuos. Generalmente, un incidente SAR se considera inminente o real cuando se hace evidente que las personas están en peligro o cuando se realiza un llamado de asistencia.

En el ámbito marítimo, los incidentes SAR surgen bajo diversas circunstancias. Estos incluyen casos en los que un buque o embarcación de superficie solicita explícitamente ayuda, transmite una señal de socorro o muestra signos de peligro, como hundimiento o retraso excesivo. Además, los incidentes SAR pueden involucrar situaciones en las que la tripulación está abandonando el barco o enfrenta un peligro inminente debido a la operación deteriorada de la embarcación. Además, la activación de balizas de socorro o la necesidad de evacuación médica (MEDEVAC) también constituyen incidentes SAR marítimos.

Los incidentes SAR de aviación se categorizan de manera similar basados en disparadores específicos. Estos disparadores abarcan escenarios donde las aeronaves no cumplen con los protocolos de comunicación, como los horarios de reportes, o donde los procedimientos de notificación de vuelo están incompletos. Los incidentes SAR de aviación inminentes o reales pueden involucrar aeronaves que no reportan su llegada, no cumplen con las instrucciones de control de tráfico aéreo o muestran signos de peligro, como aterrizajes forzosos o accidentes. La activación de balizas de socorro, incluidos los Transmisores de Localización de Emergencia (ELT) o las Balizas de Localización Personal (PLB), también señala incidentes SAR de aviación.

En tierra, los incidentes SAR involucran diversos escenarios que requieren asistencia. Estos pueden incluir situaciones donde se reciben solicitudes de ayuda, vehículos o individuos se reportan como atrasados, o se activan balizas de socorro. Los incidentes SAR terrestres inminentes o reales también abarcan casos donde individuos o vehículos están en visible peligro o donde se justifica una evacuación médica.

En general, los incidentes SAR en los ámbitos marítimo, aéreo y terrestre exigen respuestas prontas y coordinadas para asegurar la seguridad y bienestar de los afectados. Al categorizar los incidentes basados en disparadores y condiciones específicas, los equipos SAR pueden priorizar efectivamente y desplegar recursos para mitigar riesgos y facilitar rescates oportunos.

Información de Incidentes SAR

El éxito o fracaso de cualquier operación de búsqueda y rescate (SAR) depende en gran medida de la disponibilidad y calidad de la información. Esta información debe cumplir tres criterios clave: debe ser precisa, actual y relevante. Dada la naturaleza a menudo sensible al tiempo de las operaciones SAR, es imperativo iniciar la búsqueda tan pronto como lo permita la situación. Sin embargo, las operaciones de búsqueda inevitablemente enfrentan un desafío en el que la urgencia impuesta por las circunstancias entra en conflicto con la demora inicial necesaria para recopilar y evaluar tanta información pertinente como sea posible.

Un entendimiento profundo del proceso de recopilación de información es fundamental para el Comandante de Búsqueda y el Coordinador de Gestión de Búsqueda (SMC). El proceso de información comprende cuatro etapas distintas: recolección, recopilación, evaluación y difusión. En la fase de recolección, se recopila rápidamente información pertinente a la búsqueda de fuentes diversas, incluidas algunas inesperadas. Esta información abarca detalles sobre la(s) persona(s) desaparecida(s), embarcación o aeronave, así como factores ambientales como condiciones marítimas, terreno y clima. Posteriormente, en la fase de recopilación, la información recopilada se organiza en categorías relevantes, facilitando su accesibilidad para los elementos de comando y control. La etapa de evaluación involucra el escrutinio de la información acumulada para discernir su precisión, fiabilidad y actualidad, descartando cualquier dato irrelevante o desactualizado. Finalmente, en la fase de difusión, se transmite información específica a los buscadores en el campo, las autoridades pertinentes y los familiares preocupados y medios de comunicación, asegurando que permanezca actual, precisa y pertinente para mantener la confianza en los esfuerzos de búsqueda.

La recopilación de información dentro de las operaciones SAR implica tres aspectos principales: determinar el tipo de información requerida, asegurar el acceso y la disponibilidad de la información y evaluar la información adquirida. La información clave que se debe obtener de la embarcación o individuo en peligro que informa la emergencia incluye detalles como su nombre, información de contacto, posición de la emergencia, naturaleza de la emergencia, momento de la ocurrencia y detalles sobre la embarcación o las personas involucradas. Además, la información sobre las condiciones meteorológicas y marítimas, las capacidades de navegación, el equipo de supervivencia y las posibles desviaciones de la ruta es crucial para la planificación y ejecución efectiva de la búsqueda. Otras fuentes, incluidos amigos, familiares, asociados, clubes náuticos y aero clubes, también pueden proporcionar información suplementaria valiosa para ayudar en las operaciones SAR.

Planificación de Búsqueda Aérea y Marítima

El bienestar de los sobrevivientes en operaciones de búsqueda y rescate (SAR) depende críticamente de una localización y apoyo rápidos. Al tomar conocimiento de un incidente, las autoridades SAR deben iniciar de manera pronta procedimientos para una búsqueda rápida en la zona más probable de peligro. Típicamente, la respuesta inicial SAR implica emplear técnicas simples para cubrir rápidamente el área probable de peligro. Esta área de búsqueda inicial se delinea típicamente en formas básicas como círculos, cuadrados o rectángulos, adaptados a la naturaleza de la operación de la embarcación en peligro. Incluye todas las rutas alternativas plausibles de la embarcación e incorpora áreas resaltadas por datos de inteligencia. Esta estrategia preliminar precede a cálculos más intrincados que producen una zona de búsqueda más precisa, formando la base para una acción planeada y ejecutada formalmente si la búsqueda inicial no tiene éxito. Esta primera etapa de búsqueda permite la asignación y la instrucción rápidas de los recursos necesarios.

El proceso de planificación de búsqueda comprende varios pasos clave. En primer lugar, evaluar la situación incluye valorar los resultados de cualquier esfuerzo de búsqueda anterior. Luego, es crucial estimar la ubicación del incidente de peligro y los posibles movimientos post-peligro de los sobrevivientes. Estas estimaciones se utilizan luego para determinar la ubicación más probable de los sobrevivientes y la incertidumbre asociada. Posteriormente, se determina la asignación óptima de los recursos de búsqueda disponibles para maximizar la probabilidad de localizar a los sobrevivientes. Esto implica definir sub-áreas de búsqueda y patrones para asignar a recursos de búsqueda específicos. Finalmente, se formula un plan de búsqueda integral, detallando la situación actual, los objetivos de búsqueda, las responsabilidades de las instalaciones de búsqueda, las instrucciones de coordinación y los requisitos de informes. Estos pasos se iteran hasta que los sobrevivientes sean encontrados o se considere inútil continuar la búsqueda basándose en la evaluación de la situación.

Cada misión SAR requiere un plan de búsqueda, que varía desde planes concisos para unidades individuales hasta planes intrincados que involucran numerosas unidades. Independientemente de la complejidad, el Coordinador de Gestión de Búsqueda (SMC) es responsable de desarrollar el plan, reconociendo que pueden estar en juego vidas humanas. El plan de búsqueda incluye elementos cruciales como una descripción detallada del objetivo de búsqueda, el área de búsqueda que abarca las condiciones meteorológicas y los riesgos potenciales, el patrón de búsqueda óptimo y el espaciado adecuado de las pistas. Si bien se puede proporcionar información detallada adicional por parte del SMC a la primera unidad de búsqueda, estos cuatro factores constituyen el mínimo requerido para llevar a cabo una búsqueda. El SMC elabora el plan de búsqueda inicial u óptimo con la suposición de que haya unidades de búsqueda suficientes y adecuadas disponibles, haciendo luego todo lo posible para asegurar los recursos necesarios.

Patrones de Búsqueda Aérea

Los patrones de búsqueda aérea son métodos sistemáticos utilizados por aeronaves para buscar objetos o individuos en áreas extensas. Estos patrones están diseñados para cubrir áreas de búsqueda designadas de manera eficiente, maximizando las posibilidades de localizar el objetivo mientras se minimiza el tiempo y los recursos utilizados. Existen varios tipos de patrones de búsqueda aérea, cada uno adecuado para diferentes escenarios y condiciones ambientales. Los patrones de búsqueda aérea comúnmente empleados incluyen:

Patrón de Línea de Rastreo: Una búsqueda de patrón de línea de rastreo, también conocida simplemente como búsqueda de línea de rastreo, es un método de búsqueda aérea sistemático utilizado para cubrir grandes áreas de terreno o agua de manera sistemática. En este patrón de búsqueda, la aeronave vuela a lo largo de pistas paralelas predeterminadas, separadas por una distancia especificada, similar a las líneas en una cuadrícula. El objetivo es garantizar una cobertura completa del área de búsqueda mientras se mantiene un proceso de búsqueda estructurado y eficiente.

Así es como típicamente funciona una búsqueda de patrón de línea de rastreo:

1. **Planificación**: Antes de iniciar la búsqueda, los planificadores de búsqueda analizan la información disponible, como la última ubicación conocida del objetivo, las condiciones meteorológicas predominantes y cualquier otra inteligencia relevante. Basados en esta información, determinan los límites del área de búsqueda y establecen el espaciado y la orientación de las líneas de rastreo.

2. **Configuración de Línea de Rastreo**: El área de búsqueda se divide en líneas de rastreo paralelas, cada una separada a un intervalo predeterminado. El espaciado entre líneas de rastreo depende de factores como el tamaño del área de búsqueda, la velocidad de la aeronave y la superposición deseada entre las trayectorias de búsqueda adyacentes.

3. **Ejecución**: Una vez establecidas las líneas de rastreo, la aeronave vuela a lo largo de cada línea de rastreo, cubriendo sistemáticamente el área de búsqueda. Típicamente, la aeronave sigue una ruta recta a lo largo de cada línea de rastreo, haciendo giros coordinados al final de cada tramo para transitar a la siguiente línea de rastreo. Los pilotos pueden usar ayudas de navegación, como sistemas GPS, para asegurar una navegación precisa a lo largo de las líneas de rastreo.

4. **Observación**: Durante el vuelo a lo largo de cada línea de rastreo, los miembros de la tripulación a bordo de la aeronave escanean continuamente el terreno o agua debajo en busca de señales del objetivo. Mantienen observación visual y/o electrónica, buscando cualquier objeto o indicador que pueda señalar la presencia del objetivo.

5. **Ajustes**: Los planificadores de búsqueda pueden ajustar el espaciado o la orientación de las líneas de rastreo basados en observaciones en tiempo real, cambios en las condiciones ambientales o nueva información recibida durante la búsqueda. Estos ajustes ayudan a optimizar el esfuerzo de búsqueda y aumentar la probabilidad de localizar el objetivo.

6. **Finalización**: La aeronave continúa volando a lo largo de las líneas de rastreo hasta que se cubre todo el área de búsqueda o hasta que se localiza el objetivo.

Una vez completada la búsqueda, los planificadores de búsqueda evalúan la efectividad del esfuerzo de búsqueda y determinan las acciones de seguimiento requeridas, como refinar el área de búsqueda o iniciar patrones de búsqueda adicionales.

Las búsquedas de patrón de línea de rastreo son comúnmente utilizadas en diversas operaciones de búsqueda y rescate, incluyendo la localización de personas desaparecidas, aeronaves derribadas o embarcaciones en peligro. Al seguir un enfoque estructurado y metódico, las búsquedas de línea de rastreo ayudan a los equipos de búsqueda a realizar búsquedas exhaustivas y eficientes, maximizando las posibilidades de localizar y rescatar el objetivo.

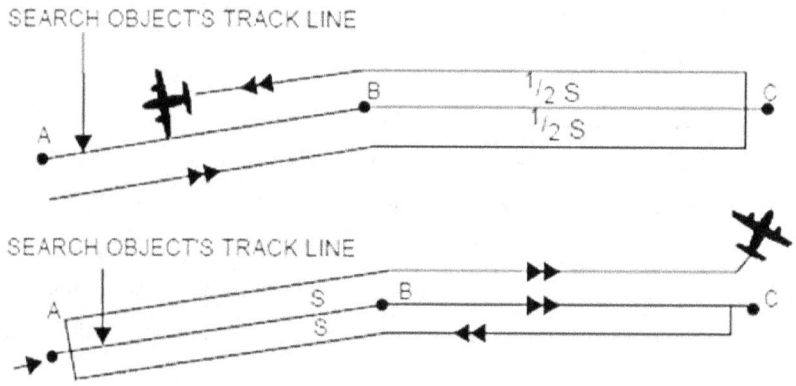

Figura 109: Patrón de búsqueda de línea de rastreo.

Patrón de Cuadrado Expansivo: En este patrón, la aeronave vuela a lo largo de una serie de tramos rectos, cada uno aumentando en longitud, formando un área de búsqueda en forma de cuadrado. Después de completar cada tramo, la aeronave realiza un giro de 90 grados para cubrir el siguiente tramo. Este patrón es adecuado para buscar en áreas grandes donde hay una alta probabilidad de que el objetivo esté dentro del área de búsqueda.

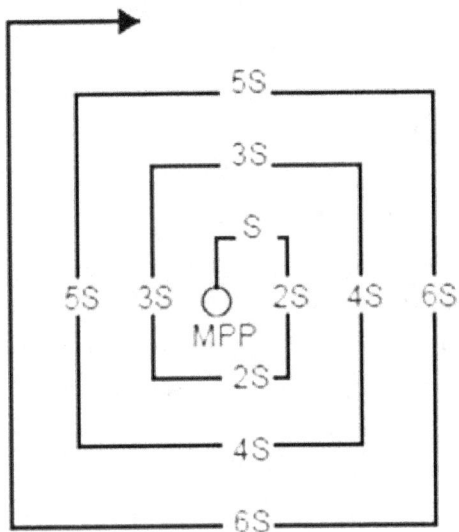

Figura 110: Patrón de búsqueda cuadrado.

Patrón de Búsqueda de Pista Paralela: También conocido como el patrón de línea de rastreo o rastreo de pista, este implica volar pistas paralelas separadas por una distancia predeterminada. La aeronave vuela a lo largo de una pista, gira al final y vuelve a lo largo de la pista adyacente. Este patrón es efectivo para la cobertura sistemática de áreas de búsqueda lineales, como costas o carreteras.

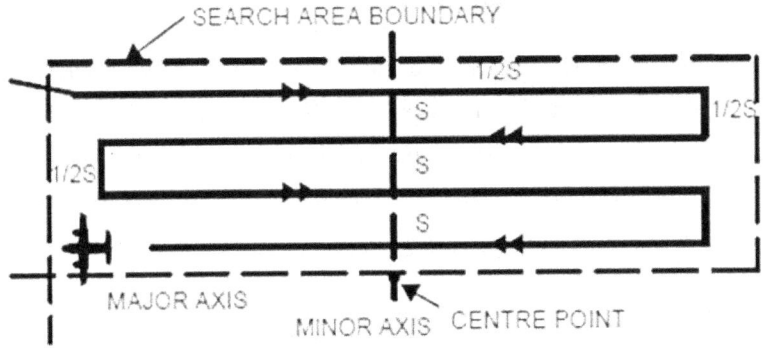

Figura 111: Patrón de búsqueda de pista paralela.

La búsqueda con patrón de pistas paralelas es un método sistemático empleado en operaciones aéreas de búsqueda y rescate para cubrir de manera eficiente grandes áreas de terreno o agua. En este patrón de búsqueda, las aeronaves vuelan a lo largo de pistas paralelas separadas por una cierta distancia, similar a las líneas en una cuadrícula. El objetivo principal es asegurar una cobertura completa del área de búsqueda mientras se mantiene un esfuerzo de búsqueda estructurado y coordinado.

Así es como típicamente funciona una búsqueda con patrón de pistas paralelas:

1. **Planificación**: Antes de iniciar la búsqueda, los planificadores de búsqueda analizan la información disponible, como la última ubicación conocida del objetivo, las condiciones meteorológicas predominantes y cualquier otra inteligencia relevante. Basándose en esta información, determinan los límites del área de búsqueda y establecen el espaciado y la orientación de las pistas paralelas.

2. **Configuración de las Pistas**: El área de búsqueda se divide en pistas paralelas, cada una separada a un intervalo predeterminado. El espaciado entre pistas depende de factores como el tamaño del área de búsqueda, la velocidad de la aeronave y la superposición deseada entre las rutas de búsqueda adyacentes.

3. **Ejecución**: Una vez establecidas las pistas paralelas, la aeronave vuela a lo largo de cada pista, cubriendo sistemáticamente el área de búsqueda. Los pilotos siguen un camino de vuelo predeterminado a lo largo de cada pista, realizando giros coordinados al final de cada tramo para pasar a la siguiente pista paralela. Ayudas de navegación, como sistemas GPS, pueden ser utilizadas para asegurar una navegación precisa a lo largo de las pistas.

4. **Observación**: Durante el vuelo a lo largo de cada pista, los miembros de la tripulación a bordo de la aeronave escanean continuamente el terreno o el agua debajo en busca de señales del objetivo. Mantienen observación visual y/o electrónica, buscando cualquier objeto o indicador que pueda señalar la presencia del objetivo.

5. **Ajustes**: Los planificadores de búsqueda pueden ajustar el espaciado o la orientación de las pistas basándose en observaciones en tiempo real, cambios en las condiciones ambientales o nueva información recibida durante la búsqueda. Estos ajustes ayudan a optimizar el esfuerzo de búsqueda y aumentar la probabilidad de localizar el objetivo.

6. **Finalización**: La aeronave continúa volando a lo largo de las pistas paralelas hasta que se cubra todo el área de búsqueda o hasta que se localice el objetivo. Una vez completada la búsqueda, los planificadores de búsqueda evalúan la efectividad del esfuerzo de búsqueda y determinan las acciones de seguimiento necesarias.

Las búsquedas con patrón de pistas paralelas son comúnmente utilizadas en diversas operaciones de búsqueda y rescate, incluyendo la localización de personas desaparecidas, aeronaves derribadas o embarcaciones en peligro. Al seguir un enfoque estructurado y metódico, las búsquedas con pistas paralelas ayudan a los equipos de búsqueda a realizar búsquedas exhaustivas y eficientes, maximizando las posibilidades de localizar y rescatar al objetivo.

Patrón de Búsqueda por Sectores: En una búsqueda por sectores, el área de búsqueda se divide en sectores, típicamente en forma de cuñas radiales desde un punto central. La aeronave vuela a lo largo de cada límite del sector, realizando giros coordinados al final de cada tramo para cubrir toda el área. Este patrón es adecuado para buscar en sectores de interés identificados en base a inteligencia o probabilidad de encontrar el objetivo.

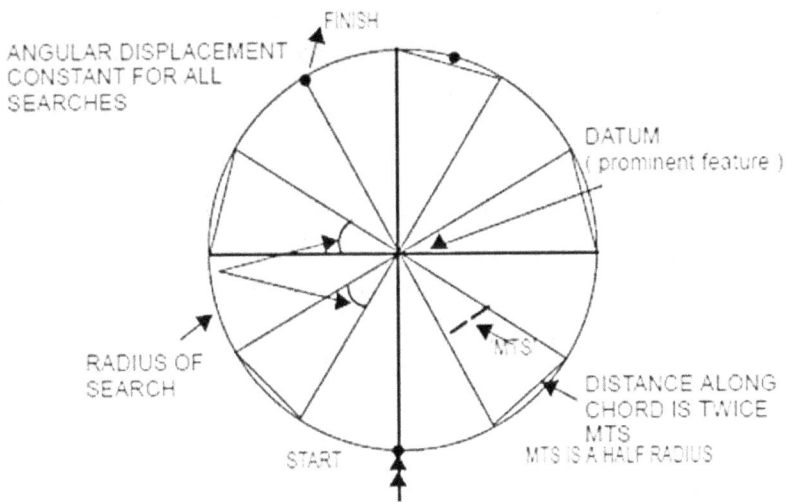

Figura 112: Patrón de búsqueda por sectores.

Patrón de búsqueda por sectores, también conocido como barrido por sectores o exploración por sectores, es un método sistemático utilizado en operaciones aéreas de búsqueda y rescate para cubrir un área definida de terreno o agua. Este método implica dividir el área de búsqueda en sectores en forma de tarta, asignando cada sector a una aeronave o recurso de búsqueda. El objetivo principal es asegurar una cobertura completa del área de búsqueda mientras se minimiza la superposición y se maximiza la eficiencia.

Así es como típicamente funciona un patrón de búsqueda por sectores:

1. **Planificación**: Los planificadores de búsqueda analizan la información disponible, como la última ubicación conocida del objetivo, las condiciones meteorológicas predominantes y cualquier otra inteligencia relevante. Basados en esta información, determinan los límites del área de búsqueda y la dividen en sectores.

2. **Asignación de Sectores**: Cada sector se asigna a una aeronave o recurso de búsqueda específico responsable de buscar en esa área. El número de sectores y el tamaño de cada sector dependen de factores como el tamaño del área de búsqueda, el número de recursos de búsqueda disponibles y la cobertura de búsqueda deseada.

3. **Ejecución**: Las aeronaves o recursos de búsqueda comienzan su búsqueda volando a lo largo del perímetro de su sector asignado, siguiendo una ruta de vuelo predeterminada. Las aeronaves suelen volar a lo largo del borde exterior del sector, convergiendo gradualmente hacia el centro mientras mantienen un radio constante desde un punto designado. Esta ruta de vuelo crea un movimiento de barrido a través del sector, cubriendo toda el área sistemáticamente.

4. **Observación**: Los miembros de la tripulación a bordo de la aeronave escanean continuamente el terreno o agua debajo en busca de señales del objetivo. Mantienen observación visual y/o electrónica, buscando cualquier objeto o indicador que pueda señalar la presencia del objetivo. Los observadores pueden usar binoculares, cámaras u otro equipo especializado para mejorar sus capacidades de búsqueda.

5. **Superposición**: En algunos casos, los sectores adyacentes pueden superponerse ligeramente para asegurar una cobertura completa y eliminar huecos entre las áreas de búsqueda. Esta superposición ayuda a minimizar el riesgo de perder al objetivo debido a incertidumbres en los límites del área de búsqueda o la ubicación del objetivo.

6. **Comunicación**: Los equipos de búsqueda mantienen comunicación entre sí y con el centro de coordinación para proporcionar actualizaciones sobre su progreso, compartir información y coordinar los esfuerzos de búsqueda. Esta comunicación asegura que los recursos de búsqueda trabajen juntos de manera efectiva y eviten la duplicación de esfuerzos.

7. **Finalización**: Una vez que todos los sectores han sido buscados, los planificadores de búsqueda evalúan la efectividad del esfuerzo de búsqueda y determinan las acciones de seguimiento requeridas. Si el objetivo no se localiza, los planificadores de búsqueda pueden ajustar la estrategia de búsqueda, expandir el área de búsqueda o desplegar recursos de búsqueda adicionales basados en nueva información o desarrollos.

Los patrones de búsqueda por sectores son comúnmente utilizados en diversas operaciones de búsqueda y rescate, incluyendo la localización de personas desaparecidas, aeronaves derribadas o embarcaciones en peligro. Al dividir el área de búsqueda en sectores manejables y asignar recursos de búsqueda específicos a cada sector, las búsquedas por sectores ayudan a los equipos de búsqueda a realizar búsquedas exhaustivas y eficientes, aumentando la probabilidad de localizar y rescatar al objetivo.

Patrón de Búsqueda en Línea Serpenteante: En este patrón, la aeronave vuela a lo largo de una línea recta a baja altitud, típicamente siguiendo una característica del terreno o un punto de referencia. La aeronave mantiene una velocidad de tierra lenta, permitiendo una observación minuciosa del área de búsqueda debajo. Este patrón se utiliza a menudo en áreas con terreno complejo o vegetación densa.

Patrón de Búsqueda Espiral: En una búsqueda en espiral, la aeronave gira hacia afuera desde un punto central mientras expande gradualmente el radio del círculo. Este patrón proporciona una cobertura completa de un área de búsqueda circular, con la aeronave espiralando hacia afuera hasta que se busca toda el área. Las búsquedas en espiral son útiles para localizar objetivos con una ubicación incierta o para realizar reconocimientos de áreas amplias.

Similarmente, un patrón de búsqueda por contorno, también conocido como vuelo de contorno o búsqueda de contorno, es una técnica de búsqueda utilizada en operaciones de búsqueda y rescate aéreo. En este método, las aeronaves vuelan a lo largo de las líneas de contorno de características del terreno, como laderas de montañas o costas, para cubrir sistemáticamente un área de interés. El objetivo de un patrón de búsqueda por contorno es asegurar una cobertura completa del área de búsqueda mientras maximiza las posibilidades de avistar el objetivo.

Así es como típicamente funciona un patrón de búsqueda por contorno:

1. **Análisis del Terreno**: Los planificadores de búsqueda analizan la topografía y las características del terreno del área de búsqueda para identificar líneas de contorno prominentes, como crestas, valles o líneas costeras. Estas características naturales sirven como puntos de referencia para el patrón de búsqueda por contorno.

2. **Planificación de Vuelo**: Basándose en el análisis del terreno, los planificadores de vuelo desarrollan una ruta de vuelo que sigue las líneas de contorno del terreno. Las aeronaves vuelan paralelas a estas líneas de contorno, manteniendo una altitud constante y una distancia del terreno mientras cubren el área de búsqueda designada.

3. **Control de Altitud**: Los pilotos controlan cuidadosamente la altitud de la aeronave para asegurarse de que permanezca a una distancia segura de las características del terreno debajo. Esto típicamente implica volar a una altitud constante sobre la elevación más alta dentro del área de búsqueda para evitar obstáculos y mantener una línea de vista clara.

4. **Velocidad y Dirección**: Las aeronaves mantienen una velocidad y dirección constantes durante la búsqueda, ajustando según sea necesario para seguir los contornos del terreno. Los pilotos pueden usar instrumentos de navegación o referencias visuales para asegurar una navegación precisa a lo largo de la ruta de vuelo planificada.

5. **Observación**: Los miembros de la tripulación a bordo de la aeronave escanean continuamente el terreno debajo en busca de señales del objetivo. Mantienen observación visual y/o electrónica, buscando cualquier objeto o indicador que pueda señalar la presencia del objetivo. Los observadores pueden usar binoculares, cámaras u otro equipo especializado para mejorar sus capacidades de búsqueda.

6. **Comunicación**: Los equipos de búsqueda mantienen comunicación entre sí y con el centro de coordinación para proporcionar actualizaciones sobre su

progreso, compartir información y coordinar los esfuerzos de búsqueda. Esta comunicación asegura que los recursos de búsqueda trabajen juntos de manera efectiva y eviten la duplicación de esfuerzos.

7. **Finalización**: Una vez que se cubre el área de búsqueda designada, los planificadores de búsqueda evalúan la efectividad del esfuerzo de búsqueda y determinan las acciones de seguimiento necesarias. Si el objetivo no se localiza, los planificadores de búsqueda pueden ajustar la estrategia de búsqueda, expandir el área de búsqueda o desplegar recursos de búsqueda adicionales basados en nueva información o desarrollos.

Los patrones de búsqueda por contorno son particularmente efectivos en terrenos montañosos o accidentados donde los patrones de búsqueda tradicionales pueden ser imprácticos o inseguros. Al seguir los contornos naturales del terreno, las aeronaves de búsqueda pueden cubrir sistemáticamente grandes áreas mientras minimizan el riesgo de perder el objetivo. Este método permite a los equipos de búsqueda realizar búsquedas exhaustivas y eficientes, aumentando la probabilidad de localizar y rescatar al objetivo.

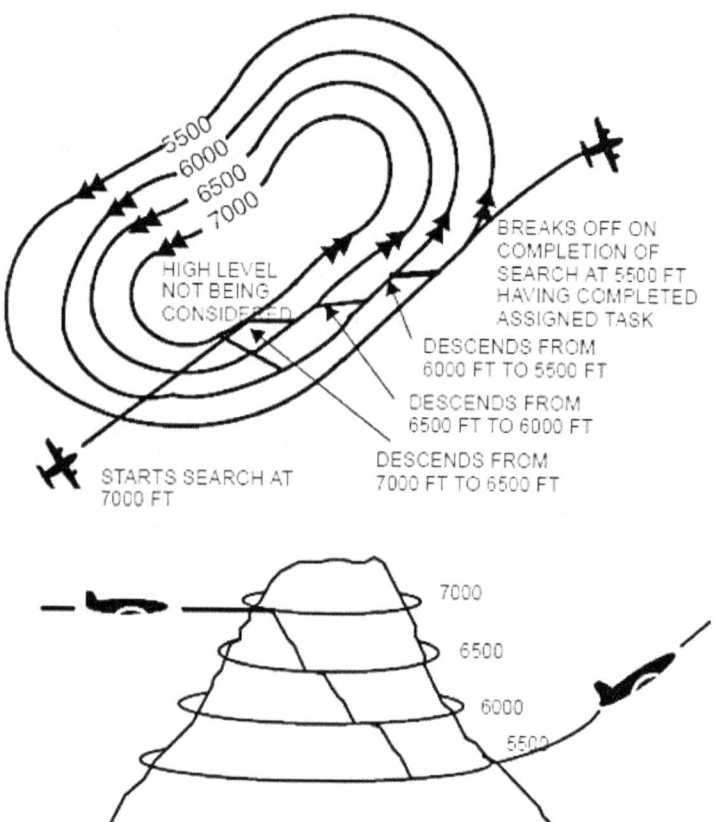

Figura 113: Patrón de búsqueda por contorno.

Patrón de Búsqueda en Cuadrícula: En una búsqueda en cuadrícula, el área de búsqueda se divide en una serie de cuadrículas o rectángulos de igual tamaño. La aeronave vuela a lo largo de cada línea de la cuadrícula, realizando giros coordinados al final de cada tramo para cubrir toda el área. Las búsquedas en cuadrícula son altamente sistemáticas y adecuadas para buscar a fondo áreas grandes y abiertas con terreno uniforme.

Patrón de Búsqueda Electrónica: Un patrón de búsqueda electrónica, también conocido como patrón de vigilancia electrónica o patrón de reconocimiento electrónico, es un método utilizado en operaciones de búsqueda y rescate (SAR) para detectar y localizar señales electrónicas emitidas por balizas de emergencia, transmisores de localización de emergencia (ELT), balizas personales de localización (PLB) y otros dispositivos de señalización de emergencia electrónicos.

Así es como típicamente funciona un patrón de búsqueda electrónica:

1. **Detección de Señales**: Los equipos de búsqueda utilizan equipos electrónicos especializados, como antenas de búsqueda de dirección (DF) o receptores de radio, para detectar señales transmitidas por balizas de emergencia u otros dispositivos de señalización de emergencia electrónicos. Estas señales pueden incluir señales de transmisor de localización de emergencia (ELT) de aeronaves accidentadas, señales de baliza personal de localización (PLB) de individuos en peligro, u otras señales de emergencia en frecuencias designadas.

2. **Monitoreo de Frecuencias**: Los equipos de búsqueda monitorean frecuencias específicas asignadas para comunicaciones de emergencia y socorro, como las frecuencias internacionales de socorro (121.5 MHz y 406 MHz) para socorro aéreo y marítimo. También pueden monitorear frecuencias adicionales utilizadas por tipos específicos de balizas de emergencia o dispositivos.

3. **Localización de Dirección**: Utilizando equipos de localización de dirección, los equipos de búsqueda determinan la dirección de la cual provienen las señales detectadas. Esta información ayuda a delimitar el área de búsqueda y proporciona orientación para los esfuerzos de búsqueda subsiguientes.

4. **Triangulación**: Tomando múltiples orientaciones de la señal desde diferentes ubicaciones, los equipos de búsqueda pueden triangular la posición de la baliza de emergencia o transmisor con mayor precisión. Este proceso de triangulación ayuda a refinar el área de búsqueda y mejora las posibilidades de precisar la ubicación exacta de la señal de socorro.

5. **Ajuste del Área de Búsqueda**: Basado en las señales detectadas y las posiciones trianguladas, los equipos de búsqueda ajustan su área de búsqueda y enfocan sus esfuerzos en áreas donde las señales son más fuertes o consistentes. También pueden considerar factores como el terreno, las condiciones meteorológicas y otra información relevante para priorizar las áreas de búsqueda.

6. **Búsqueda en Cuadrícula**: En algunos casos, los equipos de búsqueda pueden realizar una búsqueda en cuadrícula o un barrido sistemático del área de búsqueda para asegurar una cobertura completa e identificar cualquier señal adicional o indicadores de emergencia. Esto puede involucrar volar patrones de búsqueda o cuadrículas predeterminadas mientras se monitorean continua-

mente las señales de socorro.

7. **Confirmación y Respuesta**: Una vez que se confirma una señal de socorro y se determina su ubicación, los equipos de búsqueda coordinan con las autoridades de rescate para iniciar una respuesta. Esto puede involucrar el despliegue de recursos terrestres o aéreos hacia la ubicación de la señal de socorro para investigaciones adicionales, rescate o asistencia.

Los patrones de búsqueda electrónica dependen de equipos y técnicas especializadas para detectar y localizar señales de socorro rápida y precisamente. Al aprovechar las capacidades de vigilancia electrónica, los equipos de búsqueda pueden mejorar su efectividad en localizar y asistir a individuos o aeronaves en peligro, mejorando así los resultados generales de búsqueda y rescate.

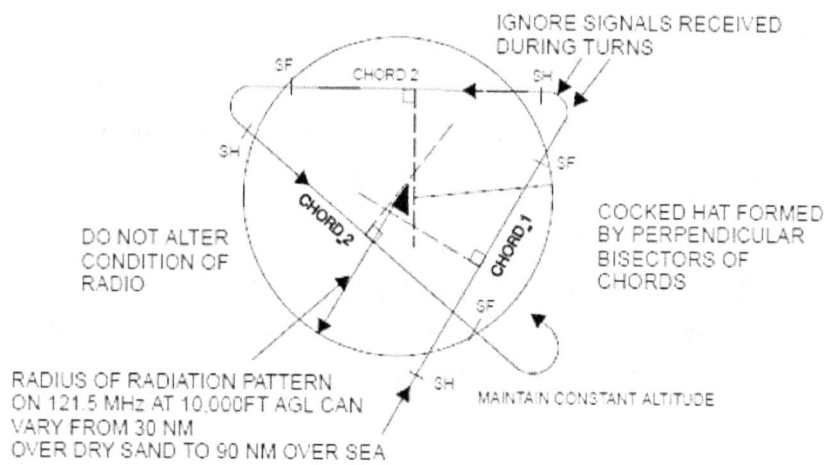

Figura 114: Patrón de búsqueda electrónica.

Cada patrón de búsqueda aérea tiene sus ventajas y limitaciones, y la elección del patrón depende de factores como el tamaño y la forma del área de búsqueda, las condiciones ambientales, los recursos disponibles y la inteligencia respecto a la ubicación probable del objetivo. Al emplear estos patrones de manera efectiva, los equipos de búsqueda y rescate pueden realizar búsquedas sistemáticas y exhaustivas, aumentando la probabilidad de localizar y rescatar al objetivo de manera eficiente.

Información para el Equipo de SAR

Brindar información detallada y desglosar a los equipos de búsqueda es un aspecto crucial de la planificación de la búsqueda. Estos procesos, aunque consumen tiempo, son esenciales para garantizar la efectividad de las operaciones de búsqueda. La preparación para las sesiones informativas debe comenzar temprano y preferiblemente bien antes de la partida. Es importante reconocer que muchos del personal involucrado en operaciones de búsqueda pueden carecer de capacitación o experiencia en este rol. Por lo tanto, se debe dar la oportunidad a los miembros del SAR en el campo para familiarizarse con todos los detalles pertinentes de la situación de angustia. Todas las instrucciones relacionadas con la operación de SAR deben transmitirse de manera clara y precisa.

La persona asignada para realizar la sesión informativa debe tener una comprensión integral del plan general y las tareas asignadas a cada unidad de búsqueda.

La información comprensiva de las unidades de búsqueda es esencial para el éxito de cualquier operación de búsqueda. El Coordinador de la Misión de Búsqueda y Rescate (SMC) debe asegurarse de que las sesiones informativas estén meticulosamente preparadas y, si se realizan sesiones informativas grupales, el lugar debería ser adecuado para el propósito. Mientras que las sesiones informativas para las unidades marinas cubrirán temas similares a los de las unidades aéreas y terrestres, puede haber oportunidades limitadas para la interacción cara a cara. Los oficiales de sesión informativa deben ser conscientes de los desafíos asociados con las sesiones informativas indirectas y el aumento potencial de malentendidos. Se deben hacer arreglos similares para las sesiones de desglose de las unidades de SAR.

Se pueden emplear varios métodos para describir los patrones de búsqueda y delinear los límites de las áreas de búsqueda. Al seleccionar un método, el personal de RCC debe considerar el conocimiento de SAR de los receptores y el modo de transmisión de la información.

Las coordenadas geográficas se utilizan comúnmente para designar un área, con las esquinas de un área de búsqueda definidas por latitud y longitud. Sin embargo, este método puede ser propenso a errores de medición y transmisión.

La Referencia de Cuadrícula Universal, impresa en los mapas de la serie JOG y muchos mapas a gran escala, proporciona otro método para referenciar ubicaciones. Esta cuadrícula consta de líneas azules numeradas espaciadas cada 1000 metros, vertical y horizontalmente. Las instrucciones para su uso suelen proporcionarse en los márgenes de cada hoja.

Otro sistema de cuadrícula, basado en una cuadrícula militar de 1000 yardas, se puede encontrar en ediciones anteriores de ciertas series de mapas. Esta cuadrícula se imprime en negro y funciona de manera similar a la Referencia de Cuadrícula Universal. Es importante especificar el mapa utilizado por nombre y número de edición al usar referencias de cuadrícula. Además, algunos mapas pueden mostrar ambos sistemas de cuadrícula.

Línea de Rastreo: Una búsqueda de línea de rastreo puede especificarse indicando puntos relevantes a lo largo de la línea junto con el ancho de cobertura. Por ejemplo: "Volar una línea que se extiende 4 millas náuticas a cada lado de una línea que conecta las coordenadas 16° 20' S 135° 15' E y 17° 50' S 137° 28' E."

Hitos: Describir un área de búsqueda usando límites naturales o artificiales es particularmente efectivo, especialmente en regiones montañosas. Es esencial proporcionar descripciones precisas. Deben evitarse afirmaciones vagas como "7 millas náuticas SSO de...". En cambio, las direcciones deben darse usando un rumbo positivo y distancia. Por ejemplo, "rumbo 202° (Verdadero) desde la Isla Dixon a una distancia de 7 millas náuticas."

APLICACIONES COMERCIALES E INDUSTRIALES

En los últimos años, ha habido un aumento significativo en la utilización comercial de drones, impulsado por un número creciente de industrias que reconocen los múltiples beneficios ofrecidos por los vehículos aéreos no tripulados (UAVs). Estas aplicaciones atraviesan diversos sectores e incluyen una multitud de funciones, anunciando cambios transformadores en las prácticas tradicionales y mejorando la eficiencia en dominios diversos.

Una aplicación significativa se encuentra en la inspección y mantenimiento de infraestructuras, donde los drones comerciales han ganado tracción debido a su capacidad para acceder a lugares de otro modo inaccesibles de manera rentable. Al aprovechar los drones, las industrias pueden detectar problemas estructurales en puentes, edificios e instalaciones energéticas, facilitando reparaciones oportunas y asegurando que se mantengan los protocolos de seguridad.

En el ámbito de las operaciones de búsqueda y rescate, los drones se han convertido en herramientas indispensables, facilitando la localización rápida y eficiente de personas desaparecidas. Equipados con tecnologías de imágenes avanzadas, los drones cubren áreas vastas rápidamente, detectando firmas de calor o signos de presencia humana, aumentando significativamente la probabilidad de rescates exitosos.

Además, el sector agrícola ha adoptado drones para la agricultura de precisión, revolucionando las prácticas de manejo de cultivos. Al recopilar y analizar datos sobre las condiciones del suelo, riego y salud de las plantas, los drones permiten a los agricultores identificar problemas tempranamente, optimizar el uso de recursos y mejorar los rendimientos.

Las agencias de aplicación de la ley utilizan drones para mejorar la seguridad pública y la eficiencia operacional. Los drones proporcionan inteligencia en tiempo real en situaciones críticas, ayudan en investigaciones de accidentes y apoyan patrullas rutinarias, aumentando así los esfuerzos de las fuerzas del orden.

Además, los drones se utilizan ampliamente en fotografía aérea y en estudios LiDAR, ofreciendo perspectivas únicas y datos detallados sobre paisajes y estructuras. Permiten la captura de imágenes de alta resolución y estudios, facilitando diversas aplicaciones en diferentes industrias.

Figura 115: Inspección de la estabilidad de taludes rocosos en canteras de mármol mediante el uso de imágenes de dron. Riccardo.salvini, CC BY 4.0, vía Wikimedia Commons.

Además, los drones han revolucionado las prácticas de mapeo y topografía, ofreciendo una alternativa más rápida, precisa y rentable a los métodos tradicionales. Cubren grandes áreas rápidamente, capturando imágenes de alta resolución y apoyando a profesionales en la construcción, minería y gestión ambiental.

Los drones desempeñan un papel vital en el monitoreo ambiental y los esfuerzos de conservación, proporcionando datos valiosos y conocimientos para la gestión sostenible de recursos. Rastrean la salud de los ecosistemas, las poblaciones de vida silvestre y el impacto de las actividades humanas en el medio ambiente, ayudando en iniciativas de conservación.

En escenarios de respuesta a emergencias y gestión de desastres, los drones facilitan la implementación rápida, la recolección de datos en tiempo real y una mayor conciencia situacional. Ayudan en la evaluación de daños, localización de víctimas y entrega de suministros, contribuyendo a una respuesta y recuperación efectiva ante desastres.

Además, los drones se emplean para la inspección y mantenimiento de infraestructuras de telecomunicaciones y líneas eléctricas, permitiendo la identificación eficiente de problemas y reduciendo las interrupciones de servicio.

Por último, aunque aún en etapas incipientes, la entrega por drones promete revolucionar el transporte, especialmente en áreas remotas o inaccesibles. Los drones facilitan el transporte rápido y eficiente de suministros médicos, medicamentos y cargas, lo que potencialmente salva vidas y minimiza los desafíos logísticos.

En esencia, la utilización comercial de drones abarca un amplio espectro de aplicaciones, ofreciendo soluciones transformadoras en diversas industrias y sectores. A medida que los avances tecnológicos continúan, se espera que el potencial para la innovación e integración de drones en diversos flujos de trabajo se expanda aún más, inaugurando una nueva era de eficiencia, seguridad y sostenibilidad.

Cada vez más, los drones se emplean para la inspección y mantenimiento de infraestructuras debido a su capacidad para acceder a ubicaciones inaccesibles y realizar inspecciones de manera rentable. Esta adopción ha ganado tracción en diversas industrias, incluyendo la ingeniería civil, la construcción y la energía. Al aprovechar los drones, las industrias pueden detectar eficientemente problemas estructurales en infraestructuras críticas como puentes, edificios e instalaciones energéticas, facilitando así las reparaciones oportunas y asegurando que se cumplan los estándares de seguridad.

Un ejemplo del uso de drones en la inspección de infraestructuras es en la inspección de puentes. Las inspecciones de puentes tradicionales a menudo involucran métodos manuales o equipos costosos como andamios o plataformas elevadoras, lo que puede llevar tiempo y suponer riesgos de seguridad para los trabajadores. Los drones equipados con cámaras de alta resolución y sensores pueden volar cerca de la estructura, capturando imágenes y datos detallados. Esto permite a los inspectores evaluar la condición del tablero del puente, los soportes y otros componentes sin necesidad de acceso físico. Los drones pueden detectar signos de corrosión, grietas u otros defectos, permitiendo a los ingenieros identificar necesidades de mantenimiento de manera oportuna.

Figura 116: Una vista de Fernbridge por dron. Fernbridge cruza el río Eel en la carretera 211 en el condado de Humboldt, California. Departamento de Transporte de California, dominio público, vía Wikimedia Commons.

Del mismo modo, los drones se utilizan en la inspección de edificios, especialmente en áreas urbanas donde el acceso a ciertas partes de una estructura puede ser complicado. Los drones equipados con cámaras y sensores pueden volar alrededor de los edificios, capturando imágenes y videos del exterior y del interior. Esta perspectiva aérea proporciona a los inspectores valiosos conocimientos sobre el estado de la fachada, el techo y otros elementos del edificio. Por ejemplo, los drones pueden detectar daños en la fachada, filtraciones o debilidades estructurales, permitiendo a los propietarios de edificios abordar los problemas de mantenimiento de manera proactiva.

En el sector energético, los drones se emplean para la inspección de diversas instalaciones, incluyendo plantas de energía, turbinas eólicas y plataformas petrolíferas. Estas estructuras a menudo abarcan grandes áreas y están ubicadas en entornos remotos o peligrosos, haciendo que los métodos de inspección tradicionales sean imprácticos o inseguros. Los drones equipados con sensores especializados, como cámaras térmicas o LiDAR, pueden identificar problemas como fallos en el equipo, fugas o daños estructurales. Por ejemplo, los drones equipados con cámaras térmicas pueden detectar puntos calientes en líneas eléctricas o paneles solares, indicando posibles fallas o ineficiencias. Al realizar inspecciones rutinarias con drones, las empresas energéticas pueden minimizar el tiempo de inactividad, reducir los costos de mantenimiento y garantizar la seguridad operacional.

En general, la adopción de drones comerciales para la inspección y el mantenimiento de infraestructuras ofrece numerosos beneficios, incluyendo una mayor eficiencia, ahorro de costos y seguridad mejorada. Al aprovechar la tecnología de drones, las industrias pueden realizar inspecciones exhaustivas de infraestructuras críticas, identificar necesidades de mantenimiento de manera oportuna e implementar medidas proactivas para garantizar la integridad y fiabilidad de los activos vitales.

Los drones se han convertido en herramientas indispensables en la agricultura, particularmente en la agricultura de precisión, donde han revolucionado las prácticas de gestión de cultivos. Al recopilar y analizar datos sobre diversos aspectos del crecimiento de los cultivos y las condiciones del campo, los drones permiten a los agricultores tomar decisiones informadas que optimizan el uso de recursos, mejoran la productividad y minimizan el impacto ambiental.

Una aplicación significativa de los drones en la agricultura es el mapeo y análisis del suelo. Los drones equipados con sensores, como cámaras multiespectrales o hiperespectrales, pueden capturar imágenes de alta resolución de los campos desde arriba. Estas imágenes se procesan luego utilizando software especializado para generar mapas detallados de las propiedades del suelo, incluyendo niveles de humedad, niveles de pH y contenido de nutrientes. Por ejemplo, los drones pueden identificar áreas de compactación del suelo, deficiencias de nutrientes o exceso de humedad, permitiendo a los agricultores implementar estrategias de manejo del suelo dirigidas, como fertilización de precisión o mejoras en el drenaje.

Otro uso clave de los drones en la agricultura es el monitoreo de cultivos y la evaluación de la salud de los cultivos. Al inspeccionar regularmente los cultivos desde el aire, los drones pueden detectar signos tempranos de estrés, enfermedad o infestación de plagas. Por ejemplo, las cámaras multiespectrales montadas en drones pueden capturar firmas espectrales indicativas de la salud de las plantas, permitiendo a los agricultores identificar áreas del campo que requieren atención. Los drones también pueden monitorear patrones de crecimiento de cultivos, evaluar la cobertura del dosel y rastrear índices de vegetación como el NDVI (Índice de Vegetación de Diferencia Normalizada), que proporciona información sobre la salud y el vigor de las plantas.

Además del monitoreo de suelos y cultivos, los drones se utilizan para la gestión precisa del riego. Al analizar imágenes aéreas y datos de sensores, los drones pueden identificar áreas del campo que requieren más o menos agua, permitiendo a los agricultores ajustar los horarios de riego y optimizar el uso del agua. Por ejemplo, los drones pueden detectar áreas de estrés por sequía o riego excesivo, permitiendo a los agricultores aplicar agua precisamente donde más se necesita. Este enfoque dirigido al riego no solo conserva agua, sino que también mejora la salud y el rendimiento de los cultivos.

Además, los drones se emplean para el monitoreo de cultivos y la gestión de plagas. Al inspeccionar los campos regularmente, los drones pueden identificar signos tempranos de infestación de plagas o crecimiento de malezas, permitiendo a los agricultores tomar acciones correctivas a tiempo. Por ejemplo, los drones equipados con cámaras térmicas pueden detectar diferencias de temperatura causadas por la actividad de las plagas, mientras que los drones con cámaras RGB pueden capturar imágenes detalladas de la distribución de malezas. Esta detección temprana permite a los agricultores implementar estrategias de manejo integrado de plagas, como la aplicación dirigida de pesticidas o el control mecánico de malezas, minimizando el daño a los cultivos y reduciendo la dependencia de insumos químicos.

El uso de drones en la agricultura y la agricultura de precisión ofrece numerosos beneficios, incluidos mejores rendimientos de los cultivos, reducción de los costos de insumos y prácticas agrícolas más sostenibles. Al aprovechar el poder de la tecnología de drones, los agricultores pueden obtener valiosos conocimientos sobre sus campos, optimizar las prácticas de gestión de recursos y, en última instancia, aumentar la rentabilidad mientras minimizan el impacto ambiental.

La utilización de drones en diversos sectores de la economía está experimentando un crecimiento rápido, con un aumento particularmente significativo observado en la industria agrícola. Las proyecciones sugieren que el mercado de drones agrícolas, valorado en $1.2 mil millones (USD) en 2019, está listo para expandirse a $4.8 mil millones para finales de 2024 [68]. En los próximos años, se espera que el despliegue de drones en la agricultura se vuelva cada vez más prevalente, abarcando actividades que van desde el monitoreo hasta la seguridad en granjas de todos los tamaños.

Los drones juegan un papel fundamental en el paisaje agrícola, contribuyendo a lo que comúnmente se conoce como 'agricultura de precisión'. Estos vehículos aéreos no tripulados recopilan datos cruciales que ayudan a los agricultores a tomar decisiones agronómicas informadas. Estos datos, obtenidos a través de la vigilancia de drones de los campos, sirven como base para optimizar los horarios de plantación y las estrategias de tratamiento, con el objetivo final de maximizar los rendimientos de los cultivos.

En muchas regiones, los drones ya han consolidado su estatus como herramientas indispensables en los esfuerzos de agricultura de precisión a gran escala. Al documentar meticulosamente las condiciones del campo, los drones proporcionan a los agricultores información útil para ajustar sus prácticas agrícolas. Los informes sugieren que la implementación de sistemas de agricultura de precisión tiene el potencial de aumentar los rendimientos hasta en un 5%, una mejora significativa en una industria conocida por sus estrechos márgenes de beneficio [68].

Monitoreo/Supervisión de la Salud de las Plantas

La utilización de imágenes de drones para el monitoreo de la salud de las plantas ha surgido como una aplicación altamente exitosa en prácticas agrícolas. Los drones equipados con equipos de imágenes especializados, como el Índice de Vegetación de Diferencia Normalizada (NDVI), emplean información de color detallada para evaluar la salud de las plantas. Esto permite a los agricultores realizar un monitoreo en tiempo real del crecimiento de los cultivos, facilitando la intervención oportuna para abordar cualquier problema emergente y asegurar el bienestar de las plantas. Además, los drones equipados con cámaras estándar ofrecen una alternativa rentable para el monitoreo de la salud de los cultivos, superando las limitaciones de las imágenes satelitales en términos de proximidad y precisión. Al capturar imágenes de cerca, los drones proporcionan datos precisos sobre las condiciones de los cultivos, permitiendo intervenciones oportunas para rectificar cualquier anomalía, como huecos en el cultivo o infestaciones de plagas.

Monitoreo de las Condiciones del Campo

Además del monitoreo de la salud de las plantas, los drones juegan un papel crucial en el monitoreo de las condiciones del campo y la salud del suelo. A través de un mapeo preciso del campo, incluyendo datos de elevación, los drones permiten a los agricultores identificar irregularidades dentro de los campos, ayudando en la detección de patrones de drenaje y áreas con variaciones en los niveles de humedad. Esta información es invaluable para implementar estrategias de riego eficientes y optimizar las técnicas de riego. Además, algunos servicios de drones agrícolas ofrecen monitoreo de niveles de nitrógeno en el suelo, facilitando la aplicación precisa de fertilizantes y contribuyendo a la mejora de la salud del suelo a largo plazo.

Plantación y Siembra

Una aplicación incipiente pero prometedora de los drones en la agricultura es el uso de sembradoras automáticas de drones para la plantación de semillas, observada principalmente en el sector forestal. Las sembradoras automáticas de drones ofrecen la ventaja de alcanzar áreas inaccesibles sin poner en riesgo la seguridad de los trabajadores. Con la capacidad de plantar semillas más eficientemente, un equipo de operadores supervisando múltiples drones puede lograr tasas de plantación diarias notables, mejorando significativamente los esfuerzos de reforestación.

Aplicación de Pulverización

La tecnología de drones se emplea ampliamente para tratamientos de aplicación de pulverización en regiones como el sureste de Asia, donde los drones representan una porción sustancial de las operaciones de pulverización agrícola. Los drones pulverizadores navegan por terrenos desafiantes, alcanzando áreas inaccesibles para el equipo tradicional y reduciendo la necesidad de métodos manuales intensivos en mano de obra. Estos pulverizadores proporcionan aplicaciones de pulverización precisas, optimizando el uso de químicos y minimizando el impacto ambiental. Sin embargo, los marcos regulatorios que gobiernan el uso de drones pulverizadores varían entre países, con consideraciones en curso respecto a la seguridad y las implicaciones ambientales.

Figura 117: Aplicación de pulverización con drones. Diuliano.web, CC BY-SA 4.0, vía Wikimedia Commons.

OPERACIONES CON DRONES

Seguridad

La tecnología de drones amplía su utilidad a la seguridad agrícola, ofreciendo una vigilancia eficiente de vastos paisajes agrícolas y áreas de difícil acceso. Los drones equipados con cámaras proporcionan vigilancia en tiempo real, permitiendo medidas de seguridad proactivas y una respuesta rápida ante posibles amenazas. Además, los drones ayudan en el seguimiento de activos y la monitorización del ganado, mejorando las prácticas de gestión agrícola y protegiendo recursos valiosos.

Polinización con Drones

Las innovaciones en la tecnología de drones incluyen el desarrollo de drones polinizadores, ofreciendo una solución potencial para abordar los desafíos de la polinización en la agricultura. Investigadores en varias regiones están explorando la viabilidad de drones pequeños capaces de polinizar plantas de manera autónoma, potencialmente revolucionando los métodos de polinización de cultivos y contribuyendo a prácticas agrícolas sostenibles.

IA en Drones Los avances en la tecnología de drones abarcan la integración de algoritmos de aprendizaje automático para mejorar las capacidades de inteligencia artificial. El desarrollo de drones potenciados por IA tiene como objetivo mejorar la precisión en el monitoreo de cultivos, particularmente en patrones de plantación diversos y cultivos menos conocidos. Al entrenar sistemas de IA para reconocer varios cultivos y patrones de plantación, los drones pueden ofrecer soluciones de monitoreo más efectivas, adaptadas a las necesidades de los paisajes agrícolas diversos.

Irrigación con Drones

Los esfuerzos de investigación están explorando la utilización de drones equipados con tecnología de detección por microondas para la gestión eficiente de la irrigación. Al capturar datos precisos de la salud del suelo, incluidos los niveles de humedad, los drones facilitan estrategias de irrigación dirigidas, conservando recursos hídricos y mitigando el impacto de las condiciones de sequía inducidas por el cambio climático.

Los drones también han emergido como herramientas indispensables para las agencias de aplicación de la ley, ofreciendo una miríada de aplicaciones para mejorar la seguridad pública y la eficiencia operativa. A través del despliegue de drones, las agencias de aplicación de la ley pueden acceder a inteligencia en tiempo real, realizar investigaciones de accidentes de manera eficiente y reforzar las patrullas de rutina, aumentando así su efectividad general en el mantenimiento del orden y la ley.

Drones para Inteligencia en Tiempo Real: Las agencias de aplicación de la ley utilizan drones para recopilar inteligencia en tiempo real en situaciones críticas, proporcionando valiosa conciencia situacional a los oficiales en el terreno. Por ejemplo, durante incidentes de tiradores activos o situaciones de rehenes, los drones equipados con cámaras de alta resolución pueden proporcionar vistas aéreas de la escena, permitiendo a los equipos tácticos evaluar la situación y formular estrategias de respuesta adecuadas. Al proporcionar transmisiones de video en vivo y perspectivas aéreas, los drones ofrecen un apoyo invaluable en los procesos de toma de decisiones, mejorando la seguridad tanto del personal de aplicación de la ley como de los civiles.

Drones para Investigaciones de Accidentes: Los drones juegan un papel pivotal en las investigaciones de accidentes, ofreciendo perspectivas aéreas e imágenes detalladas de las escenas de accidentes. Las agencias de aplicación de la ley despliegan drones equipados con cámaras de alta resolución para capturar imágenes y videos de sitios de accidentes, facilitando un análisis integral y la reconstrucción de los eventos. Por ejemplo, en accidentes de tráfico o escenas del crimen, los drones permiten a los investigadores documentar evidencias, mapear la escena y recopilar datos críticos, acelerando el proceso investigativo y asegurando una documentación precisa para los procedimientos legales.

Drones para Patrullas de Rutina: Las patrullas de rutina son esenciales para mantener la seguridad pública y disuadir actividades delictivas. Las agencias de aplicación de la ley utilizan drones para vigilancia aérea durante patrullas de rutina, permitiendo a los oficiales monitorear grandes áreas de manera eficiente e identificar posibles amenazas de seguridad. Los drones equipados con cámaras de imagen térmica y capacidades de visión nocturna mejoran la visibilidad en condiciones de poca luz, permitiendo una vigilancia efectiva durante operaciones nocturnas. Además, los drones pueden acceder a áreas remotas o de difícil acceso, complementando las patrullas terrestres y mejorando la cobertura general de las patrullas.

OPERACIONES CON DRONES

Figura 118: Servicio de Policía de Queensland (Australia), Sistemas de Aeronaves Pilotadas de Forma Remota (RPAS). Servicio de Policía de Queensland, CC BY 4.0, vía Wikimedia Commons.

Ejemplo: En un área metropolitana propensa a accidentes de tráfico y congestiones, el departamento de policía local integra drones en sus operaciones de gestión del tráfico. Al responder a incidentes de tráfico importantes, como accidentes o cierres de carreteras, el departamento despliega drones equipados con cámaras de alta resolución para evaluar la escena desde arriba. Las imágenes aéreas capturadas por los drones proporcionan inteligencia en tiempo real al personal de gestión del tráfico, permitiéndoles desviar el tráfico, asignar recursos de manera efectiva y coordinar los esfuerzos de respuesta a emergencias. Además, los drones ayudan en la documentación de escenas de accidentes, capturando evidencia crítica para investigaciones y procedimientos legales posteriores. Al aprovechar los drones para la gestión del tráfico y las investigaciones de accidentes, el departamento de policía mejora la seguridad pública, minimiza las interrupciones de tráfico y mejora la eficiencia operativa.

La utilización de drones para fotografía aérea y levantamientos LiDAR (Detección y Rango de Luz) ha experimentado un crecimiento significativo, presentando oportunidades innovadoras para capturar datos detallados y perspectivas únicas sobre paisajes y estructuras. Los drones, equipados con sistemas avanzados de imágenes y sensores LiDAR, permiten la adquisición de imágenes de alta resolución y datos de elevación precisos, fomentando una amplia gama de aplicaciones en diversas industrias.

Drones para Fotografía Aérea: Los drones equipados con cámaras de alta calidad se emplean para la fotografía aérea, lo que permite la captura de imágenes impresionantes desde puntos de vista únicos. Estos drones son capaces de capturar fotos y videos de alta resolución de paisajes, edificios e infraestructura con detalles excepcionales y claridad. Por ejemplo, en la industria inmobiliaria, los drones se utilizan para capturar fotografías y videos aéreos de propiedades, proporcionando a los compradores potenciales vistas inmersivas y detalles profundos sobre el entorno circundante. De manera similar, en el sector turístico, los drones se emplean para capturar impresionantes videos aéreos de destinos escénicos, mejorando las campañas de marketing y los materiales promocionales.

Figura 119: Levantamiento LiDAR realizado con un LiDAR Yellowscan en el OnyxStar FOX-C8 HD. Cargyrak, CC BY-SA 4.0, a través de Wikimedia Commons.

Drones para levantamientos LiDAR: Los drones equipados con LiDAR se utilizan para realizar levantamientos que generan modelos de elevación precisos y mapas tridimensionales del terreno y las estructuras. La tecnología LiDAR utiliza pulsos láser para medir distancias y crear modelos de elevación digitales (DEM) y nubes de puntos altamente precisos. Estos levantamientos son invaluables para diversas aplicaciones, incluyendo la planificación urbana, el monitoreo ambiental y el desarrollo de infraestructuras. Por ejemplo, en proyectos de planificación urbana, los levantamientos LiDAR realizados por drones proporcionan datos topográficos detallados y facilitan el diseño y desarrollo de proyectos de infraestructura, como carreteras, puentes y sistemas de drenaje. Además, en la gestión forestal, los levantamientos LiDAR permiten evaluar las alturas de la copa de los árboles y la estructura del bosque, ayudando en la gestión de recursos y los esfuerzos de conservación.

Ejemplo: Una empresa constructora que emprende un proyecto de infraestructura a gran escala integra drones equipados tanto con cámaras de alta resolución como con sensores LiDAR en sus operaciones de topografía y monitoreo. Antes del inicio de la construcción, la empresa realiza levantamientos aéreos usando drones para capturar imágenes detalladas y datos LiDAR del sitio del proyecto. Los drones capturan fotografías aéreas y videos de alta resolución, proporcionando documentación visual completa de las condiciones del sitio y el terreno circundante. Simultáneamente, los drones equipados con LiDAR recopilan datos precisos de elevación, generando modelos de elevación digitales precisos y nubes de puntos del área. Este conjunto de datos combinados permite a los ingenieros y gerentes de proyecto analizar la topografía del sitio, identificar posibles obstáculos o desafíos y optimizar la fase de diseño y planificación del proyecto. A lo largo del proceso de construcción, los drones se despliegan para inspecciones aéreas periódicas y monitoreo del progreso, asegurando la adhesión a los plazos del proyecto y los estándares de calidad. Al aprovechar los drones para fotografía aérea y levantamientos LiDAR, la empresa constructora mejora la eficiencia en la gestión del proyecto, minimiza costos y mejora los resultados generales del proyecto.

Los drones han transformado los procesos de mapeo y topografía al ofrecer una alternativa más eficiente, precisa y económica a los métodos convencionales. Estos vehículos aéreos no tripulados ofrecen varias ventajas, incluyendo la cobertura rápida de áreas extensas y la captura de imágenes de alta resolución. Esta tecnología ha beneficiado significativamente a diversas industrias, incluyendo la construcción, la minería y la gestión ambiental.

En la construcción, los drones se utilizan para crear mapas detallados de los sitios de construcción, monitorear el progreso y evaluar la topografía del terreno. Al capturar imágenes aéreas, los drones permiten a los gerentes de proyecto planificar y coordinar las actividades de construcción de manera más efectiva, lo que lleva a mejores resultados del proyecto y ahorros en costos.

De manera similar, en la industria minera, los drones se emplean para inspeccionar sitios mineros, rastrear cambios en las formaciones del terreno y medir pilas de materiales. La capacidad de los drones para recolectar datos precisos rápidamente permite a las compañías mineras optimizar sus operaciones, identificar posibles peligros y cumplir con los requisitos regulatorios. La gestión ambiental también se beneficia de la tecnología de drones, ya que se utilizan para monitorear ecosistemas, rastrear cambios en el uso del suelo y evaluar el impacto de las actividades humanas en los hábitats naturales. Las organizaciones de conservación utilizan drones para realizar estudios de poblaciones de vida silvestre, monitorear la deforestación e identificar áreas que necesitan protección. Al proporcionar datos aéreos detallados, los drones ayudan a tomar decisiones informadas para preservar la biodiversidad y gestionar los recursos naturales de manera sostenible.

En general, los drones han revolucionado las prácticas de mapeo y topografía en diversas industrias, ofreciendo una herramienta versátil para recopilar datos espaciales e informar los procesos de toma de decisiones. Su capacidad para cubrir grandes áreas de manera eficiente y capturar imágenes detalladas los convierte en activos invaluables para profesionales involucrados en la construcción, minería, gestión ambiental y más.

Los drones se han convertido en herramientas indispensables en los esfuerzos de monitoreo ambiental y conservación, desempeñando un papel crucial al proporcionar datos valiosos y perspectivas para la gestión sostenible de recursos. Estos vehículos aéreos no tripulados permiten el seguimiento de la salud del ecosistema, las poblaciones de vida silvestre y el impacto de las actividades humanas en el medio ambiente, facilitando así las iniciativas de conservación.

Un ejemplo específico de cómo se utilizan los drones en el monitoreo ambiental es en la evaluación de la salud del ecosistema. Al capturar imágenes de alta resolución de bosques, humedales y otros hábitats naturales, los drones pueden proporcionar información detallada sobre la cobertura vegetal, la biodiversidad y la fragmentación del hábitat. Esta información es esencial para identificar áreas de preocupación para la conservación e implementar estrategias de gestión dirigidas para preservar los ecosistemas.

Los drones también son instrumentales en el monitoreo de poblaciones de vida silvestre, particularmente en áreas remotas o inaccesibles. Los biólogos conservacionistas utilizan drones para realizar encuestas aéreas de especies en peligro, como los orangutanes en Borneo o los elefantes en África, para estimar tamaños de poblaciones, rastrear movimientos e identificar amenazas potenciales. Estos datos ayudan a informar los es-

OPERACIONES CON DRONES 563

fuerzos de conservación, como la restauración de hábitats e iniciativas anti-caza furtiva, dirigidas a proteger especies vulnerables de la extinción.

Además, los drones son herramientas valiosas para evaluar el impacto de las actividades humanas en el medio ambiente, como la deforestación, destrucción de hábitats y contaminación. Al recolectar datos aéreos, los drones pueden documentar cambios en el uso del suelo, actividades ilegales de tala y puntos críticos de contaminación, proporcionando evidencia para que las agencias de aplicación y grupos de defensa tomen medidas contra la degradación ambiental.

Figura 120: Equipo del USGS utiliza drones para investigaciones forestales del BLM en Oregón. Bureau of Land Management Oregon and Washington desde Portland, América, dominio público, a través de Wikimedia Commons.

Los drones se han convertido en herramientas esenciales en escenarios de respuesta a emergencias y gestión de desastres, proporcionando apoyo invaluable en diversas tareas críticas. Uno de los principales usos de los drones en este contexto es su rol en la implementación rápida, permitiendo a los equipos de respuesta evaluar rápidamente la situación y planificar sus estrategias de respuesta. Por ejemplo, durante desastres naturales como terremotos o huracanes, los drones pueden desplegarse para inspeccionar áreas afectadas, identificar peligros y evaluar el alcance de los daños a la infraestructura y las comunidades.

Además de la implementación rápida, los drones juegan un papel crucial en la recolección de datos en tiempo real y en la mejora de la conciencia situacional. Equipados con cámaras y sensores de alta resolución, los drones pueden capturar imágenes detalladas y recopilar información vital de las zonas de desastre, permitiendo a los equipos de respuesta tomar decisiones informadas y priorizar sus acciones de manera efectiva. Por ejemplo, los drones pueden proporcionar vistas aéreas de áreas inundadas para identificar a individuos atrapados o evaluar la integridad estructural de los edificios.

Además, los drones ayudan en la evaluación de daños y la localización de víctimas, mejorando significativamente la eficiencia y efectividad de las operaciones de búsqueda y rescate. Al realizar estudios aéreos y termografía, los drones pueden ayudar a localizar a sobrevivientes en áreas afectadas por desastres, guiando a los equipos de rescate a sus ubicaciones exactas y potencialmente salvando vidas. Además, los drones pueden utilizarse para entregar suministros esenciales, como alimentos, agua o equipo médico, a áreas inaccesibles o difíciles de alcanzar, asegurando asistencia oportuna a los necesitados.

Los drones también se están utilizando cada vez más para la inspección y mantenimiento de infraestructura crítica, particularmente en los sectores de telecomunicaciones y energía. Una de las principales aplicaciones de los drones en este dominio es la inspección de infraestructura de telecomunicaciones, incluyendo torres celulares, antenas y redes de comunicación. Equipados con cámaras y sensores de alta resolución, los drones pueden capturar imágenes detalladas de estas estructuras, permitiendo a los ingenieros identificar problemas potenciales, como componentes dañados o defectos estructurales, sin la necesidad de inspecciones manuales.

De manera similar, los drones se emplean para la inspección de líneas eléctricas e infraestructura eléctrica, permitiendo la identificación eficiente de fallas y reduciendo el riesgo de interrupciones del servicio. Al realizar estudios aéreos de líneas eléctricas, los drones pueden detectar signos de desgaste, invasión de vegetación u otros peligros que puedan representar un riesgo para la fiabilidad y seguridad de las redes eléctricas. Este enfoque proactivo del mantenimiento ayuda a las compañías de servicios públicos a prevenir apagones y minimizar el tiempo de inactividad, mejorando finalmente la fiabilidad del servicio para los consumidores.

Además, los drones equipados con sensores especializados, como LiDAR (Detección de Luz y Rango), pueden capturar datos detallados sobre la elevación del terreno y la densidad de la vegetación, proporcionando valiosas percepciones para la planificación y optimización de la expansión o mejoras de la infraestructura. Al aprovechar la tecnología de drones para la inspección de infraestructuras, las compañías de telecomunicaciones y energía pueden mejorar las prácticas de mantenimiento, reducir los costos operativos y mejorar la fiabilidad general del sistema.

Aunque todavía está en las primeras etapas de implementación, la entrega por drones tiene un gran potencial para revolucionar el transporte, especialmente en áreas remotas o inaccesibles donde los métodos de entrega tradicionales pueden ser imprácticos o costosos. Una aplicación clave de los drones en este contexto es el transporte rápido y eficiente de suministros médicos, medicamentos y otros artículos críticos a comunidades remotas o áreas afectadas por desastres.

Por ejemplo, los drones pueden usarse para entregar suministros médicos de emergencia, como desfibriladores, kits de primeros auxilios o muestras de sangre, a clínicas remotas o sitios de accidentes, lo que permite tiempos de respuesta más rápidos y potencialmente salvar vidas en situaciones de emergencia. De manera similar, los drones equipados con cámaras de imagen térmica pueden transportar muestras médicas, vacunas u órganos para trasplantes, manteniendo su integridad y control de temperatura durante el tránsito.

Además de la entrega médica, los drones también prometen para el transporte de carga y bienes a regiones remotas o desatendidas, facilitando el desarrollo económico y mejorando el acceso a suministros esenciales. Por ejemplo, los drones pueden entregar alimentos, agua o productos agrícolas a comunidades rurales, superando desafíos logísticos como infraestructura deficiente o terreno intransitable. Al reducir el tiempo y el costo del transporte, los sistemas de entrega por drones tienen el potencial de mejorar la eficiencia de la cadena de suministro y promover el crecimiento económico en áreas remotas.

En general, aunque la entrega por drones todavía está en su infancia, se espera que los avances continuos en tecnología y marcos regulatorios impulsen su adopción e integración en los sistemas de transporte convencionales, ofreciendo nuevas oportunidades para servicios de entrega eficientes y accesibles en varios sectores.

REFERENCIAS

1. Pu, C., et al., *A Stochastic Packet Forwarding Algorithm in Flying Ad Hoc Networks: Design, Analysis, and Evaluation.* Ieee Access, 2021.

2. Poljak, M. and A. Šterbenc, *Use of Drones in Clinical Microbiology and Infectious Diseases: Current Status, Challenges and Barriers.* Clinical Microbiology and Infection, 2020.

3. Khan, M.A., et al., *An Efficient and Conditional Privacy-Preserving Heterogeneous Signcryption Scheme for the Internet of Drones.* Sensors, 2023.

4. Araar, O., K. Benjdia, and I. Vitanov, *Hardware-Free Collision Detection and Braking for Securing Drone Propellers.* Aircraft Engineering and Aerospace Technology, 2021.

5. Rosser, J.C., et al., *Surgical and Medical Applications of Drones: A Comprehensive Review.* JSLS Journal of the Society of Laparoscopic & Robotic Surgeons, 2018.

6. Jeyabalan, V., et al., *Context-Specific Challenges, Opportunities, and Ethics of Drones for Healthcare Delivery in the Eyes of Program Managers and Field Staff: A Multi-Site Qualitative Study.* Drones, 2020.

7. Boutilier, J.J., et al., *Optimizing a Drone Network to Deliver Automated External Defibrillators.* Circulation, 2017.

8. Schierbeck, S., et al., *National Coverage of Out-of-Hospital Cardiac Arrests Using Automated External Defibrillator-Equipped Drones — A Geographical Information System Analysis.* Resuscitation, 2021.

9. Lin, Y.-F., et al., *Research on the Transformation of Historic Patterns of Cultural Landscape Using Aerial Photogrammetry and Geo-Database: A Case Study of Kuliang in*

Fuzhou, China. The International Archives of the Photogrammetry Remote Sensing and Spatial Information Sciences, 2021.

10. Wane, P., *Michael J. Boyle, the Drone Age: How Drone Technology Will Change War and Peace*. Prometheus, 2022.

11. Brunton, E., et al., *Fright or Flight? Behavioural Responses of Kangaroos to Drone-Based Monitoring*. Drones, 2019.

12. Banik, D., et al., *A Decision Support Model for Selecting Unmanned Aerial Vehicle for Medical Supplies: Context of COVID-19 Pandemic*. The International Journal of Logistics Management, 2022.

13. Bevan, E., et al., *Measuring Behavioral Responses of Sea Turtles, Saltwater Crocodiles, and Crested Terns to Drone Disturbance to Define Ethical Operating Thresholds*. Plos One, 2018.

14. Silalahi, S., T. Ahmad, and H. Studiawan, *Transformer-Based Named Entity Recognition on Drone Flight Logs to Support Forensic Investigation*. Ieee Access, 2023.

15. Egan, C.C., et al., *Testing a Key Assumption of Using Drones as Frightening Devices: Do Birds Perceive Drones as Risky?* Ornithological Applications, 2020.

16. Bezas, K., et al., *Coverage Path Planning and Point-of-Interest Detection Using Autonomous Drone Swarms*. Sensors, 2022.

17. Schäffer, B., et al., *Drone Noise Emission Characteristics and Noise Effects on Humans—A Systematic Review*. International Journal of Environmental Research and Public Health, 2021.

18. Chun, C., *Drone maker Zipline, on track for 1 million deliveries, adds vitamins, pizzas and prescriptions to cargo*. 2023, CNBC.

19. Shahid, N., et al., *Path Planning in Unmanned Aerial Vehicles: An Optimistic Overview*. International Journal of Communication Systems, 2022.

20. Zhang, B., et al., *Overview of Propulsion Systems for Unmanned Aerial Vehicles*. Energies, 2022.

21. Shakhatreh, H., et al., *Unmanned Aerial Vehicles (UAVs): A Survey on Civil Applications and Key Research Challenges*. Ieee Access, 2019.

22. Feng, Q., J. Liu, and J. Gong, *UAV Remote Sensing for Urban Vegetation Mapping Using Random Forest and Texture Analysis*. Remote Sensing, 2015.

23. Yinka-Banjo, C. and O. Ajayi, *Sky-Farmers: Applications of Unmanned Aerial Vehicles (UAV) in Agriculture*. 2020.

24. Elmeseiry, N., N. Alshaer, and T. Ismail, *A Detailed Survey and Future Directions of Unmanned Aerial Vehicles (UAVs) With Potential Applications.* Aerospace, 2021.

25. Nemer, I.A., et al., *RF-Based UAV Detection and Identification Using Hierarchical Learning Approach.* Sensors, 2021.

26. Medaiyese, O.O., et al., *Hierarchical Learning Framework for UAV Detection and Identification.* 2021.

27. Wang, H., et al., *Survey on Unmanned Aerial Vehicle Networks: A Cyber Physical System Perspective.* Ieee Communications Surveys & Tutorials, 2020.

28. Shrestha, R., et al., *Machine-Learning-Enabled Intrusion Detection System for Cellular Connected UAV Networks.* Electronics, 2021.

29. JoUAV, *Different Types of Drones and Uses (2024 Full Guide).* 2024.

30. PennState College of Earth and Mineral Sciences. *Classification of the Unmanned Aerial Systems.* 2024 [cited 2024 22/4/2024]; Available from: https://www.e-education.psu.edu/geog892/node/5.

31. AviAssist. *Which Drone type training suits your needs?* 2024 [cited 2024 22/4/2024]; Available from: https://aviassist.com.au/which-drone-type-suits/.

32. AVPL International, *Drones categorized by inclusive weight, per Drone Rules 2021.* 2023, Medium.

33. García, I.Q., et al., *A Quickly Deployed and UAS-Based Logistics Network for Delivery of Critical Medical Goods During Healthcare System Stress Periods: A Real Use Case in Valencia (Spain).* Drones, 2021.

34. Filho, F.H.I., et al., *Drones: Innovative Technology for Use in Precision Pest Management.* Journal of Economic Entomology, 2019.

35. Schootman, M., et al., *Emerging Technologies to Measure Neighborhood Conditions in Public Health: Implications for Interventions and Next Steps.* International Journal of Health Geographics, 2016.

36. Ayamga, M. and B. Tekinerdoğan, *Exploring the Challenges Posed by Regulations for the Use of Drones in Agriculture in the African Context.* Land, 2021.

37. Ayamga, M., B. Tekinerdoğan, and G. Rambaldi, *Developing a Policy Framework for Adoption and Management of Drones for Agriculture in Africa.* Technology Analysis and Strategic Management, 2020.

38. Yıldızel, S.A. and G. Calış, *Unmanned Aerial Vehicles for Civil Engineering: Current Practises and Regulations.* European Journal of Science and Technology, 2019.

39. Yıldız, S., S. Kıvrak, and G. Arslan, *Using Drone Technologies for Construction Project Management: A Narrative Review.* Journal of Construction Engineering Management & Innovation, 2021.

40. Stöcker, C., et al., *Review of the Current State of UAV Regulations.* Remote Sensing, 2017.

41. Macpherson, E., *Is the World Ready for Drones?* Air and Space Law, 2018.

42. UAVCoach. *Drone Laws in the United States of America.* 2024 [cited 2024 22/4/2024]; Available from: https://uavcoach.com/drone-laws-in-united-states-of-america/.

43. Federal Aviation Administration. *Recreational Flyers & Community-Based Organizations.* 2023 [cited 2024 22/4/2024]; Available from: https://www.faa.gov/uas/recreational_flyers.

44. Wawrzyn, D., *Commercial Drone Laws and Regulations in the US, Australia, and Europe: What You Need to Know.* 2024.

45. Federal Aviation Administration, *Remote Pilot – Small Unmanned Aircraft Systems Study Guide.* 2016, Flight Standards Service Washington DC: Federal Aviation Administration.

46. Civil Aviation Safety Authority. *Drone rules.* 2024 [cited 2024 22/4/2024]; Available from: https://www.casa.gov.au/knowyourdrone/drone-rules.

47. Wilson, H., *Navigating Legislation in Australia to Utilise Drones for your Spatial Company.* 2024.

48. Williams, T. and E. Grinbergs, *Drone Laws: New Registration and Mandatory Reporting Scheme* 2021, Holman Webb Lawyers.

49. Leslie, J., *Drone Laws UK 2024 & Regulations.* 2024.

50. Drone Site Surveys. *Drone Laws UK 2024.* 2024 [cited 2024 22/4/2024]; Available from: https://dronesitesurveys.co.uk/drone-laws-uk/.

51. Wiegert, H., *The 2024 EU Drone Regulations: What You Need to Know.* 2023, Drone Nomad.

52. Drone Laws, *The Open Category of Drones in Europe.* 2024.

53. UAVCoach. *Drone Laws in India.* 2024 [cited 2024 23/4/2024]; Available from: https://uavcoach.com/drone-laws-in-india/.

54. Bennett University. *Drone Regulations in India: Navigating the Legal and Regulatory Landscape.* 2024 [cited 2024 23/4/2024]; Available

from: https://www.bennett.edu.in/media-center/blog/drone-regulations-in-india-navigating-the-legal-and-regulatory-landscape/.

55. IAS Vision. *Drone Rules 2022: Amendment and Classification*. 2024 [cited 2024 23/4/2024]; Available from: https://iasvision.com/drone-rules-2022/.

56. Tennyson, E., *Aeronautical Charts: Scale is key difference between VFR aeronautical chart types*. 2024, AOPA.

57. Pilot Institute. *How to Read A Sectional Chart: An Easy to Understand Guide*. 2020 [cited 2024 23/4/2024]; Available from: https://pilotinstitute.com/sectional-chart/.

58. Pachpute, S. *How do drones fly in air? Which drone is more popular?* 2024 [cited 2024 24/4/2024]; Available from: https://cfdflowengineering.com/working-principle-and-components-of-drone/.

59. Gateway Data Systems. *Pre and Post Flight Checklists – DJI Phantom 3 Professional*. 2016 [cited 2024 24/4/2024]; Available from: https://gatewaydatasystems.com/2016/01/12/pre-and-post-flight-checklists-dji-phantom-3-professional/.

60. Carnes, T., *A Low Cost Implementation of Autonomous Takeoff and Landing for a Fixed Wing UAV*. 2014, Virginia Commonwealth University: Richmond, Virginia.

61. Experimental Aircraft Info. *Taking Off Into The Wind*. 2024 [cited 2024 24/4/2024]; Available from: https://www.experimentalaircraft.info/flight-planning/aircraft-performance-4.php.

62. Green, D. *Tailwind Takeoffs and Landings*. 2024 [cited 2024 24/4/2024]; Available from: https://www.challengers101.com/Tailwind.html.

63. Newcome, L., *UVS Info*. 2013.

64. Ofcom, *Spectrum for Unmanned Aircraft Systems (UAS) licence: Licensing guidance document for licensed equipment on drones*. 2023.

65. Pilotfriend. *Stalls*. 2024 [cited 2024 26/4/2024]; Available from: http://www.pilotfriend.com/training/flight_training/fxd_wing/stalls.htm.

66. Aviators Guide. *Wind Triangle*. 2020 [cited 2024 26/4/2024]; Available from: https://aviatorsguide.wordpress.com/2020/08/11/wind-triangle/.

67. Splash Marine, *Assist in Search and Rescue*. 2005.

68. Croptracker, *Drone Technology In Agriculture*. 2024.

ÍNDICE

A

Acelerómetro, 380, 385-386, 501, 510

Actualizaciones, 28, 84, 142, 153, 165, 174, 176, 549-550

Aéreo, 9-15, 17-18, 20, 23-24, 27-34, 38, 53-56, 64, 74, 77, 82-86, 89, 110-111, 113-114, 224, 260, 296, 302-305, 307-312, 314-322, 325, 329-330, 332-333, 335, 338, 454-456, 461, 466-467, 470-471, 473-482, 484-486, 489-491, 494-495, 497, 501, 507-508, 533, 539-540, 549, 553-554

Agricultura, 9, 11, 17, 24-26, 54

Ala fija, 35-36, 246, 287, 411, 413, 415-416

Alabeo, 243, 504

Alcance, 36, 41-43, 45-46, 48, 51, 114, 134, 146, 197, 222, 268-269, 287, 318, 326, 328, 332, 376, 388, 407-408, 493, 538

Alerón, 418

Altitud, 12, 53, 56, 60-62, 64-65, 67-68, 75, 77, 79-80, 83, 86, 94, 101-103, 110, 115-116, 119, 122, 127, 130, 132-133, 137, 140, 151-153, 155, 177, 179-183, 185, 189-192, 197, 207, 210, 213, 215-219, 221, 226, 230, 238, 244-245, 263, 268, 271, 276, 278-279, 282-284, 287, 293-294, 321, 325, 332, 378, 382-383, 388, 392-393, 397-399, 403-404, 406, 439, 455, 475, 481-484, 492, 499-500, 502-503, 505-506, 508-511, 549-550

Análisis, 11, 153, 157-158, 326, 490, 503, 508, 550

Antena, 230, 273, 289-290, 323, 325, 334-335, 393, 403, 408, 461, 553, 572
Arquitectura, 326-327, 330
Asia, 457
Aterrizaje, 76-77, 84, 222, 227, 259, 276, 280, 283, 287-288, 293, 297, 309, 313, 325-327, 330, 401-402, 421-422, 426-427, 429-433, 454, 461, 465-467, 470, 479, 484, 502, 509
Australia, 19, 54-55, 74-76, 80, 82-85, 225, 261, 315, 318-319, 334, 457-458, 462-463, 469, 538, 567, 577
Autónomo, 17, 20, 23, 276, 506-507, 509
Autorización, 83, 110, 114, 119, 122, 124, 126, 308-310, 313-315, 474, 476, 478, 489
Aviación civil, 74, 76-77, 79, 84, 88-90, 92-93, 95, 99, 104, 106-107, 109, 118, 121, 125, 311, 314, 316, 318, 339

B
Batería, 75, 135, 184, 192, 226, 228, 334, 513-532
Búsqueda y rescate, 76, 533, 535-537, 539-541, 544, 546-547, 549, 552, 554

C
CAA, 88-90, 92-93, 95, 98-99, 104-107, 109, 314-315
Cabeceo, 213, 243, 390, 501-502
Cámara, 26, 79, 83, 116, 134, 149, 226, 473, 531-532
Cámaras, 54, 57, 79, 500, 513, 531, 535, 548, 550
Camino, 215, 323, 389, 492, 505-506, 546
Carga, 17, 53, 57, 79, 119, 128, 133-134, 212, 214-217, 219-220, 222, 227-229, 232, 246, 248-249, 302-303, 305-306, 315, 375-376, 388, 393, 400-401, 410, 479, 513-514, 516, 518-519, 521-529, 531-532
Carga útil, 57, 119
CASA, 57, 66, 71, 74-75, 77-78, 80, 82-83, 267, 389, 505, 527, 577
Chasis, 225
Colaboración, 99, 107-108, 298, 537
Competencia, 10-11, 29, 53, 75, 82, 93-94, 96-99, 104, 108, 115-116, 141, 243, 296, 303
Componentes, 87, 131, 134, 159, 165, 224-229, 246, 253, 300, 324, 391, 400, 407, 409-410, 480, 494, 514, 530

Comunicación, 63, 85, 307–308, 311–313, 316–322, 324–331, 336, 340, 401, 482, 486, 534, 536–540, 549–551

Conciencia situacional, 27, 29, 78, 96–97, 150, 155, 157, 205, 300, 305–306, 311, 313, 321–322, 329, 454, 462, 464, 467, 502, 507, 533, 535–536

Condiciones meteorológicas, 75, 83, 99, 103, 205, 296, 303, 306, 311, 399, 403, 407, 473, 481, 485, 490–491, 500–501, 505, 507–508, 532, 541–543, 546, 548, 553

Construcción, 32, 385, 479, 518, 520, 529

Consumo de energía, 532

Control, 14–15, 24, 61–64, 67–68, 75–78, 84, 96–97, 107, 124–126, 141–142, 144, 146, 148–149, 154, 159, 162, 176–178, 183, 187, 192–193, 195, 207, 214, 218–220, 222, 226–227, 229–230, 237–243, 245–246, 248–254, 259–261, 265–266, 268–269, 271–273, 275–278, 287–288, 290–291, 294–296, 300–302, 307, 310–312, 315, 325–333, 335, 376–377, 380–384, 388–390, 392–395, 397–399, 401–407, 415–418, 426, 436, 443, 454–455, 461, 463, 466–468, 470–471, 473, 475–476, 478, 485–487, 491, 499–500, 502–505, 508–509, 511, 539–540, 550

Control de plagas, 24

Control remoto, 15, 227, 229–230, 237–238, 241, 315, 393, 502–503, 509

Controlador, 82, 124, 228–231, 259–262, 267, 271, 274, 289, 307–310, 332, 377, 380–381, 385, 388, 391, 409, 485, 501, 503, 506, 513, 523

Controlador de vuelo, 124, 229, 289, 501, 513

Cuadricóptero, 37, 235, 377–379, 382–384, 389–392, 394–399, 531

Cumplimiento, 10, 12, 21, 54, 57, 64–65, 75, 79–80, 82, 84–86, 90–92, 94, 100–102, 106–114, 117, 119, 122, 127, 129–132, 147–148, 152, 176–177, 212, 315, 320, 333, 388, 480, 482

Cumplimiento de la ley, 480

D

Datos, 11, 18, 24–25, 27, 29, 31–32, 54, 57, 60, 71, 84, 89, 108, 124, 138–139, 141, 145, 158–159, 161–162, 167, 169, 174–175, 191, 195, 210–211, 220, 226–227, 261, 289, 297, 315, 325–326, 328–329, 333, 371, 376, 400–401, 455–456, 483–484, 500–503, 505–511, 530–531, 533, 541, 557–559, 561–563, 565–572

Despegue, 77, 84, 119, 124, 132–133, 149–150, 176, 212, 218, 221, 237–238, 250, 259, 276, 280, 284, 289, 296–297, 309, 320, 327, 388–389, 391–392, 396, 398–401, 403–405, 422, 436, 439, 454, 461, 467, 484, 486, 500, 502, 505, 508–509, 530

Documentación, 86

E

EE. UU., 21, 54, 62, 65–68, 71–72, 310, 457–458

Ejes, 252, 416, 503

Elevador, 219, 243, 253, 417

Enlace perdido, 130

Espacio aéreo, 10–11, 29–31, 53–56, 64, 77, 83, 85, 89, 110–111, 113, 303, 311, 316–322, 329, 333, 338, 456, 471, 473–482, 484–486, 489–490, 501, 507–508

Estabilidad, 213–214, 216, 249, 317, 377, 500, 505, 528, 558

Estación terrestre, 319, 323, 376, 403, 407

Estandarización, 56

Estructura, 31, 56, 102, 109, 137–138, 154, 192–193, 201, 214–215, 220, 225–226, 246, 248–253, 270–271, 292, 319, 353, 372, 454, 461, 507, 512, 518

Evaluación de riesgos, 100–101, 110–111, 299, 302

Evitación de obstáculos, 502

F

FAA, 59–61, 65, 67, 69, 142–143, 534, 577

Factores de carga, 214–217, 219

Factores humanos, 297–298, 304–305, 342–344

Formación, 93–94, 100, 104, 529

Fotografía, 16, 19, 95, 120

Frecuencia, 144, 149, 306, 308, 311–313, 316–319, 322, 325, 333–335, 338, 348, 352, 355, 362–363, 365–366, 376, 404, 536

Frentes, 164, 203–206

Fuselaje, 328

G

Gestión de baterías, 514

Giroscopio, 227, 473, 501

GPS, 268, 277–280, 282–290, 292–295, 369, 500, 511

Guiñada, 391, 449

H

Habilidades, 10-11, 29, 82, 297, 299, 301, 303-304, 384, 389, 397-399
Hardware, 574
Hélices, 31, 226-227, 229, 232-236, 395-396, 531-532
Híbrido, 41-42, 513, 518

I

Imagen, 18, 99, 228, 385, 387, 511, 520, 535, 566, 573
Imagen térmica, 18, 535
India, 118-126, 168, 577-578
Informe, 129, 138, 158-162, 164-171, 174-175, 191, 210-211, 297, 322, 542
Innovación, 19, 22, 26-27, 111, 119
Inspección, 81, 99, 120, 296, 400, 479, 501, 503, 558
Inspección de infraestructura, 99
Integración, 31, 54, 100, 106, 477-478, 490

L

Lecciones aprendidas, 152, 156
Licencias, 11, 47, 53-54, 56, 65, 75, 84, 97, 132, 314
LiDAR, 31, 568
Lidar, 31, 568
LiPo, 513-531
Litio, 410, 513-518, 525, 529, 532

M

Magnetómetro, 510
Maniobrabilidad, 214, 221-222
Mantenimiento, 10-11, 87, 120, 152, 167, 245-246, 304-305, 344, 350, 373, 500, 502-503, 506, 509-510, 512, 517, 557, 559-561, 565, 572-573
Mapeo, 28, 99, 121, 137-139, 154, 376, 479, 501, 507-509
Mejores prácticas, 403
Meteorología, 320
Misión, 136, 265, 302, 313, 325-326, 388, 392, 394, 400-401, 500-502, 507-508, 542

Monitoreo, 15, 17–18, 25–28, 32, 77, 81, 95, 114, 120–121, 130, 162–163, 176, 318, 325, 329, 333, 389, 479–480, 489, 502, 509, 514, 553, 563

Monitoreo ambiental, 18, 28, 32, 480

Monitoreo de cultivos, 479

Monitoreo de ruido, 325

Monitoreo en tiempo real, 25

Motores, 161, 181, 186, 190–191, 193, 221, 225–227, 229, 232, 239, 241, 375, 377–382, 386–388, 393, 395, 410, 466, 501, 513–516, 521, 530

Multirotor, 37–38, 232, 237, 375–377, 382–383, 407–408, 515–516

N

Nano, 10, 42, 45–46, 123, 128

Navegación, 11, 20, 66–68, 70–71, 83–86, 296, 300, 315, 317, 320, 473, 485, 491–492, 494, 496, 499–503, 505–511, 537, 541, 543, 546, 550

NOTAM, 455, 488

Nubes, 77, 83, 202, 337, 392, 491, 568–569

O

Objetivo, 17, 27, 53, 56, 74, 82–83, 110–111, 113, 121, 298–299, 301–302, 304–305, 319, 326, 329, 332, 482, 508

Operador, 9, 59, 80–83, 91–95, 97, 104, 116, 118, 141, 149, 176–177, 224, 229, 311, 315–316, 318, 325, 371, 505, 534

P

Pautas, 31, 55–56, 91, 93, 107–109, 114, 127, 307, 348, 400, 404, 476–477, 479–480, 527, 529

Permisos, 11–12, 53, 56, 79–80, 83, 94–95, 104, 107–108, 111, 118–119, 148, 473–476, 478–480, 508

Peso, 43, 46–47, 57, 90, 92–93, 96, 104, 113, 118, 123, 130, 133–134, 189, 212–216, 218, 220–223, 227, 229, 232, 235–236, 248–250, 253–254, 368, 371, 378, 385, 395, 410, 514, 516, 518, 522, 530–531

Piloto, 9, 11–13, 15, 17, 29–31, 55–56, 61–64, 68–69, 71–72, 75, 80–82, 85–86, 92–99, 101–102, 104, 112–116, 118, 122, 124, 130–133, 139–141, 144–145, 147–150, 157–165, 168, 170, 173–175, 212, 214–215, 217, 219–221, 223–225, 245, 250,

253-254, 296-322, 325-326, 329-334, 345-346, 379, 388, 391, 399-402, 404-409, 454-456, 461-463, 466-467, 469-474, 476-477, 479, 483-485, 487-489, 494-496, 499-500, 505, 508-509, 530, 543, 546, 550

Piloto Remoto, 80, 86, 93, 95, 99, 104, 116, 118, 130, 141, 214, 312-313, 315, 473

Plan de vuelo, 71, 122, 328, 471, 506, 509-510

Polímero, 513-518

Pre-vuelo, 265, 392

Procedimientos, 10-11, 29, 56, 59, 64, 84-85, 114, 131, 140, 151, 155, 157-158, 176-178, 241, 255, 260, 302-303, 311-313, 318, 322, 328, 330-331, 372-373, 400-402, 406, 430, 455, 462, 464, 471-472, 477-478, 485-486, 488-491, 502, 508, 539, 541

Procedimientos de emergencia, 10-11, 151, 157, 176-177, 260, 330-331, 400-401

Procesamiento, 304, 350, 489, 503

Propulsión, 325-326, 329

Protocolos de comunicación, 311, 331, 539

Protocolos de seguridad, 10, 94, 103, 107, 152, 176, 178, 398

Puntos de referencia, 137, 139-141, 157, 177, 398, 456, 550

R

Radar, 62, 70-71, 139, 161, 164-165, 261-262, 326, 329, 332, 484-486, 491, 538

Radio, 48, 63, 82, 85, 89, 102, 125-126, 142, 161, 164-165, 171, 227, 230, 255, 267, 270, 277, 290, 294, 307, 310-316, 318, 320-324, 326-328, 331-332, 334-335, 340, 343, 376-377, 388, 409, 454, 461, 463-464, 482, 485, 489, 491, 510, 517, 537-538, 548-549, 553

Receptor, 149, 227, 230, 322, 377, 403, 500, 510

Reconocimiento, 13, 15, 17-18, 23, 27, 319, 335, 369, 486, 549, 552

Regulaciones, 10-12, 17, 29, 31, 53-61, 64-65, 69, 72, 74-80, 82-83, 86, 88-90, 92, 94, 96, 98, 101, 103-114, 118-122, 127-128, 131, 138, 147, 153, 161, 177-178, 225, 237, 301, 314, 317, 320, 406, 473-483, 490, 508

Reino Unido, 23, 88-90, 92-93, 96-102, 104-107, 314

Remoto, 15, 59, 61-62, 65, 80-81, 86, 93, 95, 98-99, 104, 114, 116, 118, 120-122, 130, 141, 173, 212, 214, 227, 229-230, 237-238, 241, 312-315, 345, 373, 393, 455-456, 471-473, 483, 489, 502-503, 509

Resolución, 10, 23-24, 26-28, 334, 407, 539

Rotores, 9, 183, 228–229, 233, 243, 265

RPAS, 82, 224–225, 471, 567

Ruta, 64, 67–68, 119, 132, 137, 140, 157, 162, 164, 174, 176, 211, 259–260, 271, 312, 322, 333, 458–459, 462, 464–465, 482, 485, 489–491, 495, 507–509, 541, 543, 548, 550

S

Seguimiento, 17, 27, 109, 463, 509, 544, 547, 549, 551, 565, 570

Señal, 469, 539, 553–554

Sensores, 9, 15, 23–24, 27–28, 54, 57, 166, 226, 259, 277, 371, 501–502, 509–512, 535

Servicios de emergencia, 78, 533–534

T

Tarea, 9, 15, 81, 88, 99, 131, 151, 189, 227, 258, 277, 287, 294, 300, 302, 305–307, 345, 348–350, 362, 367, 371, 389, 399, 462, 464, 501, 503, 505, 555

Techo, 210

Telemetría, 525

Toma de decisiones, 10, 27, 29, 31, 150, 157–158, 163, 296–304, 343, 372, 374, 455, 533

Topografía, 121, 550

Transmisión, 26, 307, 312–313, 315, 319–322, 324–325, 328, 331, 334–336, 338, 340, 376, 407, 485, 489, 521, 536, 555

Transmisión en vivo, 26

Transmisor, 134, 149, 227, 230, 238–239, 241, 322, 331, 335, 384, 390–391, 393, 403–404, 409, 483–484, 553

Tren de aterrizaje, 227, 325–326, 421–422

V

Vehículo Aéreo No Tripulado, 9, 14, 38, 224, 325

Video, 16, 19, 29–30, 57, 81, 108, 264–267, 315, 491, 535

Vigilancia, 9–10, 13, 15, 17, 26–27, 54, 60, 69–70, 102, 106, 121, 297, 304, 328, 332, 461, 463, 479–480, 483, 485, 501, 509, 514, 533–535, 538, 552, 554

Visibilidad, 54, 91, 100, 108, 115, 205, 211, 330, 337, 461, 463, 465–467, 470, 473, 483, 501, 538

Vista aérea, 19

Vuelo, 9–12, 17, 20, 28–30, 53, 55–57, 59, 61–62, 64–68, 70–72, 74–75, 77–80, 82, 84–87, 89, 92–95, 97–99, 101–116, 119–120, 122, 124, 126–128, 150–151, 157, 179, 183–184, 192–193, 207, 212–215, 217–224, 226–227, 229–230, 232, 235–236, 238–239, 241–242, 245–252, 254–263, 265, 267–269, 271–273, 275–276, 278–279, 281–284, 286, 288–290, 293–294, 296–306, 311, 314–319, 325–326, 328–329, 376, 378, 386, 392, 403, 437, 443, 454–456, 458, 467, 471, 476–477, 479–486, 488–492, 494–496, 499–516, 521–523, 525, 530–532, 539, 543, 546, 548–550

Z

Zonas de no vuelo, 65, 74, 126, 508

Zonas restringidas, 30, 77, 508

www.ingramcontent.com/pod-product-compliance
Lightning Source LLC
Chambersburg PA
CBHW072140070526
44585CB00015B/978